ZEIT FÜR GESCHICHTE

BAND 1/2

Geschichtliches Unterrichtswerk für Gymnasien

Anne Frey, Andrea Gellert, Eberhard Heupel,
Michael Holste, Herbert Kohl, Klaus Kremb, Raimund Kurscheid,
Diana Pfeifer-Blaum, Birgit Rettich-Mutschler, Beate Schneidereit,
Stephan Schröder, Jörg Schürmann, Freya Stephan-Kühn,
Roland Wolf, Hartmann Wunderer

Schroedel

Zeit für Geschichte
Geschichtliches Unterrichtswerk
für Gymnasien
Band 1/2, Ausgabe C

bearbeitet von

Anne Frey, Andrea Gellert, Eberhard Heupel, Michael Holste,
Herbert Kohl, Klaus Kremb, Raimund Kurscheid, Diana Pfeifer-Blaum,
Birgit Rettich-Mutschler, Beate Schneidereit, Stephan Schröder,
Jörg Schürmann, Freya Stephan-Kühn, Roland Wolf, Hartmann Wunderer

in Zusammenarbeit mit der Verlagsredaktion

ISBN 3-507-36511-1

Druck A[5 4 3 2] / 2007 2006 2005 2004 2003

Alle Drucke der Serie A sind im Unterricht parallel verwendbar.
Die letzte Zahl bezeichnet das Jahr dieses Druckes.

Grafik: Dirk Pfannenschmidt, Hannover
Kartographie: Theis Heidolph, Kottgeisering
Satz: Schmiku-Repro, Schwerte
Druck und Bindung: Westermann Braunschweig

Inhalt

Zur Arbeit mit diesem Buch

In diesem Schuljahr beginnt für dich ein neues Fach. Es ist „Zeit für Geschichte“.
Beim Stöbern im neuen Buch fällt dein Blick zuerst auf die vielen Abbildungen, dann auf die Texte. Du wirst wahrnehmen, dass es unterschiedlich gestaltete Seiten und verschiedene Kennzeichnungen gibt. Hinter der Vielfalt und Buntheit wirst du bald eine Ordnung erkennen. Die folgenden Erläuterungen helfen dir, dich schnell und gezielt im Buch zurechtzufinden.

Vierzehn große Einheiten (Themen)
Das Buch ist in 14 Einheiten gegliedert. Die erste Einheit behandelt keine bestimmte Zeit der Geschichte, sondern führt dich in das neue Fach ein und weicht daher im Aufbau von den anderen Themen ab. Die folgenden 13 Einheiten behandeln geschichtliche Themen von der Entstehung der Menschen bis zum Ende der Napoleonischen Herrschaft.

Auftakt, Orientierung, Einstieg, Werkstatt, Schauplatz
Alle Einheiten beginnen mit einer **Doppelseite**, die als **Auftakt** das Thema und die Zeit, um die es geht, in Bildern vorstellt. Dir wird sichtbar, worum es im Folgenden gehen wird.
Bei den geschichtlichen Themeneinheiten (2–14) folgt darauf meistens die Seite **Orientierung in Zeit und Raum:** Sie enthält eine *Geschichtskarte,* die zeigt, in welchem Raum die Ereignisse und Entwicklungen stattfanden, mit denen du dich befassen wirst. Sie enthält außerdem eine *Zeittafel,* die festhält, wann und in welcher Abfolge wichtige Vorgänge stattfanden. Du kannst auf dieser Seite nachschlagen, um die Orientierung zu behalten: Wo handelten die Menschen? Wann war ein Ereignis, ein Einschnitt, wann begann oder endete eine Entwicklung?
Auf der gegenüberliegenden **Einstiegsseite** kannst du mitten ins Thema „springen“, z. B.: Wie wurde der Neandertaler entdeckt? Wie hat man sich ihn vorgestellt?
Die Einheiten enthalten besondere **Werkstattseiten:** Du kannst damit erproben, wie man bestimmte Materialien (etwa Bilder von historischen Überresten, Texte, Karten) auswertet. Auf den **Schauplatzseiten** findest du jeweils einen geschichtlichen Themenschwerpunkt – oft aus deiner Umgebung – vertieft behandelt.

Kapitel: Darstellung – Materialteil
Die Einheiten sind in durchnummerierte Kapitel eingeteilt, z. B. „4. Mensch und Technik – Pyramiden für die Ewigkeit“ (S. 50). Jedes Kapitel enthält einen **Darstellungsteil,** der durch blau gedruckte Zwischenüberschriften gegliedert ist. Im Darstellungsteil geben dir die Verfasserinnen und Verfasser des Buches durch Text und Abbildungen Informationen über Zusammenhänge. Im folgenden **Materialteil** findest du *Quellen* (Texte und Bilder) und *Materialien,* Texte von Historikern, Karten, Schaubilder, Grafiken (z. B. Rekonstruktionen), die du Schritt für Schritt auswerten lernst, um Fragen an die Geschichte zu beantworten. Der Darstellungsteil hilft dir bei der Arbeit an den Materialien. Die Quellen und Materialien sind mit **Q** (Quellen) oder **M** (z. B. Texte von Historikern) gekennzeichnet und kapitelweise durchnummeriert. Alle Abbildungen sind mit der Seitenzahl und einer laufenden Nummer gekennzeichnet (z. B. 158.1).

Q M

Arbeitsvorschläge
Der Materialteil enthält in einem Rahmen, farblich abgehoben, Arbeitsvorschläge. Deine Lehrerin oder dein Lehrer werden entscheiden, ob sie genau diese Vorschläge nutzen oder eigene Arbeitsaufträge geben. In den Arbeitsvorschlägen wird folgendermaßen verwiesen:
Q = Quelle, **M** = Material, **B** = Abbildung, **VT** = Verfassertext/Darstellungsteil.

1. Versuche, deinen eigenen Namen mit den Schriftzeichen der alten Ägypter zu schreiben. Diese Aufgabe hat ein altes Vorbild: Die Ägypter verfuhren so, wenn sie griechische Namen wie Kleopatra mit Hieroglyphen schreiben wollten.
2. Betrachte B 55.1 und schreibe eine kurze Anleitung zur Herstellung von Papyrus.

Anhang
Der Anhang (S. 380 ff.) enthält Erklärungen wichtiger **Grundbegriffe,** auf die in den Kapiteln durch das Zeichen ↗ verwiesen wird. Du findest außerdem Tipps für **geschichtliche Jugendbücher** und ein **Register,** das dir hilft, Stellen im Buch aufzusuchen, wenn du dich über eine Sache, eine Person, einen Begriff noch einmal genauer informieren willst.

Wie arbeiten Historiker? – Was ist Ges

Archäologen bei einer Ausgrabung. Menschen haben viele Spuren hinterlassen, die Aufschluss über ihr Leben und ihr Handeln geben.

hichte?

Archäologen benutzen den Staubsauger für Freilegearbeiten.

Die Arbeit von Polizeikommissaren ist mit der Arbeit von Archäologen und Historikern vergleichbar. Sie suchen nach aussagekräftigen Spuren, die Täter und Opfer hinterlassen haben.

1. Spurensuche – Abenteuer und Detektivarbeit

10.1 Der Gletschermann („Ötzi") wird in den Ötztaler Alpen aus dem Eis befreit (September 1991).

Ein Zufallsfund

Am 19. September 1991 machten zwei Wanderer in den Ötztaler Alpen in Südtirol in 3210 Meter Höhe einen grausigen Fund: Sie stießen auf eine gefrorene Leiche! Sie berichteten davon einem Hüttenwirt, der die Polizei alarmierte. Der Hüttenwirt und ein Polizist versuchten zunächst erfolglos die Leiche mit einem Presslufthammer aus dem Eis zu befreien, dabei beschädigten sie den Körper.

Einige Tage später wurde der Leichnam mit Eispickeln und Skistöcken, wieder reichlich unsachgemäß, aus dem Eis befreit. Er wurde dann in einen Sarg gelegt und zur näheren Untersuchung in das gerichtsmedizinische Institut in Innsbruck gebracht.

Das eigentümliche, offenbar sehr alte Beil, das man in der Nähe der Leiche gefunden hatte, ließ man von einem Historiker analysieren.

Wissenschaftler machen sich ans Werk

Daraufhin wurden der Leichnam und die Fundstelle genauer von Archäologen untersucht. Sie erkannten die Bedeutung des Fundes und tauten den weiteren Umkreis des Fundorts mit Dampfstrahlern und Föhn vorsichtig auf. Die mühselige Arbeit wurde durch weitere Funde belohnt. Die Forscher machten dabei sensationelle Entdeckungen. Im Umfeld der Fundstelle der Leiche wurden mehrere Gegenstände gefunden: ein Beil, ein Köcher, Heubüschel, eine Schlehdornfrucht, Lederfetzen, Fellreste, ein Grasmantel, Teile eines Birkenrindenbehälters, Schnüre, Holzsplitter, Haare, Insektenteile, ein Fingernagel und andere Dinge.

Archäologen, Ärzte, Mikrobiologen und Botaniker, Chemiker und Kulturhistoriker untersuchten in der Folgezeit die Eismumie und die anderen Gegenstände. Nach ihren Ergebnissen lebte der rasch „Ötzi" genannte Gletschermann vor etwa 5000 Jahren.

10.2 Die Mumie des Gletschermanns, der erschöpft zu Boden gefallen war und erfror. So wurde er von Medizinern aus der ganzen Welt untersucht.

11.1 Rekonstruktionen des Gletschermanns aufgrund der Funde. So könnte er mit seiner Bekleidung und Ausrüstung vor etwa 5000 Jahren ausgesehen haben.

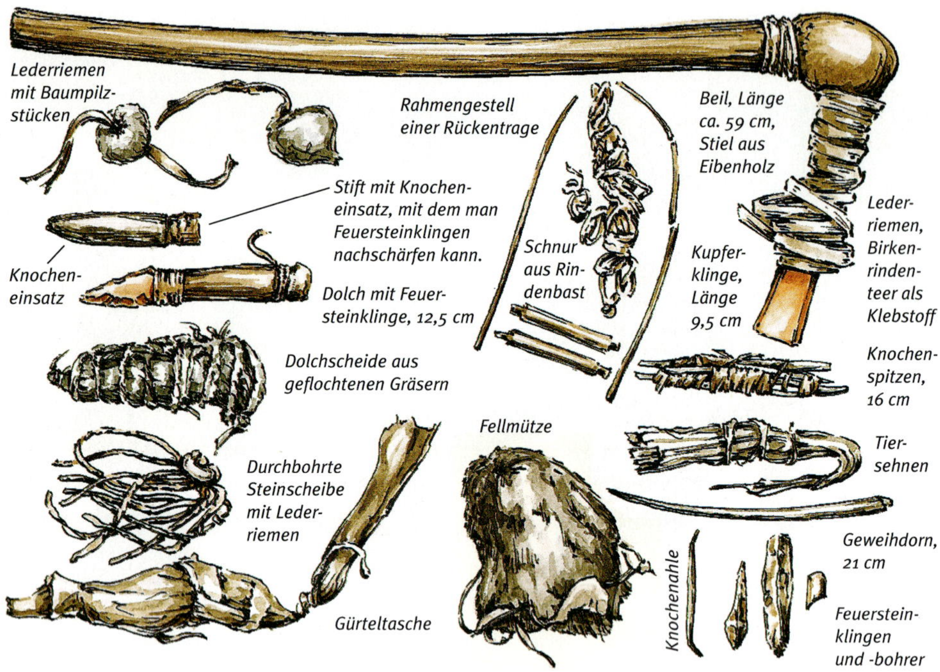

12.1 Funde um den Gletschermann und ihre Bedeutung.

Erstaunliche Entdeckungen der Archäologen

Um die Beilklinge muss er wohl von seinen Zeitgenossen sehr beneidet worden sein. Sie bestand aus fast reinem Kupfer, das damals noch kaum verbreitet war. Sein Dolch mit einer Feuersteinklinge diente zum Schneiden, Ritzen und Stechen. Sein Bogen aus Eibenholz war noch nicht fertig gestellt, die Pfeile waren schon geschnitten, aber ebenfalls unfertig. Der Pfeilköcher war beschädigt.

Steinzeit → S. 18 ff.

Ein Teil seiner Kleidung war zerrissen. Der Mann trug ähnlich wie Prärieindianer Leggins aus Ziegenleder und grasgefütterte Schuhe mit Sohle und Oberleder, ein aus Fellstreifen genähtes Gewand, ferner eine Fellmütze; als Oberbekleidung diente ihm ein Grasmantel.

Seine Dolchscheide und sein Tragenetz waren aus Pflanzenfasern geflochten. Der kalbslederne Gürtel hatte Taschen, die sein „Feuerzeug“ – Feuerstein und Zunder – enthielten, eine Knochenahle, Klingenkratzer und einen Bohrer sowie eine rasiermesserscharfe Klinge, mit der man z. B. Vogelfedern für die Pfeile zurechtschneiden konnte. In seinem Gepäck fanden sich auch antibiotisch wirkende Pilze und zwei Gefäße aus Birkenrinde, in der man Glut transportieren konnte.

Befunde, Vermutungen und Fragen

Der Mann war wahrscheinlich verletzt und sehr erschöpft, seine letzte dürftige Mahlzeit, das ergab die Untersuchung seines Mageninhalts, hatte er viele Stunden vor seinem Tod eingenommen. War er auf der Flucht? Gab es einen Kampf oder wurde er von einem Schneesturm überrascht? Für alle diese Überlegungen gibt es Indizien, aber um die Geschichte dieses Mannes zu rekonstruieren, reichen sie nicht aus. Auf der anderen Seite hat aber dieser Fund unser Wissen um das Leben in der Steinzeit ganz erheblich bereichert.

1. Der Gletschermann hatte viele Gegenstände bei sich. Kläre deren Bedeutung. Warum waren sie für ihn lebenswichtig?

2. Verfasse eine Geschichte, wie dieser Gletschermann gelebt haben und wie er zu Tode gekommen sein könnte. Beachte die Fundstücke und vergleiche deine Geschichte mit denen deiner Mitschüler/innen.

2. Historiker brauchen Quellen

■ Detektivarbeit – Spuren sichern und auswerten

Die Arbeit von Archäologen und Historikern ähnelt in gewisser Weise der von Detektiven: Sie suchen, sammeln und prüfen Beweisstücke, gehen Spuren nach und ziehen aus alledem ihre Schlussfolgerungen. Fundstücke, das können unscheinbare Feuersteinsplitter ebenso sein wie wertvoller Schmuck oder alte Texte, werden nun zu „Dokumenten“, aus denen man etwas erkennen oder ableiten kann. Für Historiker sind diese Fundstücke Quellen, Überlieferungen: Sie gewinnen daraus ein Bild über frühere Lebensverhältnisse, über die Formen des Zusammenlebens, über das Denken und Handeln von Menschen in früheren Zeiten.

13.1 Blick in einen der Ausstellungsräume eines historischen Museums.

■ Was sind Quellen?

Alles, was uns Aufschluss über die Vergangenheit vermitteln kann, nennen wir Quellen. Wir unterscheiden zwischen schriftlichen und nichtschriftlichen Quellen. Schriftliche Quellen gibt es seit etwa 5 000 Jahren, für frühere Zeiträume sind wir auf nichtschriftliche Quellen angewiesen.

schriftliche Quellen	**nichtschriftliche Quellen**
Briefe	Werkzeuge
Tagebücher	Kleidungsstücke
Inschriften	Bauwerke
Verträge	Gräber, Grabbeigaben
Gesetzestexte	Bilder, Fotos
Zeitungen	Einrichtungsgegenstände
...	...

13.2 Eine Restauratorin repariert eine beschädigte Schnabelkanne.

Archäologen, Mitarbeiter von Museen, Archivare und Historiker sammeln und ordnen solche Quellen, werten sie aus, bewahren sie auf und stellen sie der Öffentlichkeit zur Verfügung.

Zu den wichtigsten Aufbewahrungsorten von schriftlichen Quellen gehören die Archive von Gemeinden, Städten, Bundesländern, aber auch Familien, Zeitungen, Firmen oder Vereine archivieren Unterlagen und Dokumente. Größere Archive enthalten Millionen von Dokumenten, die Länge der Regale wird in Kilometern gerechnet!

13.3 Museumsbesucher vor einer Vitrine mit Fundstücken in einem historischen Museum.

14.1 Schülerinnen und Schüler im Magazin eines Archivs.

Quellenkritik

Historische Forschung ohne Quellen ist nicht möglich. Die Aussagen, die aus Quellen gewonnen werden, sind aber oft nicht eindeutig, manchmal unvollständig oder gar rätselhaft, man denke z. B. an kaum entzifferbare Texte oder Reste von Papyrusrollen, auf die bereits vor drei- bis viertausend Jahren geschrieben wurde. Der Historiker muss daher nicht nur das Alter seiner Quellen bestimmen, sondern auch deren Echtheit und Aussagewert prüfen. Er vergleicht die Quellen und überlegt, ob ihre Aussagen, z. B. in Berichten oder Erinnerungen, glaubwürdig sind. Man nennt dies Quellenkritik.

Schlussfolgerungen

Der Historiker vergleicht seine Beobachtungen mit den Untersuchungen anderer Historiker und zieht daraus Schlüsse für seine Quellen. Er wird andere Forschungsergebnisse anhand seiner Quellen entweder bestätigen oder korrigieren. Dabei kommt es aber auch häufig vor, dass verschiedene Historiker aus denselben Quellen unterschiedliche Schlussfolgerungen ziehen, weil sie z. B. andere Fragen stellen. Die Ergebnisse der Forschung werden dann auf Tagungen oder in der wissenschaftlichen Literatur diskutiert.

Auch in diesem Buch gibt es Sachverhalte, die von Historikern unterschiedlich beurteilt werden. Auch im Geschichtsunterricht geht es nicht einfach darum, nur Jahreszahlen zu lernen, sondern darüber nachzudenken, ob bestimmte Erklärungen für historische Entwicklungen einleuchtend sind, welche Folgen Veränderungen vielleicht für die nächsten Generationen hatten und welche Bedeutung sie für uns haben können. Die jeweils lebenden Generationen stellen andere Fragen an die Geschichte als ihre Eltern oder Großeltern, interessieren sich für andere Themenbereiche und Probleme. Wenn ihr in ein altes Geschichtsbuch schaut, seht ihr, dass früher Geschichte anders dargestellt wurde als heute.

1. Ergänze die Listen von schriftlichen und nichtschriftlichen Quellen (S. 13). Wenn du ein wenig in diesem Geschichtsbuch blätterst, findest du zahlreiche weitere schriftliche und nichtschriftliche Quellen.

2. Stelle fest, welche Aufbewahrungsorte für historische Quellen es in deinem Ort gibt. Was wird dort gesammelt? Wie kann man sie benutzen?

3. Die Zeitleiste – eine Orientierungshilfe

Naturwissenschaftler und Archäologen gliedern die Entstehung der Welt in verschiedene Entwicklungsphasen:

■ Zeitleiste – Zeitstrahl

Versuche einmal, diese 12 Milliarden Jahre auf einen Zeitstrahl zu übertragen. Welches Problem entsteht, wenn du für jeweils 1 Mrd. Jahre 1 cm ansetzt? Du gewinnst nun schnell einen Eindruck, welchen Zeitraum die Menschengeschichte in der Geschichte der Welt einnimmt. Die Vor- und Frühgeschichtler befassen sich mit Phase 14 – 17, die Historiker nur mit einem kleinen Teil der letzten Phase. Versuche jetzt, einen Zeitstrahl für die Entwicklungsphasen Nr. 14 – 17 (also für die Zeit, in denen sich die Menschen herausbildeten) zu zeichnen. Einfacher wird es, wenn du im Klassenraum eine Strecke von 5 Metern absteckst, je einen Meter für eine Million Jahre. Wie lang wird auf diesem Zeitstrahl die Strecke der letzten 2 000 Jahre, wie lang deine eigene Lebensgeschichte?

1. Vor 12 Mrd. Jahren: Urknall
2. Vor 12 – 7 Mrd. Jahren: Sternensysteme, Milchstraße, Sonne
3. Vor 4,5 Mrd. Jahren: Planetensystem und die Erde
4. Vor 4 Mrd. Jahren: Entstehung des Festlandes und der Meere
5. Vor 3,5 Mrd. Jahren: einzellige Algen, Bakterien im Wasser
6. Vor 2 Mrd. Jahren: einfache Lebewesen, Amöben
7. Vor 900 Mio. Jahren: tierische Lebewesen, die Sauerstoff atmen
8. Vor 500 Mio. Jahren: Tiere mit Wirbelsäule, Panzerfische
9. Vor 400 Mio. Jahren: erste Landtiere, kleine Amphibien
10. Vor 300 Mio. Jahren: Kriechtiere und Insekten
11. Vor 150 Mio. Jahren: Vögel
12. Vor 100 Mio. Jahren: Säugetiere
13. Vor 40 Mio. Jahren: Affen und Menschenaffen
14. Vor 3,7 Mio. Jahren: Australopithecus (→S. 25): aufrechter Gang, Jagd
15. Vor 1,5 Mio. Jahren: Homo erectus (→S. 25): Werkzeuge, Gebrauch des Feuers
16. Vor 100 000 Jahren: Neandertaler (→S. 25): Bau von Häusern aus Zweigen und Fellen
17. Vor 40 000 Jahren: Moderner Mensch, Höhlenmalerei, Musikinstrumente

4. Was ist Geschichte und warum beschäftigen wir uns mit ihr?

Du hast bereits einen ersten Eindruck gewonnen, womit sich die ↗Geschichte und auch der Geschichtsunterricht befassen: Archäologen und Historiker sammeln Quellen und werten diese aus. Sie wollen herausfinden und darstellen, wie in der Vergangenheit die Lebensverhältnisse der Menschen ausgesehen und wie und warum sie sich verändert haben.

■ Wofür interessieren sich Historiker?

- Sie wollen Ordnung in die zeitliche Abfolge von geschichtlichen Vorgängen bringen und fragen nach Entwicklungen, z. B. wann und warum bestimmte Werkzeuge und Arbeitstechniken entdeckt wurden und wie sie sich weiterentwickelten, wann sich Städte herausbildeten oder warum die Schrift entwickelt wurde. Interessant ist auch die Frage, welche Techniken und Kenntnisse im Lauf der Geschichte verloren gegangen sind, man denke an das Wissen um die zahlreichen Heilkräuter, an handwerkliche Qualifikationen oder an die Fähigkeit, mit natürlichen Mitteln Feuer machen zu können.

- Die Historiker interessieren sich auch dafür, wie die Menschen ihr Zusammenleben regelten, welche Strafen z. B. für Straftaten oder gruppenschädigendes Verhalten erfunden und praktiziert wurden.

- Historiker untersuchen, wie sich ↗Traditionen herausgebildet haben, von Generation zu Generation überlieferte Gewohnheiten und Verhaltensweisen, die wir teils bewusst, teils, ohne darüber nachzudenken, beachten und die wichtig für das Zusammengehörigkeitsgefühl von Familien, sozialen Gruppen, Gemeinden, Landschaften und Völkern sind, z. B. Feiern, Feste, Gedenktage, Umzüge, Grußformen …

- Weiterhin wird erforscht, wie sich die Umweltbedingungen oder das Klima für die Menschen verändert haben und wie die Menschen selbst die Umwelt veränderten.

- Ferner interessieren sich die Historiker für den Wandel des Verhältnisses von Mann und Frau (Geschlechtergeschichte) und für das Verhalten gegenüber Kindern und Jugendlichen.

- Die Historiker erforschen, wie die Menschen Vorgänge in der Natur deuteten, für die wir heute naturwissenschaftliche, z. B. biologische, chemische, medizinische oder physikalische, Erklärungen haben.

- Historiker fragen, wie sich die Menschen früher z. B. Geburt, Wachstum und Sterben erklärten. Dachten sie an ein Weiterleben nach dem Tod oder an eine Wiedergeburt, glaubten sie an allmächtige Götter, denen sie gehorchen mussten?

16.1 Hieroglyphen, Schrift der Ägypter vor 2500 Jahren.

16.2 Prangerstrafe im Mittelalter (11. Jahrhundert).

Man kann diese Liste fast beliebig verlängern. Manche Historiker befassen sich auch mit eigentümlichen, ja auf den ersten Blick überflüssigen Themen, z. B. mit der Geschichte von Hosenknöpfen oder des Olivenanbaus, aber auch mit den verschiedenen Methoden, den Acker umzupflügen. Für viele Menschen war die Pflugtechnik früher eine lebenswichtige Angelegenheit.

Du könntest dich jetzt auf den Standpunkt stellen und sagen: Wie die Verhältnisse früher waren, geht mich nichts an, mich interessieren eigentlich mehr die gegenwärtigen Lebensbedingungen und die Zukunft! Darauf kann man erwidern, dass der Blick in die Vergangenheit auch dazu dient, unsere Gegenwart besser zu begreifen. Denn unsere Lebensverhältnisse wird man nur dann verstehen, wenn man weiß, wie und warum sie sich so und nicht anders entwickelt haben. Um z. B. die gegenwärtigen Konflikte in der Welt erklären und Wege zu ihrer Lösung suchen zu können, muss man in ihre Vorgeschichte untersuchen. Im Übrigen sind wir selbst, unser Denken und Verhalten, unsere Sprache und Lebensweise usw. ein Ergebnis einer langen Entwicklung. Der Blick in die Vergangenheit ist daher stets zugleich ein Blick auf die Gegenwart.

Historiker, so wird oft festgestellt, haben in den letzten Jahrhunderten Millionen von Büchern geschrieben. Eigentlich müsste doch schon fast alles erforscht sein!

Geschichtsunterricht früher und heute

Historiker haben bisher eine riesige Fülle von Wissen angehäuft. Aber vieles davon ist veraltet und überholt. Immer wieder tauchen neue Erkenntnisse auf, die zu einer Korrektur und Anreicherung des Wissens führen, wie das Beispiel „Ötzi" zeigt, und neue Fragen aufwerfen.

Außerdem ändern sich ständig die Fragen, die Historiker an die Geschichte stellen. Früher interessierte man sich besonders für das Handeln von Kaisern, Königen, Feldherrn. Die Schülerinnen und Schüler mussten deren Regierungszeiten auswendig lernen und die Daten großer Schlachten wissen. Heute wird die historische Entwicklung weniger als früher durch das Handeln „großer Männer" erklärt, sondern durch das komplizierte Zusammenspiel vieler Faktoren. Und da sich die Lebensverhältnisse und die Menschen wandeln, verändern sich auch deren Fragen an die Geschichte.

Überdies haben sich die Auffassungen geändert, wie Schülerinnen und Schüler Geschichte lernen sollten. Wichtig ist z. B. die Frage, wie geschichtliche Kenntnisse und Erkenntnisse zustande kommen, wie man mit Quellen arbeitet, welche Methoden helfen, Fragen an die Geschichte zu beantworten, und welche Bedeutung Geschichte für unsere Gegenwart und Zukunft hat.

17.1 Marie-Elisabeth Lüders spricht über das Frauenwahlrecht (1901).

17.2 Jugendliche in den 50er Jahren.

Menschen in vor- und frühgeschichtlic

Malereien aus der Höhle von Lascaux, Frankreich (etwa vor 30 000 Jahren). Die Stiere wurden in verschiedenen Farben mehrfach übermalt. Bemerkenswert ist das Tier links außen. Möglicherweise handelt es sich um ein Fabeltier.

Gepunktetes Pferd mit Handabdruck, Pech-Merle, Frankreich.

Hirsch aus der Höhle von Lascaux, Frankreich.

Bison in einer Höhle der Pyrenäen (etwa 13 000 Jahre vor heute).

Orientierung in Zeit und Raum

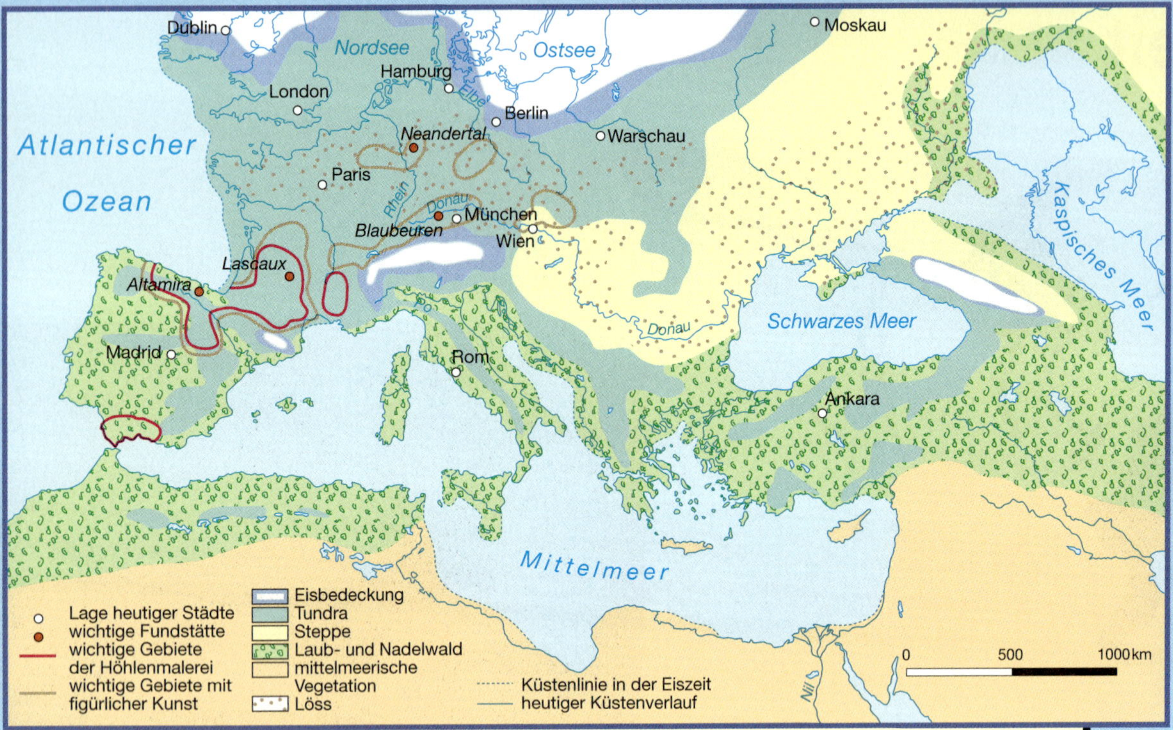

20.1 Eisbedeckung und Klimazonen in Europa während der letzten Eiszeit (vor ca. 30 000 Jahren).

Vor 2,5 Millionen Jahren	Erste Vormenschen leben in den Savannen Ostafrikas.
Vor 2,5 Mio. bis vor 10 000 Jahren	Altsteinzeit: Die Menschen leben als Sammler/innen und Jäger. Die letzte Phase von vor 40 000 bis vor 10 000 Jahren nennt man die jüngere Altsteinzeit.
Vor 1,5 Millionen Jahren	Besiedlung Europas durch eine ältere Menschenart (Homo erectus, „aufrechter Mensch").
Vor 150 000 Jahren	Entstehung des modernen Menschen (Homo sapiens sapiens).
Vor 40 000 Jahren	Einwanderung des modernen Menschen nach Europa.
Vor 30 000 Jahren	Älteste bekannte plastische Menschendarstellung, gefunden bei Blaubeuren. Zur gleichen Zeit entstehen die ersten Höhlenmalereien in Frankreich und Spanien.
Vor 10 000 Jahren	Entwicklung der jungsteinzeitlichen Lebensform (Ackerbau und Viehzucht; Sesshaftigkeit) im Nahen Osten.
Vor 6 000 Jahren	Die sesshafte Lebensweise verbreitet sich in Mitteleuropa.
Von 600 v. Chr. bis 50 n. Chr.	Kelten leben als unabhängige Stämme der Eisenzeit in Mitteleuropa.

Ein überraschender Fund

Das Neandertal in der Nähe von Düsseldorf ist heute unter Naturschutz gestellt; seltene Pflanzen können sich unbehelligt ausbreiten. Im 19. Jahrhundert wurde das Tal als Steinbruch genutzt. Im Jahre 1856 fanden Arbeiter Skelettknochen in einer Höhle, die sie ausräumten. Sie schenkten ihnen keine weitere Beachtung und warfen sie auf einen Schutthaufen im Tal. Einer der Steinbruchbesitzer entdeckte sie dort und ließ sie aufsammeln. Zur Überprüfung gab er sie einem Lehrer aus Elberfeld, Carl Fuhlrott, der sich für Naturgeschichte interessierte. Dieser erkannte sofort, dass es sich um Menschenknochen handelte.

Als er sie näher untersuchte, erkannte er auffällige Abweichungen von heutigen Skeletten: Der Kopf war flacher als heutige Schädel, Wülste über den Augen ließen ein grobes, befremdliches Aussehen vermuten, die Knochen waren viel massiver als unsere...

Niemand wollte glauben, dass es sich um eine sehr alte Form des Menschen handelte, wie Fuhlrott vermutete. Man meinte, dass die Menschen vor einigen tausend Jahren in einem einmaligen Schöpfungsakt entstanden seien, wie es in der Bibel stand. Das schloss natürlich aus, dass es Vorformen des Menschen gab, die sich in einer langen Entwicklungsgeschichte verändert hätten, bis unsere Art entstand.

Als Fuhlrott seine Ansicht in einem Zeitschriftenartikel verbreitete, verfasste die Redaktion der Zeitschrift einen Nachsatz, in dem sie Wert darauf legte, dass der Artikel nicht ihre Meinung wiedergab. Berühmte Gelehrte der Zeit, etwa der Arzt Rudolf Virchow, wandten sich gegen die Auffassung, dass es sich um eine ältere Menschenform handeln könne. Erst nach vielen weiteren Funden in Europa und im Nahen Osten konnte man sich ein genaueres Bild vom Neandertaler-Menschen machen.

Alles konnte man allerdings bis heute noch nicht klären: War dieses Wesen einer unserer Vorfahren, nur ein entfernter Verwandter oder gehörte er zu einer Art, die ohne Nachkommen von der Erde verschwand?

1. Stelle die Unterschiede in den Darstellungen fest.
2. Auf welche Weise wird ausgedrückt, ob der Neandertaler uns heutigen Menschen näher oder ferner steht?

21.1 Neandertaler: Zeichnung von 1909.

21.2 Aus einem Gemälde um 1920.

21.3 Zeichnung eines amerikanischen Forschers, 1939.

21.4 Eine alte Neandertalerin und ein Mädchen. Figuren aus dem Neanderthal Museum in Mettmann, 1997.

1. Die Lebensweise der Sammler/innen und Jäger

Die Ausdrucksweise „Sammlerinnen und Jäger" hat sich in den letzten gut zwanzig Jahren eingebürgert, um die grundlegende Arbeitsteilung in der Altsteinzeit zwischen Frauen und Männern zu kennzeichnen. Die Vorstellung ist nicht unumstritten, weil sie vor allem aus Verhältnissen bei Jäger- und Sammlerinnen-Gesellschaften moderner Zeiten rückübertragen wurde. Da aber in der Altsteinzeit wohl nicht allein die Frauen mit dem Sammeln befasst waren, sprechen wir in unserem Buch von Sammler/innen.

■ Die Lebensbedingungen in der Eiszeit

Die Geschichte unserer Erde ist von gewaltigen Klimaschwankungen geprägt. In den letzten 600 000 Jahren – für die Erdgeschichte ein sehr kurzer Zeitraum – wechselten warme und kalte Zeiten ab. Funde zeigen für uns in Europa ungewohnte Verhältnisse: Bei Berlin jagten Säbelzahntiger vor 150 000 Jahren Elefanten; vor 350 000 Jahren reiften am Bodensee Feigenbäume.

Während heute 1/10 unseres Planeten von Eis bedeckt ist, waren es in der letzten ↗Eiszeit (vor 120 000–10 000 Jahren) bis zu 1/3 der Erdoberfläche. Die Gletscher reichten bis an die deutschen Mittelgebirge. Vogesen, Schwarzwald und der Harz waren eisbedeckt; die Temperatur lag bis zu 10 Grad niedriger als heute.

Wegen dieser Kälte und der damit verbundenen Trockenheit konnten Bäume in den meisten betroffenen Gebieten nicht gedeihen. Die Pflanzenwelt bestand aus niederen Büschen, Moosen, Flechten und Gräsern. Davon ernährten sich Tierarten, die sich den niederen Temperaturen anpassen konnten. Verbreitet waren neben Rentieren, Wildpferden, Moschusochsen, Wollnashörnern und Höhlenbären die riesigen Mammute. Einige dieser Tierarten starben noch während der Eiszeit aus, andere folgten dem Eis nach Norden. Ganz wenige konnten sich den neuen Lebensbedingungen bei uns anpassen, z. B. Gämse und Steinbock, der Birkenzeisig oder die kleine Hummel.

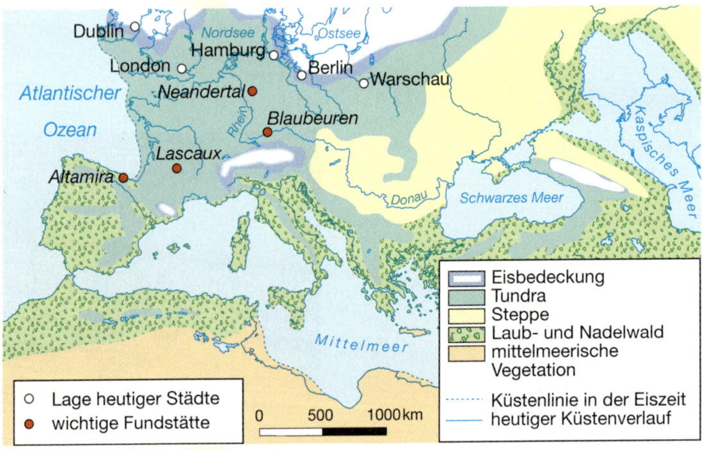

22.1 *Die größte Ausdehnung der Gletscher in der Eiszeit (➔Karte, S. 20).*

■ Auf Nahrungssuche

Die Menschen der Altsteinzeit hatten sich als Jäger und Sammler ernährt und über die Erde ausgebreitet. Um nun unter Eiszeitbedingungen überleben zu können, mussten sie große Anstrengungen auf sich nehmen und erfindungsreich sein.

In besonders kalten Zeiten fanden sie nur wenige vitaminreiche Kräuter, Wurzeln und Beeren. Stiegen die Temperaturen, konnten die Sammlerinnen und Sammler zusätzlich Nüsse, Pilze und Körner, Insekten und Kleintiere beschaffen und damit bis zu 75 Prozent ihrer Nahrung bereitstellen.

Die Jagdbeute deckte zwar oft nur den kleineren Anteil am Speiseplan, dennoch waren die erlegten Tiere so wichtig, dass die Menschen den Jahresablauf und die Lebensweise nach der Jagd einrichteten. Von den Rentierjägern, die am Ende der Altsteinzeit in Süddeutschland auf der Schwäbischen Alb lebten, können wir uns ein genaues Bild machen. Im Winter zogen sich die Rentiere in tiefere Lagen mit dünnerer Schneedecke zurück, wo sie leichter Futter finden konnten, im Sommer bevorzugten sie die Hochflächen. Sie zogen immer auf den gleichen Routen, so dass die Jäger gezielt planen und in engen Tälern eine groß angelegte Jagd veranstalten konnten.

Die wichtigste Jagdwaffe war der Speer. Vor ungefähr 20 000 Jahren wurde er zur Speerschleuder weiterentwickelt. Die Reichweite erhöhte sich von 40 auf 100 m. Die Jäger konnten zu gefährlichen Tieren Abstand halten und die Jagdausbeute verbessern.

■ Die Verwertung der Beute

Erlegte Tiere wurden zerteilt und ins Lager transportiert und nahezu restlos verwertet. Das Fleisch konnte gekocht, gebraten oder durch Dörren oder Räuchern haltbar gemacht werden. Erhitztes Knochenmark war äußerst nahrhaft, der Magen konnte voller vitaminreicher Pflanzen sein.

Aus Grabfunden der Eiszeit kann man eine Vorstellung gewinnen, wie die Kleidung die-

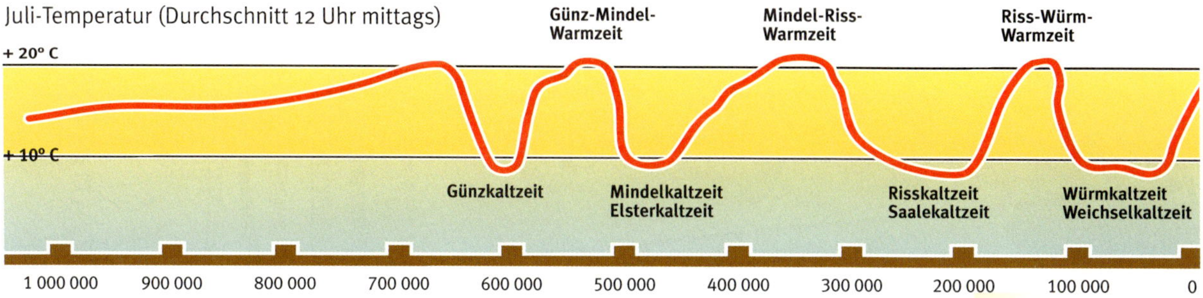

23.1 Temperaturschwankungen in den letzten 1 Million Jahren. Zugrunde gelegt ist die Durchschnittstemperatur des Juli, 12 Uhr.

ser Zeit ausgesehen hat. Danach wurden aus Fellen und Häuten Umhänge genäht, ähnlich wie Anoraks; aus dem gleichen Material bestanden Hosen und Schuhe. Zusammengehalten wurden sie durch Sehnen, die durch Kauen weich und biegsam gemacht werden konnten. Geschmückt wurden die Kleidungsstücke durch aufgenähte kleine Schnecken oder Perlen aus Elfenbein.

■ Das Leben in der Gemeinschaft

Beim Nahrungserwerb hat sicherlich bereits eine Arbeitsteilung zwischen den Geschlechtern stattgefunden. Männer sind stärker und können schneller laufen, außerdem haben Frauen längere Lebensabschnitte, in denen sie weniger belastbar sind: vor allem die Schwangerschaften und die Säuglingsphase ihrer Kinder. Deshalb haben Frauen sich wahrscheinlich stärker am Sammeln und an der Verarbeitung von Jagdbeute beteiligt als an der Jagd selbst.

Die Jäger waren darauf angewiesen, zusammenzuarbeiten und die Jagd in allen Einzelheiten zu planen. Zu diesem Zweck schlossen sich mehrere Gruppen zusammen. Darauf weisen Befunde der Archäologen hin. Bei Ausgrabungen fanden sich Reste von großen Lagern, die über den Winter von ungefähr 100 Menschen bezogen wurden und deren Umgebung reich an Knochenüberresten der Jagdbeute war.

Die Familien nutzten die Aufenthalte sicher für soziale Kontakte, Austausch von Neuigkeiten und zum Tausch von Gegenständen. Die Sommerlager dagegen wurden von kleineren Gruppen aufgesucht. Die Menschen trennten sich für die Zeit, in der keine große gemeinsame Jagd möglich war.

In anderen Gegenden wurden Orte dauerhaft besiedelt. In Gönnersdorf bei Köln entdeckten Archäologen ein Lager, das für eine ganzjährige Anwesenheit gebaut war. Die Wohnbauten bestanden aus Holzgerüsten, die mit Fellen und Häuten bedeckt waren, zwischen ihnen lagen Feuerstellen.

Wenn keine großen gemeinsamen Unternehmungen auszuführen waren, lebten die Menschen der Altsteinzeit in Gruppen zu 20–40 Personen zusammen. Ihr Alltag war erfüllt von den verschiedenartigsten Tätigkeiten, bei denen die Gruppenmitglieder aufeinander angewiesen waren. Da wir keine schriftliche Überlieferung haben, wissen wir nichts Genaues über Sitten und Gebräuche, die das alltägliche Leben oder die Kindererziehung regelten. Wir wissen aber, dass das Steineschlagen auch geübt wurde. Technische Fertigkeiten wurden also gezielt vermittelt; dasselbe galt sicher auch für andere notwendige Kenntnisse, etwa über essbare und giftige Pflanzen.

Mit dem Auftreten des Homo sapiens finden wir viele Hinweise auf religiöse Vorstellungen. So wurden die Toten mit Grabbeigaben für ein Leben nach dem Tod ausgestattet. Möglicherweise hatten auch die Höhlenmalereien und geschnitzten Figuren eine religiöse Bedeutung.

■ Die Werkzeuge

Schon die Frühmenschen benutzten aufgeschlagene Röhrenknochen oder Tierzähne als Werkzeuge. Vor 2 Millionen Jahren begannen die Bewohner der afrikanischen Savanne, Steine grob zu behauen und ihre Kanten zu nutzen. Nach und nach lernten sie die verschiedenen Steinarten zu unterscheiden. Be-

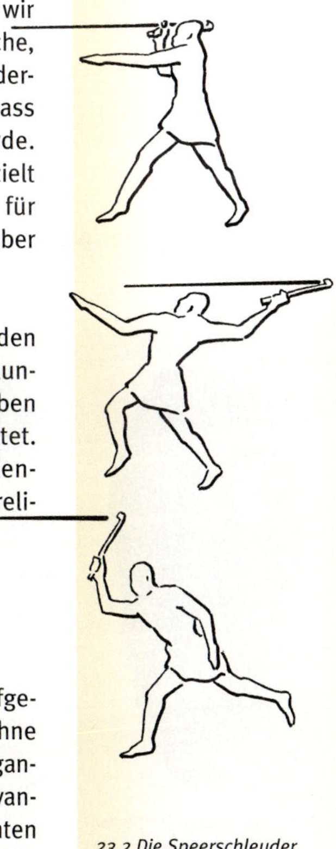
23.2 Die Speerschleuder gibt dem Jagdspeer große Wirksamkeit.

24.1 Teil einer Statue, Frauenkopf, 3,5 cm hoch. Frankreich, ca. 30 000 Jahre alt.

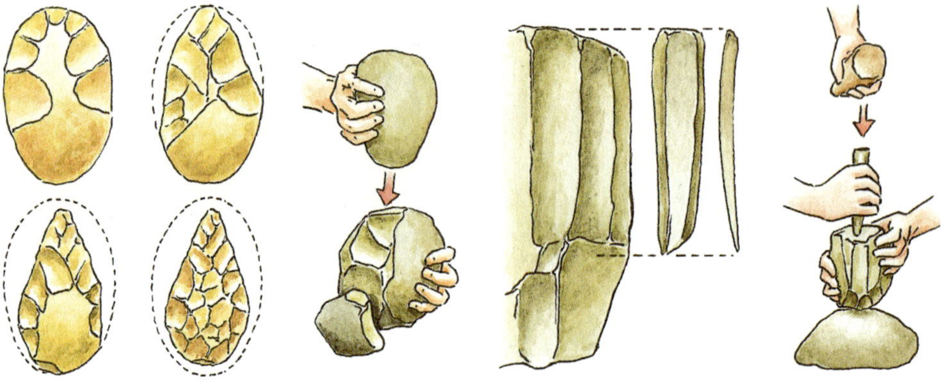

24.3 Steingeräteherstellung: a) direkter Schlag (Kerntechnik, Faustkeil); b) indirekter Schlag (Klingentechnik).

sonders geeignet erschienen Feuerstein, Quarz oder Hornstein. Diese Steine bilden besonders günstige Abschlagskanten.

Zuerst ließen sich die Menschen in der Nähe solcher Gesteinsvorkommen nieder, später wurden die Materialien über weite Strecken transportiert, möglicherweise wurde schon getauscht und gehandelt.

Vor ungefähr 300 000 Jahren wurde die Technik so verfeinert, dass durch gezielte Schläge ein vorbestimmter Kern übrig blieb. Daraus entwickelten sich die Faustkeile, die die Neandertaler bis zur Vollendung entwickelten. Dieses Allzweckgerät hatte ein dickes Ende, das in der Hand gehalten wurde, das zugespitzte Ende konnte für sehr viele Zwecke verwendet werden, z. B. zum Graben, Schneiden von Fleisch oder Abschaben von Fellen. Viele hunderttausend Jahre war dies das Hauptwerkzeug.

Während der letzten Eiszeit beschleunigte sich die Entwicklung. Mit immer neuen Erfindungen gelang es den Menschen, sich besser auf ihre Umwelt einzustellen. Die Knollen des Rohmaterials wurden am Ende der Eiszeit in viele Klingen zerlegt, dadurch konnte das Material sehr viel besser genutzt werden. Die Teile wurden zu sehr unterschiedlichen Geräten weiterverarbeitet: Kratzer, Stichel, Bohrer oder Messer zum Beispiel. Auch andere Materialien – Geweihe oder Elfenbein etwa – konnten jetzt viel leichter bearbeitet werden. Die geschickten Handwerker fertigten daraus Speerspitzen, aber auch kleine Figuren und Perlen für Halsketten.

24.2 Teil einer Statue aus Elfenbein, Frauenkopf, 4,8 cm. Tschechien, ca. 22 000 Jahre alt.

24.4 Rentierjagd am Albaufstieg (Rekonstruktion).

Das Ende der Eiszeit

Die Menschen hatten sich in ihrer Umwelt gut eingerichtet, als vor etwa 12 000 Jahren die Eiszeit langsam zu Ende ging. Mit den steigenden Temperaturen wanderten die Rentierherden nach Norden ab. Dichte Wälder breiteten sich aus. Dort war die Jagd auf Herden nicht mehr möglich und der Speer als Jagdwaffe war im Wald ungeeignet. Die Menschen mussten ihre lang vertraute Lebensweise aufgeben.

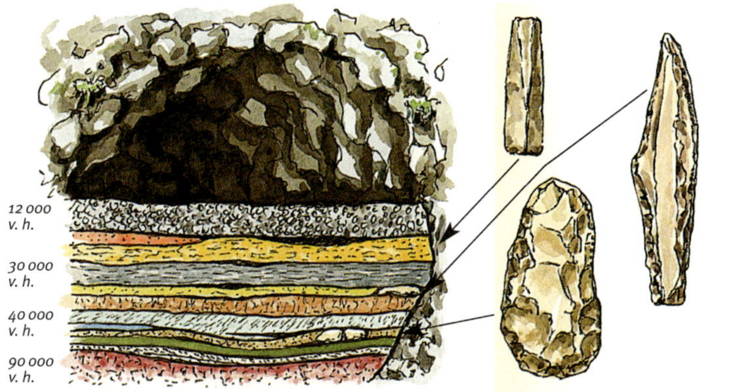

25.1 Der Sirgenstein (Blaubeuren); v. h. = vor heute.

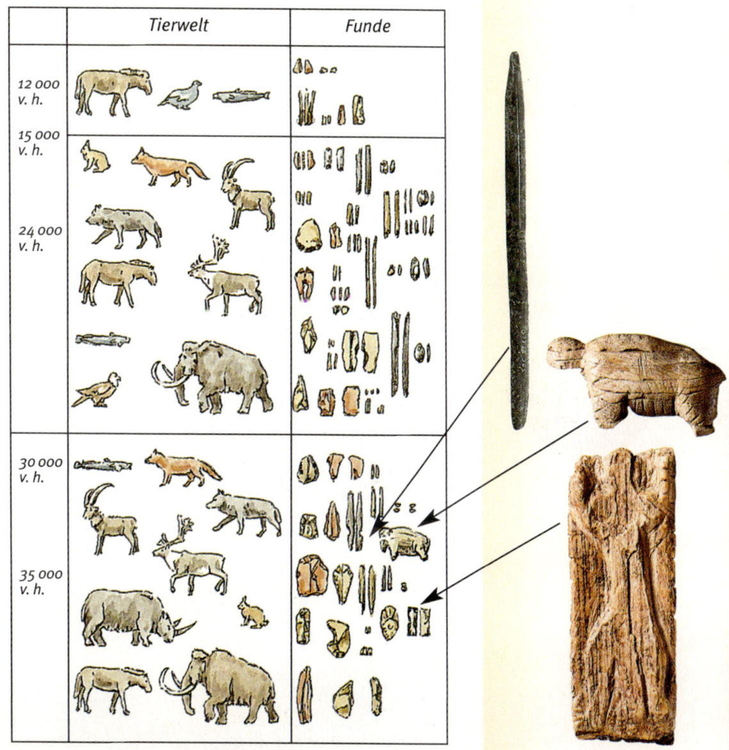

25.2 Das Geißenklösterle (Blaubeuren).

1. Ordne die Funde (B 24.1, 24.2) in die Karte (S. 20) ein.

2. Erkläre die Funktionsweise der Speerschleuder (B 23.2).

3. a) Beschreibe das Vorgehen der Rentierjäger. Beachte das Gelände und ihre Aufstellung (B 24.4).
b) Erfinde ein Gespräch, in dem eine Rentierjagd geplant wird.

4. Entwirf eine Speisekarte für die Eiszeit.

5. Beschreibe, wie die gefundenen Gegenstände (B 25.1) angefertigt wurden (B 24.3). – Erläutere Vor- und Nachteile der Herstellungsweisen.

6. a) Finde eine Verwendung für die abgebildeten Gegenstände (B 25.2).
b) Stelle mögliche Ursachen und Folgen der Veränderung der Tierwelt zusammen. Ziehe dazu B 23.1 heran.

7. Vertritt einen der Standpunkte in einer Diskussion:
- Die Menschen der Altsteinzeit waren der Natur ausgeliefert.
- Die Jäger und Sammler der Altsteinzeit machten sich immer mehr von der Natur unabhängig.

8. Stelle Leistungen der Vorzeit zusammen, die für uns heute noch wichtig sind.

Wo kann man Überreste finden?

Das „Geißenklösterle“ und der „Sirgenstein“ sind kleine Höhlen bei Blaubeuren (Baden-Württemberg), in denen verschiedene Bodenschichten sorgfältig von Archäologen abgetragen und genau nach Funden durchsucht wurden. Die Höhlen waren nicht dauerhaft bewohnt, sondern wurden mehrmals von Gruppen von Jägern für einige Zeit zum Schutz aufgesucht. Sie hielten sich dabei im Höhleneingang auf, wo man auch verschiedene Feuerstellen fand, daneben deuten angebrannte Tierknochen auf Knochenfettgewinnung hin. Während des Aufenthalts in der Höhle wurden offensichtlich Speerspitzen aus Elfenbein geschnitzt, aus mitgebrachten Hornsteinknollen zahlreiche Messerklingen hergestellt und zu Kratzern und Bohrern weiterverarbeitet. Auch die Kleidung wurde erneuert, man findet Spuren von Fellbearbeitung und Schmuck aus Elfenbein.

2. Die ersten Ackerbauern

Nach dem Ende der Eiszeit beginnt eine Revolution

Nach dem Ende der Eiszeit entstanden in der Mittelsteinzeit (ca. vor 12 000 – 8 000 Jahren vor heute) Wälder, die Rentierherden zogen nach Norden, Hirsche und Rehe wanderten ein. Die umherziehenden Jäger passten sich an und jagten mit Pfeil und Bogen statt mit Speerschleudern. Viel einschneidendere Veränderungen müssen aber vor ungefähr 8 000 Jahren in Mitteleuropa vor sich gegangen sein. In dieser Zeit wurden die ersten Häuser gebaut. Die Bewohner lebten nun von Ackerbau und Viehzucht und blieben daher ständig an einem Ort. Was waren die Ursachen für diese grundlegende Veränderung der Lebensverhältnisse, die wir als die erste Revolution in der Geschichte der Menschheit bezeichnen, als ↗„neolithische (jungsteinzeitliche) Revolution“?

26.1 Jungsteinzeitliche Tongefäße mit typischen Formen und Mustern.

Die Landwirtschaft verändert das Leben

Begonnen hatte die Entwicklung im Nahen Osten. Dort war der Temperaturanstieg noch früher spürbar. Die Bedingungen für Landwirtschaft waren ideal, man nennt diese Region deshalb den „Fruchtbaren Halbmond“. Hier wuchsen Wildpflanzen, die man regelmäßig ernten konnte.

Schließlich gingen die ersten Bauern dazu über, diese Vorformen unseres Getreides gezielt anzubauen und sich anzusiedeln.

Besonders die Sammlerinnen hatten viel Erfahrung bei der Unterscheidung zwischen essbaren und giftigen Pflanzen und sie kannten die Standorte verwertbarer Pflanzen; im jungsteinzeitlichen Ackerbau spielten die Frauen deshalb eine wichtige Rolle.

Ackerbau und Viehzucht breiten sich aus

Die neue Lebensweise wirkte sich in vielen Bereichen günstig aus. Die Ernährung wurde reichhaltiger und regelmäßiger, die Überlebenschancen wurden besser und es wurden mehr Kinder geboren. Die Folgen kann man an Catal Hüyük, einer Siedlung, die in der heutigen Türkei liegt, gut nachvollziehen. Man konnte feststellen, dass dort aus 100 Einwohnern im Verlauf von 800 Jahren 50 000 geworden waren, die allerdings nicht alle in ihrer angestammten Siedlung Nahrung fanden. Sie wanderten aus und verbreiteten so ihre Kenntnisse und Lebensformen.

Auch in Mitteleuropa fanden sich gute Bedingungen für den Ackerbau; angebaut wurden Einkorn und Emmer (frühe Weizenformen), Gerste, Flachs, Erbsen und Linsen.

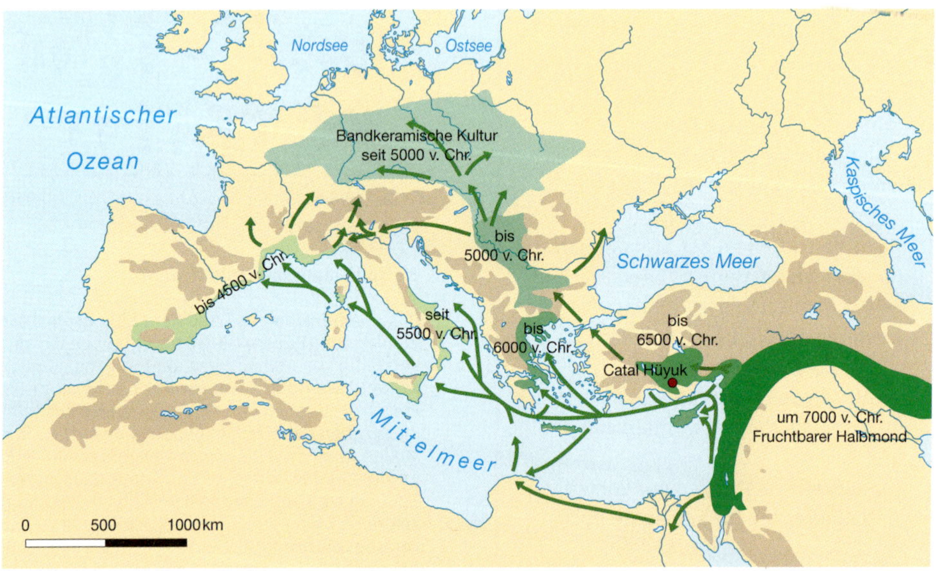

26.2 Ackerbau und Viehzucht: Ausbreitung der neuen Wirtschaftsformen.

Die Siedler wählten Flächen mit fruchtbarem Lössboden. Oft mussten sie roden, da fast alles mit Wald bedeckt war. Die Neuankömmlinge suchten sich gern Südhänge, da hier die Laubmischwälder besonders licht waren und die Ansiedlung angenehmer als am „Schattenhang“. Das geschlagene Holz konnte für Neubauten verwendet werden, die Flächen für den Ackerbau.

Die Menschen drängten mit ihren Eingriffen den „Urwald“ immer weiter zurück und prägten zunehmend das Aussehen der sie umgebenden Landschaft.

Schon früh war es gelungen, die ersten Tiere zu zähmen. Lange vor allen anderen wurde der Hund an den Menschen gewöhnt und zum Helfer bei der Jagd. Er half bei der Aufsicht über die Herden. Schafe, Ziegen und später Rinder und Schweine wurden Haustiere. Sie waren besonders geeignet, da sie in Herden lebten und daher gut zu halten waren. Sie suchten sich ihr Futter selbst auf dem Gelände, das sonst nicht genutzt werden konnte, sie weideten auf abgeernteten Feldern Stoppeln und Unkraut ab und trugen so zur Verbesserung des Ackerbaus bei. Ihr wichtigster Beitrag aber war, dass sie Häute, Felle, Wolle, Milch und Fleisch lieferten. Erst später kam das Pferd dazu, das wegen seiner Kraft als Zugtier und als Reittier sehr geschätzt wurde.

■ Die ersten Siedlungen

Die sesshafte Lebensweise zeigt sich am deutlichsten in den zunehmend festeren Häusern mit eigenem Charakter, die lange Zeit in weiten Teilen Europas sehr ähnlich gebaut wurden. Es handelt sich um vierschiffige Häuser auf Pfosten mit einer leichten Dachkonstruktion(→B 28.1 und 2). Die Wände waren mit Lehm verputzt und mit Kalk gestrichen, insgesamt waren sie recht gut gegen Wind und Wetter geschützt. Die zum Teil über 30 m langen Gebäude waren unterteilt in verschiedene Bereiche, die für die unterschiedlichen alltäglichen Tätigkeiten genutzt wurden.

Meist standen zwei bis drei Höfe beieinander, selten erreichten die Dörfer eine Größe von zehn oder mehr Gebäuden.

■ Neue Herausforderungen machen erfinderisch

Die Veränderung war so tief greifend, dass fast alle Lebensbereiche erfasst wurden. Für den Anbau waren viele neue Geräte notwendig. Die ersten Bäuerinnen und Bauern ritzten den Boden mit Stöcken auf, um die Saat in die Erde zu bringen. Hacken und Spaten erleichterten die Feldarbeit, schließlich wurde der Pflug entwickelt, zuerst von Menschen, dann von Tieren gezogen.

Für die Getreideernte verwendeten die Bäuerinnen und Bauern Sicheln. Die Steinklingen wurden mit Hilfe von Pech, das gute Klebeigenschaften hat, in Holzgriffen befestigt.

Die geernteten Pflanzen wurden in Keramikgefäßen aufbewahrt, aber auch über der offenen Flamme zubereitet. Der Grundstoff Ton ist leicht zugänglich. Die Töpfer formten ihn zuerst freihändig und brannten ihn in Erdmulden, später wurden Töpferscheiben und Brennofen erfunden. Die Art, wie sie ihre Gefäße verzierten, gab den ersten Siedlern ihren Namen. Wir nennen sie nach der Art der Verzierungen Bandkeramiker; wie sie sich selbst nannten, wissen wir nicht.

Für die anderen alltäglichen Arbeiten wurde eine ganze Reihe von neuen Werkzeugen entwickelt: Äxte, Zangen, Meißel, Nadeln und viele andere mehr. Bohrer ermöglichten passgenaue, kreisrunde Löcher, Werkzeuge und Griffe konnten so genau angepasst werden. Eine neue Schleiftechnik ermöglichte die Herstellung einer glatten Oberfläche. Es wurden Steinbeile hergestellt, mit denen (wie Versuche zeigen) Bäume genauso schnell gefällt werden konnten wie später mit Eisenklingen.

Die Bäuerinnen und Bauern der ↗Jungsteinzeit entdeckten, dass sich Pflanzenfasern zur Herstellung von Kleidung eigneten. Flachs wurde gezielt angebaut, zu Garn versponnen und zu Leinengewebe weiterverarbeitet. Später nahmen die Viehzüchter die Wolle der Schafe als Ausgangsmaterial hinzu.

Alle diese Tätigkeiten führte man für den Eigenbedarf durch, die Hausgemeinschaften versorgten sich selbst.

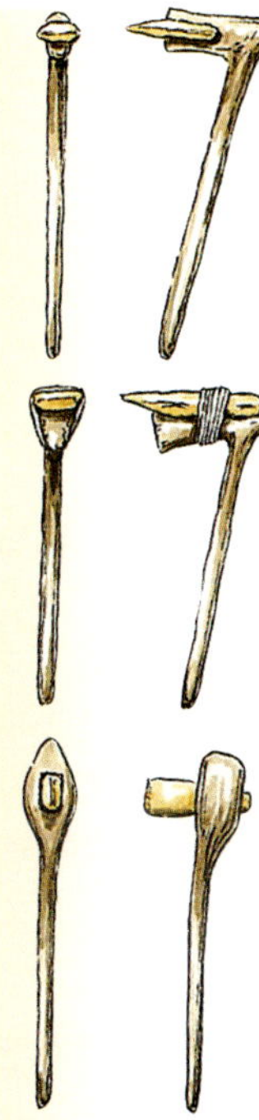

Feuersteinbeile

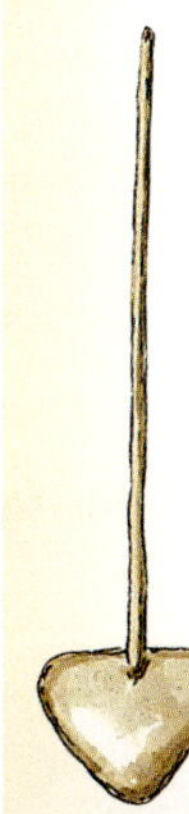

Holzspaten

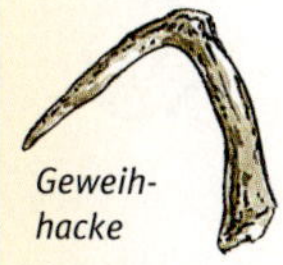

Geweihhacke

Hacke aus Holz

27.1 Vorgeschichtliche Werkzeuge und Geräte.

28.1 Veränderungen eines vorgeschichtlichen Siedlungsplatzes in 7500 Jahren.

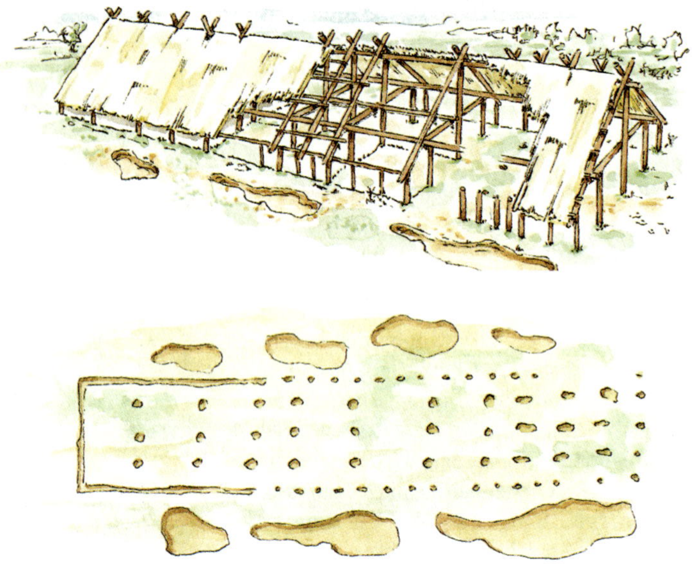

28.2 Das Haus vor 7500 Jahren: Bodenspuren und Rekonstruktion.

▪ Das Zusammenleben

Die Bewohner der kleinen Siedlungen hatten genügend Zeit übrig, um besondere handwerkliche Fähigkeiten auszubilden. Die Herstellung der hoch entwickelten Geräte setzt eine Spezialisierung und damit die ↗Arbeitsteilung voraus.

Vorräte, Gegenstände, Werkzeuge und Haustiere konnten nun zusammengehalten werden, damit entstand Eigentum. Dies war eine wichtige Vorsorge für schlechte Zeiten. Vermutlich entstanden damit auch die ersten größeren sozialen Ungleichheiten.

Die Bäuerinnen und Bauern der ↗Jungsteinzeit hatten ein mühseliges Leben, aber sie waren die ersten Menschen, die in die Natur eingreifen konnten und die Erde nach ihren Bedürfnissen bearbeiteten und umgestalteten.

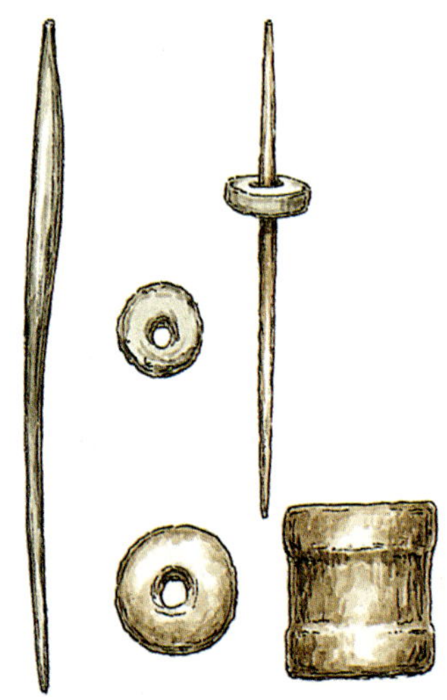

28.3 Überreste von Spindeln aus der Jungsteinzeit.

28.4 Garn wird gesponnen. Überreste und Rekonstruktion.

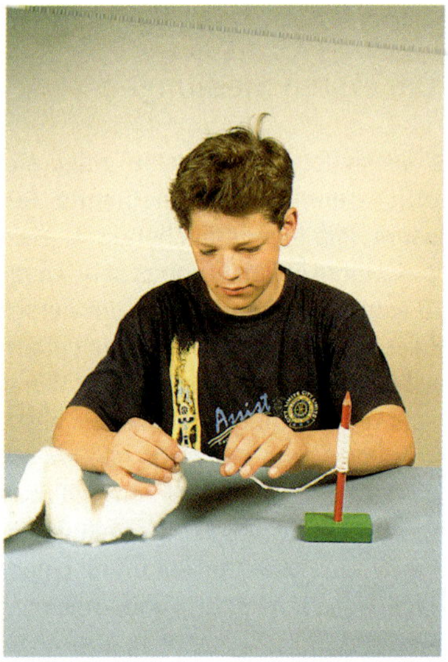

28.5 Experimentelle Archäologie mit Bleistift und Watte.

Kunst und Religion der Eiszeit

Die Menschen der Eiszeit waren die Ersten, die Bilder und Plastiken hinterließen. Eine Figur, die bei Blaubeuren gefunden wurde, stellt ein Mammut dar, ein für den Menschen gefährliches Tier, das aber auch als Jagdbeute notwendig war. Es liegt nahe, dass die Darstellung eine „magische" Bedeutung hatte, d.h. die Jäger versuchten, die Jagd günstig zu beeinflussen. In diesen Zusammenhang gehören sicher auch andere Figuren, etwa die erste Menschendarstellung, die bisher gefunden wurde.

Beeindruckende Bilder findet man in Höhlen in Südfrankreich und Spanien (→S. 18/19). Einige Maler brachten ihre Ritzungen und Gemälde an Höhleneingängen und Felsüberhängen an. Andere gingen tief in die Höhlen hinein und malten ihre Bilder aus Naturfarben im Licht von Fackeln oder Tranlampen an die Wände. Meist wurden Tiere dargestellt, manchmal in Verbindung mit Pfeilen und Gittern, die als Fallen gedeutet werden. Auch hier kann man eine Verbindung zum Jagderfolg sehen.

29.1 Diese Figur, halb Tier, halb Mensch, wurde während der Eiszeit an eine Höhlenwand in Südfrankreich gemalt.

29.2 Ein tanzender Medizinmann der nordamerikanischen Prärieindianer.

Lebensdeutung – Lebensgestaltung

Die Bauern der Jungsteinzeit hatten andere Probleme, aber auch andere Möglichkeiten. Sie waren nicht mehr von der Jagd und ihren Gefahren abhängig. Entscheidend war für sie der Ertrag der Ernte, das Gedeihen der Feldfrüchte und die Witterung. Entsprechend beziehen sich die Darstellungen nun auf Fruchtbarkeit und Feldarbeit. Aus einer der ältesten Siedlungen, die erforscht wurde, stammt die Figur einer Frau, die gerade ein Kind zur Welt bringt. Vielleicht sollte durch sie die Fruchtbarkeit beschworen werden. Dass Frauen eine herausgehobene Stellung in der Gemeinschaft hatten, lag unter anderem daran, dass sie die Kinder zur Welt brachten, diese auf das Leben vorbereiteten und somit die Lebensfähigkeit der Gruppe auf lange Dauer verkörperten. Hinweise auf religiöse Vorstellungen zeigen, dass der Mensch nun seine Umwelt nicht mehr einfach hinnahm, sondern versuchte, sie zu deuten und zu beeinflussen.

29.3 Figuren aus Ungarn, ca. 6000 Jahre alt.

Metallische Rohstoffe – Bronze und Eisen

Bronze = Gemisch aus ca. 80 % Kupfer und 20 % Zinn

Waren die Werkzeuge der europäischen Bauern bis vor etwa 5 000 Jahren aus Stein gefertigt, so eröffneten sich mit der Verwendung von Metallen neue Möglichkeiten. Besonders Bronze und Eisen wurden dabei wichtig. In den afrikanischen und vorderasiatischen Hochkulturen war die Metallverarbeitung schon lange bekannt.

In den meisten Teilen Europas begann diese Metallzeit zwischen 1800 und 1550 v. Chr. mit der Entdeckung der Bronze. Landwirtschaft, Handwerk, aber auch Waffentechnik und Kriegswesen wurden dadurch in vielen Bereichen revolutioniert. Damit entstand zugleich eine Reihe neuer Berufe (Bergleute, Gießer, Schmiede).

Etwa im 8. Jahrhundert wurde in Europa die Bronze durch das härtere Eisen abgelöst. Dieses war schwerer zu gewinnen und zu bearbeiten, weil sein Schmelzpunkt deutlich höher liegt als der von den Elementen der Bronze. Aus dem Eisen wurden hauptsächlich Werkzeuge (Beile, Äxte, Sägen, Zangen, Messer) und landwirtschaftliche Geräte (Sensen, Pflugschare, Hacken) hergestellt. Dies ermöglichte wiederum eine Intensivierung des Ackerbaus. Die Bronze wurde weiterhin verwendet zur Herstellung von Hausgeräten (Kessel), Schmuck oder Waffen.

30.1 Keltischer Frauenschmuck aus dem 6. Jh. v. Chr. (Fundort: Witzhofen/Bayern).

Die Kelten – Volk der Eisenzeit

Das Eisen selbst sowie die Kenntnis von seiner Gewinnung und Bearbeitung wurde in Europa durch die Kelten verbreitet. Die zentralen Siedlungsgebiete dieses Volkes waren Süddeutschland und Ostfrankreich. Von hier aus verbreiteten sich die Kelten bis etwa 500 v. Chr. über große Teile Europas.

Über die Lebensweise der Kelten haben die Archäologen inzwischen eine große Zahl von Informationen gewinnen können. Das zeigt z. B. eine rekonstruierte Keltensiedlung in Bundenbach im Hunsrück (B 30.2). Die Kelten wohnten jedoch nicht nur in solchen Dörfern. Auf Bergen errichteten sie zum Teil sehr umfangreiche Fliehburgen für kriegerische Notzeiten, so auf dem Donnersberg in der Nordpfalz. Dort ist ein insgesamt acht Kilometer langer keltischer Befestigungswall noch in Resten vorhanden.

Ein anderer Bereich, über den wir sehr gut Bescheid wissen, sind die Begräbnissitten der Kelten. So können wir aus Grabbeigaben sogar Aussagen über die „Mode" der keltischen Zeit machen (B 30.1). Sprachliche Spuren der Kelten finden sich noch heute in Irland, Schottland, Wales und in der Bretagne.

30.2 Keltisches Dorf (Rekonstruktion) in Bundenbach (Hunsrück, Rheinland-Pfalz).

1. Beschreibe, wie sich Ackerbau und Viehzucht ausgebreitet haben. (B 26.2)

2. Erläutere die Herstellung und Verwendung steinzeitlicher Geräte. (B 27.1)

3. Benenne die Tätigkeiten und Geräte, die zum Hausbau notwendig waren. Vergleiche mit dem Ablauf beim Hausbau heute. (B 28.2)

4. Verfasse eine Arbeitsanweisung zum Verspinnen von Flachs zu Garn. (B 28.3/4 und Lexikon: Stichwort „Spinnen“)

5. Skizziere den Weg vom Korn zum Brot. Ordne die Bilder in die Wirtschaftsweise von Ackerbau und Viehzucht ein. (B 31.1 und 2)

6. Backe ein Brot nach jungsteinzeitlichem Rezept. (M1)

7. Formuliere die Aussage von M 2 in eigenen Worten. Nimm Stellung.

8. Vergleiche die dargestellten Gestalten in B 29.1 und 2. Ziehe Schlüsse und begründe diese.

9. Begründe, warum die Figuren in B 29.3 typisch für die Jungsteinzeit sind.

10. Erörtere: Die Metallzeit hat eine Verbesserung des Ackerbaus ermöglicht.

11. Erforsche die Vor- und Frühgeschichte deines Wohn/Schulortes. Möglichkeiten dazu bieten dir Museen. Suche dir je zwei dort ausgestellte Funde aus der Stein- und der Metallzeit aus. Notiere bzw. beschreibe: Fundort, Material, Größe, Verwendung.

31.1 Getreideernte und Mahlen der Körner in der Jungsteinzeit, Rekonstruktion.

M1 Jungsteinzeitliches Brot

Zutaten für ein jungsteinzeitliches Brot: 250 g Weizenkörner, 1/2 dl Wasser; Sauerteig, 1 Kaffeelöffel Salz.

Zubereitung des Sauerteigs: 1 dl Wasser mit 4 Esslöffel Mehl verrühren, zwei Tage zugedeckt stehen lassen. Täglich umrühren.

Zubereitung Brotteig: Die Weizenkörner auf einer Steinmühle mahlen, etwa 15 Durchgänge. Wasser und Sauerteig beigeben und den Teig kneten. 5 Stunden ruhen lassen. Ein rundes, flaches Brötchen von etwa 17 cm Durchmesser formen.

Backzeit: Im Holzbackofen etwa 30 Minuten, im elektrischen Backofen 50 Minuten bei mittlerer Hitze.

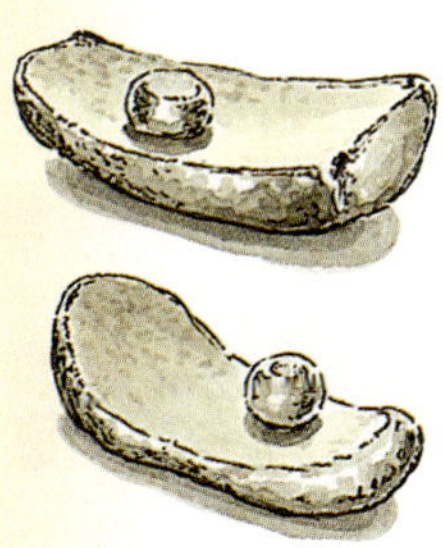

31.2 Mahlsteine mit Läufern aus der Jungsteinzeit.

M2 Folgen des Ackerbaus

Die Kost (des Menschen) wurde abwechslungsreicher, er selbst kräftiger, widerstandsfähiger und gesünder. Die Menschen lebten länger und vermehrten sich zusehends. Jetzt aber begann die Jahrtausende anhaltende Vermehrung und Ausbreitung des Menschengeschlechts über die ganze Erde. Ackerbau und Viehzucht gewöhnten den Menschen an jene geregelte Arbeit, ohne die wirtschaftlicher, technischer und zivilisatorischer Fortschritt nicht denkbar sind.

H. W. Niemann; Vom Faustkeil zum Computer, S. 17/18 gekürzt

SCHAU

Archäologie – Geschichte zum „Anfassen"

Stichwort Archäologie

Die Archäologie (griech.: Lehre von den Anfängen) ist das wissenschaftliche Studium von den Überresten der Vergangenheit. Sie kann schriftliche Quellen ergänzen oder uns über Zeiten informieren, in denen es noch keine Schrift gab.

Wichtige Funde der Archäologinnen und Archäologen werden häufig in Museen für Ur- und Frühgeschichte gezeigt. Die dortigen Sammlungen bieten z. B. Faustkeile, Schaber oder auch kleine Kunstwerke, die gefunden wurden. Mit modernen Methoden kann man sogar aus Knochenfunden menschliche Körper rekonstruieren, also ihre ursprüngliche Form wiederherstellen.

Wie Archäologen arbeiten – Beispiel Luftarchäologie

Um Vergangenes aufzuspüren, wenden die Archäologen verschiedene Methoden an wie z. B. die Luftbildarchäologie.

Bei dieser Methode werden aus einem Flugzeug Luftaufnahmen gemacht. Grundrisse von Häusern, Mauern und andere Spuren von Siedlungen aus frühgeschichtlicher Zeit können aus der Luft deutlich anhand von Bodenmerkmalen erkannt werden. Über zugeschütteten Gräben etwa ist Gras oder Getreide grüner, weil der Boden feuchter ist, über Mauerresten dagegen wächst es nicht so gut. Solche Verfärbungen und die Muster, die sich dahinter verbergen, kann man am besten aus großer Entfernung erkennen.

32.2 Gefäß der Bandkeramik (Fundort: Schauernheim/Pfalz)

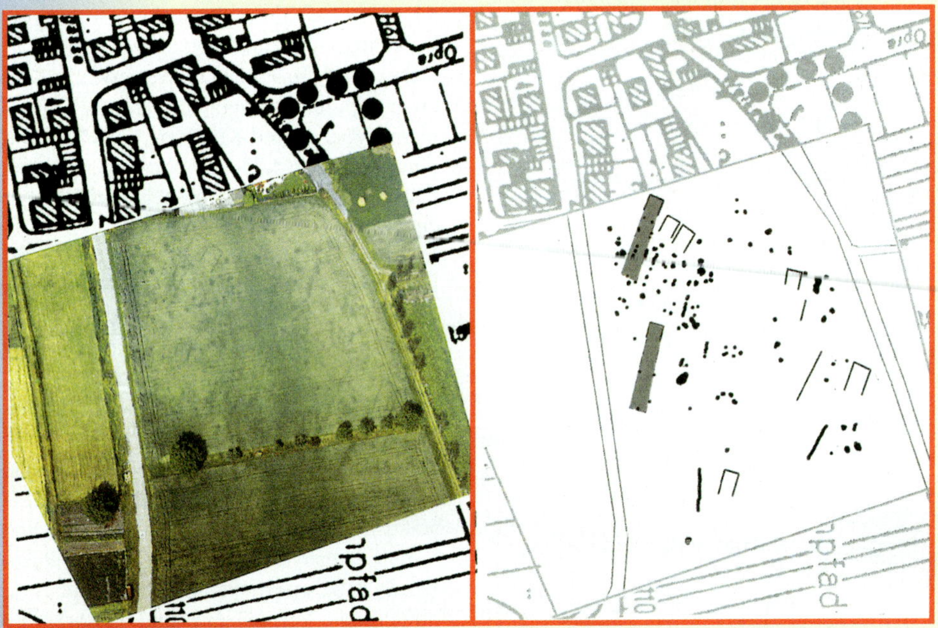

32.1 Eingepasstes Luftbild eines bandkeramischen Dorfes bei Haßloch (Pfalz). Deutlich zeichnen sich die Grundrisse der Siedlung am Boden ab.

Jungsteinzeit erleben – Vorschläge für ein Projekt

Die Archäologen bemühen sich in den letzten Jahren verstärkt darum, den Alltag der Menschen in vor- und frühgeschichtlicher Zeit mit Hilfe der so genannten Experimentellen Archäologie konkret erfahrbar werden zu lassen. Die Techniken und die für den interessierten Betrachter wenig aussagekräftigen Funde werden durch praktisches Ausprobieren lebendig. Die folgenden Beispiele sollen dazu einladen, die Jungsteinzeit zu erleben.

Ein alltägliches Werkzeug der Jungsteinzeit: die Spindel

Als die ersten Schafe an das Haus gewöhnt waren, konnte man auch ihre Wolle verwerten. Seit dieser Zeit finden wir im Umfeld von menschlichen Siedlungen Spindeln, mit denen Garne für Bekleidung und andere notwendige Gegenstände hergestellt wurden.

Herstellung einer Spindel
Der Hauptteil besteht aus einem Holzstab, ca. 15–20 cm lang, von dem du die Rinde entfernst. Der Spinnwirtel wird aus Ton hergestellt. Forme dazu einen kleinen, feuchten Batzen zu einer Scheibe von ca. 5 cm Durchmesser und stecke diese auf den Holzstab. Während sie trocknet, kannst du sie mit Strichen und Mustern verzieren.

Zum Spinnen besorgst du dir Rohwolle oder für den Anfang einen Wattebausch. Drehe einen kleinen Teil zu einem Faden und befestige diesen an dem Stab über dem Spinnwirtel. Aus der Rohwolle werden einige Fasern herausgezogen. Nun wird die herabhängende Spindel gedreht, bis ein kleines Stück Faden entstanden ist. Jetzt solltest du am unteren Ende leicht ziehen, damit der Faden gerade und fest wird, dann kannst du dein erstes Garn auf den Stab aufwickeln.

Wenn du dieses Vorgehen mehrere Male wiederholst, hast du ein ausreichendes Stück Faden, um dir ein Armband oder ein Lesezeichen zu flechten.

Tongefäße herstellen

Frage deine Kunstlehrerin oder deinen Kunstlehrer, wo du Ton herbekommen kannst. Bevor du mit dem Herstellen eines Gefäßes beginnen kannst, ziehe dir einen Kittel oder ein altes Hemd über. Decke den Tisch mit einer Unterlage aus Pappe oder Kunststoff ab.

Eine einfache und bewährte Methode zur Herstellung von Gefäßen war die Wulsttechnik. Nimm dazu die Tonmasse und forme daraus fingerdicke Schlangen bzw. Wülste. Diese legst du spiralförmig übereinander. Streiche anschließend die Wände glatt. Danach kannst du dein Gefäß mit Hilfe eines Bindfadens oder durch Einritzen mit Mustern wie bei der jungsteinzeitlichen Bandkeramik verzieren.

Willst du das Gefäß haltbar machen, musst du es anschließend so lange in den Backofen stellen, bis der Ton hart ist.

33.1 Schülerin beim Töpfern, Bad Kreuznach 2001.

Hochkulturen entstehen

Hochkulturen entstehen

Eine Viehherde wird zur Tränke getrieben, Holzmodell aus dem Grab des Hofverwalters Mektire, 1,7 m lang, um 2000 v. Chr.

Die Pyramiden von Gizeh, erbaut um 2500 v. Chr.

Ägyptische Soldaten, Holzmodell aus dem Grab des Provinzverwalters Mesekti, 2 m lang, um 2000 v. Chr.

Rechts füllen Arbeiter einen Kornspeicher, links notieren Schreiber, wie viel Getreide herbeigebracht wird. Holzmodell aus dem Grab des Hofverwalters Mektire, 29 cm hoch, um 2000 v. Chr.

Orientierung in Zeit und Raum

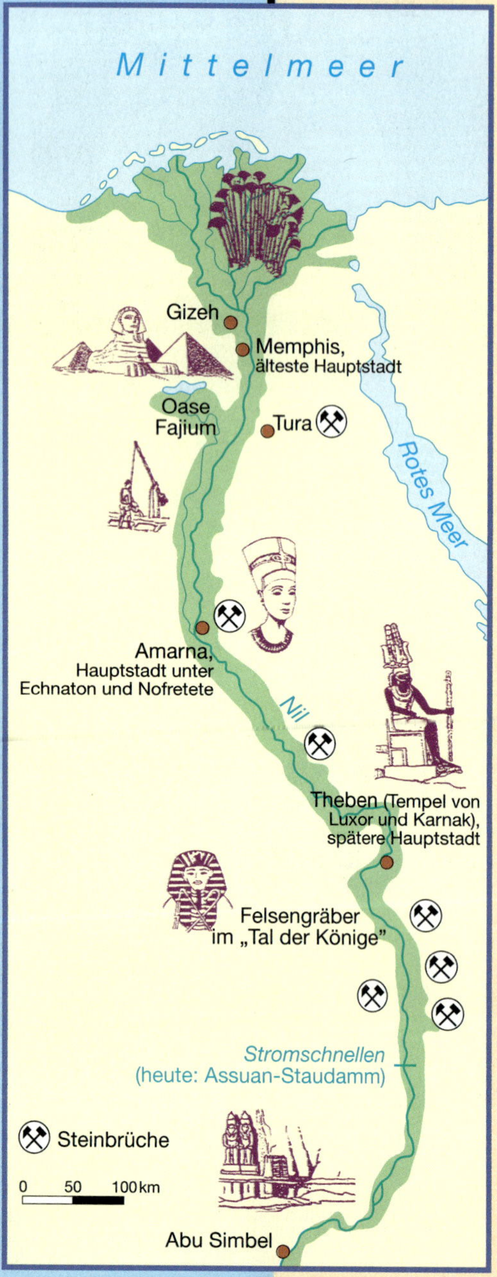

36.1 Ägypten – Hochkultur am Nil.

um 3100 – 3000 v. Chr.	In Mesopotamien entstehen Stadtstaaten der Sumerer, Erfindung der ältesten Schrift (Keilschrift).
um 3000 – 2900 v. Chr.	Ober- und Unterägypten werden zum Ägyptischen Reich vereinigt, Erfindung der Hieroglyphenschrift.
2640 – 2155 v. Chr.	In Ägypten werden die großen Pyramiden gebaut.
um 1700 v. Chr.	Hammurabi herrscht in Babylon, er lässt Gesetze aufzeichnen.
um 1250 v. Chr.	Unter Pharao Ramses II. wird der Tempel von Abu Simbel errichtet.
1550 – 1070 v. Chr.	‚Neues Reich' in Ägypten: In dieser Zeit regieren unter anderem die Pharaonen Hatschepsut, Echnaton, Tutenchamun und Ramses. Die Pharaonen lassen sich in Felsgräbern statt Pyramiden bestatten, Blütezeit der Malerei.

Schatzsucher oder Archäologe?

Welch ein Platz zum Ausruhen! Rings umgeben von Leichen, von Mumienhaufen, die mich mit Grauen erfüllten. Die Schwärze der Mauer, das wegen des Luftmangels nur trübe Funzellicht der Kerzen oder Fackeln, all die verschiedenartigen Dinge, die mich umgaben, als ob sie miteinander sprächen ...

An einem erstickend heißen Tag des Jahres 1817 störte der italienische Abenteurer Giovanni Battista Belzoni die Grabesruhe seit Jahrtausenden toter Ägypter. Wegen der Hitze fast nackt, hatte er sich mit seinem massigen Körper in die Felsengräber bei Quarna am Nil gezwängt. „Fast von Sinnen", so schrieb er später, „brachte ich es fertig, mich zu setzen. Doch sobald mein Gewicht auf dem Leichnam eines dieser Altägypter ruhte, zerbrach die Leiche. Ich versank ganz und gar zwischen diesen zerborstenen Mumien in einem Wust aus Knochen, Lumpen und Holzkästen, von denen ein solcher Staub aufstieg, dass ich eine Viertelstunde völlig bewegungslos verharrte, bis er sich gesetzt hatte."

Jahrhundertelang hatten die Bewohner des Dorfes Quarna Gräber ausgeplündert. Was sie dort gefunden hatten, verkauften sie an den Meistbietenden, und noch immer fanden sich weitere Mumien, weitere Papyrusrollen.

Ja geradezu unerschöpflich schienen die Vorräte an solchen begehrten Sammelobjekten. Die Bewohner Quarnas hausten in Grabhöhlen und benutzten Mumien als Brennmaterial! Belzoni fand sich bald mit den antiken „Händen, Füßen oder Schädeln" ab, die rings um derartige Grabwohnhöhlen verstreut lagen. Mit den Grabräubern kam er vortrefflich aus. Er bezahlte sie anständig und drang gemeinsam mit ihnen in die enge, brütend heiße Bienenwabe von Grabgängen ein, die die Westberge bei ihrem Dorf verborgen hielten. Belzoni bekam die Fundstücke als Erster zum Kauf angeboten.

(Erzählt nach: Brian M. Fagan, Abenteuer Archäologie, übersetzt von J. Klauke-Holste und J. Rehork, Augsburg 1998, S. 29, S. 48)

37.1 Totenmaske des Tutanchamun.

37.2 Grabkammer des Tutanchamun. Howard Carter machte dieses Foto, als er das Grab am 26. November 1922 öffnete.

Am 26. November 1922, hundert Jahre nach Belzoni, betrat der Archäologe Howard Carter nach langen Vorarbeiten als Erster die Grabkammer des Tutanchamun. Später schilderte er seine Gefühle: „Es war, als ob sich Vergangenheit und Gegenwart berührten, als ob die Zeit stillstand und wartete."

1. Überlege, worin sich Howard Carter und Giovanni Battista Belzoni ähnelten und was sie unterschied.

2. Welche Geschichten aus ihrer Zeit könnten die Gräber und Mumien erzählen?

1. Ägypten – Ein Volk am Fluss

38.1 Ein Dorf am Nil.

Mitten in der Wüste

Schon vor 5000 v. Chr. zogen Wüstenvölker an die Küsten des Nils, weil dort wenigstens für eine Jahreszeit reichlich Wasser vorhanden war. Im Spätsommer jeden Jahres überschwemmte der Nil weite Teile des Landes Ägypten. Starke Niederschläge im Inneren Afrikas ließen den Fluss dann über seine Ufer treten (Nilschwemme). Die Fluten brachten mineralhaltigen, schwarzen Schlamm mit, der sich in den Überschwemmungsgebieten ablagerte. Diese Schlammschicht war teilweise 6 – 10 m hoch und ausgesprochen fruchtbar. Gute Ernten versorgten die Menschen mit Lebensmitteln und begründeten so den Reichtum des alten ägyptischen Staates. Die Menschen am Fluss nannten den schmalen Streifen beiderseits des Flusses und das Mündungsgebiet des Nils „Kemet" – Schwarzes Land.

38.2 Der Flussgott Hapi.

Der Höhepunkt der Nilschwelle, den die Ägypter mit einem Fest feierten, war über viele Jahre hinweg so gut berechenbar, dass der ägyptische Kalender sich danach ausrichten konnte. Darüber hinaus fingen die Ägypter im Nil Fische oder Sumpfvögel und nutzten ihn als Transportweg. In der Vorstellung der Menschen war der Fluss der Gott Hapi, der sich den lebensspendenden Strahlen des Sonnengottes Re entgegenreckte. Hapi wurde in der Kleidung der Sumpffischer abgebildet, seine Hautfarbe entsprach dem Grün und Blau des Nilwassers. Zum Zeichen äußerster Fruchtbarkeit hatte Hapi männliche und weibliche Merkmale (→ 38.2).

Ägypten wird ein Staat

Die jährliche Nilschwemme überlagerte die Grenzen der Äcker. Nur mit genauen Karten konnten die Bauern ihre Felder wiederfinden und Besitzstreitigkeiten klären. Mit der Zeit bildete sich eine spezialisierte Berufsgruppe heraus, die unparteiisch und präzise die einzelnen Besitzungen auflistete. Dazu brauchten die Schreiber eine funktionstüchtige Schrift und ein Material, auf dem die Aufzeichnungen lange Zeit erhalten blieben.

Für die Aussaat und spätere Ernte blieb nach der Nilüberschwemmung nur wenig Zeit, so dass die Arbeitsschritte gut organisiert werden mussten. Zunächst leisteten die Gemeinden solche Verwaltungs- und Organisationsarbeiten. Je mehr die einzelnen kleineren Gemeinden jedoch zusammenwuchsen, desto nötiger schien eine zentrale Verwaltung. Als sich der Pharao an die Spitze dieser Verwaltung setzte und für Zusammenhalt und Ordnung sorgte, war der entscheidende Schritt vollzogen: Allmählich setzten die Pharaonen ihre Herrschaft in Unter- und Oberägypten durch. Es gab jetzt einen ägyptischen Staat.

39.1 Leben am Nil: Fischer und Vogelfänger, Wandmalereien aus Gräbern um 1500 v. Chr.

Die Speisekarte der Ägypter

Palmen waren eine wichtige Lebensgrundlage. Die Bewohner des Niltals aßen die Früchte der Dattelpalmen oder süßten mit ihnen das Bier, manchmal benutzten sie die Datteln auch als Medizin oder zur Mundreinigung. In den waldarmen Flussgebieten dienten die Stämme als Bauholz, die dichten Palmwedel gaben eine gute Dachabdeckung. Matten und Körbe für den täglichen Gebrauch wurden ebenfalls aus Palmwedeln geflochten. Aus den Kernen schnitzten die Menschen Knöpfe oder Schmuck.

Eine der wichtigsten Routen der Zugvögel führt durch Ägypten. Zweimal im Jahr treffen riesige Vogelschwärme im Niltal ein, um hier eine Rast einzulegen. Für die alten Ägypter boten diese Vogelschwärme, zusammen mit den heimischen Vogelarten, eine ausreichende Versorgung, so dass sie kein Geflügel züchteten: Die Vögel wurden mit Schlingen und Netzen gefangen. Danach wurden sie entweder gemästet oder sofort gekocht und verzehrt. Die Eingeweide verarbeiteten die Ägypter zu Medikamenten.

Der Getreideanbau hatte in Ägypten eine lange Tradition: Bereits im Verdauungssystem vorgeschichtlicher Mumien hat man Hülsen von Gerstenkörnern gefunden, aus steinzeitlichen Vorratsgruben am Rande der Wüste kamen Weizenkörner zum Vorschein. Die Menschen vom Fluss zerstampften die Getreidekörner im Mörser mit einem Stößel oder mahlten es mit einer Rolle auf einem flachen Reibstein (→B30.2, 43.1) zu Mehl. Den Brotteig für einen vielköpfigen Haushalt kneteten sie anstatt mit den Händen auch mit den Füßen. Die Brotlaibe wurden in ovalen Öfen gebacken; für Fladenbrote legte man den Teig häufig auf die Außenwand des Ofens.

39.2 Dattelpalmen im Niltal.

Wenn die alten Ägypter Gerste und Brotgetreide in Töpfen aus Ton miteinander vermischten und vergoren, entstand Bier. Es wurde meist täglich frisch zubereitet. Alle Schichten der ägyptischen Gesellschaft betrachteten Brot und Bier als Grundnahrungsmittel. Sie waren von so großer Bedeutung für den Alltag der Ägypter, dass sie sich mit den Worten „Mögest du Brot und Bier haben" begrüßten – etwa wie wir heute „Guten Tag" sagen. Selbst den Toten wurde Bier ins Grab mitgegeben, wie wir aus Grabfunden wissen.

Q1 Ein Loblied auf den Nil

Sei gegrüßt, Nil, hervorgegangen aus der Erde,
gekommen, um Ägypten am Leben zu erhalten!
Herr der Fische, der die Zugvögel stromauf ziehen lässt,
der Gerste schafft und Bohnen entstehen lässt.
Wenn er faul ist, dann werden die Nasen verstopft, und jedermann verarmt.
Wenn er habgierig ist, ist das ganze Land krank, Große und Kleine schreien.
Beständig an Regeln kommt er zu seiner Zeit, Ober- und Unterägypten zu füllen.
Die Menschen kleidet er mit dem Flachs, er lässt den Webergott seine Erzeugnisse herstellen und den Salbengott sein Öl.
Alle Erzeugnisse werden aus ihm hervorgebracht; selbst alle Bücher von Hieroglyphen: Denn er versorgt die Menschen mit Papyrus. Fließe, Nil! Man opfert dir.
Komm nach Ägypten! Auf, Verborgener!
Der du Menschen und Tiere am Leben erhältst mit deinen Gaben des Feldes.

Ägyptische Hymnen und Gebete, hrsg. v. Jan Assmann. Zürich 1975, S. 500 ff., gekürzt und vereinfacht.

40.1 Feldarbeit in Ägypten. Wandmalerei aus dem Grab des Menena, um 1400 v. Chr. Beschreibe, welche Arbeiten hier verrichtet werden. Ein Tipp: Du musst das Bild von unten nach oben „lesen".

41.1 Feldbewässerung in Ägypten: trockene und bewässerte Felder. – Ein Bauer schöpft Nilwasser, Grabmalerei, um 1500 v. Chr. – Ein Bauer heute.

Q2 Ägypter bei der Arbeit

Ein Schreiber macht um 2000 v. Chr. seinem Gehilfen deutlich, wie schwer es Menschen in anderen Berufen haben:

Der Wäscher steigt den Tag lang hinauf und hinab, alle seine Glieder werden müde, wenn er täglich die Kleider seines Nachbarn weiß wäscht. Der Ziegelmaurer ist mit Erde beschmiert wie einer, dessen Angehörige gestorben sind; seine Hände und Füße sind voller Schlamm, und es ist, als ob er im Sumpf steckte. Der Schuster ist mit Gerbstoff beschmiert und sein Geruch ist leicht zu erkennen. Seine Hände sind rot von Farbe, als wäre er mit seinem Blut beschmiert. Der Kranzbinder macht Blumensträuße. Er verbringt die Nacht mit Arbeit, als wäre die Sonne schon über ihm aufgegangen.
Die Handelsmänner fahren stromab und stromauf und sind beschäftigt, um die Dinge einer Stadt zur andern zu tragen, und versorgen den, der nichts hat.
Aber die sie zur Steuer einschätzen (Schreiber und Beamte), tragen das Gold und die schönsten Steine jeder Art fort.
Der Handwerker auf dem Zimmerplatz trägt das Holz und legt es hin. Gibt er die Arbeit für gestern erst heute ab, wehe dann seinen Gliedern. Der Vorarbeiter steht hinter ihm und sagt zu ihm böse Worte. Ein Handlanger auf dem Felde ist härter dran als jeder andere Beruf. Den Tag schleppt er sich mit seinem Gerät und muss fest bei seinem Schrein bleiben.
Und nun komm, dass ich dir darlege, wie es dem Landwirt ergeht, diesem auch so harten Beruf. …

Altägyptische Lebensweisheit, hrsg. v. F. W. von Bissing, Zürich 1955, S. 67 ff., gekürzt und vereinfacht.

1. Die Entwicklung Ägyptens vor 5 000 Jahren ist ohne den Nil undenkbar. Erläutere. (VT, Q1, B 39.1, 41.1)

2. Beschreibe möglichst genau die Abbildungen B 41.1. Überlege, welche Veränderungen sie für die Menschen im alten Ägypten mit sich brachten.

3. Während in Europa die Lebensbedingungen der Jungsteinzeit herrschten, entwickelte sich in Ägypten ein Staatswesen. Vergleiche in einer Tabelle die Lebensorganisation beider Räume. (Q 2)

2. Gesellschaft, Wirtschaft und Herrschaft – das Leben im Pharaonenreich

42.1 Statue des Pharaos Horemheb mit dem Gott Horeb, um 1580 v. Chr. Horeb hält das Lebenskreuz in der Hand.

42.2 Die Pharaonin Hatschepsut auf der Jagd, Relief, um 1500 v. Chr.

42.3 Idealbild einer ägyptischen Königin (Ehefrau eines Pharaos) – Nofretete, 14. Jahrhundert v. Chr.

Hatschepsut regierte Ägypten 21 Jahre lang (1503–1482 v. Chr.). Hatschepsut, die mit ihrem Halbbruder Thutmoses II. verheiratet war, ergriff nach dessen Tod als Regentin für seinen Sohn Thutmoses III. die Herrschaft, nahm einen Horus-Namen an und alle weiteren Herrschaftszeichen eines Pharaos.

Zwischen Göttern und Menschen: Der Pharao

Die Pharaonen im alten Ägypten führten in der Regel fünf verschiedene Namen in ihrem Titel, die alle eine enge Beziehung zu den Göttern ausdrückten. Einer dieser Beinamen war „Goldener Horus“: Der Pharao bezeugte damit seine Bindung an den falkenköpfigen Gott Horus, das Adjektiv „golden“ verwies auf die goldene Sonnenscheibe. Um ihre besondere Stellung deutlich zu machen, besaßen die Pharaonen außerdem ausschließlich ihnen vorbehaltene Herrschaftszeichen: Ihre Kopfbedeckung war mit einem Geier und einer Kobra verziert, den Symbol-tieren Ober- und Unterägyptens; sie trugen einen künstlichen Bart (selbst die Pharaonin Hatschepsut musste ihn tragen, → B 42.2), einen Tierschwanz am Gürtel oder den Krummstab und die Peitsche. Der Krummstab verwies auf die Aufgaben des „Hirten seiner Untertanen“, die Peitsche auf den „Verteidiger gegen die Feinde“.

Der Pharao war Vermittler zwischen den Menschen und den Göttern. Er opferte den Göttern und teilte ihnen die Gebete seiner Untertanen mit. Starb ein Pharao, erwarteten die Menschen Sonnenfinsternisse oder Naturkatastrophen.

Der Pharao herrscht durch seine Beamten

Der Pharao konnte die Vielzahl seiner Aufgaben auf eine große Anzahl von Staatsbeamten verteilen: Zivile Beamte waren für die Verwaltung und das Rechtswesen zuständig. Militärs organisierten die Armee und über religiöse Fragen wachte die Priesterschaft. Durch die Verwaltung herrschte der Pharao in allen – auch den entferntesten – Teilen des Reiches. Gleichzeitig zeigte die Verwaltung jeden Tag und überall im Reich die königliche Macht.

Der Pharao übertrug seine Autorität und Herrschaftsgewalt an hohe Beamte, Wesire, die wieder anderen Männern Aufgaben und Pflichten übertrugen. Gouverneure sorgten in den Provinzen, in die Ägypten aufgeteilt war, für die Aufrechterhaltung der Ordnung. Wegen der schlechten und langsamen Verbindungswege innerhalb des großen Landes hatten die Gouverneure eine erhebliche Macht und große Bedeutung für das Funktionieren der Verwaltung: Sie kontrollierten die Bewässerung und die Bebauung der Felder, legten die Grenzen nach den jährlichen Überschwemmungen fest, überwachten die Ernte und listeten die Erträge auf, um die Steuern einzuziehen.

■ Alltag und Familienleben der Ägypter

Die Bevölkerung war streng in Schichten geteilt, in die man hineingeboren wurde. Ein Wechsel war zwar grundsätzlich möglich, aber ausgesprochen selten. Häufig gaben die Väter ihren Beruf an die Söhne weiter. So kamen die hohen Beamten ausschließlich aus der Schicht der Schreiber.

Die meisten Ägypter waren Bauern. Wenn es keine Unregelmäßigkeiten bei der jährlichen Überschwemmung gab, produzierten sie genügend Lebensmittel für alle Bewohner des Landes. Auch in den Städten zählte die Landarbeit zur alltäglichen Beschäftigung.

Aus gebrannten Lehmziegeln errichteten die einfachen Ägypter ihre kleinen Häuser. Die Einrichtung, die die Hinterbliebenen nach dem Tod ihrer Bewohner häufig zerstörten, war ausgesprochen schlicht: In den Dörfern reichten eine Schlafstätte, einige Bänke und eine Truhe als Mobiliar aus.

Überliefert ist auch, dass die Ägypter sehr auf ihre Hygiene achteten, zumindesten die Bessergestellten, die Zeit und Möglichkeiten dazu hatten: Viele von ihnen badeten mehrmals am Tag. Schließlich war es in Ägypten schon damals meistens heiß und staubig.

Die meisten ägyptischen Haushalte bestanden aus Eltern und ihren Kindern. Zu entfernteren Verwandten unterhielt die Familie nur eine lockere Bindung: Die ägyptische Sprache hat nur Begriffe für die Eltern und Geschwister und deren Verwandtschaftsverhältnisse. In besser gestellten Haushalten lebten auch Bedienstete, die nicht zur Familie gehörten. Im Haushalt eines mittleren Beamten lebten beispielsweise fast 80 Bedienstete, die meisten davon Sklaven.

■ Die Stellung der Frauen

Rechtlich waren Frau und Mann gleichgestellt. Die ägyptischen Frauen schlossen Verträge ab, traten vor Gericht als Klägerin oder Zeugin auf, übernahmen die Vormundschaft für ein Kind und vererbten ihren eigenen Besitz innerhalb der Familie. Naunachte, die um 1200 v. Chr. im Dorf Deir el-Medina lebte, enterbte beispielsweise vier ihrer acht Kinder, weil sie sich im Alter nicht um sie gekümmert hatten. Mit Überschüssen aus dem eigenen Haushalt traten Ägypterinnen auch als Geschäftsfrauen auf.

Über die Masse der Frauen in den Unterschichten sagen die Papyrustexte wenig aus. Manches wissen wir aber aus Figurenfunden (B 43.1). Geprägt war ihr Leben von der Kindererziehung, der Arbeit auf den Feldern und der Produktion von Nahrungsmitteln. Damit hatten Frauen einen ganz wesentlichen Anteil an der Sicherstellung der Lebensgrundlagen.

43.1 Der Aufbau der ägyptischen Gesellschaft. Erkläre, wer Aufträge und Befehle erteilen kann, wer Befehle ausführen und gehorchen muss.

44.1 Ramses II. empfängt Gesandte des eroberten Landes Kusch in Nubien. Bemaltes Wandrelief aus einem Tempel, um 1220 v. Chr.

Q1 Die Aufgaben des Pharao

a) *Begrüßungshymne der Höflinge an den Pharao Ramses II., 13. Jahrhundert v. Chr.:*

Wir kommen zu dir, Herr des Himmels, Herr der Erde, du lebende Sonne des ganzen Landes, Herr der Lebensdauer, mit geregelter Umlaufzeit, du Sonnengott Atum der Menschheit,
Herr vielfacher Speisung, an dessen Fußstapfen sich der Segen der Nährschlange heftet. Du, der die Fürsten macht und die Waisen aufbaut, dessen Rede alle heilige Speise entstehen ließ,
der wacht, wenn alles schläft, dessen Kraft Ägypten errettet, der über die Fremdländer obsiegt und triumphierend heimkehrt, dessen Stärke Ägypten schützt,
Geliebter der Wahrheit, der in seinen Gesetzen lebt, der die beiden Länder behütet, mächtig an Jahren, groß an Gewalt, dessen Schrecken die Fremdländer weichen lässt, du, unser Pharao, unser Herr, unsere Sonne, von dessen Aussprüchen alles lebt.

G. Guggenbühl (Hrsg.), Quellen zur Geschichte des Altertums, Zürich 1964, S. 16, gekürzt und vereinfacht.

b) *Botschaft Ramses' II. an die Arbeiter:*

Ich verbessere eure Lage, denn wenn ihr mit Liebe für mich arbeitet, werde ich durch euer Wohlergehen gestärkt. …
Ich lasse euch nicht einen Tag ohne Lebensmittel. Außerdem wird jeder von euch für jeden Monat bezahlt. Ich habe für euch Speicher mit Dingen aller Art angefüllt, mit Backwerk, Fleisch und Kuchen, euch zu ernähren, mit Sandalen, Kleidern und verschiedenartigen Duftessenzen, damit ihr eure Häupter alle zehn Tage salben könnt und das ganze Jahr über mit Kleidung versehen seid, dass ihr gutes Schuhwerk an den Füßen habt und keiner von euch die Nacht voll Furcht vor dem Elend zubringe. …
Ich habe alles dies getan, weil ich mir sagte: Solange ihr lebt, werdet ihr den gleichen Eifer zeigen und für mich arbeiten.

G. Prause, Zu jeder Mahlzeit tranken die Ägypter Bier, in: DIE ZEIT, Nr. 10, 1980, S. 76.

Q2 Dienstvorschrift für einen Wesir

Aus einer Grabinschrift aus dem 15. Jahrhundert v. Chr.:

13. Ihm meldet man jeden, der eine Bittschrift an den Herrscher richtet, nachdem er sie schriftlich eingereicht haben soll.
14. Er schickt jeden Boten der Verwaltung aus, der zu den Bürgermeistern und Ortsvorstehern geschickt wird. …
16. Er zieht die Truppen zusammen, die zur Begleitung des Herrschers stromauf und stromab mitgehen. Er bestimmt den Rest der Truppen, der in der südlichen Hauptstadt und Residenz stationiert bleibt. Man bringt ihm den Proviantmeister zu seiner Halle und den Stab des Heeres, damit er ihnen die Heeresvorschriften gibt.

17. Man lasse überhaupt jeden Beamten, vom höchsten bis zum niedrigsten, in die Halle des Wesirs eintreten, damit sie sich untereinander beraten.

18. Er schickt zum Bäumefällen aus. Er sendet Männer aus, um im ganzen Lande Kanäle zu graben. Er schickt die Bürgermeister und Ortsvorsteher im Sommer zum Ackern. …

21. Er sendet die Soldaten und Katasterschreiber aus, damit sie die Anweisungen des Herrschers ausführen. In seiner Halle sollten die Akten des Stadtbezirkes sein, damit man über jedes Feld Verhör abhalten kann. Er setzt die Grenzen jedes Stadtbezirkes, jeden Weidelandes, jedes Tempelgutes und überhaupt die Grenze jedes durch eine gesiegelte Urkunde festgelegten Grundstücks fest.

24. Er legt die Liste aller Rinder an. Die Bürgermeister, Ortsvorsteher und jeder Bürger melden ihm alle ihre Abgaben. Man meldet ihm den Aufgang des Sirius und das Steigen des Nils. Man meldet ihm jeden Regen.

Geschichte in Quellen, Bd. 1: Altertum, bearb. v. W. Arend, München 1965, S. 34–36, gekürzt und vereinfacht.

1. Unter Ramses II. erlebte Ägypten im 13. Jahrhundert v. Chr. eine seiner glanzvollsten Phasen. Erläutere das. (Q1 a, B 44.1, B 45.1)

2. Stelle am Beispiel von Ramses II. die Aufgaben zusammen, die ein Pharao zu erfüllen hatte. (Q1 b)

3. Nenne die Aufgabenbereiche eines Wesirs (Q2). Welche Personen oder Einrichtungen erledigen diese Aufgaben in unserer Gesellschaft?

4. Beschreibe, wie die Pharaonin Hatschepsut in B 42.2 dargestellt wird.

5. Um den Aufbau der ägyptischen Gesellschaft darzustellen, eignet sich das Bild einer Pyramide. (B 43.2) Erkläre das.

45.1 Viermal Ramses II. – Bei Abu Simbel ließ sich der Pharao im 13. Jahrhundert v. Chr. einen monumentalen Tempel errichten.

45.2 Kalksteinfigur einer Bierbrauerin, um 2350 v. Chr.

45.3 Möbelschreinerei, Malerei auf dem Grab des Wesirs Rechmire um 1550 v. Chr.

Die Bilder der Ägypter

Grabmalereien

Die ägyptischen Grabmalereien, die einen Einblick geben in die Lebensweise vor 3000 Jahren, wirken trotz ihrer Lebendigkeit fremd auf uns. Die Körper und Gesichter erscheinen schematisch und ähneln sich sehr stark, die Malereien sind nicht realistisch. Aber darum ging es den Künstlern auch gar nicht: Sie wollten und sollten das darstellen, was die Ägypter für wichtig hielten. Viele Vorgänge waren mit religiösen Vorstellungen verbunden, die die Künstler ausdrücken wollten. Jeder Betrachter sollte sie sofort erkennen können. Über einen langen Zeitraum hinweg bildeten sich Vorschriften für die Darstellung heraus. Die Auftraggeber achteten streng auf die Einhaltung dieser Regeln.

Betrachten wir B 46.1: Die Sonne auf dem Kopf des Sonnengottes Re hat mit der echten Sonne nur wenig gemeinsam. Die Größenverhältnisse stimmen ebenso wenig wie Farbe oder Form. Ihre Strahlen gleichen Lotusblüten und fallen ausschließlich auf die Frau, die ihre Hände betend erhoben hat. Der gesamte Körper ist im Profil, also seitlich dargestellt, nur der Oberkörper und ein Auge mit Augenbraue sind in der Vorderansicht zu sehen.

Der Opfertisch in der Mitte der Darstellung zeigt die Opfergaben sämtlich von vorn, einfach übereinander gestapelt. So sieht der Betrachter jeden Gegenstand. Der Tisch ist im Profil abgebildet, ohne jede räumliche Tiefe.

46.1 Bemalter Grabstein, um 1000 v. Chr.

Enge Gestaltungsregeln

Die strengen Gestaltungsregeln verursachten auch Schwierigkeiten. So mussten die Pharaonen so dargestellt werden, dass sie in der linken Hand den Krummstab und in der rechten die Geißel hielten. Auf Reliefs musste der Krummstab immer in die Blickrichtung des Pharaos zeigen, die Geißel nach hinten. Schaute der Pharao nach rechts, hielt er Geißel und Krummstab vorschriftsmäßig. Schaute er allerdings nach links, hätten sich Geißel und Krummstab vor der Brust des Pharaos kreuzen müssen. Das ließen die strengen Gestaltungsregeln nicht zu! Also gab man dem Pharao Stab und Geißel nicht nur in die „falschen“ Hände, man zeichnete oft noch darüber hinaus die Hände verdreht, als säße nun die linke Hand am rechten Arm und umgekehrt.

Interpretation von Bildern

Bilder sind eine wichtige Geschichtsquelle. Zu ihrer Erschließung eignen sich besonders die folgenden vier „Schlüsselfragen":

- Was wird dargestellt? (Personen, Gegenstände, Vorgänge)?
- Woran wird die unterschiedliche Bedeutung (soziale/berufliche Stellung) der dargestellten Personen erkennbar?
- Wie unterscheiden sich Bildvordergrund und Bildhintergrund (im Hinblick auf die „Bildbotschaft")?
- Gibt es Informationen über Größe, Datierung, Fundort und Material des Bildes?

Untersuche die Bilder B 47.1–3 anhand der genannten „Schlüsselfragen". (Bedenke dabei jedoch: Nicht alle Bilder beantworten alle Fragen.)

47.1–3 Die Grabmalereien der Ägypter behandeln ganz unterschiedliche Motive. Drei große Motivthemen sind das Leben und die Taten der Pharaonen, die wirtschaftliche Tätigkeit des Volkes und religiöse Darstellungen (insbesondere über den Tod und das Jenseits).

3. Religion – Jenseitsvorstellungen der Ägpter

Die Welt der Götter

In der Vorstellung der alten Ägypter hatten Götter Einfluss auf jeden Bereich ihres alltäglichen Lebens. Auch begleiteten sie die Menschen auf dem schwierigen Weg ins Jenseits.

Amun-Re galt als König der Götter. Ursprünglich war er der Stadtgott von Theben. Da diese Stadt als Königsstadt sehr wichtig war, wurde er schließlich mit dem Sonnengott Re gleichgesetzt und zum Hauptgott des ägyptischen Reiches.

Thot galt als Herr der Weisheit: Er soll die Schrift erfunden und erstmals den Kalender berechnet haben. Auch kannte er alle Geheimnisse der Heilkunst. Er war der Schreiber der Götter, als Mond steuerte er die Zeit.

Der schakalköpfige Gott **Anubis**, „der die Herzen an sich nimmt“, war für die Einbalsamierung der Toten zuständig und konnte den Verstorbenen so zu ewigem Leben verhelfen.

Die bekannteste Götterfamilie ist die Familie von **Isis** und **Osiris**. In ihrer Geschichte wird die Hoffnung auf ein Leben im Jenseits dargestellt. Osiris wurde von seinem Bruder Seth ermordet und in Stücke zerteilt. Isis, seine Frau, suchte die Körperteile und setzte sie wieder zusammen. Ihr gemeinsamer Sohn ist der falkenköpfige **Horus**.

Wiedergeburt im Jenseits

Die Ägypter stellten sich vor, dass die Götter den Verstorbenen nach seiner Wiedererweckung prüften (→ B 61.1). Um das ewige Leben zu gewinnen, musste der Wiedererweckte vor ein Totengericht treten. Hier wogen die Götter seine Seele und urteilten, ob er ein gerechtes Leben geführt hatte. Hatte er dies nicht, so erwarteten ihn die Schrecken der Totenverschlingerin, die häufig als Mischung aus Krokodil und Flusspferd dargestellt wurde.

Um ihren Körper zur Wiedergeburt vorzubereiten, gaben diejenigen, die es sich finanziell leisten konnten, in Auftrag, ihre Leiche zu mumifizieren. Das Konservieren war ein sehr kompliziertes Handwerk. Zahlreiche Mumienfunde, aber auch der griechische Historiker Herodot geben uns Auskunft darüber, wie die Ägypter zu Werke gingen. Zuerst wurden die inneren Organe entfernt, getrocknet, getrennt eingewickelt und in besonderen Behältern, Kanopen, im Grab aufbewahrt. Nur das Herz, das als Sitz der Vernunft, des Gedächtnisses und der Persönlichkeit galt, blieb im Körper. Den gesamten Leichnam legten die Einbalsamierer 40 Tage zum Austrocknen in Natron. Danach wuschen sie den Körper und füllten Hohlräume mit Leinen und Harz aus. Anschließend wickelten sie den Leichnam in Leinenbinden. Auf den Kopf wurde eine Gipsschicht aufgetragen, auf die man das Gesicht des Toten malte, Pharaonen erhielten auch Totenmasken aus Gold. Die einbalsamierte und gewickelte Mumie legte man in einen Sarkophag oder in mehrere, ineinander geschachtelte Sarkophage, die den Körper magisch schützen sollten. Aufgemalte Bilder und Texte hatten die Aufgabe, die Seele auf den Weg durch das Jenseits zu leiten. Den Pharaonen, die bei Gizeh bestattet sind, wurden sogar Schiffe beigegeben, die sie über die Gewässer des Jenseits tragen sollten.

48.1 Aus der ägyptischen Götterwelt: Anubis und Amun-Re.

48.2 Sarkophag und Mumie einer Priesterin aus Theben.

49.1 Prüfung des Wiedererweckten, aus dem Papyrus des Hunefer, 1290 v. Chr.: Anubis führt den wiedererweckten Hunefer zum Totengericht. Auf der Waagschale ruht links das Herz des Verstorbenen. Nur wenn er keine Sünden begangen hat, ist es so leicht wie die Feder der Göttin Maat, die auf der rechten Waagschale liegt. Thot notiert das Ergebnis des Totengerichts. Dann führt Horus den Toten zum Gott der jenseitigen Welt, Osiris.

Q1 Aus einem Totenbuch

Hier beginnen die Kapitel, die die Reise der Seele in die hellen Lichter des Tages erzählen, die Wiederauferstehung des Toten im Geiste, seinen Eintritt und seine Reisen in den Regionen des Jenseits.

C. Delacampagne, Geheimnisvolles Ägypten, Augsburg 1991, S. 46, gekürzt.

Q2 Das Schicksal des Pharao

Inschrift auf einer Pyramide:

Deine Gebeine werden für dich wieder vereinigt, deine Glieder werden für dich geordnet, der Staub, der auf dir lag, wird vertrieben, was dich bindet, wird gelöst. Dir wird das Grabmal geöffnet, die zwei Pforten des Sarkophags gleiten auseinander, schließlich werden für dich die Pforten des Himmels errichtet. … Die Zeit und das Leben des Pharao sind von unendlicher Dauer; seine Grenzen sind die Ewigkeit. In jener Würde im Jenseits kann er tun, was er liebt, und sein lassen, was er verabscheut – er, der zwischen den Grenzen der Horizonte wohnt, ewig und für immer.

C. Delacampagne, Geheimnisvolles Ägypten, Augsburg 1991, S. 102, bearbeitet.

Q3 Aus dem Brief eines Witwers an seine verstorbene Frau

Was hast du Übles gegen mich getan, dass ich in den schlimmen Zustand geraten bin, in dem ich mich befinde? Was habe ich gegen dich getan? Es ist geschehen, dass du gegen mich vorgehst, obwohl ich nichts Übles gegen dich getan habe, seit ich mit dir als Gatte lebte bis zum heutigen Tage. … Ich werde gegen dich Klage vorbringen vor den Göttern des Westens, und man wird dich und mich auf Grund des Schreibens, das ich verfasst und geschrieben habe, richten. …

A. Eggebrecht, Das Alte Ägypten, München 1997, S. 291.

1. Für die Ägypter war es eine wichtige Frage, was nach dem Tod mit ihnen geschehen würde. Erarbeite eine Antwort, indem du besonders auf das Totengericht eingehst. (VT, B 49.1, Q 1, Q 2, Q 3)

2. Wer es sich leisten konnte, ließ sich nach seinem Tod einbalsamieren. Erkläre die damit verbundene Absicht.

4. Mensch und Technik – Pyramiden für die Ewigkeit

50.1 Der Sphinx vor der Pyramide des Chephren, erbaut um 2500.

Die Pyramide des Cheops

Die Pyramide des Cheops (→B 50.2), die größte der Pyramiden von Gizeh besteht aus ca. 2,5 Millionen Steinquadern, von denen manche bis zu 15 Tonnen wiegen. Zehntausende ägyptischer Landarbeiter und Bauern konnten während der Nilflut für drei oder vier Monate im Jahr nicht auf den Feldern arbeiten. In dieser Zeit wurden sie zum Pyramidenbau herangezogen. Die harte Arbeit wurde mit Nahrungsmitteln entlohnt.

Die Sphinx aus der griechischen Sage, die diejenigen, die ihre Rätsel nicht löste, verschlang, war weiblich (Löwenleib und Frauenoberkörper). Ägyptische Sphinxe (der Sphinx) sind männlichen Geschlechts (Löwenleib und Männer-, manchmal auch Sperberkopf).

Neben den Pyramiden fanden Archäologen auch kleine, rechteckige Grabbauten, die Mastabas. Hier ruhen die Mitglieder der Pharaonenfamilie, Adlige und hohe Hofbeamte. Sie wurden in der Nähe des Pharaos bestattet, um ihm auch im jenseitigen Leben weiter dienen zu können. Als Gegenleistung hofften sie, bei den Gebeten erwähnt zu werden, die der Pharao bei den Totenpriestern in Auftrag gegeben hatte.

Die Wohnhäuser dieser Totenpriester lagen nahe bei den Pyramiden. Die Totenpriester waren als Belohnung für ihre Gebete und die Pflege der Grabanlagen weitgehend von Steuern und Abgaben befreit. Die Kosten für ihren Lebensunterhalt deckten sie aus den Einnahmen der Tempel.

Der Wächter im Sand

Der Sphinx wurde aus einem Felsblock gehauen, der wegen seiner Brüchigkeit beim Pyramidenbau nicht benutzt werden konnte. Die 73 m lange und 20 m hohe Statue stellt einen liegenden Löwen mit Königskopf dar.

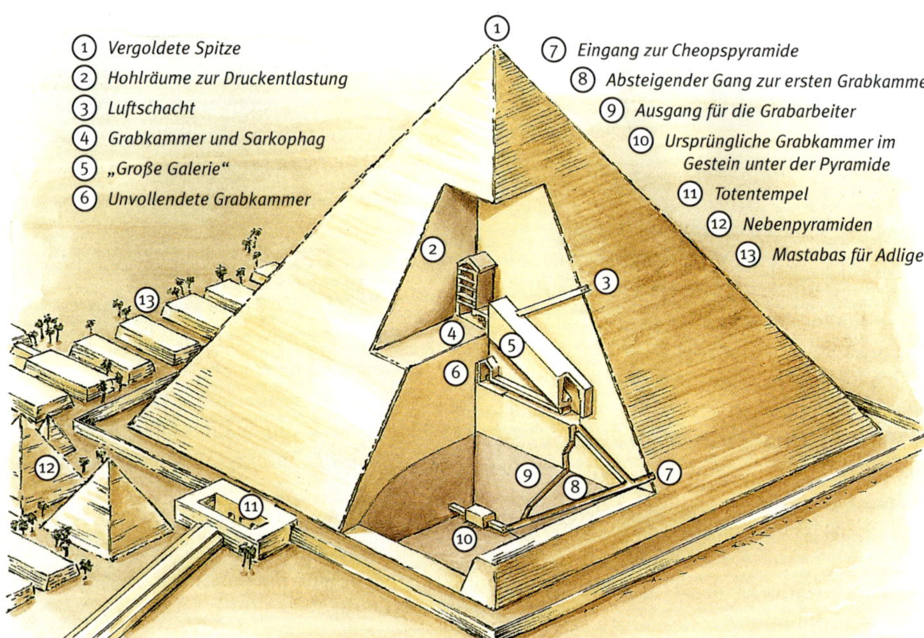

50.2 Schnitt durch die Pyramide des Cheops (146 m hoch, um 2540 v. Chr.).

51.1 Bau einer Pyramide, Rekonstruktionszeichnung.

Q1 Der Bau der Cheopspyramide

Der griechische Geschichtsschreiber Herodot besuchte um 450 v. Chr. Ägypten:

Cheops stürzte das Land ins größte Unglück. Er zwang alle Ägypter dazu, für ihn zu arbeiten. Die einen mussten Steinblöcke aus den Steinbrüchen im arabischen Gebirge bis an den Nil schleppen. Nachdem die Blöcke auf Schiffen über den Fluss geschafft waren, trug er anderen auf, sie zu übernehmen und bis zu den so genannten libyschen Bergen weiterzuschleifen. Zu je 100000 Menschen arbeiteten sie gruppenweise daran, jede Gruppe drei Monate.

Zehn Jahre arbeitete das Volk allein am Bau der Rampe, auf der die Steine zur Pyramide befördert wurden; ein Werk, das mir fast ebenso gewaltig scheint wie der Bau der Pyramide selbst. Sie ist aus geglätteten Steinen gebaut, in die Tierbilder eingemeißelt sind. Zehn Jahre vergingen, bis diese Rampe und die unterirdischen Kammern an dem Hügel, auf dem die Pyramiden stehen, fertig waren. Diese Kammern sollten als Grabkammern dienen. An der Pyramide selbst arbeitete man 20 Jahre. An der Pyramide ist in ägyptischer Schrift angegeben, wie viel Geld man für Rettich, Zwiebeln und Knoblauch für die Arbeiter ausgegeben hat. Wenn ich mich recht erinnere, so waren es 1600 Silbertalente. Wenn das stimmt, welche Unsummen müssen da erst für Eisen aufgewendet worden sein, mit dem sie arbeiteten? Wie viel Mengen an Lebensmitteln und Kleidung für die Schaffenden?

Herodot, Historien, 124–125, bearbeitet und gekürzt.

Q2 Ein Polizeiverhör

Beim Verhör eines Grabräubers um 1000 v. Chr. gab dieser zu Protokoll:

Wir fanden das Grab der Pharaonin Nubchaes, wir öffneten es gewaltsam, und wir fanden sie. Wir öffneten ihre äußeren Särge und ihre inneren Särge, in denen sie lag. Wir fanden auch die edle Mumie des Pharaos Sebekemsaef II., ausgestattet wie ein Soldat. Eine große Anzahl Augenamulette und Goldverzierungen waren an seinem Nacken, und seine Mumienmaske aus Gold war an ihm. Die edle Mumie des Pharaos war gänzlich mit Gold bedeckt, und sein innerster Sarg war innen verziert mit Gold und Silber und außen mit Einlagen aus allen Arten von Edelsteinen.

Wir stahlen das Gold, das wir an der edlen Mumie dieses Gottes fanden und an seinen Augenamuletten und Verzierungen, die an seinem Hals und am inneren Sarg waren, in dem er lag.

R. Stadelmann, Die ägyptischen Pyramiden, Mainz 1985, S. 83, vereinfacht.

1. Die ägyptischen Pyramiden waren für die Griechen – z. B. den Geschichtsschreiber Herodot – Weltwunder. Erkläre das.

2. Formuliere deine eigene Meinung über Nutzen oder Nachteil der Pyramiden. (Q 1)

Das Geheimnis der Hieroglyphen

„Auf das Schreiben sollst du deine Gedanken richten. Ich kenne keinen Beruf, der mit dem des Schreibers zu vergleichen wäre. Ich werde dich die Bücher lieben lehren mehr als deine Mutter." So überzeugte ein ägyptischer Beamter einen jungen Mann vor etwa 4000 Jahren davon, den Beruf des Schreibers zu erlernen. Dieser Beruf hatte in Ägypten ein hohes Ansehen, denn die meisten Ägypter konnten weder schreiben noch lesen.

52.1 Schreibgeräte: Behälter für die Schreibbinse und Palette mit Farben.

Die Schrift, die wir heute noch an den Wänden von Pyramiden, Tempeln und Grabanlagen oder auf Papyrusrollen finden, hatte für die Entwicklung der ägyptischen Gesellschaft zur Hochkultur eine überragende Bedeutung: Sie gab den Ägyptern die Möglichkeit, wichtige Ereignisse wie die Nilschwelle aufzuzeichnen und sie so über Jahre hinweg zu beobachten. Auch konnten sie nun Listen über die jährlichen Abgaben der Bauern und die Höhe der Vorräte anlegen.

Die Schrift galt daher als heilig und wurde als ein Geschenk von Thot, dem ibisköpfigen Gott der Gelehrsamkeit und der Schrift betrachtet. Die Griechen haben für die ägyptischen Schriftzeichen den Begriff ↗Hieroglyphen geprägt, der die ursprüngliche Bedeutung bewahrt: hieros = heilig und glyphein = eingravieren: heilige Zeichen.

Die Grundlage der Hieroglyphen-Schrift sind einfache Bildzeichen. Dabei stellte beispielsweise das Bild eines Esels auch den Begriff „Esel" dar. Dieses einfache Schriftsystem wurde schnell weiterentwickelt, indem die Bildzeichen durch Kombination auch schwierigere Begriffe darstellen konnten. Darüber hinaus hatten viele Hieroglyphen aber auch Lautwerte. Die ägyptische Schrift verlief in der Regel von rechts nach links.

Papyrus

Durch die Idee, eine Sumpfpflanze des Niltals als Schriftträger zu benutzen, wurde es in der antiken Welt leichter, Briefe zu schreiben, wichtige Texte und Informationen aufzubewahren und weiterzugeben. Der Papyrus war den sperrigen Ton- oder Steintafeln wegen seines geringen Gewichtes, seiner unkomplizierten Aufbewahrung und langen Haltbarkeit überlegen. Noch für die Römer war der Papyrus so wichtig, dass seine Herstellung und Verteilung kontrolliert wurde.

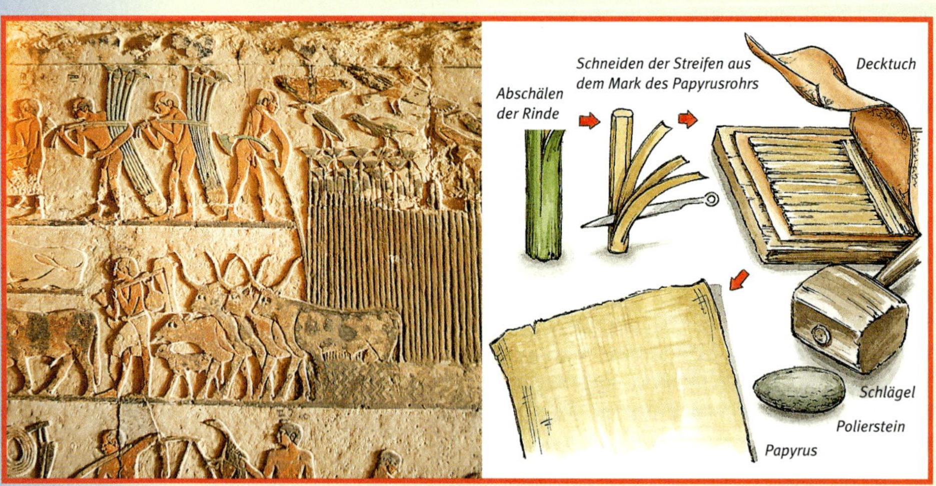

52.2 Die Herstellung des Papyrus. Links: bemaltes Relief im Grab des Ti, um 2400 v. Chr.; rechts: die Weiterverarbeitung der Papyruspflanze.

53.1 Schreiber, Relief aus dem Grab des Nefer, um 2400 v. Chr.

Die Entschlüsselung der Hieroglyphen

Dass wir die Hieroglyphen lesen können, ist einem Engländer (Thomas Young) und einem Franzosen (Jean-François Champollion) zu verdanken. Ihnen gelang im 19. Jahrhundert die Entschlüsselung anhand eines Steines, auf dem derselbe Text im Jahr 196 v. Chr. sowohl in Hieroglyphen als auch in griechischer Schrift eingemeißelt worden war.

1. Hieroglyphen kann man nicht nur lesen, man kann sie auch „sprechen". Versuche, anhand von D 53.2 deinen Namen zu schreiben.

2. Schreibe eine kurze Anleitung zur Herstellung von Papyrus. (VT, B 52.2)

3. Formuliere, was wir heute unter Literatur verstehen, und zähle auf, was wir aufschreiben. Vergleiche. Welche Vorteile hat es, Dinge aufschreiben zu können?

53.2 Einige Hieroglyphen und ihre Bedeutung.

Hieroglyphe	Bildbedeutung	Aussprache
	Geier	a
	zwei Schilfblätter	i
	Haarlocke	u und o
	Bein	b
	Strick	ch
	Hand	d
	Wasser	n
	Hocker	p
	Mund	r

Hieroglyphe	Bildbedeutung	Aussprache
	Türriegel	weiches s
	gefalteter Stoff	scharfes s
	Teich (Grundriss)	sch
	Brotlaib	t
	Wachtelküken	w
	Viper	f
	Krugständer	g
	Hof	h
	Kobra	dj (wie in englisch »journal«)

Hieroglyphe	Bildbedeutung	Aussprache
	Sandböschung	k
	Löwe	l
	Eule	m

Am Ende eines Frauennamens steht ein [Zeichen], am Ende eines Männernamens ein [Zeichen].

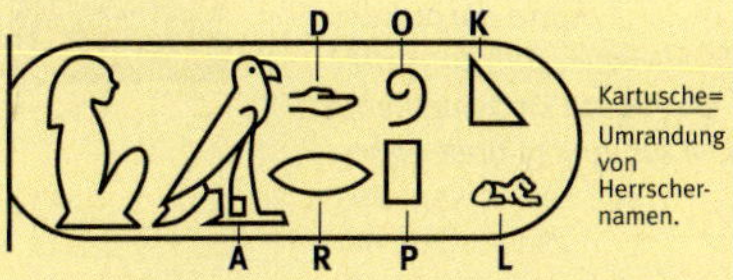

Wenn wir von rechts nach links lesen, lautet der Name:
KL(E)***OP**(A)***DRA** *Das E und A müssen wir ergänzen.

5. Mesopotamien – Stadtkultur und Rechtskodifizierung

Kleine Staaten an Euphrat und Tigris

Mesopotamien = Land zwischen den Flüssen

Anders als in Ägypten entstand im Mündungsgebiet der Flüsse Euphrat und Tigris kein großes Reich. Vielmehr bildeten die dort lebenden Sumerer um ca. 3000 v. Chr. einige kleinere Staaten. In ihrem Zentrum lag jeweils eine Stadt, in der ihr König residierte. Die Stadtmauern umschlossen den Palast, Vorratshäuser und Tempel, also das politische, wirtschaftliche und religiöse Zentrum jedes Staates. Die Bürger kannten das Rad, den Pflug, konnten Längen- und Flächengrößen berechnen und beherrschten die Keilschrift, deren Zeichen sie mit Griffeln in weiche Tontafeln drückten. Diese Schrift ist vermutlich älter als die Schrift der Ägypter. Sie wurde langsam entwickelt um Handelsgüter in Listen zu notieren.

54.1 Keilschrifttafel mit Teilen der Geschichte des Gilgamesch. In dieser Dichtung wird auch – wie in der Bibel – über die Sintflut berichtet.

Die Stadtstaaten versorgten ihre Bewohner mit den landwirtschaftlichen Erzeugnissen aus ihrer unmittelbaren Umgebung. Immer wieder drohten Naturkatastrophen: Häufig vernichteten lange Trockenperioden, Überschwemmungen oder Stürme die Ernte. Daher waren hier ebenso wie im alten Ägypten beim Bau und dem Betrieb von Bewässerungsanlagen und Deichen Gemeinschaftsarbeiten mit zentraler Organisation nötig.

Stele = mit Reliefs oder Text versehene(r) Tafel oder Pfeiler, oft = Grabstein

Militärische Bedrohungen zwangen die sumerischen Stadtstaaten zu engerer Zusammenarbeit. Diese Zusammenschlüsse, aber auch gewaltsame Eroberungen führten in den nächsten zwei Jahrtausenden dazu, dass sich in Mesopotamien Großreiche wie das Babylonische Reich oder das Reich der Assyrer bildeten.

Babylon

Die Hauptstadt des Babylonischen Reiches war Babylon. Ihre Lage begünstigte den Handel. Händler verkauften landwirtschaftliche und handwerkliche Produkte des Reiches und importierten Holz und Steinmaterial für die überwältigende Bautätigkeit in ihrer Stadt. Gold kam aus Ägypten. Im Gegenzug versorgten die Babylonier Ägypten mit blauen Schmucksteinen, Lapislazuli, die sie selbst aus Persien einführten.

Um 1700 v. Chr. ließ der babylonische König Hammurabi mitten in der Stadt eine schwarze Basaltstele aufstellen, in die Gesetzestexte eingraviert waren. Diese für alle sichtbare Gesetzesaufzeichnung stellte etwas völlig Neues dar, etwas, das auch nicht mit der Rechtsprechung im alten Ägypten vergleichbar war: Jeder Bürger konnte jetzt selbst nachlesen, was gültiges Recht war, und sich bei Prozessen darauf berufen.

Ausgrabungen und archäologische Forschungen konnten nur Reste Babylons freilegen. Der Überlieferung nach hatte die äußere Stadtmauer Babylons drei getrennte Ziegelmauern, die bis zu 7 m breit gewesen sein sollen. Das Ischtar-Tor, der Haupteingang der Stadt, soll mehr als 23 Meter hoch gewesen sein.

54.2 Rekonstruktion des Ischtar-Tors.

54.3 Frühe Hochkulturen in Mesopotamien.

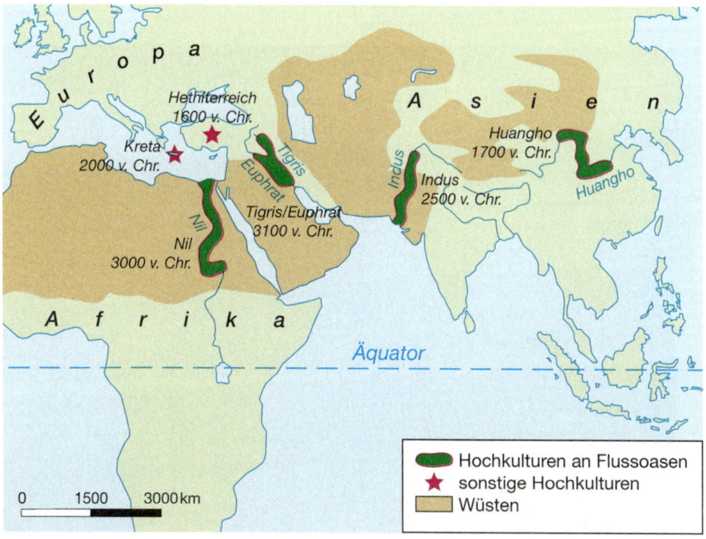

55.1 Frühe Hochkulturen in Europa, Afrika und Asien.

55.2 Oberer Teil der Gesetzesstele des Hammurabi.

Der Sonnengott (rechts) übergibt Hammurabi Ring und Stab als Zeichen der Herrschaft.
Erkläre anhand des Bildes, woher Hammurabi das Recht nimmt, König zu sein.

Q1 Gesetze Hammurabis

§1: Wenn ein Bürger einen Bürger des Mordes bezichtigt, es ihm aber nicht beweist, so wird, der ihn bezichtigt hat, getötet.
§22: Wenn ein Bürger einen Raub begangen hat und ergriffen wird, so wird er getötet.
§53: Wenn ein Bürger seinen Deich nicht befestigt hat, in seinem Deiche eine Öffnung entsteht, er gar die Ackerflur von Wasser wegschwemmen lässt, so ersetzt der Bürger, in dessen Deich die Öffnung entstanden ist, das Getreide, das er dadurch vernichtet hat.
§54: Wenn er das Getreide nicht zu ersetzen vermag, so verkauft man ihn und seine Habe, und die Nachbarn, deren Getreide das Wasser weggeschwemmt hat, teilen den Erlös.
§195: Wenn ein Sohn seinen Vater schlägt, so schneidet man seine Hand ab.
§200: Wenn ein Bürger den Zahn eines ihm ebenbürtigen Bürgers ausschlägt, so schlägt man seinen Zahn aus.
§201: Wenn er den Zahn eines Untergebenen ausschlägt, so zahlt er 1/3 Mine Silber.

Geschichte in Quellen, Bd. 1: Altertum. bearb. v. W. Arend, München 1965, S. 64–65.

Q2 Aus Urkunden Hammurabis

Jahr 1: Hammurabi wurde König.
Jahr 2: Er stellte Gerechtigkeit im Lande her.
Jahr 3: Er stellte den Thron des Hohen Heiligtums des Nannar von Babylon her.
Jahr 7: Uruk und Insis wurden erobert.
Jahr 9: Der Kanal Hammurabi-hegal wurde gegraben.
Jahr 10: Heer und Einwohner von Malgu am Tigris wurden vernichtet.
Jahr 22: Die Statue Hammurabis als König, der Gerechtigkeit verleiht, wurde errichtet.

Geschichte in Quellen, Bd. 1: Altertum. bearb. v. W. Arend, München 1965, S. 63.

1. Beschreibe das Ziel der einzelnen Gesetzesvorschriften in Q 1.
2. Als Hammurabi seine Gesetzesstele aufstellen ließ, begann damit zugleich die Verschriftlichung des Rechts. Beurteile seine Vorschriften unter heutigen Gesichtspunkten. (Q1)
3. Die frühe Kulturentfaltung der Menschheit hat unter vergleichbaren räumlichen Bedingungen stattgefunden. Erläutere das. (B 55.1)
4. Stelle am Beispiel Ägyptens und Mesopotamiens wesentliche Kennzeichen einer Hochkultur dar.

Die Welt der Griechen

Rundtempel im Heiligtum des Gottes Apollon in Delphi. Im Hintergrund das Parnasgebirge.

Dionysos, der Gott des Weines, auf einer Seefahrt, Innenbild einer Trinkschale, um 550 v. Chr.

Lebensgroße Bronzestatue eines Königs oder Helden, die um 450 v. Chr. entstanden ist. Sie wurde vor wenigen Jahren im Meer bei Riace in Süditalien gefunden.

Junges Mädchen spielt mit Tierknochen ein Steinchenspiel. Die Figur ist aus Marmor. Es handelt sich um eine römische Replik einer griechischen Vorlage. Gefunden wurde sie in Rom.

Die sagenhaften Helden Achill und Ajax spielen in einer Kampfpause ein Brettspiel. Amphore, die um 540 v. Chr. von Exekias gefertigt und bemalt wurde.

Orientierung in Zeit und Raum

58.1 Das Siedlungsgebiet der Griechen um 800 v. Chr.: Griechenland und Kleinasien.

um 2000 – um 1000 v. Chr.	Hochkultur der Minoer auf Kreta
ab 2000 v. Chr.	Griechische Volksstämme wandern ins heutige Griechenland ein.
um 1250 v. Chr.	Sagenhafte Zerstörung Trojas.
776 v. Chr.	Die ersten olympischen Spiele, von denen Quellen berichten.
um 750 – um 550 v. Chr.	Zeitalter der Kolonisation: Griechen lassen sich an den Küsten des Mittelmeeres nieder.
um 750 v. Chr.	Der Sänger und Dichter Homer verfasst Versgedichte über den Kampf um Troja und die Irrfahrten des Odysseus.
594 v. Chr.	Reformen Solons in Athen
545 – 510 v. Chr.	Tyrannis des Peisistratos und seiner Söhne in Athen
508 v. Chr.	In Athen stärkt die Verfassung des Kleisthenes die Rechte des Volkes: Begründung der Demokratie.
490 – 449 v. Chr.	Die Griechen wehren die Angriffe der Perser ab: Athen erringt die Vorherrschaft in der Ägäis.
444 – 431 v. Chr.	Blütezeit Athens: In der Zeit des Perikles erlangt Athen seine größte Macht. Berühmte Bauten und Kunstwerke entstehen.
431 – 404 v. Chr.	Im Peloponnesischen Krieg kämpfen Athen und Sparta um die Vorherrschaft. Der Krieg endet mit der Niederlage Athens.
399 v. Chr.	Der Philosoph Sokrates wird zum Tode verurteilt.
336 – 323 v. Chr.	Herrschaft Alexanders des Großen. Er erobert das Perserreich.
nach 323 v. Chr.	Unter den Nachfolgern Alexanders verbreitet sich die griechische Kultur und Lebensweise auch bei den nichtgriechischen Völkern des Mittelmeerraums.

Perserssturm über Hellas

Mit einem gewaltigen Heer zieht der Perserkönig Xerxes im Jahre 480 v. Chr. gegen die griechischen Städte. Ängstlich und ratlos schicken die Athener eine Gesandtschaft zum Orakel des Gottes Apollon in Delphi. Die Seherin dort soll ihnen weissagen, was sie erwartet.

Die Seherin tritt ein. Ehrfurcht gebietend ist der Anblick ihres bleichen, strengen Gesichtes. Schweigend nimmt sie auf dem bronzenen Dreifuß Platz, der über einem bodenlos tiefen Abgrund steht. „Sagt, was ihr zu fragen habt!“, fordert der Priester den athenischen Gesandten Kallias auf. „Wir flehen um Rat“, beginnt Kallias, „Unheil steht Athen bevor. Der Perserkönig dringt mit seinen Barbaren nach Hellas vor. Nie sahen Menschen solche Übermacht. Großer Apoll, wir flehen dich an, gib durch den Mund deiner Priesterin zu erkennen, was uns bevorsteht!“ Regungslos sitzt die Pythia. Aus dem Abgrund beginnen Dämpfe zu steigen. Rauch hüllt die Gestalt der Priesterin ein. Erwartungsvoll blickt Kallias sie an. Da bewegen sich ihre Lippen, ihre gestammelten Worte sind kaum verständlich, sie beginnt zu flüstern: „Alles erliegt dem Feuer des Krieges, nicht nur deine Burg, Athen, wird zerstört. Kündet zu Hause das kommende Unglück! Flieht bis ans Ende der Welt!“ Erstarrt stehen die Gesandten, Verzweiflung steht in ihren Mienen; da beginnt die Pythia noch einmal zu sprechen: „Alles gehört dem Feinde, Täler und Hügel. Nur die hölzerne Mauer sei euch geschenkt. Sie allein bleibt heil zur Rettung für euch und eure Kinder.“ Die Stimme bricht ab. Langsam steigt die Priesterin vom Dreifuß herab. Schweigend folgt ihr der Priester. Vor dem Tempel beraten sich Kallias und die Gesandten. „Dunkel und geheimnisvoll war die Weissagung“, meint Kallias. „Begreifen wir, das Volk von Athen, was der Gott uns sagen ließ?“

(Nacherzählt nach dem gleichnamigen Roman von Peter Gabriel, Bielefeld 1957.)

59.1 Ein Grieche befragt die Pythia, Malerei auf einer Trinkschale aus dem 5. Jahrhundert v. Chr.
Der Apollotempel in Delphi und die Seherinnen dort werden „Orakel“ genannt. Auch ihre Weissagungen heißen „Orakel“.

59.2 Ein athenisches Kriegsschiff mit einem Rammsporn (rechts), Malerei auf einer Trinkschale, um 450 v. Chr.

1. Das dem Gott Apollon geweihte Orakel in Delphi sprach oft in Rätseln. Die Vieldeutigkeit sicherte den Eindruck, dass die Weissagungen immer zuträfen. Überlege mit den Athenern, was die Pythia gemeint haben könnte. Schau dir dazu die Karte und die Bilder auf dieser Doppelseite an. Wenn du nicht weiterkommst, lies in dem Kapitel über die Perserkriege → S. 72–73 nach.
2. Informiere dich, was man unter Hellas, Barbaren, einem Orakel, der Burg von Athen versteht.

1. Das Land der Griechen

60.1 Griechische Landschaften.

Griechische Landschaft – Berge, Täler, Meere

Polis (Mehrzahl: Poleis) = Stadtstaat

In Griechenland lebten unter schwierigen natürlichen Bedingungen seit dem zweiten Jahrtausend v. Chr. Bauern, die aus dem Norden eingewandert waren. Kriegerische Adlige mit einem König an der Spitze beherrschten von befestigten Burgen aus das Land und verlangten Abgaben von den abhängigen Landbewohnern. Diese kleinen, selbstständigen Staaten entstanden meist in den geschützten, abgeschlossenen Tälern.

Die Siedlungen entwickelten sich zu einer für die Griechen typischen Staatsform. Sie wird ↗Polis genannt. In den Poleis lebten höchstens einige tausend Menschen, so viele wie heute in einer Kleinstadt wohnen. Die Poleis waren politisch unabhängig voneinander und waren keinem gemeinsamen Landesherrscher, etwa einem König aller Griechen, untertan. Die „Politik“, die Angelegenheiten also, die die Polis angingen, regelten die Bürger selber. Das Volk, der Demos, traf sich auf dem Marktplatz, dem wirtschaftlichen Zentrum der Stadt, wo es sich beriet und Entscheidungen traf, die für alle galten. Ein gewählter Rat und gewählte Beamte trugen die Verantwortung für die Ausführung der Beschlüsse. Allerdings fehlten bei den Beratungen die Frauen und Sklaven – sie waren von der Politik ausgeschlossen. Auch hatten die Adligen mehr zu sagen als die Bauern und Handwerker. Jede dieser kleinen Poleis wurde von einer Stadtgottheit, die von allen Bürgern verehrt wurde, geschützt. Am bekanntesten ist Athena, die Schutzgöttin der Stadt Athen.

60.2 Blitze schleudernder Zeus, Bronzestatuette, 470 v. Chr., Höhe: 13,5 cm.

… Wie Frösche um den Teich

Die Poleis hatten oft schwierige Entscheidungen zu treffen. Wenn die Bevölkerung schnell wuchs und die Anbauflächen nicht ausreichten, um alle zu ernähren, dann entschlossen sich Menschen zum Auswandern. In der Zeit von 750–540 v. Chr. geschah dies in vielen Poleis Griechenlands. Die Auswanderer gründeten neue Städte, die Tochterstädte oder ↗Kolonien genannt werden.

Das ideale Siedelland sollte natürlich fruchtbar sein und ein gutes Klima aufweisen. Ein geschützter Hafen war ebenso notwendig wie die Möglichkeit, die neue Stadt gegen Feinde, in erster Linie wohl die Ureinwohner, zu befestigen.

Jede Kolonie übernahm von der Mutterstadt neben der Stadtgottheit auch die Form der Selbstregierung, war ansonsten aber unabhängig. So zahlreich wurden die Kolonien rings um das Mittelmeer, dass der Philosoph Sokrates spottete: „Wir Griechen sitzen um unser Meer wie Frösche um die Teiche.“

1. Beschreibe das Foto 60.1 und vergleiche es mit der Karte 58.1. Sammle Merkmale der Landschaft.
2. Verfolge die Fahrten der Theraier bis zur Gründung der Kolonie in Libyen (Q 1). Nenne die Gründe für die Auswanderung und ihre Probleme.
3. Verfasse einen Brief eines Auswanderers, in dem er Erlebnisse seiner Auswanderung und deren Folgen schildert.
4. Diskutiert über Ähnlichkeiten und Unterschiede zur Situation von Migranten (= Auswanderern) heute.

Q1 Die Theraier gründen eine Kolonie

Der Reisende und Historiker Herodot lebte im 5. Jahrhundert v. Chr. Er berichtet von einem Ereignis, das sich über 200 Jahre zuvor auf der Insel Thera, heute Santorin, abgespielt hat:

Der Spartaner Theras hatte mit einer Hand voll Männern und drei Dreißigruderern auf der Insel Thera eine Kolonie gründen wollen, weil seine Neffen, deren Vormund er war, ihm den Königsthron streitig gemacht hatten. Er nannte die Insel nach seinem Namen Thera und lebte mit den Einwohnern friedlich zusammen. Seinem Enkel Grinnos, König von Thera, wurde bei einem Besuch in Delphi die Anweisung erteilt, er solle eine Kolonie in Libyen gründen. Er erwiderte darauf: „Ich bin zu alt und zu müde; befiehl doch einem Jüngeren hier, dem Battos, die Sache zu übernehmen.“ Da sie nicht wussten, wo Libyen lag, unternahmen sie zunächst nichts.

Nach einer siebenjährigen Trockenzeit befragten die Theraier noch einmal das Orakel, das sie an den alten Spruch erinnerte. Sie fanden auf Kreta einen Mann, der Libyen kannte. Mit ihm erkundeten sie zunächst eine vorgelagerte Insel und meldeten das Ergebnis zu Hause. Die Theraier beschlossen, dass aus allen sieben Gemeinden der Insel immer je einer von zwei Brüdern auswandern sollte. Führer und König sollte Battos sein. So legten zwei Fünfzigruderer nach Libyen ab. Sie kamen aber bald wieder zurück. Die Theraier jedoch schossen auf sie und ließen sie nicht landen. Sie mussten zurückfahren. Notgedrungen besiedelten sie Platea, eine Insel an der libyschen Küste.

Hier wohnten sie zwei Jahre, aber es ging ihnen auch hier schlecht, und sie fuhren allesamt nach Delphi. Auf ihre Bitte antwortete die Pythia: „Wenn ihr, ohne es gesehen zu haben, das herdengesegnete Libyen besser als ich kennt, muss ich eure Weisheit bewundern.“

Da siedelten sie sich in Libyen selber an, gegenüber der Insel. Die Landschaft hieß Aziris. Zu beiden Seiten des Höhenzuges ist ein herrliches Tal und an einer Seite fließt ein Fluss entlang. An dieser Stelle lebten sie sechs Jahre. Im siebten zeigten die Libyer ihnen einen noch schöneren Platz, wo sie Kyrene gründeten.

(Nach etwa 60 Jahren war die Kolonie Kyrene so groß, dass die Siedler den Libyern mit Waffengewalt große Teile des Landes wegnehmen und auch die Ägypter abwehren konnten.)

Herodot, 4.147 ff., gek., Stuttgart 1971, 305–311.

61.1 Schiff, Wasserkrug aus dem 6. Jahrhundert v. Chr.

Pythia: Priesterin des Apollon in Delphi

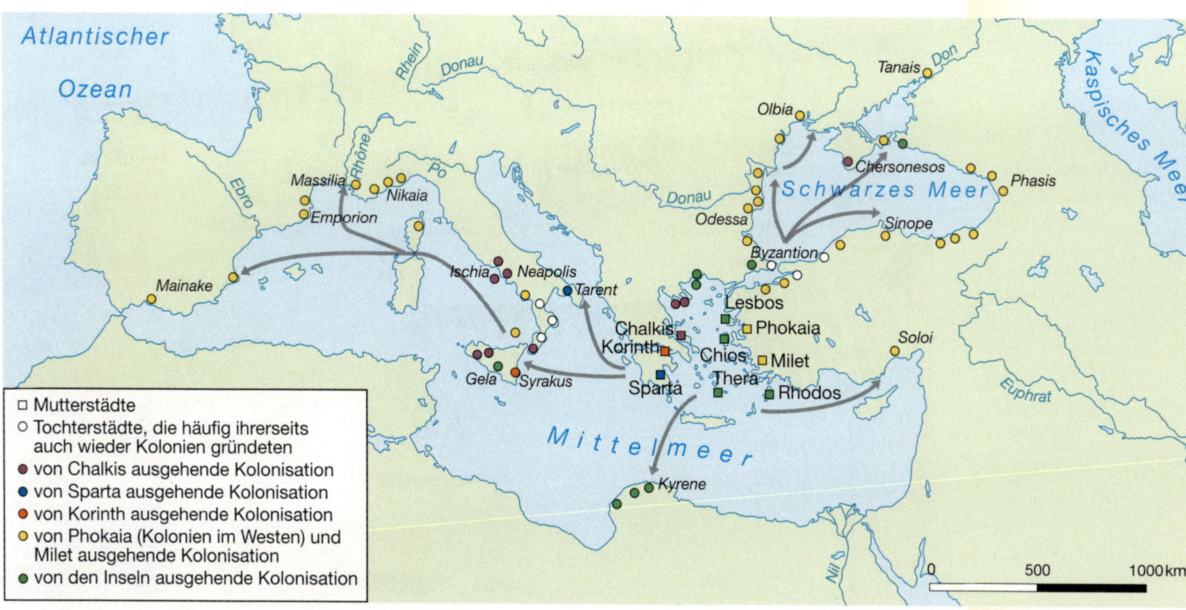

61.2 Die griechische Kolonisation, 750–550 v. Chr.

2. Sportlicher Wettkampf und religiöses Fest – die antiken Olympischen Spiele

62.1 Läufer.

Olympische Spiele heute

Sportereignissen in Stadien, Hallen und vor den Bildschirmen zuzuschauen, ist heute eines der größten Freizeitvergnügen. Sport zu treiben, gilt als notwendiger Ausgleich zum Arbeitsleben und ist Bestandteil der Gesundheitsvorsorge. Ein athletischer Körper stellt für zahlreiche Menschen ein Schönheitsideal dar. Viele empfinden auch Freude am Kräftemessen und am fairen Wettkampf. Wo liegen die Wurzeln dafür, vielleicht im antiken Olympia?

Die heutigen Olympischen Spiele verdanken wir dem Franzosen Pierre de Coubertin. Er glaubte, dass Sport die guten Eigenschaften der Menschen fördere. 1896 veranstaltete er daher die ersten Olympischen Spiele der Neuzeit in Athen, sie sollten den Völkern eine Plattform zur friedlichen Verständigung bieten. Seither finden alle vier Jahre diese Spiele statt und locken Millionen vor die Bildschirme. Alle Sportlerinnen und Sportler, gleichgültig, welcher Nation oder Religion sie angehören, sind gleichberechtigt. „Schneller, höher, stärker" – das waren die einzigen Maßstäbe. Schon bald aber ging es bei den Wettkämpfen nicht nur um Medaillen, sondern auch um viel Geld. Und immer wieder kamen neue Disziplinen hinzu; seit 1924 gibt es auch die Olympischen Winterspiele.

Olympisches Zeremoniell

Alle vier Jahre entzünden in einem „heilig" genannten Hain bei Olympia Frauen, die als Priesterinnen verkleidet sind, feierlich eine Flamme. Sie verwenden dazu einen Hohlspiegel, in dem sie das Sonnenlicht bündeln. Staffelläufer tragen dieses Feuer mit Fackeln über viele Wochen hinweg an den Ort der Spiele, wo es als „olympisches Feuer" für die Dauer der Spiele brennt. Diese Zeremonie verbindet die modernen mit den antiken Olympischen Spielen. Die frühesten, von denen wir wissen, fanden 776 v. Chr. statt. Archäologen haben in Olympia als beherrschendes Bauwerk einen gewaltigen Zeustempel gefunden. Daneben fand sich ein viele Meter hoher Aschehaufen, ein Altar, auf dem Zeus Brandopfer dargebracht wurden.

Als Weltenherrscher und Vater der Götter lebte Zeus nach griechischer Vorstellung auf dem höchsten Berg Griechenlands, dem Olymp. Seine Verehrung bildete ein einigendes Band für alle verstreut siedelnden Griechen: In Olympia kamen sie zusammen und opferten, gemeinsam beteten sie zu ihm, trieben Sport, sangen und tanzten zu seinen Ehren. Daraus erwuchsen Wettbewerbe nicht nur auf sportlichem Gebiet, sondern auch im Chorgesang und Instrumentenspiel, in Tanz, Dichtung und Theater.

Olympia liegt in der griechischen Landschaft Elis auf der Halbinsel Peloponnes

(1) Zeustempel
(2) Tempel der Hera
(3) Heiliger Bezirk mit dem Grab des Pelops
(4) Palästra, wo die Ringkämpfe stattfanden
(5) Echohalle für die Musikwettbewerbe
(6) Stadion
(7) Gästehaus
(8) Rathaus
(9) Bäcker
(10) Schatzhäuser

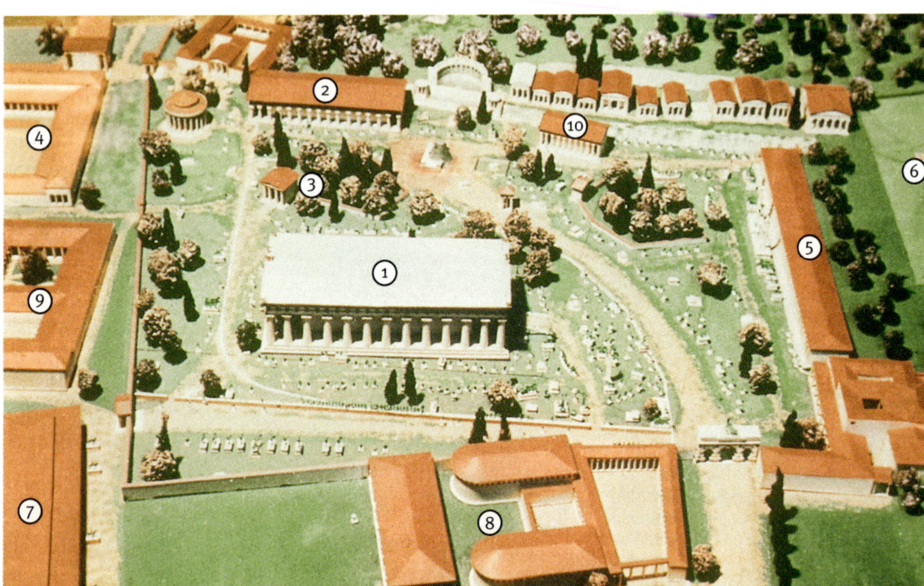

62.2 Modell des antiken olympischen Geländes.

63.1 Der Rand einer Trinkschale zeigt in der Mitte Zeus mit einem Blitz. Sein Diener Ganymed gießt Wein in eine Schale. Zeus wird sie dann der Hestia, der Göttin des Herdes, überreichen, die hinter Ganymed sitzt. Hinter Hestia sitzt Aphrodite, die Göttin der Liebe und Schönheit; sie blickt zum Kriegsgott Ares. Auf der anderen Seite sitzt hinter Zeus Athena, die bewaffnete Schutzgöttin Athens. Der Götterbote Hermes, der geflügelte Schuhe trägt, verdeckt zum Teil die Göttin Hebe, die Göttin der Jugend. Alle Göttinnen haben Duftblüten in der Hand. Die Schale wurde um 500 v. Chr. angefertigt.

Die Athleten kamen aus allen Regionen, in denen Griechen lebten, dem Kernland, Süditalien und Kleinasien. Sie verstanden sich als Vertreter ihrer Poleis. Diese standen zwar oft in scharfer Konkurrenz, waren verfeindet oder führten gar Kriege gegeneinander – aber während der Spiele einte sie der friedliche Wettbewerb. Für diese Zeit herrschte Waffenstillstand, der so genannte „Olympische Friede".

■ Zuschauer sein ...

„Und wie geht es in Olympia zu? Schwitzt ihr da nicht in der Hitze? Werdet ihr nicht im Gedränge zusammengepfercht? Könnt ihr euch dort anständig waschen? Werdet ihr nicht bis auf die Haut nass, wenn es regnet? Habt ihr nicht unter all dem Geschrei, Lärm und anderen Belästigungen zu leiden? Aber mir scheint, ihr nehmt das alles auf euch und ertragt es gern, weil ihr es gering erachtet im Vergleich zu dem, was ihr dort seht."

Diese spöttischen Fragen des antiken Philosophen Philoktet könnten auch heute an Sportfans gestellt werden. Bis zu 40 000 Zuschauer versammelten sich in der Ebene am Alpheios-Fluss unter freiem Himmel oder in Zelten. Sie alle, Bauern, Geschäftsleute, Denker oder Politiker, wollten versorgt sein. Deshalb gab es eine Fülle von Getränke- und Speisenverkäufern, aber auch Andenkenhändler und Artisten, die die Leute unterhielten.

■ Sieger werden ...

Für die Kämpfer aber zählte nur der Sieg! Der Sieger erhielt einen Zweig vom heiligen Ölbaum, der in der Nähe des Zeustempels wuchs. Er durfte sich auch ein Denkmal errichten; bisweilen stifteten seine Mitbürger das Geld dafür. Sie sorgten meist auch dafür, dass er vor den Spielen in Ruhe trainieren konnte, und sicherten seinen Lebensunterhalt. In seiner Heimat veranstaltete man einen Festumzug für den siegreichen Sohn der Stadt und überhäufte ihn mit Geschenken, Siegesprämien, Ehrenposten, Steuerfreiheit oder sogar einer Rente. Verständlich, dass die Athleten bereit waren, für einen Sieg hart zu trainieren. Vielseitigkeit zählte; aber immer wieder durchbrachen beispielsweise Profiboxer dieses Prinzip und errangen Jahre hintereinander den Sieg in der gleichen Sportart. Wegen der hohen Kosten für Pferde und Wagen waren die Sieger in den Wagenrennen fast immer Adlige. Aber auch andere Athleten mussten viel Zeit zum Trainieren aufwenden und einen Betreuer haben. Da sprang, wenn es sich um einen ärmeren, aber erfolgversprechenden Sportler handelte, auch schon einmal die Stadtgemeinde ein.

Nur frei geborene Griechen, die die gemeinsame Sprache und der Glaube einte, durften an den Spielen teilnehmen; Frauen waren nicht zugelassen, weder als Wettkämpfer noch als Zuschauer.

Das olympische Festprogramm

Hatten die Zuschauer die Beschwernisse der tagelangen Anreise in der Hitze des griechischen Hochsommers bewältigt, erwartete sie ein fünf- bis sechstägiges Festprogramm mit vielen Höhepunkten:

1. Tag:
Vor dem Altar des Zeus versprachen die Athleten, fair zu kämpfen, und die Kampfrichter, gerecht auf die Einhaltung der Regeln zu achten. Kämpferlisten wurden aufgestellt und die Paarungen ausgelost. Dann begannen die Jungen mit dem Wettkampf.

2. Tag:
Nach der Konkurrenz der Herolde und Fanfarenbläser verfolgten die Massen gespannt die Wagenrennen. Ein zweiter Höhepunkt war der Fünfkampf: Die Athleten maßen sich im Weitsprung, Diskus- und Speerwerfen, im Stadionlauf über 192 m und schließlich im Ringkampf. Der Tag schloss mit Totenfeiern zu Ehren des Pelops, der der Sage nach die Spiele begründet hatte.

3. Tag:
Am Tag des Vollmondes fanden keine Wettkämpfe statt. Dieser Tag war für die kultischen Handlungen reserviert. In einem langen Festzug schritten Herolde und Trompeter, Kampfrichter in ihrer Amtstracht, Priester, Abgesandte der teilnehmenden Städte, die Wettkämpfer selber mit ihren Betreuern, sogar die Pferde mit den Rennwagen und 100 Ochsen zum Altar des Zeus. Dort opferte man die Ochsen, betete, sang und führte Theaterstücke auf. Am Abend versammelten sich alle zu einem Festmahl.

4. Tag:
An diesem Tag fanden vormittags die Laufwettbewerbe statt, und am Nachmittag standen zahlreiche Kampfsportarten auf dem Programm: Ringen, Boxen, Allkampf und Waffenlauf.

5. Tag:
Am letzten Tag kamen alle Sieger zur Ehrung in den Zeustempel und wurden mit einem Zweig vom heiligen Ölbaum bekränzt. Dabei wurden die Namen der Sieger und ihre Vaternamen sowie ihre Heimatstädte laut verkündet. Die Sieger opferten und schritten unter dem Jubel der Menge im Festzug zum Rathaus, wo ein feierliches Mahl eingenommen wurde. Dazu sangen und spielten Musiker, Sänger und Dichter.

64.1 Diskuswerfer, Mischkrug, 500 v. Chr.

64.2 Waffenläufer.

64.3 Wagenrennen.

64.4 Ringer.

64.5 Weitspringer mit Sprunggewichten.

64.1–5 Disziplinen, die in Olympia ausgeübt worden sind; die Sportler sind auf Tassen, Trinkschalen oder Krügen abgebildet, die um 500 v. Chr. angefertigt wurden.

Q1 Frauen in Olympia

Der Schriftsteller Pausanias besuchte um 150 n. Chr. Olympia. Er schrieb über die Beteiligung von Frauen an den Festspielen:

a) Jedes fünfte Jahr weben 16 Frauen ein Gewand für die Göttin Hera. Die Frauen veranstalten auch den Wettkampf der Heraien. Dieser ist ein Wettlauf für Mädchen. Sie laufen so: Das Haar fällt lose herab, das Gewand reicht bis etwa übers Knie und die rechte Schulter zeigten sie bis zur Brust. Sie erzählen, dass der Wettlauf aus alten Zeiten stammt: Damals soll Hippodameia als Dank für ihre Hochzeit mit Pelops 16 Frauen versammelt und mit ihnen das erste Mal die Heraien veranstaltet haben.

b) Am Weg nach Olympia befindet sich ein Berg mit hohen schroffen Felsen. Die Eleer haben ein Gesetz, von dort Frauen hinabzustoßen, die dabei ertappt wurden, dass sie zu dem olympischen Fest gekommen sind. Es soll aber noch keine ertappt worden sein außer Kallipateira. Sie richtete sich, als ihr Mann gestorben war, ganz wie ein Sportlehrer her und brachte ihren Sohn zum Mitkämpfen nach Olympia. Als dieser siegte, übersprang sie die Umzäunung, in der man die Sportlehrer abgetrennt hielt, und entblößte sich dabei.
Obwohl sie nun als Frau ertappt war, ließ man sie straffrei, aus Rücksicht auf ihren Vater, ihre Brüder und ihren Sohn. Sie alle hatten nämlich olympische Siege errungen. Aber daraufhin erließ man eine Regelung, wonach Sportlehrer nackt bei den Kämpfen dabei sein müssten.

Pausanias, 5, 16, 1–6 und 5, 6, 7–8, gekürzt.

65.1 Junger Sieger mit roten Bändern, 500 v. Chr.

Q2 Verstöße gegen die Fairness

Pausanias berichtet auch von Skandalen:

Auf dem Weg zum Stadion gibt es neben den Siegerstatuen auch Weihgeschenke. Diese wurden mit Hilfe der Strafgelder errichtet, die Athleten zahlen mussten, wenn sie gegen die Regeln verstoßen hatten.
Der Thessalier Eupolos bestach die Faustkämpfer bei den 98. Spielen mit Geld. Das soll das erste Vergehen gegen die Spiele gewesen sein, und als Erste wurden Eupolos und diejenigen, die von Eupolos Geschenke angenommen hatten, von den Eleern mit Geldstrafen belegt.
Die Inschrift auf der ersten Statue sagt, dass man einen Sieg nicht mit Geld, sondern mit der Schnelligkeit der Füße und Körperkraft erringen soll. Die zweite sagt, dass die Statue zur Abschreckung für frevelnde Athleten dastehe. Die Inschrift der sechsten Statue erklärt, dass die Statue zur Strafe für die Faustkämpfer errichtet worden sei.
Es sollte eine Lehre für alle Griechen sein, dass niemand für einen olympischen Sieg Geld geben soll.

Pausanias, 5, 21, 3–14, gekürzt.

Eleer (ausgesprochen: Ele-er) = Bewohner von Elis

1. Lies den VT S. 62–64 und stelle einander gegenüber: Worin ähneln sich die antiken und die neuzeitlichen olympischen Spiele, welche Unterschiede gibt es?

2. Stell dir vor, du begleitest als Reporter einen Athleten aus Lokroi in Süditalien, der im Jahr 496 v. Chr. an den Spielen in Olympia teilnimmt. Berichte deinen Mitbürgern, wie euer Sportler abschneidet und wie es in Olympia zugeht. (VT, Q 1, Q 2)

3. Was könnte die ertappte Kallipateira zu ihrer Verteidigung vorgebracht haben? (Q 1)

4. Führt ein Streitgespräch über die Rolle der Frauen bei den Festspielen (Q 1): Was war ihnen gestattet, was nicht?

3. Athen – von der Herrschaft des Adels zur Herrschaft der Bürger

Die Polis Athen war im 7. Jahrhundert v. Chr. an Einwohnern und Fläche die größte im antiken Griechenland. Sie wurde von Königen regiert, die bei wichtigen Angelegenheiten den Rat der Adligen befragten. Wie in vielen anderen Städten drängte der Adel auch in Athen das Königtum schließlich aus seiner Herrschaft. Damit war aus der ↗Monarchie eine ↗Aristokratie geworden.

■ Solon reformiert den Staat

Athen im Jahre 594 v. Chr.: Es herrschte große Unruhe in der Stadt. Immer mehr Bauern bekamen Angst, ihre Familien nicht mehr ernähren zu können. So sehr sie sich auch mühten, die Großgrundbesitzer boten ihre Waren einfach billiger an. Kamen noch Missernten dazu, dann blieb vielen Bauern nur übrig, sich bei den Großgrundbesitzern zu verschulden. Konnten die Bauern die Zinsen nicht bezahlen, wurden ihre Frauen, Kinder und sie selbst als Sklaven verkauft. Hilfe konnten die Bauern kaum erwarten, denn die neun Oberbeamten, die Archonten, die den Staat führten, gehörten selbst dem reichen Adel an, ebenso wie die Mitglieder des obersten Gerichtshofes, des Areopags. Auch das Aufschreiben der Gesetze hatte die Lage der Bauern nicht verbessert.

Reformen waren also notwendig. Pläne dazu entwickelte Solon, ein Adliger, der als Kaufmann viel in Griechenland herumgekommen war und so viele Erfahrungen gesammelt hatte. Ihn wählte die Versammlung zum Oberbeamten mit außerordentlichen Vollmachten.

Solon erließ den Bauern die Schulden und kaufte die Schuldsklaven frei. Ein Gesetz begrenzte den Zukauf von Land. Auch das Zusammenleben der Bürger regelte Solon neu: Er teilte die Bürgerschaft nach dem jährlichen Ernteertrag ihrer Felder in vier Besitzklassen ein. Jede Klasse hatte eigene Rechte – entsprechend ihrer Leistung für die Polis.

Die reichsten Großgrundbesitzer mussten umfangreiche Geldspenden an die Stadt leisten, um die Flottenrüstung zu finanzieren. Ihnen blieb dafür das Archontenamt vorbehalten. Die nicht ganz so vermögenden Ritter bildeten die zweite Klasse. Sie kämpften ebenfalls zu Pferde. Die Bauern in der dritten Klasse dienten im Heer als schwer bewaffnete Fußkämpfer. Diese ↗Hopliten waren für die Schlagkraft des athenischen Heeres entscheidend: Sie kämpften in geschlossenen Schlachtreihen, die dem ritterlichen Einzelkämpfer überlegen waren. Aus den ersten drei Klassen wurden die Mitglieder des Rates der 400 gewählt, der die politischen Entscheidungen vorbereitete. Die Kleinbauern und Tagelöhner waren im Krieg leicht bewaffnete Soldaten oder Ruderknechte. Sie zahlten keine Steuern und konnten nur in die Volksgerichte gewählt werden.

66.1 Die attische Bevölkerung nach der Reform Solons, 594 v. Chr.

Unzufriedenheit mit der Reform

Solons Neuordnung stieß bald auf Widerstand. Die Adligen waren unzufrieden, weil sie das verliehene Geld nicht zurückbekommen und an politischem Einfluss verloren hatten. Die Bauern dagegen hatten vergebens auf eine Neuverteilung des Landes gehofft.

Den Streit machte sich der Adlige Peisistratos zunutze. Es gelang ihm, die Führung der Polis zu übernehmen; vor allem die armen Bauern aus dem Nordosten Attikas unterstützten ihn. Sie erhielten Land aus dem Besitz des Staates oder dem Eigentum verbannter Gegner. Von Peisistratos ernannte Richter reisten über das Land, um Bauern vor adliger Willkür zu schützen. Dadurch verringerte sich die Macht des Adels, und die sozialen Unterschiede zwischen den Bürgern wurden kleiner.

Von politischen Entscheidungen waren die Athener aber weitgehend ausgeschlossen, und das störte sie. Daher vertrieben sie mit Hilfe der Spartaner 510 v. Chr. die Söhne des Peisistratos und beendeten diese ↗Tyrannis. Die Frage war nun: Wie kann die neu gewonnene Freiheit politisch verankert werden?

Mehr Rechte für die Bürger

Die Entscheidung fiel zu Gunsten eines Vorschlags, den der Athener Kleisthenes machte. Er gliederte die Bevölkerung Attikas neu.

67.2 Die Halbinsel Attika bildete das Gebiet der Polis Athen.

Für ihn war nicht mehr entscheidend, aus welcher Gegend und Gesellschaftsschicht ein Athener stammte oder wie vermögend er war. Vielmehr sollten die Athener als gleichberechtigte Bürger zusammenleben und ihre Angelegenheiten gemeinsam entscheiden. Damit wurde die Macht des Adels weiter eingeschränkt, die Athener hatten nun eine Volksherrschaft, eine ↗Demokratie.

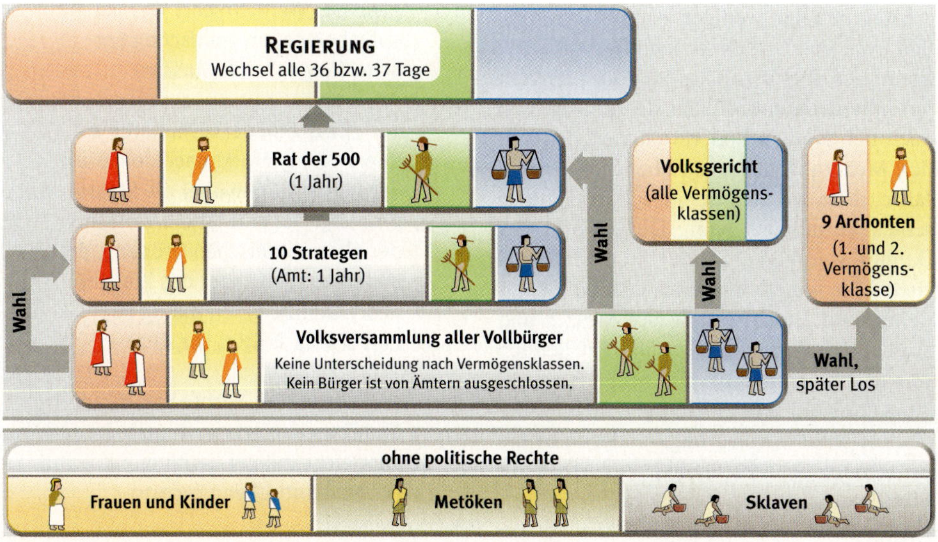

67.1 Politische Beteiligung nach der Reform des Kleisthenes, um 500 v. Chr.

Scherbe heißt auf Griechisch ‚ostrakon', das Fachwort für Scherbengericht ist daher Ostrakismos.

Aristides, Sohn des Lysimachos

Aristides unterstützte die Interessen der Großgrundbesitzer und wurde deshalb 482 v. Chr. verbannt.

68.1 Scherben, die Archäologen in Athen gefunden haben. Die Griechen benutzten Scherben für die Abstimmung, da sie ein billiges, überall leicht erhältliches Schreibmaterial für kurze Texte waren.

Q1 Das Scherbengericht

Um die Macht eines Einzelnen nicht zu groß werden zu lassen, führte Kleisthenes ein Abstimmungsverfahren ein, das der Gelehrte Plutarch (46–119 n. Chr.) folgendermaßen beschrieb:

Der Hergang der Abstimmung war in Kürze folgender: Jeder Bürger nahm eine Scherbe, schrieb darauf den Namen des Mannes, den er verbannen wollte, und brachte sie an einen Ort auf dem Markt, der rings mit Schranken umschlossen war. Die Beamten zählten zuerst die gesamten abgelieferten Scherben durch; denn wenn die Abstimmenden weniger als 6000 waren, dann war das Verfahren ungültig.
Wenn sich aber mehr als 6000 Bürger beteiligt hatten, dann ordneten sie die Scherben nach den Namen und verbannten den von der Mehrzahl Aufgeschriebenen auf zehn Jahre, doch so, dass er im vollen Genusse seines Vermögens blieb. Diese Form des Bannes war keine Strafe für ein Verbrechen. Man nannte ihn beschönigend Demütigung und Beschneidung des Stolzes und Zurückdrängen von Gewalt. Tatsächlich war er eine gemäßigte Form der Befriedigung des Neides der Mitbürger, denn er bedeutete nicht Vernichtung, sondern nur die Entfernung des Missliebigen aus Athen für zehn Jahre.

Plutarch, Aristides, 7, bearbeitet.

Q2 Mehr Demokratie

Die politischen Kerngedanken des Kleisthenes hat zweihundert Jahre später der Philosoph Aristoteles zusammengefasst.

Als Kleisthenes Vorsteher des Volkes geworden war (im vierten Jahr nach der Vertreibung der Tyrannen), ging er daran, mehr Einwohner an den Bürgerrechten teilnehmen zu lassen. Er erhöhte die Zahl der Ratsmitglieder von 400 auf 500. Außerdem teilte er das Land in 30 Bezirke auf: 10 in Athen und um die Stadt herum, 10 an der Meeresküste und 10 im Landesinneren. Je drei fasste er durch das Los zusammen (sie stellten im Jahreswechsel die Regierung).
Auf Grund dieser Veränderung wurde die Verfassung viel demokratischer als diejenige Solons. Kleisthenes erließ neue Gesetze im Interesse der Menge, darunter auch dasjenige über das Scherbengericht. Während dreier Jahre verbannten die Athener auf diese Weise die Anhänger der Tyrannen, um derentwillen das Gesetz ja gegeben worden war. Im vierten Jahr danach beseitigten sie auch diejenigen, die die anderen an Macht allzu sehr zu überragen schienen.

Aristoteles, Der Staat der Athener, 21 f. bearbeitet.

1. Stelle die Entwicklung der Staatsformen in Athen dar, indem du in Form einer Tabelle die Monarchie, Aristokratie und Demokratie vergleichst. Wer herrscht? Wer hat Mitspracherecht an politischen Entscheidungen? (VT, Glossar)

2. Zwei Athener diskutieren auf dem Athener Markt nach dem Sturz der Peisistratiden über die Staatsordnung. Der eine ist ein Verfechter der alten solonischen Ordnung, der andere ein Anhänger des Kleisthenes. Schreibe deren Dialog auf. (VT, B 66.1, B 67.2, Q 1, Q 2)

3. Nenne die Rechte von Männern und Frauen in Athen. (B 66.1, B 67.2) Vergleiche mit der heutigen Situation in demokratischen Ländern.

Die Schülervertretung

Die Mitwirkung von Schülerinnen und Schülern im Rahmen der schulischen Selbstverwaltung wird in Rheinland-Pfalz (und anderen Bundesländern) durch das Schulgesetz geregelt. Wenn hierbei nur die männliche Form (Schüler, Lehrer etc.) verwendet wird, so sind damit natürlich beide Geschlechter gemeint.

§ 27 Schülervertretungen

(1) Bei der Verwirklichung des Bildungs- und Erziehungsauftrages der Schule wirken die Schüler durch die Schülervertretungen eigenverantwortlich mit. (2) Die Schülervertreter nehmen die Interessen der Schüler in der Schule, gegenüber den Schulbehörden und in der Öffentlichkeit wahr und üben die Beteiligungsrechte der Schüler aus.

§ 28 Klassenversammlungen

(1) Die Klassenversammlung hat die Aufgabe, in allen Fragen der Schülervertretung, die sich bei der Arbeit der Klasse ergeben, zu beraten und zu beschließen; sie fördert die Zusammenarbeit zwischen den Schülern und den Lehrern der Klasse. Der Klassenleiter unterrichtet die Klassenversammlung über Angelegenheiten, die für die Klasse von Bedeutung sind. (2) Die Klassenversammlung besteht aus den Schülern der Klasse. Sie wählt aus ihrer Mitte den Klassensprecher. Der Klassensprecher vertritt die Klasse gegenüber dem Klassenleiter, den sonstigen Lehrern der Klasse und dem Schulleiter.

§ 29 Klassensprecherversammlung

(1) Die Klassensprecherversammlung ist für alle Fragen der Schülervertretung zuständig, welche die Schule in ihrer Gesamtheit angehen. Der Schulleiter unterrichtet die Klassensprecherversammlung über Angelegenheiten, die für die Schule von allgemeiner Bedeutung sind. (2) Die Klassensprecherversammlung besteht aus den Klassensprechern aller Klassen der Schule. Sie wählt aus den Schülern den Schülersprecher und dessen Stellvertreter oder einen aus dem Schülersprecher und in der Regel bis zu zwei Stellvertretern bestehenden Vorstand der Schülervertretung. Der Schülersprecher ist der Vorsitzende der Klassensprecherversammlung. Er vertritt allein oder gemeinsam mit seinen Stellvertretern die Klassensprecherversammlung.

69.1 Sitzung einer Schülervertretung.

§ 30 Schülerversammlung

(1) Die Schülerversammlung berät im Einzelfall schulische Angelegenheiten, die für die Schüler von besonderer Bedeutung sind. (2) Die Schülerversammlung kann als Schülervoll- oder Schülerteilversammlung einberufen werden. Sie wird vom Schülersprecher geleitet.
Schulgesetz von Rheinland-Pfalz i. d. F. vom 6. Februar 2001

1. Informiere dich bei deinem Schulsprecher, wie die SV den § 27.2 des Schulgesetzes verwirklicht. Sprich ihn dabei auch auf die Mitwirkung der SV an der Gesamtkonferenz und im Schulausschuss an.

2. Setze die §§ 28–30 des Schulgesetzes in eine Skizze „Aufbau der Schülervertretung“ um und vergleiche mit den Abbildungen 66.1 und 67.2.

3. Nimm Stellung zu der Behauptung: Die Demokratie in Athen im 6. Jahrhundert v. Chr. ist nur teilweise vergleichbar mit der Demokratie in der Schule heute.

4. Sparta – eine ganz andere Polis?

Moderne und emanzipierte Frauen?

70.1 Junge Spartanerin, Bronzestatuette.

Lysistrate: „Sei gegrüßt, liebe Spartanerin Lampito! Wie strahlt deine Schönheit, du süße Frau? Welch' gesunde Hautfarbe, wie strotzt dein Leib vor Kraft! Selbst einen Stier könntest du erwürgen."
Lampito: „Bei den Göttern! Das glaub ich wohl. Treib ich doch Sport und schlage mit den Fersen an den Hintern."

So ließ der antike Dichter Aristophanes in einer Komödie die Athenerin Lysistrate mit der Spartanerin Lampito reden. In diesem Theaterstück setzen sich beide Frauen für den Frieden zwischen ihren Heimatstädten ein. Der Dichter entwirft das Bild einer Sport treibenden, kraftstrotzenden und schönen Frau, die sich außerdem noch in die „Männersache" Politik einmischt. Was für ein Staat war Sparta, wo die Frauen so modern und emanzipiert erscheinen?

Herrschaft und Knechtschaft

70.2 Angreifender Krieger, Bronzestatuette, 12,8 cm, um 510 v. Chr.

Die Spartaner waren um 900 v. Chr. von Norden auf die Peloponnes eingewandert. Eine etwa 9000 Männer zählende Gruppe hatte erst die einheimische Bevölkerung, dann die benachbarten Messenier besiegt und enteignet. Als unfreie Staatsbauern, Heloten genannt, mussten die Unterworfenen nun das Land bebauen und die Ernährung ihrer neuen Herren sicherstellen. Der Dichter Tyrtaios schilderte deren Situation so: *„Eseln vergleichbar, gebeugt unter der drückenden Last, müssen sie ihren Gebietern, schmählich gezwungen, die Hälfte geben von all dem Ertrag, der aus dem Acker erwächst."* Im Umland der Stadt Sparta lebten 60000 freie Periöken, die als Bauern, Handwerker und Händler arbeiteten und auch Heeresdienst leisten mussten. Politische Rechte besaßen die Periöken allerdings nicht.

Periöken = die „Umwohnenden", die am Rand des Gebietes von Sparta lebten.

Spartiaten = freie Bürger des spartanischen Staates, die in der Stadt Sparta lebten und alle politischen Rechte besaßen.

Die spartanische Herrenschicht, die Spartiaten, brauchte so zwar nicht zu arbeiten, musste aber ständig vor Aufständen der über 200000 Heloten auf der Hut sein. Daher lebten sie, als ob sie sich in einem dauernden Kriegszustand mit den Heloten befänden, und waren ständig unter Waffen.

Die Machtverteilung in Sparta

Anders als die übrigen griechischen Poleis hatte Sparta zwei gleichberechtigte Könige. Sie stammten aus den zwei führenden Adelsgeschlechtern der Stadt. Sie und 28 auf Lebenszeit gewählte Spartiaten, die über 60 Jahre alt sein mussten, bildeten die Gerusie, den Adelsrat. Über dessen Wahl und über die Wahl der Beamten, über Krieg und Frieden, über Gesetze sowie über Verträge mit anderen Poleis entschied die monatliche Volksversammlung der freien Spartiaten. Man stimmte „per Akklamation" ab, also durch Zuruf, nicht etwa durch Handzeichen wie in anderen griechischen Städten.

Die wichtigsten Beamten waren die fünf für ein Jahr gewählten Ephoren. Der Sage nach soll der Gesetzgeber Lykurg dieses Amt im 6. Jahrhundert eingeführt haben. Die Ephoren mussten darauf achten, dass alle Einwohner des Staates die spartanische Lebensordnung einhielten. Sie durften auch Anträge in der Volksversammlung stellen und konnten so die Regierungsgeschäfte stark beeinflussen.

Die stille Macht der Spartanerin

Weil die Spartiaten sich ausschließlich mit Kriegsdienst und Politik befassten, hatten die Spartanerinnen eine andere Stellung als Frauen sonst bei den Griechen (→ 78 f.). Frauen durften an der Volksversammlung nicht teilnehmen, aber sonst frei ihre Meinung äußern. Was ihnen an politischem Einfluss fehlte, besaßen sie aber an wirtschaftlicher Macht – über den Reichtum der Spartanerinnen wurde in Griechenland viel geredet. Der Grund dafür war das Erbrecht: Töchter waren, wenn sie keine Brüder hatten, erbberechtigt und verfügten bei der Verheiratung oft über beträchtlichen Besitz.

Die starke Position der Frauen in der Hauswirtschaft wog den Verlust ihrer Aufgabe als Erzieherinnen der Kinder auf. Denn anders als in den übrigen griechischen Städten war die Erziehung nicht Privatsache der Eltern: Jungen und Mädchen wurden vom Gemeinwesen erzogen. Vor allem die Jungen wurden damit auf das spätere Leben im Militärlager vorbereitet.

Q1 Erziehung für den Staat: Männer

Der weit gereiste griechische Schriftsteller Plutarch erzählt um das Jahr 100 n. Chr. über die spartanische Erziehung von jungen Männern (Q1) und Frauen (Q2):

Die Knaben der Spartaner aber gab Lykurg nicht in die Hände von gekauften oder gemieteten Pädagogen, noch durfte jeder seinen Sohn aufziehen, wie er wollte. Vielmehr nahm Lykurg selbst alle, sobald sie sieben Jahre alt waren, zu sich und teilte sie in Gruppen, in denen sie miteinander aufwuchsen und gewöhnt wurden, beim Spiel wie bei ernster Beschäftigung immer beisammen zu sein. Lesen und Schreiben lernten sie nur so viel, wie sie brauchten; die ganze übrige Erziehung war darauf ausgerichtet, dass sie pünktlich gehorchen, Strapazen ertragen und im Kampfe siegen lernten.

Die Erziehung im Gesang und in der Musik wurde nicht weniger eifrig betrieben als die Bemühung um gutes und klares Reden. Ihre Lieder enthielten etwas den Mut Entflammendes und begeisternden Tatendrang Erweckendes. Es waren zumeist Lobgesänge, in denen die für Sparta Gefallenen glücklich gepriesen wurden, und Hohngesänge auf die Feiglinge.

Die Erziehung erstreckte sich bis auf die Erwachsenen. Keinem stand es frei zu leben, wie er wollte, sondern sie lebten in der Stadt wie in einem Feldlager nach strengen Vorschriften für all ihr Verhalten und ihre Beschäftigung in der Öffentlichkeit. Überhaupt glaubten sie, nicht sich, sondern dem Vaterland zu gehören.

Plutarch, Lykurg, 24–25, gekürzt.

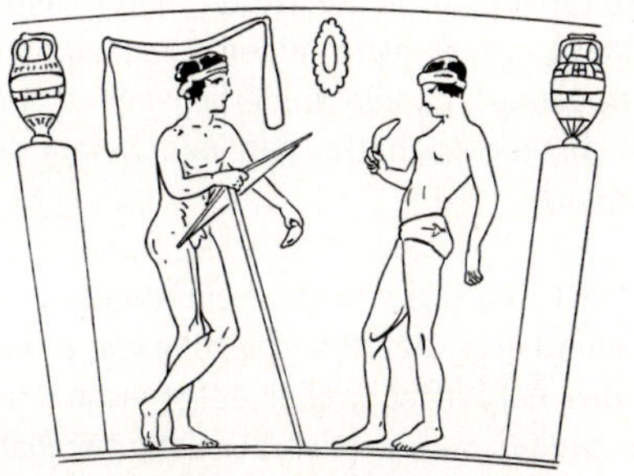

71.1 Junge und Mädchen gemeinsam in der Palästra (Sportfeld). Malerei auf einem Krug aus Lokroi, Süditalien (Nachzeichnung).

Q2 Erziehung für den Staat: Frauen

Lykurg hat auch den Frauen jede mögliche Sorgfalt zugewendet. Er kräftigte die Körper der Mädchen durch Laufen, Ringen und Speerwerfen, damit die Zeugung der Kinder in kräftigen Körpern erfolge und die Frucht umso besser heranwachse, und damit sie die Geburten mit Kraft bestehen könnten. Weichlichkeit, Verzärtelung und alle Weiblichkeit in der Kleidung verbannte er und gewöhnte die Mädchen, wie auch die Knaben nackt ihre Aufzüge zu halten und bei bestimmten Festen zu tanzen und zu singen, in Gegenwart und vor den Augen junger Männer.

Die Entblößung der Mädchen hatte übrigens nichts Peinliches, weil Zurückhaltung dabei war und keine Lüsternheit, und sie bewirkte die Gewöhnung an Schlichtheit und das Streben nach körperlicher Gesundheit und Fitness. Sie gab auch der Frau Sinn und Geschmack für edles Selbstbewusstsein, dass auch sie nicht weniger als der Mann Anteil haben sollte am Streben nach Tapferkeit und Ruhm.

Zuweilen griffen die Mädchen auch durch Spottverse jeden an, der sich etwas hatte zuschulden kommen lassen, oder sie sangen Loblieder und erweckten so Ehrgeiz und Wetteifer in den jungen Männern.

Plutarch, Lykurg, 1, gekürzt.

Lykurg: sagenhafter Gesetzgeber, der im 6. Jahrhundert v. Chr. gelebt haben soll.

1. Vergleiche die spartanische mit der attischen Polis. Liste die Unterschiede und Gemeinsamkeiten auf.
2. Schreibe den Brief einer Spartanerin an ihre Freundin in Athen, in dem sie über ihr Leben berichtet und die spartanischen Sitten zu erklären versucht.
3. Erstelle eine Anweisung zur Kindererziehung in Sparta.
4. Überlegt, wie und wozu ihr selbst erzogen werdet, und diskutiert, was ihr von der spartanischen Erziehung haltet.

spartanisch = 1. „aus Sparta“, 2. „wie in Sparta“, d. h. streng, einfach, anspruchslos

5. Kampf um die Freiheit

■ Krieg oder Unterwerfung?

Im Jahre 491 v. Chr. trat die Volksversammlung in Athen zusammen, um über eine in den Augen der Bürger ungeheuerliche Forderung zu beraten: Boten des persischen Großkönigs Dareios hatten von ihnen Erde und Wasser als Zeichen der Unterwerfung verlangt. Aus freien Menschen sollten tributpflichtige Untertanen eines fremden Tyrannen werden! Die Bürger wussten, dass ihre Weigerung einen Krieg mit unabsehbaren Folgen heraufbeschwören würde. Viele Griechenstädte hatten sich bereits unterworfen. Die Athener dachten aber gar nicht daran, klein beizugeben. Sie stürzten die persischen Gesandten in einen tiefen Brunnen. Dort könnten sie sich Erde und Wasser holen, spotteten sie.

Im folgenden Jahr wollte eine persische Streitmacht von 800 Reitern, 25 000 Fußsoldaten und 600 Schiffen den Widerstand Athens brechen. Die Athener waren auf sich allein gestellt, denn ihre Bundesgenossen, die Spartaner, kamen zu spät, und das ebenfalls verbündete Eretria war von den Persern bereits dem Erdboden gleichgemacht worden. Andere Städte blieben neutral. Schließlich zog das athenische Hoplitenheer von 10 000 Mann unter dem Oberbefehl des Strategen Miltiades den Persern entgegen. Bei Marathon trafen die Gegner aufeinander und überraschend besiegten die Athener die Perser durch einen Flankenangriff. Den Versuch der Perser, Athen von See her zu erobern, vereitelte der Eilmarsch der siegreichen Truppen nach Athen.

72.1 Eine Triere (ausgesprochen Tri-ere), die Archäologen 1987 nach antikem Vorbild gebaut haben. Das Schiff war mit 37 m recht kurz und daher sehr wendig. Mit dem Rammsporn am Bug versuchte man das Schiff des Gegners an der Seite zu treffen. Das Wort Triere bedeutet „Dreidecker“: Die 170 Ruderer des Schiffes saßen in drei Reihen übereinander.

■ Liegt die Rettung Athens auf dem Wasser?

In den folgenden Jahren prägte die Auseinandersetzung zwischen den Staatsmännern Aristides (→ B 68.1) und Themistokles die Politik in Athen. Aristides trat für die Interessen der Landbesitzer ein. Militärisch sah er Athens Stärke im Heer, das sich in der Schlacht bei Marathon glänzend bewährt habe. Auch in Zukunft sollte es Athen und das Umland schützen. Sein Gegner Themistokles dagegen glaubte, dass nur eine starke Flotte einen neuerlichen persischen Angriff erfolgreich abwehren könne. Er setzte sich in der Volksversammlung durch, vermutlich auch, weil die unterste Bürgerschicht Athens, die vielen Handwerker und Tagelöhner, ihn unterstützten. Sie fanden durch den Flottenbau Beschäftigung und wurden im Krieg als Ruderer gebraucht.

Der nächste Angriff der Perser mit einer noch größeren Streitmacht begann im Jahre 480 v. Chr. (→ S. 59). Unter dem Oberbefehl des Großkönigs Xerxes drang das persische Heer nach Mittelgriechenland ein. Dort, am Engpass der Thermopylen, versuchte der Spartanerkönig Leonidas mit seinen Soldaten den Vormarsch aufzuhalten, doch es gelang ihm nicht. Athen lag schutzlos vor den Eroberern. Auf Antrag des Themistokles beschloss die Volksversammlung, die Stadt zu räumen. Frauen, alte Leute und Kinder wurden auf die Insel Salamis gebracht, die wehrfähigen Männer bestiegen die Schiffe. Die vorrückenden Perser zerstörten Athen. Auch die Heiligtümer gingen in Flammen auf. Themistokles aber gelang es, die persische Flotte vor der Insel Salamis zum Kampf zu stellen. Aufgrund ihrer genauen Ortskenntnis und erbittert durch die Zerstörung ihrer Heimat, errangen die Griechen einen entscheidenden Sieg. Xerxes, der die Niederlage seiner Flotte mit angesehen hatte, gab den Befehl zum Rückzug.

Im nächsten Frühjahr stieß ein Teil des persischen Heeres wieder nach Attika vor, zerstörte das notdürftig wieder aufgebaute Athen ein zweites Mal, wurde aber dann bei Plataä von der vereinigten Macht der Spartaner und Athener besiegt. Damit war die persische Bedrohung abgewendet.

73.1 Das Perserreich und Griechenland vor den Perserkriegen, um 490 v. Chr.

Q1 Regierung und Verwaltung im Perserreich

Der Großkönig Dareios I. ließ an seiner Grabkammer eine Inschrift mit folgendem Inhalt anbringen:

Ein großer Gott ist Ahura Mazda. Er schuf diese Erde, er schuf jenen Himmel, er schuf den Menschen, er schuf die Segensfülle für den Menschen, er machte den Dareios zum König, den einen zum König von vielen, den einen zum Gebieter von vielen. Ich bin Dareios, der große König, König der Könige, König der Länder aller Stämme, König dieser großen Erde. …

F. H. Weißbach, Die Keilschriften der Achämeniden, Leipzig 1911, S. 87, gekürzt.

Q2 Warum siegten die Athener?

Der Geschichtsschreiber Herodot meinte:

Athen also wurde stark. Die Gleichheit der Bürger ist in jeder Hinsicht wertvoll; denn solange die Athener von Tyrannen beherrscht wurden, waren sie nicht einem einzigen Nachbarn im Krieg überlegen. Jetzt aber waren sie von den Tyrannen befreit und standen mit Abstand als die Ersten da. Daraus kann man erkennen, dass sie als Untertanen, die für ihren Herrn kämpften, vorsätzlich feige und träge waren, jetzt aber mit Einsatz, Anstrengung und Eifer handelten, weil jeder für sich selbst arbeitete.

Herodot, Historien 5, 78, gekürzt.

1. Betrachte die Karte 73.1 und lies Q 1. Stelle in einer Tabelle die Informationen über die politische Ordnung, die Einwohnerzahl sowie das Steueraufkommen im Perserreich zusammen. Vergleiche dann das Kräfteverhältnis.

2. Ein Perser und ein Athener Bürger versuchen, sich gegenseitig von den Vorzügen ihrer Staatsform zu überzeugen. Sammelt in Gruppen Argumente und führt ein Streitgespräch. Benutzt dazu Q 1 und Q 2.

3. Erkläre den Sieg der Griechen. Berücksichtige dabei die Kräfteverhältnisse (Q 2, B 73.1).

73.2 Der Perserkönig Dareios auf einem Relief aus seinem Palast in Persepolis. Hinter dem Thron steht sein Sohn Xerxes.

6. Athen – die Polis der Bürger

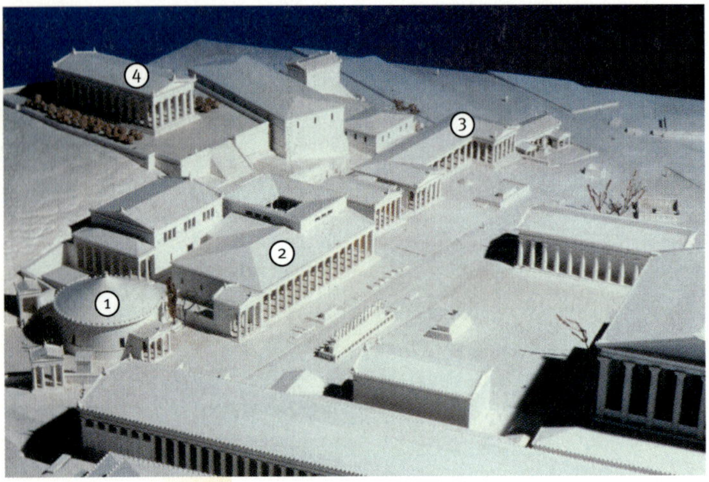

74.1 Die Agora, der Marktplatz von Athen, im Modell.

(1) Tholos = Rundbau, in dem die Prytanen tagten
(2) Bouleuterion = Rathaus, in dem der Rat der 500 tagte
(3) Stoa = überdachte Halle mit Säulen, in dem Gerichtsverhandlungen stattfanden
(4) Tempel des Hephaistos

Aus Bundesgenossen werden Untertanen

Die Athener hatten sich so tapfer und erfolgreich gegen die Perser verteidigt, dass sich viele griechische Städte unter Athens Schutz stellen wollten. Sie gründeten daher ein Bündnis, das bis zu 200 griechische Städte umfasste: den Delisch-Attischen Seebund. Seine Aufgabe sollte der Schutz vor den Persern und die Förderung des Handels sein. Die Bundesgenossen mussten Athen Schiffe stellen und jährlich 460 Talente Silber an die Bundeskasse auf der Insel Delos zahlen. Die Mitglieder aber waren nur scheinbar gleichberechtigt, Athen hatte den militärischen Oberbefehl. Im Jahre 454 v. Chr. verlegten die Athener die Bundeskasse auf die Akropolis, alle Mitglieder mussten Athens Münzsystem übernehmen und größere Prozesse in Athen führen. Aus dem Seebund wurde so ein Seereich der Athener. Die früher gleichberechtigten Griechenstädte hatten sich ihrer Vorherrschaft (Hegemonie) zu beugen.

Die Theten erstreiten die Mitbestimmung

Athen war zur unbestrittenen Herrin der Ägäis geworden. Wem verdankte Athen diese Wende? Neben den politischen und militärischen Führern sowie den Hopliten spielten vor allem die Theten, die der vierten, der ärmsten Vermögensklasse angehörten, eine immer größere Rolle. Sie dienten als Ruderer in der Flotte und waren daher unentbehrlich. Jetzt verlangten sie auch eine größere politische Mitwirkungsmöglichkeit: Sie wollten nicht nur wählen dürfen, sondern auch alle politischen Ämter bekleiden können. Nach langen Auseinandersetzungen beschloss die Volksversammlung, dem Areopag fast alle politischen Rechte zu entziehen und diese auf die Volksversammlung und die Volksgerichte zu übertragen. Bald durften auch die Theten Archonten werden; diese wurden nach der Reform nicht mehr von der Volksversammlung gewählt, sondern durch das Los bestimmt.

Wer männlicher und erwachsener Bürger von Athen war, konnte nun also, unabhängig davon, ob er arm oder reich war, mit gleichem Recht über die Gesetze und andere politische Fragen mitentscheiden. Die Bürger in der Volksversammlung beschlossen zum Beispiel, ob Krieg geführt oder Frieden geschlossen werden sollte, sie konnten auch einzelne Beamte wegen schlechter Amtsführung anklagen. Das bedeutete für den einzelnen Bürger einen Zuwachs an persönlichem Ansehen. Da die Ämter erlost wurden, hatte jeder dazu eine Chance; die kurze zeitliche Dauer der Amtsausübung begrenzte allerdings seinen Einfluss.

Regiert *ein* Mann Athen?

Obwohl die Bürger Athens – aber nicht alle Einwohner! – mehr Rechte bekommen hatten, prägten dennoch weiterhin einzelne Persönlichkeiten die attische Politik. Als Instrument diente ihnen vor allem das Amt des Stra-tegen: Die Strategen wurden nicht durch das Los bestimmt, sondern gewählt. Sie waren die militärischen Anführer der zehn Phylen und hatten auch die Verhandlungen mit anderen Griechenstädten und fremden Staaten zu führen. Von ihren Fähigkeiten hing der Erfolg – und manchmal das Überleben – der Bürgersoldaten im Kampf ab. Daher bewies die Wahl zum Strategen, dass die Wähler diesem Mann vertrauten. Umgekehrt konnte ein häufig wiedergewählter Stratege auch bedeutenden Einfluss auf die Volksversammlung nehmen. Das galt vor allem für den bedeutendsten Staatsmann Athens, Perikles. (Q2)

Q1

Vom Seebund zum Seereich

a) Das Verhältnis zwischen Athen und seinen Bundesgenossen wandelte sich bald:

Kimon ließ sich von den Bundesgenossen, die keinen Kriegsdienst leisten wollten, Geld und leere Schiffe geben. So wurden diese dank ihrer Bequemlichkeit und ihrem Unverstand aus tüchtigen Kriegern zu unkriegerischen Bauern und Geschäftsleuten. Die Athener hingegen ließ er abwechselnd in großer Zahl die Schiffe besteigen und härtete sie in Feldzügen ab. So machte er sie in kurzer Zeit mit Hilfe der Gelder und Ablösesummen der Bundesgenossen zu Herren derer, die das Geld gaben.

Plutarch, Kimon, 11, bearbeitet.

b) Die Athener rechtfertigten ihre Vormachtstellung …

Wir haben die Herrschaft nicht an uns gerissen, sondern die Verbündeten haben sie uns angetragen, als sie dem Bund freiwillig beitraten. Und wenn wir jetzt mächtig sind, haben wir das den Umständen zuzuschreiben, weil die Sorge um unsere eigene Sicherheit, aber auch unsere Ehre und unser Nutzen es erforderten. Denn als sich das Misstrauen gegen uns regte, als die ersten Bundesgenossen abfielen und sie mit Gewalt zur Treue gegen uns veranlasst werden mussten, sind wir nur für unsere Sicherheit eingetreten. Wer will uns übel nehmen, dass wir eine Herrschaft annahmen, die man uns angetragen hatte?

Thukydides, 1,75, bearbeitet.

c) … und nützten sie zu ihrem Vorteil aus.

Am meisten aber schmückten die prachtvollen Tempel und öffentlichen Bauten Athen. Doch keine von Perikles' Staatshandlungen stieß auf so viel Kritik wie seine Bautätigkeit, deshalb musste er in der Volksversammlung die schärfsten Vorwürfe seiner Gegner über sich ergehen lassen. „Schimpf und Schande", schrien sie, „ist über das Volk gekommen, da es die Bundesgelder, das Gemeingut aller Griechen, aus Delos nach Athen geholt hat. Und die beste Entschuldigung gegenüber den Bundesgenossen, dass es nämlich den Schatz aus Angst vor den Barbaren dort weggeholt und in sicheren Gewahrsam gebracht habe, diese hat ihm Perikles jetzt genommen. Griechenland muss sehen, wie wir mit den Geldern, die

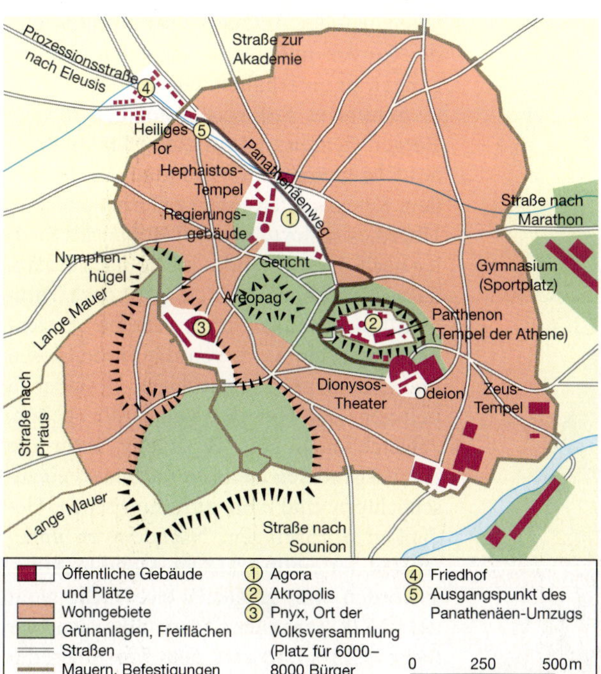

① Vorratsraum oder Laden
② Wohnraum der Männer
③ Raum für Gastmähler
④ Wohnraum der Frauen
⑤ Schlafraum
⑥ Küche

75.1 Stadtplan von Athen im 5. und 4. Jahrhundert v. Chr. Rechts: In den engen Gassen der Wohnviertel drängten sich die Stadthäuser der Athener.

es notgedrungen für den Krieg zusammengesteuert hat, unsere Stadt vergolden und herausputzen und sie mit kostbaren Steinen, mit Bildern und Tempeln von tausend Talenten behängen wie ein eitles Weib.“ Perikles machte demgegenüber dem Volke klar, dass Athen den Bundesgenossen für seine Gelder keine Rechenschaft schuldig sei, da es den Krieg für sie führe und sie vor den Persern schütze.

Plutarch, Perikles, 12, bearbeitet.

Q2 Die politische Karriere des Perikles

Plutarch beschreibt in einer seiner Biographien den Aufstieg des Perikles:

In seinen jüngeren Jahren hatte Perikles große Scheu vor dem Volk. Denn seine Ähnlichkeit mit dem Tyrannen Peisistratos war überraschend, und alte Leute bemerkten mit Entsetzen, wie sehr er ihm im Klang der Stimme und in seiner schnellen, geläufigen Art zu sprechen glich. Da er überdies großen Reichtum besaß, aus einer vornehmen Familie stammte und Freunde von mächtigem Einfluss hatte, fürchtete er die Verbannung durch das Scherbengericht. Deshalb mied er die Politik, aber im Kriege war er ein tapferer, beherzter Soldat.

Als Kimon aber fast die ganze Zeit außerhalb Griechenlands in Kriege verwickelt war, entschloss Perikles sich, auf die Seite des Volkes zu treten; er wählte die Partei der besitzlosen Menge, nicht die der wohlhabenden Minderheit, obwohl er in seinem Herzen gewiss kein Demokrat war. Aber er fürchtete, wie es scheint, den Verdacht, er wolle Alleinherrscher werden, und er bemerkte auch, dass Kimon als eifriger Aristokrat der Liebling der Vornehmen war. Deswegen schlug er sich zum Volk, um sich Sicherheit für seine Person und gegen Kimon einen mächtigen Anhang zu verschaffen. Sofort änderte er auch sein Auftreten. Er nahm nicht bei jedem Anlass das Wort, trat auch nicht immer vor dem Volke auf, sondern erledigte selbst nur die wichtigsten Geschäfte; die andern ließ er durch seine Freunde und durch ergebene Politiker besorgen.

Im Wettstreit mit Kimon ließ Perikles auch gerade damals dem Volke die Zügel schießen und trieb seine Politik dem Volke zuliebe. Er verstand es, in der Stadt bald ein feierliches Schauspiel, bald einen öffentlichen Schmaus oder Aufzug zu veranstalten und die Bürger mit geschmackvollen Belustigungen zu unterhalten. Jahr für Jahr ließ er 60 Schiffe in See gehen, auf denen viele Bürger dienten und für acht Monate ihren Sold bekamen, um Drill und Dienst auf dem Kriegsschiff kennen zu lernen.

Überdies schickte er 1000 Bürger als Siedler nach der Chersonesos, 500 nach Naxos, halb so viel nach Andros, 1000 nach Thrakien, andere nach Italien. Seine Absicht dabei war, die Stadt von dem arbeitslosen und eben deswegen unruhigen Gesindel zu befreien, der Not des Volkes abzuhelfen, zugleich auch eine Besatzung unter die Bundesgenossen zu legen und sie so einzuschüchtern und von aufrührerischen Gedanken abzubringen. Nachdem er unbestritten der einflussreichste Mann in Athen geworden war, zeigte er sich nicht mehr dem Volk gegenüber so gefällig und war nicht mehr so geneigt, dem Verlangen der großen Masse zu folgen und nachzugeben.

Plutarch, Perikles, 7, 11, 14 f., bearbeitet.

76.1 Büste des Perikles. Der Helm weist auf Perikles' Amt als Stratege hin. Römische Kopie nach einem Original des Bildhauers Kresilas aus dem 5. Jahrhundert v. Chr., das auf der Akropolis stand. Die Inschrift lautet übersetzt: Perikles, (Sohn des Xanthippos, Athener).

Q3 Sind alle für die Demokratie?

a) *Perikles sprach vor seinen Mitbürgern:*

Unsere Staatsform wird Volksherrschaft [Demokratie] genannt, weil wir uns nicht auf eine Minderheit, sondern auf die Mehrheit im Volke stützen. Und alle genießen für ihre eigenen Angelegenheiten vor dem Gesetz das gleiche Recht. Im öffentlichen Leben verleiht nicht die Zugehörigkeit zu einem bestimmten Volksteil, sondern allein die persönliche Tüchtigkeit den Vorzug. Auch wird keiner, der Gutes für das Volk leisten kann, wegen seiner Armut ausgeschlossen.

Thukydides, 2, 37, bearbeitet.

b) *Dagegen meinte ein Adliger:*

Ich kann es nicht billigen, dass sich die Athener für diese Staatsform entschieden haben. ... Zunächst muss ich aber sagen, dass die Armen und das Volk berechtigt sind, den Vorzug vor den Vornehmen und Reichen zu haben, weil es nur das Volk ist, das die Schiffe treibt, und dadurch der Stadt ihre Machtstellung verschafft, wenigstens viel eher als die Hopliten und die Vornehmen oder überhaupt die Adligen.
Daher scheint es nur gerecht, dass die Ämter durch das Los oder durch die Abstimmung allen offen stehen und dass es jedem Bürger freisteht, öffentlich zu reden.
Aber alle Ämter, die dem gesamten Volke Nutzen bringen, wenn sie in guten, und Gefahr, wenn sie in schlechten Händen sind, die will das Volk doch keineswegs bekleiden! Es versteht sehr wohl, dass es größeren Nutzen davon hat, wenn es solche Ämter, wie beispielsweise die Strategie, nicht selbst, sondern durch die Vermögendsten verwalten lässt.
Es gilt aber für jedes Land, dass die Vornehmeren Gegner der Volksherrschaft sind. Denn bei den Vornehmeren gibt es weniger Unbeherrschtheit und Ungerechtigkeit, und ihr Eifer für das Gute und Edle ist am größten. Das Volk aber ist ungebildet und unbeherrscht und voller Gemeinheit: Denn sowohl die Armut verleitet sie viel eher zur Schlechtigkeit als auch der Mangel an Erziehung und Bildung.

Pseudo-Xenophon, 2, 1–5, bearbeitet.

77.1 Mit einer solchen Wasseruhr (Klepsydra) wurde in Athen die Redezeit der einzelnen Redner in der Öffentlichkeit gemessen. Es dauerte ungefähr 6 Minuten, bis das obere Gefäß leergelaufen war. Jeder Redner bekam dieselbe Redezeit zugemessen.

1. Beschreibe die Ziele und die Organisation des Delisch-Attischen Seebundes (VT S. 74).

2. Du bist Einwohner einer mit Athen verbündeten Stadt und kehrst von einer Reise nach Athen zurück. Berichte deinen Mitbürgern, wie man in Athen über den Seebund denkt. Gib Ratschläge, wie sie sich gegenüber Athen verhalten sollen (Q 1).

3. Ein Elfenbeinhändler aus Libyen kommt nach Athen. Als sein Geschäftspartner zeigst du ihm die Agora und die Akropolis. Dabei erklärst du ihm, welchem Zweck die verschiedenen Gebäude dienen. Informiere dich dazu im Lexikon über die in den Abbildungen 74.1 und 75.1 sichtbaren Bauten.

4. Notiere die Stellen in Q 2, die etwas über das Verhältnis zwischen Perikles und dem Volk aussagen.

5. Beurteile das Verhalten von Perikles als Politiker. Berücksichtige dabei, welche Ziele er verfolgte und auf welche Weise er Einfluss gewann.

6. Welche Vor- und Nachteile der athenischen Verfassung nennen Perikles und der Adlige (Q 3)? Formuliere eine Antwort an den Adligen.

7. Frauen in Athen – Bürgerinnen oder Unfreie?

Eine Hochzeit

Man schreibt das Jahr 432 v. Chr. Die 16-jährige Elpinike, eine Tochter wohlhabender Athener, sitzt gedankenversunken zu Hause im Frauengemach und überlegt, was ihr die Zukunft wohl bringen wird. Morgen wird sie mit Polygnot verheiratet werden. Ihren Mann konnte sie sich nicht selbst aussuchen, ja, sie kennt ihn kaum. Sie weiß nur, dass er fast doppelt so alt ist wie sie. Ihr Vater hat mit ihm einen Heiratsvertrag abgeschlossen, der regelt, welches Vermögen sie in die Ehe einbringt. Diese Mitgift sichert ihren Unterhalt in der neuen Familie.

Die Jugend Elpinikes ist wie die vieler Athener Mädchen verlaufen. In ihren ersten Lebensjahren hat ihre Mutter sie gemeinsam mit ihren Brüdern erzogen. Doch dann trennten sich die Wege der Geschwister. Im Alter von sieben Jahren wurden die Brüder auf eine Schule geschickt. Dort lernten sie Lesen, Schreiben, Rechnen und ein Instrument zu spielen. Als Vorbereitung auf den Kriegsdienst trieben die Jungen auch viel Sport.

Elpinike dagegen musste zu Hause bleiben. Ihre Mutter hat sie im Weben, Spinnen und Kochen unterrichtet und darauf geachtet, dass sie sich möglichst selten außerhalb des Hauses aufhielt. Manchmal sprachen die Brüder und der Vater daheim davon, was sich in Athen abspielte: von Wahlen, Kriegen oder Geschäften. Aber nie bezogen sie Elpinike oder ihre Mutter in die lebhaften Diskussionen ein. Nach ihrer Heirat wird sie nicht mehr der Vormundschaft ihres Vaters unterstehen, dafür aber der ihres Mannes. Er wird sie vor Gericht vertreten und ihr Vermögen verwalten, auch wenn es in ihrem Besitz bleibt!

Frauen an den Herd?

Die Erzählung von Elpinike ist zwar nicht so überliefert, doch wie wir aus unterschiedlichen Quellen wissen, haben viele Athenerinnen ihre Jugend ähnlich verbracht. Auch als Ehefrauen lebten sie zurückgezogen im Hause. Einkäufe wurden von Männern oder Sklavinnen erledigt. Frauen nahmen aber gelegentlich an Theateraufführungen und religiösen Festen teil. Das Fest zu Ehren Demeters, der Göttin der Fruchtbarkeit, gestalteten die Frauen sogar ausschließlich selbst.

Nicht alle Frauen in Athen waren auf das Leben im Haus beschränkt. Athenerinnen aus ärmeren Schichten verkauften Waren auf dem Markt oder arbeiteten in den Werkstätten ihrer Männer. Sie halfen mit, ihre Familien zu ernähren, und waren deshalb unabhängiger als Frauen aus wohlhabenden Familien.

In der Familie aber waren die Ehefrauen sehr angesehen, denn die Ehe hatte in Athen eine große Bedeutung: Sie garantierte den Fortbestand der Athener Bürgerschaft. Deshalb stand Ehebruch auch unter schwerer Strafe.

78.1 Ein Hochzeitszug: Braut und Bräutigam fahren vom Elternhaus der Braut zum Haus des Bräutigams. Damit wird die Frau Mitglied der neuen Familie, um 550 v. Chr.

78.2 Einige Frauen – vor allem aus der Oberschicht – konnten auch lesen und schreiben, um 450 v. Chr.

Q1 Die Aufgaben von Mann und Frau

Xenophon (428–354 v. Chr.), Historiker und Schriftsteller aus Korinth, schrieb eine Abhandlung über die Hauswirtschaft:

Mir scheinen die Götter dieses Gespann, Mann und Weib, sehr vorsichtig zusammengepasst zu haben, damit es sich durch das Zusammenleben gegenseitig so viel Nutzen bringe wie möglich. Denn erstens ist dieser Bund geschlossen, um miteinander Kinder zu zeugen, damit die Arten der Lebewesen nicht aussterben. Zweitens schaffen sie sich mit den Kindern, die aus diesem Bunde hervorgehen, Stützen für das Alter.

Da beide Arten von Arbeit nötig sind, die draußen und drinnen, schuf Gott die Natur des Weibes für die Arbeiten im Hause, die des Mannes für die Arbeiten außerhalb des Hauses. Der Mann ist mehr dazu geschaffen, Kälte und Wärme, Märsche und Feldzüge zu ertragen. Daher trug der Gott ihm die Arbeiten außerhalb des Hauses auf.

Der Körper der Frau ist weniger widerstandsfähig, deshalb ist sie besser für die Arbeiten im Hause geeignet. Da sie aber mehr dazu befähigt ist, die kleinen Kinder aufzuziehen, gaben ihr die Götter die größere Liebe. Und da sie sie zur Hüterin des Eingebrachten bestimmten, gaben sie ihr auch dafür die nötigen Fähigkeiten.

Xenophon, Über die Hauswirtschaft, 7, gekürzt.

79.1 Die Herstellung von Kleidung und Tüchern gehörte zu den wichtigsten Aufgaben der Frauen, ob sie nun Freie oder Sklavinnen waren. Krug, um 560 v. Chr. (Nachzeichnung).

Q2 Aus dem deutschen Recht

a) Bürgerliches Gesetzbuch vom 18. 6. 1957:
§ 1360. Die Ehegatten sind einander verpflichtet, durch ihre Arbeit und ihr Vermögen die Familie angemessen zu unterhalten. Die Frau erfüllt ihre Verpflichtung … in der Regel durch die Führung des Haushalts; zu einer Erwerbstätigkeit ist sie nur verpflichtet, soweit die Arbeit des Mannes und die Einkünfte der Ehegatten zum Unterhalt der Familie nicht ausreichen. …

b) Bürgerliches Gesetzbuch vom 14. 6. 1977:
§ 1360. Die Ehegatten sind einander verpflichtet, durch ihre Arbeit und mit ihrem Vermögen die Familie angemessen zu unterhalten. Ist einem Ehegatten die Haushaltsführung überlassen, so erfüllt er seine Verpflichtung, durch Arbeit zum Unterhalt der Familie beizutragen, in der Regel durch die Führung des Haushalts.

1. Stelle in einer Tabelle die Aufgaben von Männern und Frauen im antiken Athen zusammen. (VT, Q 1 sowie B 78.1, 78.2 und 79.1)
2. Verfasse einen Kommentar zur Meinung von Xenophon (Q 1).
3. Vergleiche das Gesetz von 1957 (Q 2 a) mit dem Leben von Frauen und Männern in Athen.
4. Diskutiert in der Klasse darüber, ob heute Männer und Frauen gleichberechtigt sind. Berücksichtigt dabei das Gesetz von 1977. Befragt auch eure Eltern und Großeltern.

8. Die Bevölkerung Athens – eine Gesellschaft der Gleichen?

Die Mitbewohner

Die Bürger Athens bildeten nur eine kleine Gruppe innerhalb der Bevölkerung der Stadt. Zum einen waren alle Frauen von der Politik ausgeschlossen, zum anderen lebten zahlreiche Fremde in Attika, vor allem in der Stadt Athen und in dessen Hafen Piräus. Sofern sie persönlich frei waren, gehörten sie der Gruppe der Metöken an. Sie hatten entsprechend ihrem Einkommen Abgaben zu leisten und eine besondere Kopfsteuer zu zahlen. Auch für das Recht, auf der Agora Handel treiben zu dürfen, zahlten sie eine Gebühr. Vor Gericht mussten sie sich durch einen Bürger Athens vertreten lassen. Im Krieg dienten sie im Landheer oder als Ruderer.

Metöke = griechisches Wort für Mitbewohner.

Wirtschaftlich waren die Metöken den Bürgern gleichgestellt, bis auf eine wichtige Ausnahme: Der Kauf von Grundbesitz und Häusern in Attika war ihnen untersagt. Deshalb waren sie in der Regel auch keine Bauern, sondern verdienten mit Handel und als Handwerker ihr Geld. Sie verfügten wegen ihrer fremden Herkunft über gute Kontakte zum Ausland und organisierten die Versorgung Athens mit wichtigen Naturprodukten wie Getreide, Öl, Holz und Wolle, aber auch mit feineren Waren wie Gewürzen, Duftstoffen und Delikatessen. Schmuck, Teppiche und kostbare Geräte gehörten ebenfalls zu ihren Waren.

Über das Einkommen der Metöken lassen sich nur ungenaue Angaben machen. Zwar gibt es Berichte über sehr reiche Metöken, die als Kaufleute, Reedereibesitzer oder Fabrikanten erfolgreich waren, doch die größte Zahl der fremden Mitbewohner Attikas dürfte wie die Mehrheit der Bürger Athens nur über ein bescheidenes Einkommen verfügt haben, das gerade zum Leben reichte.

Die Sklaven

Die größte Gruppe unter den Fremden waren die Sklaven. Um das Jahr 430 v. Chr. lebte jeder Dritte der etwa 300 000 Einwohner Attikas in Unfreiheit. Meist stammten sie aus angrenzenden Ländern des Mittelmeer-raumes, manchmal aber auch aus anderen griechischen Städten. Menschen konnten auf unterschiedliche Weise zu Sklaven werden: als Kriegsgefangene oder Einwohner einer eroberten Stadt, als Schuldner oder durch Geburt. Ihre Besitzer durften über sie frei verfügen, sie aber nicht töten, weil nach griechischer Auffassung vor den Göttern auch ein Unfreier als Mensch galt.

Für die Athener waren Sklaven unentbehrlich. Sie arbeiteten – meist neben Freien – in Bergwerken, in Handwerksbetrieben, in der Landwirtschaft und in Privathaushalten. Zuweilen vermieteten reiche Athener sie als

80.1 Der Seehandel auf dem Mittelmeer spielte für Athen eine äußerst bedeutende Rolle: Die meisten Waren wurden mit Schiffen über größere Strecken transportiert. Dass die Seefahrt aber nicht nur wegen Wind und Wellen gefährlich sein konnte, zeigt dieses Bild auf einer attischen Trinkschale: Piraten rammen ein Handelsschiff, um 500 v. Chr.

Leiharbeiter an Unternehmer und vergrößerten so ihr Vermögen.

Die Sklaven wurden sehr unterschiedlich behandelt. Die schwersten Lebensbedingungen hatten sie als Arbeiter in großen Betrieben und vor allem etwa im Bergbau, wie den Silberminen bei Laureion. In kleineren Werkstätten oder im Haushalt ihrer Herren dagegen konnten sie unter Umständen deren persönliches Vertrauen gewinnen. Manche wurden sogar Leiter einer Werkstatt und arbeiteten dann weitgehend unabhängig. Sie mussten ihrem Herrn lediglich einen festen Pachtzins zahlen. Dies bot einigen die Gelegenheit, sich freizukaufen und ein Leben als Freigelassener zu führen. Allerdings blieb dieser Fall die Ausnahme. Selbst wenn Sklaven nicht grausam behandelt wurden, blieb es ein Leben in Unfreiheit.

Handwerker und Bauern

Die Größe Athens ermöglichte es vielen Menschen, ihr Brot als Handwerker zu verdienen. Es gab in der Stadt viele Kunden, die es vorzogen, von Spezialisten angefertigte Waren zu kaufen. Durch den wachsenden Reichtum konnten auch immer mehr Athener diese teureren Produkte bezahlen. Die Bauarbeiten auf der Akropolis unter Perikles führten zu einem Aufschwung bei den Zimmerleuten, Bildhauern, Kupferschmieden und Steinmetzen. Auch anderen Handwerkern nutzte der große Wohlstand der mächtigsten Stadt im attischen Seebund. Besonders für seine Töpfer- und Metallwerkstätten war Athen berühmt.

Die Mehrzahl der Handwerksbetriebe beschäftigte nur wenige Arbeiter. Ein Betrieb mit etwa zwanzig Personen galt schon als groß. Häufig wohnten Eigentümer und Sklaven im selben Haus. Freie und Sklaven arbeiteten gemeinsam an der Herstellung der Produkte. Innerhalb einer Werkstatt wurde die Arbeit unter den Beschäftigten nach ihren speziellen Fähigkeiten aufgeteilt.

Die meisten Einwohner Attikas waren in der Landwirtschaft tätig. Auf ihren kleinen Höfen bauten Bauern Wein, Oliven und Feigen an, die neben Brot und Fisch als Grundnahrungsmittel dienten. Der Getreideanbau in Attika reichte aber nicht aus, um die gesamte Bevölkerung in der Stadt zu ernähren. Athen war deshalb auf die Einfuhr von Getreide aus den Schwarzmeergebieten und aus Kleinasien angewiesen. Die Bauern auf dem Lande konnten sich in der Regel selbst mit dem Nötigsten versorgen, dabei half die gesamte Familie mit. Auch einfache Möbel und Werkzeuge stellten sie selbst her. Sklaven waren nur auf den wenigen Großgütern der Adligen beschäftigt.

81.1 Eine Handwerkerin in einem Töpferladen, um 460 v. Chr.

81.2 Blick in eine Töpferwerkstatt: Ganz links wird eine fertige Amphore übergeben, daneben arbeiten zwei Männer an einem Pithos, einem Speicherkrug, in der Mitte werden geformte Krüge zum Brennen gebracht, ganz rechts wird ein Brennofen befeuert. Der bekleidete Mann mit Stab ist wohl der Inhaber dieser Werkstatt, um 510 v. Chr.

82.1 *Arbeit in einer tiefen Tongrube. Die Arbeiter – Sklaven oder Freie – lösten den Ton mit Hacken von der Wand. Tontafel, um 580 v. Chr.*

82.2 *Blick in eine Schusterwerkstatt, Bild auf einer Amphore aus Athen, Anfang 5. Jahrhundert v. Chr.*

Q1 Sie arbeiteten für Athens Reichtum

a) Metöken: *Über die wirtschaftliche Bedeutung der Metöken schrieb Xenophon (428–354 v. Chr.), Historiker aus Korinth:*

Die Metöken ernähren sich doch selbst und verschaffen der Stadt – ohne Lohn dafür zu nehmen – vielerlei Nutzen; ja, sie bringen dazu noch die Schutzgelder ein. Wir würden aber die Interessen der Metöken hinreichend fördern, wenn wir alles abschafften, was der Stadt doch nichts nutzt und die Metöken nur in ihrer Ehre kränken muss, darunter auch ihre Verpflichtung, mit den Bürgern zusammen als Hopliten zu Felde zu ziehen.

Xenophon, Über die Staatseinkünfte, 2, 1, vereinfacht.

b) Sklaven: *Die Arbeit der Bergwerkssklaven schildert der Historiker Diododros Siculus (80–29 v. Chr.). Ihre Arbeitsbedingungen waren 400 Jahre zuvor ähnlich:*

Die Arbeiten erfolgen unter Aufsicht eines Facharbeiters, der den goldhaltigen Stein aussucht und ihn den Arbeitern zeigt; die körperlich Starken brechen den Stein mit eisernen Hämmern, wozu sie keinerlei Kenntnisse, sondern nur Kraft anwenden müssen, und schlagen Gänge durch den Felsen, wo immer das Gold sie hinführen mag. Diese Leute nun, die in der Dunkelheit arbeiten müssen, tragen Lampen auf der Stirn. Die Steinblöcke, die sie brechen, werfen sie auf den Boden, und sie arbeiten ununterbrochen unter den strengen Augen und den Schlägen der Aufseher.
Die Knaben gehen durch die Schächte in die Stollen, die durch das Aushauen des Felsens geschlagen werden, und tragen die Brocken heraus. Die Männer über 30 Jahre nehmen die Steine von ihnen und zerstampfen sie mit Eisenstößeln; dann zermalmen die Frauen und die älteren Männer die Steinbrocken und zerreiben sie in Mühlen, bis sie so fein wie Mehl sind.
Da die Sklaven nie die Gelegenheit haben, sich um sich selbst zu kümmern, und da sie keine Kleider haben, um ihre Blöße zu bedecken, kann niemand diese unglückseligen Menschen anschauen, ohne Mitleid zu empfinden. Sie arbeiten ohne Pause, bis sie auf Grund der schlechten Behandlung mitten in ihrem Leiden sterben.

Diodorus Siculus, 3, 12, 2–13, 2, vereinfacht.

c) Handwerker:

Die Berufe, die man als einfaches Handwerk [banausikai] bezeichnet, sind verschrieen und werden zu Recht in den Städten verachtet. Denn sie schwächen diejenigen, die arbeiten und sich darum kümmern, körperlich, indem sie sie zwingen zu sitzen und sich

83.1 Eine Schmiede, Bild auf einer Amphore aus Athen, Anfang 5. Jahrhundert v. Chr.

83.2 Bauern bei der Arbeit, Trinkschale aus dem 6. Jahrhundert, hergestellt in der Töpferwerkstatt des Nikosthenes.

drinnen im Schatten aufzuhalten, einige sogar, sich tagsüber am Feuer aufzuhalten. Wenn aber die Körper entkräftet sind, werden auch die Seelen viel schwächer. Diese handwerklichen Berufe lassen aber auch überhaupt keine Muße, sich um Freunde und die Stadt zu kümmern. Und in einigen Städten, namentlich in denen, die für gute Kriegsführung bekannt sind, ist es den Bürgern gar nicht erlaubt, ein so genanntes einfaches Handwerk auszuüben.

Xenophon, Über die Hauswirtschaft, 1, 1–14, vereinfacht.

d) Bauern:

Ferner ist die Landwirtschaft etwas Natürliches; denn von Natur aus beziehen alle Wesen ihre Nahrung von der Mutter, und so bezieht sie der Mensch von der Erde. Außerdem macht sie den menschlichen Körper nicht untauglich, wie es bei den unedlen handwerklichen Tätigkeiten der Fall ist.

Pseudo-Aristoteles, Hauswirtschaft, 1, 1343a30.

Q2 Der Philosoph Aristoteles (384–322 v. Chr.)

In dem am besten verwalteten Staat dürfen die Bürger weder das Leben eines Handwerkers noch das eines Kaufmanns führen, denn ein solches ist unedel und der Tugend zuwider. Auch Ackerbauern dürfen nicht Staatsbürger sein wollen, denn es bedarf voller Muße zur Ausbildung der Tugend und zur Besorgung der Staatsgeschäfte.

Aristoteles, Politik 7, 1328b37–1329a2, vereinfacht.

1. Vergleiche die Lage der Metöken mit derjenigen der Bürger. Fertige dazu eine Tabelle über ihre jeweilige politische Stellung und ihre wirtschaftliche Situation an (VT, Q 1a).

2. Beurteile das Schicksal der Sklaven. Berücksichtige dabei, wie sie zu Sklaven wurden und welche Rolle sie im Leben Athens spielten (VT, Q 1b).

3. Lies im Verfassertext über die Handwerker und Bauern nach. Welche Bedeutung hatten sie für die Wirtschaft Athens?

4. Wie beurteilen die Autoren Q 1c und Q 1d den Wert ihrer Arbeit?

5. Fasse die Meinung des Aristoteles über das Verhältnis von Beruf und Politik zusammen. Wer sollte sich seiner Meinung nach um die Politik kümmern? (Q 2)

Kinder in Griechenland – wie wurden sie erzogen?

Wie lebten Kinder in Griechenland? Schriftliche Quellen berichten uns Einzelheiten über ihren Alltag. Auf Tongefäßen sehen wir Kinder bei Sport und Spiel, in der Schule und bei der Arbeit. Mit Hilfe dieser Momentaufnahmen können wir versuchen, uns ein Bild des Kinderlebens in Griechenland zusammenzusetzen.

Babys und Kleinkinder

Ein Soldat schreibt einen Brief aus dem Feldlager an seine schwangere Frau:
Ich, Hilarion, grüße herzlich meine Frau Alis! Wenn du, was die Götter gut wenden mögen, ein Kind gebierst, lass es leben, wenn es männlich ist; ist es aber weiblich, so setze es aus! …
Was unseren älteren Sohn betrifft: Ich bitte dich: Sorge für das Kind. Sobald ich Lohn bekomme, sende ich ihn dir.
Aus einem griechischen Papyrus.

In einem Theaterstück lässt der Dichter Aischylos eine Amme erzählen:
Ich zog den kleinen Königssohn auf, nahm ihn, den Neugeborenen, aus seiner Mutter Arme. Ach, wie oft schrie er krähend nach mir in der Nacht, zwang mich aufzustehen, wollte dieses oder jenes haben.
Ein Baby weiß es nicht besser; du musst dich sogleich um es kümmern wie um ein stummes Tier. Ein Kind in Windeln kann dir nicht sagen, was es quält; ob es essen, trinken oder aufs Töpfchen will. Der Bauch eines Kindes nimmt keine Befehle an; es ist zu jung. Nun, oft wusste ich, was los war; und oft, ich weiß, riet ich auch falsch. Dann musste ich seine Windeln waschen, denn Amme und Wäscherin, ich war beides in einem. So hatte ich denn doppelte Pflicht.
Aischylos, Orestie 2, 751–761.

84.1 Wassergefäß, um 440 v. Chr. Ihr seht eine Mutter und ihr Kind; zwischen den Frauen steht ein Wollkorb. Lässt sich aus dem Verhalten der Personen schließen, wer die Amme ist?

84.2 Kännchen, um 440 v. Chr. Archäologen haben solche Kinderstühlchen aus Ton auch bei Ausgrabungen in Athen gefunden.

Ab dem 7. Lebensjahr begann für die Kinder der Schulunterricht

Der Komödiendichter Aristophanes beschreibt eine Musikstunde:
Da lernten die alten Hymnen sie dann, die Beine in züchtiger Haltung, und hielten sich streng an den alten Ton, wie die Ahnen ihn vordem gesungen.
Probiert aber einer aus Geltungssucht es mit Trillern und Koloraturen, bekam er sofort mit dem Stecken was drauf, weil die echte Kunst er verdürbe. …
Aristophanes, Die Wolken, 966–971; gekürzt.

85.1 Der uns bereits bekannte Vasenmaler Duris hat eine Schulszene mit Lehrer, Pädagoge und Schüler gemalt. Aus den Gegenständen, die die Personen in den Händen halten, könnt ihr die Unterrichtsfächer erschließen.

Der Dichter Plautus bearbeitete ein griechisches Theaterstück aus dem 4. Jahrhundert v. Chr. Darin unterhalten sich zwei Männer:

Du hattest sicher in den ersten zwanzig Jahren deines Lebens nicht die Freiheit, dich ohne deinen Pädagogen auch nur einen Fingerbreit vom Hause zu entfernen. Wenn du nicht schon vor Sonnenaufgang in die Palästra kamst, wurdest du bestraft. Die Jungen übten sich im Laufen, im Speerwurf und im Weitsprung. Dort verbrachten sie ihre Zeit, nicht mit Mädchen und mit Küssen! Wenn du dann vom Sportplatz heimkamst, setztest du dich, ordentlich gegürtet, auf einen Stuhl zum Erzieher. Und machtest du beim Lesen auch nur einen Fehler, wurde dir die Haut so fleckig wie das Kleid der Amme!

Plautus, Bacchides 3, 405–415, vereinfacht.

85.2 Tanzunterricht für Mädchen, Krug, um 420 v. Chr.

1. Einen Text, dem wir Informationen entnehmen wollen, müssen wir sorgfältig durchlesen.

- Zunächst „übersetzen" wir uns unbekannte Wörter mit Hilfe eines Lexikons.
- Wir können den Text dann in Abschnitte gliedern und ihnen Überschriften geben.
- Dann sollten wir Fragen stellen:
  - Was ist das Hauptthema der gesamten Quelle?
  - Was wird dazu gesagt?
  - Über welche Personengruppen erfahren wir etwas?
  - Kann man das verallgemeinern?
- Haben wir andere Quellen (beispielsweise Texte oder Bilder), die Aussagen zu dem gleichen Thema machen, so dass wir vergleichen können?

2. Wir sollten uns auch zum Autor oder der Autorin des Textes informieren:

- Wann und wo lebte der Autor/die Autorin?
- Für wen schrieb er/sie?
- Wie hatte er oder sie sich über das von ihm beschriebene Ereignis informiert? Kann man also dem beschriebenen Ereignis Glauben schenken?
- Scheint die Darstellung parteiisch zu sein?
- Manchmal müssen wir Hilfsmittel wie beispielsweise ein Lexikon benutzen; nicht immer lassen sich alle Fragen beantworten.

9. Griechische Wurzeln europäischer Kultur

Theaterfeste in Athen

Eine ganze Stadt fünf Tage lang im Theater? Was uns heute unvorstellbar erscheint, war in Athen nichts Außergewöhnliches. Daher waren die Theater für eine sehr große Menschenmenge gebaut und eher heutigen Fußballstadien vergleichbar als unseren Schauspielhäusern. Theateraufführungen fanden in Athen nur zu bestimmten Zeiten statt, nämlich während des Festes zu Ehren des Dionysos, des Gottes der Fruchtbarkeit und des Weines. Hier traf sich die gesamte Polis, um unter der Leitung ihrer Beamten den Gott zu verehren. Eingeleitet wurden die Theaterfeste immer mit einer Opferprozession.

Tragödien und Komödien

Die Tragödiendichter ließen ihre Stücke in der griechischen Sagenwelt spielen. Die Verbrechen und der Schrecken in der Tragödie werden durch menschliche Fehler und Schwächen ausgelöst und stürzen die Menschen in großes Elend, dem sie nicht entkommen können. Die bekanntesten Dichter sind Aischylos, Sophokles und Euripides. Ihre Stücke werden heute noch aufgeführt, denn sie handeln von zeitlosen Problemen menschlichen Zusammenlebens, von Schuld, Verantwortung des Einzelnen, Bruderkrieg und Mord, aber auch von Mitmenschlichkeit, uneigennützigem Mitleid und Treue gegenüber göttlichen Geboten. Auch Probleme der Politik wurden zum Thema gemacht.

Bei der Komödie standen Spaß und ausgelassene Freude im Vordergrund. So wurden alltägliche Geschichten oder politische Streitigkeiten der Athener zum Thema. Häufig waren auch bekannte Persönlichkeiten Zielscheibe des Spottes.

Freunde der Weisheit

Menschen, die versuchten, die Natur zu erklären oder die dem menschlichen Leben einen vernünftigen Sinn geben wollten, nannten die Griechen „Freunde der Weisheit", auf Griechisch: Philosophen. Zu den bedeutendsten Philosophen im antiken Griechenland gehörte Sokrates (470–399 v. Chr.). Er wollte die Menschen zum Guten und zur Selbsterkenntnis erziehen. Als Mittel dazu dienten ihm Gespräche, in denen er seine Gesprächspartner durch Fragen zum Nachdenken über sich und die Grenzen ihres Wissens führen wollte. Das sollte sie dazu anspornen, ihr Wissen zu vergrößern, um auch richtig handeln zu können.

86.1 Das Theater in Epidauros auf der Peloponnes, das besterhaltene in Griechenland, bietet 14 000 Zuschauern Platz. Noch heute finden dort regelmäßig Theateraufführungen statt. Es wurde in unmittelbarer Nähe eines Heiligtums für den Gott der Heilkunst, Asklepios, errichtet. Auf dem Bild sind die Zuschauerränge, die runde Orchestra, die Zugänge und Überreste des Bühnenhauses zu erkennen.

Q1 Durch Fragen zur Erkenntnis

Sokrates spricht mit einem jungen Politiker:

Sokrates: Mein lieber Glaukon, du willst in unserem Staate eine leitende Stellung einnehmen?
Glaukon: Jawohl, mein lieber Sokrates.
S.: Beim Zeus, das ist sehr schön. Es ist dir doch klar, mein lieber Glaukon, dass du der Stadt nützlich sein musst, wenn du Einfluss gewinnen und von den Menschen geehrt werden willst? Sage mir nun, aus welchen Quellen hat die Stadt Einkünfte, und wie groß sind sie? Sicher hast du darüber nachgedacht, damit du sie vermehren kannst, wenn einige Einkünfte gering sind?
G.: Aber, beim Zeus, das habe ich nicht bedacht.
S.: Wenn du das versäumt hast, so nenne uns wenigstens die Ausgaben der Stadt. Offensichtlich überlegst du dir schon, die überflüssigen zu streichen?
G.: Nein, auch dafür habe ich mir noch keine Zeit genommen!
S.: Also werden wir wohl den Plan verschieben müssen, die Stadt reicher zu machen. Denn wie könnte jemand dafür sorgen, ohne die Ausgaben und Einkünfte zu kennen?
G.: Aber mein lieber Sokrates, es ist doch möglich, die Stadt auf Kosten der Feinde zu bereichern.
S.: Nenne mir also zuerst die Land- und Seemacht Athens, dann die der Feinde.
G.: Aber, beim Zeus, ich kann sie dir doch nicht aus dem Kopf nennen.

↗Xenophon, Erinnerungen an Sokrates, 3, 6, vereinfacht.

Q2 Ein Kriminalfall

Vitruv schrieb um 15 v. Chr. über die Aufklärung eines Verbrechens durch den Naturwissenschaftler Archimedes (287–212 v. Chr.):

Als Hieron in Syrakus die Königswürde erlangt hatte und einen goldenen Kranz, ein Gelübde an die unsterblichen Götter, in einem Tempel niederlegen wollte, vergab er die Ausführung als Lohnarbeit und wog dem Unternehmer die Goldmenge genau zu. Dieser lieferte seine Arbeit zur Zufriedenheit des Königs ab. Als aber danach Anzeige erstattet wurde, es sei Gold unterschlagen und dafür bei der Herstellung des Kranzes ebenso viel Silber beigemischt worden, war Hieron darüber aufgebracht. Er wusste jedoch keinen Weg, diese Unterschlagung zu beweisen; so bat er den Archimedes, das Nachdenken hierüber für ihn zu übernehmen.
Als dieser damit beschäftigt war, kam er zufällig in ein Bad, und als er dort in die Wanne stieg, bemerkte er, dass in gleichem Maße, in dem er seinen Körper in die Wanne senkte, das Wasser über die Wanne austrat.
Als ihm dies eine Möglichkeit zu einer Erklärung gezeigt hatte, sprang er voller Freude aus der Wanne, eilte, nackt wie er war, seinem Hause zu und rief allen beim Laufen wiederholt auf Griechisch zu: „Heureka! Heureka!“ (= ich habe es gefunden!)
Dann soll er, dieser Entdeckung nachgehend, zwei Klumpen, die das gleiche Gewicht wie der Kranz hatten, und zwar den einen aus Gold, den anderen aus Silber, hergestellt haben. Sie waren unterschiedlich groß. …

Vitruv, Über die Architektur, 9, 11 f., bearbeitet.

87.1 Sokrates

1. Vergleiche das antike griechische Theater mit dem Theater von heute. Berücksichtige Gebäude, Rahmen und Themen. (VT)

2. Überlege, was Sokrates mit seinen Fragen erreichen wollte. (Q 1)

3. In der Q 2 ist die Lösung nur angedeutet. Finde heraus, wie Archimedes seine Untersuchung fortführte und die Unterschlagung nachwies.

4. Schlage die Begriffe „Geographie“, „Geometrie“, „Philosophie“, „Biologie“ und „Physik“ in einem Wörterbuch nach und schreibe ihre jeweilige Bedeutung heraus. Warum kommen die Begriffe aus dem Griechischen?

10. Alexanders Weltreich – Verschmelzung der Kulturen?

88.1 Der Feldzug Alexanders des Großen. Welche Staaten liegen heute im Gebiet des Alexanderreiches?

Am Anfang – Mord!

Ausgerechnet beim Hochzeitsfest seiner Tochter wurde Philipp II., König von Makedonien, ermordet. Sein Sohn Alexander handelte schnell. Er ließ alle Mitbewerber um den Thron umbringen und sich vom Heer sowie von den Adligen als König ausrufen.

Das Erbe Philipps

Philipp hatte Alexander nach griechischem Vorbild erziehen lassen. Mit seinem Lehrer, dem Philosophen Aristoteles, hatte Alexander auch Homers Dichtungen studiert.

Alexander, den man später „den Großen" nannte, übernahm von seinem Vater ein ausbaufähiges Erbe. Bereits Philipp II. hatte das makedonische Reich an der Nordgrenze Griechenlands auf Kosten der griechischen Poleis vergrößert, Edelmetalle gewonnen sowie Städte und Straßen gebaut. Am Königshof in Pella hatte er seine Gefolgsleute und deren Kinder für militärische und politische Aufgaben geschult. Mit den Söhnen anderer Adliger zusammen musste der junge Königssohn Sport treiben und sich militärisch ausbilden. Das Heer war nach dem Vorbild der griechischen Phalanx aufgebaut und bestens gedrillt.

88.2 Alexander als der mythische Held Herakles auf einer makedonischen Münze.

Auch das politische Geschäft hatte Alexander vom Vater erlernt. Der hatte die Uneinigkeit und Schwäche der griechischen Poleis genutzt und sich an die Spitze eines griechischen Städtebundes gesetzt. Jetzt stand der Sohn schnell mit einem Heer vor den Toren des aufständischen Theben und machte es dem Erdboden gleich, die Einwohner wurden versklavt. Nach dieser Strafaktion erkannten die meisten Städte seine Vorherrschaft an und stellten ihm Truppenkontingente.

Der große Alexanderzug

Mit 14000 Soldaten aus den Städten Griechenlands und 18000 Makedonen, unterstützt von 5500 Reitern, begann Alexander 334 v. Chr. einen Feldzug gegen das persische Reich, das einen großen Teil Westasiens beherrschte. Er wolle die Zerstörung der Akropolis in Athen durch Xerxes rächen, schrieb er an Dareios, den persischen Großkönig.

Über Troja, wo Alexander dem Achill opferte, zog er nach Süden und schlug ein Perserheer am Fluss Granikos. Die Städte an der Westküste Kleinasiens fielen ihm zu, so dass die mächtige persische Flotte keine Stützpunkte mehr besaß. Dareios selbst stellte sich ihm zum ersten Mal bei Issos entgegen, gab sich aber schnell geschlagen.

Die entscheidende Schlacht schlug Alexander bei Gaugamela in Mesopotamien. Dareios' Heer war zahlenmäßig deutlich überlegen. Doch wie immer stürzte Alexander sich an der Spitze seiner Reiter ins Kampfgetümmel und riss seine begeisterten Soldaten mit. Dareios gab vorschnell auf und wandte sich zur Flucht. Nun nannte Alexander sich selbst Großkönig und bezeichnete sich als Nachfolger des Dareios. Als dieser ermordet wurde, ließ Alexander seine Mörder bestrafen. Er eroberte die persischen Königsstädte Babylon und Susa; die Stadt Persepolis zerstörte er – angeblich als Rache für die Zerstörung Athens durch die Perser 480/479 v. Chr.

Im nächsten Jahr ergänzte Alexander sein Heer mit Persern und neuen Truppen aus Griechenland. Dann trieb er seine Soldaten durch wildes Gelände, Wüsten und Gebirge unter unsäglichen Strapazen und Kämpfen über 5 000 Kilometer weiter nach Osten bis zum Indus. Als er weiterziehen wollte, um den Okeanos, das Weltmeer, als das Ende der bekannten Welt zu erreichen, meuterten die Soldaten und zwangen ihn umzukehren. Mit 60 000 Mann machte er sich auf einen Wüstenmarsch, den nur 15 000 Soldaten überlebten. Zurück in Babylon plante Alexander einen nächsten Feldzug nach Arabien, doch er starb bei den Vorbereitungen 323 v. Chr. an einem Fieber. Er war 33 Jahre alt geworden.

■ Was kam nach Alexander?

Zu jung war Alexander, zu plötzlich sein Tod, als dass er auf die Frage, wer sein Nachfolger werden sollte, mehr sagen konnte als „der Beste". Seine einflussreichsten Freunde und Generäle, Antipatros, Ptolemaios, Seleukos, Antigonos und andere bekämpften sich in mehreren Kriegen, bis sie sich schließlich auf die Gründung dreier ↗Diadochenreiche einigten: Das Reich der Ptolemäer um Ägypten, das der Seleukiden mit seinem Zentrum in Syrien und das Reich der Antigoniden, das von Makedonien aus regiert wurde. Griechenlands Poleis und Städtebünde aber verloren ihre frühere politische Selbstständigkeit endgültig. Die Reiche der Nachfolger Alexanders bestanden bis ungefähr 200 v. Chr. Dann übernahmen die Römer die Vorherrschaft im Mittelmeerraum.

■ Die Entstehung der hellenistischen Kultur

Wenn auch die Macht der griechischen Städte dahin war, so lebte ihr Erbe doch weiter: Das attische Griechisch, die Koiné, war nun die Weltsprache der Oberschicht. Philosophie, Literatur und Architektur waren griechisch beeinflusst, griechische Wissenschaftler erforschten die Natur und entwickelten neue Techniken. Diese vom Griechischen geprägte Kultur nannte man später ↗Hellenismus.

koiné (griech.) = die gemeinsame, allgemeine Sprache

„Viele werden im völkerreichen Ägypten gefüttert, Bücherkritzler, andauernd streitend im Musenkäfig …", spottete ein Kritiker. Gemeint war die Institution des Museions im ägyptischen Alexandria: Bibliothek, Universität und Forschungszentrum in einem. Von Demetrios von Phaleron im Auftrag des Königs Ptolemaios gegründet, waren dort die größten Gelehrten versammelt und konnten täglich miteinander diskutieren. Für ihren Lebensunterhalt sorgte der König, denn das Museion sollte das Ansehen seines Hofes mehren. Die Gelehrten sammelten die Schriften und das Wissen der bekannten Welt und übersetzten alles ins Griechische.

89.1 Der Leuchtturm von Alexandria wurde als Weltwunder bestaunt. Auf der Insel Pharos vor der Hafeneinfahrt von Alexandria errichtete um 290 v. Chr. der Baumeister Sostratos den 120 Meter hohen Leuchtturm, der, abgesehen von der Cheopspyramide, das höchste Bauwerk der Antike war. Der höchste aller Leuchttürme ist er bis heute geblieben. Die Verkleidung des Turms war aus weißem Marmor, er diente der Schifffahrt zunächst als Tagzeichen. Später zündete man im oberen Teil des Turms ein Leuchtfeuer an, dessen Licht mithilfe von Hohlspiegeln verstärkt wurde. Ein schweres Erdbeben zerstörte den Turm am 7. August 1303.

Diadochen (griech.) = Nachfolger

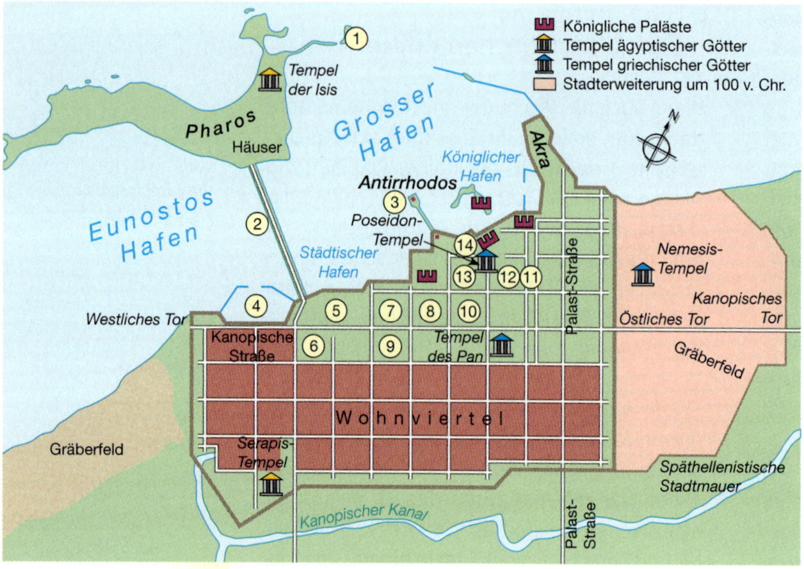

Der Geograph Strabon berichtet ca. 10 n. Chr.: „Die ganze Stadt wird von Straßen durchschnitten, die Platz für Reiter und Wagen bieten; zwei sind besonders groß, 30 m breit und kreuzen sich rechtwinklig. Der Wohlstand der Stadt liegt darin, dass dieser Platz in ganz Ägypten der einzige ist, der für den Seehandel wegen des günstigen Hafens und für den Binnenhandel wegen des Nils als Transportweg geeignet ist. Es ist der größte Handelsplatz der Welt."

(1) Leuchtturm, Pharos
(2) Mole
(3) Zollamt
(4) Hafen für die Kriegsflotte
(5) Schiffswerften
(6) Lagerhäuser
(7) Handelsplatz
(8) Agora
(9) Gericht
(10) Stadion
(11) Gymnasium
(12) Theater
(13) Museion/Bibliothek
(14) Königliche Lagerhäuser und Werften

90.1 Stadtplan von Alexandria.

Q1 Warum folgen die Soldaten Alexander?

Der Geschichtsschreiber Plutarch berichtet:

Nach der Schlacht von Issos schickte Alexander Soldaten nach Damaskus in Syrien und erbeutete die Schätze, das Gepäck und die Frauen und Kinder der Perser. Die größte Beute fiel dabei den thessalischen Reitern zu. Diese Männer, die sich in der Schlacht als besonders tapfere Krieger bewährt hatten, schickte Alexander nämlich mit voller Absicht auf diesen Zug, damit sie reiche Beute machen konnten. Aber auch das übrige Heer füllte das ganze Lager mit erbeuteten Schätzen. Die Makedonen, die jetzt zum ersten Mal in den Genuss des Goldes und Silbers, der Frauen und der verschwenderischen Lebensweise der Barbaren kamen, waren wie Hunde, die eine Fährte aufgenommen haben, eifrig darauf aus, sie weiterzuverfolgen und den Hauptsitz des persischen Reichtums aufzuspüren.

Plutarch, Alexander 24, 1, bearbeitet.

Q2 Was will Alexander?

Vor der Schlacht bei Gaugamela sandte Dareios einige Vertraute mit einem Brief an Alexander, der die Vorschläge enthielt, Alexander solle 10000 Talente als Lösegeld für die Gefangenen nehmen, das gesamte Land bis zum Euphrat erhalten, sich mit einer von Dareios' Töchtern vermählen und sein Freund und Bundesgenosse sein. Alexander legte diese Vorschläge seinen Freunden zur Beratung vor, und Parmenion erklärte: „Wenn ich Alexander wäre, ich würde das annehmen." „Ja, wahrhaftig", erwiderte Alexander, „ich auch, wenn ich Parmenion wäre."

An Dareios schrieb er, dieser werde mit der allerfreundlichsten Aufnahme rechnen können, falls er zu ihm käme, andernfalls werde er nun aber gegen ihn vorrücken.

Plutarch, Alexander 29, bearbeitet.

Q3 Alexander übernimmt Persisches

Alexander führte am Hof die persische Sitte ein, dass man vor ihm auf die Knie fallen musste. Plutarch berichtet weiter:

Alexander richtete sich in seiner Lebensweise immer mehr nach den Landesbräuchen und suchte diese auch den makedonischen Sitten anzunähern. Er war nämlich überzeugt, mithilfe einer solchen Verschmelzung seine Herrschaft eher auf Zuneigung als auf Gewalt stützen zu können, zumal wenn er einmal weit fort sein werde.

Deshalb wählte er auch 30000 persische Knaben aus und ließ sie in griechischer Sprache und griechischen Wissenschaften unterrichten sowie im Gebrauch der makedonischen Waffen ausbilden. Dazu gab er ihnen viele Lehrer.

Auch seine Verbindung mit der Perserin Roxane geschah zwar aus Liebe – er hatte sie in ihrer Jugendschönheit im Reigentanz bei einem Gastmahl gesehen – sie fügte sich aber ebenfalls in seine politischen Zielsetzungen ein. Die Barbaren wurden nämlich aufgrund dieser Ehe in ihrem Vertrauen bestärkt und fassten eine bewundernde Liebe zu Alexander, weil er auf diesem Gebiet die größte Zurückhaltung an den Tag legte und sich nicht einmal der einzigen Frau, die ihn in ihren Bann geschlagen hatte, wider persische Sitte und Herkommen näherte.

Plutarch, Alexander 47, bearbeitet.

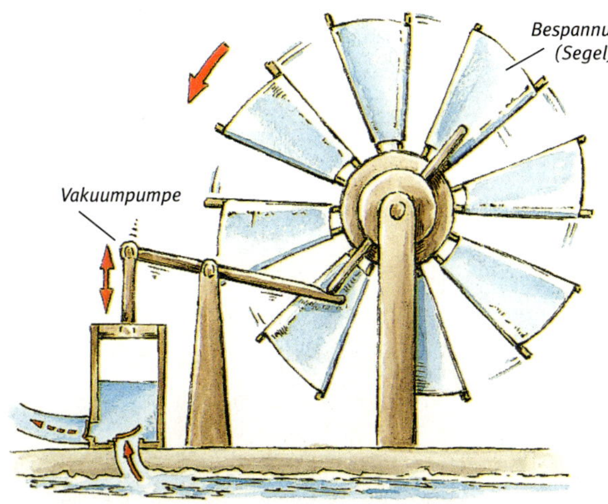

91.1 Das von Heron in Alexandria erfundene Windrad.

Q4 Wer ist Grieche, wer Barbar?

Alexander kümmerte sich nicht um Aristoteles, der geraten hatte, über die Griechen als Heerführer, über die Barbaren aber als unumschränkter Gebieter zu herrschen und die einen wie vertraute Freunde, die anderen wie Tiere und Pflanzen zu behandeln. Denn dann hätte er sein Reich ohne Zweifel mit inneren Kämpfen, mit Landesverweisungen und heimlichen Verschwörungen erfüllt.

Er trug vielmehr das Bewusstsein in sich, von den Göttern gekommen zu sein als Ordner und Friedensstifter für die Welt. Führte er sie durch sein Wort nicht zur Einheit, so zwang er sie zusammen und versuchte, die Völker der Welt in einem einzigen Staat zu vereinen, als wenn er gleichsam in einem Becher der Freundschaft alle Lebensarten und Sitten, alle Hochzeitsbräuche und Gewohnheiten untereinandermischte.

Nach seinem Befehl sollten alle die Erde als ihr Vaterland und sein Lager als ihren Wohnort betrachten. Sie sollten die Guten und Anständigen als ihre Verwandten, aber die Schurken als Fremdstämmige ansehen. Er verbot, Griechen und Barbaren nach Kriegsmantel und Lederschild, nach Dolch und Obergewand zu unterscheiden, denn an der Tugend erkenne man die Griechen, die Barbaren an ihrer Verworfenheit. Kleidung, Kost, Ehe und Gebräuche aber sollten sich nicht unterscheiden, weil alles dies durch das Blut und die Kinder vermischt sei.

Plutarch, Moralia 329B, bearbeitet.

1. Betrachte die Karte 88.1. Stelle Alexanders Feldzug in einer Zeitleiste dar. Ziehe eine physikalische Karte zu Rate und beurteile die Schwierigkeiten, die der Heerzug der Makedonen gehabt hat.

2. Stelle die Ziele Alexanders und seiner Soldaten einander gegenüber und vergleiche (Q 1, Q 2).

3. Alexander wurde mit dem Beinamen „der Große“ bezeichnet. Suche Gründe hierfür.

4. Vergleiche den Plan von Alexandria (B 90.1) mit dem Plan Athens (B 75.1). Achte darauf, wie die Straßen verlaufen und wo die öffentlichen Gebäude liegen. Was fällt dir auf?

5. Notiere, was Plutarch (Q 3, 4) für das Bemerkenswerte und Neue an der Politik Alexanders und am Hellenismus hält.

Beschreibt, vielleicht mithilfe des Mathematik- oder Physiklehrers, die Funktionsweise des Windrades. Möglicherweise könnt ihr es auch mit einem Baukasten nachbauen. Überlegt, wer diese Maschine nutzen könnte.

Athena Parthenos = die jungfräuliche Göttin Athena (griech. parthénos = Jungfrau)

92.1 Der Parthenontempel.

Die Athener Akropolis war schon lange vor dem fünften Jahrhundert der Mittelpunkt der Stadt. Zuerst stand hier eine Burg, später kamen Tempelanlagen hinzu. Bei der Einnahme Athens durch die Perser wurde die Akropolis zerstört, danach aber größer und schöner wieder aufgebaut. Denn Athen erlebte in den Jahrzehnten nach den Perserkriegen eine wirtschaftliche Blüte, und auch die Zahlungen der Mitglieder des Attischen Seebundes wurden für die Ausschmückung der Stadt verwendet.

Prunkstück der Akropolis ist der noch recht gut erhaltene Tempel der Athena Parthenos, der Parthenon-Tempel. Er ist 70 m lang und 31 m breit, seine Säulen habe eine Höhe von über zehn Metern. Er wurde von 447 bis 432 v. Chr. gebaut. Die bedeutendsten Künstler und Baumeister ihrer Zeit, wie der Bildhauer Phidias, wurden hinzugezogen, auch Perikles selbst war an den Planungen unmittelbar beteiligt.

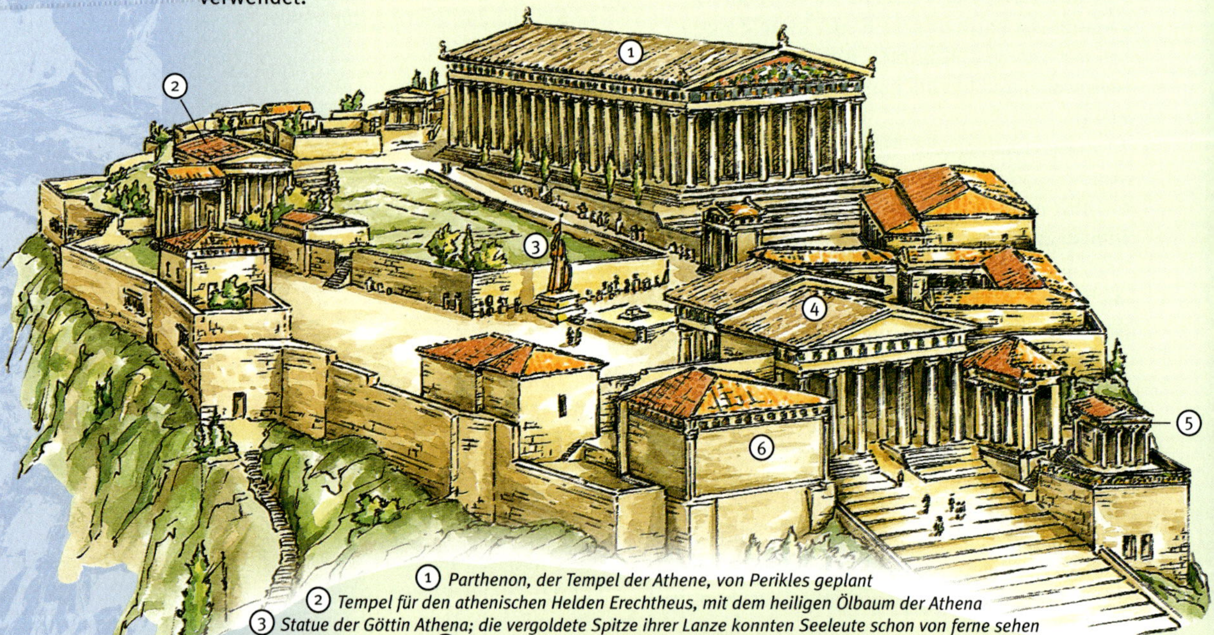

(1) Parthenon, der Tempel der Athene, von Perikles geplant
(2) Tempel für den athenischen Helden Erechtheus, mit dem heiligen Ölbaum der Athena
(3) Statue der Göttin Athena; die vergoldete Spitze ihrer Lanze konnten Seeleute schon von ferne sehen
(4) Propyläen (mächtiger Torbau), von Perikles geplant
(5) Niketempel, der Siegesgöttin Nike geweiht
(6) Gemäldesammlung

Die Akropolis und die moderne Zeit

Der Burgberg Akropolis (= „Hochstadt“), heute inmitten der Großstadt Athen aufragend, war vor 2500 Jahren religiöser Mittelpunkt des Attischen Reiches.
Aus der Blütezeit griechischer Baukunst datieren die Propyläen, das Erechtheion und v. a. der Parthenon-Tempel, der der Göttin Athene geweiht war und als eines der am besten erhaltenen Bauwerke des antiken Griechenlands gilt. […]
Gründliche Restaurierungsarbeiten, v. a. zwischen 1922 und 1933, dienten der Stabilisierung und der Erhaltung der Bausubstanz, aber schleichende Gefahren durch Umwelteinflüsse bedrohen die symbolträchtigen Denkmäler immer mehr: Millionen Füße von Touristen nutzen die Platten des Areals ab; die Luftverschmutzung (im Winter v. a. durch Frost und Heizungsdünste) greift den Marmor an; Erschütterungen durch Busse und Flugzeuge lockern Fugen und Fundamente. Die griechische Regierung, bisweilen mit Unterstützung der UNESCO, kämpft um die Erhaltung der Akropolis-Bauten mit den verschiedensten technischen und ökologischen Mitteln. Als neueste Schutzmaßnahme hat man jeden Autoverkehr in unmittelbarer Nähe verboten und will umweltfeindliche Industrien aus der Umgebung aussiedeln.

Süddeutsche Zeitung vom 17. 04. 1980

Weltkulturerbe – Erbe der Menschheit

Was verbindet die Pyramiden Ägyptens mit den Höhlenmalereien im Tal der Vézère (Frankreich), den Tower von London mit der Vatikanstadt oder den Trierer Dom mit der Akropolis in Athen?

Es sind Zeugnisse vergangener Kulturen, deren Untergang ein unersetzlicher Verlust für die gesamte Menschheit wäre. Sie zu schützen ist Aufgabe der Völkergemeinschaft. Dies ist das Ziel der UNESCO.

Über die Aufnahme von Denkmälern von „außergewöhnlichem universellem Wert“ in die Liste des Welterbes entscheidet das Welterbekomitee, das prüft, ob die vorgeschlagenen Denkmäler die in der Konvention festgelegten Kriterien erfüllen.

Hierzu zählen die Kriterien der „Einzigartigkeit“ und der „Authentizität“ (historische Echtheit) eines Kulturdenkmals.
www.unesco.welterbe.de

93.1 Walhalla bei Donaustauf, erbaut 1842.

1. Erkläre, inwiefern die Akropolis die Kriterien der Weltkulturerbe-Konvention erfüllt.

2. Welche Bedeutung hat deiner Meinung nach die Akropolis für die europäische Kultur und warum ist ihre Erhaltung so wicht?

3. Informiere dich über ein weiteres „Weltkulturerbe“. Welche Gemeinsamkeiten, welche Unterschiede gibt es zwischen diesem und der Akropolis?

Die Welt der Römer

Der Pont du Gard. Ein mehr als 50 km langer Aquädukt leitete das Wasser von einer Quelle in den Bergen in die römische Provinzhauptstadt Nemausus, heute Nîmes, in Südfrankreich. Um einen Fluss zu überqueren, errichteten römische Baumeister eine Brücke, die 234 m lang und 49 m hoch ist.

Gladiatoren kämpfen im Amphitheater mit einem Bären, Mosaik aus einer römischen Villa bei Nennig (Saarland), um 250 n. Chr. Nicht weit von Nennig lag die Stadt Augusta Treverorum mit ihrem Amphitheater, in dem solche „Bärenhatzen“ abgehalten wurden.

Die „Gemma Augustea“ ist ein Schmuckstück aus dem Besitz des Kaisers Augustus, 19 x 23 cm. Angefertigt wurde sie etwa 10 n. Chr.
Oben: In der Mitte erkennt man Augustus und Roma als Gott und Göttin auf einem Doppelsessel, umgeben von weiteren Göttern. Ganz rechts hält eine Göttin ein Füllhorn, das den Wohlstand Roms bedeutet. Sie empfangen Augustus' Stiefsohn Tiberius, der links von dem Kampfwagen steigt. Er ist eben von seinen Siegen in Pannonien oder Germanien zurückgekehrt.
Unten: Besiegte Barbaren flehen um Gnade, während sie in Gefangenschaft genommen werden.

Das „Colosseum“. Dieses Amphitheater wurde unter Kaiser Vespasian 75–80 n. Chr. in Rom erbaut. Es hatte 50 000 Sitzplätze. Bei starker Sonne konnte man es mit Sonnensegeln abdecken. Hier fanden Gladiatorenspiele, Kämpfe mit wilden Tieren und sogar Seegefechte statt.

Orientierung in Zeit und Raum

96.1 Das Römische Reich zur Zeit des Kaisers Trajan, 117 n. Chr.

9. Jahrhundert v. Chr.	Latiner siedeln auf den „Sieben Hügeln".
ca. 500 v. Chr.	Die Römer vertreiben die etruskischen Könige, Gründung der Republik.
500–287 v. Chr.	Ständekämpfe, 287 v. Chr. erhalten die Beschlüsse der Plebejer Gesetzeskraft.
272 v. Chr.	Die Römer beherrschen Italien.
218–201 v. Chr.	2. Punischer Krieg gegen Karthago.
146 v. Chr.	Die Römer herrschen über den Mittelmeerraum.
133 v. Chr.	Landaufteilungsgesetz des Tiberius Gracchus.
60 v. Chr.	Triumvirat von Caesar, Pompeius und Crassus.
49 v. Chr.	Caesar besetzt mit seinem Heer Italien.
44 v. Chr.	Caesar wird von Senatoren ermordet.
27 v. Chr.	Octavian (Augustus) wird Princeps; Ende der römischen Republik.
9 n. Chr.	Schlacht im Teutoburger Wald.
117 n. Chr.	Größte Ausdehnung des Römischen Reiches unter Kaiser Trajan.
260 n. Chr.	Die Alamannen durchbrechen den Limes.
313 n. Chr.	Konstantin gewährt Religionsfreiheit.
391 n. Chr.	Theodosius erklärt das Christentum zur Staatsreligion.
395 n. Chr.	Teilung des Römischen Reiches.
476 n. Chr.	Absetzung des Romulus „Augustulus".
493 n. Chr.	Theoderich errichtet ein Reich der Ostgoten in Italien.
534 n. Chr.	Kaiser Justinian lässt das römische Recht aufzeichnen: Codex Iustinianus.

Bad Kreuznach

RHEIN MAIN PRESSE

Die Esskultur der Römer

Ausstellung „Vivas“ in der Römerhalle lässt großen Luxus erahnen

Das Leben in der römischen Villa in Bad Kreuznach wird lebendig, wenn es um die elementaren Bedürfnisse, um das Essen und Trinken geht. Die Oberschicht des römischen Reiches wusste zu leben – das zeigt die Auswahl der Speisen ebenso wie die Ausstattung von Küchen und die Möblierung römischer Esszimmer.

Auch die Replik des Reliefs vom „Neumagener Mundschenk“ ist in der Ausstellung „Vivas – Römische Tischkultur“ zu besichtigen. Das Original aus Sandstein wurde Ende des 2. Jahrhunderts nach Christus geschaffen. Bilder: Isabel Mittler

Von Christine Jäckel

Die Ausstellung „Vivas“ in der Römerhalle vermittelt mit rund einhundert Exponaten anschaulich und detailliert wie die Tischkultur der Römerzeit aussah. Kulturdezernentin Helga Baumann regte in ihrer Eröffnungsrede die Zuhörer dazu an, die lukullischen Kostbarkeiten dieser Epoche zu entdecken und sich so das Gute zu bewahren, das bis heute aus den alten Zeiten überliefert ist.

Von der Mitte des 2. Jahrhunderts bis um die Mitte des 3. Jahrhunderts war die Kreuznacher Peristylvilla Wohnsitz eines wohlhabenden Römers.

Die Nachbildung eines antiken Liegemöbels, der Kline, auf dem die Teilnehmer eines Gastmahls in bequemer Position schlemmen konnten, steht einladend auf dem farbenprächtigen Gladiatorenmosaik.

Gerätschaften zur Zubereitung der Speisen, Tafelgeschirre und Rezepte, die vor allem durch die berühmte Sammlung des Marcus Gavius Apicius überliefert sind, belegen den hohen Standard römischer Esskultur. Die Museumsdirektorin Dr. Angela Nestler-Zapp wies daraufhin, dass für die Masse der Bevölkerung solcher Luxus unerschwinglich war. Das einfache Volk ernährte sich vorwiegend von Getreidebrei und konnte sich Fleisch nur an besonderen Tagen erlauben.

Zu einem gelungenen Gastmahl gehörten neben Delikatessen wie Austern, Langusten und Wachteln auch ausgefeilte Rituale und musikalische oder poetische Unterhaltung. Bei den Gelagen, die sich zumeist an das Festmahl anschlossen

Allgemeine Zeitung vom 29. 08. 01 (oben) und vom 16. 08. 01 (rechts).

97.2 Am Mainzer Südbahnhof unterhalb der Zitadelle stand zur Römerzeit das größte Bühnentheater nördlich der Alpen. Seit 1999 werden die Überreste ausgegraben.

1. *Stelle die Informationen zusammen, die du über das Leben der Römer erhältst.*
2. *Versetze dich in die Rolle eines Archäologen und überlege, welche Probleme beim Erhalt der Spuren auftreten können.*
3. *Suche nach Spuren der Römer in deinem Heimatort und deiner Region. Finde heraus, was die Römer dort gemacht haben.*

1. Spuren der Römer auf drei Kontinenten

98.1 Amphitheater in Trier. Dieses Theater, das um 100 n. Chr. errichtet wurde, diente vor allem zur Darbietung von Tieren und Menschen. Es hatte eine Länge von 64 m und eine Breite von 50 m. Ca. 18 000 Menschen konnten einen Sitzplatz finden. Bei Ausgrabungen 1905 entdeckte man ausgedehnte Keller, die als Lagerräume dienten.

98.2 Bogen des Caracalla in Volubilis. Der Blick geht über das Forum in die weite Ebene vor der Stadt.

98.4 Bibliothek in Ephesus. Gestiftet zu Ehren des Senators Celsus, der viel Geld zum Erwerb von Büchern ausgegeben hatte. Die Stadt Ephesus existierte bei der Eroberung durch die Römer bereits seit über 500 Jahren; zur Zeit Hadrians hatte sie etwa 200 000 Einwohner und galt als die „erste und größte Stadt Asiens".

98.3 Links: Aquädukt nach Caesarea. Länge: 8 km. Das Wasser wurde vom Berg Karmel in die Stadt geführt.

99.1 Eine vornehme Frau lässt sich die Haare richten; spätantikes Grabrelief aus Trier.

99.2 Reste des Limeskastells Saalburg bei Bad Homburg, heute Freilichtmuseum.

99.3 Schulszene, Steinrelief aus Neumagen, 2. Jh. n. Chr.

1. Finde mithilfe der Karte 96.1 heraus, in welchen römischen Provinzen die abgebildeten Städte lagen.

2. Ermittle mit Hilfe eines Atlanten, in welchen heutigen Ländern die abgebildeten Überreste römischer Bauwerke zu finden sind.

3. Stelle fest, welchen Zwecken diese Bauwerke dienten. Überlege anschließend, was man unter „römischer Zivilisation" versteht. Das Wort Zivilisation kommt vom lateinischen „civilis", dem Adjektiv zu „civis" (= der Bürger).

4. Nimm eine oder mehrere Karten zu Hilfe, auf der oder auf denen die heutigen Staaten Europas,

Nimm eine oder mehrere Karten zu Hilfe, auf der oder auf denen die heutigen Staaten Europas, Nordafrikas und Vorderasiens eingetragen sind:
a) Welche römischen Provinznamen finden sich in den Namen von heutigen Staaten wieder?
b) Welche römischen Provinznamen kommen zwar auch heute noch vor, haben aber eine andere Bedeutung?
c) Welche heutigen Staaten liegen auf dem Gebiet des Römischen Reichs
– ganz,
– zu einem großen Teil,
– mit einem kleinen Gebiet?

5. Finde die heutigen Namen der in der Karte eingetragenen römischen Städte heraus.
Kennst du noch weitere römische Städte?

2. Leben in den Provinzen – die Romanisierung Europas

Sicherung der Grenzen

Unter Kaiser Trajan, der die Gebiete der Provinzen Dacia und Arabia eroberte, erreichte das Imperium Romanum seine größte Ausdehnung (→ 96.1). Als Trajan schließlich versuchte, das Reich der Parther im Osten zu unterwerfen, scheiterte er; auf der Rückreise nach Rom starb er.

Von nun an konzentrierten sich die Römer darauf, das bestehende Reich zu erhalten und die Grenzen zu schützen. Dies gelang vor allem dort gut, wo Meere, Wüsten oder große Flüsse wie der Rhein (lateinisch: Rhenus) und die Donau (Danuvius) natürliche Grenzen bildeten. Wo die Natur als Grenzschutz nicht ausreichte, errichteten die Römer einen aufwändigen Grenzwall, den so genannten Limes (= Grenze). Noch gut erkennbar sind bis heute einzelne längere Abschnitte des Hadrianswalls in Nordengland und des Obergermanisch-Rätischen Limes, der die 550 km Grenzlinie vom Rhein bis zur Donau sicherte (→ 100.1).

100.1 900 Wachtürme sicherten den Limes in Germanien. Sie waren mit 4–5 Mann besetzt. Die Wachmannschaften kontrollierten Personen und Waren, die die Grenze überquerten. Bei Angriffen alarmierten sie durch Signale das nächste Truppenlager. Obergermanischer Limes (oben) und Rätischer Limes (unten). Zeichnung nach einer Rekonstruktion.

Rom bis zur Elbe?

„Ganz Gallien ist von den Römern erobert." So beginnt der Comic ‚Asterix', der die Abenteuer der Bewohner eines gallischen Dorfes in römischer Zeit schildert. Gallien, das ungefähr dem heutigen Frankreich entspricht, war von Caesar für Rom erobert worden. Caesar selbst berichtet in seinem Buch über den „Gallischen Krieg", dass er sogar zweimal den Rhein überquert habe. Zu diesem Zweck ließ er eine hölzerne Rheinbrücke errichten, deren genaue Lage die Archäologen bis heute allerdings nicht ermitteln konnten.

Nach der Eroberung Galliens versuchten römische Feldherren das östlich des Rheins gelegene Gebiet zu unterwerfen; der nächste große Fluss, die Elbe (Albis), sollte die Grenze des Reiches werden. Das am Rhein stationierte Heer wurde deswegen verstärkt. Schließlich standen fünf oder sechs Legionen am Rhein; in einer Legion dienten 6000 Soldaten. Es waren Berufssoldaten aus dem gesamten Römischen Reich, die sich in der Regel für zwanzig Jahre verpflichten mussten. So kam eine große Zahl von Fremden an den Rhein. Sie legten Legionslager an, Stützpunkte, von denen aus sie das eroberte Land sicherten und zu neuen Eroberungen nach Germanien aufbrachen.

Diese Versuche brachten aber nicht viel ein, im Gegenteil: Als der Oberkommandierende Varus versuchte, den Druck zu erhöhen und von den umliegenden Germanenstämmen Steuern einzuziehen, kam es zu Unruhen. Varus wurde im Jahr 9 n. Chr. von dem Cheruskerherzog Arminius mit drei Legionen in einen Hinterhalt gelockt und erlitt eine vernichtende Niederlage. Fast alle Legionäre und auch Varus wurden getötet. In Kalkriese bei Osnabrück haben Archäologen im Kampf verlorene Waffen und andere Überreste eines römischen Heeres gefunden – wahrscheinlich fand die Schlacht dort statt. Der Nachfolger des römischen Feldherrn Varus, Germanicus, versuchte zunächst, die Niederlage wettzumachen. Doch Kaiser Tiberius (14–37 n. Chr.) entschied, sich mit dem Rhein als Grenze zu begnügen. Auf dem Balkan und in Asien eroberten die Römer aber in den folgenden Jahrzehnten noch weitere Gebiete; auch Britannien wurde römische Provinz.

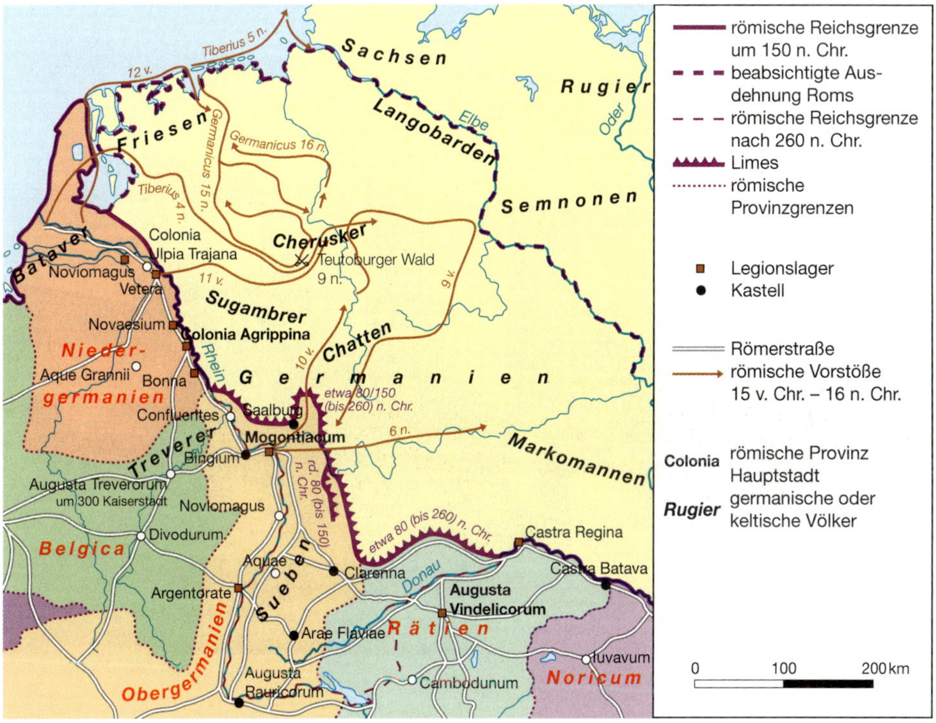

101.1 Das römische Germanien.

„Germanien macht mit seinen Wäldern einen unheimlichen, mit seinen Sümpfen einen widerwärtigen Eindruck. ... Dass die Stämme der Germanen nicht in Städten wohnen, ist zur Genüge bekannt. Sie siedeln einzeln und ungeordnet, gerade wie eine Quelle, ein Feld oder ein Gehölz ihnen gefällt."

So beschreibt der römische Geschichtsschreiber Tacitus Germanien. In den Provinzen Nordwesteuropas sah es ähnlich „widerwärtig" aus. Die Provinzen im östlichen Mittelmeerraum blickten dagegen bereits auf Jahrhunderte oder sogar Jahrtausende von städtischem Leben zurück. Für die Menschen in Ägypten, Griechenland oder im Gebiet der heutigen Westtürkei änderte sich das tägliche Leben durch die römische Eroberung kaum.

■ Städte entstehen

Ganz anders stellte sich die Situation in den Provinzen Mittel- und Nordwesteuropas dar. Wollten die Römer diese dünn besiedelten Länder auf Dauer beherrschen, mussten sie die Bewohner einerseits militärisch kontrollieren können, andererseits aber auch versuchen, die römische Lebensweise (↗Zivilisation) durchzusetzen. Daher gründeten sie in den „barbarischen" Provinzen zahlreiche Städte, von denen aus sie das eroberte Land regieren konnten.

Dort siedelten sie häufig Veteranen der Legionen an. Diese erhielten ein Stück Land und hatten dafür im Notfall das Heer bei der Verteidigung des Umlandes zu unterstützen. Gleichzeitig sollte der römische Lebensstil der Veteranen ein Vorbild für die Provinzbevölkerung sein. Diese Städte, römische ↗Kolonien, waren nach dem Muster römischer Städte angelegt, es gab ein Forum (Marktplatz) mit Verwaltungsgebäuden, Thermen (Bäder), Tempel für römische Götter, Theater und ein regelmäßiges Straßennetz mit meist gepflasterten Straßen.

Für die Bevölkerung der Provinzen bedeutete die römische Herrschaft zunächst ein hartes Los: Sie standen unter strenger militärischer Kontrolle, bisweilen wurde ein ganzer Stamm aus seiner Heimat vertrieben und in einer anderen Provinz angesiedelt. Andererseits aber wurden viele Provinzialen tatsächlich von der römischen Lebensweise stark angezogen. Die Kinder und Enkel der Besiegten begannen, die Römer nachzuahmen.

provincia (lat.) = Amtsbereich, Zuständigkeitsbereich eines Beamten

↗Kolonie (lat.) = Militärsiedlung römischer Bürger oder latinischer Bundesgenossen auf fremdem Gebiet

102.1 Überreste der Thermen aus römischer Zeit in Trier.

■ Urbanisierung und Romanisierung

„Die Barbaren wurden zur Ordnung der Römer erzogen: Sie gewöhnten sich an ihre Märkte und hatten friedliche Zusammenkünfte." So beschreibt der Historiker Cassius Dio die Folgen der römischen Herrschaft an Rhein und Donau, die fast 500 Jahre dauerte. Er meinte damit auch, dass die Germanen sich, wie die Römer, fest niederließen und Siedlungen gründeten oder von Römern gegründete Niederlassungen bewohnten. Diesen Vorgang bezeichnet man als ↗Urbanisierung (lateinisch „urbs" = Stadt). Das Leben in den Provinzen des Imperium Romanum wurde schließlich so römisch, dass man von einer Romanisierung der Provinzen spricht.

Lange waren die Bewohner der Provinzen gegenüber den Bewohnern Italiens benachteiligt. Die meisten Menschen in den Provinzen waren keine römischen Bürger, hatten weniger Rechte als diese und mussten Abgaben an die Römer zahlen. Im Laufe der Zeit verringerten sich diese Unterschiede, 212 n. Chr. schließlich verlieh Kaiser Caracalla allen freien Bewohnern des Reiches – also nicht den Sklaven – das römische Bürgerrecht.

■ Römische Ingenieure verändern die Welt

„Man sollte sich auf diejenigen Aspekte der Mathematik konzentrieren, die nutzbringend einsetzbar sind." So urteilte der Staatsmann, Redner und Philosoph Cicero. Während bei den Griechen gelehrte Werke über die Gesetze der Mathematik verfasst wurden, interessierten sich die Römer vor allem für deren Anwendung. Mit Hilfe der Mathematik wollten sie technische Projekte verwirklichen. Römische Ingenieursleistungen verblüfften die eroberten Völker und erregen bis heute unser Staunen. Die technischen Meisterleistungen dienten dazu, die Städte als Zentren römischer Macht auszubauen und durch möglichst schnelle und sichere Verkehrsverbindungen das Reich zu sichern.

Wesentliche Merkmale modernen Wohnens – fließendes Wasser, Kanalisation, Zentralheizung – kannten die Römer bereits und benutzten sie auch in ihren Häusern in den Provinzen. Auch in Germanien wurden die Städte mit Quellwasser aus oft großer Entfernung versorgt. Die Leitung aus der Eifel nach Köln z. B. war fast 100 km lang. Wegen der Frostgefahr verlief sie weitgehend unterirdisch, zumindest 90 cm tief.

Weltsprache Latein

Die Römer sprachen Latein. Diese Sprache benutzten sie auch im Heer: Auch Soldaten aus fremden Völkern – spanische Legionäre, germanische Reiter und dakische Speerwerfer – alle verstanden Latein. Die Beamten, die die Provinzen verwalteten und mit der Bevölkerung verhandelten, sprachen Latein: Wer etwas erreichen wollte, musste Latein sprechen und schreiben lernen. Das galt auch für alle nichtrömischen Kaufleute, die in der Provinz Geschäfte machen wollten.

Die Legionäre brauchen Verkehrswege

Eine Armee, die ein weites Land beherrschen will, muss sich möglichst schnell bewegen können. Auch alle Versorgungsgüter, seien es Lebensmittel oder Waffen, die die Soldaten nicht selbst herstellen, müssen schnell und zuverlässig transportiert werden.

Der wichtigste Transportweg im römischen Germanien war der Rhein mit seinen Nebenflüssen. Wo natürliche Wasserwege nicht ausreichten, bauten die römischen Soldaten sogar Kanäle wie die „fossa Drusiana“, die eine Verbindung zwischen dem Fleva-See (Ijsselmeer) und der Ems herstellte. Die römische Kriegsflotte war in Köln stationiert. Die Schiffe hatten Segel, wurden flussaufwärts aber auch gerudert oder von Pferden, die am Ufer entlangliefen, gezogen. Sie beförderten außer Lebensmitteln und Waffen auch Baumaterial für die festen Legionslager, die die einfachen Lager ablösten. In den Militär-lagern befanden sich überall im Reich dieselben Gebäude: An einem Zentralplatz lag das Haus des Legionskommandeurs und ein Tempel; die Unterkünfte für die Soldaten, Werkstätten und Speicher umgaben diese.

Die meisten Verbindungen liefen über Land. Meist begannen die Legionäre gleich nach der militärischen Besetzung einer Provinz damit, Straßen zu bauen. Eine „strata“ hatte zunächst nur einen Kiesbelag, die wichtigsten Straßen wurden später mit „plastrum“ befestigt. Diese Wege konnten bei jedem Wetter benutzt werden, ohne dass Fußgänger, Vieh und Wagen im Schlamm versanken.

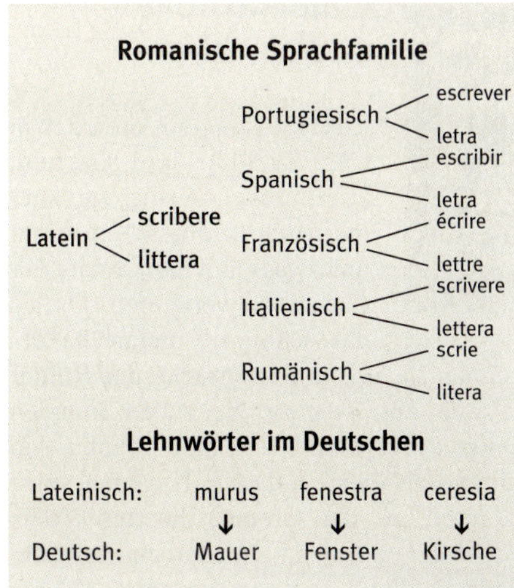

103.1 Romanische Sprachfamilie, Lehnwörter im Deutschen.

Für die eroberten Länder West- und Mitteleuropas war dies etwas völlig Neues. Niemand wäre dort auf den Gedanken gekommen, Fernstraßen zu bauen – wozu auch? Die germanischen Dörfer lebten für sich, regelmäßige Kontakte mit einer weiter entfernten Außenwelt waren nicht so wichtig. Für die Römer hingegen war entscheidend, dass alle wichtigen Punkte ihres Reiches – und das waren vor allem die Grenzen – zu jeder Zeit schnell erreichbar waren.

Ganz „modern“ wurde das Straßennetz schließlich, als in regelmäßigen Abständen Rasthäuser und Pferdestationen entstanden. Ein Händler konnte nun, selbst wenn es regnete, mit seinem beladenen Reisewagen täglich 20 bis 30 Kilometer zurücklegen, wichtige Nachrichten erreichten schnell ihr Ziel.

103.2 Ein kaiserlicher Postwagen konnte an einem Tag – auf guten Straßen – bis zu 200 km zurücklegen (Rekonstruktion).

103.3 Rheinbrücke von Köln, gebaut um 310 n. Chr. Modell. Ähnliche Brücken gab es in Mainz, Trier, Bonn und Xanten.

104.1 Kaufladen, Relief aus Trier, 3. Jahrhundert n. Chr.

M1 Unterworfene und Nachbarn

Ein Herbsttag im Jahre 220 n. Chr. Dietmar und Gerhild, zwei junge Germanen, sind mit frisch gesammelten Pilzen unterwegs, um sie jenseits der Grenze zu verkaufen. Da sie das schon oft getan haben, kennen sie sich in der Sprache der Römer so weit aus, dass sie die vielen fremden Dinge dort richtig bezeichnen können. Am Limes müssen sie *tolonium* bezahlen, sonst könnten sie die Grenze, die aus einem *palum* neben dem anderen mit einem mächtigen *vallum* aus gestampftem Lehm besteht, nicht passieren.

Über die *via strata* mit ihrem *plastrum* haben sie trotz des Regens von letzter Nacht die *milia* zur Stadt schnell zurückgelegt. Dort erwartet sie schon der *caupo*, dessen *asellus* vor dem Haus döst. Nebenan wird ein neues Haus gebaut. Das *cellarium* ist bereits fertig, der *murus* wird noch hochgezogen. Vor der Baustelle lagern die *tegulae*, mit denen das *spicarium* gedeckt wird.

Durch die *porta* treten die beiden ein. Hier lagert ein *saccus* neben dem anderen, gefüllt mit getrockneten *fructus* und Gewürzen. Ein Knecht fährt mit einem *carrus* weitere *cistae* und *corbes* herein.

Während der *caupo* noch von einem anderen Kunden die *monetae* für drei *pondo radix* kassiert, ist seine Frau nebenan in der *coquina* gerade mit dem *coquere* fertig. Sie lädt die beiden Besucher ein, sich auf einem *scamillus* niederzulassen. Auf der hölzernen *tabula* stehen eine *panna* und ein Gefäß mit *piper* zum Würzen. Zu dem *caulis* trinken die Erwachsenen *vinum*, für die jungen Leute gibt es *mustum*. Da das *fenestra* recht klein ist, brennt auch tagsüber eine *facula*, um die *camera* zu erhellen.

Q2 Antike Schriftsteller über den römischen Wasserbau

a) *Plinius:* Rom ist eine schwebende Stadt, deren Hügel längst untergraben sind.

b) *Strabon:* Die Römer … sorgten … für unterirdische Kanäle, die den Schmutz der Stadt in den Tiber spülten … Die aus eng aneinandergefügten Steinen gewölbten Kloaken sind manchmal so weit, dass sie mit Heu beladenen Wagen Durchfahrt bieten könnten.

c) *Frontinus:* Mit dieser Reihe unentbehrlicher Bauwerke, die so große Mengen Wasser führen, vergleiche, wenn du möchtest, die unnützen Pyramiden oder die unbrauchbaren Bauwerke der Griechen, mögen die Leute auch noch so viel von ihnen schwärmen.

a) Plinius, naturalis historia, 36.104
b) Strabon, Geographie, 5.3
c) Frontinus, De aquis, 16

104.2 Römischer Aquädukt in Madrid.

Q3 Rom und Britannien

a) *Der römische Dichter Vergil beschrieb unter Augustus in seinem Werk Roms Zukunft:*

Du Römer denke daran machtvoll die Völker zu beherrschen – dies ist deine Aufgabe: Ordne mit Gesetzen den Frieden, schone die Unterworfenen und kämpfe die Rebellen nieder.

Vergil, Aeneis 6, 851–854.

b) *Schon im 1. Jahrhundert v. Chr. versuchten die Römer, Britannien zu erobern. Im Spätsommer des Jahres 55 v. Chr. bereitete Caesar die Überfahrt eines Heeres von Gallien nach Britannien vor:*

Während Caesar die Flotte aufrüstete, trafen Gesandte der Moriner ein, eines Stammes, der an der gallischen Küste lebt. Sie wollten sich für ihr früheres Verhalten entschuldigen. Als rohe und mit unseren Bräuchen nicht vertraute Wilde hätten sie Krieg gegen das römische Volk geführt. Jetzt aber wollten sie für die Zukunft Gehorsam gegenüber dem römischen Befehl versprechen. Caesar hielt das für günstig, da er zwar keinen Feind im Rücken hinterlassen wollte, aber wegen der fortgeschrittenen Jahreszeit keinen Krieg führen konnte. Er verlangte von ihnen daher, dass sie eine große Zahl von Geiseln stellen sollten, und als diese hergebracht worden waren, nahm er sie in sein Treueverhältnis auf.

Caesar, Gallischer Krieg, 4, 22, vereinfacht.

c) *Wie die Germanen wehrten sich auch die Britannier gegen die römische Herrschaft. Boudicca, Königin eines britischen Stammes, soll 61 n. Chr. folgende Rede gehalten haben:*

Wenn ihr euch früher aus Unkenntnis von den verführerischen Versprechungen der Römer habt täuschen lassen, so wisst ihr jetzt, einen wie großen Fehler ihr gemacht habt, als ihr ihre importierte Herrschaft der einheimischen Lebensweise vorgezogen habt. Haben sie uns nicht den größten Teil unseres Besitzes geraubt, während wir für den Rest Steuern zahlen müssen? Wir weiden unser Vieh und pflügen unsere Äcker für sie und müssen dazu auch noch eine jährliche Steuer für unsere eigenen Körper zahlen! … Wir werden verachtet und niedergetrampelt von Männern, die nichts anderes können, als ihren Gewinn sichern.

↗Cassius Dio, Römische Geschichte 62, 3, 1–4, gekürzt.

Q4 Rom und Germanien

Kaiser Tiberius schrieb im Jahre 16 n. Chr. an Germanicus, den römischen Befehlshaber am Rhein. Der römische Geschichtsschreiber Tacitus berichtet von diesem Brief:

Tiberius schrieb: Sie hätten schon genug Erfolge errungen, genug Unglücksfälle erlitten. Germanicus habe durch kluges Verhalten mehr ausgerichtet als durch Gewalt. Auf diese Weise hätten sich die Sugambrer zur Ergebung entschlossen, so seien die Sueben und ihr König Marbod durch friedliche Verträge unschädlich gemacht worden. Auch könnten die Cherusker und die anderen widerspenstigen Völker ihrer inneren Zwietracht überlassen bleiben, da man ja Rache genug für die Niederlage des Varus genommen habe.

Tacitus, Annalen 2, 26, 2, bearbeitet.

1. Die Germanen haben die lateinischen Wörter in M 1 in ihre (S. 173) Sprachen übernommen. Stelle fest, wie diese „Lehnwörter" heute im Deutschen lauten.

2. Beschreibe, wie Caesar mit den Morinern umgeht. (Q 3 b) Wie begründet er sein Vorgehen, was ist sein Ziel?

3. Vergleiche Q 3 a und Q 3 c. Wie sehen die Römer, wie die besiegten Völker die römische Eroberung? Vergleiche die Anweisungen des Tiberius (Q 2) mit den römischen Zielen.

4. Stelle dir vor, du bist ein aus Italien stammender Legionär, der in die Provinz Germanien versetzt wurde. Erzähle deinen Freunden in Italien von deinem Leben als Soldat in Germanien.

105.1 Münze des Germanicus. In der Mitte der Feldherr Germanicus mit erhobener Rechten und einem Legionsadler. Die Aufschrift der Münze lautet: SIGNIS RECEPT(is) DEVICTIS GERM(anis), S(enatus) C(onsulto); übersetzt: Nach der Wiedererlangung der Feldzeichen und dem Sieg über die Germanen, (geprägt) nach Senatsbeschluss. Die Münze feiert die Wiedergewinnung zweier in der Varusniederlage verlorener Legionsadler in den Jahren 15 und 16 n. Chr.

105.2 Zwei gefangene Germanen, Relief auf einem Säulensockel, 1. Jahrhundert n. Chr.

WERK

Römische Grabsteine – der Tod erzählt vom Leben

106.1 Grabstein, 1848 in Mainz-Weisenau gefunden. In Weisenau befand sich in der Römerzeit ein kleines, direkt am Rhein gelegenes Dorf, das ein Vorort des antiken Mogontiacum war. Der Grabstein ist 1,56 m hoch und 92 cm breit (Vorderseite: links, Rückseite: rechts).

- Beschreibe, was auf der Vorder- und Rückseite abgebildet ist.
- Stelle auf dieser Grundlage Vermutungen über die abgebildeten Personen an.

Die Inschriften

Die Vorderseite der Inschrift ist stark beschädigt, entziffern kann man nur:

BLVSSVS ◆ ATVS
AN◆LXXV◆H◆S◆E◆ME
NIS◆F◆AN◆ VXSO
SATTO ◆ VERN
F◆PARENTIBVS◆P

Viel besser kann man die unbeschädigte Rückseite lesen:

BLVSSVS◆ ATVSIRI◆F
NAVTA◆AN◆LXXV◆H◆S◆E◆
MENIMANII◆BRIGIONIS◆F◆AN◆
VXSOR◆VIVA◆SIBI◆FECIT◆PRIMVS◆F◆
PARENTIBVS◆PRO◆PIETATE◆POSIT◆

Die Römer benutzten dieselben Buchstaben wie wir. Allerdings gab es noch kein „U“, sondern das „V“ wurde als „U“ oder „V“ ausgesprochen. Du kannst die beiden Texte, auch ohne Latein zu können, miteinander vergleichen. Sie unterscheiden sich kaum, die Vorderseite enthielt aber in der vierten Zeile noch einen Zusatz.

Für den nächsten Schritt brauchen Historiker Lateinkenntnisse und Erfahrung mit ähnlichen Inschriften. Wenn sie wissen, was üblicherweise auf Grabinschriften stand, können sie Lücken ergänzen und Abkürzungen auflösen. Denn da Steininschriften teuer waren, arbeiteten Steinmetze mit Abkürzungen. Man kann die beschädigten Stellen mithilfe der Rückseite ergänzen und die Abkürzungen auflösen:

BLVSSVS•ATVSIRI•Filius•NAVTA•
ANnorum•LXXV•Hic•Situs•Est•MENIMANII•BRIGIO-
NIS•Filia•ANnorum• VXSOR•VIVA•SIBI•FECIT•
SATTO•VERNA•Annorum • Hic•Situs•Est•PRIMVS•
Filius•PARENTIBVS•PRO•PIETATE•POSIT•

Der Zusatz in der vierten Zeile, für den wir auf der Rückseite keine Entsprechung fanden, musste ergänzt werden. Die Historiker vermuten, dass dort die Buchstaben standen, die wir rot geschrieben haben. Die Auflösung der Abkürzungen wurde mit kleinen Buchstaben eingefügt.
Übersetzt lautet die Inschrift:

Blussus, des Atusirus Sohn, Schiffer,
75 Jahre alt, ist hier begraben. Des Menimanius Brigio
Tochter, ... Jahre alt, seine Ehefrau, hat sich (diesen Grabstein) zu Lebzeiten machen lassen.
Satto, der Haussklave, ... Jahre alt, ist hier begraben. Primus,
ihr Sohn, errichtete den Eltern aus kindlicher Liebe (diesen Grabstein).

Der Bildschmuck

Das Schiff ist sehr genau dargestellt, offenbar handelt es sich um ein typisches Rheinschiff der Römerzeit.
Die Kleidung des Blussus ist nicht römisch. Deutlich ist eine Kapuze zu erkennen. Solche Kapuzenmäntel waren bei den Kelten üblich. Als die Römer das Rheinland bei Mainz eroberten, wohnten dort Kelten; auf der rechten Rheinseite lebten Germanen. Aber die Ehefrau des Blussus ist nach römischer Art wie Frauen in Rom oder Pompeji gekleidet. Hinter den beiden steht ein junger Mann, vermutlich ihr Sohn Primus. Ähnliche Ruhebetten, wie das, auf dem Blussus und seine Frau sitzen, hat man bei Ausgrabungen in Italien gefunden.

Was können wir noch über Blussus und seine Familie erfahren?

Blussus war, wie seine Kleidung und sein Name deutlich machen, kein römischer Bürger, sondern Kelte. Auch seine Frau, deren Namen wir nicht kennen, war Tochter eines Kelten namens Menimanius Brigio. Ihrem Sohn haben die beiden aber einen typisch römischen Namen gegeben: Primus.
Ganz arm war Blussus offenbar nicht. Er besaß einen Sklaven, Satto, der im Hause lebte, und konnte sich einen fein gearbeiteten und geschmückten Grabstein leisten. Er wird als nauta bezeichnet, war also ein Schiffer oder Reeder, der wohl mit dem römischen Militär, das in Mainz stationiert war, Handel trieb.
Eine Jahreszahl ist auf dem Grabstein nicht genannt. Doch Historiker können, indem sie die Schrift und die Abbildungen mit anderen Grabsteinen vergleichen, erschließen, wann dieser Grabstein errichtet wurde: Er stammt aus einer Zeit, in der die Romanisierung bereits weit fortgeschritten war, es aber noch viele Reste der vorrömischen Lebensweise gab, wie sie in der Kleidung deutlich werden.
Man vermutet, dass der Grabstein zwischen 50 und 100 n. Chr. hergestellt wurde.

1. Grabsteine aus der Römerzeit gibt es in großer Zahl. Du findest Inschriften von Grabsteinen in diesem Buch auf den Seiten 126 und 154. Die Inschriften folgen meist einem festen Muster. Du kannst „Überschriften“ für die einzelnen Bestandteile formulieren. Stelle fest, was die Römer für so wichtig hielten, dass sie es der Nachwelt mitteilen wollten. Was ist auf dem Grabstein dagegen nicht genannt?

2. Besuche einen Friedhof in deiner Nähe und notiere die Inschriften einiger Grabsteine. Beschreibe oder zeichne auf, welche Abbildungen vielleicht vorhanden sind. Vergleiche dann mit den römischen Inschriften: Was wird bei uns auf Grabsteinen dem Betrachter mitgeteilt? Gibt es Unterschiede zwischen ganz modernen Grabsteinen und solchen, die vielleicht schon hundert Jahre alt sind?

3. Die Römer und ihre Umwelt

Bedürfnisse und Ansprüche

„Das Land gab uns die göttliche Natur, die Städte aber hat menschliche Kunst erbaut", schrieb der Gelehrte Varro. Besonders stolz waren die Römer auf ihre Stadt, das unvergleichliche Rom. Aus Holz, Ziegelsteinen, Marmor und Beton hatten römische Baumeister eine Umwelt geschaffen, die in der Kaiserzeit den Lebensraum für etwa eine Million Menschen bildete. Sie hatten einen hohen Bedarf an Wasser. Brunnen und Quellen reichten bald nicht mehr aus. Über 500 km Leitungen, nach Trink- und Brauchwasser getrennt, versorgten die Menschen mit 500 Litern pro Kopf und Tag, der doppelten Menge, die heute jedem Einzelnen in einer europäischen Großstadt zur Verfügung steht, wenn man den Bedarf der Industrie abrechnet. Tag und Nacht, so lautete ein Senatsbeschluss, sollte das Wasser in den zahlreichen öffentlichen Brunnen für den Bedarf aller fließen. Große Mengen benötigten die Thermen. Ausgestattet mit Fußboden- und Wandheizung, Marmor und riesigen Fenstern waren sie luxuriöse Freizeitzentren, die unabhängig von Jahreszeit und Wetter Gelegenheit zu Körperpflege, Sport, Spiel und gemeinsamer Entspannung boten.

108.1 Kanaldeckel mit Einlauf (Rom, Maske einer Flussgottheit). Regenwasser unterstützte die Spülung der Kanäle unter den Straßen. Es wurde nicht getrennt aufbereitet.

Lebensqualität für alle?

Vieles machte das Stadtleben attraktiv: der Glanz der prächtigen öffentlichen Gebäude, die Unterhaltungsindustrie, die Getreidezuteilungen an Bedürftige. Aber nicht für jeden bedeutete die Stadt eine höhere Lebensqualität: In den billig gebauten und ständig von Einstürzen und Bränden bedrohten Mietskasernen war es düster. Ganze Familien wohnten in einem Raum, beheizt durch ein Kohlebecken, schlecht belüftet und stickig. Nur die einzeln stehenden Häuser der Wohlhabenden verfügten über fließendes Wasser und Toiletten. Natürlich konnte man gegen ein geringes Entgelt die öffentlichen Latrinen benutzen. Bequemer war es aber, im Dunkeln den Nachttopf wie anderen Abfall durch die unverglasten Fenster zu „entsorgen". Körper- und Sachschäden infolge dieser Praxis beschäftigten viele Rechtsanwälte. Die engen Gassen waren voller Unrat und hallten wider vom Lärm der Pferdefuhrwerke.

108.2 Cloaca Maxima, seit 6. Jh. Sie diente in Rom zur Entsorgung von Schmutzwasser und Fäkalien in den Tiber; dessen Selbstreinigungskraft wurde seit der Kaiserzeit überfordert. Bis heute ist sie Teil des Kanalsystems.

Zur Erholung aufs Land

„Kaum war ich dieser drückenden Luft entronnen", schrieb der Philosoph Seneca begeistert an einen Freund, *„da spürte ich sofort eine Besserung meines Befindens. Kannst du dir die Steigerung meiner Kräfte vorstellen, als ich dann die Weinberge erreichte?"* Wer es sich leisten konnte, floh aus dem Würgegriff, in dem das hektische Rom seine Bewohner festhielt. Besonders in den heißen Sommermonaten verbrachten die reichen Stadtrömer ihre Zeit gern auf einem ihrer Landgüter am Meer oder in den kühleren Bergen.

Frühe Umweltzerstörung?

In der Antike übten die Menschen bei Weitem keinen so großen Einfluss auf die Umwelt aus wie in der Neuzeit. Dazu war ihre Zahl zu gering, und der Stand ihrer Technik war zu niedrig. Dennoch gab es schon bei den Römern schwere Eingriffe in die Natur, die bis in die Gegenwart nachwirken.

Sizilien und Süditalien sind heute – ähnlich wie weite Teile Griechenlands – trocken, kahl und unbewaldet. Als die Römer, bis dahin eine Landmacht, im 3. Jahrhundert v. Chr. Krieg gegen Karthago führten (vgl. S. 119), sahen sie sich einer mächtigen Seestreitmacht gegenüber und mussten in kurzer Zeit eine große Flotte bauen. Dafür brauchten sie sehr viel Holz, und dadurch verringerte sich der Waldbestand Italiens und Siziliens in dieser Zeit ganz erheblich.

Um ihre Bevölkerung zu ernähren, legten sie außerdem viele Weizenfelder an, in Sizilien ebenso wie in Nordafrika. In diesen ziemlich trockenen Mittelmeerregionen ist das Getreide aber langfristig nicht so gut in der Lage, den dünnen fruchtbaren Boden zu halten. Nach der Ernte wird er oftmals von Stürmen und kurzen, starken Regenfällen abgetragen und fortgespült.

So mussten schon in der Antike weite Teile des nordafrikanischen Bodens für die landwirtschaftliche Nutzung aufgegeben werden. Sie sind auch heute noch verkarstet und fast gänzlich unfruchtbar.

Q1 Eine laute Wohnlage

Der Philosoph Seneca schrieb um 63 n. Chr. an seinen Freund Lucilius:

Sieh, von überall umdröhnt mich vielfältiger Lärm: Ich wohne direkt oberhalb einer Badeanstalt. Stell dir nun alle Arten von Geräuschen vor, die einen dazu bringen können, die eigenen Ohren zu hassen! Wenn Kraftprotze trainieren, wenn sie sich abmühen oder wenigstens so tun, als ob, dann höre ich Ächzen. Nimm jetzt noch einen Streithammel hinzu, einen ertappten Dieb und den Typ, dem beim Baden seine eigene Stimme gefällt.… Schließlich die vielfältigen Reklamerufe des Getränkehändlers und all die Helfer der Imbissbuden, die ihre Waren mit jeweils verschiedenem Tonfall verkaufen.

Seneca, Briefe VI 56, gekürzt.

Q2 Umweltsünden

Der Philosoph Seneca beklagte um 64 n. Chr. die Bauleidenschaft der Römer:

Nun spreche ich zu euch, deren Prunksucht riesige Ausmaße annimmt. Ich sage euch: Wie lange wird es keinen See geben, den nicht die Giebel eurer Landhäuser beherrschen? Überall, wo sich die Küste zu einer Bucht krümmt, werdet ihr unverzüglich Fundamente legen und das Meer zurückdrängen, weil ihr nur mit dem Boden zufrieden seid, den ihr mit eigener Hand geschaffen habt. Keine Tiere lasst ihr in Frieden, höchstens aus Überdruss. Wie wenig von so vielen aus so weiter Ferne herbeigeschafften Austern gleitet durch eure unersättliche Speiseröhre?

Seneca, Briefe 89,21f., gekürzt.

Q3 Hochwasserschäden in Rom

Der Historiker Tacitus berichtete um 115 n. Chr., wie die Römer 15 n. Chr. auf eine Überschwemmung reagierten:

Die zuständigen Beamten hielten im Senat Vortrag, ob man zur Eindämmung der Überschwemmungen des Tiber die Flüsse und Seen, die das Steigen des Wassers verursachten, ableiten solle. Vertreter der betroffenen Landstädte baten darum, keinen Fluss umzuleiten oder abzudämmen. Bei Hochwasser würden sonst die fruchtbarsten Gefilde von Italien zu Grunde gerichtet. Am besten habe immer noch die Natur für das menschliche Wohl Vorsorge getroffen, die den Flüssen ihren Lauf gegeben habe. Auch religiöse Bräuche müssten berücksichtigt werden. Ja, der Tiber selbst wolle nicht mit verminderter Pracht dahinfließen. Man pflichtete bei der Abstimmung dem bei, der beantragt hatte, nichts zu ändern.

Tacitus, Annalen I 79, gekürzt, vereinfacht.

109.1 Gartensaal in der Villa der Livia auf dem Palatin, ca. 30 v. Chr., Höhe 3 m. Landschaftsmalerei war mehr als Flächenschmuck. In den Stadtwohnungen wohlhabender Römer diente sie als Wirklichkeitsersatz.

1. Was bedeutet das Stadtleben für die Menschen, was für die Umwelt? Stelle Vorzüge und Nachteile zusammen. (Q 1; VT, B 108.1, 2)

2. Die Natur spielt für Stadtbewohner ganz unterschiedliche Rollen: sie ist Erholungsraum, kann aber auch Ideal und Vorbild oder Ort der Sehnsucht sein. Erläutere das anhand der Texte. (Q 1–3, B 109.1)

3. Bereits die Römer setzten sich mit Umweltproblemen auseinander. (VT, Q2, Q3) Vergleiche die Situation in der Antike mit der Gegenwart.

· · · · Reste antiker Kultur vor Ort – Der römische Gutshof · · · ·

110.1 Unterschiedliche Amphoren für den Transport von Lebensmitteln.

Das Leben auf dem Lande

„Das war schon immer mein Wunsch: ein Landgut, nicht allzu groß, mit einem Garten, nahe beim Haus ein Bach mit frischem Wasser und oben am Berghang ein Fleckchen Wald. Reicher und schöner ist das, was die Götter mir schenkten. Mir ist wohl.“ So beschrieb der römische Dichter Horaz ein Landgut, das ihm sein Freund Mäcenas geschenkt hatte.

Wer in Rom oder in einer anderen antiken Großstadt lebte, war froh, wenn er für ein paar Monate aufs Land gehen konnte. Denn auch die antiken Großstädte waren schon Drehscheiben von Wirtschaft, Handel, Handwerk und Verkehr und deshalb dicht bevölkert, hektisch und laut (→ S. 108 f.). Natürlich konnten es sich nur die vergleichsweise wenigen reichen Stadtbewohner leisten, ein Landgut zu führen, das sie nicht selbst bewirtschaften mussten.

Auch in den Gebieten nördlich der Alpen wurde, wie in Italien, das Leben auf dem Lande mehr und mehr durch solche bäuerlichen Anwesen bestimmt. Die Römer errichteten nach der Eroberung des gallisch-germanischen Raumes in ihren Provinzen zahlreiche Gutshöfe, so genannte Villae Rusticae. Auf den Gutshöfen wurden vor allem Ackerbau und Viehzucht zur Selbstversorgung betrieben. Mit einigen Überschüssen konnte man aber auch Handel treiben in den nahe gelegenen Siedlungen und Städten.

Landwirtschaft als Kulturimport

Die Wurzeln unseres Wortes „Kultur“ liegen eng neben dem lateinischen Wort „agricultura“ für Ackerbau. Die erste aller „kultureller“ Leistungen der menschlichen Zivilisation war die Kenntnis und Beherrschung der Landwirtschaft. Auch in diesem Bereich waren die Römer ihren Nachbarn in der Regel überlegen. Die römischen Bauernhöfe in den Provinzen konnten daher zu Keimzellen der römischen Kultur in der Gegend werden (→ S. 100 ff.).

Vor allem in den ländlichen Regionen trugen die Landgüter zur Verbreitung der römischen Lebensweise bei. Techniken der Landwirtschaft, der Viehzucht und des Weinbaus sowie architektonische Kenntnisse veränderten das Leben auf dem Land. Der Besitzer einer Villa Rustica war meist ein ehemaliger Legionär oder ein freier einheimischer Bauer. Der Wohlstand des Besitzers zeigte sich in der Größe und der Ausstattung des Gutshofes sowie in der Ausgestaltung des Herrenhauses. Luxusformen, wie die Villa Rustica in Bad Kreuznach, blieben jedoch die Ausnahme.

Anlage einer Villa rustica

Der Gutshof wies folgende typische Merkmale auf: Die Anlage war von einer Mauer umgeben. Das Wohnhaus, das Herrenhaus, lag an zentraler Stelle. Daneben gab es Unterkünfte für die Landarbeiter, Ställe, Scheunen und Geräteschuppen. Ferner befanden sich in der Anlage häufig ein Badehaus und ein Brunnen. In unmittelbarer Nähe des Hofes lag ein Gräberfeld und ein Tempel.

Das Herrenhaus bestand vielfach aus zwei Eckbauten, die durch überdachte Säulenhallen miteinander verbunden waren. Vom offenen Innenhof oder der überdachten Halle aus gelangte man in die umliegenden Zimmer. Die repräsentativen Räume wurden mit Bodenbelägen und Wandmalereien ausgestattet.

Landwirtschaft, Viehzucht und Weinbau

Auf den Höfen wurde, je nach Beschaffenheit des Bodens, Viehzucht, Ackerbau oder Weinbau betrieben. An den sonnigen Hängen des Rheins und der Mosel wurde Wein angebaut. Trockene Böden brachten Getreide hervor und Hülsenfrüchte wie Erbsen, Linsen und Ackerbohnen. Außerdem wurde für die Selbstversorgung und den Handel intensiv Obstanbau betrieben. Äpfel, Birnen, Pflaumen und Kirschen wurden geerntet. Auf feuchten Böden wurde Vieh gehalten.

PLATZ

111.1 Mosaik in der Villa Rustica von Bad Kreuznach.

Q1 Die Arbeit des Landmanns

Der Dichter Vergil, Sohn einfacher Leute, beschreibt das bäuerliche Leben:

Doch der Bauer zerfurcht mit dem krummen Pflug die Erde, dies ist die Arbeit des Jahres, damit erhält er seine Heimat und seine Familie, Rinder und Stiere. Da gibt es keine Rast, und das Jahr quillt über von Früchten, vom Nachwuchs der Herden und von Getreidegarben. Kommt der Winter, dann zerstampft die Presse die Oliven. Von der Eichelmast kommen die Schweine; die Wälder schenken Erdbeerfrüchte; der Herbst spendet allerlei und auf sonnigen Felsen reift der Wein!

Q2 Die Römer bitten zu Tisch

Das Kochbuch des Apicius enthält folgendes Rezept:

Gib in einen Mörser Selleriesamen, getrocknete Minze, Ingwer, frischen Koriander, entkernte Rosinen, Honig, Essig, Öl und Wein und zerreibe alles. Gib in einen Topf Picentinisches Brot, Hühnerfleisch ohne Fett und Knochen, Ziegenstückchen, Vestinischen Käse, Pinienkerne, Gurke, feingehackte trockene Zwiebel, gieße die Soße darüber. Serviere in einer randvoll mit Schnee gefüllten Schale."

111.2 Rekonstruktion einer Römischen Erntemaschine, mit der Getreide herausgerissen wurde, aus dem Raum Trier.

111.3 Rekonstruktion einer Villa Rustica, zu sehen in der „Römerhalle" der Stadt Bad Kreuznach.

1. Informiere dich über die Arbeit eines Bauern heute und vergleiche dies mit der Darstellung Vergils. (Q 1)
2. Probiere das Rezept des Apicius aus. (Q 2)
3. Suche Nahrungsmittel (Gemüse, Obst etc.), die erst durch die Römer nach Mitteleuropa gekommen sind.

4. Die Gesellschaft der römischen Republik

112.1 Die Kapitolinische Wölfin. Bronzeplastik eines etruskischen Künstlers, um 500 v. Chr. Die Zwillinge Romulus und Remus sind eine Zutat der Neuzeit nach dem Vorbild einer altrömischen Münze. – Der Sage nach waren Romulus, der Gründer Roms, und sein Bruder Remus Nachfahren des Aeneas, der aus dem brennenden Troja geflohen war. Sie galten als Söhne des römischen Kriegsgottes Mars, wurden ausgesetzt und von einer Wölfin gesäugt. Der Wolf war ein dem Mars heiliges Tier. – Die Namen Remus (Romus) und Romulus (Verkleinerungsform von Romus) sind vom Namen der Stadt Rom abgeleitet.

Patrizier: von lat. pater = Vater; Angehöriger des Geburtsadels

Plebejer (von lat. plebs) = die Menge, das gemeine Volk der nichtadligen Bürger

Patron: von lat. pater = Vater, Schutzherr, der den Schutzbefohlenen, den Klienten, gegenüber väterliche Rechte und Pflichten hat

Latiner: Volk der Italiker, das Latein sprach

Latiner und Etrusker auf den sieben Hügeln am Tiber

Sagen berichten, dass Romulus die Stadt Rom gegründet habe. Die Römer haben bruchstückhaftes und ungenaues Wissen über ihre Vergangenheit mit Götter- und Heldengeschichten verknüpft. Wie können wir hier „Geschichte" und „Geschichten" voneinander trennen? Archäologen haben Folgendes nachgewiesen: Im 9. Jahrhundert v. Chr. nutzten Angehörige des Volkes der Latiner, Hirten und Bauern, die günstige Lage der sieben Hügel, die heute im Zentrum Roms liegen, um eine Siedlung anzulegen. Der Ort war wegen der umliegenden Sümpfe leicht zu verteidigen, lag an der Kreuzung einer wichtigen Handelsstraße, auf der Salz befördert wurde, und der Tiber war bis zum Meer schiffbar.

Am Ende des 7. Jahrhunderts v. Chr. herrschten die Etrusker über die Bauern und Hirten am Tiber. Sie waren aus dem Osten der Mittelmeerwelt in die Toscana gekommen, trieben Handel und gründeten viele Städte. Die Siedlungen auf den sieben Hügeln bildeten nun einen Stadtstaat, über den ein König herrschte. Etwa um 500 v. Chr. verjagten die Römer unter der Führung der Adligen, der Patrizier, die etruskischen Könige.

Die Republik – ein Staat für alle Bürger?

Den Staat nannten die Römer nun „res publica", eine „Angelegenheit, die alle angeht". Alle Bürger bildeten das Volk, den populus, von Rom, doch nur die adligen Römer, die Patrizier, kontrollierten die öffentlichen Angelegenheiten, besetzten die Ämter, sprachen Recht und entschieden in der Politik. Zu den Patriziern zählten nur wenige Familien, aber ihr umfangreicher Grundbesitz, den sie seit Generationen in der Familie vererbten, sicherte ihnen den entscheidenden Einfluss in der römischen Gesellschaft. Die große Mehrzahl der Römer – die Handwerker, Händler und die römischen Bauern des Umlandes – galten als Plebejer, als bloße „Menge". Manche von ihnen hatten hohe Schulden bei den Adligen oder es mangelte ihnen am Nötigsten zum Leben.

Die Plebejer suchten deshalb Sicherheit und Schutz, indem sie sich als Klienten einem Patron, einem patrizischen Schutzherrn anschlossen. Dieser lieh ihnen in Notzeiten Geld, vertrat sie vor Gericht oder beriet sie in geschäftlichen Dingen. Die Klienten mussten ihren Patron in der Öffentlichkeit begleiten und in der Volksversammlung für ihn stimmen. Frauen und Sklaven hatten wie bei den Griechen nicht das Recht, an politischen Entscheidungen mitzuwirken.

Alle freien Bürger Roms bildeten unter dem Kommando des Adels das römische Heer. Sie mussten sich selbst je nach ihrem Vermögen als Ritter, Schwer- oder Leichtbewaffnete ausrüsten und fast jeden Sommer in den Krieg ziehen. Die Ziele der Kriegführung setzte der Rat der Adligen, der ↗Senat. So gelang es dem römischen Bauernheer, in langwierigen und oft verlustreichen Feldzügen schließlich ganz Mittel- und Süditalien zu erobern.

Ideale des „wahren Römers" und der „wahren Römerin"

In der römischen Familie besaß der Hausvater, der pater familias, unumschränkte Macht. Seine Angehörigen, auch die Erwachsenen, mussten ihm gehorchen. Bei schweren Vergehen konnte er sogar die Todesstrafe gegen sie aussprechen. Über Besitz und Vermögen der Familie bestimmte er allein. Ebenso vertrat auch nur er die Familie in der Öffentlichkeit.

Innerhalb des Hauses sorgte die mater familias für den geregelten Ablauf des Haushalts und des Familienlebens. Sie musste selbst Hand anlegen, wenn Einkommen und Besitz der Familie den Kauf von Haus- und Feldsklaven oder den Lohn für Knechte und Mägde nicht zuließen. In vermögenden und angesehenen Familien hatte die Herrin des Hauses dagegen eher die Aufgabe, Gesinde und Sklaven anzuleiten und zu beaufsichtigen. Solange die Kinder klein waren, wurden sie von der Mutter erzogen. Mädchen verließen erst nach der Heirat ihre Familie und wurden in der Familie ihres Mannes auch rechtlich wie eine Tochter aufgenommen. Erwachsene oder verheiratete Söhne mit ihren Frauen und Kindern blieben in der Gewalt des Vaters bis zu dessen Tod.

Seit dem 4. Jh. v. Chr. konnten zur Familie auch Haus- und Feldsklaven gehören. Die Römer sahen sie eher als lebende Werkzeuge an. Während die Familie ihre Haussklaven manchmal so geliebt und geachtet hat, dass der pater familias sie mit der Freilassung belohnte, hatten die Feldsklaven den niedrigsten Rang in der Familie.

■ … die Sitten der Vorfahren …

Die bewusste Überlieferung von Sitten und bewährten Lebensformen der Vorfahren (mos maiorum) bestimmte das Familienleben. Die Verehrung der Vorfahren nahm daher im römischen Alltagsleben einen wichtigen Platz ein. Die Bilder Verstorbener erhielten einen Ehrenplatz auf dem Hausaltar. Die Nachkommen hatten ihnen als Vorbildern nachzueifern oder sie gar zu übertreffen. In der Grabrede, die der Römer Quintus Caecilius Metellus zu Ehren seines verstorbenen Vaters hielt, lobte er ihn als weisen Mann und wahren Römer. Am Vorbild seines Vaters beschrieb er alle römischen Tugenden, wie Mannhaftigkeit, Tapferkeit, gesellschaftliches Ansehen, Ehre, Urteilsfähigkeit, Autorität. Diese Rede machte den Sohn berühmter als seine politischen Erfolge.

113.1 Roms Machtbereich in Italien vor dem 1. Punischen Krieg (264 v. Chr.).

■ … Ehrfurcht vor den Göttern

Die Römer pflegten die Erinnerung an die bäuerlichen Anfänge, deren Schlichtheit und Anspruchslosigkeit. Der Respekt vor den Eltern und den Vorfahren und die Ehrfurcht vor den Göttern (religio) gab den Römern die Orientierung bei ihren Entscheidungen. Sie waren überzeugt, dass die Götter das Handeln der Menschen bestimmten. Daher war es notwendig, ihren Willen und ihre Weisungen zu erkennen. Wer etwa wollte den Zorn der Götter auf sich laden? Von den Etruskern hatten die Römer den Brauch übernommen, im Vogelflug oder in den Eingeweiden der Opfertiere Vorzeichen für ihr Handeln oder ihre Zukunft zu entdecken. Es gab keine politische Entscheidung und keinen Krieg, ohne zuvor die Götter zu befragen. Wenn die Voraussage dem tatsächlichen Geschehen nicht entsprach, gaben sie nicht den Göttern die Schuld: Die Priester hatten die heilige Handlung nicht korrekt vollzogen. Das Opfer und die Vorhersage waren dann ungültig.

114.1 Grabmal eines vornehmen römischen Ehepaares: Lucius Vibius, seine Frau und ein Sohn (1. Jh. v. Chr.).

Q1 Grabsteine sprechen von römischen Tugenden

a) Grabinschrift für den Patrizier Gnaeus Cornelius Scipio Hispanus (2. Jh. v. Chr.):

Zensor: römischer Beamter, der das Vermögen der Bürger einschätzt und über die öffentlichen Sitten wacht. Cato war Zensor.

Die Mannestugenden meines Geschlechtes habe ich durch meine Lebensführung gemehrt, Nachkommenschaft mir erzeugt, den Taten der Väter nachgeeifert, der Vorfahren Ruhm erhalten, dass sie sich freuen sollten, dass ich ihnen geboren ward; ihren Spross hat die Ehre geadelt.

CIL VI 1293.

b) Grabinschrift für Claudia, die Ehegattin eines Patriziers:

Gracchen → S. 122, 124

Kurz, Wanderer, ist mein Spruch: Halt an und lies ihn durch! Dies ist der schlichte Grabstein einer schönen Frau. Mit Namen nannten sie die Eltern Claudia. Mit ganzem Herzen liebte sie den eignen Mann. Der Söhne zwei gebar sie; einen lässt auf Erden sie zurück, den andern barg sie in der Erde Schoß. Sie war von art'ger Rede und gemessnem Gang, versah das Haus und spann. Ich hab gesprochen. Geh!

CIL I2 1007.

Q2 Mann und Frau in der Ehe

Der Zensor Cato (234–149 v. Chr.):

Für die Zeit, in der ein Mann noch nicht geschieden ist, ist er anstelle des Zensors Richter über seine Frau. Seine Gewalt über sie ist ohne Zweifel unbeschränkt. Begeht die Frau eine sittenwidrige oder unehrenhafte Tat, darf der Mann sie bestrafen. Wenn der Mann seine Frau beim Ehebruch ertappt, darf er sie ungestraft töten. Wenn aber der Mann die Ehe gebrochen hat, verfügt die Frau keinesfalls über das Recht, den Mann auch nur anzutasten.

Aulus Gellius, Attische Nächte X, 23, gekürzt, bearb.

Q3 Söhne

Eine beispielhafte Begebenheit:

Eine Frau aus Campanien war bei Cornelia, der Mutter der Gracchen, zu Besuch und zeigte ihr Schmuckstücke; es waren die schönsten, die es damals gab. Cornelia unterhielt sich mit ihr, bis ihre Söhne aus der Schule kamen. „Das sind meine Schmuckstücke", sagte sie der Frau.

Valerius Maximus, Bedenkenswerte Taten und Worte IV,4.

115.1 Eine römische Familie in Köln. Die Inschrift lautet: „Den Totengöttern. Caius Iulius Maternus, Veteran (entlassener Soldat) der ersten Legion Minervia (hat diesen Stein) zu Lebzeiten für sich und für Maria Marcellina, seine geliebteste und keuscheste Gattin, die ihm im Tod vorausging, setzen lassen."

Q4 Der Triumphator in der Hütte

Der Grieche Plutarch (46 – 120 n. Chr.) berichtet über Cato (vgl. Q 2) und Manius Curius Dentatus (gest. 270 v. Chr.):

In der Nähe zu Catos Gut lag ein Häuschen, wo einst Manius Curius (Dentatus), der dreifache Triumphator gewohnt hatte. Da ging er oft hin, betrachtete den geringen Umfang des Gutes und die Bescheidenheit der Wohnung und vergegenwärtigte sich, wie dieser Mann, der der Größte unter den Römern war, die streitbarsten Völker unterworfen und Pyrrhos aus Italien verjagt hatte, nach drei Triumphen dieses Gütchen selbst umgrub und diese Hütte bewohnte. Hier war es, wo die Gesandten der Sabiner ihn trafen, wie er am Herde saß und Rüben kochte, und ihm eine große Geldsumme boten. Aber er schickte sie weg mit den Worten, wem ein solches Essen genüge, der brauche kein Geld, und rühmlicher schiene es ihm, die zu besiegen, die Geld hätten.

Plutarch, Cato der Ältere 2, gekürzt.

M5 Kinder

Ein moderner Historiker schreibt:

Gleich nach der Geburt fand ein für das Leben des Kindes entscheidender Akt statt: die Anerkennung durch den pater familias. Sie geschah durch eine symbolische Handlung, indem das Neugeborene auf die Erde gelegt wurde und der pater familias es aufhob. … Die Namengebung erfolgte bei Knaben am neunten, bei Mädchen am achten Tag nach der Geburt im Rahmen eines Familienfestes. … In den ersten Lebensjahren übernahmen – zumindest in wohlhabenden Familien – Ammen die praktischen Aufgaben der Ernährung und Erziehung.

H. Blank, Einführung in das Privatleben der Griechen und Römer, Darmstadt 1976, S. 103 f.

1. Grabsteine und Statuen berichten über Verhaltensweisen und Wertvorstellungen von Römern und Römerinnen. Welche Wirkungen waren damit beabsichtigt? (B 114.1, Q 1)
2. Historiker bezeichnen die römische Gesellschaft als „vaterrechtlich" (patriarchalisch). Hältst du diese Bezeichnung für angemessen? Begründe deine Auffassung. (VT, Q 2, Q 3, M 5)
3. Informiere dich in einem Lexikon über Marcus Porcius Cato den Älteren und Manius Curius Dentatus.
4. Überlege, mit welcher Absicht Plutarch über die Lebensweise des Manius Curius Dentatus so ausführlich berichtet. (Q 4)
5. Stelle die Werte der Römer zusammen, die wichtig für ihre Einstellung zum Krieg sein können.
6. Erläutere den Wert der Vergangenheit für die Römer und seinen Zusammenhang mit den patriarchalischen Grundlagen der Gesellschaft. (VT) Sind auch wir heute eine patriarchalische Gesellschaft?

Triumphator: Wer als Feldherr eine wichtige Schlacht gewonnen hatte, durfte in der Stadt Rom in einem feierlichen Triumphzug zum Tempel des höchsten Staatsgottes Iuppiter auf dem Kapitol, einem der sieben Hügel, ziehen.

Pyrrhos: einer der Diadochen („Nachfolger") Alexanders des Großen, der Italien zu erobern versuchte. Dentatus besiegte ihn ebenso wie die Kelten und Sabiner, ein Volk der Italiker.

5. Die Auseinandersetzungen um rechtliche und politische Gleichberechtigung

Phalanx = Schlachtreihe von schwer bewaffneten Fußsoldaten

Veto: lat. = ich verbiete

Forum = Markt-, Versammlungs- und Gerichtsplatz in Rom unterhalb des Kapitols

Ursachen des Konflikts zwischen Patriziern und Plebejern

Im 5. und 4. Jahrhundert verschlechterten sich die Beziehungen zwischen den Patriziern und den Plebejern. Seit die Phalanxtaktik die Kampfweise der Ritter ersetzt hatte, war jeder waffenfähige Bürger vom 17. bis zum 46. Lebensjahr zum Wehrdienst verpflichtet. So zogen die Plebejer in den Krieg, riskierten Leben und Gesundheit. Ihre teure Ausrüstung mussten sie selbst bezahlen. Die Adligen übernahmen die Offiziersstellen und machten die größte Beute. Der häufige Heeresdienst zwang die Plebejer, Haus und Gewerbe zu vernachlässigen. Die Kleinbauern hatten keine Knechte und konnten ihre Felder nicht mehr bestellen. So gerieten sie in immer größere Abhängigkeit von ihren Schutzherrn oder in Schuldknechtschaft. Besonders die Frauen und kinderreiche Familien waren immer häufiger in Not.

Den militärischen Pflichten der Plebejer entsprachen keine politischen Rechte. In der Volksversammlung, der Heeresversammlung, wurde nicht nach Köpfen, sondern nach Vermögensklassen abgestimmt. Wenn die Mehrheit erreicht war, wurde die Abstimmung abgebrochen, so dass die unteren Stimmklassen gar nicht mehr gefragt wurden. So waren die ärmeren Plebejer als größte Gruppe der römischen Bevölkerung von den Entscheidungen ausgeschlossen.

Erfolge der Plebejer

Zunehmend wurde den Plebejern klar, wie sehr die Patrizier im Kriege auf sie angewiesen waren, und traten ihnen mit größerem Selbstbewusstsein entgegen. Dies galt insbesondere für Plebejer, die durch ihre Arbeit Besitz erworben hatten.

Die Patrizier bestanden nachdrücklich auf ihren Vorrechten. Sie verwiesen zum Beispiel auf die Auspizien: Nur sie durften aus der Beobachtung des Vogelfluges den Willen der Götter erkunden. Ohne deren Zustimmung, etwa zu einem Feldzug, durfte keine politische Entscheidung getroffen werden. Die Plebejer entwickelten dagegen ihre eigenen Kampfmittel: Sie verweigerten den Heeresdienst. Sie erkämpften das Recht, eine eigene Volksversammlung abzuhalten, zu der kein Patrizier Zutritt hatte. Hier wurde nach Wohnbezirken, nicht nach Besitzklassen abgestimmt.

Die Vorsitzenden dieser Versammlung waren die Volkstribunen. Sie schützten jeden plebejischen Bürger, den patrizische Beamte durch willkürliche Entscheidungen bedrohten oder in seinen Rechten einschränkten. Ihr Veto verhinderte jede Amtshandlung eines Beamten oder bedeutete Einspruch gegen den Beschluss des Adelsrates, des Senats. Sie galten als „unverletzlich" und durch die Götter geschützt.

367 v. Chr. wurden die Plebejer auch für das höchste Staatsamt, das Konsulat, zugelassen. Da der Wahlkampf kostspielig und eine Besoldung der Beamten nicht vorgesehen war, konnten jedoch nur vermögende Plebejer kandidieren. Im Jahr 287 v. Chr. endeten die Ständekämpfe mit folgendem Ergebnis: Beschlüsse der plebejischen Volksversammlung erhielten dieselbe Verbindlichkeit wie die vom ganzen Volk in der Heeresversammlung beschlossenen Gesetze.

Rechtssicherheit

Im Verlauf dieser „Ständekämpfe", wie die Historiker sagen, sicherten sich die Plebejer zahlreiche Rechte als Bürger. Die Heirat zwischen Patriziern und Plebejern wurde erlaubt. Die Prügelstrafe für römische Bürger wurde abgeschafft. Todesurteile mussten auf Antrag der Verurteilten vor der Volksversammlung überprüft werden.

Die adligen Priester überlieferten seit alters her mündlich die römischen Gesetze. Die Richter waren Patrizier. Um 450 v. Chr. erhielten zehn bewährte Staatsmänner auf Drängen der Plebejer die Vollmacht, die Gesetze zu sammeln und zu ergänzen, um sie dann schriftlich niederzulegen. Diese Gesetzessammlung ließen sie auf zwölf Bronzetafeln gravieren und auf dem Forum allgemein zugänglich aufstellen. Das Zwölftafelgesetz war Grundlage für das römische Rechtsleben. Es galt für alle römischen Bürger ohne Ausnahme.

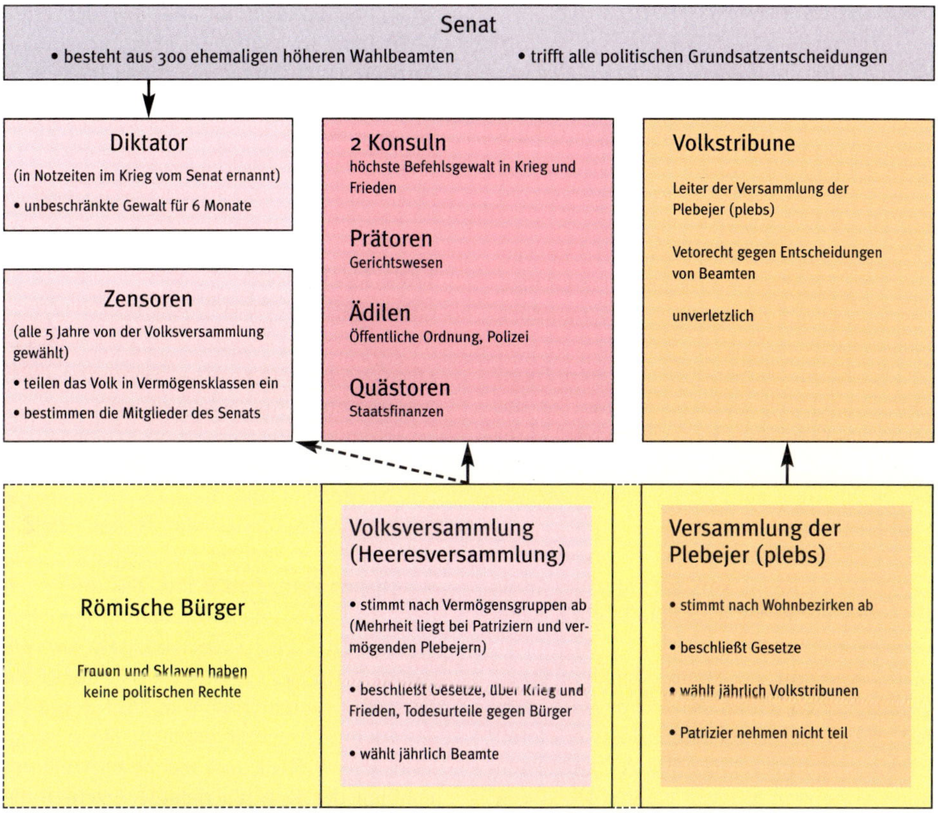

117.1 Das Schaubild zeigt die Verfassung der römischen Republik bei Abschluss der Ständekämpfe (287 v. Chr.).

117.2 Römische Bürger bei der Abgabe ihrer Stimmtäfelchen in der Volksversammlung. Silbermünze, Ende 2. Jh. v. Chr.

Senat (von lat. senex = alter Mann, Greis): eigtl.: Rat der Alten

Nobilität (von lat. nobilis = bekannt, edel, adlig) umfasst den Geburts- und Amtsadel

■ Brachten die Ständekämpfe eine neue Verteilung der Macht im Staat?

Jeder ehrgeizige Mann konnte jetzt das Konsulat anstreben, sofern er über genügend Vermögen verfügte, um sich im Wahlkampf Wähler zu sichern. Er musste jedoch zuvor alle Ämter im „cursus honorum", der Ämterlaufbahn, bekleiden, die unter dem Konsulat standen. Für jedes Amt war ein Mindestalter vorgesehen. Jeder Beamte wurde nur für ein Jahr gewählt (Annuität) und hatte einen oder mehrere Kollegen (Kollegialität). Die Amtskollegen besaßen die gleiche Vollmacht und konnten durch ihren Einspruch jede Entscheidung eines Mitbeamten aufheben. Jeder Beamte hatte seinen bestimmten Aufgabenbereich zu verwalten. Diese Vorschriften sollten den Einzelnen hindern, seine Befugnisse zu missbrauchen und zu viel Macht zu erlangen.

Alle politischen Grundsatzentscheidungen fielen im ↗Senat. In den Senat kamen die ehemaligen höheren Beamten. Seitdem auch die Plebejer zum Konsulat zugelassen wurden, konnten auch sie über die Ämterlaufbahn in den Stand der Senatoren aufrücken. Sie grenzten sich bald mit den führenden Patriziern nach unten ab. Eine neue Führungsschicht entstand, die ↗Nobilität. Im gesellschaftlichen und politischen Leben in Rom war von nun an nicht mehr allein die adlige Herkunft entscheidend, sondern das Vermögen und politische Aktivitäten der Familie.

Die römischen Bürger hatten in der Volksversammlung die Möglichkeit, sich am politischen Leben im Stadtstaat zu beteiligen und die Beamten zu wählen. Doch nach wie vor wurde nach Stimmgruppen abgestimmt, nicht nach Personen. Von den 193 Gruppen besetzten die Patrizier und reichen Plebejer allein 98. So konnten die ärmeren Plebejer leicht überstimmt werden, obwohl sie den größten Teil der römischen Bevölkerung ausmachten.

117.3 Bronzestatue des Aulus Metellus in Rednerpose, 1. Jh. v. Chr. (Florenz, Archäologisches Museum).

Q1 Aus dem Zwölftafelgesetz

Einzelne Bestimmungen (um 450 v. Chr.):

V.3 Wie jemand hinsichtlich seines Geldes und der Vormundschaft über eine Sache letztwillig bestimmt hat, so soll es rechtens sein.

VI.1 Wenn jemand eine Darlehensverpflichtung und ein Kaufgeschäft vornimmt, so soll das rechtens sein, was er mündlich ausgehandelt hat.

VII.2 Errichtet jemand neben einem fremden Grundstück einen Zaun, darf er ihn nicht über die Grenze rücken. Bei einer Mauer muss er einen Fuß zurückbleiben, bei einem Haus aber muss er zwei Fuß Abstand wahren.

VIII.2 Wenn jemand einem andern ein Glied verstümmelt, soll der Täter das Gleiche erleiden, wenn er sich nicht gütlich mit dem andern einigt.

VIII.3 Wer mit der Hand oder dem Stock einem Freien einen Knochen gebrochen hat, muss sich zugunsten des verletzten Freien eine Strafe von 300 As, zugunsten eines verletzten Sklaven einer solchen von 150 As unterziehen.

IX.6 Niemand darf ohne Urteilsspruch getötet werden.

XII.5 Was immer das Volk zuletzt gutgeheißen hat, soll Recht und rechtskräftig sein.

R. Düll, Das Zwölftafelgesetz, München 1959.

Q2 Die Volkstribunen

Der Grieche Plutarch (46–120 n. Chr.) schrieb zur Rolle der Volkstribunen:

Warum hat der Volkstribun nicht dieselben Amtszeichen wie die übrigen Beamten? Etwa weil er überhaupt nicht Beamter ist? Tribunen treten ihr Amt nicht am Jahresanfang an, wie es die anderen Beamten tun; noch legen sie es nieder, wenn ein Diktator ernannt ist; nein, die Tribunen bleiben allein im Amt. Das Tribunat ist eher etwas, das dem Amt entgegenzusetzen ist. Denn seine Befugnis besteht darin, der Gewalt der Beamten entgegenzutreten und ihre allzu große Befugnis zu beschneiden. Es ist Brauch, dass die Tür seines Hauses nie verschlossen ist Tag wie Nacht, wie ein Hafen und eine Zuflucht für alle, die der Hilfe bedürfen. Je mehr er aber in seinem Auftreten sich erniedrigt, umso mehr steigert sich seine Macht, und durch die Ehre, die man ihm zollt, wird seine Person hochheilig und unverletzlich.

Plutarch, Römische Fragen, 81 (283), bearb., gekürzt.

Q3 Die Republik – eine gemischte Verfassung?

Der Grieche Polybios (ca. 200–120 v. Chr.) bewertet die römische Verfassung:

Es gab ... drei Teile, die im Staat Gewalt hatten. So gerecht und angemessen aber war alles geordnet, waren die Rollen verteilt und wurden in diesem Zusammenhang die staatlichen Aufgaben gelöst, dass auch von den Einheimischen niemand mit Bestimmtheit hätte sagen können, ob die ganze Verfassung aristokratisch, demokratisch oder monarchisch war. Und so musste es jedem Betrachter ergehen. Denn wenn man seinen Blick auf die Machtvollkommenheit der Konsuln richtete, erschien die Staatsform vollkommen monarchisch und königlich, wenn auf die des Senats, wiederum aristokratisch, und wenn man auf die Befugnisse des Volkes sah, schien sie unzweifelhaft demokratisch.

Polybios, Historien 6, 1.

1. Welche Bestimmungen im Zwölftafelgesetz sind heute noch in ähnlicher Weise gültig? Welche hältst du für ungerecht ? (Q 1)
2. Nenne Merkmale, die die Volkstribunen von den anderen Beamten unterscheiden, und erkläre die Bedeutung dieser Unterschiede. (Q 2)
3. Wie urteilt Polybios über die römische Verfassung und wie begründet er seine Aussage? (Q 3)
4. Wie ist die Macht im römischen Staat tatsächlich verteilt? (VT, B 117.1, Q 3)

6. Vom Stadtstaat zur Herrschaft über den Mittelmeerraum

119.1 Ausdehnung des römischen Machtbereichs vom 1. Punischen Krieg (264–241 v. Chr.) bis zum Erwerb der Provinz Asia (133 v. Chr.).

■ Rom – Vormacht in Italien

Als Rom Republik wurde, war dieser Staat nicht größer als ein paar hundert Quadratkilometer. Gab es Konflikte mit Nachbarvölkern, so erklärten ihnen die Römer formell den Krieg. Um 272 v. Chr. beherrschte die römische Republik den größten Teil Italiens. Hier lebten etwa 3 Millionen Menschen. Ein Drittel von ihnen waren römische Bürger geworden, die anderen waren Bundesgenossen der Römer. Die Bundesgenossen verwalteten ihre Gemeinden selbstständig, mussten aber Kriegsdienst leisten. Es gab kaum ein Jahr, in dem die Römer nicht Krieg führten.

■ Der Sieg über Hannibal – Rom wird eine Supermacht

Rom beherrschte alle wichtigen Küstenstädte Italiens und hielt es für nötig, die angrenzenden Meere zu kontrollieren, um Handels- und Herrschaftskonkurrenz auszuschalten. Diese Zielsetzung führte zum Konflikt mit Karthago, der mächtigsten See- und Handelsmacht im westlichen Mittelmeerraum.

Im 1. Punischen Krieg (264–241 v. Chr.) schufen sich die Römer eine Kriegsflotte und wurden zur Seemacht. Die Karthager (die Römer nannten sie auch Punier) verloren mit der Insel Sizilien ein wichtiges Handelsgebiet und einen bedeutenden militärischen Stützpunkt an die Römer. Im Jahr 218 v. Chr. führte der punische Feldherr Hannibal ein starkes Heer aus Spanien durch Südfrankreich und über die Alpen nach Oberitalien.

Bei Cannae boten die Römer 216 v. Chr. ihr bisher größtes Heer auf: rund 80 000 Soldaten. Die Karthager besiegten es vernichtend. Die Römer sahen Hannibal schon vor den Mauern Roms stehen. Sie hoben neue Truppen aus und änderten ihre Kriegstaktik: Sie stellten sich nicht mehr zur Schlacht, sondern zwangen Hannibal und sein Heer, ihre Kräfte in langen Märschen und Einzelgefechten abzunutzen. Im Jahre 202 v. Chr. besiegte der römische Feldherr Publius Cornelius Scipio das karthagische Heer unter Hannibal bei Zama in Nordafrika vollständig. Karthago musste 201 v. Chr. Frieden schließen. Rom war zur Großmacht im Mittelmeerraum aufgestiegen.

Die Kehrseite des militärischen Erfolgs

Unter Tod, Gefangenschaft oder Abwesenheit der Männer in den langen Kriegen litten die Familien aller Bevölkerungsschichten. Die Auswirkungen waren jedoch je nach gesellschaftlicher Stellung und Besitz unterschiedlich. Die adligen Frauen verwalteten das Vermögen, führten Aufsicht über die Arbeiten auf den Gütern, erzogen die Kinder und sorgten für deren angemessene Verheiratung.

Anders war die Situation der Frauen auf dem Land. Wegen des Krieges waren nicht genug Arbeitskräfte da, um die Felder zu bestellen oder abzuernten. Die Frauen waren überlastet und lebten in materieller Not. Viele Familien zogen daher in die Stadt, um bessere Lebensbedingungen zu finden, wurden aber bald enttäuscht. Sie stießen auf die Konkurrenz der wachsenden Zahl der Sklavinnen und Sklaven, die als Kriegsbeute verkauft wurden und in den Haushalten der Reicheren und in Gewerbebetrieben arbeiteten.

Herrschaftssicherung durch Provinzen

Nach dem 1. Punischen Krieg machten die Römer Sizilien 241 v. Chr. zur ersten Provinz in ihrem Herrschaftsbereich. Die Sizilianer wurden nicht Bundesgenossen, sondern ein römischer Beamter im Rang eines Prätors oder ehemaligen Konsuls führte als Statthalter Roms die Verwaltung, beaufsichtigte die Rechtsprechung und befehligte die römischen Besatzungstruppen.

angestammte Provinzen: Sizilien, Sardinien, Korsika

Die Provinzbewohner leisteten durch Steuern und Abgaben einen wichtigen Beitrag zum Staatshaushalt. Der Statthalter beauftragte private Steuerpächter mit dem Einzug der Abgaben und Zölle. Sie zahlten der Staatskasse die für ein Jahr festgelegte Steuersumme einer Provinz im Voraus und verlangten dann überhöhte Steuern, dass für sie selbst ein hoher Profit abfiel. So benötigte der Staat keine ausgedehnte Finanzverwaltung und die Steuergelder standen sofort zur Verfügung. Die rücksichtslose Ausbeutung der Provinzbewohner durch die Steuerpächter, sah kaum ein Römer als Unrecht an.

Q1 Eine römische Kriegserklärung

Der römische Geschichtsschreiber Titus Livius (59 v. Chr.–17 n. Chr.):

Wird dem Gesandten nicht ausgeliefert, was er fordert, so künde er binnen 33 Tagen den Krieg mit folgenden Worten an: „Höre, Iuppiter, und du, Ianus Quirinius, all ihr Götter! Ich rufe euch zu Zeugen auf, dass dieses Volk (er nennt den Namen) ungerecht ist und seinen Verpflichtungen nicht nachkommt. Darüber werden wir Älteren daheim beraten, wie wir zu unserem Recht kommen.“ Mit diesen Worten kehrt der Bote nach Rom zur Beratung zurück.

Livius, Römische Geschichte I, 32, 6.

Q2 Reaktion auf eine römische Kriegserklärung

Livius legt Hannibal nach Einfall in Italien folgende Worte in den Mund:

Das grausame und überhebliche Volk der Römer nimmt alles in Besitz und unterwirft alles seiner willkürlichen Entscheidung. Mit wem wir Krieg, mit wem wir Frieden haben dürfen, das zu befehlen steht offenbar nur ihnen zu. Es schließt uns zwischen Bergen und Flüssen ein, die wir nicht überschreiten sollen, und es hält die von ihm festgelegten Grenzen selbst nicht ein. … Reicht es nicht, dass Rom mir meine angestammten Provinzen geraubt hat? Will Rom mir auch noch Spanien nehmen? Wenn ich dort weggehe, dann gehst du, Rom, nach Afrika.

Livius, Römische Geschichte, 41, 43 f. bearb., gekürzt.

120.1 Kriegselefant. Etruskischer Tonteller, 3. Jh. v. Chr. (Rom, Villa Giulia). Pyrrhos und Hannibal setzten Kriegselefanten ein. Sie verbreiteten anfangs Schrecken, waren jedoch nicht kriegsentscheidend.

Q3 Gerechte oder ungerechte Kriege?

a) Der römische Anwalt, Staatsmann und Schriftsteller Marcus Tullius Cicero (106–43 v. Chr.) äußert sich in seinem Buch „Über die Pflichten“:

Ein Staat muss sich äußerst genau an das Kriegsrecht halten. Es gibt zwei Arten, einen Streit zu entscheiden: Man erörtert das Für und Wider vor dem Richter oder man wendet Gewalt an. Das Erste ist die Art der Menschen, das Zweite die Art der Tiere. Zur Gewalt darf man erst dann greifen, wenn man den ersten Weg nicht beschreiten kann. Kriege dürfen geführt werden, um unbehelligt in Frieden leben zu können. Nach dem Sieg muss man das Leben derer schonen, die sich nicht grausam und unmenschlich im Kriege verhalten haben. … Ein Krieg kann nur dann gerecht genannt werden, wenn vor seinem Beginn Genugtuung verlangt wurde oder der Krieg feierlich angekündigt und erklärt wurde.

Cicero, Über die Pflichten I, 34 ff., bearb., gekürzt.

Aber so viel ist gewiss, dass solange das römische Volk seine Herrschaft durch Wohltaten und nicht durch Ungerechtigkeit aufrechterhielt, die Kriege entweder im Interesse der Bundesgenossen oder um den Bestand des Reiches geführt wurden. Die Kriege selbst hatten ein mildes oder ein wenigstens nicht härteres Ende, als es aus der Situation notwendig war. Der Senat war Schutz- und Zufluchtsort für Könige, Völker und Stämme; unsere Beamten suchten ihren größten Ruhm besonders darin zu erwerben, dass sie die Provinzen und die Bundesgenossen mit Gerechtigkeit und mit Verlässlichkeit in Schutz nahmen.

Cicero, Über die Pflichten, II, 26–27.

121.1 „Roma“ und die Götter: Iuppiter, der höchste römische Staatsgott, und die Siegesgöttin Victoria als Wagenlenkerin auf einem Viergespann. Rückseite einer römischen Münze.

b) König Mithradates von Pontos in Kleinasien (120–63 v. Chr.) kämpfte gegen die Römer. Der römische Historiker Gaius Sallustius Crispus (86–34 v. Chr.) gibt vor, einen Brief des Königs an den König der Parther (Nachfolger der Perser) zu überliefern:

Die Römer haben ein einziges und uraltes Motiv dafür, mit allen Nationen und Völkern und Königen Krieg anzufangen: unermessliche Begierde nach Herrschaft und Reichtum. … Oder weißt du nicht, dass alles, was sie von Anfang an besitzen, nur durch Raub gewonnen ist, ihre Häuser, ihre Gattinnen, ihre Äcker, ihr Reich: zusammengelaufenes Volk in alter Zeit, das sind sie, ohne Heimat, ohne Ahnen, geschaffen zum Verderben des Erdkreises? Nichts Menschliches, nichts Göttliches hindert sie daran, Bundesgenossen und Freunde, ob nah oder fern, ob schwach oder mächtig, an sich zu ziehen und zu vernichten und alles, was ihnen noch nicht versklavt ist, vor allem die Königreiche, als ihre Feinde anzusehen … dadurch, dass sie Krieg an Krieg reihen, sind sie groß geworden, und so werden sie alles vernichten oder selbst zu Grunde gehen. …

Sallust, Historien IV, 69, gekürzt.

1. Sieh dir die Karte 119.1 genau an. Lege eine Tabelle an, in die du den Zeitpunkt und die Namen der von den Römern eroberten Gebiete einträgst. Zu welchen Staaten gehören die Gebiete heute?

2. Welche Möglichkeiten hat ein gegnerisches Volk, auf eine Kriegserklärung von Rom zu reagieren? (Q 1,2, vgl. Q 3 a)

3. Cicero und Sallust äußern sich zum Zweck römischer Kriegführung und zu den Motiven römischer Eroberungen. Vergleiche ihre Aussagen und bewerte sie. (Q 3 a/b)

7. Soziale Konflikte und Bürgerkrieg – von der Republik zur Alleinherrschaft

122.1 Ein römischer Bauer zieht zum Markt. Relief aus dem 1. Jh. v. Chr. (München, Glyptothek).

Rückwirkungen der Kriege auf Gesellschaft und Wirtschaft

Die römische Wirtschaft und Gesellschaft veränderten sich durch die Eroberungen grundlegend. Ein Teil des eroberten Landes wurde zu Staatsland („ager publicus") gemacht und an römische Bürger verpachtet. Während es den Kleinbauern kaum gelang, den eigenen Hof zu erhalten, pachteten die Großgrundbesitzer immer größere Teile des ager publicus, um das Land schließlich durch Gewohnheitsrecht in ihren Besitz zu bringen. Sie kauften auch verlassene Höfe zu günstigem Preis auf und ließen sie durch Sklaven bewirtschaften. Da immer mehr Kriegsgefangene als ↗Sklaven nach Italien verkauft wurden, standen Arbeitskräfte in überreichem Maß zur Verfügung. Wie Werkzeuge benutzt, führten sie ein hartes Leben als Feldsklaven auf den großen Gütern. Lehnten sie sich dagegen auf, drohten ihnen grausame Strafen.

Die Provinzen belieferten Rom mit billigem Getreide. Der Anbau von Korn in Italien lohnte sich daher kaum mehr. Die Großgrundbesitzer ersetzten den Getreideanbau durch Weidewirtschaft oder die Kultur von Obst- oder Ölbäumen und Weinstöcken. Verarmte Kleinbauern zogen nach Rom, wo sie wegen der Konkurrenz der Sklaven arbeitslos blieben und schließlich auf staatliche Getreidespenden angewiesen waren. So vermehrten sie nur die Masse der Besitzlosen, der Proletarier, in Rom.

Proletarier (von lat. proles = Nachkomme): jemand, der außer Kindern nichts besitzt

Die Gracchen und die Krise

Kornlieferungen blieben aus; in Rom drohte Hungersnot. Da zu wenige Bürger über das für den Militärdienst vorgeschriebene Mindesteinkommen verfügten und sich selbst ausrüsten konnten, wurde es immer schwieriger, genügend Truppen auszuheben. Der Volkstribun Tiberius Gracchus legte daher 133 v. Chr. ein Gesetz vor, dass ein Römer künftig höchstens 500 Morgen und für zwei Söhne weitere 500 Morgen an Staatsland besitzen dürfe. Das einzuziehende Land sei an besitzlose Bürger zu verteilen. Dagegen regte sich der Widerstand der Großgrundbesitzer, die Land abtreten sollten. Um die Durchführung dieses Gesetzes zu verhindern, veranlassten sie einen anderen Volkstribunen, sein Veto einzulegen. Tiberius Gracchus ließ ihn in der Volksversammlung absetzen und einen Freund wählen. Dieses Vorgehen war gesetzwidrig. Er ließ eine Kommission bilden, die nun das Land an bedürftige Bauern verteilen sollte. Da seine Amtszeit ablief, entschloss er sich, seine Wiederwahl als Volkstribun zu betreiben. Auch das war gegen das Gesetz. Eine Senatorengruppe griff zur Gewalt. Sie ließen Tiberius Gracchus und viele seiner Anhänger töten. Gaius Gracchus, der die Politik seines Bruders fortsetzte, erlitt das gleiche Schicksal.

Eine Heeresreform als Ausweg?

Wie konnte der innere Frieden wiederhergestellt werden? Zwischen 107 und 100 v. Chr. wurde der erfolgreiche Heerführer Gaius Marius mehrfach hintereinander zum Konsul gewählt. Da immer weniger Bauern in der Lage waren, für ihre Kriegsausrüstung die nötigen Mittel aufzubringen, leitete Marius eine Heeresreform (104 v. Chr.) ein. Er wandelte das römische Bürgerheer in eine Berufsarmee um. 16 Dienstjahre sicherten den Soldaten einen Anspruch auf Versorgung. Der Feldherr garantierte ihnen persönlich Land, das der Senat zu bewilligen hatte. Treue empfanden sie daher weniger zu der Republik als gegenüber ihrem Feldherrn, dessen militärische Klienten sie geworden waren. Der Heerführer besaß so ein ihm verpflichtetes und schlagkräftiges Heer, das er auch im Kampf um politischen Einfluss in Rom einsetzen konnte.

■ Rivalitäten um die politische Macht

Von nun an kam es in Rom immer öfter zu Gewaltherrschaft und Bürgerkrieg. Nachdem der Feldherr Lucius Cornelius Sulla seinen Rivalen Marius besiegt hatte, ließ er im Jahr 82 v. Chr. seine politischen Gegner in öffentlichen Listen ächten und töten (Proskriptionen). 40 Senatoren und um die 2000 weitere Personen fielen dem Terror zum Opfer. Ihren Besitz ließ er an seine ausgedienten Soldaten, die Veteranen, verteilen.

Im Jahre 60 v. Chr. trafen sich drei einflussreiche römische Politiker: Gnaeus Pompeius, Marcus Licinius Crassus und Gaius Julius Caesar. Sie vereinbarten, dass „in der Politik nichts unternommen werden sollte, was einem von den Dreien missfalle“. So schlossen sie ein privates Dreimännerbündnis, ein Triumvirat, in dem Caesar, der als Marius-Anhänger galt, die treibende Kraft war. Er wurde 59 v. Chr. zum Konsul gewählt und erhielt danach das Kommando an der Grenze zu Gallien. Er eroberte ganz Gallien, ohne dass ihm der Senat den Auftrag dazu gegeben hatte. In Rom lieferten sich unterdessen Anhänger der Popularen und Optimaten blutige Straßenkämpfe.

Crassus fiel im Krieg gegen die Parther, und Pompeius versuchte an der Seite des Senats die republikanische Ordnung aufrecht zu erhalten.

49 v. Chr. besetzte Caesar mit seinem Heer Italien. Pompeius floh mit vielen Senatoren nach Griechenland. Im Folgejahr unterlag das Heer des Pompeius den Truppen Caesars. Noch bis 45 v. Chr. führte Caesar in Gallien, Spanien, Ägypten, Kleinasien und Nordafrika Krieg gegen die Pompeianer.

■ Die Alleinherrschaft Caesars – Frieden für die Republik?

Caesar festigte seine Macht, indem er sich eine Fülle von Ämtern übertragen ließ: Er war mehrfach Konsul, Diktator auf Zeit, schließlich Diktator auf Lebenszeit, Zensor und Pontifex Maximus. Damit sicherte er sich den Oberbefehl über die Truppen und die Verfügungsgewalt über die Staatskasse. Gleichzeitig überwachte er als Zensor Sitte und Moral in Rom und nahm die Schätzung nach Steuerklassen vor. Für seine Person erwarb er das Recht auf Unverletzlichkeit wie ein Volkstribun.

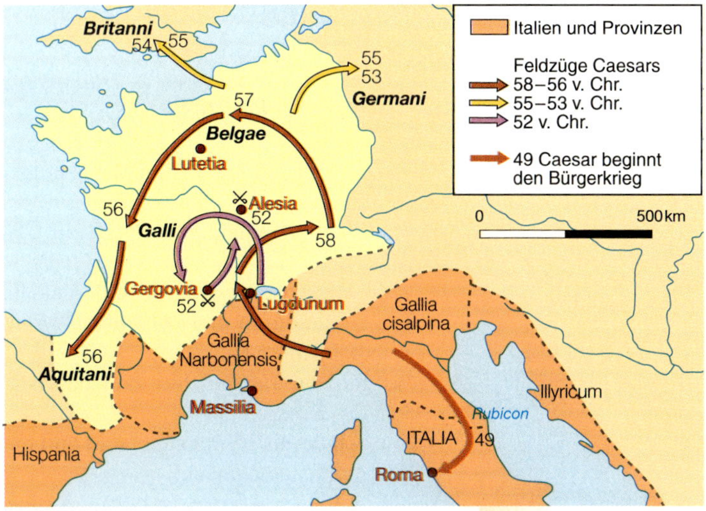

123.1 Caesars Eroberung Galliens (58–50 v. Chr.) folgte einem wohl überlegten Plan.

Caesar bemühte sich, die Gegner des Bürgerkrieges miteinander zu versöhnen. Die Veteranen erhielten Land, neue römische Bürgerkolonien entstanden. Die Provinzbewohner fanden Schutz vor der Ausbeutung durch römische Beamte. Zunehmende Bautätigkeit in Rom sicherte den Proletariern Arbeit und Brot. Aber er machte sich auch Feinde im Senat, weil er viele seiner Anhänger zu Senatoren machte.

Sein öffentliches Auftreten, bei dem er sich wie ein Gott verehren ließ, erbitterte viele Senatoren. Caesars Machtfülle ließ ihnen kaum noch Einfluss auf die Politik. Die Republik bestand nur noch zum Schein. Während eines Festes am 15.2.44 v. Chr. reichte Marcus Antonius ihm das Königsdiadem. Caesar nahm es nicht an, weil die etruskischen Könige des alten Rom als Tyrannen galten. Aber der Aufsehen erregende Vorgang bestärkte einige Senatoren um Caius Cassius und Marcus Junius Brutus in ihrer Vermutung, Caesar wolle König werden. An den Iden des März, am 15.3.44 v. Chr., ermordete ihn eine Gruppe von Senatoren während einer Senatssitzung im Pompeius-Theater.

Triumvirat (von lat. tres = drei, vir = Mann): Behörde, Amt, das von drei Kollegen geleitet wird

Popularen und Optimaten: Politische Richtungen, die in den letzten Jahrzehnten der Republik gegeneinander standen. Die Popularen versuchten, meist über das Volkstribunat und mit Hilfe der Volksabstimmungen, eine volksfreundliche, „populäre“ Politik zu machen. Die Optimaten, meistens unterstützt vom Senat, wollten vor allem die Interessen der alten Adelselite gewahrt wissen.

Pontifex Maximus (lat.): oberster römischer Priester für die Verehrung der Staatsgötter

Q1 Kriegsbeute

Plutarch berichtet von einem Triumphzug des Aemilius Paullus (168 v. Chr.):

Aemilius Paullus soll im Triumphzug mitgeführt haben:
- Bildsäulen, Gemälde, Statuen auf 250 Wagen,
- Waffen auf vielen Wagen, Silbergeld in 750, Goldmünzen in 77 Gefäßen von jeweils 3 Talenten Gewicht,
- das goldene Tafelgeschirr und das Diadem des Königs Perseus,
- eine Schale aus 10 Talenten Gold und mit Edelsteinen geschmückt,
- 400 goldene Kränze, silberne Krüge, Trinkhörner, Schalen, Becher,
- 120 Opferstiere mit vergoldeten Hörnern.

Plutarch, Aemilius Paullus 32 ff.

Talent (gr.) = Metallgewicht, ca. 20–26 kg

Q2 „Die Herren der Welt ...“

Plutarch lässt Tiberius Gracchus sein Ackergesetz begründen:

Die wilden Tiere, die Italien bevölkern, haben ihre Höhlen und kennen ihre Lagerstätte, ihren Schlupfwinkel. Die Männer aber, die für Italien kämpfen und sterben, haben nichts als Luft und Licht; unstet, ohne Haus und ohne Heim, ziehen sie mit Weib und Kind im Land umher. Die Feldherren lügen, wenn sie in der Schlacht ihre Soldaten aufrufen, Gräber und Heiligtümer gegen die Feinde zu verteidigen. Denn keiner von diesen armen Römern hat einen Altar von seinen Vätern geerbt, kein Grabmal seiner Ahnen. Für Wohlleben und Reichtum anderer setzen sie im Krieg ihr Leben ein. Herren der Welt werden sie genannt: in Wirklichkeit gehört kein Krümchen Erde ihnen zu eigen.

Plutarch, Tiberius Gracchus 8 f.

Amnestie (gr.) = Straffreiheit

Karthago und Korinth wurden von den Römern 146 v. Chr. völlig zerstört.

Q3 Caesars Mittel der Politik

Plutarch berichtet über Caesar in Gallien:

In dieser Zeit schuf Caesar sich in den gallischen Kriegen seine politische Macht. Während man meinte, er schlüge sich in fernen Landen weit von Rom mit Belgern, Sueben und Britanniern herum, verstand er es mit seiner politischen Begabung doch, in politischen Dingen mitten im Volk heimlich gegen Pompeius zu arbeiten. ... Er schuf sich in seinem Heer eine unwiderstehliche, furchtbare Macht. Gold und Silber und andere kostbare Beute, wie sie ihm in seinen zahlreichen Kämpfen in die Hände fallen musste, schickte er nach Rom. So wagte er hier und da Bestechungen, unterstützte die Ädilen, Prätoren und Konsuln und ihre Frauen bei ihren Ausgaben und schuf sich immer neue Freunde.

Plutarch, Pompeius 51.

imperator (lat.) = Befehlshaber, Feldherr, insbes. siegreicher Feldherr, der einen Triumph feiert; später = Kaiser

Q4 Caesars Milde

Cassius Dio, Senator und hoher römischer Beamter, schrieb um 230 n. Chr.:

[In großen Gegensatz zu der Grausamkeit Sullas trat er dadurch], dass er von Beschuldigungen gegen seine überlebenden Feinde im Bürgerkrieg absah, ihnen unter billigen und gleichen Bedingungen Amnestie gewährte, sie sogar zu höheren Ehrenämtern aufsteigen ließ, dass er den Witwen der Gefallenen die Mitgift zurückerstattete, ihren Kindern einen Teil des väterlichen Besitzes zurückgab. ... Dazu erhöhte er seinen Ruhm dadurch, dass er auch Karthago und Korinth wieder aufbauen ließ. Auch viele andere Städte innerhalb und außerhalb Italiens ließ er wieder aufbauen und neu gründen.

Cassius Dio 43, 44.

Q5 Caesar und die Verfassung

Der römische Schriftsteller Sueton (75–150 n. Chr.) berichtet:

Er nahm übertriebene Ehren an: die ständige Wiederwahl zum Konsul, die Diktatur und Zensur auf Lebenszeit, außerdem die Titel „imperator“ und „Vater des Vaterlandes“, ein Standbild neben den Statuen der Könige und einen Thron im Theater. Darüber hinaus duldete er auch Ehrungen, die Menschen nicht angemessen sind: einen goldenen Sessel im Senat und Gericht, Bil-

125.1 Curia Iulia, der von Caesar begonnene Neubau des Senatshauses am Forum. Inschrift: Imp[erator] Caesar (Münze, um 30 v. Chr.).

125.2 Tempel der Göttin Clementia Caesaris („Milde Caesars“) (Münze aus dem Jahr 44 v. Chr.).

125.3 Die Iden des März (EID MAR), 15. III. 44 v. Chr. Zwischen den Dolchen die Freigelassenenmütze (Münze der Caesarmörder 43/42 v. Chr.).

der neben den Götterstatuen, die Benennung eines Monats nach seinem Namen. Er nahm und vergab auch Auszeichnungen, wie er wollte. Er äußerte in aller Öffentlichkeit, die Verfassung sei ein Nichts; Sulla habe sich wie ein Anfänger benommen, als er die Diktatur niederlegte. Die Leute müssten von nun mit ihren Äußerungen vorsichtig sein und seine Worte wie Gesetze achten. Als die Senatoren ihm weitere Ehren übertragen wollten, empfing er sie im Sitzen und zog so ihren Hass auf sich.

Sueton, Caesar 76 ff. bearb., gekürzt.

Q6 „... an den Zustand der Knechtschaft gewöhnt“

Marcus Tullius Cicero (106–43 v. Chr.), ein Zeitgenosse Caesars, denkt über dessen Herrschaft nach:

Er besaß Erfindungsgabe, Berechnung, Gedächtnis, Bildung, Wachsamkeit, Überlegung, Umsicht, hatte immerhin bedeutende Kriegstaten aufzuweisen, wenn sie auch verhängnisvoll für den Staat waren, hatte sich viele Jahre auf die Alleinherrschaft vorbereitet und schließlich unter großen Mühen und Gefahren sein Ziel erreicht, hatte durch Gladiatorenspiele, Bauten, Spenden und Bewirtungen die unerfahrene Menge beschwichtigt, hatte seine Leute durch Belohnungen, seine Gegner durch den Schein der Milde an sich gekettet – kurz und gut, nachgerade das freie Volk teils durch Furcht, teils durch Nachgiebigkeit an den Zustand der Knechtschaft gewöhnt....

Cicero, Oratio Philippica II, 45–46, gekürzt.

1. Versetze dich in die Lage des Aemilius Paullus und schreibe einen Brief, in dem er seine reiche Beute Cato d. Ä. gegenüber rechtfertigt. (Q 1; S. 115, Q 5)

2. Wie beschreibt Tiberius Gracchus das Schicksal vieler einfacher Römer? (Q 2, vgl. B 122.1) – Erläutere, was er mit seiner Rede erreichen wollte.

3. In den Konflikten zwischen 133 und 44 v. Chr. verletzten viele Politiker die Verfassung. Wer handelte verfassungsgemäß und wer nicht? (VT, Q 3, 5)

4. Überlege, warum Caesar seine Gegner mit „Milde“ behandelte. (Q 4, 6)

5. Welches Verhalten Caesars gibt seinen Feinden Anlass zu seiner Ermordung? (VT, Q 5)

6. Schreibe einen Nachruf auf Caesar. Überlege zuerst, an welche Bevölkerungsgruppe in Rom oder in der Provinz du dich wenden willst. (vgl. Q 6)

7. Betrachte die drei Münzen B 125.1–3 in Bezug auf die politische Wirkung, die sie erzielen sollten.

8. Octavian – Caesar – Augustus – der Übergang zur Kaiserzeit

Toga = römisches Obergewand

Kurie = Versammlungsraum des römischen Senats

Caesar, gesprochen: Kaisar

Caesar: Vom Namen zum Titel

Mit feierlichen Mienen, gekleidet in die Toga mit dem breiten roten Purpurstreifen, versammelten sich am 16. Januar des Jahres 27 v. Chr. zahlreiche römische Senatoren in der Kurie. Nur wenige von ihnen hatten 17 Jahre zuvor persönlich im gleichen Raum miterlebt, wie Julius Caesar ermordet worden war, weil er zu mächtig wurde. Die meisten Zeugen der Tat waren tot, andere aus dem Senat ausgestoßen worden. Aber sicherlich erinnerten sich alle Anwesenden an das, was seither geschehen war. Sie erinnerten sich an Bürgerkriege; sie erinnerten sich an zahlreiche Männer, die ermordet worden waren, weil die neuen Machthaber in Rom sie fürchteten, hassten oder es auf ihr Geld abgesehen hatten.

Die neuen Machthaber, das waren vor allem Antonius und Octavian. Letzterer nannte sich auch Caesar, weil ihn sein Großonkel in seinem Testament adoptiert hatte. Aus den Verbündeten waren dann Gegner geworden. Wieder floss Blut. Vielleicht war Octavian geschickter als Antonius, vielleicht hatte er auch nur mehr Glück. Jedenfalls gewannen seine Soldaten und Feldherren im Jahr 31 v. Chr. den Krieg gegen Antonius und dessen Frau, die ägyptische Königin Kleopatra. Jetzt gab es niemanden mehr im Römischen Reich, der Octavian, gerade 32 Jahre alt, herausfordern konnte.

Nach über einem Jahrhundert der Aufstände und Bürgerkriege waren die Römer froh über das Ende des Blutvergießens. Aber es gab auch besorgte Fragen. Hatte nicht Octavian inzwischen ebenso viel Macht wie damals Caesar? War es nicht unerhört, dass der 35-jährige im Jahr 27 schon zum siebten Mal Konsul war, obwohl man für dieses Amt eigentlich mindestens 40 Jahre alt sein sollte? Doch was konnte man tun? Alles, was der junge Caesar, gestützt auf gute Freunde und Berater, anpackte, schien Hand und Fuß zu haben. Das Volk war auf seiner Seite.

Und dann die Sensation! Vor wenigen Tagen hatte Octavian freiwillig seinen Rücktritt angeboten. In der Senatssitzung heute sollten sich die Senatoren dazu äußern. Darum die gespannte Erwartung.

Ehe jemand Octavian beim Wort nehmen konnte, schlug ein Senator vor, ihn „Princeps“ zu nennen. Das war kein Amt wie „Konsul“ oder „Diktator“, es bedeutete einfach „der Erste“. Octavian nahm das Angebot dankend an, eine Abstimmung fand nicht statt. Zusätzlich erhielt der Princeps den Beinamen Augustus, das heißt „der Erhabene“. So war aus Octavianus zuerst Caesar und dann Caesar Augustus geworden. Unter seinen Nachfolgern entwickelte sich der Name Caesar zum Titel. Mit Augustus beginnt die römische „Kaiserzeit“.

Ein alter Name für eine neue Ordnung

Dem Namen nach war die alte Republik wiederhergestellt. Es wurden jährlich Beamte gewählt, es gab Senatssitzungen und Volksversammlungen. Der Princeps wollte bei all dem, wie er selbst schreibt, nur der „primus inter pares“ sein, der „Erste unter Gleichen“. Aber wenn er sich für oder gegen etwas aussprach, konnte er sicher sein, dass man sich seiner Meinung anschließen würde. Die meisten Senatoren empfanden das durchaus nicht als Zwang, weil Augustus ein hohes persönliches Ansehen, „Autorität“, genoss.

Der Kaiser sorgte noch auf andere Weise dafür, dass niemand so mächtig wurde, dass er einen neuen Bürgerkrieg wagen konnte. Er ließ sich die Vollmachten eines Tribuns übertragen. So konnte er, wenn er wollte, jede Maßnahme widerrufen, die einer der jährlich gewählten Beamten getroffen hatte. Die Beamten und Heerführer in den Provinzen an der Reichsgrenze, wo Legionen standen, ließ er nicht mehr wählen. Die ernannte er selbst. Sie blieben im Amt, bis der Kaiser sie abberief. Oft entstammten sie nicht mehr den alten Adelsfamilien, sondern waren aufgestiegen, weil sie besonders tüchtig waren. Sie waren dem Kaiser für ihre Karriere dankbar und ihm treu ergeben.

Die alten Ämter verloren an Bedeutung. Sie brachten Ehre, insbesondere wenn man als Konsul einem Jahr den Namen gab, wurden aber häufig zu einer Last, weil man dann kostspielige Zirkusspiele für die Bevölkerung aus eigener Tasche ausrichten musste.

127.1 Ausschnitt von einem Relief des Friedensaltars (Ara Pacis), geweiht im Jahr 9 v. Chr.

Ein Altar für den Frieden

Augustus sorgte dafür, dass seine Leistungen überall bekannt wurden. Er förderte Dichter wie Horaz und Vergil. Diese lobten dafür in bedeutenden Werken seine Politik mit voller Überzeugung. Er ließ die Tore des Janustempels schließen, die in Kriegszeiten offen standen, zum dritten Mal erst, wie er selbst stolz sagte, in der römischen Geschichte. Er ließ auf dem nach dem römischen Kriegsgott benannten Marsfeld im Jahr 9 v. Chr. einen „Altar für den Frieden" (Ara Pacis) weihen.

127.2 Der Friedensaltar des Augustus in Rom.

Die Nachfolger des Augustus

Augustus starb im Jahre 14 n. Chr. Ihm folgten sein Stiefsohn Tiberius (14–37), sein Urenkel Caligula (37–41), dessen Onkel Claudius (41–54) und Nero (54–68), ein Ur-Ur-Enkel des Augustus. Caligula und Nero starben gewaltsam, als sich die Palastwachen gegen ihre willkürliche Herrschaft auflehnten. Aber auch, als nach Nero kein Nachkomme des Augustus mehr da war, der Kaiser werden konnte, entstand die alte Republik nicht neu. Von jetzt an setzte sich in der Regel der mächtigste Heerführer als Kaiser durch, wenn die Nachfolge des Kaisers nicht zu dessen Lebzeiten schon geregelt war.

1. Fachleute sagen, die Figuren links und rechts stellten Wind und Wasser dar. Wie kommen sie darauf?

2. a) Was deutet in diesem Reliefausschnitt auf „Frieden" hin?
b) Überlege, warum die Römer dem Frieden einen Altar errichtet haben.

3. a) Inwiefern änderte sich die republikanische Verfassung Roms im Prinzipat, was blieb gleich?
b) Diskutiere die Aussage, Augustus habe die Macht mit dem Senat geteilt.

128.1 *Diese Statue des Augustus stand in der Villa der Kaiserin Livia. Sie ist 2,04 m hoch. (Antike Schriftsteller geben die Körpergröße von Augustus mit ca. 1,70 m an.) Es wird angenommen, dass sie zur Zeit des Kaisers Tiberius (Nachfolger des Augustus) entstanden ist. Die kleine Figur am rechten Bein, die auf einem Delphin sitzt, ist barfuß, ein Zeichen dafür, dass es sich um einen Gott handelt. Sie ist auch sonst nur spärlich bekleidet, wie sich das für den Liebesgott Amor gehört. (Dieser ist ein Kind der Göttin Venus, von der sich das Geschlecht der Julier herleitet, dem Augustus angehörte.) Augustus trägt einen Brustpanzer, der mit vielen Figuren verziert ist. Unten sieht man Mutter Erde mit ihren Kindern. In der Mitte reicht ein bärtiger Parther einem römischen Feldherrn, wohl Tiberius, dem Sohn Livias und späteren Nachfolger des Augustus, einen Legionsadler zurück, den die Römer im Jahre 53 v. Chr. in einer Schlacht verloren hatten. Oben lenkt der Sonnengott seinen Wagen über den Himmel. Vor ihm flieht die Göttin der Morgenröte. Ganz oben breitet der Himmelsgott seinen Mantel aus.*

Q1 Augustus über sich selbst

Kurz vor seinem Tode ließ Augustus einen lateinischen und griechischen Bericht seiner Taten anfertigen. Dieser wurde, in Stein gehauen, an verschiedenen Stellen im Reich aufgestellt. Am besten erhalten ist eine Fassung, die man in Ankara gefunden hat:

In meinem sechsten und siebten Konsulat habe ich, nachdem ich das Feuer der Bürgerkriege gelöscht hatte und mit Zustimmung aller die gesamte Gewalt in Händen hatte, die Macht im Staat abgetreten und wieder in die Hände des Senates und des Volkes gelegt. Für dieses Verdienst erhielt ich durch Senatsbeschluss den Namen Augustus, und von Staats wegen wurden die Türpfosten meines Hauses mit Lorbeer geschmückt, wurde über meiner Haustür ein Bürgerkranz befestigt. Im Senatsgebäude wurde ein goldener Schild aufgestellt. Darauf steht geschrieben, dass der Senat und das Volk mir diesen wegen meiner Tapferkeit und Milde, meiner Gerechtigkeit und meinem Pflichtgefühl geschenkt haben. Nach diesem Zeitpunkt genoss ich höheres Ansehen als jeder andere, besaß aber von Rechts wegen nicht mehr Macht als die Übrigen, die in einem hohen Amt meine Kollegen waren.

Tatenbericht des Augustus = Monumentum Ancyranum, Kap. 34 [von 35], übers. v. Freya Stephan-Kühn.

1. Stell dir vor, du musst dem Bildhauer Modell stehen, und versuche die Körperhaltung der Figur (B 128.1) so genau wie möglich nachzustellen. Wie fühlt man sich in einer solchen Haltung?

2. Treffen sich zwei Römer. Sagt der eine: „Hast du schon die Augustus-Statue gesehen? Die ist ja göttlich.“ Der andere: „Stimmt, …“

3. Angenommen, Augustus hätte die Statue selbst noch sehen können: Was hätte er wohl davon gehalten? Lies dazu, was er über sich überliefert wissen wollte. (Q 1)

M2

Vier Frauen

1. Eine Namenlose

Auf einer teilweise erhaltenen Inschrift dankt ein ungenannter vornehmer Römer seiner verstorbenen Frau für das, was sie für ihn tat, als ihm nach Caesars Tod die neuen Machthaber nach dem Leben trachteten:

Als wir vor der drohenden Gefahr gewarnt wurden, hast du nicht zugelassen, dass ich blindlings ins Verderben lief! Du verschafftest mir einen sicheren Zufluchtsort. Wenn ich alles erzählen wollte, ich fände kein Ende. Und doch stand das Schlimmste noch bevor. Als Caesar [Octavian], noch nicht zurück in Rom, großzügig entschieden hatte, mir meine Rechte wiederzugeben, begabst du dich zu seinem Kollegen in der Stadt, um ihn zu bitten, mich in meinen früheren Stand einzusetzen. Du warfst dich ihm zu Füßen. Er ließ dich nach Sklavenart wegschleppen. Du hattest den Körper voll blauer Flecken, wurdest schändlich beleidigt und grausam verwundet, und doch verkündetest du laut, was Caesar entschieden hatte. Was kann ich mehr über deine Verdienste sagen, als das, was ich auf dein Grab schreiben ließ:
Du hast mir das Leben gerettet.

Aus der so genannten Laudatio Turiae, übers. u. gekürzt von Freya Stephan-Kühn.

2. Kleopatra

129.1 Kleopatra VII. (etwa 29-jährig), Königin von Ägypten, Geliebte Caesars, Gemahlin des Antonius. Münzbild, um 40 v. Chr.

3. Livia

Livia, geboren 58 v. Chr., seit 38 v. Chr. Gemahlin des Augustus, der sich ihretwegen von seiner Frau Scribonia scheiden ließ. Die Ehe von Augustus und Livia galt, obwohl kinderlos, als mustergültig. Livia war eine kluge Frau. Augustus ließ sich von ihr auch in politischen Fragen beraten. Livias Sohn aus erster Ehe, Tiberius, wurde von Augustus adoptiert und im Jahre 14 n. Chr. sein Nachfolger. Livia erhielt zu dieser Zeit den Titel „Augusta“, eine ganz außergewöhnliche Ehrung für eine Frau; nach ihrem Tod im Jahr 29 n. Chr. wurde sie wie ihr verstorbener Mann als göttlich verehrt.

129.2 Münzbild der Livia.

4. Agrippina

Iulia Agrippina, die Jüngere, geb. 15 n. Chr. in der Ubierstadt am Rhein (Köln); Enkelin Iulias, des einzigen leiblichen Kindes von Augustus. Nachdem ihr Bruder Caligula 41 n. Chr. bei einem Putsch der Palastwache umgekommen und ihr Onkel Claudius Kaiser geworden war, heiratete sie diesen. Ihren Sohn aus erster Ehe, Nero, wollte sie zum nächsten Kaiser machen. Darum ließ sie ihn vom bedeutendsten Philosophen der damaligen Zeit, Seneca, erziehen. Als Nero alt genug schien, soll sie Claudius mit einem Pilzgericht vergiftet haben. Die ersten Jahre von Neros Herrschaft unter dem Einfluss Senecas und seiner Mutter wurden als segensreich für Rom beurteilt. Dann entfremdete sich Nero von seiner Mutter und ließ sie schließlich umbringen.

129.3 Münzbild der Agrippina.

1. Informiere dich über Kleopatra (VII.) und verfasse ihre Biographie.
a) für ein Lexikon,
b) für ein Geschichtsbuch für Kinder im Rom des Augustus,
c) für ein Geschichtsbuch für ägyptische Kinder zur gleichen Zeit,
d) für eine Illustrierte von heute.

2. Kleopatra und Agrippina werden von Historikern negativer beurteilt als die beiden anderen Frauen. Wie erklärst du dir das? Findest du das Urteil gerecht?

9. Sklaverei und Karriere – die römische Gesellschaft in der Kaiserzeit

130.1 Plakette für verdächtige Sklaven, die diese an einem eisernen Halsband tragen mussten. Die ersten Zeilen lauteten: „Halte mich fest, damit ich nicht weglaufe, und händige mich meinem Herrn aus."

„Vom Tellerwäscher zum Millionär ...?"

Ist das nur ein schöner Wunschtraum oder ist ein solcher Aufstieg tatsächlich möglich? In unserer Zeit gibt es manchmal solche Fälle, aber auch in der römischen Gesellschaft? Bestimmte hier nicht die soziale Herkunft zugleich die Lebenschancen eines Menschen?

Eine Karriere der Kaiserzeit

Sueton hat für die Geschichtswissenschaft wichtige und spannende Informationen über die letzten Jahre der Republik und das erste Jahrhundert nach Chr. vermittelt. Wie kam er an seine Informationen?

Gaius Suetonius Tranquillus wurde ungefähr im Jahr 70 n. Chr. vermutlich in Hippo Regius, im heutigen Algerien, geboren. Er stammt wahrscheinlich aus dem lokalen Adel, der in allen römischen Provinzen wichtige Rollen in der Provinzverwaltung einnahm. Sueton hatte neben der römischen Schulbildung auch die griechische erfahren, wie es typisch war für die jungen Leute aus der vornehmen Schicht. Er wollte in Rom Karriere machen, war aber nicht geneigt, eine militärische Laufbahn einzuschlagen. Dies war der übliche Weg, um einen Zugang zu interessanten Positionen in der römischen Staatsverwaltung zu finden. Ohne Beziehungen zu der kleinen Oberschicht der Senatoren (davon gab es in Rom damals nur 600) und Ritter (ca. 20000) ging das freilich nicht.

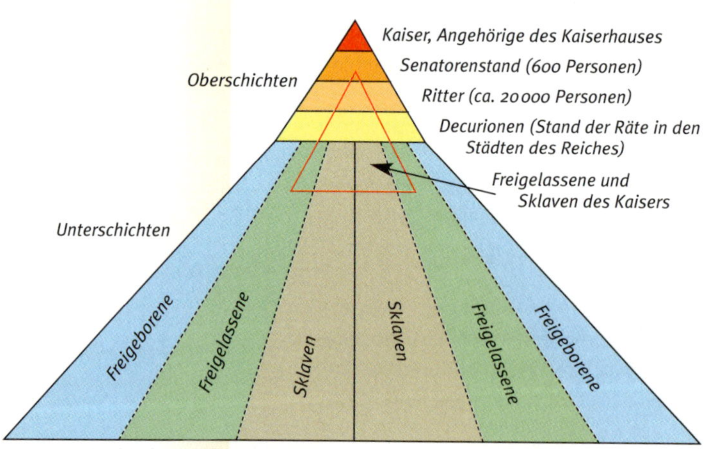

130.2 Gesellschaftliche Gruppen in der Kaiserzeit.

Der junge Sueton hatte Glück. Er wurde von einem solchen hoch gestellten und einflussreichen Politiker, der zugleich ein bedeutender Schriftsteller war, unterstützt: Plinius der Jüngere half ihm, in Rom als Rechtsanwalt Fuß zu fassen. Plinius nahm Sueton zu Gastmählern bei anderen wichtigen Leuten mit. Er wurde damit in die „höchsten Kreise" und schließlich auch am Kaiserhof eingeführt. Dort bekam er durch die Fürsprache seines Förderers schließlich das Amt eines Bibliothekars und Vorstehers der kaiserlichen Kanzlei. Damit hatte er Zugang zum kaiserlichen Archiv.

Sklaven in Rom

Wie wurde man zum Sklaven? Nach damaliger Vorstellung hatte der Sieger eines Krieges das Recht, den Besiegten zu töten oder ihn und seine Angehörigen in Besitz zu nehmen. Auf diese Weise gerieten Hunderttausende Menschen in die Sklaverei. Kriegsgefangene wurden auf den Sklavenmärkten verkauft. Diese Märkte wurden darüber hinaus durch Gefangene von Seeräubern und anderen Menschenjägern versorgt. Der Marktwert dieser Menschen bestimmte sich nach Alter, Schönheit, Körperkraft oder fachlichen Qualifikationen. Die Kinder dieser Sklaven wurden ihrerseits Sklaven. Sie arbeiteten – wenn sie Glück hatten – in Haushalten, als Ärzte oder Lehrer oder gar in der staatlichen Verwaltung. Wenn es das Unglück wollte, wurden sie auf den riesigen Ländereien der Senatoren oder Ritter ohne Rücksicht ausgebeutet; am schlimmsten war die Arbeit in Bergwerken.

Chance auf die Freiheit

Treuen und verdienten, kranken oder alten Sklaven wurde nicht selten die Freiheit geschenkt. Ihre Herren entledigten sich auf diese Weise nicht nur der Pflicht, für diese sorgen zu müssen. Freigelassene trugen meist den Namen des ehemaligen Herrn und gehörten zu seinen Klienten. Sie begleiteten ihn in der Öffentlichkeit und förderten Ansehen und Prestige des Patrons. Kinder von Freigelassenen galten als freigeboren und unterschieden sich kaum von anderen Bürgern.

Q1 Freilassung auf Widerruf?

Der Historiker Tacitus berichtet über eine Senatsdiskussion (56 n. Chr.):

Der Senat verhandelte über das böswillige Verhalten der Freigelassenen. Es wurde gefordert, dass den Schutzherren gegenüber jedem, dessen Freilassung sich als unverdient erwiesen habe, das Recht gegeben werde, diese zu widerrufen. […]
Von der Gegenseite wurde vorgebracht: Wenn wenige Schuld auf sich laden, müssen diese persönlich auch dafür büßen, aber in keiner Weise dürfen alle zusammen in ihrem Recht geschmälert werden. Denn die Angehörigen dieses Standes sind weit und breit zu finden. […] Die meisten Ritter, sehr viele Senatoren leiten ihre Abstammung nicht von woanders her. Wenn man die Abkömmlinge der Freigelassenen aussondert, wird sich deutlich ein Mangel an Freigeborenen zeigen.

Tacitus, Annalen 13, 26–27.

Q2 Gastmahl des Trimalchio

Der Satiriker Petronius, der im Jahr 66 n. Chr. von Kaiser Nero zum Selbstmord gezwungen wurde, schildert ein Gastmahl des Freigelassenen Trimalchio:

Wir waren bei diesen Delikatessen, als Trimalchio in Person unter Orchestermusik hereingetragen wurde und uns, wie er zwischen prall gestopften Kissen dalag, unwillkürlich losplatzen ließ. Denn aus dem Scharlachmantel hatte er seinen ausrasierten Kopf herausgestreckt und um den tuchbeschwerten Nacken eine Serviette mit breiter Borte geschlagen, deren Fransen hüben und drüben herabhingen. Auch trug er am kleinen Finger der linken Hand einen mächtigen, leicht vergoldeten Ring und weiter am letzten Glied des nächsten Fingers einen kleineren, der, wie mir schien, aus massivem Gold, aber ganz mit Lötwerk nach Art eiserner Sterne bedeckt war. Und um nicht nur diese Schätze zur Schau zu stellen, entblößte er den rechten Arm, an dem ein goldenes Armband und eine Elfenbeinspange mit blitzender Schließplatte prangten.

Petronius, Satyricon, 32.

Q3 Multikulturelle Gesellschaft?

Der Satiriker Juvenal, ein Zeitgenosse Suetons, schrieb in einem Gedicht:

Ich kann die griechische Stadt nicht ertragen! Griechen von überall her streben zu uns nach Rom, an die Fleischtöpfe der vornehmen Häuser, und dort sind sie dann bald die Herren. Sag doch, wofür hältst du einen solchen Menschen? Er hat jeden Beruf, den du dir vorstellen kannst, zu uns gebracht: Sprachlehrer, Redner, Feldmesser, Maler, Einsalber, Wahrsager, Seiltänzer, Arzt, Zauberer – ein hungriges Griechlein kann alles; es wird in seiner Not sogar zum Himmel hinaufsteigen. Jetzt tragen sie sogar schon den Purpur der Senatoren – und da soll ich nicht flüchten? So einer hat bessere Chancen als ich, mit wichtigen Geschäften beauftragt zu werden und auf bequemerem Lager zu ruhen. … Wir können nicht mehr mithalten. Kein Römer hat noch irgendetwas zu sagen.

Juvenal, 3. Satire.

131.1 Freilassung zweier Sklaven. Marmorrelief.

1. Überlege, warum es in der römischen Gesellschaft so viele Freigelassene gab und warum diese von vielen Römern mit Argwohn betrachtet wurden. (Q 1, VT)

2. Der Satiriker Petron macht sich über die von ihm erfundene Figur Trimalchio lustig. Welche Verhaltensweisen kritisiert er damit in der römischen Gesellschaft? (Q 2, VT)

3. Zeige die Kritikpunkte auf, die Juvenal in seinem Gedicht anbringt (Q 3). Nimm Stellung dazu und versuche aus der Sicht eines „Ausländers“ darauf zu antworten.

4. In der Gesellschaft der Kaiserzeit gab es Risse und Spannungen. Suche nach Ursachen für diese Konflikte. (Q 1–3)

10. Wirtschaft und Handel im Zeichen der Sklaverei

Ostia – Handelszentrum des römischen Reiches

In der Kaiserzeit zählte die Rom vorgelagerte Hafenstadt Ostia etwa 80 000 Einwohner, von denen viele Ausländer waren. Es fanden sich dort auch die Büros von etwa 70 Handelsvertretungen aus der ganzen damaligen Welt. Den Hafen von Ostia verband eine breite Straße mit dem römischen Stadtzentrum.

Die Haupstadt entwickelte sich langsam zur Millionenstadt. Ihre Bewohner mussten mit Brot versorgt werden. Ostia belieferte Rom und Italien vor allem mit Getreide aus den Provinzen. Die wichtigsten Exportgüter aus Italien waren Wolle, Fleisch, Öl und Wein. Größerer Gewinn ließ sich jedoch mit Luxuswaren wie Edelsteinen, Parfüm, Elfenbein, Seide, Duftstoffen und Gewürzen machen. Die Nachfrage vermögender Römer und Römerinnen nach Luxusartikeln stieg.

Pax Augusta (lat.) = Augustusfriede

Sklaven – billige Handelsware und unentbehrliche Arbeitskräfte

In Ostia landeten auch die Schiffe, die Rom und Italien mit Sklaven belieferten. Haussklave oder Arbeitssklave zu werden, war ihr Schicksal. Alter, Geschlecht, besondere Kenntnisse und Leistungsfähigkeit bestimmten den Preis, der zwischen 200 und 500 Denaren lag. Ein freier Tagelöhner mit Familie verdiente etwa 300 Denare im Jahr. Viele Zweige der römischen Wirtschaft produzierten nur durch die Sklavenarbeit gewinnbringend. 40 000 Sklaven arbeiteten in den Silberbergwerken von Carthago Nova (Spanien). Mancher Großbetrieb – Töpferei, Gerberei oder Textilwerkstätte – beschäftigte mehrere hundert Sklaven. Hier fertigten sie Waren in großen Mengen für den Export und den regionalen Handel. Die zahlreichen Waffenhersteller hätten ohne die Arbeit der Sklaven ihre Produktion einstellen müssen.

Denar = römische Silbermünze von ursprünglich etwa 4,5 g

132.1 Beladen eines Getreideschiffes unter Aufsicht eines kaiserlichen Beamten. Fresko vom Grabmal eines Schiffseigentümers in Ostia.

Die Großgrundbesitzer ersetzten auf ihren immer größer werdenden Gütern, den Latifundien, die freien Lohnarbeiter durch billige Sklaven. Da sich die Kosten für ihren Unterhalt auf das unbedingt Notwendige beschränkten, konnten die Ausgaben für die Arbeitskräfte niedrig gehalten werden. Den Wert des Sklaven bestimmte nur seine Arbeitskraft. War er durch Krankeit oder Alter arbeitsunfähig, wurde er ersetzt. Das Angebot war groß.

Pax Augusta – Garantie für die Sicherheit des Handels

Der Fernhandel benötigte ein sicheres Transport- und Informationsnetz. Straßen und Brücken, ursprünglich als schnelle Verbindungslinien für den Aufmarsch der Legionen geplant, standen nun auch den Händlern zur Verfügung. Soldaten sorgten regelmäßig für ihre Sicherheit und gute Befahrbarkeit. Mit Meilensteinen markiert und stabilen Befestigungen versehen verband dieses Straßensystem Rom mit allen Teilen des Reiches. Die staatliche Post brauchte nur 7 Tage von Rom bis nach Südspanien.

Die Pax Augusta gewährleistete jedem Händler die nötige Sicherheit im Römischen Reich. Er brauchte keine Zölle zu bezahlen; mit Latein im Westen und Griechisch im Osten konnte er sich überall im Reich verständigen – für gebildete Römer war Griechisch die erste Fremdsprache; Fremdwährungen brauchte er nicht zu beschaffen, denn römisches Geld wurde überall akzeptiert – auch im Grenzgebiet außerhalb des Reiches.

Hielt ein Händler sich nicht an Absprachen oder Verträge, betrog er etwa, dann konnte der Betrogene überall vor Gericht sein Recht nach römischen Gesetzen einklagen. Wurde Klage gegen einen römischen Bürger erhoben, dann konnte er darauf bestehen, in Rom vor Gericht gestellt zu werden.

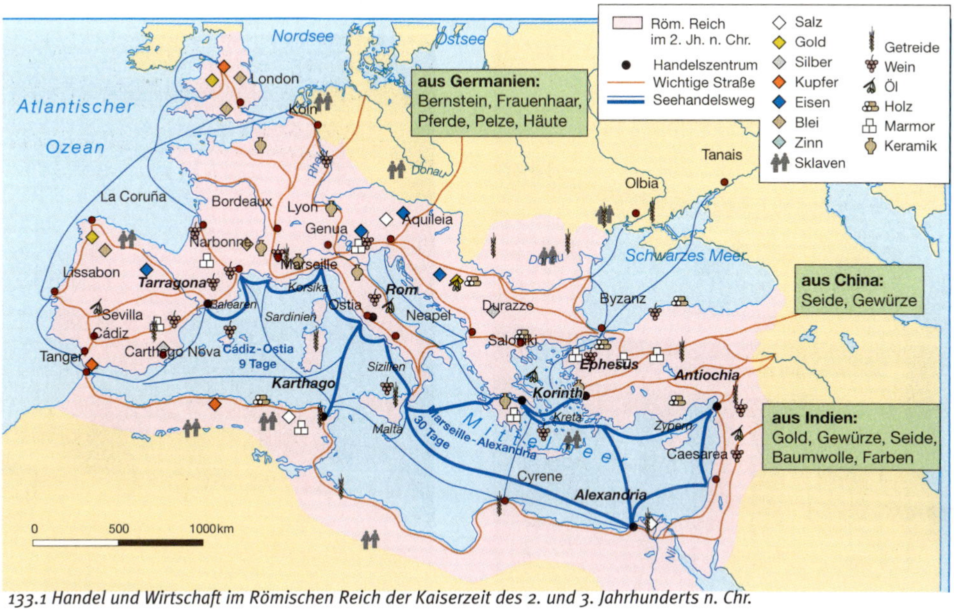

133.1 Handel und Wirtschaft im Römischen Reich der Kaiserzeit des 2. und 3. Jahrhunderts n. Chr.

Q1 Sklaven in der Wirtschaft

Der Historiker Diodor und der Schriftsteller Varro (beide 1. Jh. v. Chr.) beschreiben unterschiedliche Einsatzmöglichkeiten von Sklaven.

a) Die Sklaven, die im Bergbau beschäftigt sind, bringen ihren Besitzern unglaubliche Einkünfte; sie selbst müssen unterirdisch graben, bei Tag wie bei der Nacht, gehen körperlich zugrunde, und viele sterben infolge der übermäßigen Anstrengung – denn Erholung oder Pausen in der Arbeit gibt es nicht; Aufseher zwingen sie mit Schlägen, […] bis sie elend ihr Leben aushauchen; wenige nur, die Körperkraft und seelische Widerstandsfähigkeit genug haben, halten durch – und verlängern damit ihre Qual. Denn besser als das Leben wäre für sie der Tod wegen der Größe ihres Elends.

b) Aber auch bei den Hirten [Sklaven] kann man diese Ordnung beibehalten, weil sie im Winter auf den Landgütern Frauen haben, einige auch in ihren Sommerquartieren. […] Wie man glaubt, ist das dazu gut, um die Hirten leichter bei den Herden zu halten und sie Kinder zeugen zu lassen, um dadurch die Zahl des Gesindes zu mehren und so die Viehhaltung ertragreicher zu machen.

a) Diodoros, Weltgeschichte V, 36 ff., bearb.
b) Varro, Über die Landwirtschaft II, 1,26, bearb. v. Verf.

Q2 Der Mensch, den du deinen Sklaven nennst …

Der römische Philosoph Seneca (4 v. Chr.–65 n. Chr.) schrieb über die Sklaverei:

Willst du nicht einmal bedenken, dass der Mensch, den du deinen Sklaven nennst, den gleichen Ursprung hat wie du, dass sich über ihm derselbe Himmel wölbt, dass er die gleiche Luft atmet, dass ihm das gleiche Leben, der gleiche Tod beschieden ist.

Seneca, Moralische Briefe 47.

1. Betrachte die Karte (B 133.1) und erstelle eine Liste, die zeigt, mit welchen Waren im Römischen Reich gehandelt wurde. Gib an, woher und auf welchen Wegen sie nach Ostia transportiert wurden.

2. Fasse den Inhalt der Abbildung B 132.1 in eine kurze Geschichte.

3. Erläutere, warum die Sklaven ein wertvolles Handelsgut waren. (Q 1; VT). Was und wen kritisiert Seneca? (Q 2)

11. Christen – von der verfolgten Minderheit zur Mehrheit im Römischen Reich

134.1 Das Pantheon in Rom. Die Vorhalle wurde von Agrippa unter Kaiser Augustus errichtet. Der große Rundtempel mit seiner Kuppel entstand unter Kaiser Hadrian in den Jahren 118–125 n. Chr.

134.2 Der siebenarmige Leuchter aus dem jüdischen Tempel in Jerusalem wird von römischen Soldaten fortgeschleppt (70 n. Chr.). (Relief am Titusbogen, Rom, Forum).

Pantheon (griech.): Tempel für „alle Götter". Die Nutzung des Tempels ist im Einzelnen nicht genau bekannt; es wird vermutet, dass dort Standbilder aller im Römischen Reich verehrten Gottheiten aufgestellt waren.

Christen müssen für ihren Glauben sterben

Das Pantheon, dessen gewaltige Kuppel auch heute noch zu den größten Sehenswürdigkeiten Roms gehört, ließen die römischen Kaiser für die Götter errichten, die im Römischen Reich verehrt wurden. Es sollte ein sichtbares Zeichen für die großzügige Haltung der Römer in Fragen des Glaubens sein. Den besiegten Gegnern wurde nämlich die römische Religion nicht aufgezwungen, sondern man ließ ihnen in der Regel die Freiheit, ihre alten Gottheiten weiter zu verehren. Doch galt dies nicht für alle Kulte. Nach einem Aufstand der Juden zerstörten römische Soldaten im Jahr 70 n. Chr. den jüdischen Tempel in Jerusalem und raubten die heiligen Gegenstände für den Triumphzug in Rom. In der Provinz Judaea war die Ausübung der jüdischen Religion von nun an verboten; viele Juden waren gezwungen, auszuwandern und sich in anderen Gebieten anzusiedeln.

Auch die Christen gerieten früh mit der römischen Herrschaft in Konflikt. Während der Missionsreisen des Apostels Paulus war in der Stadt Rom bereits um die Mitte des 1. Jahrhunderts eine Christengemeinde entstanden. Als unter Kaiser Nero (64 n. Chr.) ein Stadtbrand weite Teile Roms verwüstete, gab man den Christen die Schuld an diesem Unglück. In Tierfelle eingenäht, wurden die angeblichen Brandstifter vor den Augen des Kaisers von Hunden zerrissen; andere Christen ließ der Kaiser in seinen Gärten als nächtliche Fackeln abbrennen. Der römische Geschichtsschreiber Tacitus spricht davon, dass die Härte dieser Maßnahmen bei vielen Beobachtern Mitleid erregte, gewannen sie doch den Eindruck, „als würden sie nicht dem Gemeinwohl, sondern der Grausamkeit eines Einzelnen geopfert".

Glauben und Probleme der Christen

Die von Nero veranlasste Christenverfolgung blieb zunächst ein Einzelfall. Die Kaiser des 2. Jahrhunderts, die stark von der griechischen Philosophie und Kultur beeinflusst waren, nahmen gegenüber dem Christentum eine eher gemäßigte Haltung ein. So wies Kaiser Trajan (98–117 n. Chr.) seinen Statthalter Plinius in Kleinasien an, Christen nicht gezielt aufzuspüren und anonymen Anzeigen keinesfalls nachzugehen. Habe man aber Verdächtige als Christen identifiziert, so müsse man sie zwingen, die römischen Götter anzubeten und Christus zu verfluchen. Täten sie dies nicht, so solle man sie hinrichten.

Mit ihrem Glauben an den einen Gott nahmen die Christen in der römischen Glaubenswelt eine Sonderstellung ein. Es galt als revolutionär, dass sie ausschließlich ihren Gott anerkannten und die Achtung des Lebens forderten. Die Andersartigkeit der Christen erweckte das Misstrauen vieler Menschen traditionellen Glaubens. Daher waren sie gezwungen, ihre Gottesdienste im Verborgenen zu feiern und sich mit Geheimzeichen zu verständigen. So kam es, dass sich zahlreiche Gerüchte und Legenden über den christlichen Glauben verbreiteten. Wer diesen Behauptungen entgegentrat, begab sich in Gefahr. Nur wenige, vorwiegend gebildete Römer, erkannten, dass vom Christentum eine Kraft ausgehen konnte, die den Glaubenden einen neuen Sinn in ihrem Leben gab.

Christen – Sündenböcke für die Krise

Nach der glanzvollen Epoche der ersten beiden Jahrhunderte geriet das Reich im 3. nachchristlichen Jahrhundert in eine schwere Krise. Es herrschte wirtschaftliche Not und fremde Völker bedrohten die Grenzen. Viele römische Bürger machten die Christen für die Probleme des Reiches verantwortlich. Sie waren überzeugt, dass die römischen Götter Not und Krieg deshalb vom Römischen Reich nicht mehr abwendeten, weil ein Teil der Bevölkerung sich weigerte, ihnen zu opfern. „Verehrt allerorten die Götter, wie es unsere Vorfahren taten, und zwingt die anderen Menschen, dies auch zu tun“, forderte z. B. der Senator Cassius Dio in der ersten Hälfte des 3. Jahrhunderts. Kaiser wie Decius im Jahr 250, Valerian 258 und Diokletian ab 303 betrieben systematische Christenverfolgungen. Decius befahl, dass alle Bürger vor den Behörden erscheinen sollten, um ihre staatstreue Gesinnung durch ein Opfer für den Kaiser zu beweisen. Wer sich dem verweigerte, musste sterben. Tausende erlitten dieses Schicksal. Gläubige, die sich besonders mutig und standhaft verhielten und unter großen Qualen getötet wurden, machte die Kirche später zu Heiligen. Diese Märtyrer, deren Vita oftmals mit Legenden ausgeschmückt wurden, sollten ein Vorbild für weniger glaubensstarke Christen sein.

Märtyrer (griech.) = Zeuge; Glaubenszeuge, der seine Treue zum Glauben mit dem Leben bezahlt hat und als Vorbild und Heiliger verehrt wird.

Vita (lat.) = Lebensbeschreibung

Viele indes arrangierten sich mit den Verhältnissen und leugneten ihren Glauben. Andere versuchten, die zuständigen Beamten zu bestechen, um die Opferbescheinigung zu erhalten. Kaiser Diokletian (284–305 n. Chr.) verschärfte die Maßnahmen: Er verlangte nun von seinen zuständigen Provinzbeamten, alle Kirchen und Versammlungsräume der Christen dem Erdboden gleichzumachen. Diese letzte große Verfolgung dauerte mehrere Jahre und forderte Zehntausende von Menschenleben.

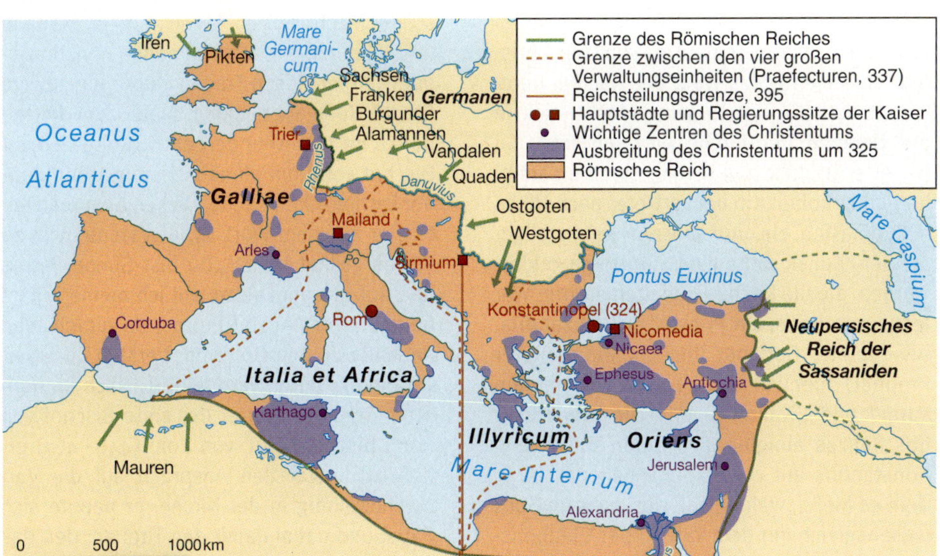

135.1 Das Römische Reich im 4. Jahrhundert: Ausbreitung des Christentums.

Die „Konstantinische Wende"

Vestalinnen: Priesterinnen der Göttin des Herdfeuers, Vesta, deren Rundtempel für den Staatskult auf dem Forum in Rom stand

Diokletians Nachfolger Konstantin erkannte, dass die Christenverfolgungen ihr Ziel nicht erreicht hatten, denn das erzwungene Bekenntnis zu den Staatsgöttern blieb ohne dauerhafte Wirkung. Konstantin war aufgrund der Reichsreform Diokletians zunächst nur einer von vier Kaisern, die in den Teilreichen regierten. Als es im Machtkampf gegen seinen Hauptrivalen Maxentius vor den Toren Roms um die Entscheidung ging, erschien Konstantin am Abend zuvor, wie eine Legende berichtet, im Traum das Christuszeichen. Daraufhin befahl er seinen Soldaten, das Christusmonogramm auf dem Schild anzubringen – und gewann die Schlacht (312 n. Chr.). Wenn die Berichte über diese Erscheinung in den Quellen auch voneinander abweichen, wissen wir doch, dass Konstantin die Politik gegenüber den Christen von Grund auf änderte. Zunächst erließen Konstantin und sein Mitkaiser Licinius im Jahr 313 ein Gesetz, das den Christen die rechtliche Gleichstellung brachte. In weiteren Gesetzen hob Konstantin die Kreuzigung als Hinrichtungsart auf, verbot die Gladiatorenkämpfe und machte den Sonntag zum gesetzlichen Feiertag.

pontifex maximus → S. 123

Bischof (von gr. episkopos = Aufseher): über den Priestern stehender Inhaber der Amtsgewalt in einem Bezirk (Diözese), der zahlreiche Gemeinden umfasst

Petrus (gr. petra = Fels): Apostel, s. Matthäus 16, 18

Papst von gr./lat. papa = Vater

Konstantin selbst trat erst auf dem Sterbebett zum Christentum über und ließ sich taufen. Trotz seiner Sympathie für das Christentum blieb er zeitlebens „pontifex maximus", höchster Würdenträger des alten Glaubens. Doch verlangte er von den Christen, dass sie für das Wohl des Kaisers beteten. Konstantin nutzte seine Macht, sich in die Belange der Kirche einzumischen. So berief er im Jahr 325 n. Chr. eine Versammlung aller hohen Kirchenvertreter nach Nikäa in Kleinasien ein. Auf diesem ersten allgemeinen/Konzil sollte eine Streitfrage geklärt werden, die die Kirche zu spalten drohte: War Jesus, wie Arius, ein Priester aus Alexandria, behauptete, Gott nur ähnlich (ein weiterer Prophet) oder war er „eines Wesens mit dem Vater" und „wahrer Gott"? Die Teilnehmer des Konzils einigten sich unter Mitwirkung Konstantins auf ein Glaubensbekenntnis, in dem es hieß: „wahrer Gott aus wahrem Gott, wesensgleich mit dem Vater". Der Glaubensstreit war damit entschieden, Arius und seine Anhänger wurden verbannt.

Die Römer werden Christen

Trotz vereinzelter Rückschläge gewann das Christentum nach Konstantins Tod (337 n. Chr.) immer mehr an Einfluss. Kaiser Gratian (375–383) strich den Priestern der alten Kulte und den Vestalinnen die Einkünfte aus der Staatskasse. Im Jahr 391 machte Kaiser Theodosius das Christentum schließlich zur allein gültigen Religion im Römischen Reich. Die Tempel mussten schließen – die Anhänger der alten Götterkulte galten nun als „Heiden". Bei Verstößen gegen dieses Gesetz drohten den Anhängern der alten Kulte schwere Geldstrafen oder der Einzug des persönlichen Eigentums durch den Staat. Die Olympischen Spiele, die über tausend Jahre stattgefunden hatten, mussten im Jahr 394 eingestellt werden. An einigen Orten kam es zwischen Gläubigen der alten und der neuen Religion zu Ausschreitungen, auch wurden einige Tempel zerstört. Die verfolgte Minderheit war zur Mehrheit geworden, und manche verhielten sich nun nicht besser als ihre ehemaligen Peiniger. Weil sie keinen anderen Gott neben dem ihren akzeptieren konnten, wollten viele Christen die heidnische Minderheit nicht mehr dulden. Eine bloße Umkehrung der früheren Christenverfolgungen fand aber nicht statt. Das endgültige Verschwinden der alten Götter war nur noch eine Frage der Zeit.

Schon unter Diokletian hatte Rom seine Stellung als Sitz des Kaisers verloren. Die politischen Machtzentren lagen nun in Mailand und Nikomedia (später im nahen Konstantinopel). In religiösen Fragen wurde die „ewige Stadt" Rom aber immer mehr zum Mittelpunkt. Im 5. Jahrhundert entwickelte sich der Bischof von Rom allmählich zum Oberhaupt der katholischen Kirche. Diesen Anspruch leitete er aus dem Wort ab, das Jesus einst zu Petrus gesagt hatte: „Du bist Simon Petrus und auf diesem Felsen will ich meine Kirche bauen." Der Apostel Petrus, so nimmt man an, hatte zu den Opfern der ersten Christenverfolgung unter Nero gehört. Nach katholischer Tradition war er der erste Bischof von Rom. Bischof Leo I. von Rom (440–461) erhob als erster den Anspruch auf die Vormachtstellung in der Kirche, er nannte sich Papst und nahm damit den Titel an, den das Oberhaupt der römisch-katholischen Kirche noch heute trägt.

Q1 Die erste Christenverfolgung

In seinen Annalen schreibt Tacitus, Kaiser Nero selbst habe Rom in Brand setzen lassen. Er fährt fort:

Um daher dieses Gerede zu vernichten, gab Nero den verhassten, so genannten Christianern die Schuld und belegte sie mit den ausgesuchtesten Strafen. Der, von dem dieser Name stammte, Christus, war vom Prokurator (Statthalter) Pontius Pilatus unter der Regierung des Tiberius hingerichtet worden. Doch brach der für den Augenblick unterdrückte verderbliche Aberglaube wieder aus, nicht nur in Judaea, dem Vaterland dieses Unwesens, sondern auch in der Hauptstadt, wo von allen Seiten alle nur erdenkbaren Gräuel und Abscheulichkeiten zusammenströmen und Anhang finden. Anfangs wurden die ergriffen, die sich dazu bekannten, und dann auf deren Anzeige eine ungeheure Masse überführt, und zwar nicht so sehr der Brandstiftung als des allgemeinen Menschenhasses.

Tacitus, Annalen 15, 44.

Q2 Bewunderung und Schmähung

a) Der griechische Arzt Galen schrieb um das Jahr 175 n.Chr. über die Christen:

Denn ihre Verachtung gegenüber dem Tode steht uns täglich klar vor Augen, ... und es zählen zu ihnen auch Personen, die in Selbstzucht und Selbstkontrolle, was Essen und Trinken angeht, und in kühner Einhaltung von Gerechtigkeit einen Punkt erreicht haben, der nicht unter dem der echten Philosophen steht.

Geschichte in Quellen, Band I, S.712.

b) Aus einer Schmährede des Caecilius gegen die Christen (Anfang 3. Jh.):

Diese Leute sammeln aus der untersten Schicht des Volkes Ungebildete und leichtgläubige Weiber ... und bilden eine gemeine Verschwörerbande. Sie treffen sich in nächtlichen Zusammenkünften, feierlichem Fasten und bei menschenunwürdiger Speise nicht zum Kult, sondern zum Verbrechen, ein duckmäusiges, lichtscheues Gesindel, stumm in der Öffentlichkeit, aber geschwätzig in den Winkeln. Die Tempel verachten sie als Gräber, die Götter bespeien sie, über die heiligen Opfer machen sie sich lustig! ... Vor dem Sterben haben sie keine Angst, weil sie Angst haben, nach dem Tode zu sterben. Es schmeichelt ihnen eine falsche Hoffnung mit dem Trost einer „Auferstehung" und lässt sie die Furcht vergessen. ... So schießen auch die Kultstätten dieser widerlichen, gottlosen Gesellschaft in aller Welt aus der Erde. Ausrotten und verfluchen sollte man die ganze Bande! An geheimen Zeichen und Merkmalen erkennen sie einander und lieben sich schon, fast ehe sie sich kennen.

Minucius Felix, Octavia 8, 4 f., gekürzt.

137.1 Spottchristus. Der Text lautet: „Alexamenos betet seinen Gott an." (Ritzzeichnung. Rom, Palatin, 3. Jh.)

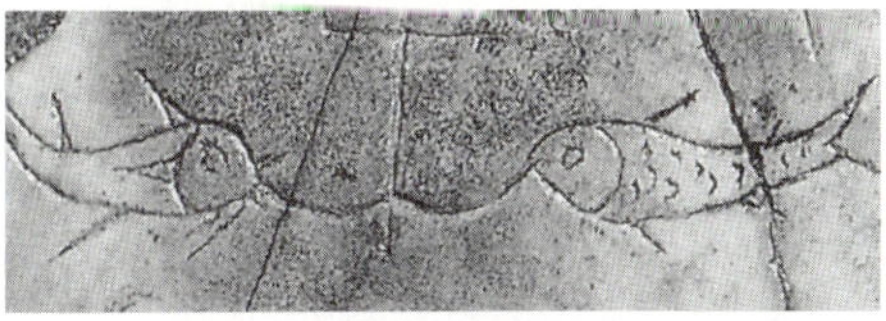

	Ι	Χ	Θ	Υ	Σ
	I	CH	TH	Y	S
	Iesous	Christos	Theou	Yios	Soter
=	Jesus	Christus	Gottes	Sohn	Erlöser

137.2 Der Fisch als geheimes christliches Symbol findet sich in Katakomben. Die Anfangsbuchstaben des griechischen Wortes für Fisch galten als verschlüsseltes Glaubensbekenntnis.

137.3 Blick in eine Katakombe in Rom. Die frühen Christen versteckten sich nicht dort, sie bestatteten in Wandnischen in den langen unterirdischen Gängen ihre Verstorbenen. Damit gaben sie die bei den Römern verbreitete Feuerbestattung auf.

138.1 *Brandopfer für den Kaiser. Ein Christ hat in Anwesenheit eines römischen Beamten vor dem Tempel das Opfer vollzogen und erhält eine Opferbescheinigung.*

Q3 Bekennen oder leugnen?

Der Bischof von Caesarea (Palästina) und christliche Geschichtsschreiber Eusebios (†339 n. Chr.) berichtet über die Christenverfolgung unter Kaiser Decius (249–251 n. Chr.):

Schon war auch das Verfolgungsedikt erschienen. Alle waren bestürzt. Von den Vornehmeren erschienen viele auf der Stelle vor dem Opferpriester, andere ließen sich von ihren Freunden hinzerren. Namentlich aufgerufen, traten sie zu den unreinen und unheiligen Opfern, die einen allerdings bleich und zitternd, … so dass sie von der umherstehenden Menge verspottet wurden und ihre Feigheit sowohl zum Sterben als zum Opfern offen an den Tag trat. Andere gingen bereitwilliger zu den Altären und behaupteten verwegen, sie seien früher gar nicht Christen gewesen. … Andere aber flohen. Wieder andere wurden verhaftet. Von diesen ließen sich einige fesseln und einsperren, einige sogar auf mehrere Tage; dann aber, noch ehe sie vor den Richterstuhl geführt wurden, schworen sie ab. Einige der Gefangenen sagten sich erst, nachdem sie ein gewisses Maß an Martern ertragen hatten, vom Glauben los.
Die starken und heiligen Säulen des Herrn dagegen wurden, da der Herr sie stärkte, bewundernswerte Zeugen seines Reiches.

Eusebios, Kirchengeschichte 6,41f., bearb., gekürzt.

Q4 Soll man Leugner ausstoßen?

Eusebios berichtet an anderer Stelle in seiner Kirchengeschichte, wie die Kirche mit den „Gefallenen“, also Menschen, die ihrem Glauben entsagt hatten, umging:

Novatus, ein Priester der römischen Kirche, hatte sich hochmütig gegen diese Gefallenen erhoben, gleich als bestünde für sie gar keine Hoffnung auf Rettung mehr, selbst dann nicht, wenn sie alles täten, was zu aufrichtiger Bekehrung und ehrlicher Buße notwendig ist. Er wurde dadurch zum Führer jener ketzerischen Bewegung, die sich in geistigem Hochmut die „Reinen“ nannten. Daher versammelte sich in Rom eine mächtige Synode von 60 Bischöfen und einer noch größeren Zahl von Priestern und berieten … über das, was zu tun wäre. Sie fassten den Beschluss, Novatus mit denen, … die seiner lieblosen und ganz unmenschlichen Anschauung beipflichten wollten, aus der Kirche auszuschließen, dagegen die Brüder, die ins Unglück gefallen waren, mit den Arzneimitteln der Buße zu heilen und zu pflegen.

Eusebios, Kirchengeschichte 6,43, gekürzt.

Q5 Das Ende der Verfolgung

Aus einem Edikt der Kaiser Konstantin und Licinius (313 n. Chr.):

In gesunder und durchaus richtiger Erwägung haben wir so den Beschluss gefasst, dass keinem Menschen die Freiheit versagt werden solle, Brauch und Kult der Christen zu befolgen, dass vielmehr jedem die Freiheit gegeben werde, sein Herz jener Religion zuzuwenden, die er selbst für die ihm entsprechende erachtet, auf dass uns die Gottheit in allem die gewohnte Fürsorge und Huld schenken möge. …
Bezüglich der Christen bestimmen wir weiterhin, dass jene Stätten, an denen sie ehedem zusammenzukommen pflegten, von denen, die sie [nach der Enteignung durch den Staat] käuflich erworben, unentgeltlich und ohne Rückforderung des Kaufpreises an die Christen zurückerstattet werden. Auch wer solche Stätten geschenkweise erhalten, soll sie so schnell als möglich den-

139. 1 Silbermedaillon Kaiser Konstantins I., des Großen, mit dem Christusmonogramm (X = Chi, P = Rho, den Anfangsbuchstaben des Namens „Christus") auf einer Scheibe vorn am Helm (ca. 315 n. Chr.).

selben Christen zurückgeben. … Damit aber der Inhalt dieses von uns in Hochherzigkeit erlassenen Gesetzes zur Kenntnis aller gelange, ist es notwendig, dass dieses unser Schreiben überall angeschlagen und allen kundgegeben werde, und so die Verfügung, in der diese unsere Hochherzigkeit sich ausspricht, niemand verborgen bleibe.

Eusebios, Kirchengeschichte 10,5, gekürzt.

139.2 Relief auf dem steinernen Prunksarg (Sarkophag) des Aufidius Bassus (359 n. Chr.). Christus auf dem himmlischen Thron übergibt den Aposteln Petrus (l.) und Paulus (r.) zwei Schriftrollen als Zeichen für den neuen Bund zwischen Gott und den Menschen. Seine Füße ruhen auf dem heidnischen Himmelsgott Uranos.

1. Stelle die Vorwürfe gegen die Christen zusammen, von denen Tacitus spricht (Q 1). Wie sieht er selbst wohl die Christen?

2. Galen behauptet von den Christen, sie seien den Philosophen ebenbürtig (Q 2a). Wie kommt er zu diesem Urteil?

3. Untersuche den Text des Caecilius (Q 2b) nach Aussagen, die deiner Meinung nach zutreffend sind, und solchen, die auf Vorurteilen beruhen.

4. Überlege, wie derartige Vorurteile gegenüber anderen Bevölkerungsgruppen entstehen können.

5. Schreibe mit Hilfe von Q 3 einen Dialog als Spielszene, in der ein kaiserlicher Beamter Christen verhört. Berücksichtige B 138. 1.

6. Beschreibe das Verhalten der Kirche gegenüber den Menschen, die ihren Glauben geleugnet hatten (Q 4). Versuche dieses Verhalten zu erklären.

7. Prüfe die Frage, ob nach dem Gesetz über die rechtliche Gleichstellung der Christen (Q 5) alle Religionen gleich behandelt wurden.

8. Untersuche die Abbildungen dieses Kapitels nacheinander (B 134.1–139.2): Welche Veränderungen im Verhältnis des Römischen Staates und der Römer zu den Religionen und besonders zum Christentum und umgekehrt lassen sich erkennen?

9. Informiere dich darüber, wo es heute auf der Welt noch religiöse Unterdrückung und Verfolgung gibt und vergleiche dies mit den Christenverfolgungen im Römischen Reich.

Im Augenblick des Todes

„Es gibt keine Götter mehr, und dies ist die ewig dauernde und letzte Nacht für die Welt!“, so riefen in Misenum, 38 km von Pompeji entfernt, die Menschen in Todesangst, als die Ausläufer des Vesuvausbruches am 24./25. August 79 n. Chr. die Hafenstadt erreichten.

Über die Ereignisse in Pompeji selbst gibt es keine schriftlichen Nachrichten, nur die archäologischen Befunde. Mehrere Wellen von Gesteinshagel, Asche, Bimsstein und Gaswolken erschlugen, begruben und erstickten die Pompejaner teils auf der Flucht, teils in ihren Häusern, bis der Vulkankegel einbrach. Das schrieb Plinius der Jüngere in einem Brief an den Geschichtsschreiber Tacitus.

Im Haus des Fauns hatte die Hausherrin Armreifen, Ringe, Haarnadeln und Goldmünzen zusammengerafft und wurde vom einstürzenden Dach erschlagen. – Die Eigentümer des Hauses der Pansa warfen auf der Flucht eine Bronzestatue des Bacchus in ein Kupfergefäß im Garten; vier Mieterinnen erstickten im Hause. – Auf der Türschwelle des Hauses des Diomedes starben der Hausherr mit 10 Goldstücken und 28 Silbermünzen im Leinenbeutel und ein Sklave, der die Wegzehrung trug, während die goldgeschmückte Hausherrin, ihr Baby, die Tochter, der Sohn und vierzehn Sklavinnen und Sklaven in einem Vorratsgewölbe zwischen Weinamphoren erstickten, den Kopf mit Tüchern verhüllt. – In der Ringerhalle starben ein Chirurg mit seiner Instrumententasche und ein Ringer mit seiner Ölflasche und zwei Striegeln. – In einer Bäckerei brach ein herabstürzender Boden zwei Maultieren das Rückgrat, die eine Mühle angetrieben hatten. – In der Gladiatorenkaserne erstickten zwei angekettete Gefangene und 63 Personen, die mit einer reich geschmückten Pompejanerin in einigen Zimmern Zuflucht gesucht hatten ... Von über 10 000 Personen überlebte kaum eine einzige.

140.2 Eine Straße in Pompeji – ohne Wagenrillen, da sie für Fuhrwerke gesperrt war. Vorne links einer von 43 öffentlichen Brunnen Pompejis, die meist an Straßenkreuzungen lagen und durch Wasserleitungen versorgt wurden.

140.1 Paquius Proculus und seine Ehefrau. Wandgemälde aus einer Villa in Pompeji. Sie trägt einen Griffel und eine wachsbestrichene Schreibtafel, er eine Papyrusrolle (Archäologisches Nationalmuseum, Neapel).

„Hier wohnt das Glück“ „Dies ist ein gesegneter Ort“, so lauten Inschriften an Pompejis Wänden. Die Stadt, die als Schutzgöttin Venus, die Göttin der Liebe, und den Weingott Bacchus verehrte, lebte vor allem vom Weinbau und Weinhandel – der „Vesuvinum“ war berühmt. Der Stadtadel und einige aufgestiegene Familien von Freigelassenen bestimmten das politische Leben und die Geschäftswelt. Ob Angehörige der Oberschicht ihre Gewinne in der Landwirtschaft, als Bankiers, Kaufleute oder Bauunternehmer erzielten, sie legten sie in Grundbesitz im Umland an, bauten luxuriöse Häuser und häuften Gold, Schmuck und Kunstwerke an. Manche von ihnen werden im heißen August 79 n. Chr. in ihren Villen am Meer gewesen sein. Bauhandwerker und Tagelöhner bauten währenddessen die 62 n. Chr. schon einmal vom Vesuv stark zerstörte Stadt weiter auf; Sklavinnen und Sklaven betreuten die Stadthäuser und brachten auf dem Lande die Ernte ein. Spinnerinnen, Weber, Gastwirte, Bäcker, Müller, Schlachter, Kleinhändlerinnen und Fuhrleute wohnten in Obergeschosszimmern zur Miete und aßen in Imbissständen (Thermopolium) an den Straßen.

P L A T Z

141.1 In der Nähe Pompejis, in Boscoreale, wurde unter einem Acker die vom Vesuvausbruch verschüttete Villa Regina ausgegraben. Hier fand sich dieser Weinkeller, der von einem Säulenhof umgeben war.

141.2 Getreidemühlen einer Bäckerei in Pompeji. Die drehbaren Oberteile auf konischen Untersätzen zeigen Öffnungen für die Balken, mit denen Maulesel oder Sklaven die Mühlen bewegten.

141.3 Ein für Pompeji typischer Brotlaib, dessen Form sich unter der Vulkanasche des Vesuvs erhalten hat.

Q1 Inschriften aus Pompeji

1. 20 Gladiatorenpaare kämpfen in Puteoli vom 17. bis 20. März. Es werden wilde Tiere und Ringer da sein.
2. Im Besitztum der Iulia Felix, der Tochter des Spurius, sind vom 30. August an von besten Kreisen besuchte Thermen, Läden, Zwischenstöcke und Appartements im ersten Stock für fünf Jahre zu vermieten.
3. O Wirt, dass du für deine Tricks zahlen mögest. Uns verkaufst du Wasser und den Wein behältst du für dich.
4. Die blökende Herde hat doch den Proculus zum Ädilen gewählt, obwohl dafür doch eigentlich die Würde der Rechtschaffenen und der Respekt vor dem Amt erforderlich gewesen wäre.
5. Wasch dir mit dem Wasser die Füße, ein Diener wird sie dir trocknen. Leg auf deinen Platz ein Tuch und mach keine Flecken auf unser Leinentischtuch.

(Nr. 5: aus einem Triklinium.)

Q2 Eine Menüfolge

Der Dichter Juvenal (Ende 1., Anfang 2. Jh. n. Chr.) schrieb an einen Freund:

Hier ist das Menü. Es wird nichts kosten: Das zarteste Zicklein werden die Herden von Tibur liefern. Es hat noch kein Gras gekaut, nicht an jungen Weidensprösslingen geknabbert, es hat mehr Milch noch als Blut.

Bergspargel, wie ihn die Bäuerin nach getaner Spinnarbeit erntete, dann dicke Eier, noch warm vom Heunest, und die Hühner, die sie legten.

Gelagerte Weintrauben, doch frisch, als seien sie gerade gepflückt, Birnen aus Signia, Äpfel, die wie die herrlichsten Früchte aus Picenum duften.

Juvenal, Satiren, 11, 64–76, gekürzt.

1. Stelle aus den Texten, Quellen und Abbildungen des Kapitels Aussagen über das Alltagsleben zusammen. Ordne sie nach Lebensbereichen/Situationen: z. B. Wohnen, Essen, Unterhaltung …

2. Erkläre, warum der Vulkanausbruch – so grausam er für die damaligen Menschen war – für die Archäologie einen Glücksfall darstellt.

3. Vergleiche die damaligen Essgewohnheiten mit denen in heutiger Zeit.

Europa im Mittelalter

Aachen, Münster, Innenansicht mit Blick auf den Thro Karls des Großen.

Statue Karls des Großen aus Müstair, Schweiz, 9. Jahrhundert, später überarbeitet.

Die kartographische Vorstellung von Europa im Mittelalter als „mundi pars quarta“ (= ein Viertel des Erdkreises):

Das Kreuz prägt als Symbol auch das byzantinische Christentum.

Die „Galeere des Glaubens“. Ihr Rumpf besteht aus den Buchstaben des islamischen Glaubensbekenntnisses, ihre Segel aus dem Satz „Es gibt keinen Gott außer Gott und Mohammed ist sein Prophet.“

Orientierung in Zeit und Raum

144.1 Europa um 1150.

622	Der Beginn der islamischen Zeitrechnung mit der Übersiedlung Mohammeds nach Medina (Hedschra) hat auch eine Bedeutung für die europäische Geschichte. Denn das christliche Europa und der islamische Orient verbindet im Mittelalter eine oftmals problematische Nachbarschaft.
800	Für die mittelalterliche Geschichte Zentraleuropas wird die Kaiserkrönung Karls des Großen eine richtungsweisendes Ereignis.
962	Mit der Kaiserkrönung Ottos des Großen beginnt das an „Deutschland“ gebundene Kaisertum („Heiliges Römisches Reich Deutscher Nation“).
10./11. Jh.	Das christliche Europa erfährt mit der Klosterreform von Cluny (Burgund) eine neue religiöse Grundlegung.
10./11. Jh.	In den romanischen Kathedralen Europas drückt sich das Christentum als völkerverbindende Idee aus.
1122	Die Auseinandersetzung zwischen Kaiser und Papst um die politische Entscheidungsmacht endet mit dem Wormser Konkordat.
11.–13. Jh.	Die Kreuzzüge führen zu einem Kulturkonflikt wie einer Kulturbegegnung zwischen Europa und dem Orient.
13.–15. Jh.	Die gotischen Kathedralen setzen die künstlerische „Europa-Idee“ fort.

Ein Staatsbesuch mit Folgen

Ein Attentat auf den umstrittenen Papst Leo III. in Rom im Jahre 799 hatte diesen zur Flucht über die Alpen zu König Karl nach Paderborn getrieben. Er hoffte auf fränkische Hilfe. Mit großer Spannung erwarteten beide Seiten die Begegnung:

145.1 *Attentat auf Papst Leo III. Buchmalerei, Gothaer Weltchronik, um 1270.*

145.2 *Vertreibung Leos III. aus Rom. Buchmalerei, Gothaer Weltchronik, um 1270.*

Pippin, Sohn Karls, war König von Italien.

Auf dem weiten, baumlosen Feld an den Ufern der Pader hatte sich die gesamte Streitmacht versammelt. Alle Völker des fränkischen Reiches waren vertreten: Burgunder und Aquitanier, die die römische Tracht trugen, wilde Friesen, die sich ranzige Butter ins Haar schmierten, stolze Sachsen, die ihre Streitäxte schwangen, Bayern, Alamannen und Langobarden. Alle waren bewaffnet, mit Schwertern, Lanzen oder Äxten. Angeführt wurden sie von Grafen, die dafür sorgten, dass sich die Krieger in einem offenen Kreis aufstellten. Einen inneren Kreis bildeten die Bischöfe, Äbte und anderen kirchlichen Würdenträger. Und genau in der Mitte stand Karl im festlichen Königsornat. Karl wünschte eine würdevolle Begrüßung und zugleich eine Demonstration seiner militärischen Stärke. Der Bischof von Rom sollte spüren, dass er keinem Untertan gegenübertrat, sondern dem Mann, der Europa beherrschte. Jetzt wurde die Delegation aus Rom sichtbar. Papst Leo ritt mit König Pippin an der Spitze. Kriegshörner erklangen, und die Krieger brachen in Hoch-Rufe aus. Etwas verunsichert lenkte Leo sein Pferd in die Mitte des Kreises. Auf ein Zeichen Karls warf sich das Heer dreimal zu Boden. Und auch der greise König kniete sich vor dem Papst nieder. Dann umarmte er Leo und tauschte mit ihm den Friedenskuss ...

Anfang des VII. Kapitels „Der Papst trifft ein" aus dem Buch von Jürgen Kehrer: „Mord im Dom", einer Kriminalgeschichte aus der Zeit Karls des Großen, 1999, S.64 f.

1. *Der „Mord im Dom" stützt sich auf Überlieferungen, die ein unbekannter Chronist kurz nach 800 in seinem so genannten „Karlsepos" aufgeschrieben hat. Suche die hier genannten „Völker des fränkischen Reiches" auf der Karte 152.1.*
2. *Im „Karlsepos" wird Karl „Vater Europas" und sogar „Haupt der Welt" genannt. Begründe dies aus der Schilderung des Staatsbesuchs Leos III. 799 in Paderborn.*
3. *Im folgenden Jahr – 800 – wurde Karl von Leo zum Kaiser gekrönt. Die Berichte darüber findest du auf S. 150 und 151. Stelle Zusammenhänge mit dem Staatsbesuch Leos in Paderborn her.*

1. „Ahnherr Europas und Haupt der Welt" – Karl der Große

146.1 *Fränkische Silbermünze mit der Darstellung Karls des Großen (Münzumschrift: CAROLUS IMP[erator] AUG[ustus]).*

Vom Römischen Reich zur Zeit der Franken

Die politische Landkarte Europas im 8. Jahrhundert unterschied sich sehr stark von derjenigen des 4. Jahrhunderts. Hatte zuvor noch das Römische Reich bestanden, so war vier Jahrhunderte später in Mitteleuropa das Reich der Franken an dessen Stelle getreten. Damit hatten die Germanen die Römer beerbt.

Besonders wichtig wurde für die Neuformierung die Zeit um das Jahr 800, als Karl, den man schon bald „den Großen" nannte, fränkischer König war.

„Der König ist eingesetzt zu keinem anderen Zweck als dem, das Volk zu leiten und zu fördern; darum wird ihm, der von Gott auserwählt ist, Macht und Weisheit zuteil; Macht, damit er die Übermütigen im Zaum halte, Weisheit, damit er in frommem Eifer die Untertanen regiere und unterrichte." (Karls Berater Alkuin im Jahre 800).

Von Gott auserwählt ...

So wie die mittelalterlichen Herrscher nach ihm, sah sich auch Karl als Gott auserwählt, „Mehrer des Reiches" zu sein. Daraus wurde zum Beispiel ein mehr als zwanzigjähriger Krieg gegen die heidnischen Sachsen, an dessen Ende deren erzwungene Christianisierung stand. Um dieses Ziel zu erreichen, waren ihm fast alle Mittel recht: die Zerstörung feindlicher Siedlungen, Geiselnahmen und Hinrichtungen.

146.2 *Aus der Zeit der Sachsenkriege Karls des Großen sind keine Buchmalereien zu den Ereignissen erhalten. Ein Illustrator der „Chroniken Frankreichs" hat sich im 14. Jahrhundert die Hinrichtung von Sachsen bei Verden 782 so vorgestellt.*

... das Volk leiten und fördern ...

Doch baute Karl seine Herrschaft nicht allein auf eine militärische Grundlage. Um sein „Volk zu leiten und zu fördern" war ihm die Kirche von großer Bedeutung. So machte er unzählige Landschenkungen zur Gründung und Ausstattung von Klöstern, wobei die auf diesem Land wohnenden Menschen Bestandteil der Schenkungen waren.

Der damit verbundene Zweck war doppelter Art: Einerseits beteten die Mönche und Nonnen sicherlich für das Seelenheil der Stifter nach deren Tod; und die Angst vor den Höllenqualen war groß und real. Andererseits war ein Kloster mehr als ein religiöses Zentrum. Hier wurde nach der Benediktinerregel gebetet und gearbeitet. Die Arbeit umfasste ca. sieben Stunden am Tag, und Arbeit gab es reichlich.

Klöster entstanden in vorgeschobenen Positionen: Unzugängliche Wälder mussten gerodet, Sümpfe trockengelegt, kurz: Land urbar gemacht werden. Es entstanden Felder und Weideland, Bauernhöfe und Dörfer. Und die Bauern lernten von den belesenen Mönchen: Wie man die Anbaumethoden und die Geräte verbessert, wie man Wein anbaut und keltert, wie man Obstbäume veredelt und Gemüse zieht, wie man Häuser und Mühlen baut, wie man Heilkräuter anpflanzt und Vieh züchtet, wie man düngt und bewässert. Man konnte in den Klosterschulen das Lesen und das Schreiben erlernen, man konnte Krankheiten behandeln lassen. Klöster waren landwirtschaftliche und handwerkliche Musterbetriebe, Hospitäler, Apotheken, Schulen, Herbergen und Regierungszentren, sogar militärische Stützpunkte. Um sie herum entstanden Siedlungen, um sie herum wuchsen Zivilisation und Kultur. Es war ein Programm zum Ausbau des Landes und seiner Gesellschaft.

... in frommem Eifer die Untertanen regieren ...

Um sein großes Land zu regieren, bediente sich Karl der Bistümer und der Grafschaften, im Grenzland der Marken. Hier waren mit den Bischöfen, Grafen und Markgrafen Vertrauensleute zur Stelle, die in seinem Namen

Recht sprachen, Regierungsgeschäfte wahrnahmen wie die Verwaltung von königlichen Gütern, den Wegebau oder die Jagdaufsicht. Im Kriegsfall mussten sie Soldaten mitsamt Ausrüstung stellen. Die Pfalzgrafen hatten die etwa 250 königlichen Pfalzen so zu führen, dass dort der König jederzeit mit seinem zahlreichen Gefolge für mehrere Tage verweilen konnte. Dazu mussten die Räumlichkeiten ausgebaut und gepflegt, das Personal geschult und bereitgehalten, die nötigen Vorräte gelagert werden. Das hatte der König eigens in seiner Pfalzordnung festgelegt.

Aber der König setzte nicht nur auf das Vertrauen in seine Adeligen, er wusste auch, dass Kontrolle notwendig ist. Königsboten, die missi dominici, ein geistlicher und ein weltlicher Herr, waren ständig unterwegs, um die Äbte, Bischöfe und Grafen zu überprüfen, zu unterstützen, Streit zu schlichten, Recht zu sprechen oder diplomatische Missionen zu übernehmen. Aber letztlich war die Königsmacht nur da ganz präsent, wo der König persönlich mit militärischer Macht anwesend war, Urkunden ausstellte, in Verfahren zwischen Großen des Landes selbst richtete, politische Verhandlungen leitete, Synoden und Reichstage einberief und Krieg führte. Ohne Hauptstadt und sichere Verbindungen, um Befehle und Rückmeldungen zu übermitteln, war er fast immer selbst unterwegs.

Wiedergeburt der Antike

Karl hatte sich auf seinen Reisen beeindruckt gezeigt von dem Reichtum der Städte in Italien und vom Wissensstand der Universitäten. Die als „barbarisch = ungebildet“ geltenden Franken wollte er auf ein höheres Bildungsniveau bringen. Deshalb hatte er zahlreiche Gelehrte zusammengeführt, die das kulturelle Erbe der Antike wiederbeleben sollten. Man spricht von der karolingischen „Renaissance“ (Wiedergeburt). Sie sammelten und kopierten die lateinischen Klassiker: Dichter, Philosophen, Naturwissenschaftler, die uns sonst nicht erhalten geblieben wären; aber es wurden auch die wenigen alten germanischen Heldenlieder, z. B. das Hildebrandslied, aufgezeichnet. Das geschah in Schreibwerkstätten, in denen Abschriften von Büchern gemacht wurden. Abnehmer waren

147.1 Bronzestatuette Karls des Großen, 9. Jahrhundert, Louvre, Paris. Die Zuschreibung ist nicht völlig sicher.

v. a. die Klöster. In den Klöstern gründeten die Äbte auf Karls Befehl hin Schulen, in denen begabte junge Männer ausgebildet werden konnten. Man lernte viel auswendig, lernte das Rechnen, das laute Vorlesen und das Schreiben, was nicht einmal der König selbst beherrschte, obwohl er sich viel Mühe gab, es zu lernen.

Kaisertum und Reichsidee

Höhepunkt in Karls Leben war das Weihnachtsfest 800. Karl war zu diesem Zeitpunkt in Rom, da Papst Leo III, der nur knapp einem Attentat entgangen war, ihn um Schutz gebeten hatte.

War es nun der Dank Leos oder eine politische Absicht? Jedenfalls krönte der Papst in der Weihnachtsmesse Karl zum Kaiser. Das aber hieß in der Symbolsprache des Mittelalters, dass Karl in erster Linie durch den Papstwillen Kaiser war. Karls Kaiseridee aber sah so aus, dass er sich in erster Linie als fränkischer König, Schutzherr des christlichen römischen Reiches und der Kirche verstand; und der Schutzherr war eben Herr aus eigener Macht – auch über den Papst. Damit war der spätere Streit zwischen Kaiser und Papst gewissermaßen vorprogrammiert, der für die Geschichte Europas für mehrere Jahrhunderte von zentraler Bedeutung war.

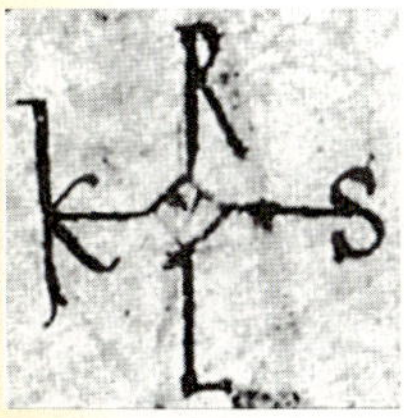

147.2 Monogramm Karls des Großen.

Q1 Karl organisiert die Wirtschaft

In einem Gesetz regelt Karl im Jahr 795 die Verwaltung seiner Krongüter.

1. Wir befehlen: Unsere Krongüter, die wir eingerichtet haben, unsere Hofhaltung zu beliefern, sollen allein unserem Bedarf dienen und niemand sonst.
3. Die Amtmänner sollen sich hüten, unsere Hofleute in ihren eigenen Dienst zu stellen; sie dürfen sie zum Holzfällen oder irgendeiner anderen Arbeit zwingen und keine Geschenke von ihnen annehmen
5. Wenn unsere Amtmänner landwirtschaftlichen Arbeiten wie Säen, Pflügen, Ernten, Heumachen, Weinlesen für uns durchführen müssen, so möge ein jeder zur Zeit der Arbeit nach dem Rechten sehen und genaue Anweisungen geben. …
6. Wir befehlen: Unsere Amtmänner sollen den Zehnten von allen Erträgen den Kirchen auf unseren Besitzungen ungeschmälert geben.
23. Auf jedem unserer Krongüter sollen die Amtmänner einen möglichst großen Bestand an Kühen, Schweinen, Schafen, Ziegen und Böcken halten; fehlen darf dies Vieh niemals …
41. Die Gebäude auf unseren Gutshöfen und die umgebenden Zaune sind in gutem Zustand zu erhalten …
45. Jeder Amtmann soll in seinem Bezirk tüchtige Handwerker zur Hand haben: Schmiede, Schuster, Drechsler, Stellmacher, Schildmacher, Fischer, Falkner, Seifensieder, Brauer, … Bäcker, Netzmacher für Jagd, Fisch- und Vogelfang und sonstige Dienstleute.

Capitulare de villis, Nr. 32, gekürzt, in: Geschichte in Quellen, Mittelalter, S. 95 ff.

Q2 Wie weit reicht der Arm des Königs?

In einem Gesetz aus dem Jahre 802 bestimmt Karl, wie er durch die „missi dominici“ Kontrolle ausübt:

Der Herr Kaiser hat aus der Reihe seiner klügsten Großen die weisesten Männer ausgewählt, und zwar Erzbischöfe und auch andere Bischöfe und auch ehrwürdige Äbte sowie fromme Laien, und hat sie in sein ganzes Reich abgeordnet, um allen Untertanen … die Möglichkeit zu geben nach Recht und Gesetz zu leben. …
Wenn aber irgendwo ein Mensch behauptet, ihm sei von einem andern Unrecht widerfahren, dann sollen die missi, weil ihnen daran gelegen ist, die Gnade des allmächtigen Gottes zu behalten und die beschworene Treue zu bewahren, wirklich sorgfältige Untersuchungen durchführen. Denn sie sollen ganz und gar und allen Menschen gegenüber und überall, gegenüber den heiligen Kirchen Gottes und gegen die Armen, gegen die Waisen und die Witwen und gegen das ganze Volk das Gesetz vollkommen und gerecht ausüben in dem Willen und in der Furcht Gottes. … Alle Fälle, in denen sie selbst aus eigener Kraft und mit Hilfe der Provinzgrafen nichts bessern und die Gerechtigkeit nicht wiederherstellen können, sollen sie mit ihren Berichten ohne Umschweife eindeutig dem Gericht des Herrn Kaisers unterbreiten.

Capitulare missorum generale, Nr. 33, in: Geschichte in Quellen, Mittelalter, S. 73.

1. Entwirf einen Tagesablauf Karls. (VT, Q1, Q3)

2. Stelle das Regierungssystem Karls in Form eines Schaubildes dar. (VT, Q3)

3. Karl war ein vielseitiger Organisator. Belege diese Aussage. (VT, Q2, Q3)

4. Alkuin hat dem König eine klare Aufgabe zugewiesen. Stelle fest, ob Karl sie erfüllt hat. (VT, Q1–Q3)

5. Beurteile die Kriege, die Karl gegen die Sachsen geführt hat aus der Sicht Alkuins. (VT)

6. Erörtere die Behauptung: Karl ist zu Recht als Ahnherr Europas und Haupt der Welt bezeichnet worden. (VT, B 149.1)

Q3

Hüter, Mehrer und Ordner des Reichs

Karls Biograph Einhard (→ S. 150) entwirft nach 830 ein idealisiertes Bild des Königs:

[Karl] war von breitem und kräftigem Körperbau, hervorragender Größe *(ca. 7 Fuß, d. h. 192 cm)*, seine Augen sehr groß und lebhaft; … er hatte schönes graues Haar und ein freundliches, heiteres Gesicht. So bot seine Gestalt im Stehen wie im Sitzen eine würdige und stattliche Erscheinung. Er hatte einen festen Gang, eine durchaus männliche Haltung und eine helle Stimme. … Beständig übte er sich im Reiten wie im Jagen, wie es die Sitte seines Volkes war … Die Kleidung, die er trug, war die seiner Väter, also die fränkische. … Während der Tafel hörte er einen Musikanten oder einen Vorleser. Er ließ sich die Geschichten und Taten der Alten vorlesen. … Reich und überströmend floss ihm die Rede vom Munde, und was er wollte, konnte er leicht und klar ausdrücken. … Auch zu schreiben versuchte er und pflegte deswegen Tafel und Büchlein im Bett unter dem Kopfkissen bei sich zu führen, um in müßigen Stunden seine Hand an das Nachmachen von Buchstaben zu gewöhnen. Aber es viel ihm nicht leicht. … Die Kirche suchte er morgens und abends und zur Zeit der Messe fleißig auf. Auf die Verbesserung des Lesens und Singens in der Kirche wandte er große Sorgfalt. Er erbaute auch das herrliche Gotteshaus in Aachen und stattete es aus mit Gold und Silber, mit Leuchtern und mit eisernen Gittern und Türen. Da er die Säulen und Marmorplatten anderswo nicht bekommen konnte, ließ er sie aus Rom und Ravenna herbeischaffen.

Einhard, Leben Karls, 22 – 26, gekürzt, bearbeitet.

149.1 *Itinerar Karls des Großen: Orte, die er während seiner Regierungszeit, zum Teil häufig, aufgesucht hat.*

Itinerar = Liste oder Karte der Reisewege und Aufenthaltsorte mittelalterlicher Herrscher

Die Perspektive erzählender Quellen

Persönliche Sichtweise

Stell dir vor, du streitest dich mit deinem besten Freund oder deiner besten Freundin. Jeder von euch stellt die Sache aus seiner Sicht dar. Beide seid ihr ganz sicher, im Recht zu sein. Es liegt auf der Hand, dass hier eine Lösung schwierig ist.
Chronisten, Geschichtsschreiber, auch Historiker haben häufig ähnliche Schwierigkeiten. Auch sie bilden sich eine eigene Meinung. Wenn sie das Geschehen dann darstellen wollen, wählen sie aus, setzen Schwerpunkte und schreiben die eigene Sichtweise, auch ohne es zu wollen, mit dazu. An Formulierungen oder manchmal auch Auslassungen kann man das gut erkennen.

Interpretation erzählender Quellen
Wenn wir uns selbst ein Bild machen wollen, müssen wir beim Lesen von Texten die Perspektive des Verfassers erkennen und sie kritisch bearbeiten. Dazu sind drei „Schlüsselfragen" hilfreich.

Schlüsselfragen:
- Woran lässt sich die Perspektive des Verfassers erkennen?
- Welche Stellung hat der Verfasser im Zusammenhang der Ereignisse, über die er berichtet?
- Welche Aussageabsicht des Verfassers wird erkennbar?

1. Bereite zunächst deine Quellenarbeit vor, indem du in den drei Quellen die Passagen unterstreichst, die die jeweiligen Sichtweisen erkennen lassen. (Dazu bietet es sich an, in einem ersten Schritt zunächst einmal alle drei Quellen zu lesen.)
2. Untersuche die Quellen an Hand der vorgenannten „Schlüsselfragen". (Bedenke dabei jedoch: Nicht alle „Schlüsselfragen" lassen sich problemlos für alle erzählenden Quellen beantworten.)
3. Vergleiche die Sichtweisen der drei Quellen mit einer (ca. 470 Jahre später entstandenen) Bildquelle. (B 151.1)

Einhard

* um 770
† 14. März 840 in Seligenstadt am Main

Wohl aus einer adligen ostfränkischen Familie stammend; Mönch in Fulda; ab 791/2 am Hof Karls des Großen in Aachen als dessen enger Vertrauter und Biograph; nach Karls Tod Privatsekretär Kaiser Ludwigs des Frommen (Sohn Karls) und Ratgeber von Kaiser Lothar (Sohn Ludwigs); ab 828 Abt des von ihm selbst gegründeten Klosters Seligenstadt.

Auf den Seiten 145 und 147 hast du bereits von den Problemen des Papstes im Jahr 799 und der Kaiserkrönung Karls gehört. Über diese Kaiserkrönung wissen wir u. a. aus drei Schriftquellen Bescheid. Alle drei Quellen stellen das gleiche Geschehen jedoch sehr unterschiedlich dar:

1. Die Kaiserkrönung aus der Sicht Einhards in dessen Lebensbeschreibung Karls des Großen

Während seiner ganzen Regierungszeit lag ihm nichts so sehr am Herzen als der Wunsch, die Stadt Rom durch seine Bemühungen wieder zu ihrem alten Ansehen zu bringen. Obwohl er sie so hoch verehrte, kam er im Laufe seiner siebenundvierzigjährigen Regierung jedoch nur viermal nach Rom, um dort seine Gelübde zu erfüllen und seine Andacht zu verrichten. Seine letzte Reise nach Rom hatte mehrere Gründe. Die Römer hatten Papst Leo schwer misshandelt, ihm die Augen ausgestochen und die Zunge ausgerissen, so dass er sich gezwungen sah, den König um Schutz zu bitten. Daher begab sich Karl nach Rom, um die verworrenen Zustände der Kirche zu ordnen. Das dauerte den ganzen Winter. Bei der Gelegenheit erhielt er den Kaiser- und Augustus-Titel, der ihm anfangs so zuwider war, dass er erklärte, er würde die Kirche selbst an jenem hohen Feiertage nicht freiwillig betreten haben, wenn er die Absicht des Papstes geahnt hätte. Die Eifersucht der oströmischen Kaiser, die ihm die Annahme der Titel schwer verübelten, ertrug er dann allerdings mit erstaunlicher Gelassenheit. Er überwand ihren Widerstand durch seine Großmut – denn in dieser Beziehung stand er weit über ihnen – und indem er ihnen zahlreiche Botschaften sandte und sie in den Briefen immer als Brüder anredete.

W. Hartmann: Deutsche Geschichte in Quellen und Darstellung, Bd. 1. Frühes und hohes Mittelalter 750–1250, 1995, S. 56ff., gekürzt.

2. Die fränkische Sicht der Kaiserkrönung in den Reichsannalen*

Als der König gerade am hl. Weihnachtstag sich vom Gebet vor dem Grab des Apostels Petrus zur Messe erhob, setzte ihm Papst Leo eine Krone aufs Haupt, und das ganze Römervolk schrie dazu: dem erhabenen Karl, dem von Gott gekrönten großen und Frieden bringenden Kaiser der Römer Leben und Sieg! Und nach den lobenden Zurufen wurde er vom Papst nach der Sitte der alten Kaiser durch Kniefall geehrt und fortan Kaiser und Augustus genannt. Wenige Tage nachher wurden auf seinen Befehl diejenigen, welche den Papst im vorigen Jahr abgesetzt hatten, vor Gericht geführt und nach der gegen sie angestellten Untersuchung nach römischem Recht als Majestätsverbrecher zum Tode verurteilt. Der Papst legte jedoch milden Sinnes Fürbitte für sie beim Kaiser ein und so wurde ihnen das Leben und die Sicherheit ihres Leibes gewährt; um der Größe ihres Vergehens willen aber wurden sie in die Verbannung geschickt.

A. a. O., S. 54 f.

** Reichsannalen = Von Mönchen des Klosters Lorsch angelegte Aufzeichnungen über die fränkische Reichsgeschichte (von 741 bis 829)*

3. Die päpstliche Sicht der Kaiserkrönung in der Lebensbeschreibung Leos III

Am Tage der Geburt unseres Herrn Jesu Christi waren alle in der schon genannten Basilika des heiligen Apostels Petrus versammelt. Und da krönte ihn [Karl] der ehrwürdige und segenspendende Vorsteher [Papst Leo] eigenhändig mit der kostbarsten Krone. Darauf riefen alle gläubigen und getreuen Römer, die den Schutz und die Liebe sahen, die er [Karl] der römischen Kirche und ihrem Vorsteher gewährte, einmütig und mit lauter Stimme auf Gottes Geheiß und des heiligen Petrus, des Himmelreiches Schlüsselträger, Eingebung aus: Karl, heiligster Kaiser, von Gott gekrönter großer und friedensstiftender Herrscher, Heil und Sieg! Unter der Anrufung vieler Heiliger ist dies dreimal ausgerufen, und von allen ist er als Kaiser der Römer eingesetzt worden. Auf der Stelle salbte der heiligste Vorsteher und Oberpriester mit heiligem Öl seinen hervorragendsten Sohn Karl.

A. a. O., S. 53 f.

151.1 Der Papst (links) und die Römer (rechts) bei der Erhebung Karls des Großen zum Kaiser (Gothaer Weltchronik, um 1270).

2. Die Großstaaten Mitteleuropas – angelegt in den karolingischen Reichsteilungen

Was kommt nach dem Tod des Herrschers?

„Dass wir gehorsame Söhne haben und ein Gott wohlgefälliges Volk in aller Ergebenheit, welche die Söhne dem Vater, die Völker dem König und Kaiser schuldig sind. Amen." Das formulierte Karl der Große als frommen Wunsch noch in seinem politischen Testament, der Divisio regnorum („Aufteilung der Königtümer"), die er 806 verfasste. Er war inzwischen mit 66 Jahren bereits weit über dem Durchschnittsalter seiner Zeit. Da von seinen drei erbberechtigten Söhnen jedoch nur Ludwig der Fromme seinen Vater Karl überlebte, blieb das Frankenreich zunächst ungeteilt.

Nach der Reichsidee, die Karl der Große gehabt hatte, gab es das fränkische Reichsvolk und die teilbare fränkische Königswürde; die Kaiserwürde dagegen mit dem umfassenden Auftrag, das Christentum zu schützen, zu bewahren und zu verbreiten, war unteilbar. So konnte es zwar mehrere fränkische Könige geben, aber immer nur einen fränkisch-römischen Kaiser.

Herrschaftsteilung, Teilreiche, Zerfall

War es Karl dem Großen gelungen, das Fränkische Reich als Einheit zu regieren, so führte die Idee der Teilbarkeit der Königswürde zu immer neuen Teilungsverträgen. So wurde in den Verträgen von Verdun (843), Mersen (870) und Ribemont (880) das fränkische Großreich von den Enkeln und Urenkeln Karls in immer wieder neue Teilreiche aufgeteilt. Den Teilungsverträgen waren jeweils heftigste diplomatische und militärische Auseinandersetzungen vorausgegangen.

Die gemeinsame Reichsidee spielte noch in der Institution der Frankentage eine Rolle, auf denen die Frankenkönige Fragen, die den Bestand des ehemaligen Großreiches betrafen, klären sollten, um eine gemeinsame Politik nach außen zu betreiben. Einmal noch, unter der Herrschaft Kaiser Karls III., gab es eine kurze Phase der Reichseinheit (876–887), bis das Frankenreich endgültig zerfiel und auch nichtkarolingische Adelsfamilien Könige in Teilreichen und sogar Kaiser werden konnten.

152.1 Das Frankenreich zur Zeit Karls des Großen.

153.1 Teilungen des Frankenreiches (9. Jahrhundert).

Q1 Ein politisches Testament

In der Divisio regnorum wollte Karl der Große die Sicherung des Reiches über seinen Tod hinaus erreichen (806):

… Und so soll es nach unserem Willen bekannt sein, dass wir unsere drei Söhne zu unseren Lebzeiten als Mitbesitzer des uns von Gott gegebenen Reiches ansehen wollen und dass wir darum beten, sie nach unserem Tod als Erben unseres von Gott bewahrten und auch in Zukunft geschützten Imperiums und Regnums zurücklassen zu können, wenn die göttliche Majestät es will. Wir … haben veranlasst, dass, indem wir den Körper des Reiches in drei Teile zerlegen, genau gekennzeichnet und schriftlich fixiert werde, welchen Teil ein jeder von ihnen regieren und schützen soll. So soll nämlich jeder nach unserer Weisung mit seinem Anteil zufrieden sein und die Grenzen seines Reiches, die ans Ausland stoßen, mit Gottes Hilfe zu verteidigen suchen und Frieden und Liebe seinem Bruder gegenüber beobachten. …

6. Nach dieser Verfügung ist es unser Wille unseren Söhnen … zu befehlen: Keiner von ihnen wage es, die Grenzen eines Bruderreiches zu verletzen oder tückisch einzudringen und das Reich oder die Marken zu verwirren oder zu verkleinern, sondern jeder soll seinem Bruder helfen und ihm gegen seine Feinde Hilfe leisten.

Divisio regnorum, 806, Präambel, Kap.6., bearbeitet, in: Geschichte in Quellen, Mittelalter, S.104.

I/imperium (lat.) = Kaiserreich, Kaisertum

R/regnum (lat.) = Königreich, Königtum

1. Erläutere die Veränderungen auf der politischen Landkarte Zentraleuropas im 9. Jahrhundert. (Kartenfolge 152.1 und 153.1)

2. Überlege, ob das Testament Karls des Großen den erhofften Zweck erfüllt hat. (VT, Q1)

3. Belege die Behauptung, dass die heutigen Staaten Frankreich, Deutschland und Italien ihre räumlichen Wurzeln im 9. Jahrhundert haben. (Kartenfolge 152.1 und 153.1)

3. Durch göttliche Gnade Imperator Augustus – Otto der Große

Das Ostfränkische Reich in der Krise

Mit dem Tod des letzten karolingischen Königs (911) geriet das Ostfränkische Reich in eine Krisensituation: Von außen kam es zu Überfällen und Plünderungen durch die Ungarn, gegen deren Reiterangriffe zunächst keine wirksame Abwehr möglich war; wiederholte Angriffe führten die Ungarn weit in das ostfränkische Reichsgebiet, einmal sogar bis nach Lothringen. Von innen bedrohten die großen Adelsfamilien den Zusammenhalt des Reiches. Sie nutzten ihre Stellung und vergrößerten beständig ihren Einfluss gegenüber anderen Adelsfamilien. Daneben versuchten sie eine möglichst selbstständige Machtposition gegenüber dem Königtum zu gewinnen.
Zu Beginn des 10. Jahrhunderts hatten sich schließlich in den Teilen des Reiches einzelne Familien durchgesetzt. Sie stellten ein Gegengewicht zur Königsherrschaft der Karolinger dar. Sie begründeten die Stellung von Stammesherzögen neu – erst in Baiern und Sachsen, dann in Franken und schließlich in Schwaben. Ihre Existenz bedrohte den Machtanspruch des Königs. Der Konflikt zwischen zentraler und regionaler Gewalt sollte in der Folge noch oft auftreten.

154.1 Königspaar (Otto der Große und seine Frau) im Magdeburger Dom.

Der fränkische Herzog Konrad, der 911 zum König gewählt worden war, scheiterte vor allem an der inneren Krise seines Reiches. Als seinen Nachfolger schlug er den mächtigsten Stammesherzog, Heinrich von Sachsen, vor.

Die sächsischen Herzöge als Erben der Karolinger

Heinrich I. (916–936) gelang es, sich Respekt zu verschaffen, indem er 921 den mächtigen Herzog Arnulf von Bayern unterwarf, der sich in der Zwischenzeit zum Gegenkönig hatte ernennen lassen. Nach und nach sicherte Heinrich sich die Unterstützung der übrigen Stammesherzöge und schloss mit den Ungarn einen Waffenstillstand. Während er den Ungarn Tribut zahlte, ließ er im Grenzgebiet Burgen errichten und stellte ein gepanzertes Reiterheer auf, das die Ungarn schließlich 933 in der Schlacht bei Riade besiegen konnte. Einen großen Teil der gepanzerten Reiter stellten die Bischöfe und Äbte größerer Klöster. Die christliche Lehre und das Schwert stellten für sie keinen Gegensatz dar. Als Lehnsmänner waren sie dem König Heerfolge schuldig.

Heinrichs Erfolge stabilisierten das ostfränkische Reich und ließen die Bedeutung der anderen fränkischen Nachfolgestaaten zurücktreten.

Als Heinrich 936 starb, wurde sein Herrschaftsgebiet nicht, wie bei den karolingischen Königen üblich, geteilt, sondern ging geschlossen an einen einzigen Nachfolger, nämlich Heinrichs ältesten Sohn Otto I. über. Die Benachteiligung von Ottos Brüdern führte deshalb in der Folgezeit zu mehreren Aufständen, die von einzelnen Herzögen unterstützt wurden und die Reichseinheit gefährdeten; sogar Ottos Sohn revoltierte, weil er wegen der zweiten Ehe seines Vaters um seine Chancen auf den Königsthron fürchtete.

■ Die Innenpolitik Ottos I.

Das Königtum benötigte in den vielen Auseinandersetzungen eine verlässliche Stütze. Otto entwickelte ein neuartiges System: Beispielhaft ist die Belehnung seines Bruders (Erzbischof von Köln) mit dem Herzogtum Lothringen. Einerseits band Otto mit solchen Schritten die Kirche in die Reichsverwaltung ein, andererseits bildete sich auf diese Weise eine unmittelbar vom König abhängige Reichskirche. Die zukünftigen Bischöfe und hohen geistlichen Würdenträger erhielten ihre Ausbildung am Königshof, in der königlichen Hofkapelle, und hatten daher frühzeitig direkten Kontakt mit der königlichen Kanzlei, deren Besetzung dem Klerus vorbehalten war. Die kirchlichen Fürsten stellten ein Gegengewicht gegen die auf Selbstständigkeit und Machtzuwachs zielenden Herzöge des Reiches dar.

Sein Recht zur Amtseinsetzung (↗Investitur) der Bischöfe leitete Otto einerseits aus der Vorstellung ab, dass sein Königtum Ausdruck des göttlichen Willens war. Andererseits war es Praxis, dass dem Grundherrn, auf dessen Boden eine Kirche errichtet wurde, das Recht zur Ein- und Absetzung des Geistlichen zustand (Eigenkirchenwesen). Über einen langen Zeitraum blieb dieses Verfahren unproblematisch und führte nicht zu Konflikten.

■ Die Außenpolitik Ottos I.

Unumstritten wurde Ottos Stellung im Reich 955, als sein Heer auf dem Lechfeld bei Augsburg die Ungarn endgültig besiegte. Vor allem deshalb wurde er später „Otto der Große“ genannt.

Sieben Jahre später erhielt er vom Papst die Kaiserkrone. In der Folge war die Kaiserkrone dann gebunden an den jeweiligen Herrscher des aus dem Ostfränkischen Reich hervorgehenden „Heiligen Römischen Reiches Deutscher Nation“.

Um damit aber nicht mit dem oströmischen Kaiser in Byzanz in Konflikt zu geraten, suchte er den politischen Ausgleich, indem er seinen Sohn und Thronfolger Otto II. mit der byzantinischen Prinzessin Theophanu verheiratete.

Ein weiteres außenpolitisches Betätigungsfeld Ottos I. war die Ausdehnung seines Reiches nach Osten. Dabei sollte die Missionierung der Slawen eine große Rolle spielen. Ausdruck dafür war die Gründung des Erzbistums Magdeburg.

Äußerer Ausdruck dieser Gründung ist noch heute der Dom mit seiner reichen plastischen Ausstattung, darunter einem „thronenden gekrönten Paar“ (Otto der Große und seine Frau Edgith, B 154.1).

■ „Hauptstadt“ Magdeburg

Nur noch wenige Reste sind in Magdeburg allerdings von Ottos Herrschaftssitz erhalten. Wie Karl der Große auch, so hatte Otto keine feste Residenz, sondern „regierte“ von wechselnden Königshöfen aus, die als „Pfalzen“ bezeichnet wurden. So wie für Karl Aachen die wichtigste Pfalz gewesen war, so ist dies für Otto Magdeburg geworden.

Das Wort „Pfalz“ leitet sich vom lateinischen „palatium“ ab, womit ein herrschaftliches Palastgebäude bezeichnet wird. Wie die Magdeburger Pfalz ausgesehen hat, wissen wir jedoch nur höchst ungenau. Eine Rekonstruktion (B 155.2) aus dem Jahr 1986 dürfte dem mittelalterlichen Bauzustand aber recht nahe kommen.

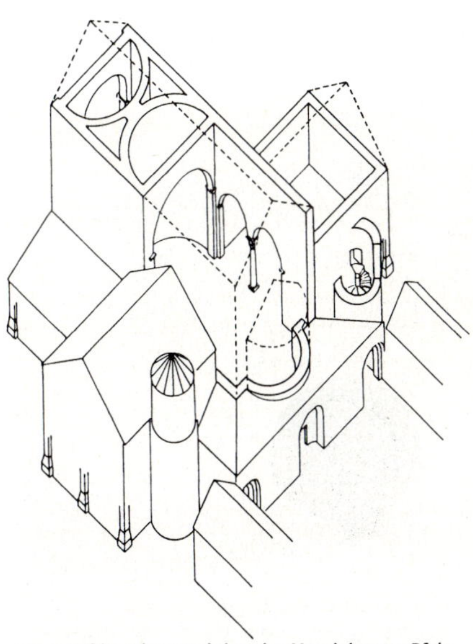

155.2 Aufrissrekonstruktion der Magdeburger Pfalz Ottos des Großen.

155.1 Theophanu, byzantinische Prinzessin und deutsche Kaiserin (Frau Ottos I.).

Mittelalterliche Pfalzen waren ein wichtiger Ort der königlichen Herrschaftsausübung und Repräsentation. Hier fanden Hof- und Reichstage statt, wurden Gesandte empfangen, Feste veranstaltet und Gerichtsverhandlungen durchgeführt. Das erforderte ein Gebäude, das ganz unterschiedlichen Funktionen gerecht werden musste. Die Magdeburger Pfalz ist dafür ein gutes Beispiel.

Q1 Königserhebung Ottos des Großen

Widukind von Corvey, sächsischer Zeitgenosse Ottos des Großen, berichtet:

Nachdem König Heinrich gestorben war, wählte sich das Volk der Franken und Sachsen dessen Sohn Otto aus. Zum Ort der allgemeinen Wahl bestimmte man die Pfalz Aachen.

Dort versammelten sich die Herzöge und obersten Grafen mit der übrigen Schar vornehmster Ritter in dem Säulenhof vor der Basilika Karls des Großen, setzten den neuen Herrscher auf einen dort aufgestellten Thron, huldigten ihm, gelobten ihm Treue, versprachen ihm Unterstützung gegen alle seine Feinde und machten ihn nach ihrem Brauch zum König.

Als dieser darauf in der Basilika erschien, ging ihm der Erzbischof von Mainz entgegen, berührte mit seiner Linken die Rechte des Königs, während er selbst in der Rechten den Krummstab trug, schritt vor bis in die Mitte des Heiligtums und sagte: „Seht, ich bringe euch den von Gott erwählten und von dem mächtigen Herrn Heinrich einst bestimmten, jetzt aber von allen Fürsten zum König gemachten Otto.“ … Dann schritt der Erzbischof mit dem König, der nach fränkischer Sitte mit einem eng anliegenden Gewand bekleidet war, hinter den Altar, auf dem die königlichen Abzeichen lagen: das Schwert mit dem Wehrgehänge, der Mantel mit den Spangen, der Stab mit dem Zepter und das Diadem. Er nahm das Schwert, wandte sich an den König und sprach: „Nimm dieses Schwert, auf dass du alle Feinde Christi verjagst, die Heiden und schlechten Christen, da durch Gottes Willen dir alle Macht im Frankenreich übertragen ist, zum unerschütterlichen Frieden für alle Christen.“ Dann nahm er die Spangen, legte ihm den Mantel um und gab ihm Zepter und Stab. Auf der Stelle wurde er mit dem heiligen Öl gesalbt und mit dem goldenen Diadem gekrönt und durch die beiden Bischöfe von Mainz und Köln zum Thron geführt, zu dem man über eine Wendeltreppe hinaufstieg. …

Widukind von Corvey, II, 1 – 2, in: Res gestae Saxonicae, S. 105, 107, 109, bearbeitet.

156.1 Gründungsurkunde Ottos des Großen für das Erzbistum Magdeburg (936). [Pergament – Höhe 46 cm, Breite 58 cm, Magdeburg, Landeshauptstaatsarchiv Sachsen-Anhalt, Rep. U 1, Tit. I, Nr. 31]

1. Schreibe eine Reportage über die Krönung Ottos. Achte dabei besonders auf Details und den Ablauf der Zeremonie. (Q1)

2. Stelle die Vor- und Nachteile der Erbentscheidung König Heinrichs gegenüber. (VT)

3. Diskutiere das Reichsverwaltungssystem Ottos des Großen. Bedenke dabei besonders die Investitur. (VT)

4. Informiere dich über die politische Bedeutung von Byzanz im 10. Jahrhundert (Lexikon). Bewerte von daher die Eheschließung von Otto II. und Theophanu.

5. Erörtere: Otto der Große war (wie Karl der Große) ein „Weichensteller“ der europäischen Geschichte.

WERKSTATT

Urkunden – Amtliche Dokumente als Geschichtsquellen

Otto der Große gründet das Erzbistum Magdeburg, 968

Im Namen der heiligen und unteilbaren Dreifaltigkeit. Otto, durch die Gunst göttlicher Gnade Imperator Augustus. Allen unseren Getreuen, den Bischöfen und Grafen und allen unseren anderen Landsleuten, senden wir im Herzen ewiges Heil und alles Gute. Dass wir in der Stadt Magdeburg einen erzbischöflichen Sitz zu errichten wünschen, ist eurer treuen Liebe bereits bekannt, und da wir jetzt die Zeit als dafür geeignet erachten, haben wir den ehrwürdigen Adalbert als Erzbischof einzusetzen und zu erwählen beschlossen für alles slawische Volk jenseits von Elbe und Saale, ob es bereits zu Gott geführt ist oder noch zu ihm geleitet werden muss. Unsere Markgrafen Wigbert, Wigter und Gunther fordern wir auf und mahnen sie zur Treue, die sie uns schulden: Legt von eurer Seite unserem Erzbischof bei seiner Ordination nichts in den Weg. Und wisset: Alles, was er euch sagt, entspricht unserem eigenen Willen. Um der Sicherheit und Dauer dieser unserer von Gott verordneten Wahl ordnen wir an, dass diese Urkunde für ewig in der Kirche zu Magdeburg aufbewahrt und als Zeugnis für das, was wir befohlen haben, aufgeschrieben werde und bestätigen dies durch unsere eigenhändige Unterschrift und haben befohlen, dass sie durch Aufdrücken unseres Siegels beglaubigt werde.
Zeichen des Herrn Otto, des großen und immer siegreichen Imperators Augustus. [Oberitalien, 968]

Geschichte in Quellen, Mittelalter, S. 186 f., gekürzt und sprachlich bearbeitet

157.1 Siegel Ottos des Großen, 936, ø 5,2 cm (Marburg, Hess. Staatsarchiv, Urk. R I a Stift Fulda).

Ohne die Existenz von Urkunden wüssten wir über sehr viele geschichtliche Ereignisse nur sehr ungenau Bescheid. Urkunden sind deshalb ganz besonders wichtige historische Arbeitsmaterialien. Um sie zu verstehen (aber auch in ihrer Echtheit einschätzen zu können), müssen wir über den Aufbau einer mittelalterlichen Urkunde Bescheid wissen.

Aufbau einer mittelalterlichen Urkunde

1. *Protokoll (Einleitung)*
   Invocatio (Anrufung Gottes), Intitulatio (Name und Titel des Ausstellers), Inscriptio (Empfänger), Salutatio (Grußformel), Arenga (allgemeine Begründung).
2. *Text (beurkundete Rechtssache)*
   Narratio (Erzählung der Umstände, die die Ausfertigung der Urkunde veranlasst haben), Dispositio (Inhalt der Rechtssache).
3. *Eschatokoll (Schluss)*
   Subscriptio (Nennung der Zeugen, Unterschrift), Datierung (Datum und Ort der Ausstellung), Siegel.

1. Gliedere die Gründungsurkunde des Erzbistums Magdeburg entsprechend dem Aufbau einer mittelalterlichen Urkunde.

2. Vergleiche die „Bestandteile“ einer mittelalterlichen Urkunde mit denen eines heutigen Schulzeugnisses.

3. Begründe, warum im Protokoll einer mittelalterlichen Urkunde ein Bezug zu Gott hergestellt wird.

4. Nimm an, du sollst von deiner Schule für gute Leistungen in deinem Lieblingsfach ein Buch erhalten. Verfasse dazu eine an den mittelalterlichen Gepflogenheiten orientierte „Schenkungsurkunde“, wie sie die Schulleitung zu diesem Zweck schreiben müsste.

4. Kaiser, Papst und Fürsten – Streit um die Macht

158.1 Die mittelalterliche Zweigewaltenlehre. Handschrift aus dem 13. Jahrhundert.

Die Idee der Herrschaftsteilung

Die Theorie der Herrschaftsteilung zwischen Kaiser und Papst – wie sie uns B 158.1 zeigt - ist auf den ersten Blick einleuchtend: Christus verleiht dem Papst den Schlüssel als Zeichen seines geistlichen Amtes und dem Kaiser das Schwert als Zeichen seines weltlichen Amtes. Im 11. und 12. Jahrhundert wurde daraus jedoch ein weitreichender Konflikt um die Vorherrschaft.

Das Machtstreben der Fürsten

Simonie: Ämterkauf in der Kirche

Verstärkt wurde der Konflikt zwischen Kaiser und Papst durch ein zweites Problem, den Versuch der Fürsten, ihre Macht auszuweiten. Eine Chance sahen sie dabei ab 1056, als nach dem Tod Kaiser Heinrichs III. (1056) dessen gerade sechsjähriger Sohn Heinrich IV. die Königsherrschaft antrat. Die Fürsten versuchten nun, die Schwäche der Zentralmacht dazu zu nutzen, Krongüter und königliche Rechte für sich in Anspruch zu nehmen.

Als Heinrich IV. (König von 1056–1106, Kaiser seit 1084) dann zehn Jahre später die Herrschaft übernahm, war eine Auseinandersetzung zwischen ihm und den Fürsten unausweichlich. Anlass war, dass Heinrich unter dem Vorwand, die Ostgrenze des Reiches gegen die Slawen stärker schützen zu wollen, rund um den Harz eine Reihe von Befestigungsanlagen errichten ließ und hier königstreues Militär stationierte. Dies musste die sächsischen Adligen zum Aufstand provozieren, da es einen Eingriff in deren Herrschaftsrechte darstellte. In den folgenden langen militärischen Auseinandersetzungen behielten Heinrichs Truppen die Oberhand. 1075 gelang es den königlichen Truppen, den sächsischen Widerstand endgültig zu brechen, die führenden sächsischen Adligen wurden außer Landes gebracht, ihre Besitztümer eingezogen. Heinrichs Sachsenkriege spiegeln den Grundkonflikt: Die Königsherrschaft stand in einem harten Gegensatz zu den Bestrebungen der Landesfürsten. Die Entwicklung zu einem Zentralstaat, wie sie sich in Frankreich oder England vollzog, wäre im Deutschen Reich nur gegen den Widerstand der Fürsten durchzusetzen gewesen.

Staat und Kirche in Konflikt

Mittlerweile hatte der Mönch Hildebrand als Papst Gregor VII. den römischen Papstthron bestiegen. Er formulierte im dictatus papae den neuen, erweiterten Anspruch der Kirche. Darin wird der Papst über alle anderen Fürsten – somit auch über den deutschen Kaiser – gestellt. Der Text erlangte schnell einen hohen Bekanntheitsgrad. Gregor griff auch intensiv in Angelegenheiten der Reichskirche ein. So lud er hohe kirchliche Würdenträger zu ↗Simonieprozessen nach Rom, entließ sie bei Nichtbefolgen seiner Anweisungen aus ihren Ämtern und exkommunizierte fünf königliche Räte.

Heinrich IV. seinerseits zeigte seinen Machtanspruch, indem er in der bedeutenden Stadt Mailand seinen Kaplan Tedald zum Erzbischof machte und sich das Recht nahm, in den Städten Fermo und Spoleto ihm treue Bischöfe einzusetzen. Er setzte gegen den Einspruch des Papstes das bisher übliche Verfahren zur Einsetzung eines Bischofs fort.

In einem scharf formulierten Brief belehrte Gregor Heinrich über den Begriff des Gehorsams. Bei der Übergabe des Briefes wurde wahrscheinlich auch die Drohung der Exkommunikation mündlich übermittelt.

Heinrich berief umgehend die 26 Bischöfe seines Reiches zu einer Synode nach Worms ein. Die geistlichen Würdenträger waren durch den neuen päpstlichen Machtanspruch offensichtlich ebenso herausgefordert wie der König und sagten sich offiziell vom Papst, „jenem gefährlichen Menschen", los. Heinrich forderte daraufhin „Bruder Hildebrand" (den Papsttitel ließ er absichtlich aus) in einem Sendschreiben auf, sofort zurückzutreten. Gregor reagierte unverzüglich: Am 15. Februar 1076 untersagte er Heinrich IV. in einem öffentlichen Gebet die Herrschaft über das deutsche und italienische Reich, entband alle Christen von ihrem Eid gegenüber dem König und verhängte über Heinrich den ↗Bann, d. h. Gregor schloss ihn von allen Sakramenten aus.

Gregors Schritt blieb nicht ohne Wirkung: Die Geschlossenheit der deutschen Bischöfe bröckelte. Die weltlichen Fürsten, deren Konflikt mit dem König keineswegs beendet war, sahen eine Chance, ihre Machtposition wieder zu verbessern, und forderten Heinrich auf, innerhalb einer Jahresfrist die Verzeihung des Papstes zu gewinnen. Andernfalls hatten sie beschlossen, den schwäbischen Herzog Rudolf zum König zu wählen.

159.1 *Heinrich IV. bittet die Markgräfin Mathilde von Tuszien und seinen Taufpaten, Abt Hugo von Cluny, um Fürsprache bei Gregor VII., wobei es bezeichnend für die Situation ist, dass der König als Mathildes Lehnsherr vor ihr die Knie beugt. Illustration aus einer Handschrift, um 1115.*

Der Gang nach Canossa

Heinrich traf Papst Gregor, der die Wahl eines Gegenkönigs unterstützen wollte, auf der Burg Canossa: „Sein ganzes Gefolge blieb draußen, und hier stand er nach Ablegung der königlichen Gewänder ohne alle Abzeichen der königlichen Würde, ohne die geringste Pracht zur Schau zu stellen, barfuß und nüchtern vom Morgen bis zum Abend, das Urteil des Papstes erwartend." Obwohl es Papst Gregor nicht ins politische Konzept passte, musste er als Seelsorger dem reuigen Büßer vergeben. Durch die Wiederaufnahme Heinrichs in die Kirche verlor die Fürstenopposition in Deutschland ihre Berechtigung – Heinrich IV. schien den doppelten Machtkampf gewonnen zu haben. Trotzdem wurde Rudolf auf dem Fürstentag in Forchheim (1077) zum Gegenkönig gewählt, der Konflikt zwischen König und Fürsten brach offen aus. Heinrich verfügte jedoch über ausreichende Unterstützung, vor allem beim niederen Adel und den Städten. Für die Städte und den niederen Adel war eine gestärkte Machtposition der Fürsten alles andere als wünschenswert. Daher unterstützten sie den Gegenspieler der Fürsten. Eine weitere Exkommunikation verfehlte ihre Wirkung und fiel auf Gregor VII. zurück: Die Synode in Brixen (Juni 1080) setzte ihn ab und ernannte den Erzbischof von Ravenna zum Gegenpapst (Clemens III.).

Mit Rudolfs Tod in der Schlacht war der Machtkampf zwischen König und Fürsten entschieden. Auch in Italien stellte Heinrich seine Machtposition wieder her und ließ sich 1084 von Clemens III. zum Kaiser krönen.

Der Streit um die Investitur endete allerdings erst mit einem Kompromiss, den Kaiser und Papst im Wormser Konkordat von 1122 aushandelten.

Konkordat = Vertragliche Regelung zwischen Staat und Kirche

160.1 Papst Gregor VII. diktiert einem Schreiber. Zeichnung in einer Handschrift des 12. Jahrhunderts.

Q1 Niemand hat Gewalt über den Papst

Aus dem Dictatus papae Gregors VII., 1075:

1. Einzig und allein von Gott ist die römische Kirche gegründet.
2. Nur der römische Papst trägt zu Recht den Titel des universalen Papstes.
3. Er ganz allein kann Bischöfe absetzen und auch wieder einsetzen.
6. Von anderer Gemeinschaft ganz abgesehen, darf man mit Exkommunizierten sich nicht einmal in demselben Hause aufhalten.
7. Nur er darf, wenn es die zeitliche Notwendigkeit verlangt, neue Gesetze erlassen, neue Gemeinden gründen, aus einem Stift eine Abtei machen und umgekehrt, ein reiches Bistum teilen und arme zu einem einzigen zusammenlegen.
8. Nur er verfügt über die kaiserlichen Insignien.
9. Alle Fürsten haben die Füße einzig und allein des Papstes zu küssen.
12. Der Papst kann Kaiser absetzen.
14. Er kann in der ganzen Kirche, wie er will, Kleriker ordinieren.
16. Keine Synode darf ohne seine Weisung eine allgemeine genannt werden.
18. Sein Entscheid kann von niemandem aufgehoben werden, er selbst aber kann Urteile aller anderen Instanzen aufheben.
19. Über ihn besitzt niemand richterliche Gewalt.
20. Niemand darf den verurteilen, der an den apostolischen Stuhl appelliert.
22. Die römische Kirche hat nie geirrt und wird nach dem Zeugnis der heiligen Schrift auch in Ewigkeit nicht irren.

Gregors Register 11, 55 a, in: Geschichte in Quellen. Mittelalter, S. 291f.

Q2 Dem Papst Gehorsam schuldig

Papst Gregor VII. schreibt an Heinrich IV., Dezember 1075:

Bischof Gregor, sendet dem König Heinrich seinen Gruß und apostolischen Segen, falls er bereit ist, wie es sich für einen christlichen König geziemt, dem apostolischen Stuhle Gehorsam zu leisten. …
Nicht ohne Bedenken segnen wir dich. Denn es heißt, dass du im vollen Wissen mit Leuten Umgang gepflogen habest, die durch päpstlichen Spruch und Synodalbeschluss gebannt sind. Wenn das wahr ist, dann weißt du selbst, dass du weder Gottes noch des Apostels Segen empfangen kannst, ehe du die Exkommunizierten aus deiner Umgebung entfernt und zur Buße angehalten und für dein Vergehen durch entsprechende Strafe, Genugtuung und Buße Absolution erhalten hast. …
Übrigens wundern wir uns sehr über dich. Du hast uns in den Worten deiner Gesandten oft genug äußerste Ergebenheit übermitteln lassen und uns die demütigsten Briefe geschrieben. Einen Sohn der heiligen Mutter, der Kirche, und unseren Sohn hast du dich genannt, gehorsam im Glauben.
Tatsächlich aber und in Wirklichkeit zeigst

du dich als gefährlicher Gegner unserer kanonischen und apostolischen Dekrete gerade in den Punkten, welche die Religion der Kirche am meisten fordert. … Und jetzt erst hast du, um Wunde an Wunde zu fügen, gegen die Gesetze des apostolischen Sitzes Fermo und Spoletum – wenn überhaupt von einem Menschen eine Kirche überwiesen oder verschenkt werden kann – uns gänzlich unbekannten Personen übergeben, die nicht ohne vorherige Untersuchung und nur dann, wenn sie zuerst als gut befunden werden, den Segen an die Gläubigen spenden dürfen.

Gregors Register VII, 10, in: Geschichte in Quellen. Mittelalter, S. 292.

Q3

Steige herab …

Brief Heinrichs an Gregor, 27. März 1076:

Heinrich nicht durch Anmaßung, sondern durch Gottes gerechte Anordnung König, an Hildebrand, nicht mehr den Papst, sondern den falschen Mönch. … Du scheutest dich nicht nur nicht, die Lenker der heiligen Kirche, nämlich Erzbischöfe, Bischöfe und Priester, die doch Gesalbte des Herrn sind, anzutasten. Wie Knechte, die nicht wissen, was ihr Herr tut, zertratest du sie unter deinen Füßen und gewannst dir dabei die Zustimmung aus dem Munde des Pöbels. Sie alle erachtest du als unwissend, dich allein aber als allwissend; …

Unser Herr Jesus Christus hat uns zum Königtum, dich aber nicht zur geistlichen Herrschaft berufen. Du nämlich bist auf folgenden Stufen emporgestiegen: durch List bist du zu Geld gekommen, durch Geld zu Gunst, durch Gunst zum Schwert, durch das Schwert zum Sitze des Friedens und vom Sitz des Friedens aus hast du den Frieden zerstört.

Geschichte in Quellen. Mittelalter, S. 298 gekürzt und sprachlich bearbeitet.

Q4

Der Kompromiss

Nach langen Verhandlungen auf einer Synode in Worms wurde 1122 die Einigung zwischen Papst und Kaiser, das Wormser Konkordat, feierlich verkündet:

Privileg des Kaisers:

Ich, Heinrich, von Gottes Gnaden Imperator Augustus der Römer, verzichte aus Liebe zu Gott und der heiligen römischen Kirche und zum Herrn Papste Calixtus und wegen meines Seelenheiles zugunsten Gottes und der heiligen Apostel Petrus und Paulus und der heiligen römischen Kirche auf alle Investitur mit Ring und Stab, und ich gestatte in allen Kirchen, die in meinem Regnum und Imperium liegen, kanonische Wahl und freie Weihe.

Privileg des Papstes:

Ich, Bischof Calixtus, servus servorum Dei, gestehe dir, o mein geliebter Sohn Heinrich, von Gottes Gnaden Imperator Augustus der Römer, das Recht zu, dass die Wahlen von Bischöfen und Äbten im Deutschen Reiche, die zum Regnum gehören, in deiner Gegenwart geschehen sollen, frei von Simonie und Gewalttat; sollte zwischen den Parteien dabei Streit entstehen, dann sollst du mit dem Erzbischof und den Bischofen der Kirchenprovinz gemeinsam beraten und entscheiden und dem Würdigsten deine Zustimmung und Hilfe leihen. Der Erkorene aber soll von dir mit dem Zepter die Regalien erhalten und dir dafür das leisten, was er von Rechts wegen schuldig ist.

Geschichte in Quellen. Mittelalter, S. 353.

1. Arbeite anhand des Textes (Q 1, VT) heraus, in welchen Punkten das Dekret des Papstes in Konflikt mit der Stellung des Königs gerät.
2. Stelle die gegenseitigen Vorwürfe Heinrichs und Gregors in Form einer Tabelle gegenüber (Q 2, Q 3). Vergleiche.
3. Diskutiere das Ergebnis von Worms (Q 4). Informiere dich dazu auch, wie Bischöfe heute ihr Amt erhalten.
4. Verfasst in Gruppenarbeit über den Investiturstreit ein Fünf-Minuten-Hörspiel (VT, Q 1–4).

5. Leistung und Gegenleistung – Herrschaft im Mittelalter

Ein König braucht Vasallen

In den kriegerischen Auseinandersetzungen des Mittelalters hatte die Seite einen entscheidenden Vorteil, die über die größere Zahl von gepanzerten Reitern (Rittern) verfügte. Im Laufe der Zeit wurde die Rüstung und Ausrüstung dieser Kämpfer weiter perfektioniert. Sie wurde dabei so teuer, dass nur noch reiche Adelige, etwa Grafen oder Herzöge, sich und ihr Gefolge ausrüsten konnten. Die mittelalterlichen Könige erkannten die militärische und politische Bedeutung dieser Personengruppe. Sie versuchten den Hochadel in ein besonderes Verhältnis zum Thron zu bringen. Daraus entwickelte sich ein System wechselseitiger persönlicher Abhängigkeiten, Pflichten und Treueverhältnisse: das ↗Lehnswesen.

Am Ende des Karolingischen Reiches hatte sich das Lehnswesen zur entscheidenden staatlichen Ordnung entwickelt. Der König musste darauf achten, dass seine Vasallen ihm treu ergeben waren, denn schon bald konnten diese durchsetzen, dass ihre Nachkommen das Lehen erbten. Beim Tode geistlicher Lehnsleute fiel das Lehen dagegen an den König zurück.

Die Reichsministerialen

Staufische Herrscher des 12. Jahrhunderts wie Konrad III., erst recht aber Friedrich I. Barbarossa und Heinrich VI. bemühten sich um den Auf- und Ausbau eines deutschen Königsstaates. Ihre Ausgangspunkte dabei waren die Pfalzen und Reichsburgen, die über das gesamte Herrschaftsgebiet verstreut waren. Sie sollten mit der Zeit zu verlässlichen Reichsländern heranwachsen und langfristig die ursprünglichen adligen und kirchlichen Herrschaften in diesen Gebieten ablösen. Die Personen, die in den entsprechenden Gebieten im Auftrag des Königs Gerichts- und Verwaltungsaufgaben erfüllten oder als militärische Kommandeure auftraten, waren geeignet, das Vorhaben der Staufer in die Tat umzusetzen.

Als königliche Schultheiße und Reichsvögte machten die staufischen Reichsministerialen die alten weltlichen oder geistlichen Herrscher überflüssig. Sie übernahmen mehr und mehr deren Aufgaben. Die ↗Ministerialen waren ursprünglich unfrei. Im Dienst des Königs konnten sie aber schnell aufsteigen; sie beerbten ausgestorbene Adelsgeschlechter oder erhielten frei werdende Reichslehen.

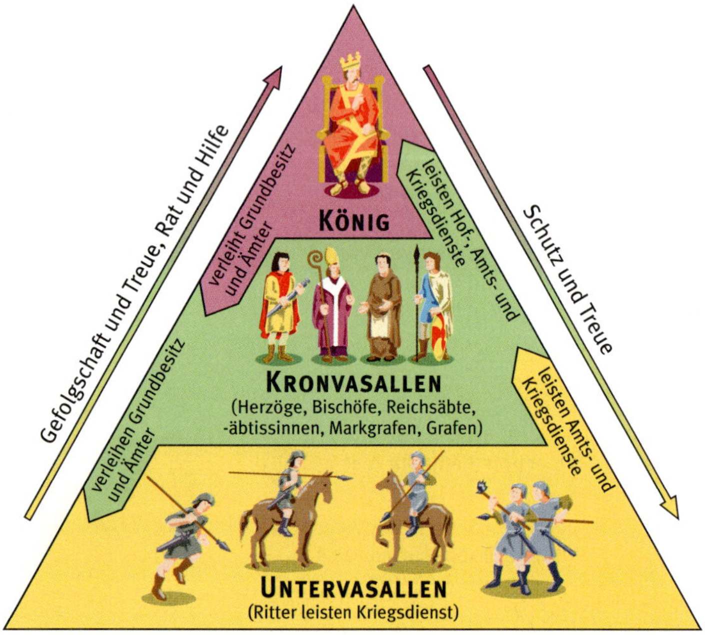

162.1 Das Lehnswesen. Die Zahl der Stufen erhöhte sich bis zum 13. Jahrhundert auf sieben. Jeder Lehnsmann war nur seinem unmittelbaren Herren verpflichtet.

Das Beispiel der Herren von Bolanden

Bischof Otto von Freising, Geschichtsschreiber der Staufer im 12. Jahrhundert, sah im Oberrheingebiet das Kernland des Reichs. Hier hatten die Staufer noch während der Regentschaft des letzten Saliers das Königsgut organisiert.

In der Nordpfalz und in Rheinhessen gelang vor allem einer Ministerialenfamilie ein bemerkenswerter Aufstieg: den Herren von Bolanden, deren angestammter Herrschaftsmittelpunkt das Gebiet östlich des Donnersberges (bei Kirchheimbolanden) war. Im 12. und 13. Jahrhundert betätigten sich die Bolander und ihre Zweigfamilien in zahlreichen Reichsämtern; so hatten sie beispielsweise das Amt des kaiserlichen Truchsessen und Kämmerer inne. Dadurch gelang es ihnen sogar, Bischofswürden (zum Beispiel in Speyer oder Trier) zu erlangen.

■ Wozu braucht man einen Herrscher?

„Weil das Übel der Sünde von den Vätern auf sie fortgepflanzt war, fassten die Menschen gegeneinander Hass und veränderten den nach natürlichem Recht gemeinsamen Besitz der Dinge. Der Mensch, den Gott aufrecht und einfach geschaffen hatte, verstrickte sich in Streitigkeiten. Und so – unter dem Zwang der Dinge selbst – und auf Antrieb der göttlichen Vorsehung wurden die Fürsten der Völker gewählt, ...“ schrieb Kaiser Friedrich II. im Vorwort der „Konstitutionen von Melfi“ (1231). Er kommt in diesem ersten staatlichen Gesetzbuch des Mittelalters zu dem Schluss, dass die Fürsten Vollstrecker des göttlichen Willens seien, Verbrechen bekämpfen und Richter über Leben und Tod sein sollen. Um dies erreichen zu können, mussten die Fürsten, besonders die Könige, ihren Willen durchsetzen können.

163.1 Der König lädt die Fürsten zum Gerichtstag ein. Oben: Überbringung der Ladung mit Brief und Siegel. Unten: Zwei Fürsten zahlen Strafgeld, weil sie nicht erschienen sind. Illustrationen aus dem Sachsenspiegel, um 1360.

■ Leistung und Gegenleistung

Anders als unser Staat heute hatte das mittelalterliche Reich keine Institutionen, Gesetze oder Verwaltungen, die den Kontakt zwischen Herrschenden und Untertanen regelten. Für die Menschen des Mittelalters waren daher persönliche Beziehungen wie Freundschaften, Patronage und Klientel entscheidend, wenn sie bestimmte Ziele erreichen wollten. Wie im römischen Reich kümmerten sich die „patroni“ (von lat. „pater“ = Vater) um die Belange der Schwächeren, der Klienten. Das Wirken der Freunde und Fürsprecher geschah vertraulich – die Öffentlichkeit war davon ausgeschlossen. Persönliche Berater wichtiger Personen erlangten großen Einfluss.

Direkte Beratungen waren der Schlüssel zu den oftmals komplizierten Einigungen in wichtigen Fragen. Zum Zweck der Beratung beriefen die Könige eine Vielzahl von Hoftagen ein, denn die Herrscher konnten sich nicht einfach über Vorstellungen ihrer Vasallen oder des hohen Adels hinwegsetzen. Sie waren – im Gegenteil – auf deren Mitwirken angewiesen. Für die Zustimmung in einer bestimmten Frage wurde ein Entgegenkommen in einer anderen erwartet.

■ König und Kurfürsten

Das Prinzip von Leistung und Gegenleistung zeigte sich in besonderer Weise immer wieder bei den Königswahlen, weil derjenige, der gewählt werden wollte, die Wahlberechtigten mit politischen oder wirtschaftlichen Zusagen für sich zu gewinnen versuchte. Die selbstbewussten Fürsten waren in der Regel harte Verhandlungspartner.

Wahlberechtigt waren seit 1338 (Q3) die sieben Kurfürsten. Dieser Titel drückt ihr besonderes Vorrecht aus, den König zu küren. In der Folge wurden sie und ihre Territorien zu ganz besonderen Machtfaktoren in Deutschland.

Das ging natürlich auf Kosten der Macht des Königs und hatte eine Machtverteilung zur Folge, die auch heute noch durch die Rolle der 16 Bundesländer ein Kennzeichen der politischen Ordnung in Deutschland ist.

Q1 Eine Grafschaft für den Bischof

In einer Urkunde, einem so genannten Privileg, das König Heinrich II. (1002 – 1024) für Bischof Meinwerk von Paderborn ausstellen ließ, heißt es:

Im Namen der heiligen und unteilbaren Dreieinigkeit. Heinrich, durch Anordnung der göttlichen Vorsehung König. Die Gnade der göttlichen Güte, die uns zum Gipfel königlicher Würde geführt hat, hat gewollt, dass wir König sind, damit wir helfen, die Ordnung der Kirchen zu festigen und zu stärken, insbesondere jedoch an jenen Orten, die von unseren königlichen und kaiserlichen Vorgängern gegründet, jedoch durch die Last der Sünden beinahe schon wieder vernichtet worden sind. Deshalb wollen wir der Aufmerksamkeit aller unserer Getreuen, der gegenwärtigen wie der zukünftigen, zur Kenntnis bringen, dass wir, angetrieben durch die Liebe zu Gott, um des Heils unserer Seele und unserer Vorfahren willen, ... auf Fürsprache unserer geliebten Gemahlin, der Königin Kunigunde, und auf Bitten Meinwerks, des ehrwürdigen Bischofs der heiligen Kirche von Paderborn, ihm und seiner heiligen Kirche, die einst von Kaiser Karl dem Großen gegründet und in unserer Zeit durch eine Feuersbrunst verwüstet wurde, die Grafschaft, die Graf Hahold zeit seines Lebens innehatte, umfassend die Orte Havergau, Lemgo, Detmold, Ahagau, Erpesfeld, Silbach, Madfeld, Nitherga, Sindfeld, Balve bei Spriada, Gembeck, Gesseln, Sievershausen, durch diese unsere königliche Urkunde mit allen Gerechtsamen als Eigentum mit dem Ziel verleihen und übertragen, dass der oben genannte Bischof Meinwerk und seine Nachfolger, die der oben beschriebenen Kirche vorstehen, künftighin die unumschränkte Macht besitzen sollen, mit dieser Grafschaft und ihren Einkünften zum Nutzen ihrer Kirche ohne jede Beeinträchtigung zu tun, was immer ihnen richtig erscheint.

K. Kroeschell, Deutsche Rechtsgeschichte 1 (bis 1250), 1980, S. 131, gekürzt.

164.1 König, Vasall und Untervasall im Sachsenspiegel: Der König (rechts) bietet seinen Vasallen (Mitte) und dieser seinen Untervasallen (links) zum Reichsdienst auf; beide versprechen mit Kniefall und Schwur, dem Aufgebot innerhalb von sechs Wochen Folge zu leisten.

Q2 Aufgebot von Panzerreitern

Verzeichnis der nach Italien zu entsendenden Panzerreiter, 981:

Bischof Erkembald von Straßburg soll 100 Panzerreiter schicken; der Abt von Marbach führe 20 mit sich; Bischof Balderich von Speyer 20; Hildebad von Worms führe 40; der Abt von Weißenburg schicke 50; der Abt von Lorsch führe 50; der Bischof von Mainz schicke 100; der Erzbischof von Köln 100; der Bischof von Würzburg 40; der Abt von Hersfeld 40; Graf Heribert führe 30; und der Sohn seines Bruders komme entweder mit 30 oder schicke 40; Megingaus soll mit Hilfe Burkhards 30 führen; Kuno, der Sohn Kunos, führe 40; vom Herzogtum Elsass sollen 70 geschickt werden; Bezolin, der Sohn des Arnulf, führe 12; Azolin, der Sohn Rudolfs, schicke 30; Otto, der Bruder Gebizos, schicke 20; Graf Hezel führe 40; der Abt von Fulda schicke 40; Graf Gunthram führe 12; Unger führe 20; Herr Sikko, des Kaisers Bruder, führe 20; Otto führe 40; der Bischof von Lüttich schicke 60; der Bischof von Cambrai 12; Gedulf führe 12 mit Hilfe der Äbte, Graf Theodorich schicke seinen Sohn mit 12; Graf Ansfred schicke 10; die Markgrafen Gottfried und Arnulf schicken 40; Graf Sikkos Sohn führe 30 mit sich; der Abt von Prüm führe 40; der Erzbischof von Trier führe 70; der Bischof von Verdun führe 40, der von Toul schicke 20; der Erzbischof von Salzburg schicke 70; der Bischof von Regensburg ebenso viel; Abraham [Bischof von Freising] schicke 40; Bischof Reginald [von Eichstätt] führe 50 ...

MG Const. I, S. 436, in: Geschichte in Quellen. Mittelalter, S. 201, gekürzt.

Q3 Der Kurverein von Rhens

Bei einem Fürstentreffen in Rhens am Rhein wurde 1338 die Kür (= das Wahlverfahren) der deutschen Könige durch die Kurfürsten festgelegt.

Wir, von Gottes Gnaden, Heinrich, Erzbischof von Mainz, Walram, Erzbischof von Köln, Balduin, Erzbischof von Trier, Rudolf, Ruprechts Bruder, Stephan, Ruprecht der Jüngere, Pfalzgrafen bei Rhein und Herzöge von Bayern, Rudolf, Herzog von Sachsen, und Ludwig, Markgraf von Brandenburg, tun allen Menschen, die diesen Brief sehen oder hören lesen, als des Reiches Kurfürsten kund:
Es wird so gehalten, dass die von den Kurfürsten einmütig oder von der Mehrheit Gewählten den Königstitel annehmen und die Güter und die Rechte des Reiches verwalten.

Geschichte in Quellen. Mittelalter, S. 202.

165.1 Kaiser Otto III. auf dem Thron zwischen zwei Geistlichen (links) und zwei Adligen (rechts). Buchmalerei, 998.

1. Erläutere das mittelalterliche Herrschaftsprinzip von Leistung und Gegenleistung. (VT, Q 1, Q 2, B 21.1, B 164.1, B 165.1 und B 165.2)
2. Vergleiche die Kaiserdarstellungen in B 165.1 und B 165.2 in Bezug auf die Veränderungen der Machtverhältnisse vom 10. bis 15. Jahrhundert.
3. Stelle dar, wie sich durch Ministerialendienste im 13. Jahrhundert Karriere machen ließ. (VT)
4. Erörtere die besondere Rolle der Kurfürsten im mittelalterlichen Herrschaftssystem in Deutschland ab dem 14. Jahrhundert. (VT, B 165.2)
5. Schreibe einen Dialog über die Gerichtsverhandlung, die in B 163.1 dargestellt ist.

165.2 Thronender König zwischen den drei geistlichen (rechts) und vier weltlichen Kurfürsten (links). Titelblatt des Wormser Stadtrechtsbuches, 1509.

SCHAU

Historische „Tatorte“ im Ober- und Mittelrheingebiet

SPEYER. In Speyer wurde im 11. Jahrhundert mit dem Dom einer der größten und bedeutendsten Bauten des Mittelalters geschaffen. Als Kaiserdom war er Bischofskirche und zugleich auch Symbol der königlichen/kaiserlichen Herrschaft. Diese Symbolik drückt sich insbesondere in den Königs- und Kaisergräbern aus, denn im Dom sind begraben: Konrad II., Heinrich III., Heinrich IV., Heinrich V., Philipp von Schwaben, Rudolf von Habsburg, Adolf von Nassau und Albrecht von Österreich. Seit 1981 ist der Dom eine von weltweit über 500 Weltkulturerbe-Stätten.

RHENS. Der so genannte „Königstuhl“ von Rhens war im 14. Jahrhundert mehrfach ein Ort der Reichsgeschichte. Hier erfolgten zwei Königswahlen (1346: Karl IV., 1400: Ruprecht von der Pfalz) und 1338 die Festlegung des Wahlgremiums zukünftiger Königswahlen (Q 3, S. 165). – Heute steht der Königstuhl nicht mehr direkt am Rhein, sondern auf einer Anhöhe zwischen Rhens und Waldesch.

LORSCH. Das hier 764 gegründete Kloster war vom 8. bis 11. Jahrhundert eines der meist begüterten seiner Zeit. Es verfügte über Besitz vom Niederrhein bis nach Tirol und war öfters Aufenthaltsort von fränkischen Königen/Kaisern, darunter vor allem von Karl dem Großen. Dessen Enkel König Ludwig der Deutsche ist hier begraben. In der Schreibwerkstätte des Klosters sind wichtige Handschriften entstanden, so zum Beispiel die „Lorscher Annalen“ (vgl. S. 151). In seiner Blütezeit im 9. bis 11. Jahrhundert befand sich hier außerdem die bedeutendste Bibliothek nördlich der Alpen. – Wichtigster baulicher Überrest der Klosteranlage ist die so genannte „Königshalle“, die ehemalige Torhalle, durch die man in den Klosterbereich gelangte.

PLATZ

INGELHEIM. Die Ingelheimer „Pfalz“ hatte im 8. bis 12. Jahrhundert oftmals hohen Besuch: darunter mehrfach Karl den Großen und Otto den Großen. Sie war damit eine der von Königen/Kaisern meistbesuchten „Pfalzen“ im mittelalterlichen deutschen Reich. – Bauliche Reste der Pfalz sind noch erhalten.

TRIFELS. „Wer den Trifels hat, hat das Reich.“ Dieses geflügelte Wort des 12. und 13. Jahrhunderts hat seine Ursache darin, dass zu dieser Zeit auf Burg Trifels die Reichskleinodien aufbewahrt wurden. Denn die Königskrone, der Reichsapfel, das Reichskreuz, das Reichsschwert und das Reichszepter waren die Herrschaftssymbole des deutschen Königtums und mussten deshalb in einer besonders stark befestigten Burg gesichert werden. – Heute sind auf dem Trifels Nachbildungen der Reichskleinodien ausgestellt.

GÖLLHEIM. 1298 standen sich hier der amtierende deutsche König Adolf von Nassau und sein Herausforderer Herzog Albrecht von Österreich in einer Ritterschlacht gegenüber, aus der Albrecht als Sieger hervor ging, nachdem Adolf zu Tode gekommen war. – Seit einigen Jahren dokumentiert ein historischer Lehrpfad (Adolf-von-Nassau-Wanderweg) dieses Geschehen an Hand von Informationstafeln direkt vor Ort.

1. Informiere dich in einem Lexikon über die im Zusammenhang mit den ober- und mittelrheinischen „Tatorten“ genannten Könige/Kaiser. (Einige sind dir ja auch schon aus deinem Geschichtsbuch bekannt.)

2. Besorge dir durch die Fremdenverkehrsämter der sechs „Tatorte“ Prospektmaterial und stelle damit eine Bildcollage zusammen, die die Textkästen des Buches ergänzt.

3. Überlege, warum die historischen „Tatorte“ am Ober- und Mittelrhein besonders zahlreich sind. (Eine wichtige Hilfe können dir die Karte 149.1 und dein Erdkundeatlas sein.)

6. Erfüllt vom Geist des Herrn – Kloster- und Kirchenreform

168.1 Stiftung des Klosters Maulbronn durch den Adligen Walter von Lomersheim unter Mitwirkung Bischof Gunthers von Speyer, um 1450.

■ Ora et labora – Bete und arbeite

Klösterliche Lebensgemeinschaften waren zuerst im Orient entstanden. Einzelne Menschen, die sich den Reizen und Versuchungen des gesellschaftlichen Lebens entziehen wollten, zogen sich in die Einsamkeit zurück oder schlossen sich zu abgesonderten Gemeinschaften zusammen, die sich strengen Regeln unterwarfen.

Für die europäische Klosterkultur entscheidend wurde Benedikt von Nursia, der im Jahr 529 in Süditalien auf dem Monte Cassino ein Kloster gegründet hatte. In der Folge wurde die von ihm aufgestellte Regel für viele andere Klostergründungen des Abendlandes verbindlich. Sie stand unter dem Leitgedanken „Ora et labora": Bete und arbeite. (Q 1)

■ Von den weltlichen Dingen des geistlichen Lebens

Im Laufe der Jahrhunderte wurden die Ordensregeln jedoch immer weniger beachtet: Die Klostergemeinschaften verweltlichten. Viele Bischöfe und Äbte sahen ihre Hauptaufgaben zunehmend in der Verwaltung der ausgedehnten kirchlichen Besitztümer. „Ein Bistum oder eine Abtei zu haben, wäre eine schöne Sache, wenn man nur nicht die Messe lesen müsste", beklagte sich ein Erzbischof von Reims.

Im 10. und 11. Jahrhundert war es üblich, das hohe Kirchenämter gekauft wurden. Kirchliche und weltliche Macht durchdrangen sich immer mehr. Im Jahr 1046 gab es gleich drei miteinander konkurrierende Päpste, die Kaiser Heinrich III. schließlich zugunsten eines eigenen Wunschkandidaten absetzen ließ.

■ Die Reform beginnt im Kloster …

Vom Kloster Cluny in Burgund aus begann im 10./11. Jahrhundert zunächst eine Reform der benediktinischen Klöster, die auch den Anstoß zu einer allgemeinen Kirchenreform lieferte: *„Was soll ich sagen von der strengen Abtötung der Sinne, von der Disziplin im Einhalten der Regel, von der Ehrfurcht vor dem Kloster und vom Stillschweigen?"*, schreibt Petrus Damiani um 1063. Cluny war in allem vorbildlich. Die Reformklöster machten sich frei von allen weltlichen Einflüssen. Sie schlossen sich unter der Leitung von Cluny zusammen und wollten direkt den Päpsten unterstellt werden, die den Cluniazensern nahe standen. Im 11. Jahrhundert waren 65 Klöster Cluny unterstellt, im 12.–14. Jahrhundert wurden es ca. 1500. Die Reformbewegung hatte schließlich ganz Europa erfasst.

Von Klöstern gingen oft wichtige Impulse auf die Umgebung aus: handwerkliche Fertigkeiten, landwirtschaftliche Anbautechniken, auch im Bereich des Weinbaus, medizinische, mathematische und philosophische Kenntnisse. So manches Kloster war stolz auf seine umfangreiche und wertvolle Bibliothek, die durch das mühselige Abschreiben von alten handschriftlichen Texten – einer Hauptarbeit der Mönche – immer noch weiter vergrößert wurde. Ohne diese anstrengende Leistung wären zahllose Texte der Antike nicht überliefert worden. Die Klöster des Mittelalters waren also nicht einfach nur abgeschiedene Orte für fromme Menschen, Herbergen für Reisende, Pilger, Fürsten und Könige sowie ländliche Wirtschaftszentren, sondern auch Schulen und Forschungsstätten, wo die Gelehrten ihre Erkenntnisse austauschten.

Q1

Aus der Mönchsregel Benedikts von Nursia, nach 500

a) Entsage dem eigenen Willen und ergreife die Waffen des Gehorsams, um dem Herrn Christus zu dienen.

b) Demut heißt, ohne Zögern zu gehorchen, sobald der Abt etwas befiehlt.

c) Müßiggang ist der Feind der Seele; deshalb sollen sich die Brüder zu bestimmten Zeiten mit Handarbeit oder mit göttlicher Lesung beschäftigen. (Gebetsplan zur Sommerzeit: 2.30, 4.30, 6.00, 9.00, 12.00; Mittagessen und Mittagsruhe; 13.30, 18.30 Uhr; Abendessen; 19.30 Uhr; Nachtruhe. Dazwischen ergeben sich im Sommer 8, im Winter 6 Stunden Handarbeit.)

d) Das Kloster soll so angelegt sein, dass sich alles Nötige innerhalb des Klosters befindet: Wasser, Mühle, Garten, Werkstätten. Draußen herumzulaufen ist für die Seele der Mönche nicht gut.

e) Wenn ein Vornehmer seinen Knaben im Kloster darbringt, sollen seine Eltern die Schenkungsurkunde und die Hand des Knaben mit der Opfergabe zusammen in das Altartuch wickeln. Auch die Ärmeren sollen es so halten.

Nach: B. Steidle, Die Benediktinerregel, Beuron

1. Stelle Merkmale der kirchlichen Krise im 11. Jahrhundert zusammen. (VT)

2. Die Klosterreform, die im 11. Jahrhundert von Cluny ausging, war eine Rückbesinnung und Wiederherstellung. Belege diese Behauptung. (VT, Q1, Q2)

3. Kloster Maulbronn ist nahezu vollständig in seinem mittelalterlichen Bauzustand erhalten geblieben. Das Kloster wurde deshalb in die „Weltkulturerbe"-Liste der UNESCO aufgenommen. Informiere dich über Maulbronn im Internet.

Q2

Erfüllt vom Geist des Herrn

Petrus Damiani, ursprünglich Benediktinermönch und ab 1057 Kardinalbischof von Ostia und einflussreicher gemäßigt handelnder Kirchenreformer, schreibt 1063 an Abt Hugo von Cluny:

Und wie anders könnte ich Cluny bezeichnen als einen Acker, erfüllt vom Geist des Herrn, wo es gleich einem Haufen himmlischer Saaten eine große Mönchsgemeinschaft gibt, die ein Leben in Nächstenliebe führt? Jener Acker wird Tag für Tag mit der Hacke des heiligen Gotteslobs bearbeitet und auf ihm sprießen die Samen himmlischer Beredsamkeit. Dort wird die Ernte geistlicher Früchte eingefahren, damit sie schließlich in himmlische Scheunen gebracht wird. ... Dort aber [in Cluny] wird das Feld des menschlichen Herzens bebaut, von wo jene Saat gesät wird, die in die himmlische Scheune eingeht.

Cluny im 10. und 11. Jahrh., eingel. und zusammengestellt v. Joachim Wollasch, S. 53f.

169.1 Giovanni da Brescia, Zwei Mönche beten zum Heiligen Benedikt, Ölgemälde von 1526.

7. Hildegard von Bingen – ein Leben in Christus

170.1 Benediktinerin heute.

Entbrannt zum Heiligen Geist

„Wenn jemand sich Gott unterstellt und den Satan überwindet, ragt er empor und genießt die Seligkeit des göttlichen Schutzes. Und wenn er, entbrannt zum Heiligen Geiste, sein Herz erhebt und seinen Blick Gott zuwendet, dann erscheinen darin in heller Klarheit die seligen Geister und bringen Gott die Hingabe seines Herzens dar. So hat die Liebe ihr Werk vollkommen gemacht."

Hildegard von Bingen war 14 Jahre alt, als sie von ihren Eltern „Gott unterstellt" wurde und ins Kloster eintrat.

Die Motive, die Frauen im Mittelalter Nonnen werden ließen, waren vielfältig. Zumeist sind religiöse Gründe ausschlaggebend gewesen. Doch stellte das Klosterleben auch eine Alternative zu den schwierigen Bedingungen einer harten Ehe dar: zahlreiche Schwangerschaften, weitgehend rechtlose Stellung unter einem Ehemann, der auch das Züchtigungsrecht besaß.

Leben und Werk Hildegards

Geboren wurde Hildegard von Bingen 1098 in Rheinhessen als zehntes Kind einer adligen Familie. Ihr Lebensweg als Nonne begann im Kloster Disibodenberg. Hier lernte sie Lesen, Schreiben und Latein.

1150 gründete Hildegard das Kloster Rupertsberg bei Bingen und 1165 das Kloster Eibingen bei Rüdesheim. Sie starb 1179 im Kloster Rupertsberg. Zwar besteht heute keines ihrer Klöster mehr, doch besteht seit 1904 oberhalb des alten Eibinger Klosterstandortes eine neue Benediktinerabtei, die sich nach St. Hildegard benannt hat. Hier wird die Tradition Hildegards in besonderer Weise gepflegt.

Hildegard hat mehrere theologische Bücher verfasst, eine Reihe von geistlichen Liedern geschrieben und sich intensiv mit der ganzheitlichen Naturheilkunde beschäftigt, die Körper und Geist als Einheit betrachtet. Außerdem stand sie in einem regen Briefwechsel mit vielen politischen und kirchlichen Größen ihrer Zeit – darunter Kaiser Friedrich Barbarossa oder Bernhard von Clairvaux, den mächtigen Abt der Zisterzienser.

Die Aktualität Hildegards

Wie kaum eine andere Frau verkörpert Hildegard das Frömmigkeitsideal des Mittelalters. Die Beschäftigung mit ihrem Leben „bringt deshalb Licht ins Mittelalter". Doch ist Hildegard auch in mehrfacher Weise für die moderne Welt von Bedeutung. Insbesondere ihre Medizin und ihre Ernährungstherapie (Diät) bieten vielen heutigen Menschen eine Lebensorientierung.

170.2 Hildegard von Bingen beim Schreiben eines ihrer Bücher, Darstellung um 1220/30.

Q1 Stätte des Jammers …

Hildegard berichtete in einem ihrer Bücher über die Gründung des Klosters Rupertsberg bei Bingen, die sie im Jahr 1150 vorgenommen hatte:

Ich nahm mit zwanzig adligen Nonnen, die von reichen Eltern abstammten, an diesem Ort meinen Aufenthalt. Dort fanden wir keinerlei Wohnstätte noch Bewohner mit Ausnahme eines alten Mannes, seiner Frau und seiner Kinder, einem Knaben und zwei Mädchen. Große Widerwärtigkeit, Arbeitslast und Trübsal überfielen mich. … Es fehlte uns, soweit man es uns nicht aus Gottes Gnade an Almosen schenkte, am Lebensnotwendigsten. … Da schüttelten denn die Leute über mich den Kopf und sagten: Was nützt es, dass adelige und reiche Nonnen von dem Ort, wo es ihnen an nichts gefehlt hat, fortziehen an eine Stätte solchen Jammers.

Das Leben der heiligen Hildegard, berichtet von den Mönchen Gottfried und Theoderich, aus dem Lateinischen übers. u. komm. von Adelgundis Führkötter, 1980, S. 79.

171.1 Hildegard von Bingen hat eine Vision. Aus dem Himmel fließen ihr die Gedanken und Bilder zu. Rechts sieht man Volmar, der die Vision Hildegards niederschreibt. Buchmalerei aus „Buch der göttlichen Werke" aus Lucca, 13. Jahrhundert.

Q2 Ernährungstipps

Ein wichtiges Thema in Hildegards Denken war die gesunde Ernährung. Ihre Ernährungstipps finden in der modernen Ernährungstherapie und in der alternativen Lebenskultur eine vielfältige Anwendung:

Hafer fördert bei gesunden Menschen ein fröhliches Gemüt, eine reine und helle Aufgeschlossenheit (Intelligenz) und die Haut wird schön. Wer aber krank und blutarm ist, soll keinen Hafer essen, weil seine Verdauung eine gute Durchblutung voraussetzt.

Wer Speisen ohne Salz isst, wird innerlich schwach. Wer sie daher mit Salz anmacht oder würzt, den stärken und gesunden diese Speisen. Allzu stark gesalzene Kost aber schädigt. Darum soll jede Speise so gesalzen werden, dass man die Speise vor dem Salz herausschmeckt.

Hühnerfleisch ist gut für Gesunde, da es nicht fett macht. Den Kranken erfrischt es.

Wighart Strehlow: Das Hildegard-von-Bingen-Kochbuch, Die besten Rezepte der Hildegard-Küche. München 1996, S. 18, 24, 42.

1. Informiere dich in einer Buchhandlung oder im Internet, mit welchen Themen sich Hildegard von Bingen befasst hat und finde dabei auch heraus, welche Bücher Hildegards heute noch oder wieder erhältlich sind.
2. Frage in einer Apotheke nach Arzneien und Heilmitteln, die mit Hildegard in Verbindung stehen.
3. Erkundige dich in einer Ernährungsberatungsstelle (Telefonbuch, Gelbe Seiten) nach der „Hildegard-Ernährung". (Q 2)
4. Setze dich mit der Behauptung auseinander: Hildegard ist eine Frau, die nicht nur im Mittelalter ein Vorbild war, sondern auch heute noch ist.

Bau einer Kathedrale

172.1 *Mittelalterlicher Turmbau, Weltchronik des Rudolf von Ems, 1383.*

172.2 *Mittelalterlicher Kran. Darstellung in einer französischen Bibel, um 1250.*

Die größten erhaltenen mittelalterlichen Bauwerke sind Kathedralen, Dome und Münster sowie Klosterkirchen, also Bauwerke, die zur Ehre Gottes errichtet wurden.

Ihre Bauherren waren Kaiser und Könige (wie in Speyer), Bischöfe (z. B. in Reims oder Köln) und Klosterorden (so in Maria Laach). Vielfach waren aber auch Bürger als Auftraggeber an den Bauten beteiligt.

Die Bauzeiten zogen sich oft über Jahrhunderte hin. So wurde der Kölner Dom 1248 begonnen, aber erst im 19. Jahrhundert endgültig fertig gestellt. Auch der Mainzer Dombau dauerte Jahrhunderte. Nachdem nämlich der um 1000 begonnene „alte" Dom 1081 abgebrannt war, wurde gegen 1100 mit dem Bau eines „neuen" Doms angefangen. Die Arbeiten waren erst am Ende des Mittelalters weitgehend abgeschlossen; größere Bauergänzungen erfolgten dann im 18. und 19. Jahrhundert. Ähnlich war es bei vielen anderen großen Kathedralbauten. Derart lange Zeitspannen brachten viele Probleme mit sich, so z. B. die Änderung in der „Baumode". Denn im 11./12. Jahrhundert wurde im romanischen Stil gebaut, vom 13. bis 15. Jahrhundert war die Gotik „modern".

172.3 *Westfront der romanischen Klosterkirche von Maria Laach, um 1155.*

1. Romanische und gotische Kirchen unterscheiden sich voneinander. Stelle die Hauptunterschiede tabellarisch zusammen. (B 172.3 und 4, B 173.1 und 4)

2. Mittelalterliche Kirchenbauten sind bautechnische Meisterleistungen. Schreibe darüber ein kurzes Hörspiel. (VT, B 172.1–4, B 173.1–6)

3. Die Fenster mittelalterlicher Kathedralen sind „Geschichtsbücher in Bildern". Erläutere. (173.6) Suche ergänzend eine mittelalterliche Kirche in deinem Wohnort oder dessen Umgebung auf und achte dort auf mittelalterliche Grabsteine. Auch sie erzählen „Geschichten".

172.4 *Mittelschiff des romanischen Speyerer Doms, um 1100.*

173.1 Westfront der gotischen Kathedrale von Reims, begonnen nach 1252, Turmbau bis etwa 1310.

173.2 Laufschräge und Lotwaage. Glasfenster in der Kathedrale von Chartres, um 1225.

Baustilübergreifend stellte sich die Lösung der Frage, wie die Kirchenräume besonders hoch gebaut werden könnten. Wie die Architekten und Bauingenieure dieses Problem lösten, zeigt Abb. 173.5.

Auch über andere bautechnische Einzelheiten wissen wir recht gut Bescheid. Denn das mittelalterliche Bauen ist in vielen bildlichen Darstellungen überliefert (172.1–2, 173.2, 3 und 6).

173.3 Maurer, Steinmetze und Bildhauer bei der Arbeit. Glasfenster in der Kathedrale von Chartes, um 1225.

173.4 Chor des gotischen Kölner Doms, begonnen 1248, geweiht 1322.

173.5 Rekonstruktion der Wölbungstechnik am Beispiel des Regensburger Doms (um 1300).

173.6 Steinmetz bei der Arbeit an einem gotischen Fenster. Glasfenster in der Kathedrale von Chartes, um 1225.

8. Räume und Religionen – Trennendes und Verbindendes in Europa

Europäische Großräume

Europa war im Mittelalter ein Großraum, den vor allem vier Kulturkreise kennzeichneten. Deren Beziehungen zueinander wurden im Wesentlichen durch kulturellen Austausch bestimmt. Es gab jedoch auch Kulturkonflikte, die sich teilweise über Jahrhunderte hinzogen und mit Gewalt ausgetragen wurden.

Der römisch-katholische Kern Europas

Räumlicher Mittelpunkt Europas war das Heilige Römische Reich Deutscher Nation. Es wurde von den deutschen Königen und Kaisern regiert, die sich als „Verteidiger des Glaubens" verstanden. Das heißt aber nicht, dass sie immer mit dem Papst einer Meinung waren. Im Gegenteil: Es gab auch schwere Auseinandersetzungen zwischen Kaiser und Papst (vgl. S. 158–161).

174.1 Sitzung des englischen Parlaments unter König Edward I. (1272–1307). Aus einer englischen Handschrift, um 1524.

Eine besonders bedeutsame Machtverschiebung zwischen Kirche und Staat vollzog sich im 14. Jahrhundert in Frankreich. Denn den französischen Königen gelang es, derart starken Einfluss auf die Päpste zu gewinnen, dass der Papstsitz von 1309 bis 1377 nach Avignon verlegt wurde. Noch heute zeugen der Papstpalast und andere eindrucksvolle bauliche Überbleibsel aus dem Spätmittelalter von der wichtigen Rolle, die die südfranzösische Stadt in dieser Zeit spielte. Dies zeigt zugleich, dass Frankreich im 14. Jahrhundert eine europäische Großmacht war. Möglich wurde dies, weil die französischen Könige von ihrem Kernland aus – der Ile de France um Paris und Orleans – ihren Staat zentral lenkten. Entsprechend verlor der Adel zunehmend an Rechten. In Frankreich vollzog sich damit eine Machtkonzentration.

Ganz anders verlief die Entwicklung in Deutschland und in England. In England wird das besonders im „Großen Freiheitsbrief" (Magna Charta Libertatum) von 1215 deutlich, den der englische König nach der Niederlage in der Schlacht bei Bouvines gegen Frankreich (1214) dem weltlichen und geistlichen Adel sowie den Bürgern und Freien seines Landes zugestehen musste. In der Folge entwickelte sich daraus eine frühe Gewaltenteilung mit einem Parlament und einer weitreichenden Rechtsgarantie (Q 3). Außerdem wurden mehrere Oberste Gerichtshöfe eingerichtet: die Finanzkammer als Gerichtshof in Finanzfragen, ein Gerichtshof für Streitfälle zwischen Privatpersonen, schließlich ein Gerichtshof für Konflikte mit dem König. Damit war in England die Entwicklung zum modernen Staat eingeleitet.

174.2 Krönung des französischen Königs Philipp II. August (1280–1223) in der Kathedrale von Reims. Französische Buchmalerei, 13. Jahrhundert.

■ Der slawische Osten Europas

Ein ganz anderer Wandel vollzog sich dagegen in Osteuropa. Hier lebten Slawen, die in zahlreiche Stämme aufgesplittert waren. Ihre Christianisierung war vielfach begleitet durch die Ansiedlung von Bauern aus dem Gebiet westlich von Elbe und Saale, wo im 11. und 12. Jahrhundert die Bevölkerung stark zugenommen hatte. Östlich von diesen Flüssen dagegen war das Land relativ dünn besiedelt. Dies löste unter den Bauern eine Auswanderungswelle aus, die etwa 400 000 Menschen erfasste.

Die Bauern zogen in Gruppen unter Führung eines Adligen oder „Siedlungsunternehmers“ – häufig im Auftrag slawischer Fürsten – nach Osten, um dort Dörfer anzulegen. Als Gegenleistung erhielten sie eigenes Land und teilweise eine weitgehende Selbstverwaltung. Da die Anlage der neuen Dörfer planvoll erfolgte, entstanden in den neuen Siedlungsgebieten zumeist keine Haufendörfer, sondern „Rundlinge“ (mit Bauernhöfen rund um einen zentralen Platz) oder Straßen- und Angerdörfer (mit je einer Häuserzeile beiderseits einer Straße, bei Angerdörfern mit einem Platz für die Kirche, das Rathaus und einen Löschteich in der Dorfmitte). Von den Häuserrückseiten aus waren dann jeweils die Felder zugänglich.

Ähnlich planvoll wurden auch viele Städte angelegt (B 175.2), darunter im 12. Jahrhundert Berlin. Hier siedelten sich beiderseits der Spree zwischen den älteren slawischen Siedlungen Köpenick und Spandau Kaufleute an. So entstand eine Doppelstadt: rechts der Spree Berlin, links Cölln. Beide Städte profitierten von ihrer Lage an der West-Ost-Handelsroute zwischen Elbe und Oder und vereinigten sich 1307 unter dem Namen Berlins. Die neue Stadt war aber nicht nur als Handelsort attraktiv für Zuzügler, sondern auch durch ihre Rechtsausstattung (Münzrecht und eigene Gerichtsbarkeit), die sie von den Markgrafen von Brandenburg erhielt.

Diese Rechtsausstattung durch die Brandenburger Markgrafen ist zugleich ein Hinweis darauf, dass in den slawischen Gebieten östlich von Elbe und Saale bis ins heutige westliche Polen hinein im Lauf des Mittelalters

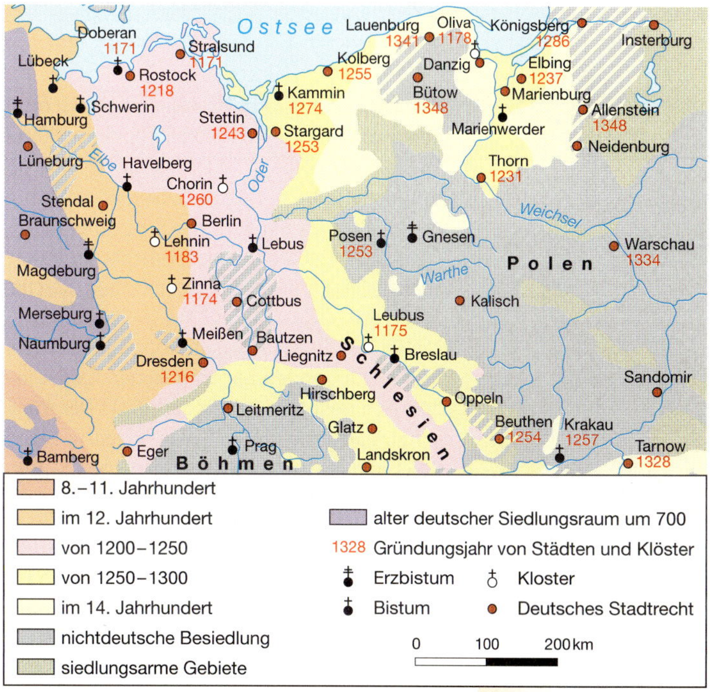

175.1 Die deutsche Ostsiedlung vom 11. bis zum 14. Jahrhundert.

deutsche Fürstentümer entstanden, die damit das Heilige Römische Reich Deutscher Nation nach Osten ausweiteten. Die Markgrafschaft Brandenburg mit ihrem Zentrum Berlin wurde das langfristig bedeutendste dieser Fürstentümer. Später ging daraus die Großmacht Preußen hervor.

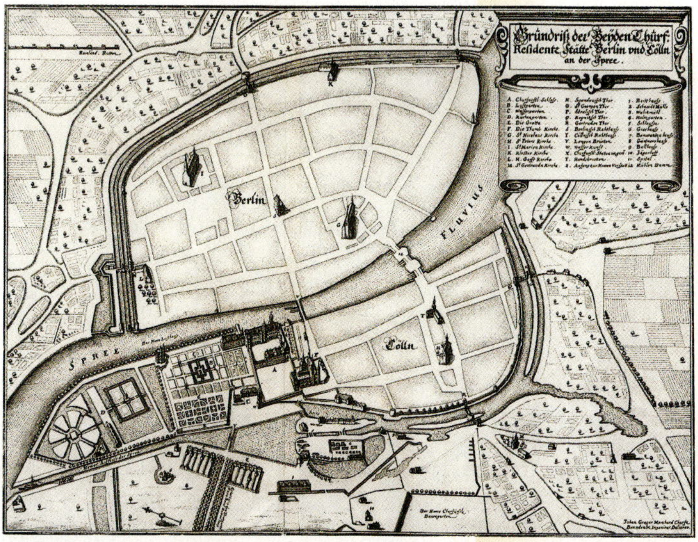

175.2 Grundriss der Stadt Berlin mit den beiden Stadtteilen Berlin und Cölln sowie dem Schloss der Markgrafen von Brandenburg. (Die Karte aus dem 17. Jahrhundert ist nicht genordet, sondern gewestet!).

Der byzantinisch-orthodoxe Südosten Europas

Kulturelle Einflüsse auf Osteuropa gingen nicht allein vom römisch-christlich geprägten Kerneuropa aus, sondern auch vom christlich-orthodoxen Südosteuropa. Die russisch-orthodoxe Kirche ist ein deutliches Beispiel dafür. Entstanden ist sie in enger Anlehnung an die christliche Kirche des oströmischen Reichsteiles, dessen Hauptstadt das von Kaiser Konstantin gegründete Konstantinopel war. Die hier residierenden nachrömischen Kaiser sahen sich deshalb in der Kontinuität der römischen Caesaren und in ihrem Byzantinischen Reich die Fortführung des römischen Kultur- und Reichsgedankens.

Dieser doppelte geschichtliche Rückbezug auf das antike Imperium Romanum und das Christentum erlaubte auch einen vielfältigen Kulturaustausch zwischen Kern- und Südosteuropa, auch wenn sich über das Mittelalter hinaus die Katholische und die Orthodoxe Kirche als je allein wahrhafte christliche Kirche sahen. Das belegt zum Beispiel die Heirat des deutschen Kaisers Otto II. mit der byzantinischen Prinzessin Theophanu. Ein byzantinischer Elfenbein-Buchdeckel mit dem Kaiserpaar und dem segnenden Christus in der Mitte dokumentiert dieses Ereignis. (B 176.2) Ein anderes Beispiel für den Kulturaustausch zwischen Byzanz und Zentraleuropa ist die Musik (Orgel, Neumen als Vorläufer des Notensystems).

176.2 Die Heirat Ottos II. mit Theophanu. Byzantischer Buchdeckel aus Elfenbein.

176.1 Die Belagerung von Konstantinopel 1453. Miniatur aus dem Jahr 1455.

Doch gab es auch Konflikte zwischen den beiden europäischen Großräumen. So wurde Konstantinopel 1204 von einem christlichen Ritterheer erobert, das ein „Lateinisches Kaiserreich“ installierte. Eigentliches Ziel des Heeres war Palästina gewesen, wo die heiligen Stätten von den Mohammedanern zurückerobert werden sollten.

Zwar gelang den byzantinischen Kaisern 1261 noch einmal eine Wiederherstellung ihrer Unabhängigkeit, doch zwei Jahrhunderte später – 1453 – ging das Byzantinische Reich endgültig unter: Konstantinopel wurde durch ein mohammedanisches (türkisches) Heer belagert und erobert (B 176.1).

Der islamische Südwesten Europas

Im westlichen Mittelmeerraum hatten muslimische Heere bereits Anfang des 8. Jahrhunderts Spanien erobert. In der Folge blieben große Teile Spaniens bis zum Ende des Mittelalters muslimisch. Das wird heute noch zum Beispiel in der Moschee von Cordoba und anderen eindrucksvollen Hinterlassenschaften der Araber in Südspanien deutlich.

Wie in vielen anderen spanischen Städten kam es auch in Toledo zu einem friedlichen Miteinander der Religionen. Hier begegneten sich Christen, Juden und Muslime. Deren Kontakt trug dazu bei, dass das Wissen und viele Texte vor allem aus der griechischen Antike, die inzwischen ins Arabische übersetzt waren, nun auch ins Lateinische, also in die Sprache der gebildeten Christen, übertragen wurden. So mancher christliche Gelehrte reiste nur deshalb nach Toledo, um dort z. B. an Texte des griechischen Philosophen Aristoteles heranzukommen, die muslimische Wissenschaftler ins Arabische übersetzt hatten.

177.1 Als Weltkulturerbe unter Schutz gestellt – Die Moschee von Cordoba, Spanien.

Andere Beispiele für arabische Kulturleistungen sind das arabische Zahlensystem oder das Schachspiel (177.2). Ebenso ist die Weiterentwicklung des Bewässerungssystems im trockenen Spanien eine arabische Leistung; so konnten nun Pflanzen angebaut werden, die viel Wasser benötigten: Zuckerrohr, Baumwolle, Zitronen, Orangen, Auberginen, Artischocken, Aprikosen und Reis.

Exportiert wurden in die arabische Welt Verbrauchsgüter, Rohstoffe (Bauhölzer und Eisen), aber auch Sklaven. Die Sklaven erbeuteten die Christen bei „heidnischen" Slawenvölkern. Daher ist auch das Wort für Sklave" im Englischen, Französischen und Deutschen, aber auch im Arabischen von „Slawe" abgeleitet. Die Muslime handelten ihrerseits mit christlichen Sklaven. Der Kulturkontakt hatte also zwei Seiten.

Überlagert wurde er zunehmend durch einen Kulturkonflikt (vgl. S. 280). Denn die arabische Herrschaft in Spanien wurde seit dem 11. Jahrhundert immer stärker als Bedrohung der christlichen Welt angesehen. Es begann die „Reconquista", die „Rückeroberung" Spaniens durch die Christen. Sie zog sich bis 1492 hin.

177.2 Aus einer christlichen Buchmalerei (13. Jahrhundert). Karten- und Schachspiel wurden aus dem Orient eingeführt. Das „Spiel des Königs" (Schah) hatten die Araber von den Persern übernommen. – Wer sitzt sich hier gegenüber?

Q1 Eine friedliche Ansiedlung

Im Namen des Heilandes. Amen. Wir Heinrich, von Gottes Gnaden Herzog von Schlesien, machen den Menschen jetziger und künftiger Zeit bekannt, dass Wir Menold erlaubt haben, das Dorf namens Bautze mit fünfzig Hufen zu gründen. Er erhält jede sechste Hufe, die frei sein soll von jeder Zahlung von Zins und Zehntem. Wenn etwas Wald übrig bleibt bei den 50 Hufen, so haben Wir diesen dem genannten Dorf zu gleichem Recht hinzugefügt. Wir haben mit der oben genannten sechsten Hufe dem Menold auch eine Mühle und eine Herberge gestiftet, für ihn, seinen Erben oder wem er sie in Zukunft verkaufen will. ... Wir haben diesem Dorf vierzehn Jahre Freiheit von Abgaben gewährt. Wir wollen auch, dass das genannte Dorf nach demselben Recht und denselben Abgaben lebt, wie die bekanntlich bevorrechtigten Dörfer um Salzbrunn. Im Jahre der Gnade 1221.

Schlesisches Urkundenbuch I, Nr. 210, vereinf.

Q2 Konflikte mit den Einheimischen

Erzbischof Jakob Swinka von Gnesen schreibt 1285 an einige Kardinäle in Rom:

Uns werden durch das Eindringen des deutschen Volkes die kirchliche Freiheit und unsere Rechte genommen, die bisher von den Polen von Anfang an beachtet worden sind. Sie, die Deutschen, lehnen dies vollständig ab. Ebenso herrscht Willkür in der Bezahlung der Zehnten, die einige von ihnen überhaupt nicht zahlen, andere nicht nach dem Recht des Landes, sondern nach der Gewohnheit ihres Volkes. Andere Übel sind durch das Eindringen dieses Volkes im Land vervielfacht worden, da das polnische Volk durch sie unterdrückt, von ihnen verachtet, der löblichen Rechte und Gewohnheiten des Vaterlandes beraubt wird.

Codex diplomaticus maioris Poloniae I, Nr. 616, in: R. Kötzschke, Quellen zur Geschichte der ostdeutschen Kolonisation, 1951, Nr. 60.

178.1 Die Abbildungen aus dem Sachsenspiegel, einem Rechtsbuch aus dem 13. Jahrhundert, zeigen eine Dorfgründung. Oben übergibt der Grundherr dem Lokator die Erbzinsurkunde (mit Siegel). Unten hält der Lokator einen Gerichtstag ab. Kläger und Lokator berufen sich auf die Urkunde, links am Rande der Beklagte.

Q3 Die Magna Charta

Zur Ehre Gottes erließ König Johann von England 1215 als Vergleich mit den aufständischen Adligen und der Kirche die „Magna Charta“, den „Großen Freiheitsbrief“, der noch heute gültiger Bestandteil des britischen Verfassungsrechtes ist.

Johann, von Gottes Gnaden König von England, grüßt alle Erzbischöfe, Äbte, Grafen, Barone, Richter, Forstverwalter, Vizegrafen, Verwalter, Diener und alle seine Amtsleute und Getreuen. Ihr möget wissen, dass Wir, den Blick auf Gott gerichtet und zu Unser wie auch all Unserer Vorgänger und Nachfolger Seelenheil, zur Ehre Gottes und zur Erhöhung der Heiligen Kirche festgelegt haben: Steuern dürfen in unserem Königreich nur mit Genehmigung des Gemeinen Rates des Königreiches erhoben werden. Zur Versammlung des Gemeinen Rates werden Wir alle Erzbischöfe, Bischöfe, Äbte, Grafen, Barone und alle anderen Lehensträger des Königreiches einladen.

Kein freier Mann soll verhaftet, eingekerkert, enteignet, geächtet oder verbrannt werden, wenn er nicht durch ein gesetzliches

Urteil seiner Standesgenossen oder dem allgemeinen Landesrecht gemäß verurteilt worden ist.

Die Barone sollen aus ihren Standesgenossen einen Ausschuss von 25 Mitgliedern wählen, die darüber wachen, dass Wir alle unsere Versprechungen einhalten und etwaige Übertretungen wiedergutmachen.

Heidelmeyer, Die Menschenrechte, S. 49. Guggenbühl, Quellen zur allgemeinen Geschichte, Bd. 2, 1958, S. 230.

Q4 Ein Dankesbrief, 1354

Im Byzantinischen Reich konnte die antike Geisteskultur bis 1453 (Eroberung Konstantinopels) gepflegt und bewahrt werden. Dies erklärt den Dankesbrief des italienischen Dichters Francesco Petrarca (1304 – 1374) aus dem Jahr 1354 an einen Freund in Konstantinopel.

Du hast mir den Homer geschenkt. Zum Glück ist sein Werk nicht in eine fremde Sprache übersetzt. Rein und unverfälscht kommt er aus den sprudelnden Wassern der griechischen Sprache, ganz wie es jenem göttlichen Genius entströmt ist. Das allerherrlichste Geschenk, ein unschätzbares, halte ich in meinen Händen.

Briefe des F. Petrarca. Übers. von H. Nachrod und P. Stern. Berlin 1931, S. 184 ff.

Q5 Welch ein Schmerz

Im 9. Jahrhundert galt die arabische Kultur und Sprache bei jungen Leuten in Spanien als „in". Darüber beklagt sich der christliche Autor Alvaro de Cordoba (ca. 860):

Vergiftet durch die arabische Eloquenz beachten alle unsere jungen Christen die Bücher der Chaldäer (Muslime) mit höchster Aufmerksamkeit, lesen sie mit größter Spannung und diskutieren über sie höchst interessiert. Sie sammeln sie mit größter Sorgfalt und werben für sie, während sie die Schönheit der kirchlichen Literatur nicht beachten. Welch ein Schmerz! Unter Tausenden findet man kaum einen, der einen einfachen Brief an einen Freund in gutem Latein schreiben kann.

Hagen Schulze und Ina Ulrike Paul (Hrsg.): Europäische Geschichte, München 1994, S. 41.

179.1 Über die Eigenschaften der Senkrechten. Orientalische Pergamenthandschrift, 1215.

1. Die drei wichtigsten Mächte im christlichen Mitteleuropa (England, Frankreich und Deutschland) haben im Mittelalter wichtige Verfassungsgrundlagen gelegt. Erläutere. (VT, Q3)

2. Zwischen dem byzantinisch-orthodoxen Südosten Europas und dem christlichen Kern Europas hat im Mittelalter ein vielfacher Kulturkontakt bestanden. Belege diese Behauptung. (VT, B 176.2, Q4)

9. Kreuzzüge – Begegnung und Konfrontation

Streit um Jerusalem

Fast zweihundert Jahre lang stritten Christentum und Islam um den Besitz Jerusalems. Denn Jerusalem ist eine „Heilige Stadt“ für beide Religionen. Dieser Kampf war der größte und längste internationale Konflikt des Mittelalters.

Mohammeds Höhlenerlebnis

Es geschah der Legende nach in einer einsamen Höhle in der Nähe von Mekka: Dem Kaufmann Mohammed (geb. 570) erschien der Erzengel Gabriel. In der Folge erlebte Mohammed noch weitere Offenbarungen, aus denen später der Koran, die Heilige Schrift der Muslime, hervorging. Daraufhin begann Mohammed in Mekka zu predigen: Seine Mitbürger sollten ihren zahlreichen Göttinnen und Göttern abschwören und sich zu dem einzigen Gott Allah bekennen. Dadurch schaffte sich Mohammed in Mekka jedoch zahlreiche Feinde, so dass er im Jahr 622 mit einigen Getreuen nach Medina nördlich von Mekka auswandern musste. Diese Flucht (arab.: Hedschra) halten die Moslems in hohem Andenken. Darum setzt die islamische Zeitrechnung im Jahr 622 ein.

In Medina lebten Mohammed und seine Anhänger in einer Glaubensgemeinschaft, die sich strenge Regeln gab.

Islamisches Denken

Als Kaufmann stand Mohammed sicherlich in Kontakt mit Juden und Christen. Daher gibt es viele Ähnlichkeiten zwischen den Religionen, die alle den Glauben an einen einzigen Gott vorschreiben (Monotheismus) und sich auf „heilige“ Schriften berufen. Auch der Islam ist geprägt von der Vorstellung der Schöpfung der Welt durch einen allmächtigen Gott, vor dem sich die frei handelnden Menschen verantworten müssen. Von den Juden und den Christen übernahmen die Anhänger des Islam, die Muslime, manche Vorschriften und ethische Vorstellungen, die das alltägliche Leben der Gläubigen prägen sollten.

Die Muslime betonen besonders fünf Grundlagen muslimischen Glaubens und Lebens:
- den Glauben an den einen allmächtigen Gott,
- die tägliche Verrichtung von fünf Gebeten,
- Essens- und Fastenvorschriften (vor allem im Fastenmonat Ramadan),
- die soziale und materielle Unterstützung von bedürftigen Menschen,
- die Wallfahrt nach Mekka.

Zwischen Islam und Christentum gibt es so Verbindendes wie Trennendes. Dies gilt auch für die Rolle, die Jesus Christus in beiden Religionen einnimmt (vgl. B 180.1).

180.1 Mohammed und Jesus. – Die Muslime erkennen Jesus als Propheten, nicht aber als Sohn Gottes an. Das Bild zeigt Mohammed auf einem Kamel, Jesus auf einem Esel reitend. Persische Miniatur, 15. Jahrhundert.

180.2 Eine Seite aus dem Koran. – Der Koran besteht aus 113 Kapiteln, den Suren.

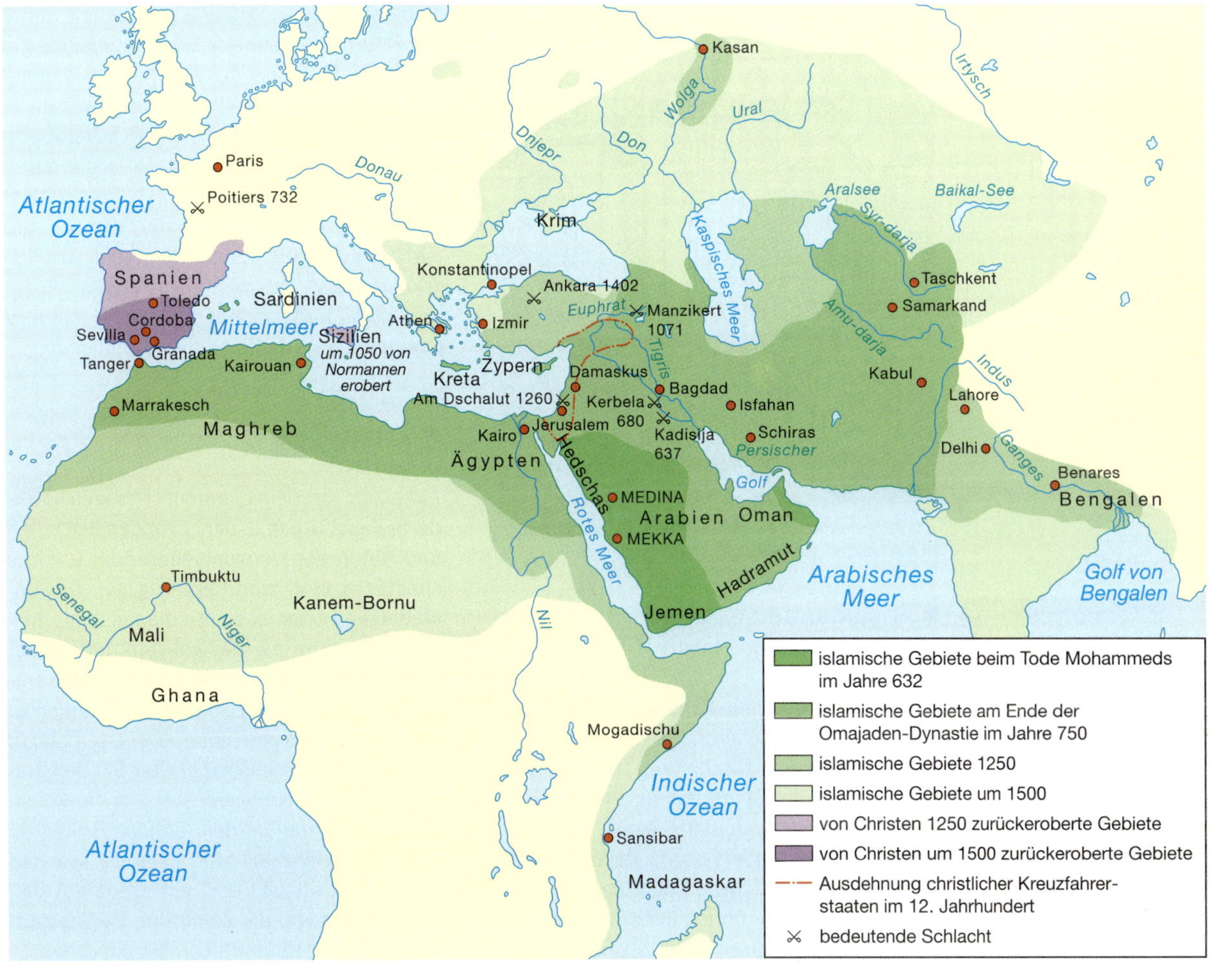

181.1 Die Ausbreitung des Islam bis ca. 1500.

■ Djihad – Heiliger Krieg

In Medina gewann Mohammed rasch hohes Ansehen sowie politische und militärische Autorität. Als er 632 starb, hatte er bereits zahllose Anhänger.

Der Islam wurde so zu einer der „großen Religionen“. Das war u. a. durch die Idee des „Heiligen Krieges“ möglich – den Djihad –, also die Vorstellung, dass die Ausbreitung des Islam dem Willen Gottes entspräche, aber auch von der Aussicht auf reiche Beute. Allerdings gab es auch erbitterte und blutige Machtkämpfe um die religiöse und politische Führung des Islam.

Mekka wurde zum Mittelpunkt der neuen Religion. Daher ist es noch heute für jeden gläubigen Muslim ein großer Höhepunkt in seinem Leben, wenn er Mekka besucht. Andere Zentren wurden die Großstädte Damaskus und später Bagdad, aber auch Kairo, Kairouan und Cordoba. Wie die Christen, so pilgerten auch die Moslems zu den heiligen Stätten ihres Glaubens.

Den Juden und Christen, die in den islamischen Gebieten wohnten, traten die Muslime vielfach mit großer Toleranz gegenüber. Zwar wurden sie zu besonderen Steuern herangezogen, da sie z. B. keinen Militärdienst leisteten, konnten ihre angestammte Religion jedoch auch weiterhin mehr oder minder ungehindert ausüben. Das ermöglichte zwischen Muslimen, Juden und Christen nützliche Handels- und Kulturkontakte, die die mittelalterliche Welt prägten.

182.1 Papst Urban II. predigt auf dem Konzil in Clermont, Holzschnitt, 15. Jahrhundert.

Auseinandersetzung um das Heilige Land

Im Jahre 1095 erhielt Papst Urban II. einen Brief des oströmischen Kaisers Alexios I. Darin bat dieser den Bischof von Rom um Beistand gegen die Seldschuken. Dieser türkische Nomadenstamm hatte einige Jahre zuvor Kleinasien erobert sowie Palästina und Jerusalem besetzt. Diese Stadt und die Orte, die mit dem Leben Christi in Verbindung gebracht wurden, hatten viele Pilger seit Jahrhunderten besucht – auch nachdem die Stadt im Jahre 637 von den Arabern erobert worden war. Die Pilgerreisen galten bei den tief religiösen Menschen als Zeichen der Frömmigkeit und wurden von der Kirche auch als Buße für begangene Sünden auferlegt. Viele Menschen glaubten, so den ihnen angedrohten Höllenqualen entgehen zu können. Doch nun schienen diese Wallfahrten durch die neuen Herrscher bedroht zu sein.

Der oströmische Kaiser hatte aber noch andere Interessen: Er wollte seine Machtstellung in Kleinasien mit Hilfe westeuropäischer Söldner wieder erringen. Er wandte sich an den Papst, der über großen Einfluss in Westeuropa verfügte. Vor allem konnte nur er einen ↗Kreuzzug ausrufen, in dem die Anwendung von Gewalt als eine gottgefällige Tat galt. Bereits Papst Alexander II. hatte christliche Ritter 1064 zum Kampf gegen die Mauren in Spanien ermutigt, indem er ihnen den Erlass ihrer Strafen versprochen hatte. Papst Urban II. kam der Brief von Alexios gelegen. Als Anführer der Kreuzzugsbewegung zur Befreiung der heiligen Stätten würde er sein Ansehen in der Christenheit vergrößern. Außerdem hoffte er die kriegerischen Energien vieler Ritter gegen einen heidnischen Feind umzulenken. Denn der Versuch der Kirche, durch die Verkündung eines Gottesfriedens das Ausmaß der Fehden einzuschränken und besonders die Schwachen zu schützen, war häufig erfolglos geblieben.

Gott will es!

Auf einem Konzil in Clermont (Frankreich) forderte Papst Urban II. daher vor den Bischöfen und Äbten den versammelten Adel und die christliche Welt zum Kreuzzug auf. Die Ungläubigen (gemeint waren die muslimischen Türken) hätten die heiligen Stätten besetzt und verfolgten die christlichen Glaubensbrüder. Denjenigen, die für die Befreiung des Heiligen Landes ihr Leben einsetzten, sagte der Papst den Erlass kirchlicher Sündenstrafen zu. Außerdem verwies er auf die Reichtümer des Orients. Viele Zuhörer sollen so begeistert gewesen sein, dass sie sich mit dem Ruf „Gott will es!" ein Kreuz auf den Mantel hefteten, um damit ihre Bereitschaft zum Kreuzzug für alle sichtbar zu machen.

Damit war das Ziel proklamiert: Auf nach Jerusalem!

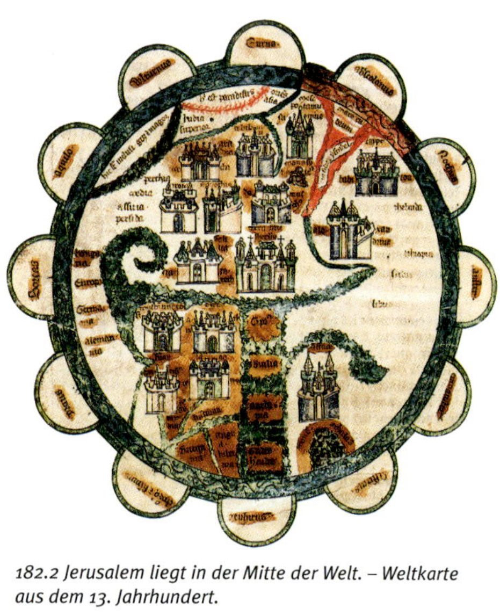

182.2 Jerusalem liegt in der Mitte der Welt. – Weltkarte aus dem 13. Jahrhundert.

Ein „heiliges“ Blutbad für Jerusalem

Die europäischen Ritter zogen in vier getrennten Zügen nach Kleinasien, wo sie sich im Mai 1097 zu einem einzigen Heer zusammenschlossen. Sie waren militärisch und finanziell bestens ausgestattet. So hatte der Heerführer, der Lothringer Herzog Gottfried von Bouillon, sogar seine Hausgüter verpfändet, um eine große Streitmacht für den Kreuzzug ausrüsten zu können. Im Sommer 1099 kam das Heer in Palästina an und belagerte Jerusalem. Einige Wochen später wurde die Stadt schließlich von den Kreuzfahrern eingenommen. Dabei richteten sie ein Blutbad unter der muslimischen und jüdischen Bevölkerung an. Balduin I., der jüngere Bruder des inzwischen verstorbenen Gottfried, wurde zum König des Königreichs Jerusalem gekrönt.

Christliche Herrschaft in Palästina

Jerusalem war nun erobert. Wie aber sollte die heilige Stadt militärisch dauerhaft gesichert werden? Diese Aufgabe erschien fast unlösbar. Die Kreuzritter waren der muslimischen Bevölkerung zahlenmäßig weit unterlegen. Die Verbindungswege in ihre westeuropäische Heimat waren lang und konnten leicht unterbrochen werden.

Deshalb versuchten die Kreuzritter, das Erreichte durch die Gründung von Kreuzfahrerstaaten zu sichern. Diese waren zunächst keine zusammenhängenden Gebiete, die Fürsten regierten vielmehr nur über einzelne Städte oder Burgen und konnten erst allmählich ihre Herrschaft auch über angrenzende Gebiete ausdehnen.

Immer wieder kam es zu Rückeroberungen durch die Muslime und neuerliche Eroberungsversuche der Christen. So folgten auf den ersten noch sechs weitere Kreuzzüge. 1291 schließlich eroberten die Muslime die letzte christliche Bastion: Akkon.

Kulturkonflikt – Kulturkontakt

Die Kreuzzüge markierten jedoch nicht nur einen 200-jährigen Kulturkonflikt, sondern führten auch zu einem nachhaltigen Kulturkontakt. Denn die von den Kreuzzügen heimkehrenden Ritter brachten viele Elemente der in vieler Hinsicht anspruchsvollen und hoch zivilisierten orientalischen Lebensweise mit nach Hause. Das bereicherte in der Folge die Kultur in Europa. Hinweise darauf geben zahlreiche Lehnwörter: Sofa, Baldachin, Matratze; Damast, Samt, Barchent, Kattun; Pantoffel; Tasse, Karaffe; Sirup, Marzipan; Safran, Muskat, Natron, Zimt, Kümmel, Estragon; Orangen, Aprikosen, Pflaumen, Melonen, Datteln, Zuckerrohr und andere mehr.

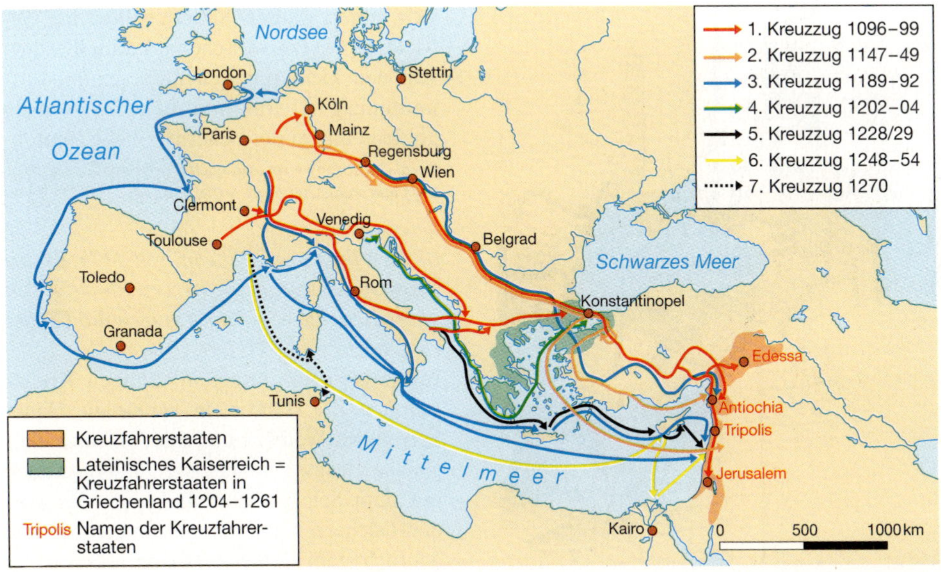

183.1 Die Kreuzzüge. Fast 200 Jahre lang, vom 11. bis zum 13. Jahrhundert zogen Heere aus Europa nach Palästina.

Q1 Im Namen Gottes?

a) Aus einer Urkunde des Klosters St. Peter in Chartres (Frankreich), 1096:

Ich, Nivelo aus Fréteval, entsage meinem gewalttätigen, schlechtem Brauch entstammenden Verhalten auf ewig – um der Rettung meiner Seele willen sowie im Tausch für eine große, mir hierfür gegebene Geldsumme. Grausam bedrückte ich das Land von St. Peter und dessen Umland, indem ich mir die Güter der Einwohner aneignete. ... Gegen alles Recht übergab ich das Eigentum der Untertanen von St. Peter meinen Rittern zur Nahrung. ... Um die Vergebung meiner Sünden zu erlangen, die mir Gott gewähren kann, begebe ich mich auf Pilgerfahrt nach Jerusalem.

J. R. Smith, Großer Bildatlas der Kreuzzüge, 1992, S. 28.

b) Erzbischof Wilhelm von Tyrus schreibt:

Da trennte sich der Ehemann von seiner Frau und die Frau von ihrem Mann, der Vater vom Sohn und der Sohn vom Vater. Sogar Mönche kamen aus ihren Klöstern. ... Doch waren nicht alle durch die Liebe zu Gott zu ihrem Entschluss gekommen. Viele wollten ihre Freunde nicht verlassen oder nicht als träge gelten. Manche gingen aus Leichtsinn, oder damit Gläubiger, bei denen sie schwer verschuldet waren, das Nachsehen hätten.

Wilhelm von Tyrus, Historia rerum in partibus transmarinis gestarum I, übers., bearbeitet.

Imam = Vorbeter beim islamischen Gemeinschaftsgebet

Asket = enthaltsam lebender Mensch

184.1 Die Eroberung Jerusalems. Miniatur aus dem 14. Jahrhundert.

Q2 Die Eroberung Jerusalems aus arabischer Sicht

a) Ein arabischer Geschichtsschreiber berichtet über den Fall und die Plünderung Jerusalems 1099:

Die Franken nahmen die Stadt Jerusalem tatsächlich von der Nordseite, morgens am Freitag, dem 22. Sa'ban (15. Juli 1099). Die Einwohner wurden ans Schwert geliefert, und die Franken blieben eine Woche in der Stadt, während der sie die Einwohner mordeten. Eine Gruppe von diesen suchte Schutz in Davids Bethaus, verschanzte sich dort und leistete einige Tage Widerstand. Nachdem die Franken ihnen das Leben zugesichert hatten, ergaben sie sich; die Franken hielten den Vertrag, und sie zogen des Nachts in Richtung Askalon und setzten sich dort fest. Im Masgid al-Aqsa dagegen töteten die Franken mehr als siebzigtausend Muslime, unter ihnen viele Imame, Religionsgelehrte, Fromme und Asketen, die ihr Land verlassen hatten, um in frommer Zurückgezogenheit an diesem heiligen Ort zu leben. Aus dem Felsendom raubten die Franken mehr als vierzig Silberleuchter, von denen jeder über dreitausendsechshundert Drachmen wog, einen großen Silberleuchter im Gewicht von vierzig syrischen Pfund, außerdem von den kleineren Leuchtern einhundertundfünfzig silberne und mehr als zwanzig goldene und andere unermessliche Beute.

Ibn al-Atir 10, 193 – 195, zit. nach F. Gabrieli, Die Kreuzzüge aus arabischer Sicht, 1973, S. 48.

b) Der Franzose Wilhelm, seit 1175 Erzbischof von Tyrus in Syrien, erzählt aufgrund vieler Berichte von Augenzeugen die Eroberung nach:

In Abteilungen aufgeteilt drangen Kreuzfahrer in die Häuser ein, wo sie die Hausherren mit Weibern und Kindern und dem ganzen Gesinde herausrissen und entweder mit dem Schwert durchbohrten oder von den Dächern herabstürzten, so dass sie mit gebrochenem Genick starben. ... Das Haus aber, in das einer einbrach, nahm er sich mit allem, was darin war, für immer rechtlich in Besitz. Denn man war vor der Eroberung der Stadt miteinander übereingekommen, dass jeder seine Erwerbungen nach Eigentumsrecht für immer besitzen solle, wenn die Stadt im Sturm genommen worden sei. Als endlich auf diese Weise in der Stadt die Ordnung hergestellt war, wuschen sie sich die Hände, zogen reine Kleider an und gingen dann mit demütigen und zerknirschten Herzen an den ehrwürdigen Orten umher und küssten dieselben in allergrößter Andacht. …

Bei der Kirche zum Leiden und der Auferstehung des Herrn kamen ihnen sodann das gläubige Volk der Stadt und der Klerus entgegen, die seit so vielen Jahren ein unverschuldetes Joch ertragen hatten, voll Dankes gegen ihren Erlöser, der ihnen die Freiheit geschenkt hatte. Mit Kreuzen und Bildern der Heiligen gingen alle in die genannte Kirche. Mit welchem Jubel sie die Stätte küssten, wo der Herr Jesus so gelitten hatte! … Sowohl in der Kirche als auch in der ganzen Stadt erhob sich von dem Volk, das dem Herrn seinen Dank darbrachte, ein solches Getöse, … dass man mit Recht sagen konnte: Man singt mit Freuden vom Sieg in den Hütten der Gerechten.

Wilhelm von Tyrus, Historia rerum in partibus transmarinis gestarum, III, 19, 20, übers., bearb.

M8 Die Kreuzzüge in einem türkischen Schulbuch

Die Christen konnten bei diesen Kreuzzügen in ca. 200 Jahren ihr Ziel nicht erreichen. … Andererseits aber führten diese Kriegszüge und Schlachten dazu, dass Anatolien darniederlag und zerstört wurde. Während der Kreuzzüge blühte der Handel im Mittelmeer. Venedig, Genua und Marseille wurden reiche und vielbefahrene Hafenstädte. In Europa entwickelte sich der Lebensstandard positiv. Durch die Beziehungen mit den Muslimen gewannen die Christen neue Erkenntnisse und Fähigkeiten; so lernten sie Pulver, Papier, Kompass, Windmühle, Zucker, Seidenwaren und Teppiche kennen.

Sosyal Bilgiler Türk Tarih Kurumu Bsineri 2, 1981, S. 9–13, übers. M. Oeszinmaz, G. Gemein.

185.1 Die während der Kreuzzüge in Palästina gegründeten Rittergemeinschaften – die Ritterorden (z. B. der Deutsche Orden oder der Johanniterorden) – wandten sich nach den Kreuzzügen neuen Aufgaben zu. Der Deutsche Ordnen spielte bei der Missionierung der Pruzzen (Preußen) eine entscheidende Rolle und baute eine umfassende Landesherrschaft in Ost- und Westpreußen auf. Außerdem erlangte er Besitz in vielen anderen Teilen Deutschlands, so auch im Rhein-Mosel-Raum, wo die Deutschordenskommende in Koblenz (am „Deutschen Eck") das regionale Verwaltungszentrum wurde. Heute ist der Orden in den Deutschordenswerken karitativ tätig (als Träger von Krankenhäusern, Altenheimen etc.). Ebenso blieb der Johanniterorden über die Kreuzzuge hinaus erhalten; aus ihm ging die Johanniter-Unfallhilfe hervor.

1. Die Kreuzzüge lassen sich als Begegnung wie als Konfrontation zwischen Christen und Muslimen interpretieren. Stelle Argumente für beide Sichtweisen zusammen und urteile. (VT, Q2, M3)

2. So vielfältig die Sichtweisen sind, unter denen man die Kreuzzüge betrachten kann, so unterschiedlich waren die Motive für Christen zur Kreuzzugsteilnahme. Arbeite die einzelnen Gründe heraus und fasse in Gruppen zusammen. (VT, Q1)

3. Diskutiere mögliche Folgen und Lehren, die sich aus dem Kreuzzugsgeschehen für das 21. Jahrhundert ableiten lassen.

4. Informiere dich im Internet über die Deutschordenswerke und die Johanniter-Unfallhilfe. Stelle dabei Verbindungen her zwischen der Tätigkeit der Ritterorden im Rahmen der Kreuzzüge und ihrer Nachfolgeorganisationen heute.an. Warum ändern sich die Ziele?

Gesellschaft und Wirtschaft im Mittelalter

Festliches Ritterturnier. Buchmalerei aus einer französischen Handschrift, um 1460.

Schüler beim Grammatikunterricht im Kloster. Miniatur aus einer mittelalterlichen Handschrift, 14. Jahrhundert, Wien.

Mönche spalten einen Holzstamm. Buchstabe „Q“, Handschrift 12. Jahrhundert, Dijon.

Bäuerliche Arbeiten im Laufe des Jahres. 12 Monatsbilder aus einer mittelalterlichen Handschrift, Wien, um 1475 (→ B 22.1).

Abholzung des Waldes: Die mittelalterliche Stadt braucht das Land, den Wald. Monatsbild aus dem Trentino, Italien, 15. Jahrhundert.

FELSENBURG

INSELBURG

WASSERBURG

188.1 Die Marksburg über Braubach (Rheinland-Pfalz).

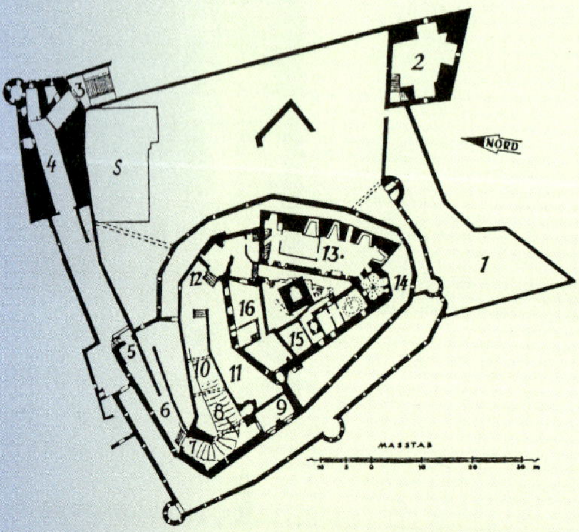

188.2 Grundriss der Marksburg: 1 Scharfes Eck, 2 Pulvereck, 3 Zugbrückentor, 4 Gedeckter Torgang, 5 Fuchstor, 6 Schartentorzwinger, 7 Burgvogtturm mit Schartentor, 8 Reitertreppe, 9 Schmiede, 10 Durchgang unter der kleinen Batterie, 11. Appellplatz (Batteriehof), 12 Eiserne Pforte, 13 Gotischer Saalbau, 14 Kapellenturm, 15 Rheinbau, darunter Backhaus und Brunnen, 16 Romanischer Palas (Kernbau), S Burgschenke (1929).

Zeit der Burgen

Unser Bild vom Mittelalter ist ganz wesentlich von den Burgen geprägt. Sie sind noch heute als Ruinen in weiten Teilen Deutschlands wichtige Elemente der Kulturlandschaft: je nach den räumlichen Gegebenheiten als Felsen-, Insel- oder Wasserburgen.

Die Zeit der Burgen begann im 11. Jahrhundert, als immer mehr Adlige ihre Wohnsitze in Form von mauerbewehrten Burgen errichteten. Als Bauplätze bevorzugten sie sichere Höhenlagen. Die Burgen wurden so zu bereits von weither sichtbaren Herrschaftssitzen, die „über" dem Volk platziert waren.

Burgen waren jedoch nicht nur Herrschaftssitze, sondern auch Wohn- und Wirtschaftsbauten. Sie unterschieden sich in Form und Größe deutlich von den Holz- und Lehmbauten der Bauern.

Zu Besuch auf der Burg

Als Ort für die Anlage einer Burg wählte man meist kegelförmige Bergkuppen oder einen Bergvorsprung. Zusätzlichen Schutz bot ein künstlich ausgehobener Burggraben, der nur über die zum Burgtor führende Zugbrücke überquert werden konnte. Wo es keine natürlichen Erhebungen gab, legte man um die Burgen einen breiten Wassergraben an. Dieser Bautyp der „Wasserburg“ ist daher im Norden Deutschlands besonders häufig anzutreffen.

Betrat man die Burg, so gelangte man durch das Tor zunächst in die Vorburg, wo unter ärmlichen Bedingungen das Gesinde hauste. Oft befanden sich hier auch die Holzvorräte und Ställe für das Kleinvieh. Durch das zweite Tor gelangte man in den Hof der Burg. Das höchste Bauwerk, der Bergfried, diente, anders als die früheren Turmburgen, nicht mehr als Wohnung, sondern war bei Belagerung letzte Zufluchtsstätte. Unterhalb des Bergfrieds lag meist ein dunkler Kellerraum, der als Burgverlies genutzt wurde.

Ungeziefer und Gedränge am Kamin

Wir dürfen uns die meisten mittelalterlichen Burgen nicht allzu groß vorstellen. Historiker schätzen, dass sie im Durchschnitt von 20 bis 30 Personen bewohnt waren. Das Erdgeschoss des Palas diente als Küche. Gekocht wurde an einer Feuerstelle in einem Erdloch, über dem die Töpfe hingen. Darüber befanden sich ein kleiner Festsaal sowie Wohn- und Schlafräume. In den älteren Burgen war nur ein Raum beheizt, die meist über der Küche gelegene „Kemenate“.

Die Wasserversorgung war nicht selten ein Problem. Nicht alle Burgen hatten einen Brunnen, denn das Graben der oft 50 bis 100 Meter tiefen Löcher war aufwändig und kostspielig. Vielerorts sammelte man daher das Regenwasser in großen Zisternen. Blieb der Regen längere Zeit aus, musste man Wasser in Fässern zur Burg hinauftragen.

Knechte und Mägde schliefen auf mit Laub oder Stroh gefüllten Säcken. Nur die vornehmeren Herrschaften schliefen in Betten, oft unter einem „Himmel“, der als Schutz vor Wanzen und anderem Ungeziefer diente. Das Hauptnahrungsmittel der kleinen Leute war der „schwarze Brei“, eine aus Hafer, Gerste oder Hirse zubereitete Speise. Der Speiseplan der Burgherren umfasste dagegen Eier, Käse, Fisch, verschiedene Fleischsorten und Gemüse, vor allem Kohl und Sauerkraut. Der oft saure Wein wurde mit Honig gesüßt und mit Kräutern aus dem Burggarten verfeinert.

189.1 Zweikampf zwischen Rittern. Es ist nicht sicher, ob es sich um einen Kampf im Turnier oder um einen Rechtsstreit zum Beweis der Schuld oder Unschuld handelt (Illustration aus einer französischen Handschrift des 14. Jahrhunderts).

Das Ende der Burgen

Mit dem Niedergang des Rittertums ging auch das Zeitalter der Burgen zu Ende. Die Landesherren gaben sich mit den wenig komfortablen Verhältnissen auf den Burgen nicht mehr zufrieden. Seit dem 16. Jahrhundert ließen sie daher in der Ebene, meist in Städten, Schlösser errichten, die nicht mehr der Verteidigung dienten. Als Residenzen, Mittelpunkte der Landesherrschaft, waren sie geräumig, repräsentativ und oft prachtvoll ausgestattet.

Die meisten Burgen verfielen, weil niemand mehr einen Nutzen im Erhalt der Bauwerke sah. Aber im Zeitalter der Romantik, dem frühen 19. Jahrhundert, erwachte in Mitteleuropa das Interesse am Mittelalter und der „Ritterromantik“. In dieser Zeit hat man angefangen, die Burgruinen zu erhalten oder gar neue Burgen zu bauen. Viele von ihnen sind heute beliebte Ausflugsziele.

Q1 Ein frustrierter Ritter

Der ritterliche Minnesänger Oswald von Wolkenstein (Südtirol) schildert in einem Gedicht sein Leben auf seiner Burg (um 1440).

Schlern: Gebirgsmassiv in Südtirol

Kofel: Hügel, Berg

„Ich sitz' in Ratzes am Schlern, / in der Ehe mein Elend zu mehren,/ nicht gern./ Auf einem Kofel rund und schmal,/ von dickem Wald umfangen,/ schroffen Wänden, tiefen Tälern,/ seh' ich täglich Steine, Sträucher, Stämme, Schneestangen/ nur allzuviel./ Das Geschrei kleiner Kinder setzt mir zu,/ durchdringt mir die Ohren durch und durch./... Mein Ungemach nimmt kein Ende./ Mein heller Witz ist eingetrocknet,/ seit ich täglich ums Brot mich sorgen muss/... Nichts gelingt mehr,/ dafür seh' ich Kälber, Geißen, Böcke, Rinder,/ ungehobeltes Knechtsvolk, schmutzig, hässlich,/ rußverschmiert, den ganzen Winter./ ... In meiner Verzagtheit schlage ich meine Kinder/ oft auf den Hintern ..."

Oswald v. Wolkenstein, hrsg. v. W. Schmied, Graz/Wien 1960, S. 60–63.

190.1 Die Wartburg in Eisenach.

Q2 Wie es auf der Burg zuging

Ulrich von Hutten, der aus einem Rittergeschlecht stammte, schrieb in einem Brief aus dem Jahre 1518:

Die Burg selbst, ob sie auf dem Berg oder in der Ebene liegt, ist nicht als angenehmer Aufenthalt, sondern als Festung gebaut. Sie ist von Mauer und Graben umgeben, innen ist sie eng und durch Stallungen für Vieh und Pferde zusammengedrängt. Daneben liegen dunkle Kammern, voll gepfropft mit Geschützen, Pech, Schwefel und sonstigem Zubehör für Waffen und Kriegsgerät. Überall stinkt es nach Schießpulver; und dann die Hunde und ihr Dreck, auch das – ich muss es schon sagen – ein lieblicher Duft! Reiter kommen und gehen, darunter Räuber, Diebe und Wegelagerer. ... Man hört das Blöken der Schafe, das Brüllen der Rinder, das Bellen der Hunde, das Rufen der auf dem Feld Arbeitenden, das Knarren und Rattern der Fuhrwerke und Karren; ja sogar das Heulen der Wölfe hört man in unserem Haus, weil es nahe am Wald liegt. Der ganze Tag bringt vom Morgen an Sorge und Plage, ständige Unruhe und dauernden Betrieb. Äcker müssen umgepflügt und umgegraben werden, Weinberge müssen bestellt, Bäume gepflanzt, Wiesen bewässert werden; jetzt steht die Ernte bevor, jetzt die Weinlese. Wenn aber einmal ein schlechtes Ertragsjahr kommt, wie in dieser mageren Gegend meistens, dann haben wir fürchterliche Not und Armut; dann hört es gar nicht mehr auf mit banger Unruhe und zermürbendem Umtrieb.

Arno Borst, Lebensformen des Mittelalters, 1999, S. 180f.

Q3 Rittersprache bei uns

Einige Redewendungen aus der Sprache der Ritter haben sich bis in unsere Zeit erhalten:

- die Tafel aufheben
- etwas im Schilde führen
- jemanden in Harnisch bringen
- für jemanden eine Lanze brechen
- jemanden über die Klinge springen lassen
- jemandem den Fehdehandschuh hinwerfen

191.1 Schloss Stolzenfels bei Koblenz. Auf einer Burgruine am Rheintal entstand bis 1842 diese Sommerresidenz des preußischen Königs.

Q 4 Wie man Angreifer abwehrte

Über die Verteidigung einer Burg schrieb die französische Schriftstellerin Christine de Pisan Ende des 14. Jahrhunderts:

In der Burg muss ausreichend Öl, Pech und Schwefel gelagert sein, um die Belagerungsmaschinen des Gegners in Brand zu setzen, außerdem eiserne und hölzerne Geschosse und Speere, Bogen, Armbrüste und aller Art von Verteidigungswaffen. Man braucht auch große Mengen von festen Steinen, die man auf den Mauern und in den Türmen bereithält. Dort hält man auch große Behälter mit ungelöschtem Kalk bereit. Wenn man diesen auf angreifende Feinde herunterschüttet und er ihnen in die Augen gerät, werden sie blind gemacht. ...

Wenn die Leute auf der Burg ... etwas wahrnehmen, was auf das Graben von unterirdischen Gängen hinweist, müssen sie ihrerseits Gänge graben, bis sie diejenigen der Feinde erreichen. ... Wenn sie Feindberührung haben, täuschen sie Flucht vor ... und wenn sie wieder oben sind, werden Wasser und Urin in die Röhre geschüttet, wodurch die anderen ertrinken.

Es gibt genügend Methoden, einer Belagerung standzuhalten. Gegen den Rammbock wurde eine andere Maschine erfunden, der Wolf. Die Verteidiger brauchen dazu ein gebogenes Eisen mit scharfen und starken Zähnen. Es wird an Seile gebunden und mit ihm wird der Rammbock eingefangen, hochgezogen und festgezurrt, dass damit nicht mehr die Mauern beschädigt werden können. Gegen hölzerne Türme können die Verteidiger glühend heißes Eisen einsetzen.

Christine de Pisan, Le Livre des faits et bonnes meurs du sage roy Charles V., 1866, S.58ff., Übers.: Dr. Uwe Horst, nach: Geschichtsbuch 2, S. 49.

1. Kannst du unterschiedliche Bauzeiten auf dem Grundriss der Marksburg ausmachen? (B 188.2)
2. Besorge dir Informationen über die Burg Stolzenfels. Vergleiche sie mit der Marksburg. (B 188.1 und B 191.1)
3. Vergleiche die Schilderung Oswald von Wolkensteins mit dem Brief Ulrich von Huttens. Nenne Parallelen. (Q 1 und Q 2)
4. Würdest du gerne auf einer Burg leben? Begründe deine Meinung.
5. Finde die heutigen Bedeutungen der mittelalterlichen Ausdrücke heraus. (Q 3)
6. Stelle Maßnahmen zum Angriff auf eine Burg und mögliche Gegenmaßnahmen zusammen. (Q 4)
7. Informiere dich darüber, welche Überreste von mittelalterlichen Burgen es an deinem Wohnort oder in deiner Umgebung noch gibt.

1. „Gott macht Unterschiede“ – die mittelalterliche Ständegesellschaft

Unterscheidung ist nötig

Auf die Frage, warum sie nur Adlige und Reiche in ihre Klostergemeinschaft aufnehme, antwortete die Benediktineräbtissin Hildegard von Bingen (12. Jahrhundert):

„Wer wird sein gesamtes Vieh in einen Stall zusammenstellen, Rinder, Esel, Schafe, Ziegen ohne Unterschied? Daher ist auch darin Unterscheidung nötig, damit nicht verschiedene Leute, wenn sie zu einer Herde vereinigt wären, sich in hochmütiger Überhebung und schändlicher Unähnlichkeit vernichten. Gott macht Unterschiede innerhalb seines Volkes im Himmel wie auf Erden. Alle werden von Gott geliebt, trotzdem gibt es keine Gleichheit unter ihnen.“

Geburt und familiäre Herkunft bestimmen den Rang

Bereits in der Antike hatten sich mit den drei sozialen Gruppen ↗Adel, Freie, Sklaven eine Dreiteilung der Gesellschaft herausgebildet.

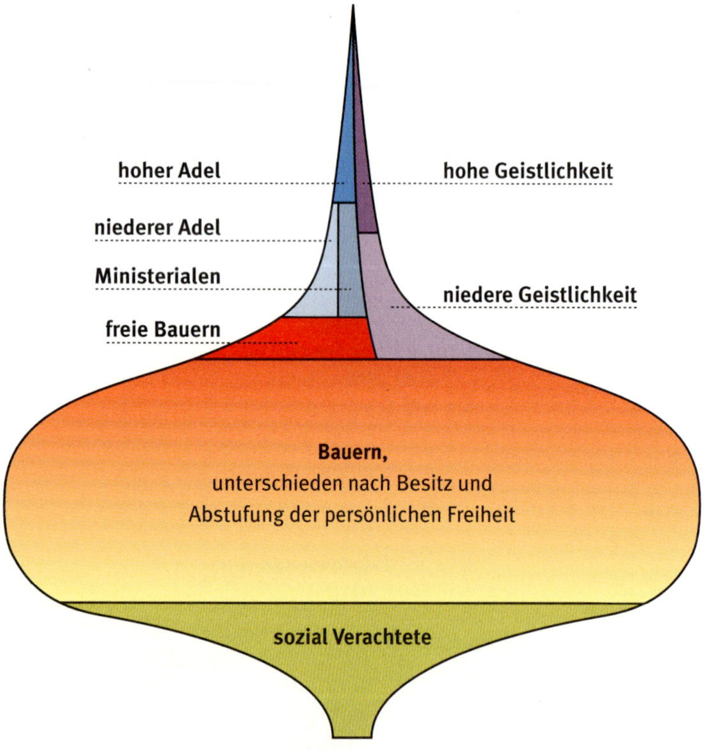

192.1 Stände und Schichten der mittelalterlichen Gesellschaft: ländliche Bevölkerung (ohne Stadtbürger, -einwohner).

Man wurde in den jeweiligen Stand hineingeboren und konnte kaum aus ihm entrinnen.

Nach der mittelalterlichen Vorstellung entsprach die damit verbundene soziale und rechtliche Ungleichheit der Menschen göttlichem Willen, nicht der geschichtlichen Entwicklung. Gott habe diese drei Stände, den Klerus, den Adel und das einfache Volk geschaffen, also sollten sich die Menschen in diese Ordnung fügen. Man heiratete in der Regel nur einen Partner, der aus demselben Stand kam. Kleiderordnungen sorgten dafür, dass man sofort erkannte, welchem Stand man angehörte.

Alle drei Stände hatten bestimmte Aufgaben und Rechte. Aber nur die Angehörigen der ersten beiden Stände besaßen „Ehre“ und „Tugend“. Die adligen Herren konnten sich selbst mit der Waffe verteidigen. Sie mussten sich nicht dadurch beschmutzen und demütigen, dass sie ihren Lebensunterhalt durch eigene Arbeit erwarben. Darauf basierte ihr hohes Selbstbewusstsein. Arbeit galt in der Antike und auch noch im Mittelalter als unehrenhafte Tätigkeit von Sklaven oder Unfreien. Das änderte sich zunächst erst in den mittelalterlichen Klöstern und später allgemein in der Neuzeit. Erst seit wenigen Jahrhunderten schöpfen die Menschen ihr Selbstwertgefühl aus ihrer eigenen Arbeit und aus der von ihnen persönlich erbrachten Leistung.

Brüche in der Ständegesellschaft

Allerdings war dieses Denken nicht unumstritten. Im frühen Mittelalter war es z. B. in der Kirche gelegentlich möglich, vom Unfreien zum Bischof aufzusteigen. Wer in der Nähe des Königs diente, konnte rascher in höchste Ämter aufrücken als manch Hochadliger. In vielen Klöstern und vor allem in den Städten bildeten sich neue Hierarchien, also soziale Rangabstufungen, aus. Hier konnten auch „kleine Leute“ Karriere machen. Die ↗Ständegesellschaft blieb bis in die Neuzeit bestehen. Die Amerikanische und Französische Revolution hatten sie zunächst in den USA und in Frankreich beseitigt, in Deutschland und vielen anderen Ländern war ständisches Denken bis ins 20. Jahrhundert hinein lebendig.

Q1 Kein Ansehen der Person?

Tenxwind, Äbtissin von Andernach, schrieb an Hildegard von Bingen (um 1150):

Außerdem – und das scheint uns nicht weniger merkwürdig – gewährt Ihr nur Frauen aus angesehenem und adligem Geschlecht den Eintritt in Eure Gemeinschaft. Nichtadligen und weniger Bemittelten hingegen verweigert Ihr fast durchweg die Aufnahme in Eure Gemeinschaft. Auch darüber sind wir geradezu erstarrt und ratlos, [... da] der Herr selbst für die entstehende Kirche unansehnliche und arme Fischer erwählt und der heilige Petrus den damals zum Glauben bekehrten Völkern gesagt hat: „In Wahrheit habe ich erfahren, dass bei Gott kein Ansehen der Person gilt.“

Hildegard antwortete:

Gott hat dem Volk auf Erden Unterschiede gesetzt, wie Er auch im Himmel Engel, Erzengel, Throne, Herrschaften, Cherubim und Seraphim gesondert hat. Sie alle werden von Gott geliebt und haben doch den gleichen Namen. ... Er hat Acht, dass sich der geringe Stand nicht über den höheren erhebe, wie Satan und der erste Mensch getan, da sie höher fliegen wollten, als sie gestellt waren.

Michaela Diers, Hildegard von Bingen, 1998, S. 49 f.

Q2 Lehre, Rat, Schutz – Arbeit

Theologen verglichen den Kirchenbau mit der gesellschaftlichen Ordnung:

Die Licht spendenden Fenster einer Kirche versinnbildlichen die religiösen Lehrer, die stützenden Säulen die Bischöfe, das tragende Gebälk die Fürsten, das schützende Dach die Ritter und das Fundament, auf dem der ganze Bau ruht, das niedere Volk.

Die einzelnen Stände werden als Steine des Schachspiels symbolisiert dargestellt:

Daz beduitet daz si (= daz gemein volk) irn hantwerken suln obligen und arbeiten und den edelen suln lazen den rat. Die wizzen waz der lant reht ist, da mite sich ein gemeiner man nicht bekümern mac“ *(sich keine Gedanken machen muss)*... [Die leeren Felder vor Spielbeginn bedeuten] daz ein herre, der ein lant hat, sal betrahten als vil er liut hat, daz er als vil bürge und stete habe, daz sie sicher dar inne enthalten müegen und er sie beschirmen müege.

Peter Dinzelbacher, Europäische Mentalitätsgeschichte, 1993, S. 33.

193.1 Edelleute und Bauern, Zeichnung aus einem mittelalterlichen Hausbuch (15. Jahrhundert).

1. Führt ein Streitgespräch in den Rollen der Äbtissinnen Hildegard und Tenxwind. (Q 1)

2. Erkundige dich nach dem Spielwert der Bauern beim Schachspiel und ihrer Rolle. (Q 2)

3. Erkläre, wie die Menschen im Mittelalter die soziale Ungleichheit unter den Menschen rechtfertigten. (VT, Q 1, 2)

4. Überlege, auf welche Weise ein Mensch im Mittelalter sozial aufsteigen konnte.

5. Im Mittelalter gab es neben Geistlichen, Adligen und Bauern noch andere soziale Gruppen. Wo finden diese ihren Platz in der Ständeordnung?

2. Lebensverhältnisse im mittelalterlichen Dorf

„Der Bauer ist an Ochsen statt, nur dass er keine Hörner hat."

Bäuerinnen und Bauern trugen die Hauptlast in der ständischen Gesellschaft. Sie litten am stärksten unter Abgabenverpflichtungen, Missernten, Viehseuchen, Kriegswirren und Raubüberfällen. Sie mussten darüber hinaus auch noch die Verachtung und den Spott der höheren Stände ertragen. Wie sah das Leben einer Bauernfamilie aus? Das ist schwierig zu beantworten, denn diese Menschen haben uns keine schriftlichen Nachrichten hinterlassen. Betrachten wir nur die Holzschnitte oder -stiche aus der Zeit des Mittelalters oder der Frühen Neuzeit, dann erscheint uns das damalige bäuerliche Leben denkbar primitiv und bescheiden. Aber aus solchen Abbildungen kann man nicht unmittelbar auf die historische Wirklichkeit schließen.

→ *S. 200 f.*

Um das Jahr 1000 lebten die allermeisten Menschen Mitteleuropas in kleinen Siedlungen oder Dörfern, nur ein kleiner Teil wohnte in befestigten Burganlagen oder in den wenigen kleinen Städten, die zumeist noch aus der Römerzeit stammten. Die Lebensverhältnisse der Bauernfamilien haben sich vom Mittelalter bis zum Beginn des 19. Jahrhunderts nicht grundlegend verändert. Dennoch gingen vom Land wichtige Impulse für die Entwicklung des städtischen Lebens aus.

Dörfer werden „sesshaft"

Anfangs „wanderten" Bauerndörfer. War ein Gebiet nicht mehr ertragreich und der die Siedlung umgebende Wald abgeholzt, zogen die Bauern zu einer wenige Kilometer entfernten neuen Stelle. Etwa seit dem Hochmittelalter wurden die Dörfer ortsfester, denn mit der Ausbreitung des Christentums wurden die Kirchen zum festen Mittelpunkt eines Dorfes. Dörfer lagen in der Regel am Hang oberhalb eines Baches. Zwischen Dorf und Bach waren die Weideflächen für das Vieh, im Umkreis des Dorfes das Ackerland.

Wie die Dörfer und Bauernhäuser des Mittelalters aussahen, ist teilweise aus archäologischen Forschungen bekannt. Ländliche Gebäude wurden aus Holz gebaut, die irgendwann zerfielen oder abbrannten. Es gab Wohnstallhäuser, in denen die Menschen mit dem Vieh in einem Haus wohnten, aber auch getrennte Gebäude: Wohnhaus, Stall, Scheune, Speicher.

194.1 Das Dorf Kalchreuth um 1500. Federzeichnung von Albrecht Dürer.

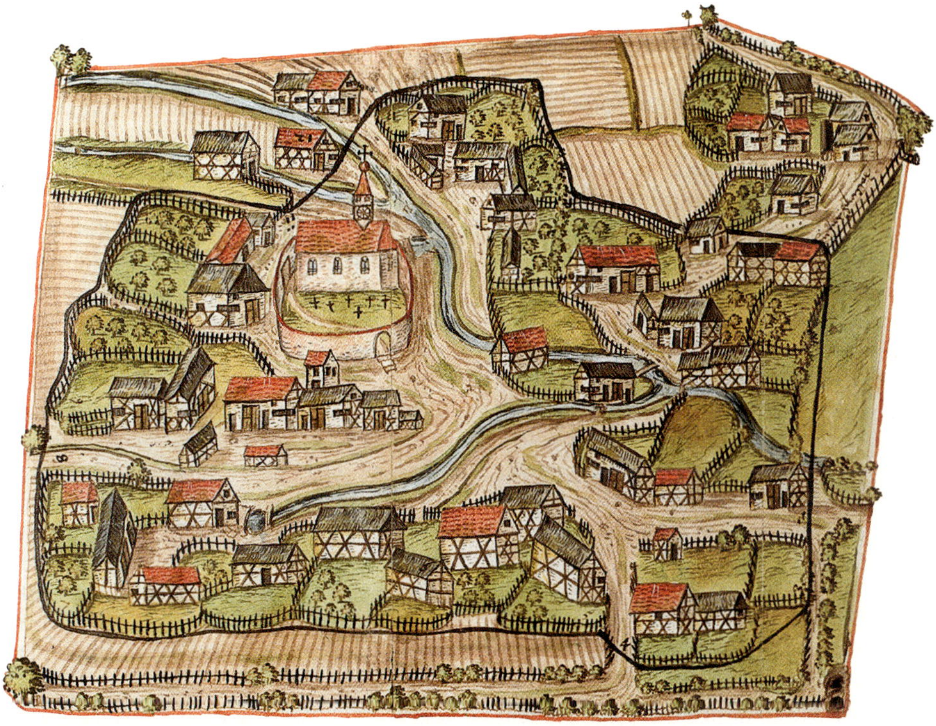

195.1 Das Dorf Heudorf (Kr. Konstanz) im Jahre 1576 (Generallandesarchiv Karlsruhe).

Der Wohnbereich des Dorfes ist von einem Zaun (Etter) umgeben.

Dreifelderwirtschaft und Flurzwang

Die Dorfflur setzte sich in der Regel aus drei großen Flächenbereichen zusammen. Jeder Bauer hatte in jeder dieser Flächen einen schmalen Streifen, den er je nach seinem Arbeitseifer in die „Wildnis“ hinein verlängern konnte. Zwischen diesen drei Bereichen wurde Fruchtwechsel betrieben: In einem Feld wurde Wintergetreide angebaut, im nächsten Sommergetreide, während das dritte brachlag, um sich zu erholen. Es war dem einzelnen Bauern nicht erlaubt, in einem Bereich, auf dem von allen anderen Bauern Sommergetreide angebaut wurde, auf seinem Streifen etwas anderes anzupflanzen oder ihn gar brachliegen zu lassen, denn auf dem Brachland wucherte Unkraut (Flurzwang).

Als die Dörfer ortsfest geworden waren, konnte man auch Obstgärten anlegen (Äpfel, Birnen, Zwetschgen und Kirschen) und – wenn es das Klima zuließ – auch Hopfen und Wein anbauen. Der Weinbau war im Mittelalter weiter verbreitet als heute, denn die Kirche benötigte Wein für die Heilige Messe und der Weintransport war sehr teuer.

Die Grundherrschaft – jeder Bauer hat einen Herrn

Die Bauern bewirtschafteten in der Regel nicht ihren eigenen Grund, vielmehr gehörte das Land einem Grundherren, also einem Kloster, einem Adligen oder einer Stadt. Es kam auch oft vor, dass verschiedene Felder eines Dorfes verschiedenen Grundherren gehörten. Die Bauern mussten daher ihrer jeweiligen ↗Grundherrschaft Abgaben und Dienste leisten. Vor allem für die Kirche und die Adligen bildete dieses System der Grundherrschaft die entscheidende Grundlage ihrer Machtstellung. Es prägte aber auch zugleich die abhängige Stellung der Bauern, die ihrem Grundherrn in den unterschiedlichsten Formen rechtlich verpflichtet waren. Der Grundherr besaß das Land, und der Bauer hatte das Nutzungsrecht. Er wurde sogar als Teil des von ihm bewirtschafteten Landes betrachtet, das er nicht ohne die Einwilligung des Grundherren verlassen durfte. Der Bauer war an die Scholle gebunden. Er war gewissermaßen Zubehör des Landes des Grundherren, ein ↗Höriger. Bei allen wichtigen Entscheidungen musste daher der Bauer die Entscheidung des Grundherren einholen, bei

Das System der Grundherrschaft wird auch als „Feudalsystem“ oder ↗„Feudalismus“ bezeichnet (von „feudum“ = Lehen). „Feudalismus“ wird allerdings auch gleichbedeutend mit „Lehnswesen“ verwendet.

schwierigen Rechtsfragen oder auch bei der Heirat seiner Söhne und Töchter.

Der Grundherr war zugleich in einer Person der Leibherr des Bauern, der Gerichtsherr, also der Richter, und auch der Kirchenherr, der in kirchlich-religiösen Angelegenheiten zu entscheiden hatte. Dieses Abhängigkeitsverhältnis war zweiseitig: Der Grundherr schuldete dem Leibeigenen Rat und Schutz, der leibeigene Bauer musste dem Eigentümer des Landes Abgaben und ↗Frondienste leisten. Vor allem diese Dienste und Abgaben wurden vom Grundherren genau festgelegt. Viele Klöster und Kirchen, aber auch Adlige besaßen nicht nur eine Grundherrschaft, sondern viele verschiedene, bei denen die Rechte und Pflichten der Untertänigen unterschiedlich geregelt waren.

■ Ehe und Familie

Geheiratet wurde nicht aus Liebe, die Ehe war im Mittelalter vielmehr ein Vertrag, der zwischen zwei Familien geschlossen wurde. Bereits bei der Brautwerbung verständigten sich die Eltern über die Mitgift und die rechtlichen Bedingungen der Ehe. Die Braut war gewissermaßen eine „Sache" in den Händen der männlichen Verwandten, die Braut wurde dementsprechend bei der Hochzeit einem anderen Mann übergeben. Der Ehevertrag gewährte der Frau einen gewissen Schutz und eine soziale Absicherung. Häufig musste auch der Grundherr seine Zustimmung zur Heirat geben, in manchen Gegenden konnte er sogar unverheiratete Unfreie zur Heirat zwingen. Erst allmählich erreichte es die Kirche, dass die Ehe nur vor einem Priester geschlossen und die Trauungszeremonie in einem Kirchengebäude vollzogen wurde.

Der Hauptzweck der Ehe bestand in der Sicherung der Nachkommenschaft. Daher genoss eine schwangere Frau ein besonderes Ansehen. Sie durfte ungehindert Baumobst pflücken oder Trauben abschneiden, ja sogar Fische fangen: Der Grundherr durfte für dieses Vergehen anderen Menschen die Augen ausstechen. Junge Mütter waren gelegentlich von Frondiensten befreit, erhielten vom Grundherrn größere Brennholzzuteilungen und mussten dem Grundherren keine Hühner abliefern. Allerdings unterstanden Frauen grundsätzlich der Vormundschaft durch ihre Männer. Der Mann besaß das Züchtigungsrecht und musste es sogar als Pflicht ausüben, wenn seine Ehefrau beispielsweise jemanden beleidigt hatte. Männer, die dieses Recht nicht wahrnahmen, wurden von der Dorfgemeinschaft verachtet. Die Kirche bot den Frauen nur eine geringe Hilfe: Sie betonte die Minderwertigkeit der Frau und predigte die demütige Unterwerfung der Frau unter den Mann.

Frauen verrichteten im Übrigen viele ähnliche Tätigkeiten wie die Männer; das galt auch für die Vieh- und Feldwirtschaft. Allerdings gab es auch Aufgabenbereiche, die vorrangig von Frauen ausgeübt wurden: die Betreuung des Herdfeuers, die Speisenzubereitung, die Verarbeitung von Flachs und Hanf sowie das Spinnen und Weben. Es war daher kaum möglich, einen Bauernhaushalt ohne eine Frau zu führen.

Infolge der hohen Geburtenzahl, der Doppelbelastung der Frauen und der hygienischen Verhältnisse waren die Frauen- und Kindersterblichkeit recht hoch. Viele Kinder und Frauen starben bereits bei den sehr risikoreichen Geburten. Zweit- und Drittehen der Männer waren daher weit verbreitet. In vielen Familien gab es oft nur zwei bis drei Kinder. Überlebten die Frauen aber die Phase der Gebärfähigkeit, wurden sie oft weitaus älter als ihre Männer.

■ Rechte und Pflichten

Die Lebensverhältnisse – wir sahen das an der Rolle der Frau – waren im Mittelalter durch zahlreiche Rechtsbestimmungen geregelt. Es gab z. B. Wald- und Forstverordnungen der Grundherrn, Regeln für die Nutzung von Gewässern und Flüssen, den Flurzwang, Kleiderordnungen, die vorschrieben, was Bäuerinnen und Bauern tragen durften und was nicht, besonders aber Bestimmungen, welche Abgaben und Dienste die Bauern ihrem Grundherrn leisten mussten. Waffenordnungen bestimmten, dass die Bauern zwar ein Messer, aber kein Schwert tragen durften. Die Regeln für Leibeigene, Halbfreie und Freie waren sehr unterschiedlich.

197.1 Alltag auf einem flämischen Bauernhof (Gemälde, Brügge um 1530).

■ Der Wald – ein hart umkämpfter Bezirk

Der Wald wurde von den Menschen im Mittelalter äußerst vielfältig genutzt: Das Holz diente zunächst als Bau- und Brennmaterial, die allermeisten Werkzeuge wurden aus Holz mit bestimmten Eigenschaften (Biegsamkeit, Elastizität, Haltbarkeit usw.) gefertigt. Im Wald fand die Schweinemast und die Bienenzucht statt, hier wurde Holzkohle von einem Köhler hergestellt. Unmengen von Holz wurden für die Salinenwirtschaft, also für die Salzgewinnung, benötigt, ferner für die Verhüttung von Eisen und anderen Metallen. Allerdings gehörte der Wald in der Regel dem Grundherren, der den Forst als sein Jagdrevier betrachtete und der daher streng darauf achtete, dass die Bauern nicht wilderten. Besonders ärgerlich war es für die Bauern, dass die Tiere, z. B. Wildschweine, ihre Äcker „umpflügten" und die Ernte vernichteten. Um den Wald und seine vielen Schätze gab es daher in der Geschichte zahllose Konflikte zwischen den Bauern und den Adligen. Die im adligen Dienst stehenden Wald- bzw. Forstaufseher wurden daher von den Bauern zumeist gehasst. Erst seit der Mitte des 19. Jahrhunderts wurde der Wald allmählich auch als Erholungsraum für die Menschen entdeckt, und man erkannte seine wichtigen ökologischen Funktionen.

Am Tag des hl. Urban (25. Mai) sind die Frühjahrsarbeiten im Obstgarten und im Weinberg beendet. Das deutet der leere Arbeitskittel an.

Am Johannistag (24. Juni) ist der Fleischzehnt (↗Zehnt) fällig. Das wird durch ein Rind, ein Kalb, eine Ziege und einen Hahn dargestellt.

Am Margarethentag (13. Juli) ist der Kornzehnt fällig. Die Heilige fesselt den Teufel, wie eine Legende erzählt.

Kräuter- und Getreidebündel werden am 15. August in der Kirche geweiht. Sie erinnern an die Fälligkeit des Gänsezehnts.

Am Bartholomäustag (24. August) sind verschiedene Abgaben fällig, z. B. Geld, Eier und Getreide. Der hl. Bartholomäus trägt seine Haut an einem Stock. Er ist durch Schinden und Enthaupten getötet worden.

198.1 Fälligkeitstermine für Abgaben aus dem Sachsenspiegel (Auswahl). Der Sachsenspiegel des Eike von Repgow aus dem ersten Drittel des 13. Jahrhunderts ist das älteste deutsche Rechtsbuch (in niederdeutscher Sprache). In einigen Handschriften sind die Rechtsregeln durch Bilder veranschaulicht.

Q1 Frondienste

Aus einer Bestandsaufnahme der Burg Achalm (bei Reutlingen, südlich von Stuttgart), die der Herzog von Württemberg 1555 angeordnet hatte:

Die Inhaber der Höfe, Lehen und Güter in Pfullingen, Pliezhausen, Riederich, Oberhausen, Honau und Kleinengstingen sollen mit ihren Rindergespannen im Frondienst alles Bauholz zur Burg Achalm fahren *(die Orte lagen zwischen 5 und 17 Kilometer von*

der Burg entfernt), auch Steine, Kalk, Sand, Ziegel und was sonst noch gebraucht wird. Die sechs Dörfer sind verpflichtet, allen Wein, der zur Herbstzeit aus den Weingärten anfällt, im Frondienst zur Burg zu fahren; ebenso alles Mehl, Salz und allen Hafer, wenn diese Dinge im Umkreis von einer Meile (= *7,5 km*) um die Burg gekauft werden.
Sie müssen auch alle Wiesen und Baumgärten, die zur Burg gehören, mähen und heuen und das Heu in die Burgscheuer fahren. Sie sind weiter verpflichtet, zwei oder drei Tage im Frondienst Hecken am Achalmer Berg zu hauen.

Hauptstaatsarchiv Stuttgart, H 101, Bd. 1918, transskribiert bei: Heinz Dieter Schmid, Fragen an die Geschichte Band 2, 1981, S. 17.

Q2 Nachbarschaft im Dorf

Der Sachsenspiegel enthält sehr detaillierte Bestimmungen zum Nachbarschaftsrecht auf dem Lande (13. Jahrhundert):

Niemand darf seine Dachtraufe in eines anderen Mannes Hof hängen lassen. Jedermann soll auch seinen Hofteil einhegen; wenn er es nicht tut und daraus Schaden erwächst, muss er ihn bessern. Geschieht ihm selber Schaden, bleibt er straflos. Jeder, der Malbäume oder Grenzsteine setzt (*zur Markierung seiner Feldgrenzen*), soll den hinzuziehen, der das Land auf der anderen Seite hat. Jeder, der einen Zaun setzt, soll die Äste in seinen Hof kehren. Öfen, Abtritte und Schweinekoben sollen drei Fuß Abstand vom Zaun haben. Jedermann soll auch seinen Ofen und seine Feuermauern verwahren, dass die Funken nicht in eines anderen Mannes Hof fliegen und dort Schaden stiften. …
Rankt sich der Hopfen über den Zaun, dann darf der, der die Wurzeln in seinem Hof hat, so nahe wie möglich an den Zaun treten, hinübergreifen und den Hopfen herüberziehen; was er erreicht, gehört ihm; was auf der anderen Seite hängen bleibt, gehört seinem Nachbarn. Die Zweige seiner Bäume sollen nicht über den Zaun hängen, seinem Nachbarn zum Schaden.

Arno Borst, Lebensformen im Mittelalter, 1979, S. 361 f.

Q3 „Ein Riesenkerl …“

In einer Erzählung aus dem 12. Jahrhundert wird ein Bauernsohn folgendermaßen beschrieben:

Ein Riesenkerl mit grobschlächtigen Armen, breiten Hüften und Schultern; seine Augen standen um Handeslänge auseinander … sein Haar war borstig, seine Wangen schmutzig und gegerbt; er hatte sie schon ein halbes Jahr lang nicht mehr gewaschen, und das einzige Wasser, das sie je genetzt hatte, war der Regen des Himmels.

Hans-Werner Goetz, Leben im Mittelalter vom 7. bis zum 13. Jahrhundert, 1986, S. 140.

1. Entwirf den Grundriss eines mittelalterlichen Dorfes mit seinen wenigen Häusern und Feldern. Bedenke, dass jeder Bauer in jedem Flurbereich (Gewann) nur einen Streifen als Acker hatte. (VT, S. 195, B 195.1)

2. Überlege, welche Vor- und Nachteile „ortsfeste“ Dörfer hatten. (VT)

3. Stelle in einer Liste zusammen: Welchen Nutzen zog der Bauer aus dem System der Grundherrschaft, welchen der Grundherr? (VT, B 198.1, Q 1)

4. Stelle gegenüber: Welche Interessen hatte der Grundherr am Wald, welche der Bauer? (VT)

5. Erläutere die Bestimmungen des Sachsenspiegels und überlege, worüber sich Nachbarn damals stritten. (Q 2)
Welche ähnlichen Konflikte gibt es heute noch? Sammle Zeitungsmeldungen über Streitigkeiten unter Nachbarn vor Gericht.

6. Welches Interesse hatten die gebildeten Autoren und deren Leser daran, einen Bauernburschen in dieser Weise zu schildern? (Q 3)

Bauernhochzeit – ein Bild als Quelle

200.1 Erhard Schön: Bauernhochzeit, Holzschnitt 1527; Erhard Schön (1491–1542, überwiegend in Nürnberg) war einer der bedeutendsten Holzschnitzkünstler des frühen 16. Jahrhunderts. Die Themen seiner Darstellungen entnahm er – so wie hier – der Alltagswelt. Daneben machte er sich als Karikaturist der kirchlichen Verhältnisse seiner Zeit einen Namen.

Was man sehen kann – was man klären muss

Bilder können wichtige Quellen sein, die uns Einblicke in historische Verhältnisse geben.

Aber vermitteln Bilder eindeutige Auskünfte?

Können wir von Bildern unmittelbar auf bestimmte geschichtliche Sachverhalte schließen?

Bilder können vor allem dann besonders reizvoll sein, wenn man mit ihnen „spielt", also wenn man verschiedene Sehweisen erprobt. Sie werden dann unterschiedliche und keineswegs eindeutige Geschichten erzählen.

Betrachten wir den Holzschnitt „Bauernhochzeit" von Erhard Schön genauer! Was sehen wir im Einzelnen? Was verstehen wir nicht? Was müssen wir daher klären? Welche Absicht verfolgte der Künstler bei dieser Darstellung?

Einige Fragen, Hinweise und Anregungen zur Analyse dieses Holzschnittes aus dem Jahre 1527:

- Wie werden die Bauern dargestellt? Beachtet die Kleidung, die Körpersprache, die Raumausstattung. Was wird aufgetragen? Wie verhalten sich die Bauern bei diesem seltenen Fest?
- Die Gesichter der Bauern sind merkwürdig hohlwangig und eingefallen. Wahrscheinlich haben sie kaum noch Zähne. (Beim Mahlen des Korns kam Sand ins Mehl, der die Zähne langsam zerstörte.)
- Beachtet die Menge der aufgetischten Fleischspeisen. Bedenkt dabei, dass Fleisch bei Bauern nur sehr selten auf den Tisch kam und – Salz war sehr teuer – kaum haltbar gemacht werden konnte.
- Beachtet die Anzahl der Teller und das Essbesteck.
- Wie hat wohl ein „gesitteter Bürger" auf das Verhalten der Bauern reagiert, wie sollte er die Bauern einschätzen, wie sich selbst?
- Diskutiert: Wird hier die „Not" der Bauern dargestellt? – Immerhin gab es einige Jahre vorher (1524/25) den Bauernkrieg.

Der von Albrecht Dürer beeinflusste Grafiker Erhard Schön wurde um 1491 in Nürnberg geboren, er starb dort 1542. Schön produzierte zahlreiche Zeichnungen und über tausend Holzschnitte, die leicht vervielfältigt und verkauft werden konnten, stellte Flugblätter her und Illustrationen, vor allem zu den populären Dichtungen von Hans Sachs.

Wie kann man Bilder entschlüsseln?

Dazu müssen wir gezielt Fragen an Bilder richten. Hierzu gibt es zwar keine starren Regeln, aber doch eine Groborientierung (siehe Kasten unten). Bei vielen Bildern werden wir auf einige dieser Fragen keine eindeutige Antwort finden. Auch qualifizierte Historiker scheitern manchmal bei der Deutung von Bildern oder müssen bei Vermutungen stecken bleiben.

- Was sehen wir auf diesem Bild? Einzelheiten müssen genau beachtet werden!
- Wann und unter welchen historischen Umständen entstand das Bild?
- Wer ist der Künstler, hat ihn jemand mit dem Bild beauftragt oder bezahlt? Oder handelte der Künstler auf eigene Rechnung und im eigenen Interesse?
- Mit welchen künstlerischen und handwerklichen Techniken arbeitet der Künstler?
- Verwendet der Künstler bestimmte Symbole?
- Wollte der Künstler eine bestimmte Botschaft vermitteln oder sind vielleicht mehrere Absichten zu vermuten?
- Wie wurde das Bild von den Zeitgenossen wahrgenommen? Hatte es eine bestimmte Wirkung? Konnte man das Bild (wie bei Holzstichen) vervielfältigen und damit weiterverbreiten?
- Brauchen wir noch weitere historische Zusatzinformationen, um das Bild zu verstehen?

3. Der Wandel auf dem Land und die Krise des 14. Jahrhunderts

Neue Techniken

Seit dem Hochmittelalter verbesserten sich die Lebensverhältnisse auf dem Land. Durch neue Techniken konnten die Erträge gesteigert werden. Häufig veranlasste der Grundherr, dass unterhalb der Siedlung der Dorfbach aufgestaut wurde. Durch ein Wehr entstand ein Weiher. Dort wurde das Wasser abgeleitet, das dann eine Kornmühle antrieb. Sie war wesentlich leistungsfähiger als die früheren Handmühlen.

Sehr langsam änderten sich auch die Techniken der Bodenbearbeitung. Im Hochmittelalter wurde anstelle des Hakenpfluges der Beetpflug eingeführt, der den Boden stärker lockerte und tiefer umgrub. Hatten die Bauern Zugtiere, konnten sie ihre Erträge noch deutlicher steigern. Dazu trug die Entwicklung des Kummets für die Pferde und des Stirnjochs für die Ochsen bei, deren Zugfähigkeit dadurch erheblich gesteigert werden konnte. Allerdings waren Pferde, auch in der Unterhaltung, sehr teuer. Seit dem 12. Jahrhundert kam dann noch der vierrädrige Wagen auf, der den zweirädrigen Karren ergänzte. Zunehmend wurden Arbeitsgeräte aus Eisen hergestellt, z. B. Pflüge, Spaten und Hauwerkzeuge.

Bevölkerungsentwicklung

Europa erlebte vom 11. bis zum 13. Jahrhundert ein stürmisches Bevölkerungswachstum. In den meisten europäischen Ländern erhöhte sich in dieser Zeit die Einwohnerzahl um das Zwei- bis Dreifache.

Über die Ursachen streiten sich noch die Historiker, wahrscheinlich muss man vom Zusammenwirken vieler Faktoren ausgehen. Sicherlich spielte dabei das warme Klima eine wichtige Rolle. Einige Forscher sehen in der Kolonisierung unbewohnter bzw. dünn besiedelter Regionen eine wesentliche Ursache: Wälder wurden gerodet, Sümpfe trockengelegt, diese Gebiete konnten dann genutzt werden. Damit konnte die Nahrungsproduktion erhöht werden, eine unabdingbare Voraussetzung für ein Bevölkerungswachstum. Andere meinen, dass der Anstieg der Agrarpreise die äußerst mühsamen Rodungen und damit die Vergrößerung von Anbauflächen lohnend machte. Viele Bauern konnten sich durch Rodungstätigkeit aus der Leibeigenschaft und von Abgabeverpflichtungen befreien. Hinzu kamen verbesserte Anbautechniken wie die bereits beschriebene Dreifelderwirtschaft und technische Neuerungen.

202.1 Bauern beim Pflügen und anderen Arbeiten. Monatsbild März aus dem Speculum Salvationis („Heilsspiegel"), 1475. Wien, Österreichische Nationalbibliothek.

Stadt-Land-Beziehungen

Der Fortschritt im ländlichen Bereich ermöglichte eine Blüte des Städtewesens. Man schätzt, dass im 13. Jahrhundert 10 Prozent der Menschen in Städten lebten. In den Städten gab es Arbeitsteilung bei der Ausübung von Gewerben und Geldwirtschaft. Die Verkehrswege wurden besser und die Handelsbeziehungen intensiver. Das Land profitierte natürlich von dieser Entwicklung: Die Dörfer versorgten die Städte mit ihren (allerdings recht geringen) überschüssigen Agrarprodukten, die Bauern konnten sich in den Städten z. B. Arbeitsgeräte aus Eisen kaufen, die sie nicht selbst herstellen konnten.

Krise im 14. Jahrhundert

Im 14. Jahrhundert verschwanden plötzlich viele bäuerliche Siedlungen, aber auch so manche Kleinstädte. Aus ihnen wurden „Wüstungen“, die von Wäldern überwuchert wurden. Im 14. Jahrhundert wurden in manchen europäischen Regionen fast 40 Prozent der Siedlungen oder Dörfer aufgegeben. Wie kam es zu dieser gewaltigen Katastrophe im Spätmittelalter?

Auch hier tragen Historiker verschiedene Erklärungen vor: Manche meinen, dass Kriegseinwirkungen die Einwohner zum Verlassen ihrer Dörfer veranlasst haben. Andere sind der Auffassung, dass die Bauern ihre Siedlungen auf Böden angelegt hatten, die auf Dauer zu geringe Erträge erbrachten und daher die Bauern zum Verlassen ihrer Orte zwangen.

Der Schwarze Tod

Hinzu kamen neben den regelmäßigen Hungersnöten auch auf dem Land die katastrophalen Pesteinbrüche des 14. Jahrhunderts. Die Pest, auch der „Schwarze Tod“ genannt, wurde von Seeleuten eingeführt, sie verbreitete sich in den Jahren 1347–1351 schnell über ganz Mitteleuropa. In den Jahren 1360/61 und 1380–1383 folgten erneut Pestwellen. An ihr starben Millionen von Menschen, etwa ein Viertel bis ein Drittel aller Mitteleuropäer.

203.1 Die Bürger von Tournai (Belgien) bestatten ihre Pesttoten (1349). Buchmalerei, Königliche Bibliothek, Brüssel.

Raubrittertum

Aber auch die adligen Grundherren waren von der Agrarkrise betroffen. Oft verschärfte sich ihre Lage, denn sie bekamen unmittelbar zu spüren, dass die Bauern geringere Erträge hatten. Daher verlegte sich so mancher verarmte Adlige auf das Raubrittertum und plünderte entweder Bauern aus oder reiche Handelskaufleute, die durch sein Gebiet zogen.

Die zahlreichen Versuche der mittelalterlichen Könige und Kaiser, das Fehdewesen zu begrenzen, hatten nur geringen Erfolg. Die Bauern hatten bei ihrer Gegenwehr gegen adlige Raubzüge wenig Chancen.

1. Informiere dich über die Unterhaltskosten eines Pferdes. Warum setzten Bauern oft lieber Ochsen ein?

2. Zur großen Pest des 14. Jahrhunderts gibt es viele Darstellungen, sicherlich auch in eurer Stadtbücherei. Fertigt zu diesem Thema ein Gruppenreferat an, das ihr arbeitsteilig entwickeln könnt: Ursachen der Pest, Verbreitungswege, Krankheitsverlauf, Folgen …

3. Stellt in einer Tabelle gegenüber: Welche Folgen hatte die Krise des 14. Jahrhunderts für die Bauern, die Städter und die Adligen?

Städte – neue Lebensformen im Mittelalter

Ein langer Weg und viele Hände: Erzgewinnung durch Hauen, Transport nach oben, Kontrolle der Tagesleistung mit Kerbholz, Waschen, Weiterverarbeitung und Verkauf an reiche Städter. Titelblatt einer Handschrift für Kuttenberg, den Hauptort des böhmischen Silberbergbaus, 1490.

Das Freiburger Münster: Kirchen sind Gemeinschaftswerke innerhalb der aufblühenden Städte.

Qualitätskontrolle und Verbraucherschutz: Brotmaße am Strebepfeiler beim Hauptportal des Freiburger Münsters.

Ausschnitt aus dem „Bäckerfenster" im Freiburger Münster, um 1320, eine Stiftung der örtlichen Zunft.

Erfinderisches Handwerk: fahrbarer Backofen für Versorgung mit frischer Ware, 15. Jahrhundert.

Orientierung in Zeit und Raum

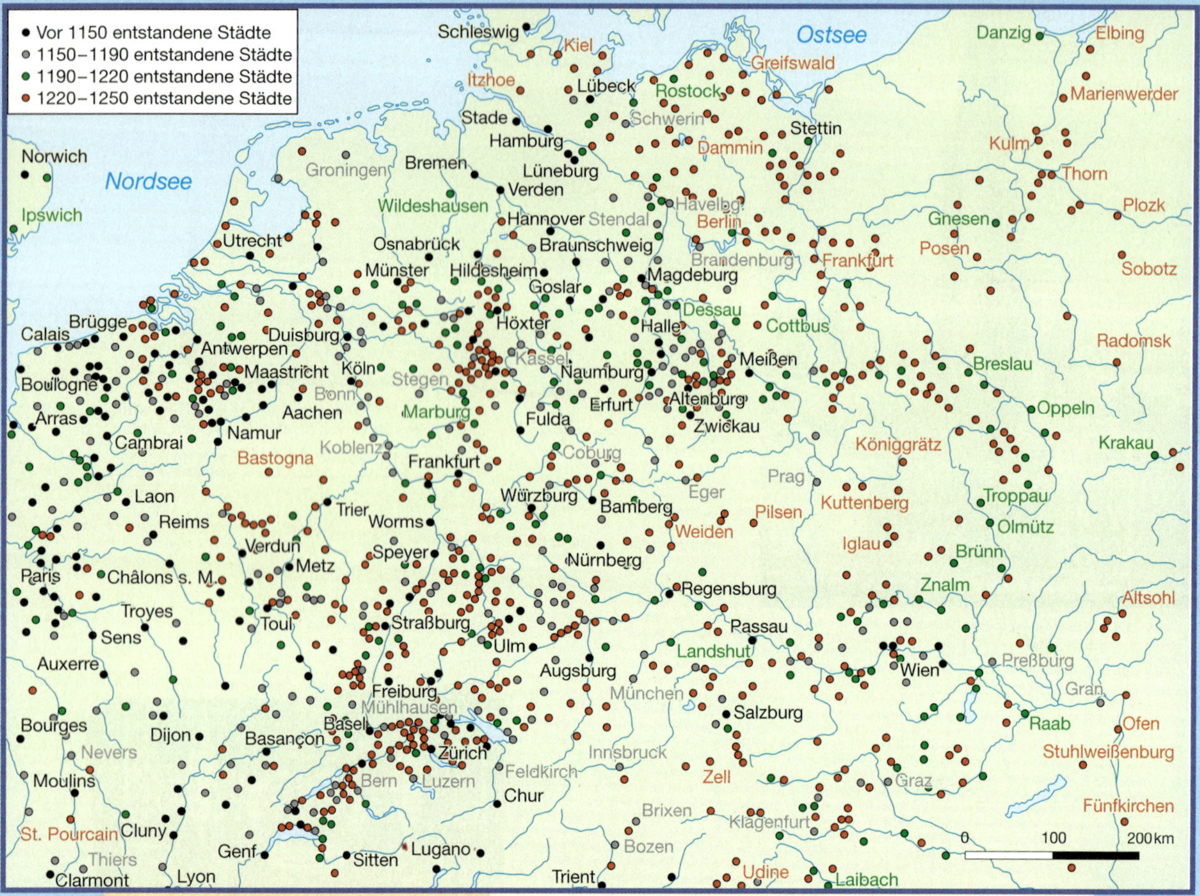

206.1 Eine Städtelandschaft entsteht.

11. Jahrhundert	Die Landwirtschaft in Mitteleuropa wird intensiviert und die Bevölkerung beginnt zu wachsen.
12. Jahrhundert	
erste Hälfte	Neue Städte entstehen unter Führung von weltlichen oder geistlichen Stadtherren und adligen Geschlechtern: 1120 wird Freiburg im Breisgau gegründet, wahrscheinlich älteste Gründungsurkunde einer deutschen Stadt.
zweite Hälfte	Kaufleute schließen sich für den Fernhandel in Hansen, für den Verkauf in den Städten in Gilden zusammen. Städtische Handwerker bilden Zünfte.
13. Jahrhundert	Universitäten werden gegründet, seit dem 14. Jahrhundert vermehrt auch in deutschen Gebieten. Bettelorden (Franziskaner, Klarissen, Dominikaner) und die Beginenbewegung entstehen.
14. Jahrhundert	Handwerker erkämpfen Anteile an der Stadtherrschaft.
1356	Kaufleute gründen die Deutsche Hanse.

Menschen, Märkte und Moneten: Städte sind Chancen

Der Junge drängte sich zwischen Gruppen schnatternder Mägde und Schwestern von der heiligen Jungfrau hindurch, die lautstark um die Kürbispreise feilschten, rempelte einen reich gekleideten Kaufmann an und stolperte gegen einen Stand mit Möhren und Bleichsellerie. Das Manöver trug ihm drei Schimpfnamen ein sowie ein paar schöne glatte Karotten, prall voll Saft.

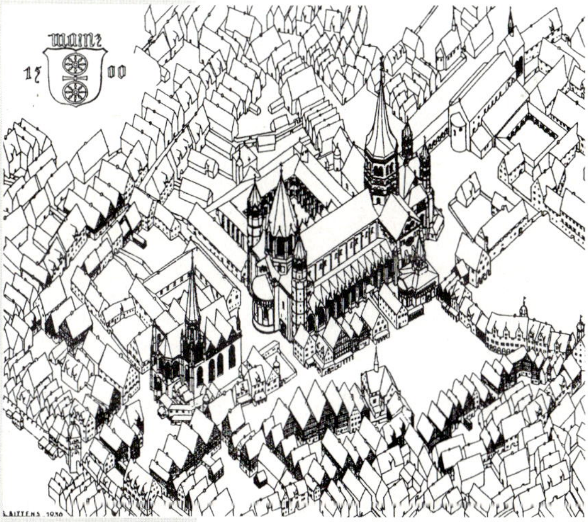

207.1 Mainz um 1500. Rekonstruktion des Stadtkerns.

1. Wie hier erzählt könnte es sich abgespielt haben auf einem der Märkte im mittelalterlichen Mainz – oder vielleicht auch im heutigen?
2. Gibt es heute noch „Mittelalter“ in unseren Städten?

207.2 Mainz heute.

1. Lebensform Stadt

208.1 *Darstellung der guten Regierung, Fresko von Ambrogio Lorenzetti im Palazzo Pubblico von Siena (Oberitalien), 1338/40. Etwa 100 Jahre später als in Italien begann im 12. Jahrhundert das Wachstum der Städte auch in Nordwesteuropa. Hier hatten 90% der Städte nur etwa 2000 Einwohner, sehr wenige galten wie Paris oder Köln mit mehr als 10 000 Einwohnern als Großstädte.*

Land und Stadt – Stadt und Land

Drei Gründe nannte der Dominikanermönch Humbert um 1260 seinen Mitbrüdern, als er ihnen erklärte, warum Mönche das Leben in der Stadt dem in der Einöde vorziehen sollten: Das Predigen in der Stadt sei erstens sinnvoller, weil dort mehr Menschen seien, zweitens nötiger, weil es dort mehr Gelegenheit zur Sünde gebe, und drittens dringlicher, weil das Land die Stadt nachahme.

Die Stadt, ein Vorbild für das Land? Bislang hatten Bauern das Bild der mittelalterlichen Welt bestimmt. Städte hatten darin keine wesentliche Rolle gespielt, seit sie gegen Ende des römischen Reichs mit der Mehrzahl der Bewohner auch ihre Bedeutung verloren hatten. Zentren von Kultur und Fortschritt waren die Klöster und der umherziehende königliche Hof. Seit dem 12. Jahrhundert jedoch begann sich dies zu wandeln. Die Bevölkerung wuchs, bebaute mehr Flächen mit besseren Methoden und steigerte so die Erträge. Was die Bauern nicht mehr zur eigenen Versorgung brauchten, tauschten sie gegen Dinge, die sie selbst nicht herstellen konnten. Ungehinderter Warenverkehr aber bedurfte eines leicht erreichbaren, geschützten, sicheren und befestigten Platzes, an dem man handeln konnte.

Wege, Waren, Währung

Als Knotenpunkte für Warentausch und Handel gewannen die verkehrsgünstig gelegenen alten Römerstädte wieder an Bedeutung, vor allem, wenn sie wie Köln oder Trier als Bischofssitze weiterexistiert hatten. Aber auch ehemalige Treffpunkte für Fernhändler, so genannte Wiken (Schles„wig“), oder Burgen (Ham„burg“) konnten zur Keimzelle von Städten werden. Handwerker und Gewerbetreibende ließen sich dort nieder, um für die steigenden Ansprüche wohlhabender Auftraggeber zu produzieren.

Versorgungszentrale und Herz dieser alten und neuen Städte war ihr Markt. Die Gewährung der Freiheit, einen Markt abzuhalten, stellte ein besonderes Vorrecht dar, ein ↗Privileg, das der Stadtherr verleihen musste. Was manche Städte mühsam errangen, gaben die Landesherren ihren Stadtgründungen bald aus freien Stücken: Schließlich entfaltete die waffenfreie Schutzzone Stadt ihre Schaffenskraft auch zum Vorteil ihrer Gründer. Manche Herrscher behielten zu eigenem Gewinn die Aufsicht über den sich ausbreitenden Geldverkehr. Andernorts wurde nach Erwerb des Münzrechts die Münze zum Wahrzeichen und Stolz der Stadt, wie der Florentiner Gulden.

Q1 Mit Brief und Siegel

In der Gründungsurkunde der Stadt Freiburg im Breisgau heißt es:

Bekannt sei allen Zukünftigen und Gegenwärtigen, dass ich, Konrad, in einem Ort meines Eigentums, nämlich Freiburg, im Jahre 1120 einen Markt begründet habe. Mit den von überall her zusammengerufenen angesehenen Kaufleuten habe ich in einer beschworenen Vereinbarung beschlossen, diesen Markt auszubauen.

Deshalb habe ich in dem gegründeten Markt jedem Kaufmann ein Grundstück zum Hausbau zugeteilt und entschieden, dass mir als Zins jedes Jahr von jedem ein Schilling zu zahlen sei. So sei allen bekannt, dass ich gemäß ihrer Bitte folgende Privilegien bewilligt habe. Und es schien mir ratsam, sie in einer Urkunde niederzuschreiben, damit meine Kaufleute vor mir und meinen Nachfahren dieses Privileg in aller Zeit behaupten können.

1. Ich verspreche Frieden und Sicherheit des Weges allen, die meinen Markt aufsuchen, in meinem Machtbereich und Herrschaftsgebiet. Wenn jemand von ihnen in diesem Gebiet beraubt wird, werde ich, wenn er den Räuber namhaft macht, dafür sorgen, dass ihm das Geraubte zurückgegeben wird, oder ich werde es bezahlen.

2. Wenn einer meiner Bürger stirbt, soll seine Frau mit seinen Kindern alles besitzen, was ihr Mann hinterlassen hat.

3. Allen Besitzern am Markt verleihe ich das Recht, dass sie die Weiden, Flüsse, Gehölze und Wälder benutzen dürfen.

4. Allen Kaufleuten erlasse ich den Zoll.

5. Niemals werde ich meinen Bürgern einen anderen Vogt, niemals einen anderen Priester ohne Wahl vorsetzen.

6. Wenn ein Rechtsstreit entsteht, soll er gerichtlich verhandelt werden nach dem Recht aller Kaufleute.

7. Jeder, der in diese Stadt kommt, darf sich niederlassen, wenn er nicht Leibeigener eines Herrn ist. Wer aber ein Jahr und einen Tag in der Stadt gewohnt hat, ohne zurückgefordert zu werden, der genießt von da an sicher seine Freiheit.

Damit meine Bürger den Versprechungen glauben, habe ich auf die Reliquien (➔ S. 144) der Heiligen geschworen, dass ich und meine Nachfolger das oben Genannte erfüllen werden. Amen.

K. Kroeschell, Deutsche Rechtsgeschichte I, 1972, 160f., gekürzt und vereinf.

Q2 Ein glänzender Köder

Bertrand Bar-sur-Aude beschrieb um 1225 die französische Stadt Narbonne:

Sie war von Mauern und Säulen wohl umschlossen, nie sah man eine fester gebaute Stadt. Nie sah man etwas Herrlicheres. Es gab 20 Türme aus glänzendem Stein. Auf einer Seite lag die Meeresküste, auf der anderen der Fluss Aude, der den Einwohnern alles brachte, was sie sich wünschen konnten. In den großen Schiffen, die dort anlegen, bringen die Kaufleute so viele Reichtümer in die Stadt, dass es an nichts fehlt, was einem Manne Ehre machen könnte.

J. Le Goff, Stadt als Kulturträger, in: C. Cipolla/K. Borchardt, Europäische Wirtschaftsgeschichte 1, 1983, 47, gekürzt.

Konrad = Konrad, Herzog von Zähringen, † 1152

1. Beschreibe mit Hilfe von B 206.1 und dem VT, was eine mittelalterliche Stadt kennzeichnet und vom Land unterscheidet (Gestaltung des Raums, Tätigkeiten der Menschen).

2. Zwischen 1150 und 1200 verdreifachte sich die Zahl der Stadtgründungen (↗B 206.1).
a) Erarbeite die Vorteile, die sich die Landesherrn davon möglicherweise versprachen (Q 1, VT).
b) Auf welche Vorteile verzichtete Herzog Konrad bei seiner Gründung ausdrücklich? (Q 1)

3. Was machte das Leben in der Stadt für die Bewohner interessant? (Q 1, B 208.1)

4. Vergleiche die Bewertung des Stadtlebens durch Humbert (VT) mit Q 2. Worin siehst du Unterschiede oder Gemeinsamkeiten zu Bewertungen heutigen Stadtlebens?

2. Stadtgesellschaft, Stadtherrschaft

210.1 Im Auftrag des Augsburger Rates stellte der Maler den idealen Ablauf der Märkte in verschiedenen Monaten auf dem Perlachplatz dar, 16. Jahrhundert. Oktober: Wildbrethandel; November: Holz und Heumarkt; Dezember: Ratswechsel.

Eine neuartige Gemeinschaft

Aus der Stadt oder vom Land – damit unterscheidet man heute häufig zwischen fort- und rückschrittlich, modisch und unmodisch, schnell und langsam. Land heißt für viele Leben in Zeitlupe, die Stadt dagegen gleicht einem Motor mit immer höherer Drehzahl.

Ein gemeinsamer Lebenskreis bedeutet gemeinsame Aufgaben, Interessen, Verhaltensweisen. Als im Mittelalter alte Städte zu wachsen begannen und neue entstanden, kam ein Großteil der neuen Bewohner vom Land. Wie dort hatten sie auch in der Stadt einen Herrn, dessen Herrschaft sich im zentralen Bauwerk zeigte: Burg oder Kirche. Dadurch, dass die Städter ihren Lebensraum mit einer Mauer begrenzten, ihn verteidigten und darin ihr Leben regelten, formten sie eine neuartige Gemeinschaft.

Stadtluft macht frei, Landluft eigen – so hat man später das zusammengefasst, was das Besondere der Stadt ausmachte. Dieser Rechtsgrundsatz verband die Menschen, er galt für alle gleichermaßen: Wer vom Land kommend nach Jahresfrist nicht von seinem Herrn zurückgefordert wurde, war frei. Ansprüche auf Dienste oder Abgaben verfielen.

Dazugehören und mitwirken

Als Burkhard Zink um 1450 Geschichtsschreiber der Stadt Augsburg wurde, hatte er ein ungewöhnlich bewegtes Leben hinter sich. Mit 11 Jahren war der Kaufmannssohn vor seiner ungeliebten Stiefmutter geflohen. Er hatte ein Studium angefangen, abgebrochen; eine Handwerkerlehre begonnen, abgebrochen. Mittellos, ohne Ausbildung und kurz vor Beginn einer kriminellen Karriere war er in Augsburg als Schreiber untergekommen. Dort geriet er in Ungnade, weil er ohne Erlaubnis des Dienstherrn heiratete. Sein Schreiben und die Spinnarbeit seiner Frau hielten beide über Wasser, bis ihm sein ehemaliger Herr eine neue Chance gab. Die nutzte er. Später war er als Kaufmann mit eigenem Haus in verschiedenen Ämtern der Stadt tätig. Aus dem kleinen Mann war ein angesehener Bürger geworden.

Burkhard war immer Stadtbewohner. Stadtbürger wurde er jedoch erst in der letzten Phase seines Lebens. Ein ↗Bürger war im Mittelalter mehr als nur der Bewohner der Burgvorstadt, wie der Name sagt. Bürger sein hieß nicht nur den Lebensraum mit anderen teilen. Dazu musste man vor allem Grundbesitz haben oder erwerben. Der Schutz der

Stadt in Rechtsangelegenheiten und die wirtschaftlichen Vorteile waren deshalb nicht allen zugänglich. Etwa ein Drittel der Stadtbevölkerung schaffte den Sprung vom Einwohner zum Bürger nie, oft waren mehr als die Hälfte der Stadtbewohner keine Bürger. Die Möglichkeit, in einem Amt für die Gemeinschaft tätig zu werden, blieb ihnen damit verwehrt. Grundlage der politischen Gemeinschaft bildete persönlicher Besitz: Man musste etwas haben, was man verteidigen wollte, um glaubhaft dazuzugehören.

■ Stadtherrschaft

1259 erteilte der Stadtherr Erzbischof Konrad den Kölnern das Stapelrecht. Alle Waren mussten von da an in der Stadt ausgepackt, geprüft und bevorzugt zum Verkauf angeboten werden – eine Goldgrube für die Kölner. Herrschaft, das bedeutete für die Städter zunächst die Gewährung von Rechten, die einen Anreiz für den Handel schufen. Mit dem Wachstum der Städte stiegen jedoch auch die Ansprüche derjenigen, die dieses Wachstum vor allem bewirkt hatten. Die reichen Kaufleute wollten nicht mehr auf die Gnade eines Herrn angewiesen sein. Die Interessen der Stadt – das waren in ihren Augen ihre eigenen Interessen, und die wollten sie selbst vertreten. „Bessere, Weisere, Klügere“ nannte man die Mitglieder des ↗Patriziats und verband so mit dem Vermögen dieser Schicht den Anspruch auf politischen Einfluss und Eignung.

■ Wer hat, der zeigt

Die gesellschaftliche Stellung der Menschen war im Mittelalter mit der Geburt festgelegt. In den Städten bildeten sich dafür jetzt neue Orientierungspunkte, das Bürgerrecht und der persönliche Besitz. Entstanden waren sie mit der Spezialisierung der Berufe in der Stadt. Statt des Geburtsstandes entschied nun der Berufsstand über Ansehen und Zugehörigkeit zu Schichten und Gruppen. Meisterstück und Ausbildungsrecht als Leistungsbeweise des ausgelernten Gesellen oder des Ortsfremden sind Zeichen dieser Entwicklung. Gruppenzugehörigkeit zeigte sich auch in der Kleidung: Kölner Ratsherren trugen schwarze Umhänge und Hüte, Ärzte Kappen und ärmellose Umhänge, nur Patrizier Hermeline. Wichtig war auch das Recht zur Teilnahme an Festen oder Mahlzeiten, die als alte Symbole gegenseitiger Unterstützung gemeinsame Lebensformen ausdrückten: Zunftbürger tanzten nicht beim Patriziat, Unselbstständige wie Gesellen, Knechte und Mägde nahmen nie am Reigen der Selbstständigen in der Gaffel teil.

211.1 In der Kölner Bettelordnung wurde Bettlern verboten, Bürger durch Geruch und Anblick ihrer Wunden zu belästigen. Buchminiatur, 1471.

Gaffel (niederdeutsch für Tranchiergabel) = Aus „Speisegemeinschaften“ der Kaufleute und Handwerker wurden übergeordnete politische Dachverbände.

211.2 Gedenkstein zur Gründung des Münsters in Ulm, Stiftung durch ein Patrizierehepaar, 1377.

Bevölkerung von Köln	12. Jahrhundert	13. Jahrhundert	14. Jahrhundert
Erzbischof Ministeriale des Erzbischofs	Stadtherr: Vogt des Erzbischofs	oberster Gerichtsherr	oberster Gerichtsherr
Patrizier: Adlige und reiche Kaufleute	Rat	Bürgermeister Rat	Bürgermeister
selbstständige Handwerker			Rat
angestellt Arbeitende Juden Angehörige „unehrlicher“ Berufe Arme Frauen und Kinder			
Legende: ▬ Teilhabe an der politischen Herrschaft			

211.3 Gesellschaft und politische Herrschaft in Köln, 12.–14. Jahrhundert. Der Kampf um die Verteilung politischer Macht verlief in vielen Regionen sehr unterschiedlich.

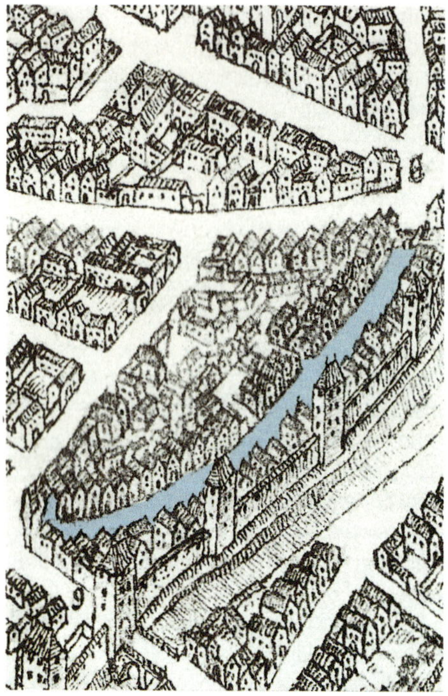

212.1 *Durch Tore von der übrigen Stadt abgetrennt: Das jüdische Wohnviertel („Judengasse“, blau markiert) im mittelalterlichen Worms (Ausschnitt aus einem nachmittelalterlichen Stadtplan von 1690).*

Am Rand der Gesellschaft?

Um in Lübeck arbeiten zu dürfen, brauchte der Kölner Jakob von Meddemen ein Zeugnis. Man bezeugte ihm schriftlich, er sei „aus ehelichem Brautbett echt und recht, ehrlich gezeugt und geboren, frei und nicht eigen, deutsch und nicht wendisch, auch nicht Sohn eines Zöllners, Müllers, Leinewebers, Badstubers, Pfeifers, Schäfers oder Aderlassers, sondern würdig, Amt und Gilde zu haben“. Jakob entsprach somit dem, was die Mehrheit unter einem anständigen Bürger verstand. Er gehörte zu den „gude Lude“.

wendisch = slawisch

Die mittelalterliche Stadt war durch ihren Motor, den Markt, in ständiger Bewegung, nahm viele Fremde auf und schuf eine neue beweglichere Ordnung. Personengruppen, die aus dem Rahmen fielen, anders waren, erregten dennoch Misstrauen. Hier fanden sie aber auch am ehesten eine Chance zu überleben.

Jakobs Zeugnis nennt neben einer klaren Vorstellung von gutem Lebenswandel eine Reihe von Berufen, die man im Mittelalter für unehrlich, ohne Ehre hielt: Leineweber waren arm und galten daher häufig als Garndiebe. Schäfer waren wie Schauspieler nicht sesshaft, also nicht in feste Ordnungen eingebunden. In bürgerlichen Augen führten sie ein Parasitenleben. Badstubner beschäftigten sich wie Ärzte und Henker intensiv mit dem menschlichen Körper. Dies galt als ungehörig und erweckte Misstrauen.

Menschen mit diesen Berufen erfüllten wichtige Bedürfnisse der Gemeinschaft. Weil sie aber in vielem von Erwartungen der Gesellschaft abwichen, waren sie häufig zu einem Leben abseits von den anderen Menschen, am Rand der Gesellschaft, ohne Mitwirkungsrechte, gezwungen. Umso leichter fiel es den übrigen Städtern, diesen Menschen mit zusätzlichen Vorurteilen zu begegnen und sie zu Sündenböcken zu machen.

Immer „fremd“: die Juden

Eine Minderheit, die aufgrund ihres Steueraufkommens in hohem Ansehen stand, als fremde Religions- und Sprachgemeinschaft jedoch beargwöhnt wurde, waren die Juden. Viele lebten schon seit Jahrhunderten als Kaufleute in den Städten.

Verbindungen in fremde Städte oder ins Ausland, Sprachkenntnisse und hoher Bildungsstand machten jüdische Fernhändler erfolgreich. Jüdische Gelehrte waren kenntnisreiche Ärzte und Wissenschaftler. Als aber deutsche Kaufleute auch am internationalen Handel und Geldgeschäft teilzunehmen lernten, wurden jüdische Händler in Randgebiete der Wirtschaft gedrängt. Ihre Tätigkeit im risikoreichen und daher hochverzinsten Kreditgeschäft, das Christen verboten war, brachte ihnen viel Neid und Missgunst ein. Weil ihnen trotz ihres Vermögens der Grunderwerb in der Stadt nicht gestattet war, waren sie von politischer Mitwirkung ebenso ausgeschlossen wie vom zünftigen Handwerk und so von einem Großteil des gesellschaftlichen Lebens. Die Ausgrenzung der Juden verfestigte sich im 14. Jahrhundert dadurch, dass ihnen Zwangsquartiere zugewiesen wurden. Nach dem Judenviertel in Venedig, das in der „Neuen Gießerei“, dem „Ghetto nuovo“, lag, wurden sie ↗Getto genannt. Aus vielen Städten Europas wurden die Juden ganz vertrieben.

Q1 Äußere Kennzeichen

a) Aus einer Frankfurter Ratsverordnung, 1431:

Damit auch die Christen vor den Juden zu erkennen seien, so sollen alle Juden und Jüdinnen, sie seien fremd oder eingesessen, außerhalb der Judengasse in und zwischen den Messen ihr gebührlich Zeichen, als mit Namen einen runden gelben Ring, öffentlich und mit ihren Mänteln unverdeckt an ihren Kleidern tragen, um eine Buße zu vermeiden, nämlich 12 Schilling.

b) Aus einer Kölner Ratsverordnung, 1389:

In dem Jahr sollten die Dirnen rote Schleier auf ihrem Haupt tragen, damit man sie von anderen Frauen unterscheiden kann.

Chroniken der deutschen Städte, Bd. 3, 1875–1877, S. 728.

213.1 Passauer Juden wurde 1477 vorgeworfen, Hostien gestohlen und in ihrer Synagoge entweiht zu haben. Der Druck aus dem Jahr 1495 erzählt die Geschichte aus der Perspektive der christlichen Mehrheit.

Q2 Besondere Vorrechte

Wie viele andere Landesherren stellte der Bischof von Speyer die Juden im Jahr 1084 unter seinen persönlichen Schutz.

Als ich den Weiler Speyer in eine Stadt verwandelte, glaubte ich, die Ehre unseres Ortes noch zu vergrößern, wenn ich die Juden zusammenführte. Ich siedelte sie also außerhalb der Gemeinschaft der übrigen Bürger an und umgab sie mit einer Mauer, damit sie nicht durch den Übermut des Pöbels beunruhigt würden. … Ich übergab ihnen diesen Ort unter der Bedingung, dass sie jährlich $3\,^1/_2$ Pfund speyerischen Geldes zahlen.
Innerhalb ihres Wohnviertels und außerhalb gab ich ihnen das Recht, Gold und Silber frei zu wechseln und alles Beliebige zu kaufen und zu verkaufen. … Auch gestattete ich, dass ihr Synagogenvorsteher Klagen zu entscheiden habe, die zwischen oder gegen Juden ergehen werden, wie der Stadtvogt unter den Bürgern. … Für nächtliche Wachen, Verteidigung und Befestigungsarbeiten haben sie nur innerhalb ihres Gebietes zu sorgen, für die Verteidigung aber gemeinsam mit den Unfreien.

F. X. Remling, Urkundenbuch zur Geschichte der Bischöfe von Speyer, Bd. 1, 1852, 57 ff.

Q3 Bürgerliche Ordnung in Köln um 1400

Zuerst gebieten unsere Herren zu Köln, dass gar niemand, kein Pfarrer, Student, Laie, Frau oder Mann, nach 11 Uhr auf die Straße geht, außer denen, die das kontrollieren sollen. Die Strafe soll 10 Mark betragen *(= 2–3 Tagelöhne eines Schmieds oder Maurers)*.
Alle eingesessenen Bürger sollen Frieden halten, wie der Rat es gebietet. Wer gegen Anordnung des Rats Backgammon oder Würfel und solche unehrlichen Sachen in Tavernen spielt, zahlt 50 Mark Buße. …
Der Rat gebietet, dass niemand in der Stadt ungewöhnlich lange Messer tragen noch ungewöhnliche Eide schwören soll; dass jeder Mann und jede Frau die Straßen reinigen soll. …
Vier Ratsherren, die Bürgermeister und Gewaltrichter und aus jeder Zunft und Gaffel zwei Mitglieder sollen die Feuerbekämpfung organisieren und dazu allzeit bereit sein. Jeder soll dafür genügend Wasser im Hause haben.

Akten zur Geschichte der Verfassung und Verwaltung der Stadt Köln im 14. und 15. Jh. I, Nr. 80, 85, übers. gek.

Synagoge (griechisch = Versammlung): Versammlungsort der Juden für den gemeinsamen Gottesdienst.

214.1 Ein Ziel der Beginen war es, den Lebensunterhalt selbst zu verdienen. Über diese Konkurrenz beschwerten sich ortsansässige Handwerker häufig beim Rat. Spinnarbeit, Holzschnitt, Stuttgart, 15. Jahrhundert.

Q4 Abseits von Ehe und Kloster: Beginen

a) Matthäus von Paris beschrieb im 13. Jahrhundert eine neue Lebensform von Frauen:

Um diese Zeit nahmen einige ein Ordenskleid, aber ein leichtes, indem sie Enthaltsamkeit und einfaches Leben in privatem Gelübde versprachen. Sie beschlossen es jedoch nicht unter der Regel eines heiligen Mannes und waren auch in keinem Kloster geborgen. Und ihre Zahl vermehrte sich in kurzer Zeit so sehr, dass man in der Stadt Köln und der Umgegend zweitausend fand.

P. Ketsch, Frauen im Mittelalter 2, 1984, S. 346f., vereinf.

b) Der Franziskaner Gilbert von Tournay meinte um 1273:

Aber am Ende fügen wir noch eine Besonderheit hinzu, die sich zu einer größeren Gefahr ausweiten kann. Es gibt bei uns Frauen, die sich Beginen nennen, und einige von ihnen beherrschen Spitzfindigkeiten und freuen sich über Neuerungen. Sie haben die Geheimnisse der Schriften, die selbst für Leute, die in der heiligen Schrift bewandert sind, kaum zu ergründen sind, in der französischen Volkssprache interpretiert. Sie lesen dies gemeinsam unehrerbietig in verborgenen Winkeln und öffentlichen Plätzen. Ketzereien und Irrtümer … können durch den geringen Umfang dieses Papiers nicht erfasst werden.

Ebd. S. 349.

c) Krankenpflege, Spezialgebiet vieler Beginen, erforderte Einsatz zu ungewöhnlichen Zeiten. Der Lübecker Rat verordnete 1438 Folgendes:

Keine Begine darf ohne Begleiterin zu Kranken oder anderswohin ohne Erlaubnis, Zustimmung und Kenntnis ihrer Meisterin gehen.

Wenn aber eine Begine zu kranken Menschen oder anderswohin in einem Notfall gehen muss, wo sie über Nacht bleiben soll, so soll ihr die Meisterin eine Begleiterin mitschicken, die sie dahin bringt. Und sie soll darauf achten, dass der Ort und die Person, zu der sie geholt wird, derart sicher und rechtschaffen sei, dass kein Gerücht oder Ärgernis daraus entsteht.

Lübeckisches Urkundenbuch, Bd. 7, 1907, Nr. 764.

1. In mittelalterlichen Städten standen manche Personengruppen außerhalb der Gemeinschaft. Stelle zusammen,
a) wodurch sie sich von der Mehrheit unterschieden;
b) wie man auf ihr Anderssein reagierte. Versuche, dafür Erklärungen zu finden.

2. Viele Gruppen wohnten in der Stadt eng zusammen. Erkläre, welche Nachteile, aber auch Vorteile sich daraus ergeben konnten.

3. Vorurteile gegenüber Minderheiten gibt es heute wie im Mittelalter. Entwickelt im Rollenspiel verschiedene Formen, auf ein Vorurteil zu reagieren. Vergleicht anschließend mit B 212.1 und 213.1. Was machte es im Mittelalter schwierig, von der Mehrheit abweichend zu handeln?

4. Stelle zusammen, welche Aspekte im Leben der Beginen typisch, welche untypisch für eine mittelalterliche, städtische Lebensform waren.

3. Städtisches Handwerk und Gewerbe

215.1 Tuchherstellung an Trittwebstuhl und Tischwebgerät; Illustration einer englischen Handschrift.

■ Gefragte Spezialisten

Klopfen, waschen, entwirren, sortieren, karden (= aufrauen), spinnen, zwirnen, spulen, weben, walken und färben: Kaum ein Herstellungsprozess erfordert so viele Einzelschritte wie die Tuchproduktion. Durch die Verteilung der einzelnen Schritte auf verschiedene Personen lässt sich aber jeder Vorgang beschleunigen und in der Regel auch verbessern. Dies war die wesentliche Aufgabe des städtischen Handwerks und Gewerbes: Es deckte – und schuf bisweilen auch – die Nachfrage nach Waren, die von besserer Qualität waren als die in dörflicher Arbeit hergestellten Waren. Zu Beginn der Stadtentwicklung verkauften die Metzger beispielsweise zusätzlich zu Fleischwaren auch die Pelze und Felle der geschlachteten Tiere. Doch es dauerte nicht lange, bis sich ein neuer Fachmann, der Kürschner, damit befasste. Den wichtigsten Anreiz zur ständigen Weiterentwicklung und Verbesserung der Produktion boten die steigenden Ansprüche der wohlhabenden Auftraggeber, meist Adlige oder Kaufleute.

Vor allem die Handwerksberufe entwickelten sich weiter, deren Produkte man zum täglichen Leben brauchte. Neue Arbeitstechniken entstanden ebenso wie eine Vielfalt neuer Waren. „Wer ist Lehrling, der was begann; wer ist Geselle, der was kann; wer ist Meister, der was ersann", hieß es daher im Sprichwort. Handwerk, der „ehrliche Broterwerb", war ganz auf rechtschaffene Arbeit und ihren Ertrag statt auf Wagnis und Spekulationsgewinn ausgerichtet. Doch das Handwerk war Neuerungen nicht verschlossen: Erfindungsreichtum galt, wenn er das Produkt verbesserte, als besondere Leistung. So war auch traditionelles Handwerk dem Fortschritt verpflichtet.

■ Leben und arbeiten – nur in Gemeinschaften

Handarbeit war für den Großteil der Städter gemeinsame Lebensgrundlage. Eine große Rolle spielten im Alltag jedoch die unterschiedlichen Gewerbe. Ob Müller, Metzger, Brauer, Sattler, Seiler oder Weber: Die Handwerker der einzelnen Berufszweige schlossen sich seit dem 12. Jahrhundert zu Berufsgruppen zusammen, die sich je nach Region Bruderschaft, Innung, ↗Gilde, Zeche oder ↗Zunft nannten. Zu Beginn der Stadtentwicklung hatte die Marktordnung des Stadtherrn dem einzelnen Handwerker Rechte und Pflichten und damit seine Stellung zugewiesen. Die Vereinigungen gaben sich nun eine gemeinschaftliche Ordnung, die nach den Vorgaben des jeweiligen Handwerks zustande kam. Eine Bestätigung des Stadtherrn benötigten sie jedoch nach wie vor.

Die Zünfte verband mehr als das rein wirtschaftliche Interesse des gleichen Handwerks. Sie sicherten eine Qualität, indem sie die Produkte kontrollierten und die Ausbildungsinhalte und die Zahl der Lehrlinge streng regelten. Dabei bevorzugten sie die Kinder ihrer Mitglieder, legten sie aber damit auch auf den Beruf ihrer Väter fest. So garantierten sie den Handwerkern angemessene Einkommen und den Käufern vollwertige Ware. Gleiche Verteilung der Arbeit und ein gemeinsames Vermögen sicherten den Unterhalt aller. Als Gruppe organisierten sie gesellige Aktivitäten in ihren Versammlungs-

Kürschner: von kursina: althochdeutsch für Pelzrock

216.1 Quentin Massys der Ältere zeigt 1514 die Frau als buchführende Partnerin des Geldwechslers. Gemälde, heute im Louvre, Paris.

häusern, übernahmen aber auch kirchliche und militärische Pflichten, z. B. die Verteidigung festgelegter Abschnitte der Stadtmauer. Ortsfremde Handwerker mussten sich dem Zunftzwang beugen und den Zutritt erkaufen, um ihr Gewerbe ausüben und in den Genuss dieser Vorrechte gelangen zu können. Zünfte bildeten somit als umfassende Lebensgemeinschaften „Gemeinden in der Gemeinde", die auf der Grundlage eines gleichen Rechts ihre Angelegenheiten selbst regelten.

Handwerker und Gewerbetreibende belieferten den örtlichen Markt und entwickelten mit ihrer Tätigkeit die Stadt innerhalb der Mauern. Die Fernhandelskaufleute erweiterten den Wirtschaftsraum der Stadt über die Handelsstraßen und verbanden sie mit der Außenwelt.

Frauenarbeit – Männerarbeit

Handwerk ist Männerarbeit, so lautet ein gängiges Vorurteil, und auch die „Kauffrau" ist eine moderne Wortschöpfung. Im Mittelalter, so möchte man meinen, waren die Rollen eindeutig verteilt. Doch bereits im 14. Jahrhundert produzierten Frauen in manchen Städten zehn Prozent oder mehr der angebotenen Güter.

Städte boten einen neuen Rahmen für die traditionelle Rollenverteilung. So waren Frauen in Abwesenheit ihrer Männer für die Abwicklung des Handelsbetriebs verantwortlich. Nach dem Tod des Mannes führte die Mitbetreuung der Werkstatt zur selbstständigen Tätigkeit als Meisterwitwe. Zahlreiche ursprünglich weibliche Tätigkeitsfelder wurden dagegen in den am Markt orientierten Städten zu männlichen: Tongeschirr brannte nun der Hafner. Wirtschaftlich selbstständige Frauen fanden sich vor allem im Lebensmittel- und Textilgewerbe. In der Garn- und Seidenherstellung hielten Frauen in Köln und Paris das alleinige Zunftrecht. Insgesamt muss jedoch die gleichberechtigte Stellung der Frauen im zünftigen Handwerk als Ausnahme gelten: Dabei war in der nicht automatisierten Zeit nicht die körperliche Kraft entscheidend, wie man lange glaubte. Denn selbst in der schweißtreibenden Metallverarbeitung und im Böttchergewerbe waren Frauen tätig. Eingeschränkt wurden sie vielmehr dadurch, dass sie in der Regel nicht als rechtlich selbstständig galten. Sie durften weder Lehrlingen das Recht zur Berufsausübung verleihen noch eigene Interessen nach außen vertreten. Gleichberechtigt erschienen sie nur im gesellschaftlichen Bereich der Zunftarbeit: Krankenfürsorge, Gebetsfürbitte und Beerdigung.

Im Schatten der Kirche

„Messe" kann heute drei verschiedene Dinge bedeuten: religiöse Feier, Musikstück und Handelsort. Im Mittelalter stellte dies eine Einheit dar. Im Anschluss an den feierlichen Gottesdienst fand vor dem Gotteshaus der Markt unter dem Schutz des häufig geistlichen Stadtherrn statt. Der Kirchplatz war auch der Gerichtsort, der öffentliche Platz schlechthin. Durch Vorgabe der Feiertage schlug die Kirche den Takt im Leben der Erwerbstätigen. In eigenen Kirchenbänken sitzend traten die Zünfte als Gemeinschaft auf, dort gaben sie ihrer gesellschaftlichen Bedeutung mit Stiftungen eine für alle sichtbare Gestalt und übernahmen Aufgaben, die ihrem Ansehen entsprachen. Auch auf ihren Siegeln stellten viele Gemeinden häufig als deutlichstes Zeichen ihrer Macht den Turm ihrer Kirche dar, der alles überragte.

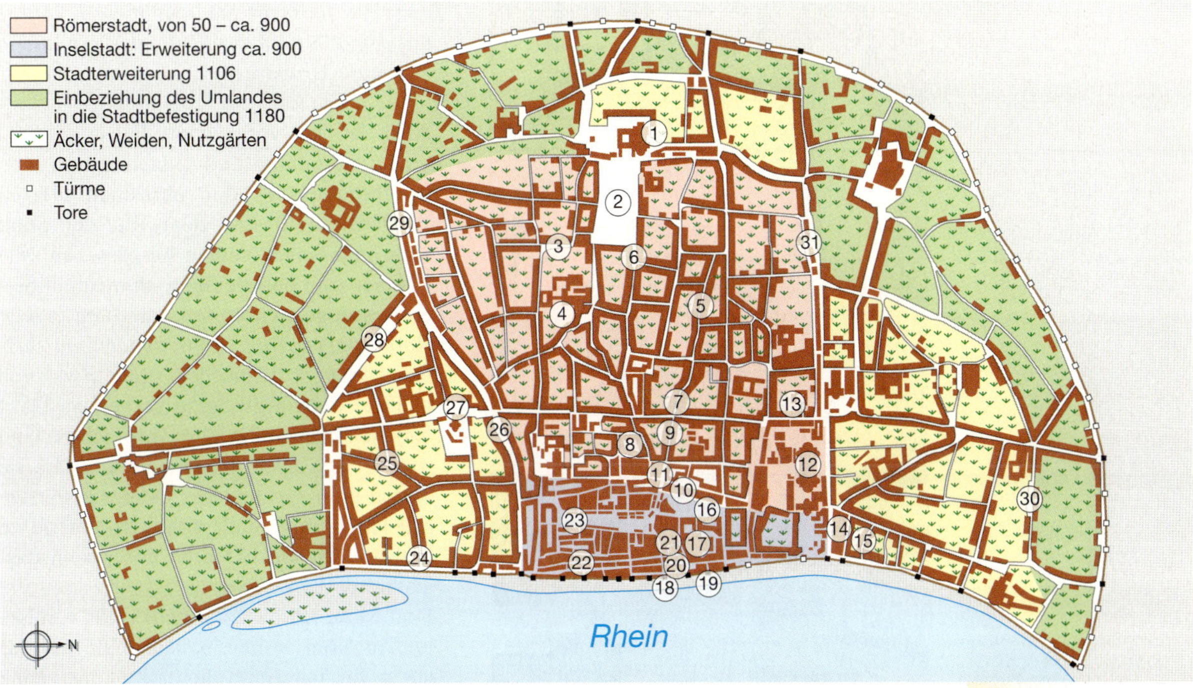

217.1 Plan der Stadt Köln im 13. Jahrhundert: Unterschiedliche Elemente ordnen den städtischen Raum.

Legende:
1 St. Aposteln/Apostelnkloster;
2 Neumarkt;
3 Fleischmengergasse;
4 Cäcilienkloster;
5 Glockengasse;
6 Schilder [= Maler]gasse;
7 Brückenstraße;
8 Gürzenich;
9 Obere Marktpfortenstraße;
10 Rathaus;
11 Judengasse;
12 Dom;
13 Pfaffenstraße;
14 Kostgasse [von Kotzgasse, Kotzmenger = Innereienhändler];
15 Goldgasse;
16 Alter Markt;
17 Groß St. Martin;
18 Weinpförtchen;
19 Pickels [= Fisch]pforte;
20 Fischmarkt;
21 Buttermarkt;
22 Seidmacherinnengässchen;
23 Heumarkt;
24 Holzmarkt;
25 Weberstraße;
26 Auf der Bach;
27 Waid [= blaufärbende Blüte]markt;
28 Perlengraben [von Peller = Fellpflücker, Gerber];
29 Rotgerberbach;
30 Alter Graben;
31 Auf der Alten Mauer.

Q1 Zunftregeln der Kölner Goldschmiede, 1357

In Gottes Namen Amen! Es sei allen kundgetan, dass wir Brüder eine Bruderschaft der Goldschmiede mit einem Willen gegründet haben.

Zunächst soll man gutes Gold und Silber amtsgemäß *(= nach Vorgabe der Zunft)* verwenden, wie es in Köln üblich ist.

Jährlich soll man einen Meister und fünf Beisitzer wählen, die vereidigt werden und dieses Amt annehmen müssen. Wenn nötig sollen sie jederzeit Gold und Silber untersuchen können. Wer schlechteres Material als vorgesehen verwendet, zahlt Buße und muss alle schlechten Stücke entzweischlagen. … Kein Goldschmied soll heimlich verkaufen, sondern offen zur Straße hin, so dass niemand betrogen wird.

Jeder Bruder, der verkaufen will, soll einen eigenen Harnisch haben. Wer keinen hat, zahlt Buße. …

Weiter soll man von Oktober bis zur Fastenzeit nicht länger bei Kerzenlicht arbeiten, als bis es vier schlägt und man zu St. Laurentius und St. Alban die Nachtglocke geläutet hat, außer zwei Wochen vor und nach Weihnachten. Dann darf jeder Bruder so lange arbeiten, wie er will. Wer sonst länger arbeitet, zahlt eine Mark Buße, Gesellen und Lehrjungen eine halbe, außer der Meister hat es erlaubt. …

Wenn ein Bruder einen Lehrjungen anstellen will, soll er einen Monat Probezeit geben. Will er ihn behalten, soll er der Zunft 8 Gulden geben und darauf achten, dass der Junge nicht älter als 15 Jahre, niemandem hörig und für den Beruf geeignet ist. Er soll dann 8 Jahre dienen. Wenn er ausgelernt hat, gehört er zur Bruderschaft. …

Wenn ein Bruder einen Prozess führen will, muss er dies zuerst vor die Bruderschaft bringen. … Wenn ein Mann in diesem Beruf nach Köln kommt und sich keiner dieser Regeln unterwirft, dann wird ihm verboten, dazuzugehören. Wenn er weiter den Beruf ausübt, soll man ihn dem Rat melden und er soll 1 Silbermark Strafe zahlen. … Weiterhin zahlt Buße: Wer bei der Beerdigung eines Bruders nicht teilnimmt oder ohne Erlaubnis weggeht; … wer einen Bruder unbrüderlich mit Worten oder Taten behandelt, am Pantaleonstag, wo sie zusammen essen.

Die Kölner Zunfturkunden, 1907, 80f., vereinf.

218.1 Ausschnitt vom Einband der Gilderegeln der Tuchhändler: Enge Ladengassen hatten Vor- und Nachteile. Bologna, 15. Jahrhundert.

Q2 Frauen im städtischen Wirtschaftsleben

a) Im Lübecker Stadtrecht von 1294 findet sich folgende Verfügung:

Keine Jungfrau, noch Frau oder Witwe darf ihr Gut verkaufen, noch weggeben, noch verleihen, außer diese haben einen Kaufladen, dann sind sie selbstständig wie Männer.

b) 1509 klagten Weberinnen vor dem Rat in Heilbronn ihre Rechte ein:

Wenn nun eine von uns oder einer unserer Männer einer Krankheit verfällt, so ist es offenkundig, dass wir alle bedürftige und arme Leute […] uns durch unsere schwere Arbeit ernähren müssen. Und wenn uns das, was wir von Jugend an getrieben haben, verboten werden sollte, so müssten wir uns und unsere Kinder samt dem kranken Mann vom Bettel und vom Almosen ernähren.

E. Uitz, Die Frau in der mittelalterlichen Stadt, 1992, S. 59, 91f.

c) 1420 schloss die Stadt Köln einen Vertrag mit dem Gerichtsvormund der Bierbrauerin Fygin aus Broikhusen:

Also, dass ich, vorgenannte Fygin, mit Wissen, Zustimmung und Genehmigung meines Mannes mit den ehrsamen Herren Bürgermeistern und dem Rat der Stadt Köln übereingekommen bin, dass ich zwei Männer treu und fleißig nach meinem besten Vermögen lehren soll, gute Grut *(wilder Rosmarin, wesentlicher Bestandteil im Bierbrauvorgang)* zu machen, ohne etwas von meiner Kunst arglistig zu verbergen. Dazu habe ich mich auf 8 Jahre verpflichtet. Und sooft sie es mich wissen las sen, dass sie wegen ihrer Grutmacher meiner bedürfen, soll ich in ihre Stadt kommen, um sie zu unterweisen und zu lehren, es sei denn, dass ich krank bin.
Und wenn ich deshalb mein Haus verlasse und in Köln wohne, so sollen sie mir für jeden Tag innerhalb dieser Zeit für meine Arbeit und meine Ernährung eine Mark Kölner Währung geben.

P. Ketsch, Frauen im Mittelalter I, 1983, 161f.

218.2 Aus den Handwerksbezeichnungen entstanden viele unserer heutigen Familiennamen: oben: Schneider, unten: Fleischer

1. a) Stelle aus dem Plan B 217.1 im Mittelalter in Köln ansässige Handwerker zusammen.
b) Beschreibe für einen Ortsunkundigen den Weg vom Fischmarkt zum Neuen Markt.

2. Stelle die Aufgabenbereiche der Zünfte zusammen.
a) Erkläre die Regelung der Arbeitszeit (Q 1).
b) Der Harnisch hat mit dem Beruf nichts zu tun. Erkläre, warum diese Aufgabe über die Zünfte geregelt wurde (B 217.1, Q 1).
c) Ordne: Wo sind Regeln vorteilhaft, wo beschränken sie den Einzelnen?

3. Erläutere die besonderen Bedingungen, die für Frauenarbeit galten (Q 2). Was erscheint aus heutiger Sicht an Q 2b widersprüchlich?

4. Alltag in der Stadt

In der Stadt wohnen

„*Zu der Rheingasse* bin ich benannt, ehrbaren Leuten wohl bekannt“, hieß es am Overstolzenhaus in Köln. Wohnhäuser gliederten die Stadt, sorgten bisweilen sogar für Straßennamen: „Am Rinkenpfuhl“ stank es einst nach der Jauche vom Hof der Familie Rinck, in der Glockengasse besaß Glockenmeister Elias ein Haus „Zur Glocke“. Eindrucksvolle private Bauten verschönerten das Stadtbild. Seit dem 14. Jahrhundert richteten viele Städte Kommissionen ein, die neben der Sicherheit auch Beeinträchtigungen des Stadtbildes überwachen sollten.

Überprüfung der Wohnsicherheit wurde überall dort notwendig, wo Städte gewachsen waren: Anbauten wie hölzerne Lauben, Stiegen oder Überhänge, behinderten die Durchfahrt in den engen Straßen, verdunkelten Gassen und begünstigten Unfälle oder Kriminalität. Weil es wegen der vielen offenen Feuerstellen häufig Brände gab, bevorzugte man allmählich Häuser aus Stein oder Ziegeln gegenüber Holz- und Lehmbauten. Viele Städte förderten diese teurere Bauweise seit dem 14. Jahrhundert finanziell. Wohnen und Wirtschaften bildeten eine Einheit. Unter einem Dach kochten, aßen, arbeiteten und schliefen die Familie, die Gesellen und die Lehrlinge – zusammen mit dem Kleinvieh, wie Schafen oder Hühnern. Wer es sich leisten konnte, baute aus. Da die Grundstücke in der ummauerten Stadt häufig klein waren, entstanden Häuser mit bis zu vier Stockwerken und bis zu drei Kellergeschossen. Die meisten Familien lebten jedoch in ein oder zwei Räumen. So war Wohnen eine öffentliche Sache. Private Räume kannte kaum jemand. Freie Zeit verbrachte man in den Gemeinschaftsräumen der Zunft.

Wärme, Licht und gute Luft – echter Luxus

Zwei Stuben habe er stets geheizt, notierte der Nürnberger Patrizier Anton Tucher 1510. Das kostete im Jahr 25 Gulden, das Jahreseinkommen eines Gesellen. Die rauchfrei beheizte Stube wurde bis zur Decke mit Holz verkleidet. Diese Anwendung des Zimmermannshandwerks war so verbreitet, dass sie zur Bezeichnung „Zimmer“ führte. Die Stube, lange ein Adelsprivileg, setzte sich mit der Zeit auch in einfachen Bürgerhäusern durch.

219.1 Um 1220 entstand das Haus der Kölner Kaufmannsfamilie Overstolz.

Die Unterschichten mussten jedoch mit geringerer Wohntemperatur auskommen. Selbst wenn sie kleinere Räume bewohnten, war für sie Wärme im Winter unbezahlbar. Ähnlich verhielt es sich mit der Beleuchtung. Tageslicht erhellte die Räume – aber nicht im heute üblichen Ausmaß: Die Fenster waren häufig erheblich kleiner und bei Kälte mit Häuten, Pergament oder Holzläden verschlossen. Glas, im Kirchenbau üblich, war selbst bei öffentlichen Prunkbauten rar. Nicht selten erhoben die Städte eine Fenstersteuer. Ergiebige Leuchtmittel wie Kerzen waren teuer, billige Fackeln rußten und qualmten. Sie beeinträchtigten die Wohnqualität oft mehr als sie zu heben.

Lärm, Gestank und anderes Alltägliche

Schweine soll man im Haus halten und nicht durch die Straßen treiben, Blut und andere

219.2 Typischer Aufbau eines städtischen Handwerkerhauses: Wohnen und Wirtschaften unter einem Dach.

220.1 Am Tisch ärmerer Leute teilte man sich ein Messer; gegessen wurde aus Holzschüsseln; aus einer französischen Handschrift, 1427.

Abfälle sollen die Metzger nicht auf der Straße liegen lassen, Mist darf man nicht in der Nacht abfahren und ebenso wie Erde und Schutt nicht in den Fluss (und auch nicht daneben) kippen – diese Verbote und Weisungen der Stadträte spiegeln den Alltag einer mittelalterlichen Großstadt wider. Man riecht förmlich, wie sie gestunken und geduftet, hört, wie es in ihren engen Gassen getönt und geschallt haben muss. Und nicht zuletzt kann man sich die lautstarken Streitereien vorstellen, wenn die Bequemlichkeit des einen den anderen störte. Für alle diese alltäglichen Probleme musste die ständig wachsende Gemeinschaft Lösungen finden.

Wohin mit dem Dreck?

Erst wenn die Toilettenspülung streikt oder das Abflussrohr verstopft ist, wird uns heute klar, dass auch Bioabfall ein Problem sein kann. Im Mittelalter war das enge Zusammenleben so vieler Menschen relativ neu, Abfälle waren gegenüber dem Dorf ein drängendes Problem. Spitzenreiter in der Rangliste der städtischen Dreckproduzenten waren Schweine – die andererseits für bessere Fleischversorgung und für Abfallverwertung zuständig waren. Zweithäufigster Klagegrund: funktionsuntüchtige Kloaken. Durch Verbote, Gebote und Androhen von Geldstrafen versuchten die Räte, ihre Bürger zur ordentlichen Abfallbeseitigung anzuhalten. Die erste öffentliche Müllabfuhr richtete Frankfurt im 15. Jahrhundert gegen Entrichtung eines „Dreckgeldes“ ein.

Das wichtigste Reinigungsmittel war Wasser. Einen grundsätzlichen Zusammenhang zwischen Wasser und Gesundheit hatte man zwar erkannt und die Nutzung öffentlicher Brunnen daher streng geregelt. Geruchsbelästigung der Anwohner, nicht Wasserschutz war jedoch die Begründung, wenn man verunreinigende Gewerbe wie Gerber an den Stadtrand verwies oder die Entsorgung von Fäkalien im Fluss tagsüber verbot. Schließlich handelte es sich dabei um lösliche Abfälle, so ein Nürnberger Baumeister. Gegen die häufig enge Nachbarschaft von Brunnen und Kloake bestanden gar keine Einwände, da die Mechanismen von Krankheitsübertragung weitgehend unbekannt waren.

Menschen, die gegen die Vermehrung von Wanzen ihr Bettzeug mit Ochsengalle und Essig besprühen, erscheinen vor dem Hintergrund heutiger Vorstellungen von Hygiene rückständig. Essig ist aber immerhin ein Naturprodukt, das auch heute noch Verwendung findet. Leistungsfähigere moderne Chemikalien dagegen verursachen unter Umständen neue Probleme – in der Umwelt.

220.2 Trippen, besondere Holzschuhe, verhindern das Einsinken in den häufig verdreckten Straßen. Zeichnung aus einem Nürnberger Hausbuch, 1434.

221.1 Wer es sich leisten konnte, benutzte seit dem 14. Jahrhundert Geschirr aus Metall und Glas; Ausschnitt aus einem Gemälde, 1495.

Q1 Gesunde und Kranke

Die Stadt Trier legte im Mittelalter, wie andere größere Städte auch, spezielle Hygienevorschriften für Leprakranke fest:

Es ist dir verboten, in die Kirche, auf den Markt, in die Volksversammlung zu gehen; deine Hände in Quellen oder rinnendem Wasser zu waschen. Du sollst Wasser mit deinem Becher schöpfen, nur in deinem Leprosenanzug und nicht barfuß herumlaufen. Du sollst eine Sache, die du kaufen willst, nicht anrühren, sondern nur mit einem Stäbchen berühren. Du darfst mit keiner Frau umgehen, auch nicht mit deiner eigenen. Wenn du über eine Brücke gehen musst, darfst du das Geländer nur mit Handschuhen berühren. Wenn du gestorben bist, wirst du nicht in der Kirche beigesetzt werden.

D. Staerk, Gutsleuthäuser und Kotten im südwestdeutschen Raum, in: W. Besch u. a. (Hrsg.), Die Stadt in der europäischen Geschichte, 1972, S. 541

Q2 Essen und Norm: Ernährung

a) Festmahl beim Frankfurter Stadtschreiber Ambrosius Dietherich, um 1500:
Erdbeeren mit Zucker, junge Hühner, Hammelfleisch gedämpft mit Rosinen, Dörrfrüchte, Muskat, gesottenes Schaffleisch mit süßem Topfen, gebratene Hühner, gebratene Hammelkeule, halbe Gans in Sauce, Käse, Kirschen.
Das tägliche Essen der meisten Städter: Suppen oder Brot und Mus.

H. Kühnel, Alltag im Spätmittelalter, 1984, S. 214ff.

b) Festmahl der Kölner Bäckerzunft, um 1470:
Zuerst erhalten die Bürgermeister jeweils eine Bratenschüssel mit Pfeffer und Zimt bestreut, ein Entenvogel und zwei Schmalzpasteten, dazu alten und neuen Wein. Dann die Herren in der Stube *(Ratsherren mit Schreibern, Frauen, Dienern)* und im Saal: eine kleine Schüssel mit gutem Pfeffer, zu zweit einen Entenvogel. Dann: für die Herren der Stube ein Stück Sülze und zwei Schlag Reis, für die Herren im Saal zu zweit ein halbes Stück Sülze und einen Löffel Reis. Zuletzt: den Herren der Stube nach Rang jedem ein gutes Brathuhn mit Pfirsichen, eine Schüssel Gebäck, den Herren im Saal jeweils die Hälfte.

H. v. Loesch, Kölner Zunfturkunden II, 1907, 11 – 15.

1. Stelle, nach Bereichen geordnet, zusammen, inwiefern sich im Alltag der Menschen gesellschaftliche Unterschiede zeigten (Q 2, B 220.1 und 221.1; VT).

2. Erkundigt euch beim Presseamt der Bundesregierung nach dem Menü des letzten Staatsempfangs und stellt eure letzte Familienfeier dagegen. Wo liegen Unterschiede, wo Gemeinsamkeiten zur Speisekultur der mittelalterlichen Stadt?

3. Auch Alltag musste organisiert werden (VT, Q 3):
a) Stelle fest, wie man die Verantwortung für die Probleme verteilte.
b) Beurteile die jeweiligen Lösungen. Bedenke, welche Folgen ohne Eingreifen entstanden wären.
c) Wo liegen die Grenzen der mittelalterlichen Lösungsmodelle?

5. Die Hanse – mehr als eine Wirtschaftsgemeinschaft

222.1 Aus der Bilderhandschrift des Hamburger Stadtrechts von 1497. Das Bild trägt den Titel „Vom Schiffsrecht".

Nicht auf eigene Faust

Ob geschäftlich oder zum Vergnügen: Reisen ist heute fast ein Kinderspiel. Kataloge, Buchung per Computer, Reiseversicherungen – Fernreisen unterscheiden sich da kaum von Fahrten ins Nachbarland.

Überfälle durch Raubritter, Strauchdiebe und Seeräuber drohten dagegen dem, der die geordneten ummauerten Inseln der mittelalterlichen Welt verließ. Kaufleute, für die das Reisen ein Teil ihres Lebens war, sah man deshalb zunächst eher misstrauisch an. Sie bewegten sich in einem häufig unbekannten, unsicheren Raum. Weil das königliche Friedegebot für Reisende oft nur unzulänglichen Schutz bot, schlossen sich die Kaufleute, die im Nord- und Ostseeraum Handel trieben, zu Fahrtgemeinschaften, ↗Hansen, zusammen. Wenn auch jeder Einzelne für Gewinne und Verluste allein geradestand, trugen sie doch gemeinsam die Gefahren der Reise und schufen günstige Bedingungen für den Handel. In London, Brügge, Bergen und Nowgorod, den Knotenpunkten des nordeuropäischen Handels, erbauten sie Kontore, Stützpunkte für Kaufleute aus Hansestädten, mit Wohn-, Versammlungs- und Verkaufsräumen.

Jede Menge Hering

Wie ein klobiger Korken liege das Schiff auf den Wellen, erklärte Skipper Knops 1996, als er den Nachbau einer mittelalterlichen Kogge testete. Dennoch: Diese breitbauchigen Lastschiffe, die gegen Ende des 12. Jahrhunderts in Nordeuropa auftauchten, bedeuteten einen gewaltigen Schritt nach vorn für die Ausweitung des Handels. Neben Kajüten und warmer Küche für die bewaffnete Mannschaft verfügten die Koggen über einen Laderaum, der denjenigen älterer Modelle weit übertraf. Zehnmal mehr Bierfässer, Getreidesäcke und Heringstonnen füllten nun die Schiffsbäuche. Wenn auch um 1450 manövrierfähigere Schiffe die Kogge ablösten, war sie doch zu einem Kennzeichen der Hansewirtschaft geworden. Kaufleute bildeten sie in Wappen an den Firmensitzen ab. Von ihrer scrivecamere (Büro) aus steuerten sie ihre sich ausweitenden Geschäfte.

Gemeinsam stark

Einen festen Bund zum Schutz von Recht, Hab und Gut schlossen seit dem 13. Jahrhundert nicht nur Kaufleute. Auch die Städte versuchten, den Frieden zu sichern und ihre Privilegien zu verteidigen. Denn für sie hingen vom sicheren und ungehinderten Zugang zu den Märkten Wachstum und Wohlstand ab. Um wirksam gegen Gewalttaten und anderes Unrecht außerhalb der Mauern vorgehen zu können, bildeten die Städte Gemeinschaften, die bis zu sechzig Partner vereinten. Eine von ihnen war der Rheinische Städtebund. 1254 hatten die Vertreter der Städte in Mainz beschworen, „dass Kleine und Große, Weltliche und Geistliche, Mönche aller Orden, Laien und Juden sich dieses Schutzes freuen und in der Ruhe des heiligen Friedens leben können". Den Frieden zu schwören war wichtig, denn ein dauerhaftes Bündnis verstieß eigentlich gegen geltendes Recht, auch wenn es der Zentralgewalt im Reich nicht gelang, überall für Sicherheit zu sorgen.

Der Aufstieg zur Macht

„Ihr seid Herren!“ So redete Kaiser Karl IV. 1375 im Lübecker Rathaus die Hanseleute an. Herren? Diese Anrede kam einer Erhebung der nichtadeligen Kaufleute in den Fürstenstand gleich. Warum schmeichelte ihnen der Kaiser so?

Seit die Kaufleute nicht mehr selber auf Reisen gingen, sondern ihre Unternehmen von der Heimatstadt aus steuerten, konnten sie dort auch vermehrt politische Aufgaben übernehmen. So stieg der Kölner Johann Rinck vom Neubürger über das Amt des Fischmarktmeisters bis zum Urteilsmeister auf. Kaufleute, die am Hansehandel teilnahmen und gleichzeitig in der Stadt eine wichtige Rolle spielten, sorgten häufig dafür, dass ihre Schutzgemeinschaft mit derjenigen der Stadt verschmolz: Die Städtehanse entstand, seit 1356 „Hansa Alemannia“ oder „Dudesche Hanse“ genannt. Dieser Bund mit Lübeck als seinem Haupt wuchs schnell zu einer gewaltigen politischen und wirtschaftlichen Macht heran. Fürsten und auch der Kaiser sahen ihn lieber hinter als gegen sich.

500 Jahre prägte die Hanse nordeuropäisches Stadtleben. Erst die Konkurrenz vor allem niederländischer Kaufleute und der Aufstieg der deutschen Fürsten zu mächtigen Landesherren beendete die politische und wirtschaftliche Vorherrschaft der Hanse.

Q1 In der Fremde

1157 erklärte König Heinrich II. von England:

Heinrich grüßt seinen Vizegrafen von London. Ich genehmige, dass die Leute von Köln ihren Wein auf dem Markt verkaufen, auf dem der französische Wein feilgeboten wird. … Ich befehle euch, dass Ihr die Leute und Bürger von Köln mitsamt allem ihrem Gut schützt, bewahrt und unterstützt, wie meine eigenen Untertanen und Freunde.
Ihr sollt weder ihrem Londoner Hause noch ihren Handelswaren Unrecht oder Schaden tun, da sie unter meinem Schutz und meiner Fürsorge stehen. Sie sollen vollkommenen Frieden haben, nach ihrem herkömmlichen Recht zu leben, und Ihr dürft ihnen keine neuen Abgaben oder Vorschriften auferlegen, für die bisher keine Pflicht oder Gewohnheit bestand.

P. Dollinger, Die Hanse, 1998, S. 512, gekürzt.

Q2 Die Lunge der Stadt

Ein unbekannter Dichter schrieb um 1275:

Sie gleichen der Lunge, die alten Kaufleute und die jungen. Wie die Lunge jede Stunde den Atem zum Mund treibt, so verhält es sich mit den Kaufleuten: Die bringen das in die Stadt, was man wirklich braucht und nicht hat.

223.1 Wappen der Lübecker Kaufmannsgesellschaft der Nowgorodfahrer. Holzrelief von Benedikt Dreyer für den großen Saal des Schütting, 1527.

223.2 Die Blütezeit der Hanse, um 1370.

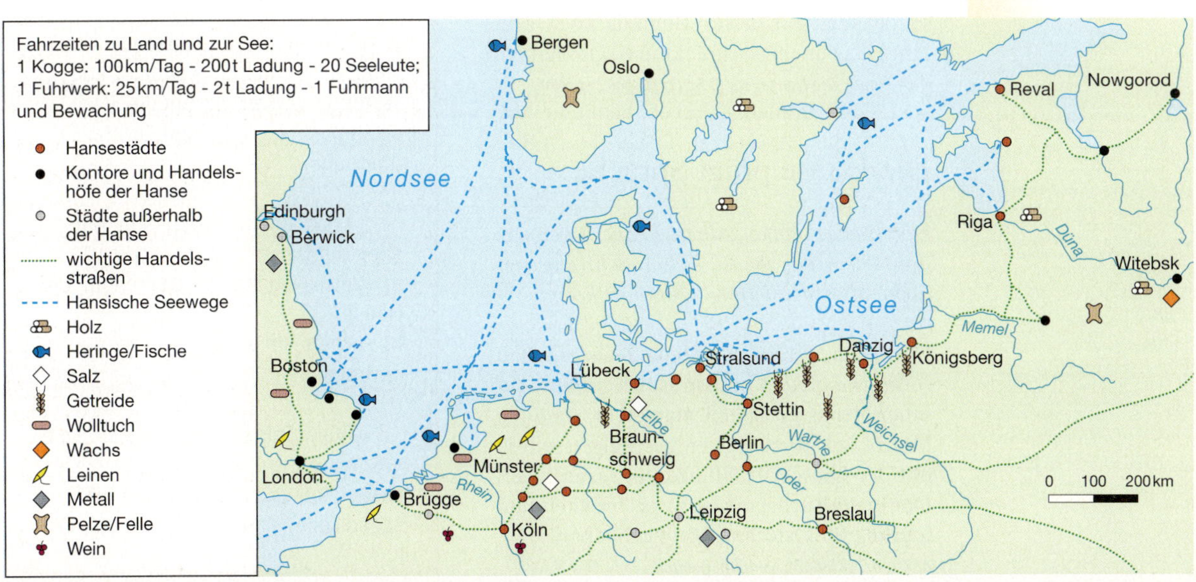

Und das tun sie wegen des Gewinnes. Wenn der Mensch nicht mehr verdient, dann haben es alle schwer. Wenn man der Stadt nichts zuführt, dann leidet sie. Alle, die dort wohnen, bekämen keine Nahrung und müssten drinnen zugrunde gehen; und dann müsste auch der Kaufmann sterben.

K. Friedland, Die Hanse, 1991, 75f., übers.

Q3 Die Hanse führt Krieg

Auf dem Hansetag in Köln schlossen die Hansekaufleute gemeinsam mit den Städten von Holland und Zeeland 1367 ein Bündnis:

Wir bekennen, dass wir übereingekommen sind, dass wir wegen mancherlei Unrecht und Schaden, die die Könige von Dänemark und von Norwegen dem gemeinen Kaufmann zufügen, ihre Feinde werden und einander auf folgende Weise getreulich beistehen wollen: Nämlich dass die wendischen Städte Lüneburg, Hamburg, Wismar, Rostock, Stralsund, Greifswald mit den livländischen Städten zehn Koggen ausrüsten sollen, bemannt mit tüchtigen Bewaffneten. … Falls eine Stadt nicht befolgen will, was von den übrigen Städten bestimmt ist, sollen ihre Bürger und Kaufleute mit allen den Städten, die diesem Bündnis angehören, keine Gemeinschaft mehr haben. Man soll ihnen dann weder etwas abkaufen noch verkaufen. … Nachdem wir gemeinsam mit den oben erwähnten Königen Frieden geschlossen haben, soll dieses Bündnis noch drei Jahre lang uneingeschränkt in Kraft bleiben.

P. Dollinger, Die Hanse, 1998, S. 517ff., gek., vereinf.

Q4 Die Hanse prägt Sprache

Der Hansepolitiker Albert Krantz überlegte um 1480, woher die Bezeichnung für die englische Münze „Sterling“ kommen könnte.

Der Name bezeugt, dass die Osterischen (*Ostseekaufleute*) in dem Reich großes Ansehen genossen. Denn man sieht, dass die Münze auf ihren Namen geschlagen wurde mit der Umschrift: Münze der Osterlinger. Der erste Buchstabe ist weggebrochen und Sterling für Osterling übrig geblieben.

A. Krantz, Wandalia, vereinf., gekürzt.

224.1 „Lübecker Totentanz“, kolorierter Kupferstich von 1463 (Ausschnitt). Die ersten Zeilen der Rede des Todes spielen auf den Sündenfall Adams im Paradies an, er nennt ihn, in der Sprache des Kaufmanns, einen Bankrott. Der jedoch hält dagegen, noch sei er nicht finanziell am Ende (fallit).

1. Stelle die Vorteile zusammen, die König und Kaufleute durch ihre Zusammenarbeit erlangten (Q 1).

2. Nenne die Gemeinsamkeiten von Hanse und Städtebund. Stelle Vermutungen an, warum die Stadt schließlich die Aufgaben der Hanse übernahm.

3. Erläutere die Etappen im Aufstieg der Hanse (Q 1, Q 3, Q 4, VT).
a) Welche Aufgaben übernahm die Hanse?
b) Suche nach Gründen für die Veränderungen.

4. Viele Faktoren beeinflussten die Karriere eines Kaufmanns. Stelle sie zusammen und erfinde einen typischen Lebenslauf (VT, Q 2, B 224.1).

6. Europa im wirtschaftlichen Umbruch

225.1 Marktplatz mit Aachener Münster und Rathaus. Gemälde von Hendrik Steenwick (1550 – 1603).

Kaufleute aus Italien

„Neben Feuer, Wasser, Erde und Luft muss man die Kaufleute aus Florenz als fünftes Element ansehen." Dieser Meinung eines Papstes konnten sich viele Zeitgenossen am Ende des Mittelalters anschließen. Tatsächlich hatten sich die norditalienischen Fernhändler in ganz Europa ausgebreitet und unvorstellbaren Reichtum erworben. Der Aufstieg des Fernhandels begann in den Städten Oberitaliens, in Florenz, Siena oder Pisa. Sie waren Umschlagplätze im Handel zwischen Nordeuropa und Nordafrika genauso wie zwischen Kleinasien und Westeuropa.

Kaufleute aus diesen Städten machten sich auf lange und gefährliche Reisen. Die Florentiner etwa hatten sich darauf spezialisiert, Wolle und Stoffe aller Art zu besorgen. Sie organisierten die gesamte Weiterverarbeitung. Dazu ließen sie Werkstätten, Wasch- und Trockenhallen bauen, sie stellten Arbeiter ein und besorgten Farbstoffe aus aller Welt. Die hochwertigen Kleidungsstücke wurden auf allen Märkten Europas angeboten. Mit der Zeit richteten die großen Handelshäuser ständige Vertretungen in den wichtigsten Städten ein. Diese besorgten die Geschäfte, ohne dass ihre Kunden und Geschäftspartner reisen mussten.

Bargeldlos zahlen?

Auch der Umgang mit Geld als Zahlungsmittel entwickelte sich weiter. Eine Gruppe von Geschäftsleuten spezialisierte sich auf Geldgeschäfte. Berühmt waren die Bankiers von Florenz. Eine ihrer Tätigkeiten bestand darin, dass sie fremde Währungen gegen eine Gebühr umtauschten. Dies war notwendig, da schon jede der 20 italienischen Städte ihre eigenen Münzen prägte.

Ihre Gewinne verliehen die Banken gegen Zinsen. Ihre Kunden waren in allen gesellschaftlichen Schichten zu finden. Bauern, die eine neue Olivenpresse brauchten, erhielten ebenso Geld wie Fürsten und Herzöge. Das System der Banken war insbesondere für die Kaufleute von Vorteil. Auf ihre gefährlichen

226.1 Auch nördlich der Alpen entstanden große Handelshäuser. Niederlassungen und Fernverbindungen der Augsburger Kaufmannsfamilie Fugger.

Reisen nahmen sie ungern Bargeld mit. Bargeldlose Zahlungsweisen wurden deshalb bevorzugt. So konnte ein Fernhandelskaufmann bei einem Bankhaus in der Heimat Geld hinterlegen und es sich bei einem Partner dieses Bankhauses in der Fremde auszahlen lassen, um Geschäfte zu tätigen. Auch konnte ein Kaufmann schriftlich versprechen, eine bestimmte Summe zu einem späteren Zeitpunkt, etwa in einem Vierteljahr, zu bezahlen. Handelte es sich hierbei um eine solide Firma, nahmen die Banken diese „Wechselbriefe“ wie Bargeld an. Auch das Bankkonto stammt aus dieser Zeit. Bald gab es in ganz Europa ein Netz von Banken, wenn auch vorläufig nur reiche Geschäftsleute diese Möglichkeiten nutzen konnten.

■ Geschäftsführung – eine Kunst

Zur gegenseitigen Sicherheit war es für Kaufleute ratsam, Verträge schriftlich festzuhalten. So entstand eine Schicht von gebildeten Anwälten und Notaren. Aber auch die Kaufleute eigneten sich neue Kenntnisse an, um ihre Unternehmen ↗rationell und übersichtlich zu leiten. Ein Beispiel hierfür ist die Buchführung: Es wurde zur Regel, dass Kaufleute Einnahmen und Ausgaben schriftlich festhielten.

Als regelmäßige und wichtige Treffpunkte entstanden die Vorläufer der heutigen Verkaufsmessen, die in zentralen, großen Städten stattfanden. In Paris, Frankfurt oder Brügge wurden Waren begutachtet und verkauft. Diese großen Ereignisse waren auch günstige Gelegenheiten, Informationen auszutauschen, so dass sich neue Kenntnisse und Verfahren schnell verbreiten konnten. Solche Messen waren immer auch gesellschaftliche Ereignisse, zu ihrem Begleitprogramm gehörten Tänze und Spiele.

Die Möglichkeiten für Handel und Gewerbe ließen den Wohlstand in den Städten wachsen. Die Oberschicht der reichen und selbstbewussten Bürger, die nun entstand, war mit dafür verantwortlich, dass eine Entwicklung in Kunst, Kultur und Politik einsetzte, die bis heute wirksam ist.

227.1 Bergwerk im 16. Jahrhundert.

M1 Die Fugger

Im 16. Jahrhundert waren auch nördlich der Alpen Handelshäuser entstanden, die weltweit handelten und große Vermögen ansammeln konnten. Das bekannteste davon war das der Familie Fugger aus Augsburg (→B 235.2/3).

1367 Hans Fugger wandert in Augsburg ein.
1386 Er wird „Erster Zunftmeister" der Augsburger Weber.
1390 Hans Fugger zahlt die Steuersumme von 6 Gulden (1398: 38,5 Gulden).
1459 Geburt Jakob Fuggers, Enkel des Einwanderers Hans Fugger.
1463 Übertritt der Familie Fugger von der Weberzunft in die Kaufmannzunft.
1478 Beginn der Lehrzeit Jakob Fuggers in Venedig.
1485 Jakob Fugger leitet die Innsbrucker Niederlassung. Darlehen der Familie Fugger an Erzherzog Sigmund „den Münzreichen".
1491 Die Fugger verleihen zum ersten Mal größere Summen an den Kaiser Maximilian.
1496 Jakob Fugger finanziert Kaiser Maximilians Krieg gegen Genua.
Die Familie Fugger steigt in das ungarische Bergwerksgeschäft ein.
1505 Jakob Fugger übernimmt die Kosten für die Leibwache des Papstes.
1507 Jakob Fugger trifft mit 80000 Gulden auf dem Reichstag in Konstanz ein. Er finanziert die Krönungsfahrt Maximilians, dieser tritt ihm die Grafschaften Kirchberg und Weißenhorn ab.
1510 Jakob Fugger erklärt nach dem Tod seines Bruders: „So habe ich alle Macht für mich allein."
1514 Jakob Fugger wird zum Grafen ernannt. Im selben Jahr beginnt er mit dem Bau einer Siedlung für Bedürftige in seiner Heimatstadt Augsburg (Fuggerei).
1519 Jakob Fugger finanziert die Wahl des Habsburgers Karl V. zum Kaiser.
1522/23 Jakob Fuggers Gewinn beträgt im Jahr durchschnittlich 54,5% seines Umsatzes, davon verbraucht er ca. 1%.
Fugger finanziert große Teile des Reichskrieges gegen die Türken.
1525 Jakob „der Reiche" stirbt.

Q2 Ein Brief Jakob Fuggers an Karl V. (1523)

Eure Kaiserliche Majestät wissen ohne Zweifel, wie ich und meine Vettern bisher dem Hause Österreich zu dessen Nutzen in aller Untertänigkeit zu dienen geneigt gewesen sind. Dadurch haben wir uns auch veranlasst gesehen, uns etlichen Fürsten gegenüber, die ihr Vertrauen und Glauben auf mich und sonst vielleicht auf niemand setzen wollten, zu verschreiben (d. h. uns für Eure Schulden zu verbürgen).
Wir haben auch den Commissaren Eurer Majestät zum gleichen Zwecke eine bedeutende Summe Geldes vorgestreckt, von der wir einen großen Teil bei unseren Freunden selbst haben aufbringen müssen. Es ist auch bekannt und liegt am Tage, dass Eure Kaiserliche Majestät die Römische Krone ohne meine Hilfe nicht hätten erlangen können, was ich mit eigenhändigen Schreiben der Commissare Eurer Majestät beweisen kann. So hab ich auch hierin auf meinen eigenen Nutzen nicht gesehen. Denn wenn ich nicht das Haus Österreich sondern Frankreich unterstützt hätte, so hätt ich viel Geld und Gut erlangt, wie mir denn solches auch angeboten worden ist. Welcher Nachteil aber hieraus Eurer Kaiserlichen Majestät und dem Hause Österreich erwachsen wäre, das haben Eure Majestät aus hohem Verstande wohl zu erwägen.

E. Ortner, Glück und Macht der Fugger, 1954, S. 284, vereinf.

228.1 Das Großunternehmen der Fugger. Diese Form der Produktion und des Handels wird Verlagswesen genannt.

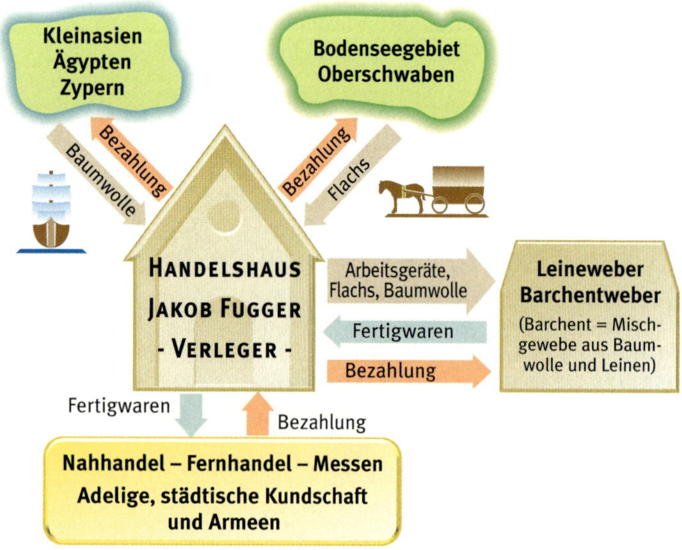

Q3 Darf man mit Geld sein Geld verdienen?

a) Papst Leo im 5. Jahrhundert:

Kleriker sollen sich entweder unwürdiger Erwerbsgeschäfte enthalten und von aller Sucht und Gier nach irgendwelchem Handel ablassen oder aber, wenn sie nicht ablassen wollen, gezwungen werden, welchem Grade sie auch angehören, sich des geistlichen Amtes zu enthalten.
Auch das glauben wir nicht übergehen zu dürfen, dass aus Begierde nach schimpflichem Gewinn einige Leute Geldgeschäfte betreiben und sich durch Wucher bereichern wollen. Es betrübt uns, dass dies, um von Angehörigen des geistlichen Standes ganz zu schweigen, auch auf Laien zutrifft, die Christen heißen wollen. Wir bestimmen, dass dies schwer an denen geahndet werden soll, die dessen überführt werden.
Wer Zinsen nimmt, begeht einen Raub an seinem Nächsten.

b) Der Reformator Martin Luther schreibt 1520 über das Thema:

Das größte Unglück für die deutsche Nation ist gewiss das Kreditwesen. ... Es besteht nicht viel länger als hundert Jahre und hat schon fast alle Fürsten, Stifte, Städte, Adel und Erben in Armut, Jammer und Verderben gebracht. ... Der Teufel hat es erdacht und der Papst hat aller Welt wehgetan, indem er es bestätigte. ... Hier müsste man wahrscheinlich auch den Fuggern und dergleichen Gesellschaften einen Zaum ins Maul legen. Denn wie ist's möglich, dass es göttlich und recht zugehen sollte, dass in einem Menschenleben so große, königliche Güter angehäuft werden können? ... Ich weiß, dass es viel gottgefälliger wäre, die Landwirtschaft zu mehren und den Handel zu mindern, und dass die viel besser tun, die der Schrift nach (1. Mos. 3,17) die Erde bearbeiten und ihre Nahrung daraus suchen.

Martin Luther, Werke 1, 1982, S.233–234, vereinf.

c) Der Reformator Johannes Calvin äußert sich 1556 in einem Brief dazu:

Geliebter Bruder, weil es sehr oft geschieht, dass beim Geldverleihen auf Zinsen allerlei wider Recht und Billigkeit gehandelt wird, so ist eine einfache Antwort auf die Frage, auf welche Art man sein Geld rechtmäßig

zinsbringend anlegen könne, durchaus unsicher. Zuweilen wird es geschehen, dass auch der kleinste Zinsgewinn nicht ohne Sünde gegen Gott und Unrecht gegen den Nächsten gemacht werden kann. Deshalb kann ich dir hier nicht, wie du erwartest, bestimmte Vorschriften geben.
Hier in Genf ist zwar ein gewisser Zinsfuß gesetzlich festgestellt. Doch folgt daraus noch nicht, dass der Gläubiger bei einem Armen nun mit gutem Gewissen von diesem Zinsfuß Gebrauch machen dürfte.

R. Schwarz, Johannes Calvins Lebenswerk in seinen Briefen, Bd. 3, 1961, S. 847, vereinf.

d) Der Augsburger Ratsschreiber Conrad Peutinger, 1530:

Geistlichen und Laien ist durch keine Rechtsbestimmung untersagt, sich zu bereichern … oder mit ihrem Besitz auf Gewinn auszugehen. Und es ist ehrenhaft, dem eigenen Nutzen zu dienen, es gereicht allen Reichen, Provinzen und Herrschaften zum allgemeinen und besonderen Vorteil, und auch der Staat hat Interesse an reichen Untertanen.

E. W. Zeeden, Europa vom Ausgang des Mittelalters bis zum Westfälischen Frieden 1648, 1981, S. 172.

Q4 Jacob Fugger als Wohltäter

Die Frankfurter Allgemeine Sonntagszeitung berichtet am 19. Mai 2002 über die „Fuggerei" in Augsburg.

Um 22 Uhr schließen knarzend die Tore der ältesten Sozialsiedlung der Welt und der Nachtwächter macht in der Augsburger Fuggerei die Gaslichter an. Als Miete berappen die Bewohner der 147 Wohnungen symbolische 88 Cent im Jahr und täglich drei Gebete. Jakob Fugger der Reiche ließ für „schuldlos Verarmte" die Reihenhaussiedlung zwischen 1514 und 1523 in konsequent geplanter Gleichförmigkeit bauen. Auch 500 Jahre später profitieren arme Augsburger vom Stiftungswillen des Patriziers und nutzen die Räume der Stadt in der Stadt auf Lebenszeit. … Bewerber müssen katholisch und finanziell bedürftig sein. … Unter den 160 Mietern sind inzwischen nicht wie früher kinderreiche Familien, sondern vor allem alleinstehende, ältere Frauen.

Frankfurter Allg. Sonntagszeitung vom 19. 5. 2002, S. V13.

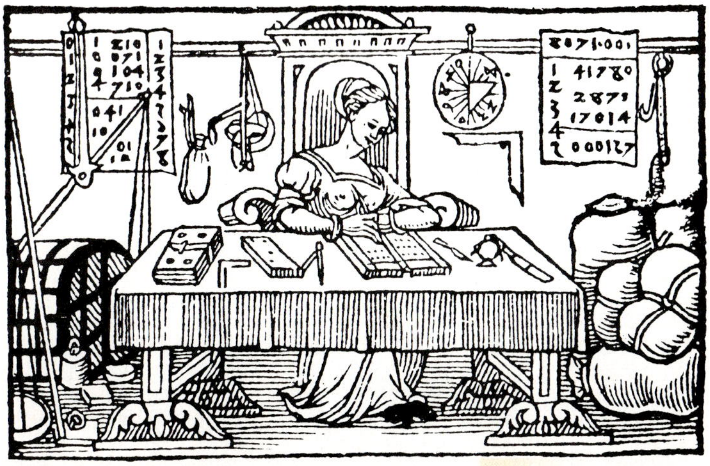

229.1 Schon in den mittelalterlichen Städten waren Frauen Händlerinnen (→ S. 129, 131). Auch sie nutzten nun die modernsten Formen der Geschäftsführung. Holzschnitt aus einem französischen Rechenbuch, 1571.

1. Beschreibe anhand B 225.1 und B 229.1 die Lebensweise der wohlhabenden Stadtbürger.

2. Beschreibe den wirtschaftlichen Aufstieg der Firma Fugger. Nenne das Ausdehnungsgebiet ihrer Unternehmen mit Hilfe heutiger Ländernamen (B 226.1, M 1).

3. Wie stellt sich Jakob Fugger dar (Q 2, B 226.1, B 227.2)? Trägt sein Verhalten auch zum Wohlstand anderer bei? Stelle Gründe dafür und dagegen zu einer Beurteilung zusammen. (M 1, Q 4)

4. Erkläre den Weg des Stoffes vom Rohmaterial zum Verbraucher (B 228.1). Welche Rolle spielt der Weber, welche der Verleger? Vergleiche mit einem Handwerksbetrieb: Stelle die Vor- und Nachteile dieser Wirtschaftsweise zusammen.

5. Vergleiche die vier Standpunkte in Q 3. Erläutere, was sich in der Einstellung zu den Kaufleuten und Geldverleihern verändert. Welche Begründung wird jeweils dafür angegeben? Überlege, welche Auswirkungen die unterschiedlichen Haltungen für die Betroffenen gehabt haben könnten.

Entdeckungen und Euro

Entdeckungen und Europäisierung der E

Raffael, Die Schule von Athen, 1510 – 1511. 1510 holte Papst Julius II. den Maler Raffael aus Florenz nach Rom. Hier sollte er mehrere Räume im Vatikanpalast ausmalen. Einen dieser Räume, vermutlich die Bibliothek des Papstes, malte er mit vier Fresken aus, die vier Bereiche der Wissenschaft darstellen: Theologie, Philosophie, Rechtswissenschaft und Literatur. „Die Schule von Athen" zeigt eine Gruppe berühmter griechischer Philosophen, die sich um Plato und Aristoteles versammeln.

1492 – im Jahr der Entdeckung Amerikas – fertigte der Nürnberger Martin Behaim den ersten Globus.

Buchdrucker bei der Arbeit, Holzschnitt, 16. Jahrhundert.

Spanier bei der Eroberung der Halbinsel Yucatan (heute Mexiko). Kolorierter Kupferstich von Theodor de Bry, 1594.

Orientierung in Zeit und Raum

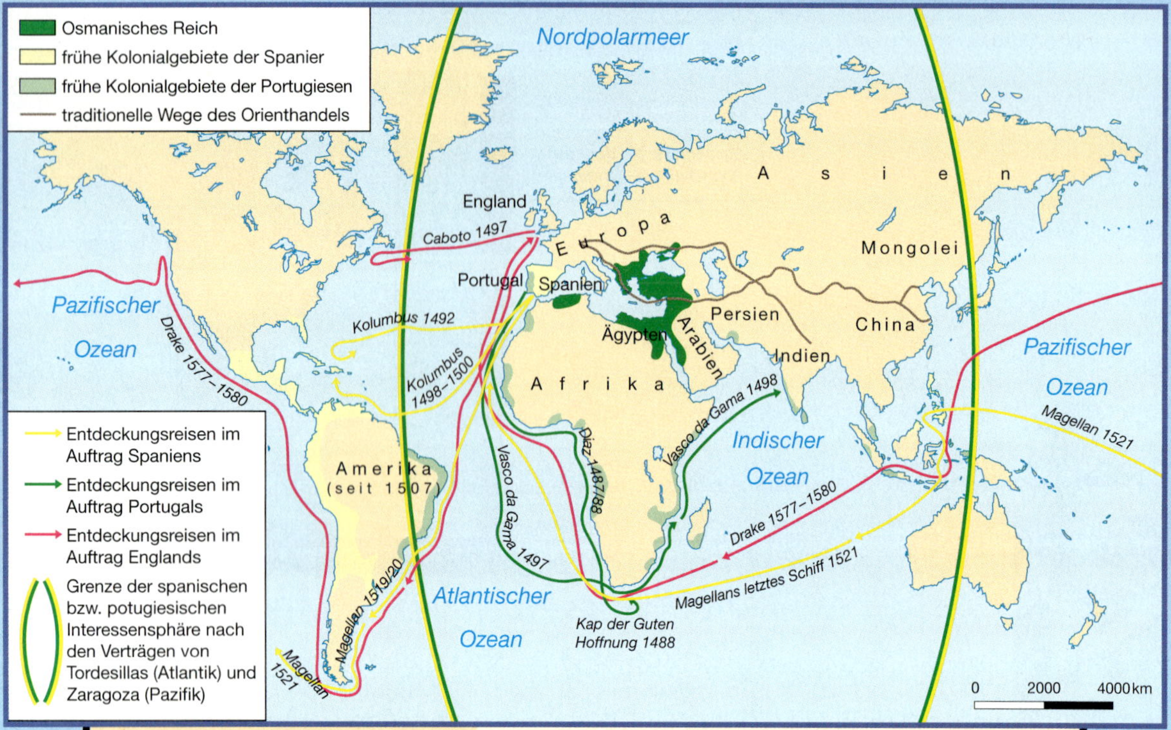

232.1 Die Fahrten der Entdecker

14. – 16. Jahrhundert	Renaissance und Humanismus: Zunächst nur in Italien, bald aber in ganz Europa werden die Kunstwerke und die Literatur der Antike neu entdeckt. Die Antike wird zum Vorbild für eine neue Sicht der Welt, die vor allem die Kunst und die Naturwissenschaften prägt.
1445	Johannes Gutenberg beginnt mit der Entwicklung des Buchdrucks.
1484	Die Hexenbulle ordnet die Verfolgung von Männern und Frauen an, die als Hexer oder Hexen gelten.
1487	Bartolomeo Diaz umsegelt die Südspitze Afrikas.
1492	Christoph Kolumbus landet auf einer karibischen Insel. Damit beginnt die Inbesitznahme Amerikas durch die Europäer.
1507	Erste Weltkarte mit Amerika als viertem Kontinent von Martin Waldseemüller.
1525	Jakob Fugger aus Augsburg, der wohlhabendste und einflussreichste Kaufmann seiner Zeit, stirbt.
1532	Francisco Pizarro zerstört das Reich der Inka.

Medien: Weltweiter Austausch von Wissen

Es wird nicht lange dauern, und alles, was wir heute in Büchern lesen, wird über das Internet zugänglich sein. Man kann sich die Texte an Monitoren ansehen, abspeichern oder ausdrucken. Niemand weiß, welche Rolle dann noch Buchhandlungen und gedruckte Bücher spielen werden. Natürlich können wir mit dem Internet auch noch viel mehr anfangen, etwa einkaufen oder mit jemand am anderen Ende der Welt in Sekundenbruchteilen Informationen austauschen. Dieses Bedürfnis, Wissen und Erfahrungen zu sichern und weiterzugeben, stand auch am Anfang der Geschichte der Medien.

233.1 Mönche in mittelalterlichen Klöstern stellten kunstvolle Bücher in Handarbeit her. Das „Book of Kells" stammt aus einem irischen Kloster des 8. Jahrhunderts. Es enthält die vier Evangelien des Neuen Testaments. Heute wird es in der Bibliothek des Trinity College in Dublin (Irland) aufbewahrt.

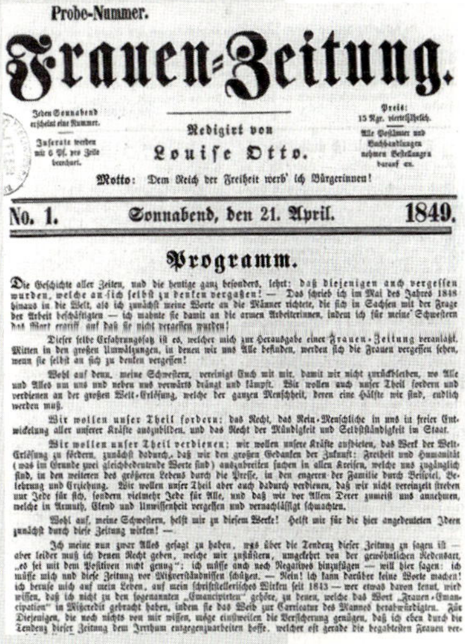

Probe-Nummer.

Frauen-Zeitung.

Jeden Sonnabend erscheint eine Nummer.

Inserate werden mit 6 Pf. pro Zeile berechnet.

Redigirt von

Louise Otto.

Preis: 15 Ngr. vierteljährlich.

Alle Postämter und Buchhandlungen nehmen Bestellungen darauf an.

Motto: Dem Reich der Freiheit werb' ich Bürgerinnen!

No. 1. Sonnabend, den 21. April. 1849.

Programm.

Die Geschichte aller Zeiten, und die heutige ganz besonders, lehrt: daß diejenigen auch vergessen wurden, welche an sich selbst zu denken vergaßen! — Das schrieb ich im Mai des Jahres 1848 hinaus in die Welt, als ich zunächst meine Worte an die Männer richtete, die sich in Sachsen mit der Frage der Arbeit beschäftigten — ich mahnte sie damit an die armen Arbeiterinnen, indem ich für meine Schwestern das Wort ergriff, auf daß sie nicht vergessen wurden!

Dieser selbe Erfahrungssatz ist es, welcher mich zur Herausgabe einer Frauen-Zeitung veranlaßt. Mitten in den großen Umwälzungen, in denen wir uns Alle befinden, werden sich die Frauen vergessen sehen, wenn sie selbst an sich zu denken vergessen!

Wohl auf denn, meine Schwestern, vereinigt Euch mit mir, damit wir nicht zurückbleiben, wo Alle und Alles um uns und neben uns vorwärts drängt und kämpft. Wir wollen auch unser Theil fordern und verdienen an der großen Welt-Erlösung, welche der ganzen Menschheit, deren eine Hälfte wir sind, endlich werden muß.

Wir wollen unser Theil fordern: das Recht, das Rein-Menschliche in uns in freier Entwickelung aller unserer Kräfte auszubilden, und das Recht der Mündigkeit und Selbstständigkeit im Staat.

Wir wollen unser Theil verdienen: wir wollen unsere Kräfte aufbieten, das Werk der Welt-Erlösung zu fördern, zunächst dadurch, daß wir den großen Gedanken der Zukunft: Freiheit und Humanität (was im Grunde zwei gleichbedeutende Worte sind) auszubreiten suchen in allen Kreisen, welche uns zugänglich sind, in den weiteren des größeren Lebens durch die Presse, in den engeren der Familie durch Beispiel, Belehrung und Erziehung. Wir wollen unser Theil aber auch dadurch verdienen, daß wir nicht vereinzelt streben nur Jede für sich, sondern vielmehr Jede für Alle, und daß wir vor Allem Derer zumeist uns annehmen, welche in Armuth, Elend und Unwissenheit vergessen und vernachlässigt schmachten.

Wohl auf, meine Schwestern, helft mir zu diesem Werke! Helft mir für die hier angedeuteten Ideen zunächst durch diese Zeitung wirken! —

Ich meine nun zwar Alles gesagt zu haben, was über die Tendenz dieser Zeitung zu sagen ist — aber leider muß ich denen Recht geben, welche mir zuflüstern, umgekehrt von der gewöhnlichen Redensart, „es sei mit dem Positiven nicht genug": ich müsse auch noch Negatives hinzufügen — will hier sagen: ich müsse mich und diese Zeitung vor Mißverständnissen schützen. — Nein! ich kann darüber keine Worte machen! ich berufe mich auf mein Leben, auf mein schriftstellerisches Wirken seit 1843 — wer etwas davon kennt, wird wissen, daß ich nicht zu den sogenannten „Emancipirten" gehöre, zu denen, welche das Wort „Frauen-Emancipation" in Mißcredit gebracht haben, indem sie das Weib zur Carricatur des Mannes herabwürdigten. Für Diejenigen, die noch nichts von mir wissen, möge einstweilen die Versicherung genügen, daß ich eben durch die Tendenz dieser Zeitung dem Irrthum entgegenzuarbeiten hoffe, welcher oft gerade die begabtesten Frauen ver-

233.2 Politisch Interessierte lasen in den Zeitungen, die ab dem 19. Jahrhundert große Verbreitung fanden. Besonders wichtig wurden solche Blätter in Zeiten des Umbruchs, so z. B. 1849, als während der Revolution in Deutschland auch Frauen mehr Rechte forderten.

233.3 Die erste Radiosendung hörten amerikanische Matrosen auf dem Atlantik am Weihnachtsabend 1906. Als man auch Bilder übertragen konnte, entstand das Fernsehen. Eines der ersten Geräte wurde 1935 von der Firma Telefunken in Deutschland gebaut.

233.4 Ein neuer Zugang zu Wissen und Unterhaltung: der Computer.

1. *Einer der Schlüsselbegriffe, der die Gegenwart „beschreibt", ist der der Mediengesellschaft. Erläutere, was damit gemeint ist.*
2. *Ergänze die dargestellten Medien durch weitere und versuche, sie (entstehungs-)geschichtlich einzuordnen.*

1. Entstehung eines neuen Weltbildes – Renaissance und Humanismus

Die Menschen können alles ...

... wenn sie es nur wollen. Mit dieser optimistischen Feststellung hat Leon Battista Alberti, ein Künstler und Gelehrter aus Florenz, den Geist des 15. Jahrhunderts in Italien auf den Punkt gebracht. Italien war in dieser Zeit zu einer europäischen Wirtschaftsdrehscheibe geworden. Italienische Kaufleute befuhren die Küsten des Mittelmeeres, handelten mit Nordeuropa ebenso wie mit Nordafrika und dem Nahen Osten und stießen sogar bis nach Asien vor. Antriebe dafür war die Gewinnerwartung, aber auch eine allgemeine Neugier auf ferne Länder. Ähnlich neugierig waren die Wissenschaftler geworden und begannen, verstärkt nach neuen Erkenntnissen und Möglichkeiten zu forschen. Auf dieser Suche nach neuen Leitbildern entdeckten sie die Antike, die Griechen und insbesondere die Welt der alten Römer. Letztere wurden in Italien als die eigenen Vorfahren angesehen. Ihre Ideen und Werte wurden der Maßstab für eine neue Epoche, die Renaissance.

Wiederentdeckung Roms

Mit der veränderten Einstellung zur Antike änderte sich die Sichtweise der Ruinen im „alten Rom". Noch im 13. und 14. Jahrhundert waren altrömische Gebäude in großer Zahl vernichtet worden. Ihren Marmor hatte man zu Kalk gebrannt, andere Steine für Neubauten verwendet. Das einst stolze Forum Romanum war als Kuhweide genutzt worden. Nun versuchte man, die übrig gebliebenen Zeugnisse der römischen Baukunst zu bewahren. Die Architekten vermaßen die Gebäude und suchten in alten Schriften nach den Bauregeln der alten Meister. Daraus schufen sie einen eigenen Baustil, der sich an antike Vorbilder anlehnte. Er war gekennzeichnet durch runde Bögen und weit ausladende Kuppeln und löste den bis dahin herrschenden Baustil, die Gotik, ab.

Rom und Florenz

Zentren der „neuen" Baukunst wurden vor allem zwei Städte: Rom und Florenz. In Rom erwiesen sich die Päpste des 15. und 16. Jahrhunderts als wichtigste Auftraggeber. Im Mittelpunkt stand dabei der Neubau des Petersdomes. Der bisherige Kirchenbau wurde abgerissen und ab 1505 durch einen für damalige Verhältnisse monumentalen Neubau ersetzt (B 237.2). In Florenz kamen die Aufträge hauptsächlich von der Familie Medici, die durch den Fernhandel reich geworden war (B 236.1) und in der Stadt eine beherrschende politische Rolle spielte. Als deshalb mit Clemens VII. und Leo X. zwei Päpste aus dieser Familie hervor gingen, erfuhr die Renaissance auch in Rom zusätzliche Impulse. In Rom und Florenz wurde so die architektonische Formensprache der antiken Welt in die Gegenwart des 15./16. Jahrhunderts „übersetzt". Federführende Baumeister waren u. a. Brunelleschi, Bramante, Raffael und Michelangelo.

234.1 Einer der schönsten Höfe der Renaissance – Im Palazzo Medici-Riccardi in Florenz.

234.2 Macht- und Prachtdemonstration im Geist der Renaissance – Der Petersdom und Petersplatz in Rom.

■ Augsburg und Heidelberg – zwei deutsche Kulturzentren

Wie Italien, so hat auch Deutschland seine Renaissance-Zentren, wenngleich nicht ganz so viele. In Süddeutschland galt das vor allem für Augsburg und Heidelberg. Dabei ist Augsburg in vieler Hinsicht mit Florenz zu vergleichen. Denn was die Medici für Italien waren, das waren die Fugger für Augsburg: eine Kaufmannsfamilie mit europaweiten Handelsverbindungen (B 235.2). Das brachte Geld nach Augsburg und damit Aufträge für Handwerker und Künstler aller Art: Maler, Bildhauer, Goldschmiede u. a.

Mehr noch als Kaufleute waren aber die Fürsten Auftraggeber für Renaissance-Kunstwerke. Das zeigt sich in Heidelberg, wo der pfälzische Kurfürst eine umfangreiche Schlossanlage erbauen ließ. Sie wurde allerdings im 17. Jahrhundert durch eine andere „Errungenschaft“ der Renaissance weitgehend zerstört (B 235.1): durch den militärischen Fortschritt – die Erfindung der Kanone.

235.1 Renaissance-Architektur – Der nach seinem Bauherrn so genannte „Friedrichsbau“ des Heidelberger Schlosses.

235.2 Jakob Fugger mit seinem Buchhalter Matthias Schwarz in seinem Büro, Buchillustration von 1520. Die Ablagefächer sind mit den Namen der Städte beschriftet, in denen die Fugger Handelsniederlassungen besaßen.

235.3 Huldigung an Jakob Fugger. Fugger wird in antiker Kleidung mit Brustpanzer gezeigt. Er sitzt in einer Halle vor einer Berglandschaft. Vor ihm die Göttin des Reichtums mit einem Füllhorn, bei ihr ein Ehrenherold.

236.1 Laokoon und seine Söhne: Die antike Statuengruppe (um 25 v. Chr.) illustriert eine griechische Sage: Der trojanische Priester Laokoon hatte seine Landsleute vor den Griechen gewarnt. Die Götter, die ihren Plan, Troja zu zerstören, durch Laokoon bedroht sahen, sandten darauf riesige Schlangen, die Laokoon und seine Söhne erwürgten.

■ Die Suche nach dem Original

Aufsehen erregte 1506 der Fund der „Laokoon-Gruppe" in den Ruinen des Palastes des römischen Kaisers Nero: Die Statuengruppe gilt als eines der bedeutendsten Kunstwerke der Antike. Durch ihre packende Art übte sie großen Einfluss auf die Künstler der Renaissance ausbewusst war. Maler und Bildhauer wollten nun die Natur in ihren Werken so genau wie möglich darstellen. Dazu wurde der menschliche Körper genau studiert und vermessen. Begonnen hatte die Entwicklung mit dem Maler Giotto (um 1266–1337). Der Legende nach lebte er einsam als Ziegenhirte und begann damit, seine Umwelt so zu malen, wie er sie sah, ohne die bisherige mittelalterliche Kunst zu kennen. Die folgenden Malergenerationen entwickelten immer neue Techniken, um diesen Eindruck noch zu steigern. Sie studierten die Feinheiten von Licht und Schatten und fanden dabei heraus, dass sich die Helligkeit mit dem Abstand verringert. So konnten sie räumliche Wirkungen erzielen. Entscheidend war dafür die Erfindung und Anwendung der Zentralperspektive.

236.2 Albrecht Dürer, Selbstbildnis.

■ Internationaler Austausch

Die Suche nach dem Original und die Entdeckung der Natur waren eine gesamteuropäische Erscheinung, und so wurde die Epoche des 15./16. Jahrhunderts zu einer Zeit verstärkten internationalen Austauschs. Dies belegt beispielsweise die Biographie Albrecht Dürers (1471–1528).

Wie sein Vater sollte Albrecht Dürer Goldschmied in Nürnberg werden. Doch er begann eine Lehre in einer Werkstatt für Altargemälde und Holzschnitte. Nach Abschluss der Lehrzeit ging er, wie damals üblich, auf Wanderschaft, um seine Kenntnisse zu erweitern. So wollte er Martin Schongauer (1450–1491), einen bekannten Maler und Kupferstecher seiner Zeit, aufsuchen. Das Studium seiner Werke beeinflusste seinen eigenen Stil stark. 1494 hielt er sich wieder in Nürnberg auf. Obwohl er in diesem Jahr heiratete, verließ er seine Heimatstadt bald wieder für mehrere Jahre und reiste über die Alpen nach Oberitalien. Länger blieb er in Venedig, einem Zentrum der Renaissance und einer wichtigen Handelsstadt für deutsche Kaufleute.

Dürers nun folgende Werke zeigen, dass er den neuen Stil übernahm und selbstständig ausgestaltete. Er studierte in Italien die Zentralperspektive und die genaue Nachahmung der Natur. Nach seiner Rückkehr erregten seine Kunstwerke großes Aufsehen. Er wurde Mitglied des Großen Rates (Stadtrat) seiner Heimatstadt und war ab 1512 für Kaiser Maximilian tätig. 1520 reiste er in die Niederlande, um die Kunst der flämischen Maler und Kupferstecher kennen zu lernen.

236.3 Albrecht Dürer, Zeichner der Laute. Aus einem Lehrbuch Dürers, Underweysung der Messung mit Zirkel und Richtscheyt in Linien, Ebenen und gantzen Corporen, gedruckt 1525.

Nicht minder international waren die Wissenschaftler orientiert: Johannes Reuchlin (1455–1522) zum Beispiel. Anfangs arbeitete er als Jurist in württembergischen Diensten, zuletzt war er Lehrer für Griechisch und Hebräisch an der Universität Tübingen. Er begründete die hebräische Sprachforschung und die alttestamentliche Bibelwissenschaft. Außerdem wurde er als Verfasser mehrerer lateinischer Komödien zum Mitbegründer des Dramas in Deutschland. Durch einen umfangreichen Briefwechsel pflegte er europaweite Kontakte mit Fürsten und Gelehrten (Q 1).

237.1 Bibliothek des Humanisten Nikolaus von Cues im Cusanus-Stift Bernkastell-Kues.

■ Uomo universale

Mit der Renaissance kam Bildung in Mode. Deren Grundlage war die Kenntnis der lateinischen und griechischen Sprache. Dies galt als Eintrittskarte in die weite Welt; der florentinische Goldschmied und Bildhauer Donatello (um 1382–1466) sagte: „Nur wer alles gelernt hat, ist draußen nirgends ein Fremdling. Auch seines Vermögens beraubt, ohne Freunde, ist er doch der Bürger jeder Stadt und kann furchtlos die Wandlungen des Geschickes verachten."

Dieser Optimismus war nicht unbegründet. Arbeit fanden die ↗Humanisten, wie man diese Gelehrten nannte, bei den Mächtigen ihrer Zeit. Adelsfamilien versammelten Humanisten um sich und ließen z. B. ihre Briefe von ihnen verfassen. Wenn ein Humanist beim Papst oder einem Fürst keine Anstellung fanden, so fanden sie als Erzieher in vornehmen Familien eine Betätigung, denn die wohlhabenden Leute legten jetzt verstärkt Wert darauf, ihrem (männlichen) Nachwuchs frühzeitig die wertvoller gewordene Bildung zukommen zu lassen.

Die Erwartungen an einen Humanisten galten aber nicht nur dessen umfassender Bildung; auch über andere Talente waren gefragt. Humanisten sollten echten und tanzen können, wortgewandte Gesprächspartner und angenehme Gesellschafter sein. Erst dann konnte man von einem „uomo universale", einem „ganzen Menschen" sprechen, der sich seines Wertes als einzelner Mensch, seiner Individualität, bewusst war.

BEATI DIETHERICH. CAN WISSEBVRGEN.
ERASMI RO TERODAMI μωρίας ἐγκώμιον, id est Stultitiæ laus, Libellus vere aureus, nec minus eruditus, & salutaris, q̃ festiuus, nuper ex ipsius autoris archetypis diligẽtissime restitutus.

Epistola Apologetica Erasmi Roterodami Ad Martinum Dorpiũ Theologũ

237.2 Einer der bedeutendsten Vertreter des Humanismus war Erasmus von Rotterdam (1466?–1536). Sein wichtigstes Werk erschien 1511 in Paris und wurde mehrfach nachgedruckt. Unter dem Titel „Encomion Moriae" („Lob der Torheit") kämpft Erasmus darin mit den Mitteln der Satire für eine christliche Gesellschaft.

238.1 Erasmus von Rotterdam (1466 [?]–1536), Medaille von 1519. Die 106 mm große Medaille belegt das Ansehen, das Humanisten genossen. Denn Medaillen wurden bis dahin nur für Fürsten geprägt.

Q1 Briefe eines Humanisten

Wie viele andere Humanisten hat Johannes Reuchlin (1455–1522) einen regen europaweiten Briefwechsel gepflegt.

a) Briefentwurf Reuchlins für Markgraf Friedrich von Brandenburg an Lorenzo de Medici (1491):

Friedrich Markgraf von Brandenburg grüßt vielmals den erhabenen und von mir hochgeschätzten Lorenzo de Medici, den Regenten von Florenz .... Auf Grund der ausgezeichneten Bemühungen deines Staates um die guten Wissenschaften, mein Freund Lorenzo de Medici, und wegen des hervorragenden Rufes der dortigen Lehrer ..., der über die Alpen bis zu mir gedrungen ist ..., insbesondere aber wegen der Philosophie und der Künste, die man die humanistischen nennt, deren Texte sowohl in griechischer wie lateinischen Sprache verfasst wurden, sind Ludwig Naukler, Kanzler von Württemberg, und Johannes Reuchlin aus Pforzheim, zu dem Entschluss gelangt, ihre mit hervorragendem Talent ausgestatteten jungen Leute an die Akademie von Florenz zu schicken. Da ich aber die Angelegenheiten meiner Freunde für meine eigenen ansehe, ersuche ich hiermit deine Magnifizenz, dass du geruhst, eben diese für überaus empfohlen zu halten und nicht zu zögern, sie wiederum den Schulmeistern und Lehrern der Philosophie weiter zu empfehlen. Sollte es den jungen Männern gelingen, irgendeinen Glanz der Wissenschaft aus Florenz zurückzubringen, strömt dies auf dich zurück und ist ein Denkmal für dich wie ein Werk des Phidias. Lebe in Zufriedenheit.

b) Johannes Geiler von Kaysersberg an Reuchlin (1494):

Johannes von Kaysersberg, Doktor der Theologie und Prediger an der Kirche von Straßburg, grüßt Johannes Reuchlin aus Pforzheim.
Herausragender Doktor! Wenn du irgendwelche Briefe des Herrn Peter Schott bei dir in Besitz hast, dann schicke sie mir bitte. Ich bemühe mich nämlich darum, sie von überallher zu sammeln und habe mich dazu entschlossen, sie zum Druck fertig zu machen. Es sagen nämlich jene, die sich in solchen Dingen auskennen, dass diese Briefe es wert seien, gesammelt und veröffentlicht zu werden. Lebe wohl!

c) Johannes Reuchlin an den Buchhändler Aldo Manuzio in Rom (1502):

Johannes Reuchlin aus Pforzheim grüßt den Römer Aldo Manuzio. Das freundschaftliche Verhältnis zu dir macht mir große Freude.
Mir fehlen noch folgende Bände, die mir zu übersenden ich dich bitte: den Sophokles, vor allem den Herodot. Lass es dir gut gehen, du hoher Priester der Gelehrtenrepublik!

Weh, Adalbert (Hrsg.): Johannes Reuchlin, Briefwechsel 1, Stuttgart-Bad Cannstatt 2000, S. 96f., 130f., 221.

Q2 Nach welchen Prinzipien soll ein Fürst herrschen?

In seinem Buch „Der Fürst“ hat der Florentiner Niccolo Machiavelli (1469–1527) das Staatsdenken der italienischen Renaissance zusammengefasst.

Ein Herrscher darf sich um den Vorwurf der Grausamkeit nicht kümmern, wenn er dadurch seine Untertanen in Einigkeit und Ergebenheit halten kann. Statuiert er nämlich einige wenige abschreckende Beispiele, so ist er barmherziger als diejenigen, die infolge allzu großer Milde Unordnung einreißen lassen, aus der Mord und Plünderung entstehen.Jeder sieht ein, wie lobenswert es für einen Herrscher ist, wenn er sein Wort hält und ehrlich, ohne Verschlagenheit, seinen Weg geht. Trotzdem sagt uns die Erfahrung unserer Tage, dass gerade jene Herrscher Bedeutendes geleistet haben, die nur wenig von der Treue gehalten und es verstanden haben, mit Verschlagenheit die Köpfe der Menschen zu verdrehen; und schließlich haben sie über die die Oberhand gewonnen, die ihr Verhalten auf Ehrlichkeit gegründet haben.

Fitzek, Alfons: Staatsanschauungen im Wandel der Jahrhunderte, H. 1, Paderborn 1965, S. 91, 93.

M3 Herrschaftskritik im frühen 16. Jahrhundert in Deutschland

In seinem fast tausend Verse umfassenden „Spiegel des Regiments an der Fürsten Höfe" hat der nordpfälzische Niederadlige Johann von Morschheim (gest. 1516) eine Herrschaftskritik vorgelegt; links die Originalfassung, rechts eine Nachdichtung von 1966:

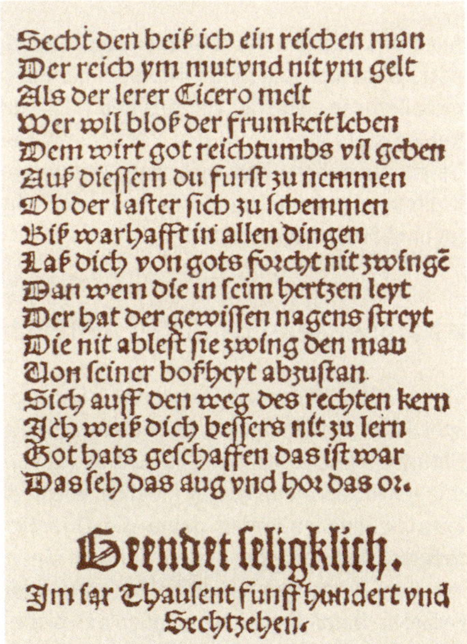
Secht den heiß ich ein reichen man
Der reich ym mut vnd nit ym gelt
Als der lerer Cicero melt
Wer wil bloß der frumkeit leben
Dem wirt got reichtumbs vil geben
Auß diessem du furst zu nemmen
Ob der laster sich zu schemmen
Biß warhafft in allen dingen
Laß dich von gots forcht nit zwingē
Dan wem die in seim hertzen leyt
Der hat der gewissen nagens streyt
Die nit ableßt sie zwing den man
Von seiner boßheyt abzustan
Sich auff den weg des rechten kern
Jch weiß dich bessers nit zu lern
Got hats geschaffen das ist war
Das seh das aug vnd hor das or.

Geendet seligklich.
Im iar Thausent funff hundert vnd
Sechtzehen.

239.1 Johann von Morsheim: Spiegel des Regiments an der Fürsten Höfe da Frau Untreu regiert, Erfurt 1516.

Seht: den heiß ich ein reichen Mann,
Der reich im Geist ist, nit im Geld –
Wie schon der Lehrer Cicero meldt.
Wer bloß der Frömmigkeit will leben,
Dem wird Gott viel seins Reichtums geben,
Aus welchem Du Dich „Fürst" darfst nennen,
Erhaben, Lasters Dich zu schämen,
„Hund weiß des Herrn Willen wohl."
Sei wahrhaftig du in allen Dingen,
Lass dich von Gottesfurcht nit abbringen,
Denn wem die erst im Herzen groß,
Wird den Gewissensbiss nit los,
Der nit aufhört in ihn zu dringen,
Ihn von sei'm Schlechtsein abzubringen
Und auf den rechten Weg zu kehren.
Ich weiß dich Bessres nit zu lehren.
Gott hats geschaffen, das ist wahr.
Das seh das Aug und hör das Ohr.
Beendet seliglich im Jahr
Tausendfünfhundert und sechzehn.

Johann von Morsheim: Spiegel des Regiments an der Fürsten Höfe, da Frau Untreu regiert, Nachdichtung Heinz Zirnbauer, Speyer 1966, S. 31.

1. Mit der Renaissance und dem Humanismus ist das Mittelalter zu Ende. Belege diese Behauptung. (VT)

2. Zeige an Beispielen, dass Fürsten und Kaufleute wichtige Förderer der Renaissance waren.

3. Die Veränderungen, die die Renaissance hervorgerufen hat, haben sich auch auf das Selbstverständnis der Fürsten ausgewirkt. Nimm Stellung zu diesen Veränderungen. (Q2, Q3)

4. Recherchiere im Internet über den Humanisten Nikolaus von Kues.

5. Hältst du humanistisches Denken und Handeln für erstrebenswert?

2. Erfindungen – neue Gedanken verändern die Welt

Erkenntnisse durch Fragen und Forschen

Die Wiederentdeckung der Antike vollzog sich im 15./16. Jahrhundert nicht allein in der Kunst und der Literatur. Sie stieß auf vielen Gebieten der Wissenschaft Fortschritte an. Dabei führte die Methode, durch Fragen und Forschen zu neuer Erkenntnis zu gelangen, zu einem ungeheuren Schub an technischen Erfindungen vielfältiger Art.

Leonardo da Vinci

Einer der produktivsten Erfinder und zugleich ein vielseitiger Künstler und Wissenschaftler war Leonardo da Vinci (1452–1519). In der Naturerfahrung und der Naturbeherrschung sah er fundamentale Ziele menschlichen Wesens. Diese Erkenntnis wendete er in vielen Betätigungsfeldern an. Die Ergebnisse seiner Überlegungen führten ihn dabei weit über seine Zeit hinaus. Denn viele von Leonardos technologischen Plänen (darunter z. B. der Fallschirm oder das Flugzeug) wurden erst Jahrhunderte später in ihrer technischen Verwertbarkeit erkannt.

240.2 Eine Taschenuhr von Peter Henlein (1510) und die Gold- und Edelsteinwaage des Kaufmanns Hans II. Harsdörfer (1497). Beide Stücke sind im Germanischen Nationalmuseum in Nürnberg zu sehen.

Messen und Wiegen

Naturerfahrung und Naturbeherrschung setzen genaues Beobachten voraus. Notwendige Mittel dazu sind das Messen und Wiegen. Im Hinblick auf das Messen war noch um 1500 das Problem des Zeitmessens völlig unzureichend gelöst. Räderuhren gab es zwar schon seit dem 14. Jahrhundert. Da sie aber mit riesigen Gewichten angetrieben wurden, waren sie fest installiert (z. B. in Rathäusern oder Kirchtürmen). 1505 gelang jedoch dem Nürnberger Schlosser Peter Henlein die Konstruktion einer kleinen mechanischen Uhr, die in der Tasche getragen werden konnte. Diese „Sackuhren“ hatten eine kleine Feder als Antrieb, der für ca. 40 Stunden reichte.

Auch das Wiegen wurde immer mehr verfeinert. Das war v. a. beim Handel mit Edelmetallen sehr wichtig. Um deshalb auch auf Reisen stets eine Gold- und Edelsteinwaage bereit zu haben, ließ sich der Nürnberger Kaufmann Hans II. Harsdörfer 1497 eine zerlegbare Feinwaage herstellen.

Naturwissenschaftlicher Aufbruch

Von größter Bedeutung war der technologische Fortschritt im 15./16. Jahrhundert für die Naturwissenschaften. Denn nun wurde ein Vordringen in ganz neue Welten möglich. Wichtige Entwicklungen betrafen dabei die Orientierung auf der Erde – besonders auf dem Meer: mit dem Kompass, Astrolab (B 240.1) oder Fernrohr. Damit ließ sich nun auch das bisherige geozentrische Weltbild widerlegen. An seine Stelle setzte Nikolaus Kopernikus (1473–1543) das heliozentrische Weltbild: Nun kreiste die Erde um die Sonne und nicht mehr umgekehrt.

Hypothese – Experiment

Im Rückgriff auf die Antike wurde nun wieder ein Forschungsansatz modern, der bereits im Altertum zu grundlegenden Erkenntnissen geführt hatte, indem nämlich eine begründete Hypothese (Vermutung) in Experimenten überprüft wurde. Damit begann die „moderne“ Wissenschaft.

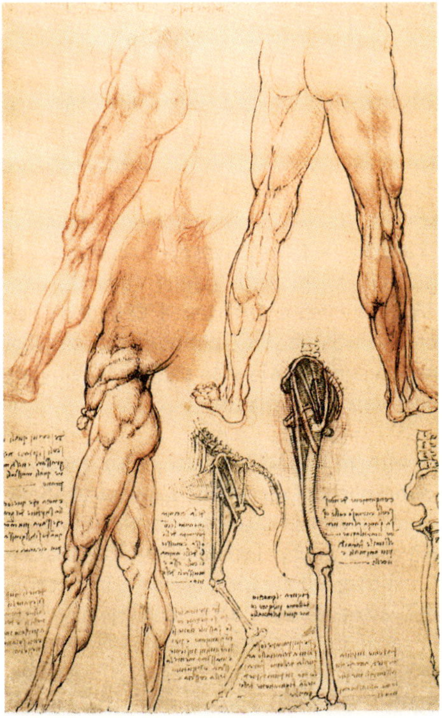

241.1 Beinskelett eines Pferdes und eines Menschen. Aus dem Skizzenbuch von Leonardo da Vinci. Heute Teil der Königlichen Sammlung, Windsor Castle, England.

Q1 Was ist Wissenschaft? Definition Leonardo da Vincis

Wissenschaft nennt man dasjenige verstandesmäßige Abhandeln, das bei den allerersten Anfängen eines Gegenstandes anhebt. So ist es z. B. in der Lehre von den stetigen Größen, in der Wissenschaft von der Geometrie nämlich. Beginnt man hier mit der Fläche der Körper, so findet sich, dass diese ihren Ursprung in der Linie, dem Abschluss von Flächen haben; aber hieran lassen wir uns noch nicht genügen, denn wir erkennen, es habe die Linie ihren Abschluss im Punkt, und der Punkt sei dasjenige, über das es hinaus nichts Kleineres mehr gebe. So ist also der Punkt der erste Anfang der Geometrie. Wirst du aber sagen, die mit der äußersten, schärfsten Spitze eines Zeichenstiftes ausgeführte Berührung einer Fläche, das sei die Herstellung und Entstehungsursache eines Punktes, so ist das nicht wahr. Wir werden vielmehr sagen: Diese derartige Berührungsstelle sei eine sich um ihr eigenes Zentrum herlegende Fläche.

Keine menschliche Forschung kann man wahre Wissenschaft nennen, wenn sie ihren Weg nicht durch die mathematische Darlegung und Beweisführung hin nimmt.

Leonardo da Vinci. Zitiert nach: Leonardo da Vinci – Künstler, Erfinder, Wissenschaftler; Ausstellungskatalog Speyer 1995, 85.

Q2 Ein Bewerbungsschreiben an den Herzog von Mailand, 1482

1. Ich kenne Möglichkeiten, außerordentlich leichte und ohne jede Schwierigkeit transportierbare Brücken herzustellen.
2. Ich verstehe es, bei der Belagerung eines Platzes die Wassergräben trockenzulegen. …
3. Zur See kann ich viele Arten von wirksamem Gerät zum Angriff und zur Verteidigung herstellen.
4. In Friedenszeiten glaube ich, dem Vergleich mit jedem anderen in der Architektur und im Planen öffentlicher und privater Bauten aufs beste standhalten zu können …

Desgleichen will ich Skulpturen in Marmor, Bronze oder Ton machen; ebenso alles auf dem Gebiet der Malerei so gut wie jeder andere.

Leonardo da Vinci, Tagebücher, 1940, S. 889f., vereinf.

1. Leonardo da Vinci hat sich „Sohn des Experiments" genannt. Erläutere, was er damit meinte. (B 241.1, Q1)

2. Leonardo da Vinci arbeitete z. B. für die Medici in Florenz und für König Franz I. von Frankreich. Erörtere, warum Leonardo eine „internationale Kundschaft" hatte. (Q2)

3. Nürnberg war um 1500 eine Stadt, die man heute als „FuE-Zentrum" bezeichnen würde. (Zur Erläuterung: FuE heißt „Forschung und Entwicklung".) Entwerfe deshalb ein Werbeposter für „Nürnberg um 1500". (VT und Internetrecherche über das Germanische Nationalmuseum)

241.2 Leonardo da Vinci – Künstler, Erfinder, Wissenschaftler. Eine Ausstellung in Speyer 1995.

3. Johannes Gutenberg – die erste Medienrevolution

■ Mann des Jahrtausends

Wer hat das zweite Jahrtausend am nachhaltigsten geprägt? Die Antwort auf diese Frage brachte bei der Wahl des „Mannes des Jahrtausends“ am Ende des Jahres 1999 ein auf den ersten Blick erstaunliches Ergebnis: Die meisten Stimmen bekam Johannes Gutenberg. Die Begründung dafür hat der Philosoph und Dichter Georg Christoph Lichtenberg bereits im 18. Jahrhundert geliefert: „Mehr als das Geld hat das Blei in der Welt verändert. Und mehr als das Blei in der Flinte das im Setzkasten.“

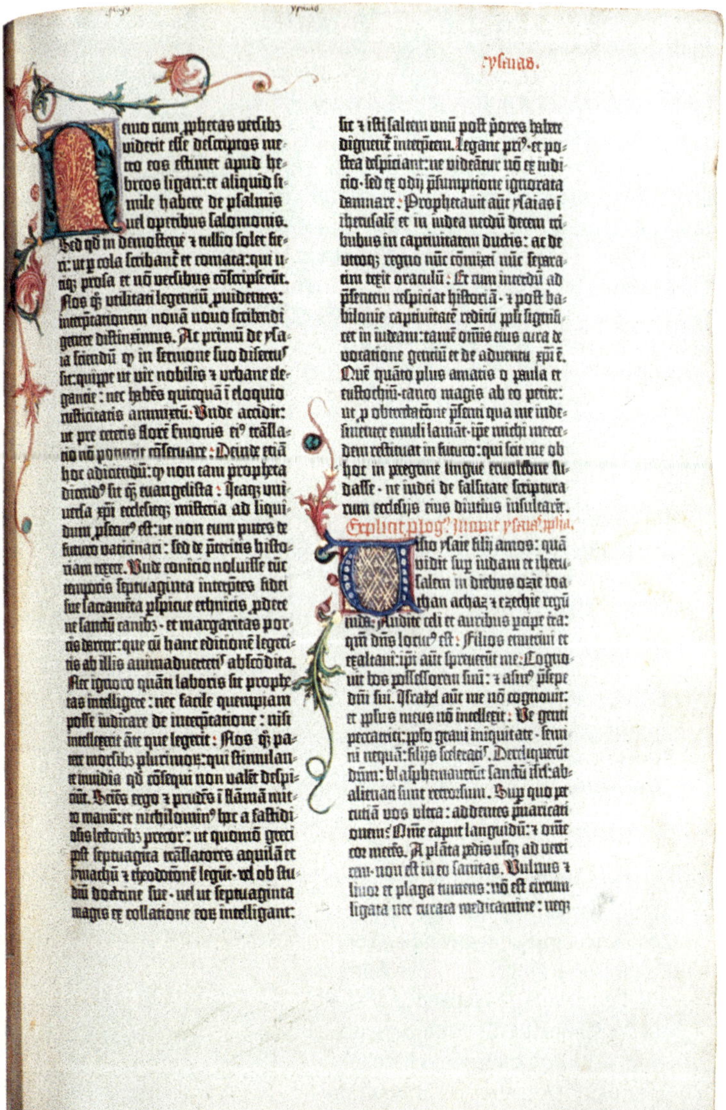

242.1 *Die 42-zeilige Bibel Johannes Gutenbergs, Mainz 1455.*

■ Genialer Erfinder – Gescheiterter Unternehmer

Johannes Gutenberg starb 1468 einsam und verarmt in seiner Geburtsstadt Mainz. Ursprünglich war der Patriziersohn Schreiber gewesen, der Bücher für einen Verlag abschrieb. Um die Bibel zu kopieren, brauchte er etwa zwei Jahre. Doch die Nachfrage nach Büchern stieg, nicht zuletzt dadurch, dass die Humanisten ihre neuen Gedanken verbreiten wollten. Nun lohnte es sich darüber nachzudenken, wie man die Vervielfältigung beschleunigen könnte.

Bereits im Mittelalter hatte es so genannte „Blockbücher“ gegeben. Eine ganze Seite wurde in einen Holzblock geschnitzt und wie mit einem Stempel vervielfältigt. Das brachte Gutenberg auf die Idee, einzelne, immer wieder verwendbare Buchstaben herzustellen. Er setzte damit Wörter zusammen und konnte Vorlagen für ganze Druckseiten herstellen. So druckte er 1447 zuerst einen kleinen Kalender, dann eine lateinische Schulgrammatik. Sein großer Wurf sollte aber der Druck der Bibel werden. Er beschäftigte sechs Setzer, von denen jeder täglich eine Seite zusammensetzen konnte. In zwei Jahren stellten sie 180 Exemplare der Bibel her, die 1455 auf den Markt kamen. Die gedruckte Bibel kostete nur noch den zehnten Teil einer handgeschriebenen Bibel, war besser zu lesen und meistens genauer als die älteren Bücher, in die sich viele Abschreibfehler eingeschlichen hatten.

Gutenberg selbst konnte allerdings davon nicht profitieren. Um die Werkstatt aufzubauen und Papier, Farbe und Gussmaterial zu kaufen, musste er sich Geld bei einem Geschäftsmann namens Fust leihen. Kurz bevor er seine ersten Bibeln verkaufen konnte, verlangte dieser sein Geld zurück. Da Gutenberg nicht zahlen konnte, musste er Fust seine Werkstatt und die fast fertigen Bücher überlassen. Fust brachte das Werk zu Ende und verdiente viel Geld, Gutenberg war aus dem Geschäft und lebte von einer kleinen Unterstützung des Erzbischofs von Mainz. Mit den Büchern erfolgte eine Explosion des Wissens. Zugleich verbreitete sich Bildung in Volksschichten, die sich vorher die teuren Handschriften nicht leisten konnten.

Q1 Ein Humanist über den Buchdruck, 1450

Auf keine Erfindung der Geistesfrucht können wir Deutschen so stolz sein wie auf die des Buchdrucks, die uns zu neuen geistigen Trägern der Lehren des Christentums, aller göttlichen und irdischen Wissenschaft und dadurch zu Wohltätern der ganzen Menschheit erhoben hat. Welch ein anderes Leben regt sich jetzt in allen Schichten des Volkes, und wer wollte nicht dankbar der ersten Begründer und Förderer dieser Kunst gedenken, auch wenn er sie nicht, wie dies bei uns und unseren Lehrern der Fall ist, persönlich gekannt und mit ihnen verkehrt hat.

Der Humanist Jakob Wimpherling (gest. 1528) lebte in Schlettstadt (Elsass). Aus seinem Buch „Die Kunst des Buchdrucks." Quellen zur Geschichte des Mittelalters, 1946, S. 267.

Q2 Aus einem Erlass des Erzbischofs von Mainz, 1485

Wenn man auch zur Aneignung gelehrten Wissens dank der sozusagen göttlichen Kunst des Druckens an die Bücher der verschiedenen Wissenschaften in reichlichem Maße herankommen kann, so haben wir trotzdem vernommen, dass gewisse Menschen, verführt durch die Gier nach eitlem Ruhm oder Geld, diese Kunst missbrauchen. ... Uns soll auch daran gelegen sein, dass die unbefleckte Reinheit der göttlichen Schriften erhalten werde, und so befehlen wir, dass man keine Werke, welcher Art sie seien, welche Wissenschaft, Kunst oder Erkenntnis sie auch immer betreffen, aus der griechischen, lateinischen oder einer anderen Sprache in die deutsche Volkssprache übersetze oder übersetzte Werke verbreite oder erwerbe, sofern nicht die zu druckenden Werke jeweils vor dem Druck durch eigens dazu bestellte Doktoren und Magister der Universität durchgesehen und mit einem Sichtvermerk zum Druck oder Verkauf freigegeben worden sind.

H. Widmann, Vom Nutzen und Nachteil des Buchdrucks, 1973, S. 44f., vereinf.

1. In Köln erschien 1640 ein Kupferstich, der einen Einblick in eine Druckerwerkstatt zeigt. Schreibe dazu einen erläuternden Text, der die einzelnen Produktionsschritte eines Buches beschreibt. (VT, B 243.1)

2. Der Buchdruck war für die Zeitgenossen Gutenbergs ein zwiespältiger Fortschritt. Vergleiche dazu Q1 und Q2. Beurteile beide Quellen.

3. Durch die Medienrevolution unserer Zeit gehen die Möglichkeiten des Erwerbs von Wissen und der Verbreitung von Ansichten weit über das Buch hinaus. Erörtere die Chancen des gedruckten Wortes für die Zukunft.

243.1 Eine Kölner Druckerwerkstatt im 17. Jahrhundert.

4. Mit Kompass und Schwert – die Entdeckung der Erde für Europa

244.1 Christoph Kolumbus, Gemälde.

Die „bekannte Welt"

Die den Europäern im Mittelalter bekannte Welt beschränkte sich im Wesentlichen auf Europa und das Mittelmeer. Über andere Meere und Kontinente dagegen war nur wenig bekannt. Und das, was über diese Räume bekannt war, war zumeist voller Legenden und Sagen. So gehörte z. B. der Reisebericht des irischen Mönchs Brandanus, der im 6. Jahrhundert in Schottland missionierte, zu den wenigen schriftlichen Quellen über den Nordatlantik. Was er in diesem Bericht von Abenteuern im sturmgepeitschten Meer, von Seeungeheuern und von einer verlorenen Insel kurz vor dem Paradies erzählte, gehörte lange zu den wenigen schriftlichen Grundlagen des Wissens um den Atlantik. Ergänzt wurde dieses durch die Geschichten der Fischer, die auf der Suche nach Heringen und Kabeljau bis nach Neufundland fuhren.

Auf dem Landweg waren Kaufleute auf der Suche nach begehrten Waren wie Gewürzen und Gold weit in andere Kontinente vorgestoßen. Marco Polo, ein Kaufmannssohn aus Venedig, reiste im 13. Jahrhundert sogar bis nach China – zumindest erzählte er später davon. Die Reisenden brachten nicht nur Seide und andere Kostbarkeiten, sondern auch Geschichten über die fernen, faszinierenden Länder mit, die neugierig machten.

Neue Kenntnisse

Die Geographen der Renaissance wollten an die Erkenntnisse der Antike anknüpfen. So hatte der hellenistische Gelehrte Eratosthenes im 3. Jahrhundert n. Chr. den Erdumfang berechnet und ein Gradnetz für die Erdoberfläche entworfen. Im 15. Jahrhundert ging jetzt der italienische Geograph Toscanelli (→ Q 1), wie einige seiner Kollegen auch, von der Kugelgestalt der Erde aus. Ihr Wissen verbreitete sich unter den Seefahrern und an Herrscherhöfen. Der später als Entdecker Amerikas gefeierte Kolumbus hat ihre Schriften nachweislich gelesen, bevor er zu seinen Reisen aufbrach.

Auch technische Entwicklungen trugen dazu bei, dass wagemutige Kaufleute immer größere Reisen unternehmen konnten. So gelang es, einen neuen Schiffstyp, die Karavelle, zu entwickeln, der stabiler und wendiger als bisherige Schiffe war. Auch die Möglichkeiten, sich auf dem offenen Meer zu orientieren, wurden stetig verbessert. Sehr wichtig war der Kompass, der es ermöglichte, die Himmelsrichtungen einzuhalten, ohne sich an der Küste zu orientieren. Und nicht zuletzt waren es neuartige Feuerwaffen, mit denen europäische Kaufleute und Abenteurer in anderen Kontinenten ihre Überlegenheit rücksichtslos durchsetzten.

Die „neue Welt"

Das erklärte Ziel aller Erkundungsfahrten am Ende des 15. Jahrhunderts war die Suche nach einem Seeweg nach Indien, womit alle Länder im Osten gemeint waren. Die Türken und Araber hatten den Vorderen Orient erobert und kontrollierten damit alle Handelswege in den Osten. Wegen der hohen Abgaben und der großen Gefahr beim Landtransport suchten die Fernkaufleute jetzt einen Seeweg zur Sicherung ihres Handels mit Gewürzen. Luxuswaren wie Seide und Duftstoffe wurden aus Asien herangeschafft und waren an den Fürstenhöfen und bei reichen Stadtbürgern begehrt. Aber auch Gold und Silber suchten die Seefahrer, denn die ↗Geldwirtschaft hatte sich durchgesetzt und Geschäftsleute wie Kunden benötigten immer größere Mengen an Gold und Silber als Zahlungsmittel.

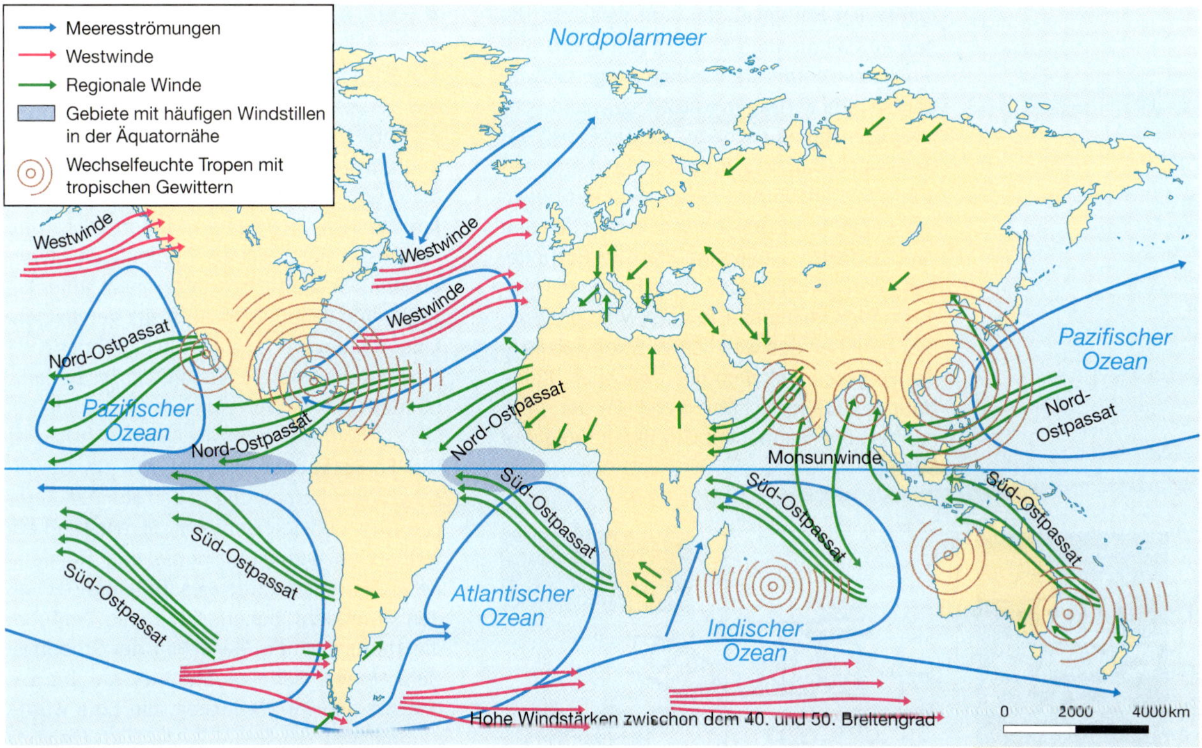

245.1 Die wichtigsten Meeresströmungen und Winde.

Aber es gab auch andere Gründe für die Fahrten in die Ferne: Fürsten und Könige wollten ihren Machtbereich erweitern. Die Kirche versprach sich von den Fahrten die Missionierung der Heiden und damit einen Zuwachs an Gläubigen. Für die einzelnen Seefahrer war sicher auch Abenteuerlust und Hoffnung auf Reichtum mit im Spiel.

■ Die erste Phase: Die Portugiesen

Zunächst ergriffen die Portugiesen die Initiative. Sie wollten Afrika umsegeln, um nach Indien zu gelangen. Deshalb begannen sie, die Westküste Afrikas zu erkunden und gelangten in mehreren Etappen immer weiter nach Süden. Dabei nahmen sie das afrikanische Küstenland in Besitz und bauten dort Stützpunkte. Neben neuen Handelswaren brachten sie auch Einwohner Afrikas mit zurück in ihre Heimat – der Sklavenhandel mit schwarzen Afrikanern begann.

1487 kam Bartholomeo Diaz dann bis zur Südspitze Afrikas. Und 1498 erreichte Vasco da Gama die indische Küste bei Calicut (Kalkutta).

■ Die zweite Phase: Die Spanier

Die folgenreichste Entdeckung gelang 1492 einem Genuesen in spanischen Diensten: Christoph Kolumbus (1451–1506). Er hatte im Auftrag des spanischen Königshauses einen westlichen Weg nach Indien gesucht und – wie er glaubte – gefunden. Dass er in Wirklichkeit in einem anderen Kontinent, Amerika, an Land gegangen war, war zunächst weder ihm noch seinen Auftraggebern bewusst. Auf der ersten seiner insgesamt vier Amerika-Fahrten hatte er nach entbehrungsreicher, mehrmonatiger Überfahrt unter anderem Kuba und Haiti entdeckt. Ursprünglich wollte Kolumbus seine Fahrt im Dienst des portugiesischen Königs unternehmen. Dieser hatte es jedoch abgelehnt, die Reise zu finanzieren, weil Portugal auf die Umfahrung Afrikas gesetzt hatte. Daraufhin hatte Kolumbus sein Unternehmen den Spaniern angeboten.

Diese hatten soeben die letzten Gebiete Spaniens von den Arabern zurückerobert (→ S. 280 f.) und wandten sich nun verstärkt den Entdeckungsfahrten zu. Portugiesen und Spanier waren jetzt nicht nur Rivalen auf der iberischen Halbinsel, sondern weltweit. Um den aufflammenden Konflikt zu regeln, sollten die neu entdeckten Gebiete aufgeteilt werden. In zwei Verträgen wurden 1494 und 1529 zwei Grenzlinien gezogen, die der Papst, der damals die höchste Autorität darstellte, bestätigte. Demzufolge liefen die Grenzlinien nun ungefähr entlang des 46. westlichen und 130. östlichen Längengrades. Die Portugiesen beanspruchten den östlich des 46. Längengrades gelegenen Teil der Welt, die Spanier erhielten den westlichen. Streit gab es in der Folgezeit trotzdem noch reichlich. Beide Nationen beherrschten damit im 16. Jahrhundert den Handel mit Gewürzen, Gold und Silber.

246.1 Dass die Entdeckung Amerikas ein sehr vielschichtig beurteiltes Ereignis ist, hat z. B. die „Fünfhundertjahrfeier“ 1992 gezeigt. Die Palette der Urteile zeigt das offizielle Logo (links) ein „Gegenlogo“ (Mitte) und eine Karikatur.

■ Die kolonisierte Welt

Angesichts der Erfolge Portugals und Spaniens versuchten nun auch andere seefahrende Nationen an dem Gewinn durch die Ausbeutung neu entdeckter und eroberter Gebiete teilzuhaben. Deshalb begannen im 17. Jahrhundert Engländer, Niederländer und Franzosen mit eigenen ↗kolonialen Erwerbungen. Schließlich wurden ganz Amerika, Afrika und Teile Asiens in Besitz genommen. Eine systematische und Gewinn bringende Ausbeutung erfolgte jedoch erst im 19. Jahrhundert.

Die Entdeckungen veränderten die Gesellschaften in Europa und in den von den Europäern entdeckten Gebieten. Es entstand ein weltweites Kommunikations- und Handelsnetz. Allerdings wurde dies für lange Zeit von den Europäern beherrscht. Diese beuteten die Natur und die Menschen der eroberten Gebiete aus. Dabei verbreiteten sie ihre Lebensart und ihre Sprachen, die Erde wurde europäisiert.

Zusammenfassend bewertet der Historiker Herbert Lüthy die Zeit der Entdeckungen und Eroberungen: „Die Kolonialisierung der Welt durch Europa war weder eine Kette von Verbrechen noch eine Kette von Wohltaten: Sie war die qualvolle Geburt der modernen Welt.“

Die von den Päpsten bestätigte Aufteilung der Welt zwischen Spanien und Portugal im Atlantik (Vertrag von Tordesillas 1494) und im Pazifik (Vertrag von Saragossa 1529) ist in Karte 232.1 dargestellt.

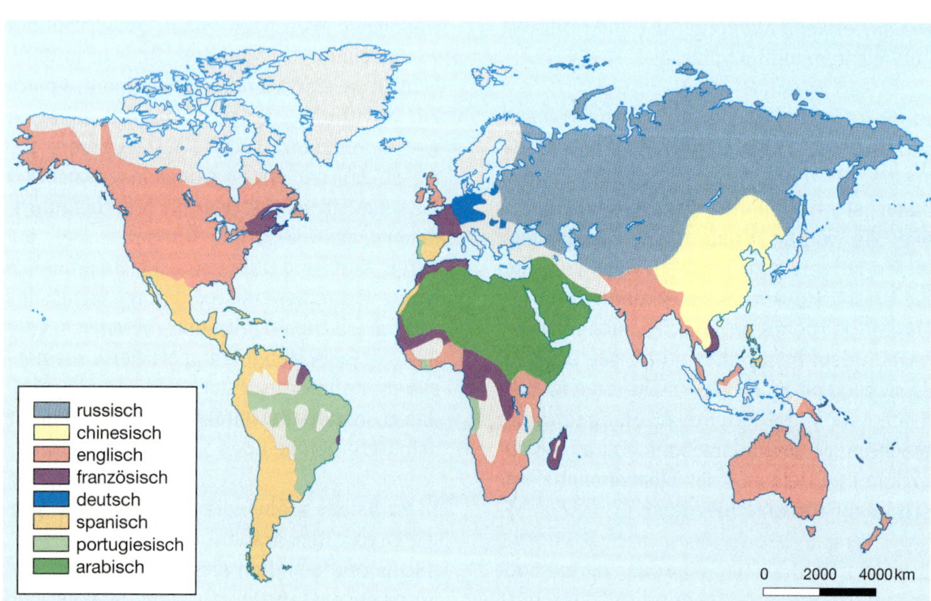

246.2 Die Verbreitung der heutigen Weltsprachen.

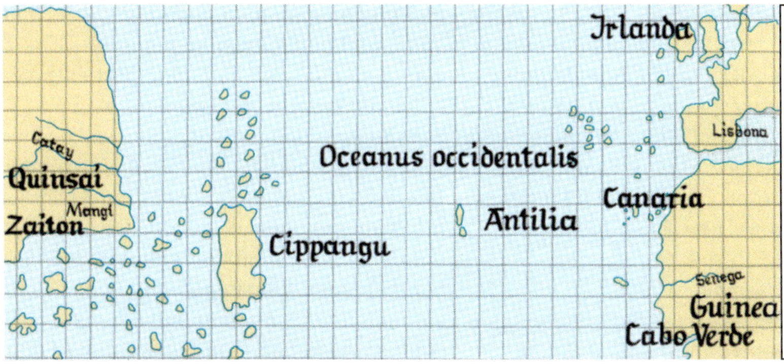

Canaria = kanarische Inseln
Senega = Senegal
Antilia = Antillen
Cippangu = Japan
Mangi = Indien
Catay = China
Quinsay = Hang-zhou
Zaiton = Quan-zhou
Oceanus occindentalis = Atlantischer Ozean

247.1 Die Karte Toscanellis, 1474 (→ Q 1)

Q1

Westwärts nach Indien?

a) Der florentinische Gelehrte Paolo Toscanelli an den Beichtvater des portugiesischen Königs Alfons V., 1474:

Schon oft habe ich über den kürzesten Weg nach Indien, wo die Gewürze herkommen, gesprochen; denn der direkte Weg über See ist kürzer als jener, den ihr über Guinea sucht. Ihr teilt nun mit, dass der König von mir noch einmal eine klare Darlegung darüber zu erhalten wünscht, wie man diesen Weg einzuschlagen vermag. Nun bin ich zwar der Meinung, man sollte das anhand eines Globus tun, zu besserem Verständnis will ich den Kurs aber mittels einer Karte erläutern.

R. Grün (Hrsg.), Christoph Columbus, Das Bordbuch, 1986, S. 23f., vereinf.

b) Martin Behaim, 1492 (→ S. 230):

Auf diesem Globus ist die ganze Welt nach Länge und Breite ausgemessen, und zwar nach den geometrischen Regeln, die uns Ptolemäus überliefert hat. Das Übrige hat der Ritter Marco Polo aus Venedig, der 1250 eine Reise nach dem Orient unternahm, aufgeschrieben. Auch der würdige Doktor Johann de Mandarilla hat in seinem Buch geschrieben, dass die unbekannten Länder des Ptolemäus im Osten liegen, ebenso die Inseln, von denen Spezereien, Perlen und Edelsteine eingeführt werden. Seine Durchlaucht, König Johann von Portugal, hat den südlichen Teil der Erde, den Ptolemäus noch nicht kannte, im Jahre 1485 von seinen Schiffen erkunden lassen, und ich, der ich diesen Globus nach meinen Angaben habe fertigen lassen, war dabei. Auch im Westen ist der Ozean über Gibraltar hinaus befahren worden, weiter als dem Ptolemäus bekannt war, bis zu den Azoren, die von dem ehrenwerten Ritter Jobst de Hütter von Morkirchen und seinen Leuten entdeckt wurden. Das ist mein lieber Schwiegervater, der diese Inseln bewohnt, besitzt und regiert. Auch die weite Welt im Norden – Island, Norwegen und Russland – ist uns weiter bekannt, als Ptolemäus von ihr wusste. Und so mag niemand daran zweifeln, dass man überall mit Schiffen hinfahren kann, wohin es auch immer sei.

H. Neukirchen, Seefahrt im Wandel der Jahrtausende, 1985, S. 45, vereinf.

Q2

Aus dem Bordtagebuch des Christoph Kolumbus

Vorbericht des Kapitäns an das spanische Königspaar:

Eure Hoheiten befahlen mir, mit einer hinlänglich starken Flotte zu den Küsten Indiens in See zu stechen. Bei dieser Gelegenheit erwiesen Eure Hoheiten mir viele Bezeugungen ihrer Gunst, indem sie mir den Adelsrang und das Recht, mich künftig als „Don" zu bezeichnen, verliehen. Ferner erhoben sie mich zum Großadmiral des Ozeans, Vizekönig und ständigen Gouverneur aller Inseln und des Festlandes, die ich entdecken und erobern und die man in Zukunft im Ozean entdecken und erobern würde. Sie bestimmten, dass mein Erstgeborener, mit denselben Rechten ausgestattet, mir nachfolgen solle. So fuhr ich am 12. Mai diesselben Jahres 1492, an einem Samstag, von Granada ab.

Der Geograph Ptolemäus (87–150 n. Chr.) aus Alexandrien hatte einige Gegenden in der Nähe des Mittelmeerraumes genau beschrieben und ein Lehrbuch für Kartographen verfasst. Damit hat er das geographische Weltbild bis in die frühe Neuzeit hinein maßgeblich geprägt.

Montag, 6. August

Das Steuerruder der Karavelle „Pinta“, die unter dem Befehl des Martin Alonso Pinzon stand, brach oder sprang heraus, was ein gewisser Gomez Rascon dem allgemeinen Verdacht nach getan haben soll, auf Anstiftung des Christoph Quintero, des Eigentümers des Schiffes, der diese Reise nur ungern mitmachte.

Donnerstag, 6. September

Am Morgen dieses Tages verließ ich den Hafen von La Gomera und ging unter Segel, um meine Überfahrt zu beginnen. Eine uns begegnende Karavelle, die von der Insel Ferro kam, verständigte mich davon, dass in jenen Gewässern drei portugiesische Karavellen kreuzten, in der Absicht, mich abzufangen.

Mittwoch, 10. Oktober

Zu diesem Zeitpunkt beklagten sich meine Leute über die lange Reisedauer, die ihnen unerträglich zu sein schien.

Freitag, 12. Oktober

An Bord der „Pinta“ entdeckte man zuerst das Land und gab auch die angeordneten Signale. … Wir warteten bis zum Tagesanbruch, an welchem wir zu einer Insel gelangten, die in der Indianersprache „Guanahani“ hieß. Dort erblickten wir gleich nackte Eingeborene. Ich begab mich, begleitet von zwei Leuten, an Bord eines mit Waffen versehenen Bootes an Land. Dort entfaltete ich die königliche Flagge. …

Sofort sammelten sich an jener Stelle zahlreiche Eingeborene der Insel an. In der Erkenntnis, dass es sich um Leute handle, die man weit besser durch Liebe als mit dem Schwerte retten und zu unserem Glauben bekehren könne, gedachte ich sie mir zu Freunden zu machen und schenkte also einigen unter ihnen rote Kappen und Halsketten aus Glas und noch andere Kleinigkeiten von geringem Wert, worüber sie sich ungemein erfreut zeigten. Sie wurden so gute Freunde, dass es eine helle Freude war.

Samstag, 13. Oktober

Ich beachtete alles mit größter Aufmerksamkeit, um herauszubekommen, ob in dieser Gegend Gold vorkomme. Dabei bemerkte ich, dass einige von diesen Männern die Nase durchlöchert und durch die Öffnung ein Stück Gold geschoben hatten. Mit Hilfe der Zeichensprache erfuhr ich, dass man gegen Süden fahren müsse, um zu einem König zu gelangen, der große goldene Gefäße und viele Goldstücke besaß.

F. Berger, Christoph Columbus, Dokumente seines Lebens 1, 1991, S. 120, übers. v. Ernst-Gerhard Jacob, vereinf.

248.1 und 2 Ohne die ständige Kenntnis des Schiffsstandortes und der Fahrtrichtung war auch im 15./16. Jahrhundert keine Schifffahrt möglich. Deshalb war das Astrolab (Abb. rechts) ein wichtiges Hilfsmittel. Seinen Einsatz zeigt ein Holzschnitt um 1550/80 (Abb. links).

249.1 Die Ankunft von Kolumbus in der Neuen Welt. Kolorierter Kupferstich von Theodor de Bry, 1594.

Q3 Eine Reise ohne Ende?

Pigafetta, ein Reisebegleiter des portugiesischen Kapitäns Magellan, berichtet von der ersten Umsegelung der Erde (1519–1522):

Wir fuhren drei Monate und zwanzig Tage, ohne Frischproviant zu uns zu nehmen. Der Zwieback war zu Staub zerfallen, voller Maden und Rattendreck. Das Trinkwasser war trübe und übel riechend. Wir aßen selbst das harte Leder der Marsrah (= Stange zur Steuerung der Segel). Es musste erst tagelang in Seewasser eingeweicht werden, bevor es, in glühender Asche geröstet, genießbar wurde. Ratten bildeten einen Leckerbissen und wurden mit einer halben Krone das Stück bezahlt. Zu allem Unglück kam noch der Skorbut hinzu, an dem 19 Mann starben. Hätten uns Gott und seine Heilige Mutter auf dieser langen Fahrt nicht gutes Wetter geschenkt, so wären wir wohl alle umgekommen. Ich glaube, dass kein Mensch noch einmal wieder eine solche Reise unternehmen wird.

H. Neukirchen, Seefahrt im Wandel der Jahrtausende, 1985, S. 35, vereinf.

1. Erläutere, inwiefern Naturerfahrung und Naturbeherrschung Entdeckungen möglich gemacht haben. (VT, B 248.1, 248.2)
2. Erläutere die Weltkenntnis Paolo Toscanellis und Martin Behaims. (B 247.1 und Behaims Globus, S. 230)
3. Werte das Bordtagebuch von Kolumbus über seine Reise von 1492 und den Bericht Pigafettis über die erste Weltumseglung (1519–22) unter folgenden vier Gesichtspunkten aus: Motive der Entdeckungsfahrten, Schwierigkeiten, Einstellung zu den Eingeborenen, Ergebnis. (Q2, Q3, B 249.1)
4. Die Vielschichtigkeit der Urteile über die Entdeckungen sind besonders 1992 deutlich geworden. Bilde dir deshalb ein eigenes Urteil und setze es in ein selbsterstelltes „Fünfhundertjahrfeier“-Logo um. (B.246.1)

Skorbut: Stoffwechselkrankheit, bedingt durch Mangel an Vitamin C, trat früher besonders in der Seefahrt häufig auf.

5. Entdeckt oder erobert? – Mittel- und Südamerika

250.1 *Machu Picchu, Überreste einer Inkastadt ca. 100 km nördlich von Cuzco in Peru.*

250.2 *Indianerstaaten in Mittel- und Südamerika.*

Indianische Kultur

Auf Grund seines historischen Irrtums bezeichnete Kolumbus bei seiner Ankunft in der „neuen Welt" 1492 die Ureinwohner als „Indianer". Danach hat sich dieser Begriff für die gesamte Urbevölkerung Nord- und Südamerikas eingebürgert. Er umfasst damit die Prärieindianer des Nordens, die als Jäger lebten, wie die Stämme im Süden, die differenzierte Staaten entwickelten. Die Völker Mittelamerikas hatten Städte mit Märkten gegründet, in den Hochländern des Südens blieb die Gesellschaft ländlich geprägt.

In der Sicht der Europäer waren die Indianer unterschiedslos unterentwickelt und unmündig, deshalb sollten sie der Herrschaft der Eroberer unterstellt werden. Erreicht werden sollte dies durch eine – wenn nötig gewaltsame – Europäisierung.

Europäisierung = Übertragung europäischer Kultur- und Denkweisen in außereuropäische Räume

Das Reich der Inka

Die Inka hatten ihr Reich durch gewaltsame Eroberung geschaffen. Das Kerngebiet waren die Hochplateaus und Flusstäler der Anden. Da das bebaubare Land knapp war, legten die Inka an den steilen Berghängen Terrassen mit Bewässerungsanlagen an, auf denen Früchte, Mais, Weizen und Kartoffeln angebaut werden konnten. Im Hochland weideten sie Herden. Ihre Anbaumethoden waren so gut entwickelt, dass in den Bergregionen im Jahre 1520 mehr Nahrungsmittel als heute produziert wurden.

Der Einzelne musste Abgaben und Dienste an die Zentrale leisten, die Regierung war im Gegenzug verpflichtet, ihre Untertanen auch in Notzeiten zu versorgen. Zu diesem Zweck wurden Vorratshäuser im ganzen Land errichtet, aus denen die Bevölkerung mit Lebensmitteln versorgt wurde. Zentrum war die Stadt Cuzco mit ungefähr 100 000 Einwohnern, die anderen Orte waren deutlich kleiner. Die meisten Menschen lebten auf dem Land. Insgesamt 21 000 km befestigter Straßen verbanden die Orte miteinander. Die Inka benutzten keine geschriebene Schrift, sondern zeichneten Wichtiges mit Hilfe von Knotenschnüren auf. Geübte Weber konnten unterschiedliche Knotenarten, Farben und Positionen zu komplizierten Nachrichten verbinden. Leider verbrannten die spanischen Eroberer diese unersetzlichen Quellen.

In der Religion der Inka waren alle Gegenstände der Welt belebt. Den Schöpfer nannten sie „Seele des Weltalls". Auch der Regenbogen und die Sonne waren Götter. Die Bezeichnung Inka wird für die herrschende Gruppe in dieser Gesellschaft verwendet, an der Spitze stand der Sapa Inka, manchmal auch nur Inka genannt. Der Herrscher wurde als ein Kind der Sonne angesehen und sollte die Menschen vor den Göttern vertreten. Im

Kernland des ehemaligen Inkareiches sehen sich die Urbewohner heute noch als Nachkommen der Inka an, sie sprechen heute noch Quechua, die Sprache der Inka.

251.1 Zeichnungen der Inka, 16. Jahrhundert. Links: Arbeit unter der Aufsicht eines Inkabeamten. Rechts: Der Inkaherrscher dankt der Sonne für den Schutz seines Volkes.

▪ Lockruf des Goldes

Seit sich die ersten Spanier auf den karibischen Inseln festgesetzt hatten, hörten sie von sagenhaften Schätzen auf dem Festland. Eine dieser Geschichten berichtete von einem Stamm in den Anden, dessen König bei seinem Amtsantritt mit Gold überzogen in einen See tauchte. Sein Hofstaat warf dabei angeblich goldene Gegenstände in das Wasser. Solche Berichte ließen Konquistadoren wie den spanischen Ritter Hernan Cortés sagen: „Meine Begleiter und ich leiden an einer Krankheit der Seele, die nur mit Gold zu kurieren ist.“

1519 wurde die erste Expedition ausgerüstet. Durch ihre Feuerwaffen und Pferde waren die Eindringlinge den Indianern überlegen. So konnte Cortés mit wenigen Soldaten das Reich der Azteken im heutigen Mexiko besiegen. Zu Hilfe kam ihm dabei, dass die Indianer ihn aufgrund einer alten Weissagung für den Lichtgott hielten und freundlich empfingen. Das Inkareich wurde 1532 von Francisco Pizarro mit 177 Soldaten besiegt. Er stieß auf wenig Widerstand, da von den Inkas unterdrückte Gruppen ihn unterstützten und eine Pockenepidemie die Inka schwächte.

▪ Ein spanisches Reich in Amerika

Ein „Indienrat“ in Madrid sollte das Land nun nach den Interessen Spaniens gestalten. Vizekönige standen an der Spitze der Verwaltung in den ↗Kolonien. Um das Land wirtschaftlich zu nutzen, förderte die spanische Regierung durch Steuerbegünstigungen die Auswanderung in die Kolonien. Spanische Unternehmer ließen Indianer in den Bergwerken nach Silber und Gold graben, das in ungeheuren Mengen nach Europa verschifft wurde. Auch mit Plantagen, auf denen Zuckerrohr, Kakao, Kaffee und Tabak angebaut wurde, erzielten sie große Gewinne. Die Indianer galten zwar offiziell als freie spanische Bürger, die Siedler sollten aber für ihre christliche Unterweisung und ihren Schutz sorgen. Diese Vorschriften der Krone wurden jedoch gänzlich missachtet. Die Kolonisten beuteten die Indianer als billige Arbeitskräfte aus. Unmenschliche Bedingungen und Krankheiten führten dazu, dass viele starben. Die Bevölkerung Perus ging im 16. Jahrhundert von 9 Millionen auf 1,3 Millionen zurück.

Konquistadoren (spanisch) = Eroberer. Bezeichnung für die ersten europäischen Eindringlinge in Mittel- und Südamerika, die auf schnellen persönlichen Gewinn aus waren und sehr brutal vorgingen.

▪ Kritik durch Missionare

Auch Spanier wandten sich gegen diese Zustände, besonders Geistliche, die die Indianer zum christlichen Glauben bekehren wollten. Der aus Spanien stammende Bischof von Chiapas in Mittelamerika, Bartolomé de Las Casas, verfasste Beschwerdeschreiben, bis Kaiser Karl V. die Indianersklaverei verbot. Deswegen und weil die Zahl der Indianer immer weiter zurückging, begannen europäische Menschenhändler Schwarze, von denen sie glaubten, dass sie für harte Arbeit besser geeignet seien, aus Afrika nach Amerika zu verschleppen.

Erst Anfang des 19. Jahrhunderts lösten sich die mittel- und südamerikanischen Gebiete von Spanien und Portugal, erkämpften ihre Unabhängigkeit und gründeten die heute noch bestehenden Staaten. Die Situation der indianischen Urbevölkerung verbesserte sich dadurch allerdings nicht.

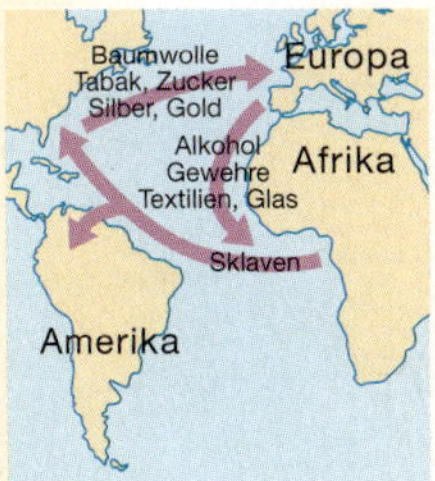

251.2 Dreieckshandel.

252.1 Maya-Zeichnung aus der frühen Kolonialzeit, 16. Jahrhundert.

Q1 Ein Treffen in den Anden

1532 trafen sich der Spanier Pizarro und der Inkakönig Atahualpa.

a) Pizarro verlas folgendes Dokument in spanischer und lateinischer Sprache:
Ich, Francisco Pizarro, Diener der erhabenen und mächtigen Könige Spaniens, Eroberer barbarischer Völker, tue Euch hiermit kund, dass Gott Unser Herr, der Eine und Ewige, Himmel und Erde erschuf und einen Mann und eine Frau, von denen Ihr und ich und alle Völker der Welt abstammen. … Gott setzte den Heiligen Petrus zum Herrscher all dieser Völker ein. Und ich erbitte und verlange von Euch die Kirche als Eure Herrscherin der Welt und des Weltalls anzuerkennen, und ihren Hohepriester, Papst genannt, und Seine Majestät den König von Spanien als Herrscher. … Und solltet ihr das nicht tun, so werde ich mit der Hilfe Gottes Krieg gegen euch führen. Ich werde euch unterwerfen unter das Joch und den Gehorsam der Kirche und seiner Majestät, und ich werde eure Frauen und Kinder ergreifen und sie zu Sklaven machen. Und ich werde euch alles Leid und allen Schaden antun, dessen ich fähig bin. Und ich verweise darauf, dass der Tod und die Vernichtung, die aus alledem entstehen mögen, allein euer Verschulden sein werden.

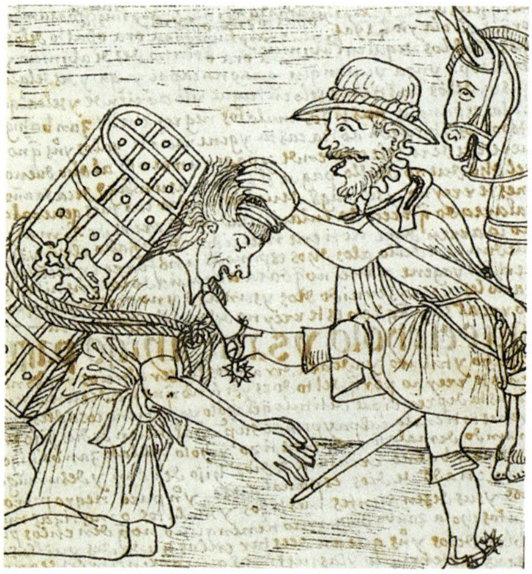

252.2 Inka-Zeichnung aus dem 16. Jahrhundert. Die Zeichnung stammt ebenso wie 251.1 von Guaman Poma, der die Eroberungen miterlebte. Aus seinem bebilderten Bericht an den spanischen König stammt auch Quelle 1 b.

b) Guaman Poma (s. B 252.2) lernte später Spanisch und beschrieb die Begegnung:
Atahualpa Inka begab sich von den Bädern in die Stadt und zum Hof von Cajamarca in all seiner Majestät und umringt von seinen Anführern. Auf dem Thron, der sich in der Mitte des öffentlichen Platzes befindet, nahm er Platz. Don Francisco Pizarro begann ihm durch einen Dolmetscher mitzuteilen, dass er der Gesandte eines großen Herrschers und sein Freund sei und nur gekommen sei, um ihm dies mitzuteilen. … Der Inka erwiderte mit Majestät, dass es stimmen mochte, dass Pizarro von einem

großen Herrscher gekommen sei, da er aus einem so fernen Land stammte, aber dass er, Atahualpa, ebenfalls ein großer Herrscher in seinem Königreich sei und solche Freunde nicht brauche.

Nach dieser Antwort trat Bruder Vicente näher, in der Rechten ein Kreuz haltend und in der Linken ein Gebetbuch, und teilte dem Inka Atahualpa mit, dass er der Gesandte eines noch größeren Herrschers und eines Freundes Gottes, des Papstes, sei und dass der Inka sein Freund werden und das Kreuz verehren und an das Evangelium Gottes glauben und nichts anderes mehr verehren solle, weil alles andere Narretei sei.

Atahualpa erwiderte, dass er nur die Sonne verehre, die niemals stirbt, und die Heiligtümer und anderen Götter, wie es seinem Gesetz entsprach. Er fragte Bruder Vicente, wer ihm solche Dinge mitgeteilt habe, und Bruder Vicente antwortete: „Das Buch des Evangeliums." Atahualpa sagte: „Gebt mir das Buch, auf dass es zu mir sprechen möge." Er nahm das Buch und begann die Seiten durchzublättern. Und der Inka sagte: „Warum spricht es nicht zu mir? Dieses Buch sagt mir nichts!" Und Atahualpa Inka warf das Buch fort.

Nach diesem Vorfall stürmten spanische Ritter, die sich verborgen hatten auf den Platz, töteten die unbewaffneten Inkakrieger, nahmen Atahualpa gefangen und erdrosselten ihn ein Jahr später.

R. Wright, Geraubtes Land, 1992, S. 83 u. 99, vereinf.

Q2 Spanische Kritik an den Eroberungen in Mittel- und Südamerika, 1542

Die Eroberungen der Spanier in Mittel- und Südamerika sind bereits im 16. Jahrhundert kritisch beurteilt worden, u. a. von Bischof Bartholomé de las Casas (1474–1556), Dominikaner und Bischof von Chiapas (Mexiko).

Ich kann wahrheitsgemäß versichern, dass mich zur Abfassung dieses Berichtes nichts anderes getrieben hat als die ungeheuerliche Verfinsterung der Wahrheit über die wirkliche Lage der Dinge in den spanischen Besitzungen im gesamten Umkreis der indianischen Welt. Was hat dieser Mangel nicht alles an Unrecht, Jammer, Überheblichkeit verschuldet, wie viele Länder sind dadurch entvölkert worden, wie viele Menschen sind darum in zeitliches und ewiges Verderben gefallen, wie viele nie zu sühnende Verbrechen sind begangen worden. Das Festland (Mittel- und Südamerikas) haben unsere spanischen Landsleute durch ihre Gräuel und gottlosen Taten entvölkert und verheert. Mehr als zehn Königreiche, größer als ganz Spanien und Portugal, einst von Menschen hoher Kultur bewohnt, sind heute entvölkert.

Als ziemlich sicheres und wahrscheinliches Ergebnis kann man annehmen, dass in den vierzig Jahren durch die tyrannischen und teuflischen Taten der Christen mehr als zwölf Millionen Seelen, Männer und Frauen und Kinder, in ungerechter und tyrannischer Weise getötet worden sind. Ich nehme an und glaube mich darin nicht zu täuschen, dass es in Wahrheit sogar mehr als fünfzehn Millionen gewesen sind.

Dickmann, Fritz: Geschichte in Quellen, Renaissance, Glaubenskämpfe und Absolutismus, München 1976, S. 87, 89f.

253.1 Goldschmiedearbeit der Inka.

1. Heute sehen wir die indianische Kultur Südamerikas, die die Spanier vorfanden, keineswegs als „unterentwickelt" an, sondern (wie schon Bischof de las Casas im Jahr 1542) als eine Hochkultur. Belege diese Einschätzung. (VT)

2. Beurteile die Rechtfertigung Pizarros in seiner Verhaltensweise gegenüber den Inkas. (Q1)

3. Das Verhalten der spanischen Eroberer ist auch schon im 16. Jahrhundert sehr kritisch gesehen worden. Fasse die Hauptkritikpunkte zusammen. (Q2)

4. „Man kann kein bewohntes Land entdecken. Sonst könnte ich auch den Atlantik überqueren und England entdecken", sagte Dehatkadons, der Häuptling der indianischen Irokesen. Überlege, was er mit diesem Satz zum Ausdruck bringen wollte. Diskutiert darüber.

Alte Karten – gezeichnete Weltkenntnis

Wer heute auf Reisen geht, benutzt dazu einen Atlas, wie man ihn an jeder Tankstelle kaufen kann, oder er lässt sich am PC eine Strecke entwerfen und ausdrucken. Die Entdecker des 15./16. Jahrhunderts hatten es dagegen erheblich schwerer.

Antike Weltkenntnis

Das Bedürfnis nach Orientierung bestand auch schon in der Antike. Eine Zusammenfassung des damaligen Weltwissens erfolgte durch den Geographen Ptolemäus, der um 150 n. Chr. eine Weltkarte herstellte, die durch spätere Abschriften erhalten ist. Sie wird ergänzt durch die von Ptolemäus berechnete Lage von über 8000 Orten, wobei er bereits Längen- und Breitengrade zur Orientierung angab.

Orientierung auf der Erde

Die Breitengrade sind gedachte konzentrische Linien parallel zum Äquator. Die Längengrade dagegen sind Linien, die durch den Nord- und Südpol gehen und die ganze Erde umrunden. Kennt ein Seemann den eigenen Breiten- und Längengrad, weiß er genau, an welcher Stelle des riesigen Ozeans er sich befindet, wie weit und in welcher Richtung sein Ziel liegt. Anhand der Tageszeit und des Standes der Sonne oder der Sterne konnten Kapitäne schon in der Antike die geographische Breite bestimmen. So fuhr Christoph Kolumbus 1492 in einer geraden Linie, immer dem Breitengrad entlang, über den Atlantik.

Um die eigene Längenposition zu bestimmen, muss man die genaue Uhrzeit auf dem Schiff und die an einem Ort bekannter Länge, z. B. dem Heimathafen, kennen. Da die Erde 24 Stunden für eine Umdrehung von 360 Grad benötigt, entsprechen vier Minuten Zeitunterschied einem Längengrad. Mit der Hilfe der Sonne oder der Sterne konnte zwar die eigene genaue Uhrzeit bestimmt werden – schwierig war es aber, die gleichzeitige Uhrzeit im Heimathafen zu kennen. Standuhren konnten auf Schiffen wegen des Seeganges nicht genau gehen, und auch die ersten Taschenuhren gingen häufig vor oder nach. Erst als es im 18. Jahrhundert gelang, ganz präzise Uhren herzustellen, die auch auf Schiffen unter widrigen Bedingungen ihre Genauigkeit beibehielten, war überall auf der Erde eine genaue Bestimmung der Position möglich.

Frühneuzeitliche Weltkenntnis

Gegenüber der antiken Weltkenntnis war die des Mittelalters äußerst bescheiden und überwiegend vom biblischen Weltbild bestimmt. Europa, Asien und Afrika wurden in Form eines „T“ (daher „T-Karten“) mit Jerusalem im Mittelpunkt dargestellt (B 255.1 und 255.2). Die Entdeckungen des 16. Jahrhunderts führten dann aber zu einem geradezu explosiven Schub in der Weltkenntnis (B 255.3).

Mit der Erfindung des Druckes werden Karten nun auch leichter zugänglich, so z. B. die erste Weltkarte mit Amerika als viertem Kontinent von Martin Waldseemüller (gedruckt 1507 in Straßburg).

Interpretation „alter“ Karten

„Alte“ Karten sind eine wichtige Geschichtsquelle. Zu ihrer Erschließung eignen sich insbesondere vier „Schlüsselfragen“:

- Wann ist die Karte entstanden und wer ist ihr Zeichner (Kartograph)?
- Welche Orte, Flüsse, Gebirge und Grenzen sind eingezeichnet? (Welche geographischen Kenntnisse hatte also der Kartograph?)
- Was wissen wir über die dargestellten Gebiete zur Zeit der Entstehung der Karte?
- Inwieweit lassen sich im Aufbau der Karte ein Kartenzweck und ein Weltbild erkennen?

Untersuche die Karten B 255.1, 255.2, 255.3 und 247.1) an Hand der genannten „Schlüsselfragen“. (Bedenke dabei jedoch: Nicht alle „Schlüsselfragen“ lassen sich für alle Karten beantworten.)

255.1 *Karte nach den Angaben des Ptolemäus (100 – 170 n. Chr.) aus dem Jahr 1482. Die Karte zeigt die Breiten- und Längengrade. Eingerahmt wird die Karte von einer Darstellung der Winde. Der Längengrad 0 befand sich an der westlichen Grenze der in der Antike bekannten Welt (ganz links auf der Karte).*

255.2 *Französische Karte, 14. Jahrhundert. Sie zeigt Jerusalem im Mittelpunkt der Welt. Zu sehen sind die drei Söhne Noahs, denen nach der Bibel Europa, Afrika und Asien zugeteilt wurden.*

255.3 *Seekarte des portugiesischen Kartographen Diego Ribeiro, gezeichnet nach den Berichten der Seefahrer, 1529.*

Europa im Streit der Konfessionen und

Martin Luther predigt. Gemälde von Lukas Cranach, dem Freund Martin Luthers, auf dem unteren Teil des Altars in der Stadtkirche von Wittenberg, 1547.

Inneres der Hauptkirche des Jesuitenordens in Rom, Il Gesù. Diese Kirche wurde 1558 von dem Baumeister Giacomo Vignola begonnen und 1584 dem Namen Jesu geweiht. Alle verfügbaren Flächen wurden mit Bildern bedeckt, die dazu dienen sollten, den Betrachter im Glauben zu stärken. Im linken Querhaus befindet sich das Grab des Ignatius von Loyola, der den Jesuitenorden gründete.

Religionen

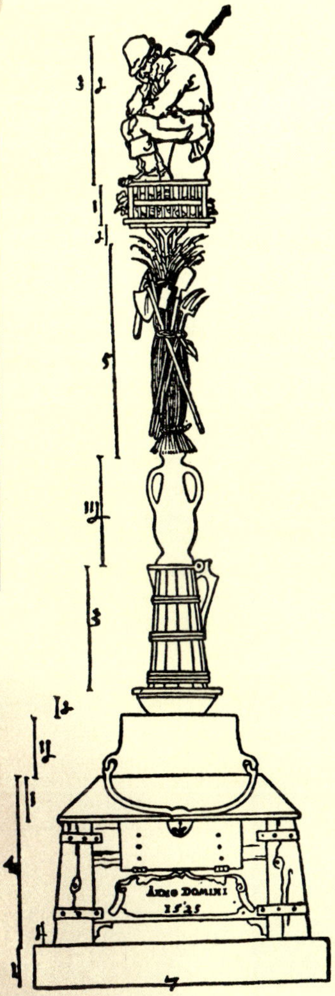

Denkmal für den Bauernkrieg. Entwurf Albrecht Dürers (→S. 236), 1525. Albrecht Dürer hatte den Aufstand der Bauern mit Sympathie beobachtet und ihre Niederlage bedauert. Der Sockel und die Säule des Denkmals sind aus bäuerlichen Geräten zusammengestellt. Das Denkmal wurde nie gebaut.

Gegen Ende des Dreißigjährigen Krieges zogen Soldaten plündernd und mordend durch Deutschland. Gemälde aus der Kirche von Langwinkl (Bayern), 1649. Der Widmungstext (Ausschnitt): „Diese Tafel hat Magdalena Wiechlin, Bürgerin und Weberin zu Khöstlen der allerseligsten Jungfrau und Muttergottes Maria in Langewinckhell gelobt. Sie ist in großer Gefahr gewesen, da zwei Reiter sie in der Nacht samt ihrem Kind heraus aus ihrem Haus in das Feld geführt haben. Sie haben sie umbringen wollen. Durch Fürbitte und göttliche Gnade hat sich Rettung erboten.“ Heute befindet sich das Gemälde im bayerischen Nationalmuseum in München.

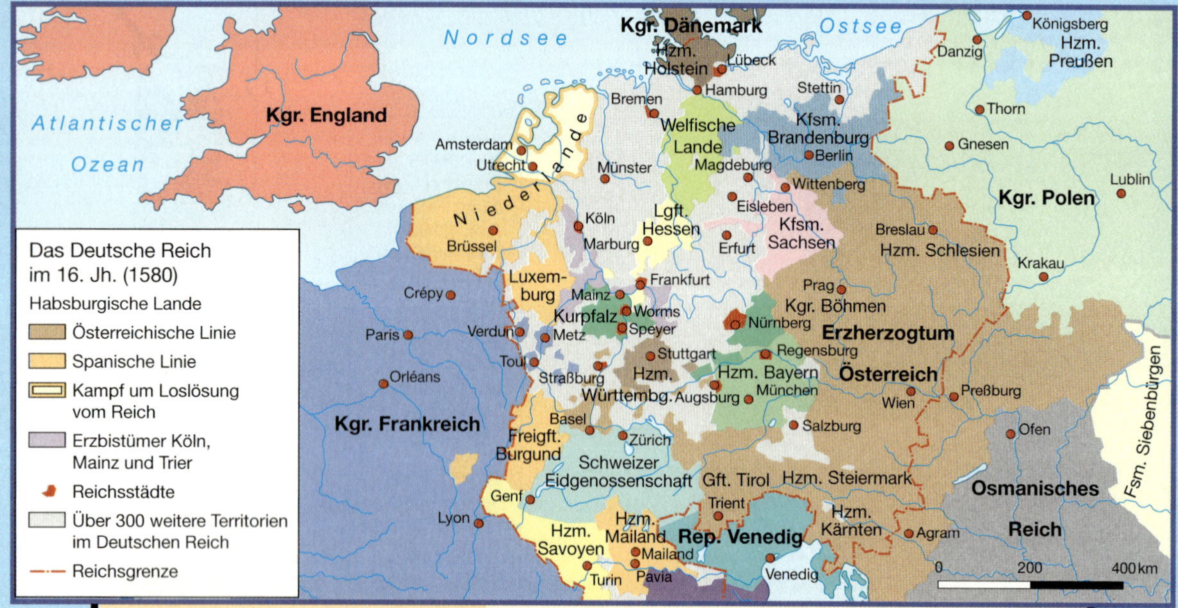

258.1 Das Deutsche Reich im 16. Jahrhundert.

1517	Martin Luther (1483 – 1546) veröffentlicht 95 Thesen gegen den Ablasshandel.
1519 – 1556	Regierungszeit Kaiser Karls V.
1521	Luther verteidigt auf dem Reichstag zu Worms seine Kritik an den Zuständen in der Kirche.
1525	Die Bauern in vielen Gegenden Deutschlands erheben sich gegen ihre Herren.
1547	Kaiser Karl V. siegt über einen Zusammenschluss der protestantischen Reichsfürsten. Kurze Zeit später aber zwingt ein Bündnis dieser Fürsten mit dem französischen König den Kaiser zur Flucht.
1555	Katholiken und Lutheraner schließen den Augsburger Religionsfrieden.
1563	Ein Konzil der katholischen Kirche, das seit 1545 in Trient tagt, beschließt Reformen.
1572	„Bartholomäusnacht“: Massaker an den protestantischen Hugenotten in Frankreich.
1581	Die Niederlande erklären ihre Unabhängigkeit von Spanien.
1618	Mit dem „Prager Fenstersturz“ beginnt der Dreißigjährige Krieg in Europa.
1648	Die kriegführenden Staaten schließen in Münster und Osnabrück den „Westfälischen Frieden“.

Eine Heirat mit Folgen

Am 13. Juni 1525 heiratete Martin Luther in Wittenberg die sechzehn Jahre jüngere Katharina von Bora. Die beiden Eheleute hatten eines gemeinsam: Martin, der lange Zeit einem Mönchsorden angehörte, hatte das Klosterleben ebenso aufgegeben wie Katharina, die zwei Jahre zuvor mit neun anderen Nonnen aus ihrem Kloster geflohen war. Dabei hatten beide durchaus ihre Vorbehalte. Katharina hielt den berühmten Luther nämlich für einen Verschwender, Martin seinerseits missfiel das selbstbewusste Auftreten Katharinas.

259.1 Katharina von Bora.

Pfarrer hatten bisher nicht heiraten dürfen, die evangelische Pfarrfamilie war etwas ganz Neues! Martin Luther war allerdings vor allem Universitätslehrer, nicht Pfarrer. Dennoch galt das Familienleben der Luthers weithin als Vorbild für die evangelische Pfarrfamilie, die ihrerseits Vorbild für die Gemeinde sein sollte.

So stand das Leben Katharinas unter mehrfachem Druck: Als Ehefrau, Mutter von sechs Kindern und Hauswirtschafterin musste sie mustergültig auftreten und durfte keinen Anlass zu Kritik bieten. Sie verwaltete die Einkünfte ihres Mannes und das Vermögen der Familie, sie erwarb Gartenland und Grundstücke, um deren Bewirtschaftung sie sich persönlich kümmerte, außerdem sorgte sie für den Holzvorrat und bereitete sogar das Malz auf, mit dem die Luthers ihr Bier brauen ließen. Man hat sie deshalb manchmal mit einer mittelständischen Unternehmerin von heute verglichen. Eine Journalistin ging sogar so weit, sie als Vorläuferin der modernen Frauenbewegung zu bezeichnen. Im Alter aber verarmte Katharina. Zwar hatte Luther sie als Erbin eingesetzt, als Frau konnte sie ihre Ansprüche vor Gericht aber nicht durchsetzen.

259.2 Martin Luther. Gemälde aus der Werkstatt des Lukas Cranach, um 1526. Anlässlich der Heirat malte Cranach zwei Porträts der Luthers. Diese Bilder waren so gefragt, dass sie in seiner Werkstatt häufig kopiert wurden.

Die Lage der Frauen änderte sich also wenig. Und die große Politik sollte noch sehr lange eine Sache der Männer bleiben, wie auch die Geschichte der Reformation deutlich zeigt.

1. Was ist deine Meinung: Kann man Katharina von Bora als „moderne" Frau bezeichnen?
2. Diskutiert in der Klasse nach der Behandlung des Themas „Reformation" über die Frage, warum Frauen damals kaum die Möglichkeit hatten, an den großen Veränderungen der Zeit mitzuwirken.

1. Martin Luther – vom Mönch zum Reformator

Renaissancepäpste
→ S. 162, 165

„Im Jahre 1510, als ich zuerst die Stadt sah, warf ich mich zu Boden und rief: Sei gegrüßt, heiliges Rom!" Mit diesen Worten erinnerte sich Martin Luther viele Jahre später an seine Reise nach Rom, die er als Mönch unternommen hatte. Es war ein Blick zurück im Zorn, denn er schrieb weiter, wie „ein verrückter Heiliger" sei er durch die Stadt gelaufen, durch alle Kirchen und Katakomben, und habe alles geglaubt, „was daselbst erlogen und erstunken ist". Aus dem gewissenhaften Ordensmann und kirchentreuen Theologen war ein erbitterter Gegner der römischen Kirche und des Papsttums geworden. Wie kam es dazu?

Konkubinat: Eine eheähnliche Lebensgemeinschaft von Mann und Frau ohne förmliche Eheschließung.

■ Die Kirche des Spätmittelalters – unfähig zu Reformen?

Schon zu Beginn des 15. Jahrhunderts wurden in der Kirche Forderungen nach einer Reform „an Haupt und Gliedern" laut. So versuchten beispielsweise auf einem Konzil in Konstanz (1414–1418) Laien und Priester Veränderungen durchzusetzen, doch zu einer grundlegenden Kirchenreform kam es nicht. Im Gegenteil, die kirchlichen Missstände nahmen weiter zu. Manchen Päpsten waren Macht und Luxus wichtiger als Glaube und Frömmigkeit. Als Oberhaupt des Kirchenstaates hatte der Papst zwar Steuereinnahmen, doch reichten diese oft nicht aus, um den ausschweifenden Lebensstil und die aufwändige Hofhaltung der Renaissancepäpste zu finanzieren. Der Verkauf von kirchlichen Ämtern, die so genannte ↗Simonie, wurde als zusätzliche Einnahmequelle daher immer wichtiger.

Um die Geistlichen in den Gemeinden war es oft nicht besser bestellt. Viele Priester hatten keine theologische Ausbildung, manche lasen die Messe, ohne die lateinischen Texte zu verstehen. Aufgrund ihrer schlechten Bezahlung waren sie oft gezwungen, andere Tätigkeiten anzunehmen, etwa als Inhaber von Krämerläden oder Wirte in Gasthäusern. Häufig kam es vor, dass Geistliche im Konkubinat lebten und Kinder hatten. Die Folge war, dass immer mehr Menschen mit Verachtung auf die „Pfaffen" und ihren Lebenswandel blickten.

260.1 Das Jüngste Gericht, Altarbild von Stefan Lochner für die Laurentiuskirche in Köln, 1440 (Ausschnitt). Es zeigt die Auferstehung als Erlösung oder ewige Verdammnis.

■ Die Suche nach dem gnädigen Gott

Trotz der immer lauter werdenden Kritik an den kirchlichen Missständen war der christliche Glaube für die Menschen des späten Mittelalters von zentraler Bedeutung. Im Mittelpunkt stand dabei die Frage nach dem eigenen Seelenheil. Um nach dem Tod die göttliche Gnade zu erlangen, erfüllten viele Menschen die immer zahlreicher werdenden kirchlichen Gebote. Die Gläubigen nahmen beschwerliche Wallfahrten auf sich, wanderten zu Fuß nach Rom oder als Jakobspilger ins spanische Santiago de Compostela. Menschen, die krank wurden oder in Notsituationen gerieten, wandten sich in ihren Gebeten an die große Zahl der Heiligen, die man als Mittler zwischen Gott und den Menschen ansah.

Die Wohlhabenderen konnten es sich leisten, kostbare Altäre in den Seitengängen und Nischen der Kirchen zu stiften, um dort oft über Jahrzehnte Messen für verstorbene Familienangehörige lesen zu lassen. Wanderprediger, die das Ende der Welt herankommen sahen und die Menschen zur Buße aufforderten, fanden regen Zulauf. In diese von tiefen Ängsten geprägte Glaubenswelt wuchs auch Martin Luther hinein.

Ein treuer Sohn der Kirche

Als hochbegabter Sohn eines thüringischen Bergbauunternehmers hatte Martin Luther sich nach seiner Schulzeit für das Studium der Rechte entschieden. Man erwartete von ihm eine Karriere als Jurist. Doch eine plötzliche Entscheidung änderte sein Leben von Grund auf: Gegen den Willen des Vaters beschloss er 1506, Theologie zu studieren, und trat in ein Kloster ein. Oft ist zu lesen, der Grund dafür sei ein Gelöbnis gewesen, das er ablegte, als er auf dem Weg zur Universität in ein schweres Gewitter geriet und nur knapp mit dem Leben davonkam. Belege dafür sind in Luthers Schriften allerdings nicht zu finden.

Die Suche nach einem gnädigen Gott wurde für Luther zum zentralen Lebensinhalt. Mit den Erfurter Augustinereremiten suchte er sich darum einen besonders strengen Orden aus. Bereits nach zwei Jahren erhielt er die Priesterweihe und wechselte im Jahr darauf ins Wittenberger Augustinerkloster. An der dortigen Universität hielt er Vorlesungen und promovierte zum Doktor der Theologie. Als Mönch hielt er sich gewissenhaft an die Regeln. Als Gelehrter beschäftigte er sich in dieser Zeit ausschließlich mit biblischen Themen und vermied jede Kritik an der Kirche.

Luther nimmt Anstoß am Ablasshandel

Die Ereignisse, die Luther zum Protest veranlassten, nahmen ihren Anfang in Rom. Papst Julius II. (1503–1513) hatte den Plan gefasst, an der Stelle der alten Peterskirche einen Dom von einzigartiger Größe und Schönheit zu bauen. Da die hierzu nötigen Finanzmittel fehlten, beschloss sein Nachfolger, Leo X. (1513–1521), einen allgemeinen Ablass auszuschreiben: Im Auftrag des Papstes zogen Prediger durch die Lande und boten Ablassbriefe an. Kauften Gläubige diese Briefe, so wurden ihnen angeblich ihre Sünden vergeben – ihr Seelenheil war gerettet. Die Durchführung des Ablasses für Deutschland lag in den Händen des Kardinals Albrecht von Brandenburg. Diesem kam der Auftrag gerade recht. Albrecht, der erst kurz zuvor zum Erzbischof von Mainz gewählt worden war, hatte mehrere geistliche Ämter inne. Für diese in der Kirche unübliche Ämterhäufung hatte er an den Papst eine hohe Geldsumme gezahlt, die er beim Augsburger Bankhaus Fugger als Kredit aufgenommen hatte. Mit dem Papst vereinbarte er nun eine Aufteilung der Einnahmen aus den Ablassverkäufen. So hoffte er, seine Schulden begleichen zu können. Den Ablasshandel in der Diözese Magdeburg übernahm Johannes Tetzel.

261.1 Martin Luther als Mönch, Kupferstich von Lukas Cranach, einem Freund Martin Luthers, 1520.

Friedrich der Weise, Kurfürst von Sachsen und als solcher Luthers Landesherr, untersagte den Verkauf der Ablassbriefe auf seinem Territorium. Luther sah jedoch, wie auch aus Wittenberg die Gläubigen über die Landesgrenze ins benachbarte Jüterbog strömten, um dort die begehrten Ablassbriefe von Tetzel zu erwerben. Für Luther stellte diese Form des Ablasshandels einen schweren Missbrauch dar. Am 31. Oktober 1517 veröffentlichte er daher seine 95 Thesen über den Ablass, in denen er die Verwendung dieser Briefe scharf kritisierte. Außerdem wollte Luther mit dieser Schrift Johannes Tetzel zu einer Disputation, einem theologischen Streitgespräch, herausfordern. Doch Tetzel ignorierte Luthers Aufforderung ebenso wie Erzbischof Albrecht, dem Luther seine Streitschrift zugesandt hatte. Martin Luther aber ließ sich nicht so leicht mundtot machen.

Augustinereremiten: Bettelorden, dessen Regeln eine sehr bescheidene, zurückgezogene Lebensführung vorschreiben.

261.2 Der Ablasshandel: Links verliest ein Mönch die päpstliche Ablassbulle (Bulle: → Randspalte S. 191). Vor der Kanzel steht die Ablasskiste, in der das Geld für Rom gesammelt wird. An dem großen Tisch vorne werden die Ablassbriefe verkauft. Im Hintergrund auf zwei Fahnen die Papstwappen. Flugblatt, vor 1520; später als Titelblatt eines Buches verwendet.

Luther gibt nicht nach

Luther übersetzte seine 95 Thesen, die ursprünglich in Latein verfasst waren, ins Deutsche und ließ sie drucken. Sie verbreiteten sich wie ein Lauffeuer. Nun begann man auf Seiten der römischen Kirche, das Wittenberger „Mönchsgezänk" ernst zu nehmen. 1518 wurde Luther in Augsburg vom päpstlichen Gesandten Cajetan verhört. Er bekräftigte in diesem Gespräch seine Kritik und forderte die Einberufung eines Konzils zur Klärung dieser Fragen. Im folgenden Jahr lud man ihn nach Leipzig zum Disput mit einem der führenden Theologen, Dr. Johannes Eck, ein. Hier ging Luther noch einen Schritt weiter: Er behauptete, dass nicht nur der Papst, sondern auch Konzilien irren könnten.

Bulle: Der ursprüngliche Name für das kaiserliche oder päpstliche Siegel auf einer wichtigen Urkunde ging dann auf das Dokument selbst und seinen Inhalt über.

Leo X. erkannte, dass er mit schärferen Maßnahmen gegen Luther vorgehen musste. In einer Bulle drohte er Luther mit dem Kirchenbann, sollte er nicht binnen 60 Tagen seine ketzerischen Ansichten widerrufen. Luther ließ die Frist verstreichen und verbrannte am 10. Dezember 1520 die Drohbulle mit anderen kirchlichen Schriften vor den Toren Wittenbergs auf einem Scheiterhaufen. Kurz darauf wurde er exkommuniziert.

262.1 Kaiser Karl V., Gemälde von Jakob Seisenegger. 1532, als der Bruder des Kaisers das Bild in Auftrag gab, stand Karl V. auf dem Höhepunkt seiner Macht. Heute hängt das Bild im Kunsthistorischen Museum in Wien.

Der Kaiser greift ein

Im Jahr 1519 wurde der noch junge spanische König Karl von den deutschen Kurfürsten zum König und Kaiser des Heiligen Römischen Reiches gewählt. Seine Stellung wollte er zur Festigung der kaiserlichen Herrschaft nutzen.

Der gemeinsame katholische Glaube war für den jungen Kaiser die Grundlage für seine universale (= allumfassende) Reichsidee. Deshalb verfolgte Karl den um Martin Luther entbrannten Kirchenstreit mit Sorge. Er war fest entschlossen, Luther und seine Lehre mit allen Mitteln zu bekämpfen. Da er als Kaiser für politische Maßnahmen innerhalb des Reiches die Zustimmung der Reichsstände benötigte, berief er zur Behandlung dieser Frage einen Reichstag ein.

Luther wird gebannt

Luther war im Frühjahr 1521 der Vorladung zum Reichstag nach Worms gefolgt. Dort bekräftigte er seine Auffassung, dass Papst und Konzilien schon oft geirrt und sich widersprochen hätten. Er selbst könne nur der Heiligen Schrift, der Vernunft und seinem Gewissen folgen und werde daher nichts widerrufen. Wenige Wochen später verhängte der Kaiser das so genannte „Wormser Edikt" – Luther verfiel der Reichsacht.

Auf dem Rückweg von Worms wurde Luther im Auftrag Friedrichs des Weisen, seines Landesherrn, entführt und zu seinem Schutz auf die Wartburg in Thüringen gebracht. Unter dem Decknamen „Junker Jörg" verbrachte er dort ein knappes Jahr, in dem er das Neue Testament ins Deutsche übersetzte. Er tat dies mit dem Ziel, die Texte der Bibel auch Menschen verständlich zu machen, die kein Latein konnten. Um dies zu erreichen, habe er, wie er es nannte, „dem Volk aufs Maul geschaut" und dessen Sprache bei der Übersetzung verwendet.

Q1

Kritik aus den Reihen der Kirche

Aus einer Rede, die Christoph von Stadion, der Bischof von Augsburg, im Jahr 1517 vor einer Kirchenversammlung hielt:

Sind nicht heutzutage an Stelle der Heiligkeit und Tugend unserer Väter alle Gattungen von Lastern getreten? Jene widmeten sich der Andacht, gaben Almosen und hielten die Fastenzeiten ein; wir raffen überall Reichtümer zusammen, um unserem Hochmut und unserer Schwelgerei zu frönen. An der Tafel derjenigen, welche die bischöfliche Würde und die höchsten Ämter der Kirche an sich reißen, nicht um Christus zu dienen, sondern um durch Christus zu prassen, ist nicht nur Fasten und Mäßigkeit eine fremde Sache, sondern ihre Tische sind auch besetzt mit erlesenen Weinen und Speisen, die aus den entferntesten Ländern und übers Meer hergeholt sind. …
Das Herz bricht mir, und ich kann mich der Tränen nicht enthalten, wenn ich so viele Priester sehen muss, die ganz leer und sinnlich dahinleben, denen die Einsamkeit zum Ekel, Frömmigkeit aber, Gehorsam und Demut hassenswert geworden sind, wie sie denn auch den Umgang mit Weibspersonen, den Wucher, den Handel und Gewinn lieben: Wahrhaftig Menschen, welche Petrus nicht Diener Gottes, sondern Hunde nennet.

W. Andreas, Deutschland vor der Reformation, 1932, S. 81f.

Q2

Frömmigkeit und Frömmigkeitskritik

1541/42 verfasste Friedrich Myconius, ein ehemaliger Franziskanermönch, eine Geschichte der Reformation, in der er die vorreformatorische Zeit so darstellt:

Da mussten nun alle und ein jedes mehr gelten als das ganze Leiden und die ganze Unschuld Christi, nämlich fasten, viel Gebetlein sprechen, viel Vaterunser, viel Ave-Maria beten, ganze Rosenkränze, Rautenkreuz, Mäntel Mariä, Urselgebet, Brigittagebet, Psalter, Stundengebete. In summa: Man musste Tag und Nacht singen, plärren, murmeln, und es war kein Aufhören und geschah gegen den Ausspruch Christi: „Wenn ihr betet, sollt ihr nicht viel plappern, wie es die Heiden tun.“…
Ferner kam damals auf das viele Feiern, Wallfahrt machen … und es war beinahe kein Berg, kein See, kein Grund, kein Tal, kein Wald, endlich auch Eiche, Weide oder Buche, zu denen man nicht eine Wallfahrt machte. Und wenn man Geld gab, bestätigte es der Papst, gab Gnade und Ablass dazu. …
Danach wurde viel Wesens mit den Reliquien, mit den Totengebeinen, gemacht. Man fasste sie in goldene, silberne und köstliche Monstranzen ein: Hände, Arme, Kreuz usw., gab sie während der Messe den Leuten zu küssen. Die mussten Geld geben und glaubten dann, dieser Heilige, von dem diese Gebeine, Haare oder Kleider gewesen wären, fürbitte nun bei Gott.

F. Myconius, Geschichte der Reformation, Kap. 58, zit. nach H. Junghans, Die Reformation in Augenzeugenberichten, 1967, S. 40f.

Monstranz: kostbares Gefäß zum Zeigen der Hostie (hier im weiteren Sinne als „Reliquienbehälter“ verwendet)

263.1 Papst Leo X. mit seinen Vettern, die beide Kardinäle waren. Er kam aus der mächtigen Familie der Medici; einer seiner beiden Vettern wurde später auch Papst. Gemälde von Raffael, 1517/18, heute Florenz, Uffizien.

264.1 Martin Luthers reformatorische Ideen fielen in eine Zeit, in der der Geist der Renaissance das Selbstverständnis der Päpste bestimmte. Dies kommt vor allem im Petersdom zum Ausdruck, insbesondere in dessen 132,5 m hoher Kuppel.

1. Beschreibe die Ängste und Hoffnungen, die in B 260.1 zum Ausdruck kommen.
2. Fasse die in Q 1 und Q 2 geäußerte Kritik an den Zuständen in der Kirche zusammen. Beachte auch B 263.1 und B 264.1. Überlege, warum es in der Kirche wenig Bereitschaft zu Reformen gab.
3. B 261.1 wurde als Flugblatt verbreitet. Beachte das Kreuz in der Mitte. Was fällt auf? Wie wirkt der Tisch im Vordergrund? Fasse die Aussage der Flugschrift in Worte.
4. Untersuche Q 3 und Q 4 auf die Frage hin, wie nach Luthers Ansicht ein Christ seinen Glauben ausüben soll. Erkläre, warum Luther damit aus der Sicht der römisch-katholischen Kirche zum Ketzer wurde.

absolvieren: (hier) jemanden von seinen Sünden lossprechen

Q3 Aus Luthers 95 Thesen

5. Der Papst will und kann keine anderen Strafen erlassen als die, die er aufgrund seiner eigenen Entscheidung oder aufgrund der kirchlichen Gesetze auferlegt hat.
21. Deshalb irren alle Ablassprediger, die sagen, dass durch die Ablässe des Papstes der Mensch von jeder Strafe befreit und selig wird.
32. In Ewigkeit werden diejenigen mit ihren Lehrmeistern verdammt werden, die glauben, dass ihnen aufgrund der Ablassbriefe ihre Seligkeit sicher ist.
43. Man muss die Christen lehren: Dem Armen zu geben oder dem Bedürftigen zu leihen, ist besser, als Ablass zu kaufen.
62. Der wahre Schatz der Kirche ist das hochheilige Evangelium von der Herrlichkeit und Gnade Gottes.

M. Luther, Werke 1, 1982, S. 28–33.

Q4 Luthers Auffassung vom Amt des Pfarrers

Wenn ein Häuflein frommer christlicher Laien gefangen und in eine Wüstenei gesetzt würde, die keinen von einem Bischof geweihten Priester bei sich hätten, und sie würden sich da einigen und erwählten einen unter ihnen, er wäre verheiratet oder nicht, und vertrauten ihm das Amt zu taufen, Messe zu halten, zu absolvieren und zu predigen an, der wäre wahrhaftig ein Priester. ... Denn was aus der Taufe gekrochen ist, das kann sich rühmen, dass es schon zum Priester, Bischof und Papst geweiht sei. Und weil wir alle gleichermaßen Priester sind, darf niemand ohne unsere Einwilligung und Wahl das tun, wozu wir alle die gleiche Vollmacht haben. ... Wo kommt aber jetzt her solch großes Unterscheiden unter den gleichen Christen? Allein aus den Gesetzen und Erfindungen der Menschen. ...
Ja, und es sollen die Schriften der Heiligen Väter nur eine Zeit lang gelesen werden, um dadurch an die Bibel heranzukommen. Denn wenn wir nur die Schriften der Heiligen Väter lesen, gleichen wir denen, die die Wegweiser ansehen und den Weg dennoch nicht gehen.

Martin Luther, Werke 1, 1982, S. 156f., S. 160 und S. 230, bearb.

2. Die Erhebung der Bauern – Befreiung durch Gewalt?

„Glühende Feuersäulen röteten den Himmel Tag und Nacht unter Getöse und Krachen. Das Verderben wälzte sich über Unschuldige wie Schuldige. Mit stürzendem Gestein bedeckten sich die Berge, und es bedeckte sich oft weithin die Ebene mit dem Gestein der zerstörten Häuser der Herrschenden."
Mit diesen Worten beginnt ein Historiker des 19. Jahrhunderts seine Darstellung des Bauernkrieges. Dieser Krieg erschütterte im Frühjahr 1525 weite Teile Deutschlands. Der „gemeine Mann" hatte sich erhoben. Hunderte von Burgen gingen in Flammen auf, Klöster wurden geplündert, Städte belagert. Die Herrschenden traf dieser Ausbruch der Gewalt völlig unvorbereitet.

265.1 Belagerung der Festung Marienberg bei Würzburg. Im Mai 1525 hatten die Bauern im Bündnis mit einigen Bürgern einen Belagerungsring um die Festung gelegt. Im Juni wurden die Belagerten aber durch heranrückende Truppen des Schwäbischen Bundes befreit. Bei einem vergeblichen Sturm auf die Festung waren zuvor viele Bauern gefallen. Kolorierter Holzschnitt, 16. Jahrhundert.

■ „Niemandem mehr untertan sein" – die Ursachen

Zu den Veränderungen, die den Übergang vom Mittelalter zur Neuzeit kennzeichnen, gehört das Bestreben der Landesherren, die Verwaltung ihrer Territorien zu vereinheitlichen. Diese Entwicklung erfasste auch die Dörfer, wo die Fürsten zunehmend ortsfremde Amtsleute und ausgebildete Richter einsetzten. Die bäuerliche Selbstverwaltung wurde dadurch mehr und mehr eingeschränkt. Auch andere obrigkeitliche Maßnahmen verschlechterten die rechtliche und wirtschaftliche Lage der Bauern: Vielerorts wurde verboten, im Gemeindewald Holz zu schlagen, das Vieh auf die Dorfweide (Allmende) zu treiben, in den Bächen und Flüssen zu fischen oder auf die Jagd zu gehen. Vom Wild verursachte Ernteschäden mussten viele Bauern nun tatenlos hinnehmen. Obwohl die allgemeine Unzufriedenheit unter den Bauern zunahm, war die wirtschaftliche Lage der Landbevölkerung insgesamt nicht schlecht, da die im 15. Jahrhundert stetig gestiegenen Lebensmittelpreise den meisten Bauern ein gutes Auskommen sicherten. Armut war in den aufständischen Gebieten nur selten anzutreffen, doch sorgten die von den Beamten eingezogenen neuen Gebühren und die von den Grundherren immer häufiger in Bargeld geforderten Abgaben für weitere Unruhe unter den Bauern.

Den Anstoß zum gewaltsamen Aufruhr gab nun die sich rasch ausbreitende ↗Reformation. Luthers Unnachgiebigkeit gegenüber den Mächtigen und die Begeisterung der zu ihm übergelaufenen Pfarrer und Wanderprediger fachten den Widerstandsgeist vieler Bauern an. War es nicht Luther, der geschrieben hatte: „Ein Christenmensch ist ein freier Herr über alle Dinge und niemand untertan"? Viele Bauern verstanden diesen Satz politisch und münzten die Worte der Bibel auf ihre eigene Situation um. Überall hörte man nun Sätze wie: „Als Adam grub und Eva spann, wo war denn da der Edelmann?"

Auch in den Städten fanden die Bauern Unterstützung. Handwerker, Dienstboten und Tagelöhner bekundeten ihre Sympathie für die Sache der Bauern. Im Februar 1525 fasste ein Kürschnergeselle in Memmingen ihre wichtigsten Forderungen zusammen. Die „Zwölf Hauptartikel der Bauernschaft" wurden binnen weniger Wochen zum politischen Programm der meisten Aufständischen.

■ „Wer das Schwert nimmt ..." – der Aufstand

Schon in den Jahren zuvor hatte es Erhebungen gegeben, in denen sich Bauern zur Wehr setzten: Die Bewegung des „Bundschuh" am Oberrhein oder der „Arme Konrad" im schwäbischen Remstal. Doch erst der Widerstand der Stühlinger Bauern im Südschwarzwald, die im Sommer 1524 ihrem Grafen den Gehorsam aufkündigten, gab das Signal für einen allgemeinen Aufstand. Zu Beginn des

265.2 Bauer beim Frondienst. Holzschnitt aus dem Buch „Spiegel des menschlichen Lebens", das 1479 erschienen ist.

266.1 Fähnrich mit Forderung der Bauern, kolorierter Holzschnitt, 1522.

266.2 Georg Truchsess von Waldburg, kolorierter Holzschnitt, 1536.

Jahres 1525 schlossen sich die Bauern im Gebiet vom Bodensee bis zum Main, in Thüringen und in Tirol zusammen. Sie bildeten Bauernheere, „Haufen" genannt, die aus fünf- bis zehntausend Mann bestanden. Der lange aufgestaute Hass entlud sich in einer Welle von Zerstörungen und Plünderungen des Eigentums ihrer Herren. Einen Höhepunkt erreichte das gewaltsame Vorgehen im April, als die Bauern bei der Eroberung von Weinsberg 18 Adlige grausam töteten.

Um gegen die Bauern vorzugehen, ernannte der Schwäbische Bund, ein Zusammenschluss süddeutscher Adliger, Klöster und Reichsstädte, Georg Truchsess von Waldburg zum Oberbefehlshaber über ein eilig aufgestelltes Heer aus 7000 Fußsoldaten und 2000 Reitern. Angesichts der Übermacht des Gegners vermied dieser zunächst die militärische Auseinandersetzung und versuchte, die Bauern durch Verhandlungen zu beschwichtigen. Im „Weingartner Vertrag" legte man fest, dass Schiedsgerichte die bäuerlichen Klagen schlichten sollten. Kurz darauf begann Georg von Waldburg aber seinen Feldzug gegen die Bauernheere. Meist liefen die schlecht bewaffneten und in der Kriegsführung unerfahrenen Bauern schon nach dem ersten Zusammenstoß auseinander. Die kurzen Gefechte endeten in einem Blutbad. Niederlage reihte sich an Niederlage, nach wenigen Wochen war der Aufstand der Bauern niedergeschlagen.

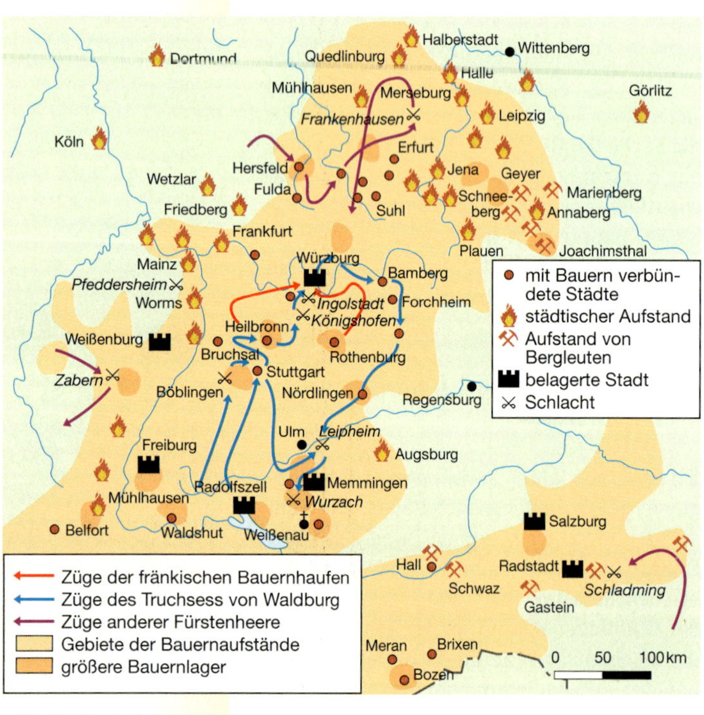

266.3 Der Bauernkrieg.

■ „... wird durch das Schwert umkommen" – die Folgen

Nach dem Ende des Krieges brach ein furchtbares Strafgericht über die Bauern herein. Viele der Aufständischen wurden hingerichtet. Schätzungen sprechen von etwa 100000 Opfern. Die Überlebenden mussten ihren Herren feierlich die Treue schwören. Ganze Dörfer wurden mit Strafsteuern belegt, mit deren Einnahmen die adligen Besitzer ihre zerstörten Gebäude und Einrichtungen wiederherstellen konnten.

Viele der Bauern hatten auf Martin Luther ihre Hoffnungen gesetzt. Zu Beginn hatte er beide Seiten zum Ausgleich aufgefordert. Unter dem Eindruck der zunehmenden Gewalt, besonders aber durch die Ereignisse in Thüringen, änderte Luther seine Haltung. Dort kämpfte der radikale Reformator Thomas Müntzer für eine politische und soziale Ordnung, in der die Gleichheit aller Menschen verwirklicht werden sollte. Luther verurteilte Müntzers Vorgehen aufs Schärfste und wandte sich gegen die Bauern. Müntzer fiel zusammen mit thüringischen Bauern in einer Schlacht bei Frankenhausen.

Trotz der verheerenden Niederlage war der Aufstand nicht vergebens. Vielerorts milderten die Herren nach einer Welle von Vergeltungsaktionen ihre Forderungen an die Bauern. Fast überall wurden die bäuerlichen Abgaben und Dienste nun genau festgelegt, um der Willkür der Grundherren einen Riegel vorzuschieben. An der sozialen Lage der Menschen auf dem Lande, die neunzig Prozent der Bevölkerung ausmachten, änderte das allerdings wenig. Sie blieben bis ins 19. Jahrhundert im System der Grundherrschaft von ihren Herren abhängig. Der Ausgang des Bauernkrieges hatte aber auch nachhaltige Auswirkungen auf die weitere Entwicklung der Reformation: Was als Volksbewegung begonnen hatte, wurde nun mehr und mehr zu einer Angelegenheit der Landesherren.

Q1

Die zwölf Artikel der Bauern

Sebastian Lotzer, ein Kürschner, verfasste im März 1525 zusammen mit einem Pfarrer in Memmingen die zwölf Artikel. Am Rand verwiesen sie jeweils auf die entsprechenden Textstellen in der Bibel.

1. Jede Gemeinde soll das Recht haben, ihren Pfarrer selbst zu wählen und bei schlechtem Verhalten auch abzusetzen.
3. Man hat uns bisher als Leibeigene gehalten. Dies ist eine Schande, da Christus alle Menschen mit seinem Blut erlöst hat. Deshalb sind wir aufgrund der Heiligen Schrift frei und wollen es auch sein.
4. Niemand außer den Herren darf wilde Tiere, Vögel oder Fische fangen. Dies ist dem Wort Gottes nicht gemäß; denn Gott hat allen Menschen Gewalt über Tiere, Vögel und Fische gegeben.
5. Unsere Herren haben alle Wälder zu ihrem Eigentum erklärt. Deshalb sollen die Wälder wieder der Gemeinde gehören. ... Jeder soll das Recht haben, für seinen Bedarf kostenlos daraus Holz zu entnehmen.
7. Wir wollen den Herren nur noch das geben, wozu wir verpflichtet sind. Wenn der Herr zusätzliche Dienste benötigt, dann soll der Bauer ihm willig und gehorsam sein, doch nur zu solchen Zeiten, an denen der Dienst ihm selbst nicht von Nachteil ist. Auch soll er eine Entlohnung bekommen.

G. Franz (Hrsg.), Quellen zur Geschichte des Bauernkrieges, 1963, S. 174 – 179, gekürzt.

Q2

Luthers Antwort auf die zwölf Artikel

a) Anfang Mai 1525 nahm Luther zu den Anliegen der Bauern Stellung. Er wandte sich an beide Seiten. Den Bauern sagte er:

Ihr wisst, liebe Freunde, ich habe mich bisher immer dazu bekannt, dass die Fürsten und Herren, die das Evangelium zu predigen verbieten und die Leute so unerträglich beschweren, wert sind und es wohl verdient haben, dass Gott sie vom Stuhl stürze, da sie sich gegen Gott und die Menschen aufs Schwerste versündigen ...
Zweitens sage ich aber auch, dass ihr diejenigen seid, die Gottes Namen missbrauchen und ihn damit schänden. Dies ist leicht zu beweisen, denn hier steht Gottes Wort, und es spricht durch den Mund Christi: „Wer das Schwert nimmt, der soll durch das Schwert umkommen." ...
Ihr schreibt: Es soll keine Leibeigenen geben, weil uns Christus alle befreit hat. ... Dieser Artikel ist gegen das Evangelium und räuberisch, weil damit jeder seinen Leib seinem Herrn wegnimmt. Dieser Artikel macht alle Menschen gleich und aus dem geistlichen Reich Christi ein weltliches, äußerliches Reich, was unmöglich ist.

b) Einige Wochen später wurde Luther angesichts der zwischenzeitlichen Ereignisse noch deutlicher: Er warf den Bauern Treuebruch, Aufruhr und Missbrauch des Evangeliums vor:

Aufruhr ist nicht ein schlichter Mord, sondern ... Aufruhr bringt mit sich ein Land voll Mord, Blutvergießen und macht Witwen und Waisen. Drum soll stechen wer da kann, und gedenken, dass nichts Teuflischeres sein kann als ein aufrührerischer Mensch. Wie wenn man einen tollen Hund totschlagen muss: Schlägst du nicht, so schlägt er dich.

a) M. Luther, Vermahnung zum Frieden, in: Werke 4, 1982, S. 107, 108f., 126, gekürzt und vereinf.
b) M. Luther, Wider die räuberischen und mörderischen Rotten der Bauern, in: Werke 4, 1982, S. 134, gekürzt.

1. Die meisten Bauern konnten nicht lesen. Verfasse unter Verwendung von Q 1 eine Rede, mit der du die Bauern eines Dorfes von der Richtigkeit dieser Forderungen überzeugen willst.

2. Vergleiche die beiden Stellungnahmen Luthers in Q 2. Ist Luthers Haltung gerechtfertigt?

3. Formuliere eine Antwort an Luther aus der Sicht der Verfasser der 12 Artikel.

4. Verfasse einen Zeitungsbericht zum Verlauf des Bauernkrieges. Beachte die Materialien, vor allem Karte 266.3.

Flugschriften und Flugblätter in der Reformation

268.1 Das siebenhäuptige Papsttier, aus einem Flugblatt, Holzschnitt, um 1530.

Das Bild im Mittelalter

Für uns sind Bilder etwas Selbstverständliches. Wir sehen sie täglich in Zeitungen und Zeitschriften, in Büchern, im Fernsehen und im Kino oder auf unserem Computer. Das in beliebiger Zahl reproduzierbare Bild ist zu einem Teil unseres Alltags geworden. Im Mittelalter war dies anders. Was es an Bildern gab, befand sich größtenteils in Kirchen. Altarbilder, Glasfenster und andere Bildwerke „erzählten" Geschichten aus der Bibel oder dem Leben von Heiligen und Märtyrern (→ S. 143). Doch auch im Mittelalter wurden Texte und Bilder reproduziert. Man verwendete dazu Holzschnitte und andere aufwändige Drucktechniken. Diese Verfahren waren jedoch kompliziert und kostspielig. Die Erfindung des Buchdrucks und das Einsetzen der Reformation führten zu einer beträchtlichen Ausweitung der Buchproduktion. Erschienen im Jahr 1500 im deutschen Sprachraum etwa 40 neue Buchtitel, so waren es im Jahr 1523 bereits 500.

Flugblätter und Flugschriften

Neben den in geringer Stückzahl aufgelegten und teuren Büchern erschienen in der Reformationszeit immer mehr kleine, relativ einfach herzustellende Schriften. Neben die theologisch argumentierenden Texte traten zunehmend Flugschriften, die oft aufs Gröbste in Wort und Bild über den Gegner herzogen, um ihn lächerlich zu machen. Diese Schriften oder Blätter wurden beim Kirchgang, im Gasthaus und auf öffentlichen Plätzen vorgelesen und herumgereicht. Die Historiker sprechen für die Zeit von 1521 bis 1525 von einem regelrechten „Flugschriftenkrieg".

Wie man miteinander umging

Zu den Spielregeln der Demokratie gehört es, sich mit dem politischen Gegner in sachlicher Form auseinander zu setzen. In öffentlichen Diskussionen weisen Politiker der einen Partei oft auf angebliche Schwächen und Fehler der anderen Seite hin, um auf diese Weise Zustimmung für die eigene Position zu gewinnen. Beschimpfungen, Beleidigungen oder gar die Anstachelung zum Hass gelten als schlechter Stil und sind daher verpönt. Zur Zeit Luthers dagegen bediente man sich in der religiösen Auseinandersetzung gerade dieser Mittel – und zwar auf beiden Seiten. So bezeichnete Luther den Papst immer wieder als „Papstesel" oder sogar als „Papstsau", Begriffe, die sich bald als Bilder auf Flugblättern wiederfanden. Die katholische Seite attackierte Luther ebenfalls in scharfer Form: Häufig wurde er als Narr, Ketzer oder sogar als Teufel dargestellt.

Erläuterung zu den Bildern

B 268.1: Das Bild eines unbekannten Künstlers zeigt das Kreuz Christi und die Werkzeuge, mit denen er gequält wurde. Zwei Fahnen

Die Offenbarung des Johannes ist das letzte Kapitel des Neuen Testaments. In ihr wird das Ende der Welt als letzter großer Kampf zwischen Gut und Böse dargestellt. Dort heißt es in Kapitel 13:

Und ich sah ein Tier aus dem Meer auftauchen, das hatte zehn Hörner und sieben Köpfe. Auf jedem Horn trug es eine Krone, und auf seine Köpfe waren Herrschertitel geschrieben, die Gott beleidigten. Das Tier sah aus wie ein Leopard, hatte Füße wie Bärentatzen und einen Rachen wie ein Löwe. ... Das Tier durfte unerhörte Reden halten, mit denen es Gott beschimpfte, und es konnte zweiundvierzig Monate seinen Einfluss ausüben. Es machte Gott und seinen Namen verächtlich, ebenso sein Heiligtum und alle, die im Himmel wohnen.
Gott ließ zu, dass es mit seinem Volk Krieg führte und es besiegte. Alle Völker und Nationen, Menschen aller Sprachen mussten dem Befehl des Tieres gehorchen. Alle Menschen auf der Erde werden es anbeten, alle, deren Namen nicht seit Beginn der Welt im Lebensbuch des geopferten Lammes stehen.

269.1 Martinus Luther Siebenkopf, Titelblatt eines Buches, das auch als Flugblatt verbreitet wurde, Holzschnitt von Hans Brosamer, 1529.

tragen das päpstliche Wappen. In der Mitte der Papstkopf zwischen je zwei Kardinälen, Bischöfen und Mönchen. Der Altar ist als Geldtruhe dargestellt, darauf ein ewiges Licht, darunter der Teufel. *Regnum Diaboli* (lateinisch) bedeutet Reich des Teufels. Am Kreuz hängt ein Ablassbrief mit dem Text: Umb gelt ein sack vol ablas.

B 269.1: Der Körper des lesenden Mönchs Luther hat sieben einzeln benannte Köpfe:
Doctor mit dem Gelehrtenhut;
Martinus mit der Mönchskutte, eine Anspielung auf den Heiligen Martin von Tours;
Luther als ungläubiger Türke;
Ecclesiast – ein Priester mit dem Priesterhut;
Schwirmer – wirr und von Wespen umschwärmt;
Visitierer – ein selbst ernannter Kirchenführer (visitieren = Kontrollbesuch machen);
Barrabas – der Räuber, der neben Jesus am Kreuz hing und den Pilatus auf Wunsch des Volkes anstelle von Jesus begnadigte.

- Lies den Bibeltext und setze beide Bilder in Beziehung dazu.
- Auf beiden Bildern wird der Gegner scharf angegriffen. In welcher Form geschieht dies?
- Welches der beiden Bilder geht mit dem Gegner härter ins Gericht? Begründe deine Ansicht.
- Schneide aus Tageszeitungen Karikaturen führender Politiker von Regierung und Opposition aus und beschreibe, mit welchen Mitteln beide Seiten dargestellt werden. Vergleiche mit den hier abgebildeten Darstellungen.

3. Die Reformation verändert Staat und Gesellschaft

Wem nützt der Kampf um die Reinheit des Glaubens?

Luthers Kritik an der römischen Kirche fiel nicht nur unter den Bauern, sondern auch in vielen Städten auf fruchtbaren Boden. Immer mehr Gläubige setzten sich über Bestimmungen der Kirche hinweg und verstießen gegen die oft strengen Fastenregeln oder gingen nicht mehr regelmäßig zur Beichte. Die Gottesdienste, in denen das Beten der lateinischen Messe im Mittelpunkt stand, empfanden vor allem die gebildeteren Schichten als unzureichend. Daher stellten die Ratsherren an vielen Orten „Prädikanten“ ein, studierte Theologen, deren Aufgabe es war, in ihren Predigten die Texte der Heiligen Schrift auszulegen. Oft kritisierten sie dabei die alten Bräuche, wie Wallfahrten und Heiligenverehrung, als Aberglauben. Aus vielen Kirchen entfernte man die religiösen Bilder und Figuren, wobei an einigen Orten von so genannten „Bilderstürmern“ Kunstwerke beschädigt oder zerstört wurden.

Analphabet (griechisch): jemand, der nicht lesen und schreiben kann.

Vor allem in den politisch selbstständigen Reichsstädten wie Nürnberg oder Ulm erkannten die Verantwortlichen sehr früh die Vorteile, die sich aus der Übernahme des evangelischen Glaubens ergaben. Die von den Ratsherren beauftragten Reformatoren ordneten das Kirchenwesen neu und erweiterten so die Befugnisse des Rats. Die Armenfürsorge, das Schulwesen und auch die Kontrolle über das Privatleben der Bürger lagen nun ebenfalls in den Händen des städtischen Rats. Da man in vielen dieser Städte die Klöster aufhob, gingen große Teile des Kirchenguts in weltlichen Besitz über. Schulen wurden eingerichtet, die dafür sorgten, dass der Analphabetismus in den meisten Städten bereits im Lauf des 16. Jahrhunderts beseitigt werden konnte.

270.1 In der Kirche St. Clemens in Münster-Hiltrup wurden beim Bildersturm 1534 nicht nur Heiligenbilder zerstört, sondern auch eine Statue der Maria, die um ihren Sohn Jesus trauert. Heute befindet sich die zerstörte Statue im Westfälischen Landesmuseum für Kunst- und Kulturgeschichte von Münster.

Der Staat regelt das Leben der Gläubigen

Zusammen mit ihren Landesreformatoren, die für die theologischen Fragen zuständig waren, entwickelten die Landesherren umfangreiche Kirchenordnungen, die nahezu alle Bereiche des kirchlichen, gesellschaftlichen und privaten Lebens regelten. Sie enthielten das evangelische Glaubensbekenntnis sowie die Gottesdienstordnung mit dem dazugehörigen Katechismus. In weiteren Kapiteln wurden die Einzelheiten der Kirchenverwaltung festgelegt.
Abgesandte der Landeskirche mussten Pfarrer und Gemeinden regelmäßig besuchen. So war eine wirksame Kontrolle der Kirchen vor Ort möglich. Darüber hinaus enthielten die landesherrlichen Kirchenordnungen eine Vielzahl von Bestimmungen über das Schulwesen, Ehe und Familie, das öffentliche Benehmen und über die Kranken- und Armenpflege. Die Untertanen sollten auf diese Weise zu einem christlichen Leben angeleitet und erzogen werden.

Mit der von den Fürsten durchgeführten Reformation wurde die Verbindung zwischen Staat und Kirche enger. Der Einfluss, den der Landesherr auf das Leben des Einzelnen ausübte, wuchs beträchtlich. Die Fürsten, die sich als von Gott eingesetzt ansahen, betrachteten es als ihre Aufgabe, die äußeren Voraussetzungen für das Seelenheil ihrer Untertanen zu schaffen. Gleichzeitig festigte die neue Ordnung jedoch auch die Macht der Fürsten – sowohl gegenüber dem Kaiser als auch gegenüber ihren Untertanen.

Q1 Kontrolle von Pfarreien

Im Jahr 1526 ließ der Kurfürst von Sachsen Pfarreibesuche (Visitationen) durchführen und Berichte anfertigen:

Wahlwinkel: Die Männer des Orts geben ein gutes Zeugnis über Lehre und Lebenswandel des Pfarrers. Sie sind zufrieden und lassen sich an dem genügen, was ihnen Gott durch ihn gibt. Er ist ehelich geworden.
Hörselgau: Pfarrer Kiliax Zahn ist gelehrt, wendet Fleiß für das Evangelium auf, hat viele der neuen Bücher und hält alle Dinge nach dem Evangelium. Er hat keine Köchin und auch kein eheliches Weib. Die Leute haben gar keine Gebrechen vorgebracht, außer dass er zuzeiten zu sehr trinkt.
Aspach: Erzpriester Herr Lorenz Propel ist ein alter Pfaffe, er lehrt so gut er es von alters gelernt hat. Er ist der neuen Lehre immer entgegen gewesen. Er gibt Taufe und Sakrament nach alter papistischer Weise. ...

H. Junghans (Hrsg.), Die Reformation in Augenzeugenberichten, 1973, S. 368f.

Q2 Schulreform

Johannes Brenz, der Reformator von Schwäbisch Hall, verfasste im Jahr 1526 eine Kirchenordnung für die Stadt. Zur Reform des Schulwesens schrieb er:

Zum Ersten soll ein gelehrter, in den Sprachen geschickter Schulmeister samt einem Cantor (= Gesangslehrer) von der Stadt bestellt und besoldet werden, damit die Eltern in der Schule nicht mit eigenen Kosten beschwert werden. Findet man einen solchen nicht, soll dem Pfarrer oder Prediger befohlen werden, die Angelegenheiten der Schule zu übernehmen.
Zum andern soll die gemeine Bürgerschaft von der Kanzel fleißig ermahnt werden, ihre Kinder in die Schule zu schicken. Die Jungen sollen vormittags eine und nachmittags eine Stunde in die Schule gehen, damit sie ihren Vätern weiterhin beim Handwerk helfen können. Wenn der junge Knabe die Buchstaben kennt und des Lesens ein wenig kundig ist, soll der Schulmeister, Pfarrer oder Prediger Acht geben, ob er zum Lateinischen taugt oder nicht. Wenn es den Eltern gefällt, soll er dann im Lateinischen und in anderen Sprachen aufgezogen werden, denn man braucht in der Stadt und auf dem Land Pfarrer, Prediger, Schulmeister, Schreiber und andere.
Es wäre auch gut, wenn man für die jungen Töchter eine geeignete Frau bestellt, welche zwei Stunden am Tag die Mädchen im Schreiben und Lesen unterrichtet. Denn Schrift gehört nicht allein den Männern, sie gehört auch den Frauen, die genauso wie die Männer den Himmel und das ewige Leben erwarten.

A. L. Richter (Hrsg.), Die evangelischen Kirchenordnungen des 16. Jahrhunderts, 1, 1846, S. 40ff.

Q3 Frauenaufgaben, 1529

Aus einer Reformationsschrift:

Die Aufgabe, die einem frommen Weib zukommt, ist es, häuslich zu sein, das heißt, sie soll keine unbefohlenen Sachen außerhalb ihres Hauses unternehmen, sondern sich um ihr Haus kümmern und dasjenige, das unser Herrgott durch des Mannes Arbeit dem Haus beschert, gut verwalten und nützlich anwenden. Darum ist es löblich, erworbenes Gut zu erhalten und etwas neu dazuzuerwerben. Deshalb ist eine redliche Hausmutter, die das erworbene Gut zusammenhält, nicht geringerer Ehren und Lobes wert als der Hausvater, der es erwirbt.

Justus Menius, An die hochgeborne Fürstin fraw Sibilla Hertzogin zu Sachsen, in: P. Münch (Hrsg.), Ordnung, Fleiß und Sparsamkeit, 1984, S. 49, bearbeitet.

271.1 Seit dem späten Mittelalter lasen die wohlhabenderen Bürger Bücher. So konnten sich die Ideen der Reformation im Bürgertum schnell verbreiten. Gemälde von Agnolo Bronzino, 1545. Heute in den Uffizien in Florenz.

1. Untersuche, welche Gesichtspunkte in den Visitationsberichten (Q 1) als besonders wichtig angesehen werden.

2. Vergleiche die Schule der Reformationszeit (Q 2) mit deinem Schulalltag heute. Nenne Ursachen für die Unterschiede.

3. Fasse das in Q 3 deutlich werdende Verhältnis zwischen Mann und Frau mit eigenen Worten zusammen.

4. Katholische Erneuerung

272.1 *Der Dom zu Bautzen, eine „Simultankirche": Vorne der Kirchenraum der evangelischen Kirchengemeinde, hinter dem Eisengitter der Bereich des katholischen Domstifts.*

■ Vom Nebeneinander zum Gegeneinander

Im Jahr 1555 wurde der „Augsburger Religionsfrieden" geschlossen, der der evangelischen Konfession die rechtliche Gleichstellung im Reich brachte. Es gab sogar Städte, in denen Katholiken und Protestanten eine Kirche gemeinsam benutzten. Vorherrschend war jedoch das Bestreben, sich voneinander abzugrenzen.

Die katholische Seite bemühte sich, die zweifellos vorhandenen und nicht nur von den Protestanten kritisierten Missstände zu beheben. Zu diesem Zweck hatte Papst Paul III. im Jahre 1545 ein Konzil nach Trient einberufen, das sich insgesamt über 18 Jahre hinzog. Ziel des Papstes war es, die katholische Kirche zu erneuern und zu stärken, die angeblich „wahre Lehre" der katholischen Kirche gegenüber der „falschen" des Protestantismus abzugrenzen sowie in der Reformation verloren gegangene Gebiete und Gläubige zurückzugewinnen. Zu diesem Zweck beschloss man auch, die Ausbildung der katholischen Geistlichen genau zu regeln, so dass von nun an der Katholizismus wieder in die Offensive gehen konnte. Diese Stärkung der katholischen Lehre wird als „Gegenreformation" oder auch als „Katholische Reform" bezeichnet.

Eine führende Rolle in der katholischen Erneuerung spielte der von Ignatius von Loyola gegründete Jesuitenorden. Ignatius war ein baskischer Adliger, der als Soldat verwundet wurde und von da an sein Leben dem Glauben widmete. Er gründete die „Gesellschaft Jesu", die Jesuiten. Die Bedeutung dieses Ordens wurde vom Papst sehr bald erkannt. Denn neben dem unbedingten Gehorsam gegenüber der Kirche betonten die Jesuiten besonders die Notwendigkeit einer gründlichen wissenschaftlichen, nicht nur theologischen Ausbildung der Ordensbrüder. Die zahlreichen von den Jesuiten gegründeten Schulen und die bald von ihnen beherrschten Universitäten wurden zu einer der wichtigsten Stützen der katholischen Kirche.

■ Katholische Fürsten werden aktiv

Gleichzeitig mit der Festigung der katholischen Kirche insgesamt bauten einzelne katholische Fürsten ihre Machtposition systematisch aus. In Deutschland wurde neben den Habsburgern die in Bayern herrschende Dynastie der Wittelsbacher zum Eckpfeiler der Gegenreformation. Ähnlich wie die protestantischen Fürsten als Schutzherren die Kirche in ihrem Land für ihre politischen Zwecke zu nutzen verstanden, taten dies die Herzöge von Bayern mit der katholischen Kirche. Sie errichteten Jesuitenkollegs wie das in Ingolstadt und errangen gleichzeitig auch innerhalb der Kirche Machtpositionen. So war beispielsweise Ernst, der Bruder des bayerischen Herzogs Wilhelm V., bereits als Zwölfjähriger Bischof von Freising, später gleichzeitig auch noch Bischof von Hildesheim, Lüttich, Köln und Münster, obwohl das Konzil von Trient eine solche Ämterhäufung eigentlich verboten hatte.

■ Streit um den Kalender

Am 1. Mai 1701 schrieb ein französischer Stoffhändler aus Calais an eine Damenschneiderin in London. Drei Tage später erhielt diese durch Boten den Brief – doch ihre sofort geschriebene Antwort datierte sie auf den 24. April. Keiner von ihnen machte einen Fehler – wie konnte dies sein?

Schon lange wusste man, dass der „Julianische Kalender“ aus der Zeit Caesars Ungenauigkeiten aufwies, so dass er gegenüber dem Sonnenjahr inzwischen um zehn Tage „nachging“. Das Konzil von Trient hatte den Papst aufgefordert, dieses Problem zu lösen. Eine Kommission von Gelehrten fand eine Lösung, die Papst Gregor XIII. 1582 verkündete: Der „Gregorianische Kalender“ regelte die Schaltjahre neu, sah einen Sprung vom 4. auf den 15. Oktober 1582 und den verbindlichen Jahresbeginn am 1. Januar statt, wie bisweilen üblich, am 1. März vor.

Wie zu befürchten, lehnten die Protestanten diesen Kalender ab. Ein besonderes Problem wurde dies in den Reichsstädten, in denen beide Konfessionen existierten, wie in Augsburg. Dort war die Mehrheit der Bürger protestantisch, der Stadtrat jedoch katholisch. Zwei verschiedene Kalender führten die Stadt an den Rand des Chaos. Als die evangelischen Pastoren verkündeten, den Himmelfahrtstag 1584 nach dem alten Kalender zu feiern, der katholische Rat daraufhin die Schließung der Geschäfte verbot und einen evangelischen Pfarrer festnehmen ließ, floss Blut: Ein evangelischer Handwerker schoss auf den katholischen Stadtvogt. Es dauerte zwei Jahre, bis schließlich der gregorianische Kalender doch eingeführt wurde, was von den Protestanten nur zähneknirschend hingenommen wurde. Erst ab 1700 übernahmen alle Protestanten in Deutschland unter dem Namen „Verbesserter Kalender“ die neue Zeitrechnung.

Q1 Bericht über die Rekatholisierung eines Tales in Österreich, 1599

Berichte hiermit, dass wir mit den elfhundert Soldaten nicht nur die treulosen und meineidigen Eisenerzer, sondern auch die rebellischen Ausseer, ja das ganze Ennstal auf einmal reformiert, alle Prädikanten verjagt, katholische Priester eingesetzt, an allen Orten Bürger wie Bauern auf ihre Durchlaucht verpflichtet, alle Bücher der Sektierer von Haus zu Haus gesucht und überall unter dem Galgen, von denen wir 14 neu haben aufstellen lassen, öffentlich verbrannt haben. Von allen reformierten Orten sind die Rädelsführer in Ketten nach Graz gebracht worden. Drei Kirchen der Sektierer haben wir verbrannt, niedergerissen und gesprengt.

Akten und Korrespondenzen zur Geschichte der Gegenreformation in Innerösterreich unter Ferdinand II., Bd. 1, 1906, S. 600f., vereinfacht.

Q2 Jesuitenorden

a) Wir haben beschlossen, uns durch besonderes Gelübde zu verpflichten, dass wir, was der jetzige und die späteren römischen Bischöfe befehlen, ohne Zögern … absolut gehorsam befolgen werden.

Monumenta historica S.J., Bd. 1, Rom 1934, S. 27.

b) Es ist nötig, dass wir gute und beredte Prediger, hervorragende Theologen, in Prosa und Vers erfahrene Beichtväter, beim Volk beliebte Priester und eifrige Mönche einsetzen. Damit gewinnen wir erstens das Volk und zweitens die Gunst und das Wohlwollen der hohen Herren.

Beati Petri Canisii, S.J., Epistula et Acta, Bd. 5, S. 81f.

Führt ein Streitgespräch zwischen Anhängern beider Konfessionen in einer Reichsstadt. Benutzt dazu alle Informationen der Seiten 206 und 207.

Prädikant = protestantischer Prediger

273.1 Augsburg, 25. Mai 1584: Der katholische Stadtvogt verhaftet den protestantischen Pfarrer, der den Widerstand gegen den neuen Kalender anführt. Die Protestanten versperren das Stadttor und befreien ihren Pfarrer. Kolorierter Kupferstich, 17. Jahrhundert.

5. Die Reformation – ein europäisches Ereignis

274.1 Johannes Calvin (eigentl. Jean Cauvin, 1509–1564). Er stammte aus Nordfrankreich, wo sein Vater Verwalter eines kirchlichen Besitzes war. Er studierte Theologie und Jura. Er las Luthers Schriften. Da er die Reformation unterstützte, musste er 1535 Frankreich verlassen und nach Basel ziehen. Ein Jahr später ging er nach Genf, wo er eine protestantische Gemeinde gründete.

„Lutherisch" und „reformiert"

Nicht nur Luther und seine Mitstreiter wandten sich im 16. Jahrhundert von der Papstkirche ab. Auch andere Reformatoren strebten eine Erneuerung der Kirche an. In der Schweiz war dies neben Huldrych Zwingli vor allem Johannes Calvin. Zu gemeinsamen theologischen Positionen gelangten sie jedoch nicht. Erst Zwinglis Nachfolger Bullinger einigte sich mit Calvin auf ein gemeinsames „reformiertes" Bekenntnis. Damit gab es nun zwei große reformatorische Richtungen: die lutherische und die „nach Gottes Wort reformierte". Im 19. Jahrhundert fanden jedoch auch sie vielerorts (z. B. in der Pfalz) zu einer „Union" zusammen.

Calvin und Zwingli lehnten alle nicht aus der Bibel begründeten Elemente des Kirchenlebens, wie Heiligenbilder, Kirchenschmuck oder Klöster, ab. Calvin war überzeugt, dass Gott allein das Leben des Menschen bestimmt, vor allem, ob er nach dem Tod in die Seligkeit oder die Verdammnis eingeht. Diese Vorbestimmung (Prädestination) bedeutete allerdings nicht, sich in sein Schicksal zu ergeben. Im Gegenteil: Als Calvin die Leitung der Genfer Gemeinde übernahm, kümmerte er sich nicht nur um religiöse Fragen, sondern auch um die Verbesserung des Lebens in der Stadt. Krankenhäuser und Abwasserkanäle wurden gebaut, Hilfsdienste für Arme und Kranke eingerichtet. Die Genfer Kirchenordnung, die für das gesamte öffentliche Leben in der Stadt galt, bedrohte nicht nur Ehebruch, Fluchen und Versäumnis des Gottesdienstes mit härtesten Strafen, sondern auch Tanz, Kartenspiel und Trunkenheit. Denn die Tugendhaftigkeit und auch der Erfolg im irdischen Leben zeige dem Menschen an, ob er von Gott auserwählt sei – so lehrten Calvins Nachfolger.

Ein weiteres wichtiges Merkmal der „reformierten" Lehre war die Ablehnung von Hierarchien. Während Luther die Autorität der Fürsten anerkannte, diese als evangelische Landesherren jetzt auch die Pfarrer einsetzten, wählten die calvinistischen Gemeinden ihre Pastoren selbst. Bischöfe oder andere hohe Kirchenämter gab es nicht.

Die reformierte Lehre breitet sich aus

Die Lehre Calvins verbreitete sich rasch über Frankreich, die Niederlande sowie England und Schottland. In Deutschland blieb der Calvinismus auf kleinere Gebiete wie die Kurpfalz oder Ostfriesland beschränkt. Unterschiedliche Auffassungen über die Bedeutung des Abendmahls führten zu einer scharfen Abgrenzung gegenüber den Lutheranern. Als in Ausburg 1555 der Religionsfriede ausgehandelt wurde, waren Katholiken und Lutheraner Vertragspartner, alle „reformierten" Gruppen jedoch ausgeschlossen. Sie standen unter dem Verdacht, zu den „Schwarmgeistern" oder „Wiedertäufern" zu gehören, die von katholischer und lutherischer Seite gleichermaßen verfolgt wurden.

Deutlich wurden die Unterschiede zwischen den Konfessionen auch im Erscheinungsbild der Gotteshäuser. Im Zuge der Gegenreformation waren viele katholische Kirchen neu gebaut oder modernisiert worden. Die Gläubigen sollten schon durch Architektur und Einrichtung in geistige Entrückung versetzt werden, die Prachtentfaltung der Kirche sollte sie das Reich Gottes ahnen lassen (→ S. 184). Ganz anders dagegen die reformierten Kirchen. Hier stand das Wort Gottes im Mittelpunkt; nichts sollte den Gläubigen von der Konzentration auf die Predigt ablenken.

Religionskriege in Frankreich

Die Calvinisten wirkten vor allem außerhalb Deutschlands. Genf, eine selbstständige Stadtrepublik unter calvinistischer Führung, wurde das Zentrum einer religiösen Erneuerung in Westeuropa. Hier wurden Reformatoren ausgebildet, um in England, Schottland und in den Niederlanden zu wirken. „Hugenotten" lautete daher die Bezeichnung der Protestanten in Frankreich, abgeleitet von dem Wort „Eidgenossen".

In Frankreich herrschte seit dem frühen 14. Jahrhundert das Haus der Valois. Im Gegensatz zu den Verhältnissen in Deutschland war es dem französischen König gelungen, die anderen großen Familien immer mehr zu entmachten. Er wollte auch die Vorherrschaft in Europa erringen. Die deutschen Kurfürsten wählten aber den Habsburger Karl, nicht den französischen König Franz I., zum Kaiser des Heiligen Römischen Reiches. In fünf verlustreichen Kriegen versuchte Franz anschließend, die Macht Habsburgs zu brechen.

Bürger und Bauern stöhnten unter der Steuerlast, welche diese Kriege verursacht hatten. In dieser allgemeinen Unzufriedenheit fanden die calvinistischen Prediger Gehör, die Arbeitsamkeit lehrten und die Prunksucht des Königshofes und der katholischen Kirche verdammten. Bedeutende Hafen- und Handelsstädte wie La Rochelle wurden reformiert. Auch viele Adlige, die am Krieg teilweise auf eigene Kosten teilnehmen mussten, schlossen sich den Protestanten an. Adelshäuser wie die Familie Bourbon sahen die Chance, mit Hilfe der Protestanten dem König wieder Macht zu entreißen. Kein Wunder, dass die katholischen Valois mit aller Schärfe gegen die Hugenotten vorgingen.

Es gab Versuche, zwischen den beiden Lagern zu vermitteln: Am 17. Januar 1562 wurde den Hugenotten gestattet, auf dem Lande Gottesdienste zu feiern und sich in den Städten in Privathäusern zu treffen. Doch schon am 1. März kam es zu Auseinandersetzungen: Als der katholische Herzog Franz von Guise in einer Stadt eine Scheune passierte, in der ein calvinistischer Gottesdienst stattfand, wollten einige Gefolgsleute des Herzogs gewaltsam eindringen. Es kam zu

275.1 Innenraum der reformierten Kirche in Potsdam, 1753 erbaut.

Schießereien, etliche Hugenotten wurden getötet. Dies war der Auftakt zu mehreren blutigen Hugenottenkriegen, die erst 1598 endeten.

Grausiger Höhepunkt dieser Kriege war die Nacht vom 23. auf den 24. August 1572. Die Königinmutter Katharina von Medici wollte die Führung der Hugenotten, vor allem das Haus Bourbon, unter die Kontrolle des Königshofs bringen. Daher verheiratete sie ihre Tochter Margarete mit Heinrich, dem bourbonischen Herrscher des kleinen Königreichs Navarra in den Pyrenäen – als Zeichen der Versöhnung.

Zur Hochzeit waren einige Tausend Hugenotten nach Paris gekommen. Tatsächlich aber sollte die Gelegenheit genutzt werden, um die führenden Köpfe der Protestanten zu ermorden. Als um drei Uhr nachts die Sturmglocke geläutet wurde, war dies das Zeichen zum Losschlagen. Unter Zustimmung ihres kränklichen Sohnes Karl IX. hatte Katharina eine Verschwörung angezettelt, der über 3000 Hugenotten zum Opfer fielen. Als die Nachricht von dem Massaker in Paris sich über die Provinzen verbreitete, kam es auch dort zu Bluttaten. 1598 erreichte jedoch Heinrich von Navarra, der inzwischen französischer König geworden war, eine Beruhigung des Konfessionszwistes (Q1).

276.1 *Die Bartholomäusnacht. Gemälde von François Dubois, 1595 (Ausschnitt). Der Maler war Augenzeuge des Massakers.*

Q1

Das Edikt von Nantes, 1598

Die Söhne der Katharina von Medici starben alle früh und ohne Erben. Der letzte König aus dem Hause Valois, der homosexuelle Heinrich III., wurde 1589 ermordet. Jetzt war der Ehemann seiner Schwester Thronanwärter: der Hugenottenführer Heinrich von Navarra. Vorher aber musste dieser zum katholischen Glauben übertreten. Er konnte die Religionskriege beenden und verkündete folgenden Erlass, der 1685 wieder aufgehoben wurde:

1. Die Anhänger der reformierten Religion dürfen überall in unserem Königreich leben und wohnen, ohne belästigt, bedrückt oder gezwungen zu werden, etwas gegen ihr Gewissen zu tun.
2. Sie dürfen in Universitäten, Schulen, Hospitälern und Krankenhäusern nicht benachteiligt werden.
3. Sie dürfen alle Funktionen in allen öffentlichen Ämtern und Würden in unserem Reich ausüben.
4. Sie dürfen ihre festen Plätze, Städte und Schlösser, die sie im Besitz haben, behalten. Für den Unterhalt und die Garnisonen darin bewilligt der König jährlich 29000 Taler. Ihre Gouverneure und Kapitäne müssen der reformierten Religion angehören.

Quellen zur neueren Geschichte 8, 1946, S. 18.

1. Betrachte die reformierte Kirche in B 275.1. Welche Unterschiede zu einer katholischen Kirche (z. B. B 264.1 oder S. 256) sind erkennbar?

2. „Paris ist eine Messe wert.“ So kommentierte Heinrich von Navarra seinen Übertritt zum Katholizismus. Erkläre.

3. Finde heraus, wo es auch heute noch Gewaltakte zwischen Angehörigen verschiedener Religionen gibt. Erörtere die Chancen auf Versöhnung.

276.2 *Konfessionen in Europa um 1580.*

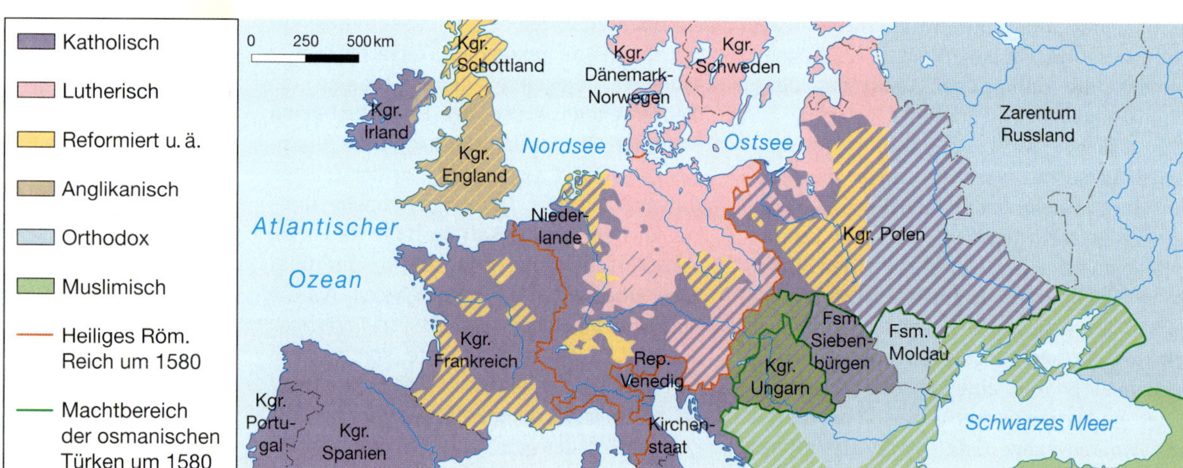

6. Europa im Krieg – dreißig Jahre Not

„Fenstersturz“ zum Krieg

Der Augsburger Religionsfrieden hatte nicht lange Bestand. Vor allem in Süddeutschland kam es zu Streitigkeiten und militärischen Auseinandersetzungen zwischen Katholiken und Protestanten, die schließlich das ganze Reich in zwei Blöcke spalteten.

Besonders brisant war die Lage in Böhmen. Dieses Land wurde zwar von den katholischen Habsburgern regiert, die tschechische Mehrheit der Bevölkerung einschließlich des Adels war jedoch protestantisch und hatte sich in den vergangenen Jahrzehnten einige Freiheiten erkämpfen können. Unter König Ferdinand II. kam es zum Streit um den Bauplatz für zwei protestantische Kirchen: Der König ließ durch seine Statthalter einen Kirchenbau abreißen und die Betreiber des anderen Bauvorhabens in den Kerker werfen. Die böhmischen Adligen schickten daraufhin eine Gesandtschaft auf die Prager Burg, den Hradschin, um zu protestieren. Gleichzeitig hatten sie einen vorbereiteten Urteilsspruch gegen die führenden königlichen Beamten bei sich: Nach altem böhmischen Brauch warf man die beiden Verurteilten und einen Schreiber aus dem 15 Meter hoch gelegenen Fenster, wo sie jedoch weich auf einem Misthaufen landeten.

Die Lage der Protestanten rief den dänischen König Christian IV. auf den Plan, der seine Glaubensbrüder schützen wollte. So wurde aus dem Krieg innerhalb des Heiligen Römischen Reiches schnell ein europäischer Krieg, bei dem es nicht bei der konfessionellen Frontstellung blieb. Spätestens als der französische König, der in seinem Land die Protestanten unbarmherzig verfolgte, gegen die habsburgisch-katholische Partei in den Krieg eingriff, war klar, dass es schon lange nicht mehr nur um den Glauben ging.

Ein langer Krieg beginnt

Es blieb nicht bei dem eher symbolischen Akt des Fenstersturzes: Die böhmische Ständeversammlung erklärte den habsburgischen König für abgesetzt und wählte den Calvinisten Friedrich V. von der Pfalz zum neuen König. Unter großem Jubel der Protestanten empfing er im März 1619 in Prag die böhmische Krone. Ein Jahr später war es jedoch mit der protestantischen Hochstimmung vorbei: Das Heer der katholischen Liga besiegte den „Winterkönig“ vernichtend, die Herrschaft der Habsburger war wiederhergestellt.

Dreißig Jahre Leiden

Die Soldaten wurden sehr häufig gegen ihren Willen zum Kriegsdienst gepresst. Ihr Sold war gering oder wurde oft nicht ausgezahlt. Daher waren sie gezwungen, auf Kosten der wehrlosen Bauern zu leben. „O Herr, bewahre uns vor Krieg, Pest und Hunger“ – so beschwor ein Gebet die drei „Geißeln Gottes“, die gleichzeitig auftraten. Hunger und Seuchen forderten mehr Todesopfer als die Kriegshandlungen selbst. Raub und Plünderung bedeuteten extremen Hunger und Anfälligkeit gegen Krankheiten. Deren Ausbreitung wurde durch das Umherziehen von Soldaten noch begünstigt. In belagerten Städten, in die sich oft auch noch Tausende Landbewohner geflüchtet hatten, wurden Hunde, Katzen und Ratten verzehrt. Während einige wenige Gegenden Deutschlands, wie beispielsweise Hamburg oder Oldenburg, vom Krieg weitgehend verschont blieben, verloren die Gebiete von Mecklenburg im Nordosten bis Württemberg im Südwesten etwa die Hälfte der Bevölkerung. Vor dem Krieg lebten in Deutschland etwa 15 bis 17 Millionen Menschen, um 1650 nur noch 10 bis 13 Millionen. Auch wirtschaftlich war der Krieg eine Katastrophe für Deutschland.

277.1 Verkrüppelter Soldat, Radierung 1642. Der Text lautet: „Gleich wie ich hab gedint / So ist mir worden Lohn / Al hund mich seichen an / Hab Spot, Schimpf und auch Hohn.“ Ein Kriegsinvalide musste sich – sofern er die Verwundung überlebte – vom Betteln oder Stehlen ernähren.

278.1 Zerstörung Magdeburgs, 1631. Der Kupferstich von Merian zeigt die Belagerungssituation Mitte April 1631, d.h. einen Monat vor der Einnahme und Plünderung der Stadt durch die Truppen des kaiserlichen Feldherrn Tilly. Im Vordergrund sieht man das kaiserliche Heer am östlichen Ufer der Elbe. Auf den Elbinseln und auf dem diesseitigen Brückenkopf stehen die Bollwerke der Magdeburger. Die beiden Vorstädte Sudenburg (links) und Neustadt sind von den Belagerten selbst angezündet worden, damit ihre Kanonen freie Schussbahn haben. Etwa zwei Tage später ziehen sich die Verteidiger vom östlichen Elbufer zurück und zerstören dabei die Brücke.

■ 1648: Endlich Frieden

Endlich siegte die Einsicht, dass keine Seite militärisch gewinnen konnte. So vereinbarten kaiserliche, schwedische und französische Diplomaten im Jahre 1641, dass ein großer Friedenskongress stattfinden sollte. Dieser begann 1643 im katholischen Münster und in dem konfessionell gemischten Osnabrück. Krieg und Leiden dauerten aber noch fünf Jahre. Der „Westfälische Friede" bestand schließlich aus drei großen Verträgen: dem spanisch-niederländischen Frieden, mit dem der 80-jährige Unabhängigkeitskampf der Niederlande beendet wurde, sowie den Verträgen des Kaisers mit Frankreich und mit Schweden, die auch von den deutschen Fürsten getragen wurden.

Hegemonie = Vorherrschaft

Die wichtigsten Bestimmungen waren:

- Die Konfession eines Landes ergibt sich aus der Situation im Jahr 1624, als der Kaiser zwar die böhmischen Protestanten besiegt hatte, aber noch nicht bis zur Ostsee vorgedrungen war. Damit wurde auch der Calvinismus als Konfession anerkannt.
- Im Reichstag kann in religiösen Fragen nur, wenn die katholische und evangelische Seite übereinstimmen, entschieden werden. Auch Gerichte müssen paritätisch, das heißt mit gleich viel Vertretern beider Seiten, besetzt sein, wenn die Streitparteien unterschiedlichen Konfessionen angehören.
- Der Kaiser verliert gegenüber den Reichsständen an Macht: Für alle Reichsgeschäfte braucht er die Zustimmung des Reichstags. Die einzelnen Reichsstände entscheiden selbst über Fragen wie Krieg und Frieden, Bündnisse, Gesetze, Steuern. Damit bestand das Heilige Römische Reich aus etwa 300 praktisch unabhängigen Staaten. Darunter waren einige wenige größere wie das Herzogtum Bayern, das jetzt auch die Kurfürstenwürde erhielt, aber auch winzige Herrschaften wie Anholt und Gemen in Westfalen. Meistens beherrschte ein Fürst mehrere solch kleiner Gebiete in „Personalunion".
- Frankreich und Schweden erhalten als „Garantiemächte" Gebiete im Elsass und in Lothringen beziehungsweise im Norden Deutschlands.
- Die Niederlande und die Schweiz scheiden aus dem Reich aus.

Q1 Die Eroberung von Magdeburg

Otto von Guericke (1602–1686), Erfinder der Luftpumpe, war Ratsherr und 1646–1678 Bürgermeister der Stadt. Er berichtet:

Da ist es geschehen, dass die Stadt mit allen ihren Einwohnern in die Hände und Gewaltsamkeit ihrer Feinde geraten – die denn alle heftig und grausam aus gemeinem Hass gegen die augsburgischen Confessions-Verwandten erzürnt und verbittert gewesen. Da ist nichts als Morden, Brennen, Plündern, Peinigen, Prügeln gewesen. Insonderheit hat ein jeder von den Feinden nach vieler und großer Beute gefraget. … Endlich aber, wenn es alles hingegeben und nichts mehr vorhanden gewesen ist, alsdann ist die Noth erst angefangen. Da diese herrliche, große Stadt in voller brennender Gluth gestanden, sind mit gräulichem Mord- und Zetergeschrei viel tausend unschuldige Menschen, Weiber und Kinder kläglich ermordet und auf vielerlei Weise erbärmlich hingerichtet worden.

Geschichte der Belagerung, Eroberung und Zerstörung Magdeburgs von Otto von Guericke, 1860, S. 82–87.

M2 Heeresstärke und Kriegskosten

In den Jahren, in denen der schwedische König Gustav Adolf Krieg in Deutschland führte, musste Schweden aufbringen:

	Heeresstärke	*Kosten*
1630	40000 Mann	9,5 Mio Taler
1631	80000 Mann	5,5 Mio Taler
1632	200000 Mann	2,2 Mio Taler

Jürgen Kuczynski, Geschichte des Alltags, Band 1, Berlin 1980, S. 98.

Q3 Krieg und Seuchen

Nach der Eroberung Schneebergs im Erzgebirge, 1631, wird berichtet:
Von den Bürgern, Beschedigten und er schreckten Weibsvolck starben ihrer viel, sonderlich fiel die Soldatenkranckheit und Pest mit ein, dass diesen Herbst bey 2000 starben, und Schneeberg ziemlich lehr wurde.

Ebd., S. 142.

Q4 Leben nach dem Krieg

Der Coburger Lehrer Michael Franck verfasst 1652 folgendes Kirchenlied:

1. Ach wie flüchtig, ach wie nichtig / ist der Menschen Leben! / Wie ein Nebel bald entstehet / und auch wieder bald vergehet, / so ist unser Leben, sehet.

2. Ach wie nichtig, ach wie flüchtig / sind der Menschen Tage! / Wie ein Strom beginnt zu rinnen / und mit Laufen nicht hält innen, / so fährt unsre Zeit von hinnen.

3. Ach wie flüchtig, ach wie nichtig / ist der Menschen Freude! / Wie sich wechseln Stund und Zeiten, / Licht und Dunkel, Fried und Streiten, / so sind unsre Fröhlichkeiten.

8. Ach wie nichtig, ach wie flüchtig / sind der Menschen Sachen! / Alles, was wir sehen, / das muss fallen und vergehen. / Wer Gott fürcht', wird ewig stehen.

Evangelisches Gesangbuch, Ausgabe für die Evangelische Kirche der Pfalz, Speyer 1994, Lied Nr. 528.

1. „Der Krieg ernährt den Krieg." – Dieser Satz stammt aus dem Dreißigjährigen Krieg. Beurteile ihn aus der Sicht eines Feldherrn, eines Offiziers, eines einfachen Soldaten und der betroffenen Bevölkerung. (VT, M 2, Q 4)

2. Schildere die Eroberung Magdeburgs aus der Sicht eines kaiserlichen Soldaten (B 215.1, Q 1).

3. Informiere dich über Albrecht Herzog von Wallenstein und seine Funktion im Dreißigjährigen Krieg.

4. Nenne Sieger und Verlierer des Dreißigjährigen Krieges. Begründe deine Auswahl.

5. Überlege, welche Folgen der Dreißigjährige Krieg langfristig für die Überzeugungskraft der Konfessionen hatte. (Q 4)

Soldatenkrankheit = Syphilis

7. Spanien – ein Schnittpunkt der Kulturen

Toledo – Muslime, Christen, Juden

In Spanien kreuzten sich jahrhundertelang die Wege der drei großen Weltreligionen. Betrachten wir hier einen Ort etwas genauer: Toledo, südlich von Madrid gelegen, war in der römischen Zeit eine kleine befestigte Siedlung. Die Römer hatten hier ein Amphitheater und ein Aquädukt errichtet. Als die Goten im 6. Jahrhundert Spanien eroberten, machten sie Toledo zu ihrer Hauptstadt. Hier hatten sich bereits seit langem zahlreiche Juden niedergelassen, in dieser Stadt soll es zehn Synagogen gegeben haben. Daran änderte sich auch nichts unter der Herrschaft der Muslime, die seit dem Jahr 710 Spanien fast mühelos erobern konnten. Ihr Siegeszug wurde erst zwei Jahrzehnte später in Frankreich bei Tours und Poitiers (732) gestoppt. Aber große Teile Spaniens blieben über Jahrhunderte hinweg fest unter muslimischer Herrschaft. Ein muslimischer Emir wählte Toledo als Regierungssitz. Juden und Christen genossen in dieser Zeit weitgehende Religionsfreiheit.

280.1 Der Sanbuq gilt als typisches Fahrzeug der Araber. Mit seinem „Lateinsegel" kann man gegen den Wind steuern. Möglicherweise haben die abendländischen Seefahrer diese Technik von den Arabern übernommen, die mit diesem Schiff u. a. den Indischen Ozean übequerten und Handel mit Gewürzen betrieben. Diese gewinnträchtigen Güter kamen dann von Ägypten und der Levante etwa durch venezianische Kaufleute nach Europa.

Degen für Muslime und Christen

Im frühen Mittelalter beherrschten arabische Handelsflotten und Seeräuber das Mittelmeer. Daher wurden die Europäer durch den Handel mit den spanischen Muslimen mit zahlreichen Luxusgütern der arabischen Welt vertraut, z. B. mit kostbaren Textilien, Kristallglas- und Feinmetallverarbeitung, Gold- und Silberschmiedekunst, Elfenbeinschnitzereien und Perlmuttarbeiten, mit der Lederverarbeitung und der Buchbinderei. Handwerker aus Damaskus schmiedeten in Toledo Schwerter und Lanzen für die Christen und die Mauren, wie die spanischen Muslime genannt wurden. Französische Wallfahrer brachten aus dem nordspanischen Wallfahrtsort Compostela ihnen noch fremde Papierstückchen mit nach Hause. Vielleicht ging von Spanien die Verwendung von Papier auf das übrige Europa über. Sevilla wurde damals durch seinen Instrumentenbau berühmt. Die prachtvollen von Arabern errichteten Gebäude im maurischen Stil locken noch heute Millionen von Touristen nach Toledo, Cordoba, Sevilla oder Granada.

Kulturkonflikt

Die Rückeroberung, die Reconquista, des muslimischen Spanien durch die Christen setzte rasch ein. Dazu trugen einerseits innere Rivalitäten der arabischen Herrschaften bei, aber auch der Glaubenseifer der Christen. Dieser wurde durch den Kult um den hl. Jakob von Compostela, d. h. Jakobus den Älteren, beflügelt. Die Pilgerfahrten nach Compostela nahmen rasch zu. Dabei entstand ein neues Feindbild; die Rivalitäten zwischen christlichen Fürsten traten dadurch in den Hintergrund. Der Kampf gegen die spanischen Muslime bekam daher den Charakter von Kreuzzügen. Im Zuge der Reconquista wurde die arabische Herrschaft in Spanien nicht mehr als Bereicherung für die christliche Welt gedeutet, sondern als Bedrohung. Die Folgen waren für die Muslime und Juden grauenvoll.

In langwierigen Kämpfen eroberten die christlichen Herrscher bis 1492 unter dem Beifall der meisten christlichen Herrscher Europas alle muslimischen Territorien Spaniens.

281.1 Viele uns bekannte Musikinstrumente sind islamischen Ursprungs oder kamen durch muslimische Vermittlung nach Europa. – Welche Instrumente kannst du erkennen?

Reconquista und Inquisition

Mit der ↗Reconquista entfaltete sich auch die Inquisition. Dieses gefürchtete kirchliche Gericht verfolgte Menschen, die verdächtigt wurden, den katholischen Glauben nicht zu praktizieren oder von ihm abgewichen zu sein. Die mit äußerster Energie betriebenen Inquisitionsprozesse lösten größte Schrecken aus. Viele dieser Verfahren endeten mit einem Autodafé, der öffentlichen Bestrafung und häufig der Verbrennung der Angeklagten. Die Inquisitionsgerichte wüteten jahrhundertelang. Oft genügte schon die Behauptung, der Kirche nicht treu zu sein, als Anlass für einen Prozess. Bei diesem hatten die Betroffenen kaum Chancen auf ein faires Verfahren. Die Folter war dabei ein selbstverständliches Mittel zur Wahrheitsfindung. Sie wurde auch dann angewandt, wenn bereits ein Geständnis vorlag und man von dem Angeklagten die Namen anderer Verdächtiger erpressen wollte.

Kläre die Herkunft und die Bedeutung folgender Wörter:
Kabel, Kaffer, Kaliber, Kalium, Kamel, Kampfer, Kandare, Kandis, Kaper, Karaffe, Karat, Karavelle, Karawane, karmin, Karussell, Kattun, Kies (Geld), Kiosk, Kittel, Klabautermann, Koffer, Konditor, Kümmel, Kuppel

1. Sammle Material über eine der auf S. 280 genannten spanischen Städte und verfasse einen Reisebericht. Berücksichtige vor allem das kulturelle Erbe der Stadt.

2. Informiere dich über die Segeltechnik mit dem Lateinsegel sowie über die Herkunft des Kompasses und des Astrolabiums. (Vgl. B 107.2)

3. Der Kontakt mit fremden Kulturen kann als Bedrohung, aber auch als Bereicherung erfahren werden. Stelle Vorteile und Probleme des Kulturkontakts zusammen. Nimm dazu Stellung.

Autodafé = eigentlich: „Akt des Glaubens“

8. Europa und das Osmanische Reich

Türcken Büch-
lein.
Wie sich Prediger vnd Leien
halten sollen/so der Türck
das Deudsche Land
vberfallen würde.
Christliche vnd nottürfftige
vnterrichtung
durch
Johann. Brentz.
Wittemberg.
M. D. XXXVII.

282.1 *Türcken Büchlein, Wittenberg, 1537.*

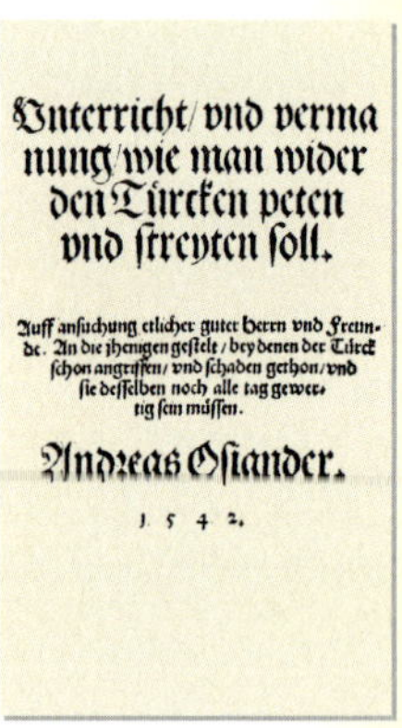
Vnterricht/ vnd verma
nung/wie man wider
den Türcken peten
vnd streyten soll.
Auff ansuchung etlicher guter herrn vnd Freun-
de. An die jhenigen gestelt / bey denen der Türck
schon angriffen/ vnd schaden gethon/ vnd
sie desselben noch alle tag gewer-
tig sein müssen.
Andreas Osiander.
1 5 4 2.

282.2 *Unterricht und vermanung wie man wider die Türcken peten und streyten soll, 1542.*

▪ Das Osmanische Reich

Im Sommer 1453 erlitt das christliche Europa einen Schock. Konstantinopel, die alte Hauptstadt des oströmischen Reiches, später Byzanz, war von den muslimischen Osmanen erobert worden.

Die Osmanen waren ein kleiner türkischer Stamm, der den Namen seines Reichsgründers Osman (1288–1326) angenommen hatte. Sie eroberten große Bereiche Kleinasiens, des Balkans, Palästina und Ägypten. In ihrem Reich lebten schließlich viele verschiedene Völker zusammen. Auch Christen, Juden und Moslems mussten miteinander auskommen. Die Osmanen waren vergleichsweise tolerant und betrieben keine Mission. Andersgläubige durften ihre Religion ausüben und mussten lediglich eine besondere Steuer zahlen.

▪ Militärische Bedrohung

1529 schien das Heilige Römische Reich Deutscher Nation in seinem Bestand in mehrfacher Weise bedroht: Die Reformation spaltete die Gesellschaft, und die Rivalität zwischen Kaiser Karl V. und König Franz I. von Frankreich spaltete Europa. Dazu kam ein drittes Problem: Das Osmanische Reich bedrohte nun auch Ostmitteleuropa, weil osmanische Truppen im September/Oktober 1529 Wien belagerten. Die Truppen zogen zwar wieder ab, doch 1683 standen die Türken erneut vor Wien. Diesmal schlugen die Österreicher und ihre Verbündeten die Türken zurück. Trotzdem blieb das Osmanische Reich weiterhin ein politische Macht in Südosteuropa.

▪ Kulturelle Begegnung

Wie ernst die türkische Bedrohung im 16. Jahrhundert in weiten Kreisen Mitteleuropas eingeschätzt wurde, zeigt eine Fülle von Druckwerken, die sich mit der „Türkengefahr“ als „Gefahr für die Christenheit“ auseinandersetzten. Gleichzeitig erschien aber auch eine große Zahl von Büchern, die Übersetzungen aus dem Arabischen ins Lateinische boten, so etwa der 1531 in Straßburg gedruckte „Almanach der Gesundheit“, ein bedeutendes medizinisches Lehrbuch von Abu-l-Hassan al-Mukhtar Ibn Abdun (gest. 1066). Dies deutet über alle politisch-religiösen Feindbilder hinaus auf eine kulturelle Begegnung der europäischen und orientalischen Kultur hin. Dazu gehört auch die Übernahme des Kaffees (arab. kafe) und die Einrichtung von Kaffeehäusern.

282.3 *Die Belagerung von Wien, Gemälde aus Florenz, 1589.*

Q1 Eine Gefahr für Europa

Die Belagerung von Wien 1529 durch die Türken hatte Europa eine neue außenpolitische Gefahr vor Augen geführt. Dazu äußerte sich Bischof Paolo Giovio von Nocera (1530) in einem Brief an Kaiser Karl V.:

Glaube Eure Majestät ja nicht, dass Sultan Soliman an anderes denke, als unsere Reiche einzunehmen, da er durch den Glanz seiner Herrschaft verwegen geworden ist. Ich habe von glaubwürdigen Männern gehört, dass er oft sagt, ihm gebühre das Imperium über Rom und das ganze Abendland, da er der rechtmäßige Nachfolger des Kaisers Konstantin sei, der das Kaisertum nach Konstantinopel verlegte. Die Stärke des türkischen Kriegswesens besteht in den Soldaten .... Die Kriegszucht ist bei den Türken mit solcher Gerechtigkeit und Strenge geregelt, dass man sagen kann, sie übertreffe die der alten Griechen und Römer. Vor allem gibt es niemals Streit und Hader, weil jedes kleinste Vergehen mit dem Tode bestraft wird.

Gerhard Geissler (Hrsg.): Europäische Dokumente aus fünf Jahrhunderten, Leipzig 1939, S. 83 f.

283.2 Albrecht Dürer, Türkischer Bogenschütze zu Pferde, 1514.

1. Schreibe aus christlicher Sicht einen Zeitungsbericht im Jahr 1529 über die „Türkengefahr". (VT, Q1, B 282.1–3, B 283.1,2)

2. Erläutere die politischen Grenzverschiebungen zwischen Europa und dem Orient im 17. und 18. Jahrhundert. (B 283.3)

3. Informiere dich über die heutige Rolle des Islam auf dem Balkan und in Fernost.

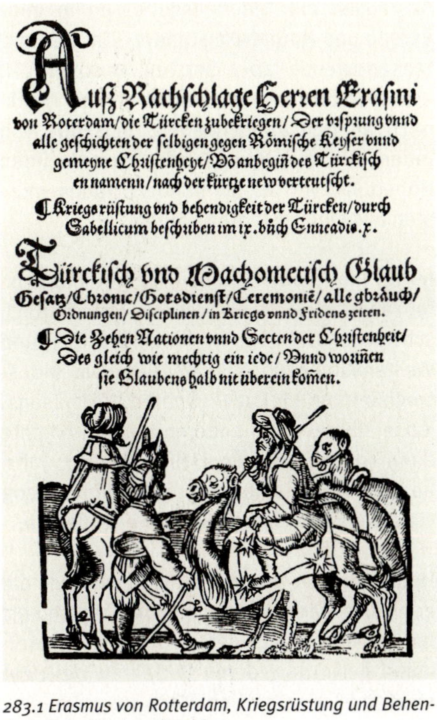

Auß Rathschlage Herren Erasini von Roterdam/die Türcken zubekriegen/Der ursprung unnd alle geschichten der selbigen gegen Römische Keyser unnd gemeyne Christenheyt/Võ anbegiñ des Türckischen namenn/nach der kürtze new verteutscht.

Kriegsrüstung und behendigkeit der Türcken/durch Sabellicum beschriben im ix. bůch Enneadis. x.

Türckisch und Machometisch Glaub Gesatz/Chronic/Gotsdienst/Ceremonie/alle gbräuch/Ordnungen/Disciplinen/in Kriegs unnd Fridens zeiten.

Die Zehen Nationen unnd Secten der Christenheit/Des gleich wie mechtig ein iede/Unnd woriñen sie Glaubens halb nit überein komen.

283.1 Erasmus von Rotterdam, Kriegsrüstung und Behendigkeit der Türcken, Frankfurt 1531.

283.3 Europa und das Osmanische Reich.

Ist Wandern der Normalfall?

Es gibt kein größeres Leid auf Erden als den Verlust der Heimat", heißt es in einer Tragödie von Euripides (431 v. Chr.). Schon die Griechen sind weit herumgekommen in ihrer Geschichte, und viele von ihnen haben sehr davon profitiert. Über viele Jahrhunderte waren die Kolonien, die griechische Auswanderer rund um das Mittelmeer gegründet hatten, ein sicherer Garant für blühenden Handel auch im Mutterland. (vgl. S. 60 f.)

Freiwillig haben die Menschen allerdings nur selten sichere Lebensbedingungen aufgegeben. Zu allen Zeiten sind die meisten Wanderungsbewegungen vor allem durch die Bedrohung oder den Verlust der Lebensgrundlagen ausgelöst worden. Maßgebliche Ursachen waren Nahrungsmittelknappheit, Überbevölkerung oder Verdrängung einer Volksgruppe durch eine andere.

Die Dynamik neuzeitlicher Wanderungen

In den letzten 400 Jahren haben wohl weltweit mehr Menschen ihre Heimat verlassen (müssen) als in jeder anderen historischen Epoche zuvor.

Zu den dunkelsten Kapiteln der Migrationsgeschichte gehören die gewaltsame Verschleppung von 20 Millionen Afrikanern nach Amerika in die Sklaverei vor allem im 18. und 19. Jahrhundert sowie die groß angelegten Zwangsumsiedlungen, die autoritäre Regime in der Sowjetunion oder in China im 20. Jahrhundert vorgenommen haben.

Die Deutschen waren während der Herrschaft des Nationalsozialismus verantwortlich für die Emigration von Millionen von Juden, die dem Mordregime rechtzeitig entkamen. Die meisten von ihnen gingen nach Amerika. Das Ende des von Deutschland begonnenen Zweiten Weltkriegs brachte wiederum eine gewaltige Wanderungsbewegung vertriebener Menschen aus deutsch besiedelten Gebieten in osteuropäischen Ländern nach Westen. Die meisten dieser ca. 10 Millionen Umsiedler sind allerdings in der Bundesrepublik Deutschland schnell heimisch geworden.

Rheinland Pfalz – Ein europäisches Produkt vieler Wanderungen

Die Dörfer und Städte im heutigen Rheinland-Pfalz sind maßgeblich durch Wanderungsbewegungen geprägt worden. An großen Wasserstraßen war die Mobilität der Bevölkerung immer höher als im Binnenland.

Vor ca. 2000 Jahren gründeten die Römer Mainz, Trier, Koblenz und andere Städte. Sie brachten neue Techniken, Produkte und Lebensgewohnheiten mit (vgl. S. 100 ff.). Viele der dort stationierten römischen Soldaten blieben auch nach Ende ihrer Dienstzeit in der Region.

Im Mittelalter entstanden in Städten wie Mainz, Bingen, Speyer und Worms große und lebendige jüdische Gemeinden, die in regem Austausch mit Glaubensgenossen in ganz Europa und Nordafrika standen. Um die Jahrtausendwende aber setzten Verfolgungen ein. 1096 töteten Kreuzfahrer, die aus Frankreich an den Rhein kamen, Tausende von Juden. Die Verfolgungswelle erreichte ihren Höhepunkt im 14. Jahrhundert. Juden mussten aus vielen Städten fliehen.

Im 19. Jahrhundert trieben Hunger und Existenzangst viele Menschen aus wirtschaftlich schwachen Gebieten wie Hunsrück, Eifel und Westerwald nach Nordamerika. Die Industrialisierung in Ludwigshafen, Pirmasens, Kaiserslautern und anderen Städten brachte dann in der zweiten Hälfte des 19. Jahrhunderts Arbeitsplätze in die Region und zog viele Menschen aus ärmeren Gegenden an.

Heute sind der Hunsrück, die Pfalz sowie die größeren Städte wiederum zum Zufluchtsort für Aussiedler aus der ehemaligen Sowjetunion geworden, deren Vorfahren vielleicht einst aus diesen Gebieten ausgewandert sind.

285.1 Bettelnde Emigranten; Radierung von Daniel Chodowiecki, 1795.

Q1 Das Potsdamer Edikt

In Frankreich wurde 1685 das Edikt von Nantes aufgehoben (→ S. 276), ca. 500 000 protestantische Hugenotten wurden vertrieben. Daraufhin erließ der Kurfürst Friedrich Wilhelm von Brandenburg-Preußen ein Edikt, das die Behandlung der französischen Flüchtlinge in seinem Land regeln sollte:

4. Diejenigen Mobilien, auch Kauffmanns und andere Waren, welche sie bey ihrer Ankunft mit sich bringen werden, sollen von allen Auflagen und anderen dergleichen Steuern gänzlich befreyet seyn. (…)
6. In denjenigen Städten und anderen Orten, woselbst sich einige wüste Plätze und Stellen befinden, wollen wir gleicher Gestalt die Anweisung thun, dass dieselbe unsern Evangelisch-Reformirten Glaubens-Genossen Frantzösischer Nation nicht allein erb- und eigenthümlich eingeräumet, sondern auch dass dieselbe von allen Abgaben und Beschwerden, welche sonst darauff gehafftet, gäntzlich befreiet und loß gemacht werden sollen dergestalt dass Wir denn auch diejenigen Materialien, deren gedachte Leute zu Bebauung dieser Plätze bedürffen werden, ihnen unentgeltlich anschaffen und die von ihnen neu erbauten Häuser sampt deren Einwohnern in denen ersten zehen Jahren mit keinen Belastungen außer einer Verbrauchssteuer belegen lassen wollen (…).
7. So bald sich Unsere oben genannten Evangelisch-Reformirte Glaubens-Genossen Frantzösischer Nation in einiger Stadt oder Dörfern niedergelassen, sollen ihnen die daselbst hergebrachte Bürger- und Handwerkerrechte unentgeltlich zugestanden und eben die Vergünstigungen, Rechte und Gerechtigkeiten verstattet und eingeräumet werden, deren andere Unsere an solchen Orten wohnende und gebohrne Unterthanen genießen (…).
11. In einer jeden Stadt wollen Wir Unsern Frantzösischen Glaubensgenossen einen besondern Prediger halten, auch einen bequemen Ort anweisen lassen, wo die Ausübung der Reformirten Religion in Frantzösischer Sprache und der Gottesdienst mit eben den Gebräuchen und Ceremonien gehalten werden soll, wie es bis anhero bey den Evangelisch Reformirten Kirchen in Franckreich bräuchlich gewesen.

M. Schilling (Hrsg.): Quellenbuch zur Geschichte der Neuzeit, Berlin 1903, S. 204 f., sprachlich leicht vereinfacht

285.2 Französische Flüchtlinge präsentieren dem preußischen Kurfürsten und seinen Beratern Produkte aus französischen Tuch- und Porzellanmanufakturen; Radierung von Daniel Chodowiecki, 1782.

286.1 *Charles Felix Blauvelt, Der deutsche Einwanderer fragt nach dem Weg: Gemälde von 1855.*

Q 2 Der amerikanische Traum

Zwischen 1850 und 1910 sind ca. 25 Millionen Menschen in die USA eingewandert, 4,8 Millionen davon allein aus Deutschland.

a) Simon Dietzler, der aus dem Koblenzer Raum stammt, schreibt am 1. 1. 1853 aus New Orleans an seine Frau:

Erstens schreibe ich Dir, liebe Ehefrau, dass du kein Handwerkszeuge verkaufen sollst, weil ich dieses Jahr mit Gottes Hülf wieder zurück in mein Vaterland will und Frau und Kinder zu umarmen. Zweitens, dass für Dich und Kinder die Seereise zu beschwerlich. Ich bin in 34 Tagen übergefahren. Es sind [andere Leute] 64 Tage und hundert gefahren, und sind bald verhungert (...). Mit keiner Profession ist nichts zu machen. Für Schlosser gar nichts. Schließlich bemerkte ich noch, dass so viele Familienväter in Orleans [sind], wovor mich Gott behüte, die so ein schlechtes Leben führen (...) keinen Brief schreiben, und sagen, wir sind (in) Amerika, was gehen uns die Weiber in Deutschland an.

Liebste, Vielgeliebte, und jetzt so hart von mir getrennte Ehefrau, das brauchst Du nicht von mir zu erwarten. So bald ich soviel verdient habe, mache ich wieder nach Deutschland, und wenn ich zu Hause betteln muss gehen, wenn ich nicht mehr arbeiten kann. Und ziehe nach Amerika, wer will! Wo keine Religion ist, so ist alles verloren! (...) Da bleibe ein jeder weg, der noch an einen Gott glaubet.

b) Die Ehefrau eines Schmieds schreibt 1852 an Verwandte in Ostfriesland:

Meine älteste Tochter hat sich diesen Winter mit einem braven jungen Mann, einem Ostfriesen, verheiratet, der viel Geld verdient und eine Farm besitzt, die mehr als tausend Dollar wert ist. Meine Tochter geht oft in Seide gekleidet und trägt einen kostbaren seidenen Sonnenschirm, ihr sollt sie nicht wiedererkennen! Schickt doch euren Nachbarn, der dort nicht vorwärtskommen kann, hierher! Die armen Leute, die dort keine Arbeit mehr finden, können vor Verdruss ja gar nicht gesund bleiben! Hier dagegen kann noch etwas aus ihnen werden.

W. J. Helbich (Hrsg.): „Amerika ist ein freies Land ...", München 1985, S. 44 und 217 f.

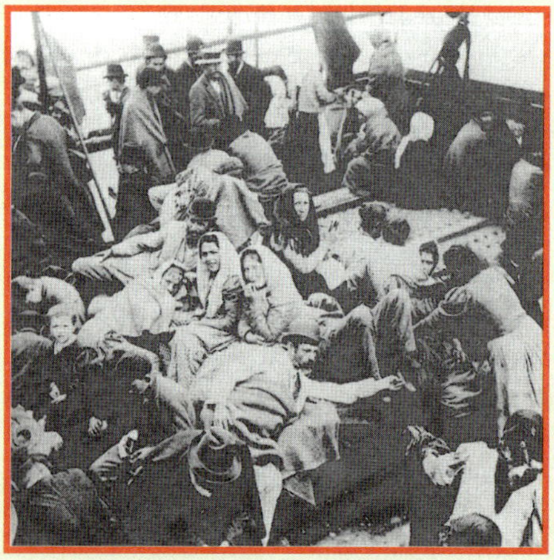

286.2 Auswanderer auf einem Schiff von England nach Amerika, um 1890.

Q 3 „Von Liebe keine Spur“

Nach dem Zweiten Weltkrieg flüchteten 10 Millionen Menschen aus den deutsch besiedelten Gebieten in Polen und der Sowjetunion. Eine Frau, die in den Fünfzigerjahren aus dem Osten in die Eifel zugewandert ist, erinnert sich:

Wer aus dem Osten in die Eifel kam, war schon eine Belastung für die Gemeinden. Für Flüchtlinge Wohnraum und Arbeitsplätze zu schaffen war eine, sich mit der ganz anderen Mentalität der Fremden auseinander zu setzen eine zweite Aufgabe. Und dann die Konfession. „Evangelisch nennen sie sich, betreten die Dorfkirche nie, ignorieren hohe katholische Feiertage wie Fronleichnam oder Allerheiligen. Wie praktizieren die nur ihr Christsein?“ So dachten die Einheimischen. (...) Ich weiß, wovon ich rede. Mitte der Fünfzigerjahre kam ich in ein Eifeldorf, jung, arm und nicht katholisch. So blieb alles, was ich unternahm, zuerst einmal äußerst fraglich, wenn nicht gar bedenklich oder schlecht. (...) Es war der Beginn eines mühevollen Weges zu den Mitchristen, und heute weiß ich, dass Unwissenheit und Unkenntnis der Einheimischen eine große Rolle spielten bei der Ablehnung der Fremden. Es ist versäumt worden, die bodenständige Bevölkerung auf eine Welle von Flüchtlingen vorzubereiten. Sie wurden geduldet, weil es nötig war, von Liebe keine Spur. Mittlerweile sind die Wunden der Pioniere verheilt, die Narben blieben. Das mag der Grund sein, weshalb ich heute so oft erschrecke, wenn die neuen Flüchtlinge, wieder andersgläubige, oft auch noch andersfarbige, mit Missachtung behandelt werden.

M. Schönberg: Aus dem Osten und andersgläubig. In: Kreisverwaltung Daun (Hrsg.): Heimatjahrbuch 1988, S. 53 f.

287.1 Asylbewerber im Containerlager, 1991 in Eisenhüttenstadt.

1. Übertrage den Auszug aus dem Edikt in heutiges Deutsch. Halte fest, mit welchen Versprechungen die Hugenotten empfangen werden. (Q 1)

2. Untersuche die beiden Radierungen von Daniel Chodowiecki auf S. 285. Welche Aspekte von Auswanderung beschreibt er?

3. Diskutiere das Bild, das Blauvelt vom deutschen Einwanderer in den USA vermittelt. Vergleiche mit den Briefen von Betroffenen. (Q 2)

4. Beschreibe die Reaktion der Eifel-Bevölkerung auf die Zuwanderer aus dem Osten (M 3). Suche in deiner Verwandtschaft oder Bekanntschaft nach Menschen mit ähnlicher Biographie. Frage sie, welche Erfahrungen sie persönlich gemacht haben, und vergleiche.

5. Informiere dich bei der Stadtverwaltung oder bei örtlichen Flüchtlingsinitiativen über die aktuelle Situation von Asylsuchenden in deiner Gemeinde oder Stadt.

6. Nimm Stellung zu der Frage: Wie sollen wir uns in Deutschland gegenüber Menschen verhalten, die Zuflucht bei uns suchen?

Absolutismus in Europa

Das Schloss von Versailles, Ansicht der Gartenfassade, 1668/78.

Schloss Herrenchiemsee, Oberbayern.

Kurfürstliches Palais Trier, Baubeginn des Renaissanceschlosses um 1615, Umgestaltung des Südflügels im 18. Jahrhundert.

Nicodemus Tessin d. Ä., Schloss Drottningholm bei Stockholm, 1662 – 1685.

Castle Howard (North Yorkshire), 1699 – 1712.

Winterpalast in Sankt Petersburg, 1754 – 1762, Fassade zur Newa.

Georg Wenzeslaus von Knobelsdorff, Potsdam; Stadtschloss, 1664 begonnen, Ausbau durch Johann Arnold Nering, u. a. ab 1680, Umbau durch Knobelsdorff zwischen 1744 und 1752; im zweiten Weltkrieg zerstört.

Saarbrücker Schloss, erbaut unter der Leitung von Friedrich Joachim Stengel 1739 bis 1748.

Schloss Schönbrunn bei Wien, 1696, Gartenfassade.

Orientierung in Zeit und Raum

290.1 Europa um 1714.

Frankreich	
1624	König Ludwig XIII. beruft den Kardinal Richelieu als ersten Minister.
1642	Kardinal Mazarin wird nach dem Tod Richelieus erster Minister.
1648 – 1653	Französische Adelige versuchen im Aufstande der Fronde vergeblich, ihre politische Entmachtung durch den König zu verhindern.
1661 – 1715	Nach dem Tod Kardinal Mazarins ernennt Ludwig XIV. keinen ersten Minister mehr. Er bleibt bis zu seinem Tode Alleinherrscher.
England	
1649	König Karl I. wird hingerichtet.
1689	Die „glorreiche Revolution“: Jakob II. muss das Land verlassen. Wilhelm III. von Oranien wird englischer König, nachdem er den Forderungen des Parlaments nachgekommen ist.
Preußen	
1713 – 1740	Friedrich Wilhelm I. errichtet einen Militär- und Beamtenstaat.
1740 – 1786	Der aufgeklärte Herrscher Friedrich II. regiert und reformiert, führt jedoch auch Eroberungskriege. Unter seiner Herrschaft wird das Land nach dem Siebenjährigen Krieg europäische Großmacht.

Geburt mit 40 Zeugen

Als am 4. 9. 1638 bei Königin Anna von Frankreich die Wehen einsetzten, ließ die Hebamme Peronne pflichtgemäß den König, Ludwig XIII., alle Familienmitglieder und Angehörigen des Hofadels benachrichtigen. Eine Niederkunft in der königlichen Familie war stets eine öffentliche Angelegenheit und musste bezeugt werden. Wie leicht ließ sich ein Säugling austauschen oder unterschieben! Bei der Geburt des Jungen am 5. 9. 1638 waren etwa 40 Personen anwesend. Sofort taufte ihn der Beichtvater des Königs, der Bischof von Meaux. Danach führte der König die Anwesenden umgehend in die alte Schlosskapelle, um dort das Te Deum singen zu lassen. Nur die Hebamme blieb bei der Königin im Geburtszimmer. Warum diese Eile? Gewöhnlich wurde das Te Deum erst einige Tage nach der Geburt des Thronfolgers in einer Kathedrale gesungen. Das war ein Festgottesdienst, an dem Tausende gläubiger Untertanen teilnahmen. War das Kind zu schwach? Ging es der Königin so schlecht, dass die Hebamme sie ungestört pflegen sollte?

291.1 Ludwig XIV. – und der Mann im Schatten. Ölgemälde, Wien Nationalbibliothek.

Jahre später …
Wer war der Gefangene, der seit 1667 auf der Festung Pignerol im Piémont lebte? Für welches Vergehen sollte er mit lebenslanger Haft büßen? Warum musste er sein Gesicht mit einer Maske bedecken? Es sprach sich herum, dass Monsieur de Saint-Mars, der Festungskommandant, ihn mit Respekt und größter Hochtung behandelte. Ein hoher Offizier hatte für ihn die Aufgaben eines Kammerdieners übernommen. War dieses Gefängnis nicht dennoch fürchterlicher als die Bastille? Die Gerüchte wollten nicht verstummen, dass er ein naher Verwandter des Königs sei. Mancher erinnerte sich nämlich noch an die Ankündigung einiger Geistlicher in Paris, die 1638 die Bevölkerung beunruhigten. Sie behaupteten nämlich, Königin Anna käme mit zwei Söhnen nieder. Der Erzbischof von Paris ließ die Unruhestifter sofort in St. Lazare einkerkern, obwohl sie sich auf göttliche Eingebungen beriefen. Niemand sah sie je wieder. Und ihre Prophezeiung war auch nur Schall und Rauch?
Oder … ?

1. *Überlege, warum damals die Geburt eines Thronfolgers ein „Staatsakt“ war.*
2. *Nachdem Heinrich IV. 1598 den katholischen Glauben angenommen und die Religionskriege beendet hatte, festigte sich die Macht der Könige in Frankreich. Hätte die Geburt von zwei Jungen, Zwillingen, das Königtum gefährdet?*

1. Ludwig XIV. verlässt die Hauptstadt

Allein zu regieren – ein vorläufiger Entschluss?

Niemand bei Hof nahm so recht das Selbstbewusstsein ernst, mit dem der junge König ankündigte, von nun an allein zu regieren und keinen Premierminister mehr zu ernennen. Ludwig XIV. zeigte öffentlich Tränen, hatte eine mangelhafte Ausbildung und war nur nachlässig auf sein Amt vorbereitet. Dieser Entschluss konnte nur vorläufig sein! Der Bau einer neuen Residenz entsprach eher den Erwartungen der Höflinge.

„Aus verschiedenen Ursachen war der Hofstaat für immer aus Paris entfernt worden. Die Unruhen, die sich in dieser Stadt zutrugen, als der König noch nicht volljährig war, hatten dem Herrscher einen Widerwillen gegen Paris eingeflößt. Zudem stellte er sich vor, dass seine Person um so verehrungswürdiger werde, je mehr er sich den Augen der Menge entziehe.“ So erklärte der Herzog von Saint-Simon den interessierten Lesern, dass der König Versailles als neue Residenz auswählte – ein Dorf in einem Wald- und Sumpfgebiet, 20 km vor den Toren der Hauptstadt!

Abseits der Hauptstadt: Schloss Versailles

1682 siedelten der König und sein Hof in die neue Residenz um, die bis zu seinem Tod 1715 eine Baustelle blieb. Für die Errichtung des Schlosses und der Gärten waren Dörfer abzureißen, Flüsse umzuleiten und in einer Länge von 170 km Entwässerungsgräben auszuheben. Ein kompliziertes System von Leitungen und Pumpstationen versorgte das Schloss und die Gärten mit Wasser aus der Seine.

Hier waren zeitweise 36 000 Arbeiter tätig, 6 000 Pferde schleppten das Baumaterial herbei. Die reinen Baukosten wurden auf 50 bis 60 Millionen Livres geschätzt. Diese Summe entsprach etwa der Hälfte der gesamten Steuereinnahmen eines Jahres.

Auch bei der Ausstattung der Appartements des Königs und seiner Familie wurde mit Luxus nicht gegeizt – kostbare Möbel, wertvolle Gemälde, zahllose Teppiche und Gobelins. Heere von Malern, Stuckateuren, Bildhauern und Handwerkern waren mit der Innenausstattung des Schlosses beschäftigt. Die endgültige Entscheidung, wie die Umgebung eines Königs seiner hohen Stellung angemessen zu gestalten sei, traf Ludwig XIV. selbst.

Neue Höflichkeit und Etikette …

Das Schloss entwickelte sich schnell zum gesellschaftlichen Zentrum Frankreichs. Hier bot der König Theater, Ballett, Oper und Hoforchester. Am meisten liebte der König den Tanz, nicht selten wirkte er sogar bei den Aufführungen mit. Augenzeugen berichteten, dass er alle auf der Bühne überragte durch seine Rolle, sein Kostüm, seine außergewöhnliche Tanzkunst und seine schönen Beine!

Viele Adlige zog es nach Versailles, weil sie meinten, nur bei Hof die ihnen angemessene Lebensweise pflegen zu können, Anteil an der Macht des Königs und Einfluss auf ihn zu haben. Sie kamen an den königlichen Hof, um „ihr Glück zu machen“: Karriere, hohes Ansehen und Reichtum. Der König wollte ihnen Ruhm und Ehre in seiner Umgebung wohl gewähren, aber keine politische Macht. Versailles war für ihn das geeignete Mittel, den Adel zu kontrollieren, zu disziplinieren und zu beherrschen.

… Reglement für den Adel

Indem er das Hofzeremoniell und die Etikette bestimmte, machte er sich zum Vorbild der guten Sitten und Manieren. Aufstehen oder Zubettgehen, Geburt oder Todesfall, Hofball oder Jagd – für alle Ereignisse bei Hof und alle Bereiche des Hoflebens schrieb der König ein neues Reglement vor. Jedem Höfling wiesen die Etikette und das Hofzeremoniell den seiner gesellschaftlichen Stellung und seinem Ansehen entsprechenden Platz zu. Damit hatte er seine Rolle zu übernehmen und sich ihr entsprechend zu verhalten. Wer seine Rolle und damit die Regeln der Höflichkeit nicht beherrschte, riskierte sich lächerlich zu machen und galt nichts mehr in der höfischen Gesellschaft. Wer vom Hofe ver-

293.1 Das Schloss von Versailles nach dem Tod Ludwigs XIV., Gemälde von Jean-Baptiste Martin – Musée de Versailles.

wiesen wurde, geriet ins gesellschaftliche Abseits. So machten Hofzeremoniell und Etikette den Adel zu Statisten im Theater der königlichen Selbstinszenierung.

■ Plagen des Hoflebens …

Zeitweise bot das Schloss 15 000 Personen des Hofstaates, 1 000 Adligen und 4 000 Dienern ständigen Wohnsitz und Arbeitsplatz. Dafür mussten sie in engen und manchmal nicht beheizbaren Dachkammern wohnen, Schmutz und unzureichende sanitäre Einrichtungen ertragen. Wofür gab es schließlich Parfum und Puder? Nur der Entzug der erschmeichelten Wohnung wäre als Beweis königlicher Ungnade schlimmer gewesen! Da die Küchen zu weit von den Speisesälen entfernt lagen, servierten die Diener die Mahlzeiten häufig kalt. Was bedeutete das aber schon im Vergleich zu Promenaden im Spiegelsaal oder in den königlichen Galerien und Gärten! Doch das Hin und Her der höfischen Pflichtveranstaltungen und die Jagd nach einem Blick oder einem Gunstbeweis des Königs verwandelten jedes Vergnügen für manche nur noch in Anstrengung oder Langeweile.

■ … finanzielle Abhängigkeit vom König

Der aufwändige Lebensstil in Versailles ruinierte viele Adlige – teuere Garderobe, Bälle, Theater, Konzert, Kartenspiel, Maskeraden, Feste mit vom König vorgeschriebener Kleiderordnung. Die Ausgaben für die nötige Kleidung und Dienerschaft, Karossen und Sänften verschlangen Unsummen, aber es galt mitzuhalten, um dem König zu gefallen. Viele Adlige ruinierten ihre heimischen Güter, weil sie zu viel Geld für ihren persönlichen Aufwand in Versailles abzogen.

Durch die ständige Abwesenheit von ihren Landgütern verloren sie außerdem die Kontrolle über ihre regelmäßigen Einkünfte. Verließ ein Adliger Versailles aus finanziellen Gründen, hatte er seinen Ruf ruiniert und riskierte einen Skandal. Der König kannte die finanzielle Situation seiner Höflinge genau und wusste, dass für viele Adlige ein bezahltes Hofamt, eine Pension, eine vorteilhafte Heirat, eine Anwartschaft auf reichliche Einnahmen oder ein Gnadenbeweis in Form von Goldstücken ihre einzige Einnahmequelle war. Das bedeutete für sie finanzielle Abhängigkeit vom König.

Q1 Versailles

Der Herzog von Saint-Simon (1675 – 1755) lebte seit 1691 am Hofe Ludwigs XIV. In seinen Erinnerungen schreibt er über Versailles:

Es gefiel ihm [dem König] auch die Natur zu tyrannisieren, sie der Kunst und dem Geld zu unterwerfen. Planlos reihte er ein Gebäude neben das andere: Hässliches und Schönes, Großartiges und Kleinliches, alles bunt durcheinander ... Die Gärten verraten erstaunliche Prachtliebe. Aber sie sind geschmacklos und laden nicht zum Aufenthalt ein. Die Wege sind mit Kies bedeckt. Man zerschneidet sich beinahe die Sohlen darauf, würde ohne ihn aber bald im Sand, bald im Schlamm versinken. Überall ist die Natur vergewaltigt worden, und man mag wollen oder nicht: man wird davon abgestoßen und angewidert.

Geschichte in Quellen, Bd. 3, 1976, S. 432.

Q2 Das Lever

Über die Zeremonie des königlichen Lever (frz.: sich erheben, aufstehen) schreibt Saint-Simon:

Des Morgens weckt ihn der erste Kammerdiener zu der vom König bestimmten Stunde, und der Reihe nach treten fünf Gruppen von Leuten ein, um ihm ihre Aufwartung zu machen.
Man gießt dem König aus einer vergoldeten Schale Franzbranntwein auf die Hände und reicht ihm den Weihwasserkessel; er bekreuzigt sich und betet. Sodann erhebt er sich vor der gesamten Gesellschaft aus dem Bett und zieht die Pantoffeln und den vom Großkämmerer gereichten Schlafrock an und setzt sich auf den Ankleidesessel. Der König wird entkleidet, währenddessen treten immer neue Gruppen von Leuten ein. Auch die Nachtstuhl-Inspektoren fehlen nicht; die Öffentlichkeit des Lebens des Königs ist so groß, dass keine seiner Handlungen ohne Zeugen ist. Der Großmeister der Garderobe entfernt das Nachthemd des Königs ...
Endlich ist das neue Hemd überreicht. Das Recht, dem König sein Hemd zu reichen, stand Monsieur, dem Bruder des Königs, oder, wenn dieser abwesend war, den Söhnen und Enkeln des Königs zu.
Wenn der König angezogen und auch mit einem Taschentuch versehen war, erteilte er die Tagesbefehle und bestimmte das Programm des Tages. ...

Der Hof Ludwigs XIV. Nach den Denkwürdigkeiten des Herzogs von Saint-Simon, 3. Aufl. 1925, S. 466 ff., bearb.

294.1 In Versailles befinden sich die Appartements des Königs in der 1. Etage. Das Schlafzimmer des Königs liegt im geometrischen Zentrum des Schlosses und des Hofgeschehens.

Q3 Briefgeheimnisse

Der Herzog von Saint-Simon beschreibt, wie der König sich Informationen über alle wichtigen Vorgänge beschaffte:

Ludwig XIV. war mit Eifer bemüht, über alles, was vorging, gut unterrichtet zu werden. Aber von allen Mitteln, mit denen er sich Nachrichten verschaffte, war keines so unmenschlich wie die Einsichtnahme in den gesamten Briefverkehr. Der König bekam Auszüge sämtlicher Briefe zu Gesicht, von denen zuerst die Postmeister und dann der vorgesetzte Minister es für gut hielten, dem König Mitteilung zu machen. Auch ganze Briefe legten sie vor, wenn entweder deren Inhalt oder die Persönlichkeit des Briefschreibers für wichtig genug gehalten wurden.

Quellen zur Allgemeinen Geschichte, Bd. 3, hrsg. von G. Guggenbühl und H. C. Huber, 1965, S. 269, gek.

295.1 *Ein Spaziergang in den Gärten von Versailles, Gemälde von Jean-Baptiste Martin, 1690. Dieser Ausschnitt zeigt die Galerie der Wasserspiele (la galérie des eaux).*

Q4 Schulden

Mme de Sévigné (1626–1696) berichtet in einem Brief über ein Gespräch zwischen dem König und seinem Oberhofmarschall, Bernadin de Gigault, Marquis de Bellefonds, Marschall von Frankreich:

König: Marschall, ich will wissen, weshalb Sie mich verlassen. Ist es, um nur noch Gott zu dienen? Oder möchten Sie zurückgezogen leben? Oder sind es Schulden? Wenn dies der Fall ist, will ich Ordnung schaffen und Einsicht in ihre Verhältnisse nehmen.
Marschall: Sire, es sind die Schulden. Ich bin ruiniert und vermag es nicht zu ertragen, einige Freunde, die mir geholfen haben, darunter leiden zu sehen, dass ich sie nicht befriedigen kann.
König: Gut, dann muss man deren Guthaben sichern. Ich gebe ihnen 10000 Francs auf Ihr Haus in Versailles und einen Garantieschein von 400000 Francs als Sicherheit, falls Sie sterben sollten. Sie zahlen die rückständigen Zinsen und bleiben so in meinem Dienst.

Marie de Sévigné: Briefe, hrsg. und übers. v. Th. v. Mühll, 1966, S. 71 f.

1. Besorge dir aus einem Reiseführer oder aus Reiseprospekten die Beschreibung des Schlosses und der Gärten in Versailles und plane dort eine Führung für deine Mitschülerinnen und -schüler.

2. Wie beschreibt Saint-Simon das Schloss? Charakterisiere sein Verhältnis zum Herrscher. (Q 1)

3. Der König steht auf oder geht zu Bett – die Höflinge versäumten keine Zeremonie des Lever oder Coucher. Warum auch der König ihre Anwesenheit erwartete, lässt sich aus dem von ihm gewählten Sinnbild (B 296.1) erschließen. (Q 2)

4. Erläutere die Methoden, mit denen Ludwig XIV. den Adel entmachtete und ggf. mehr von sich abhängig machte. (VT, Q 3 u. 4)

Ludwig XIV. spricht in Bildern – Herrscherbilder deuten

296.1 Der Sonnenkönig, an einem Balkon der Place Vendôme, Paris.

Das Leben des französischen Königs musste von Geburt an öffentlich sein. Für Ludwig XIV. hieß dies königliche Selbstdarstellung. Dazu diente nicht nur das Hofzeremoniell in Versailles. Er ließ Gemälde, Gobelins, Reliefs und Statuen, Gedichte und Lobgesänge anfertigen, um sich als gottgegebene Majestät, Apoll, Mars oder Juppiter zu präsentieren. So informierte er über seine Person und sein politisches Handeln mit der Absicht, die Öffentlichkeit für sich zu beeinflussen. Seine Untertanen – Adlige wie Bauern – sollten aber gleichzeitig begreifen, dass der König erhaben und außergewöhnlich, gefährlich und mächtig, allgegenwärtig und dennoch unerreichbar war. Nur so konnten sie die Sonne verstehen, die er als Symbol seiner Herrschaft gewählt hatte!

296.3 In einem Salon in Versailles ist Ludwig XIV. als Kriegsgott Mars abgebildet, Relief von Antoine Coysevox.

Als 1655 die Académie Royale für Malerei neue Räume im Louvre bezog und finanzielle Zuschüsse vom König erhielt, hatte er sich seine „persönliche Werbeagentur" eingerichtet. Die Ernennung Colberts zu ihrem Vizerektor (1661) und Protektor (1672) führte dazu, dass auch die Malerei wie andere Bereiche der Kultur im Dienst des Königs standen.
Die Académie Royale bestimmte die Ausbildung der Künstler und ordnete die Gattungen der Malerei neu. Alles, was nicht ‚histoire' (franz.: Geschichte) war, galt als unbedeutend. So gewann die Historienmalerei zur Verherrlichung der absolutistischen Herrscher und Herrschaft an Bedeutung. Die Maler der Akademie entwickelten den neuen Typ des Repräsentationsportraits, von denen Ludwig XIV. viele in Auftrag gab. Europäische Fürsten folgten bald seinem Beispiel.

296.2 Ludwig XIV. empfängt den Kurfürsten von Sachsen 1714 in Fontainebleau, Gemälde von Louis Sylvestre, Musée de Versailles.

Herrscherbilder als historische Quelle

Dem Historiker geben Herrscherbilder Informationen: Wie der Herrscher sich selbst verstand, wie er sich die Beziehung zu seinen Untertanen oder zu anderen Herrschern vorstellte. Da jedes Detail auf den Bildern beabsichtigt ist, muss seine Bedeutung geklärt werden. Folgende Arbeitsschritte sind hilfreich für die Interpretation:

1. Betrachte das Bild genau.

2. Mache dir Notizen zu den Einzelheiten:

- Platzierung des Königs auf dem Bild?
- Blickrichtung des Königs? Position des Betrachters?
- Umgebung des Herrschers? Seine Haltung?
- Kleidung und Haartracht?
- Herrschaftszeichen und ihre Anordnung? Raumgestaltung? Farben und Dekorationen?
- Farben der Kleidung und Gegenstände?
- Originalgröße des Bildes?
- Wirkung der Originalgröße auf den Betrachter?
- Datum und Anlass für den Auftrag?
- Informationen über den Maler?
- Empfänger?
- vorgesehener Standort?

3. Kläre die Bedeutung der Einzelheiten.

Als Hilfsmittel stehen dir dein Schulbuch, Lexika oder CD-Roms zur Verfügung. Manche Frage kann vielleicht erst im Klassengespräch geklärt werden.

4. Formuliere die Aussage/Intention des Bildes.

- Erkläre, was Ludwig XIV. in den Bildern „repräsentierte“. Benutze dabei die vorgegebenen Arbeitsschritte.

297.1 Herrscherbild Ludwigs XIV., Hyacinthe Rigaud, 1701.

Hyacinthe Rigaud war Schüler der Académie Royale und hatte sich auf Portraitmalerei spezialisiert. 1701 bekam er den Auftrag für ein lebensgroßes Bildnis des Königs, der bereits 63 Jahre alt war. Das Bild war für den spanischen Hof bestimmt, wo sein Enkel die spanische Thronfolge antreten sollte. Das von Rigaud angefertigte Bild (2,77 m hoch und 1,94 m breit) gefiel dem König so, dass er es in Versailles behielt und die Kopie nach Spanien schickte.

2. Ludwig XIV. prägt eine neue Regierungsweise

298.1 Le conseil d' En Haut (Almanach Royal, 1682, Paris). Das Bild zeigt Ludwig XIV. mit dem Staatsrat in Fontainebleau. Der König (1) ist umgeben von seinem Sohn, dem Dauphin (2), seinem Bruder (3), dem Prinzen von Condé (4), Colbert (5), dem Kanzler Le Tellier (6) und von Louvois (7).

Ein neues Herrschaftsverständnis

Ludwig XIV. verstand sich als Herrscher von Gottes Gnaden. Für ihn war jeder rechtmäßige König von Gott eingesetzt. Er war niemandem Rechenschaft schuldig und stand über dem Gesetz. Sollte er jedoch die göttlichen Gesetze missachten, hatten die Untertanen das Recht auf Widerstand gegen ihren König. Hätten sie wirklich ihren König absetzen können? Er verfügte über die ungehinderte Macht in Gesetzgebung und Verwaltung. Mit den gefürchteten geheimen Haftbefehlen (lettre de cachet) konnte jeder auf unbestimmte Zeit verhaftet oder an einen unbekannten Ort verbannt werden. Ein bereits bestehendes Urteil ließ sich nach den Interessen des Königs aufheben oder korrigieren. Als „allerchristlichster König und Schutzherr der katholischen Kirche" berief sich er sich auf den Grundsatz: Ein König, ein Gesetz, ein Glaube. Obwohl seit 1598 das Edikt von Nantes den Protestanten Religionsfreiheit garantierte, sollte die katholische Religion wieder Staatsreligion sein. Ab 1680 nahmen die Verfolgungen der Hugenotten wieder zu. So quartierten sich z. B. Dragoner in Hugenottenfamilien ein und schikanierten sie, um sie zum rechten Glauben zu bekehren. 1685 hob der König das Edikt von Nantes wieder auf.

„L'Etat, c'est moi." (Der Staat bin ich.) ist sicher kein wörtliches Zitat des Königs, aber es lässt seine Auffassung vom Königsamt leicht erschließen. Ludwig XIV. setzte sich mit dem Staat gleich. Damit begann in Frankreich eine neue Regierungsweise, der ↗Absolutismus (lateinische: „de legibus [ab]solutus", d. h. von den Gesetzen losgelöst). Wie schon seine Vorgänger betonte der „König von Gottes Gnaden" seine Unabhängigkeit von den Ständen: Geistlichkeit (Erster Stand), Adel (Zweiter Stand) und Drittem Stand. In der Versammlung der Generalstände trafen sich seit alters her deren gewählte Vertreter, um den König zu beraten. Sie hatten das Privileg, die Steuern zu bewilligen und Beschwerden über Missstände im Lande zu äußern. Die Versammlung der Generalstände hatten die Könige seit 1614 nicht mehr einberufen. So hielt es auch Ludwig XIV., denn seinem Selbstverständnis als König widersprach jede Beratung, Mitbestimmung oder Kontrolle durch die Versammlung der Generalstände.

Die Zentralisierung von Herrschaft und Verwaltung:

„Was die Personen betrifft, die mir bei meiner Arbeit behilflich sein sollten, so habe ich mich vor allem entschlossen, keine Premierminister mehr in meinen Dienst zu nehmen. Ich entschloss mich noch zu einem weiteren Schritt. Ich wollte die oberste Leitung ganz allein in meiner Hand zusammenfassen." So beschrieb Ludwig XIV. rückblickend in seinen Aufzeichnungen für den Thronfolger die Übernahme der Regierungsgeschäfte im Jahr 1661. Bis dahin hatten ihn die Premierminister und Leiter der Regentschaft eher von der Politik ausgeschlossen, nun beanspruchte er die unumschränkte Macht. Der König regierte zwar selbst, aber nicht allein. Um für Ordnung im Inneren und die äußere Sicherheit zu sorgen, unterstützten ihn seine Beamten.

Die Staatsräte

Die Mitglieder der „Conseils" ernannte der König persönlich. Dabei bevorzugte er sachkundige Männer bürgerlicher Herkunft, die ihm persönlich ergeben waren. Sie erhielten vom König jedoch kein Ernennungsschreiben, damit er sie jederzeit wieder entlassen konnte. Sie durften nichts ohne Wissen des Königs entscheiden. Während der Sitzungen des Staatsrates informierten und berieten sie ihn.

Die geringe Anzahl der unmittelbaren Mitarbeiter des Königs bedeutete für sie, viele Aufgaben gleichzeitig zu erledigen. Sie gewannen aber so einen guten Einblick in die Zusammenhänge der verschiedenen Aufgabenbereiche. Der König war schnell und umfassend informiert und konnte seine Befehle ausgeben oder wichtige Entscheidungen nach Belieben geheim halten.

Die Kommissare und Intendanten

Um seine Befehle und Anordnungen umgehend, sachgerecht und zielgerichtet durchzusetzen, brauchte der König eine einheitliche, zentralisierte Verwaltung mit ausgebildeten und loyalen Beamten. Er griff daher auf die bereits unter seinen Vorgängern bewährten Ämter der Kommissare und ↗Intendanten zurück. Fachkundige, vor allem aber ortsfremde Männer hatten in seinem Namen vielfältige und schwierige Aufgaben zu erledigen: Städte zu verwalten, Steuern einzutreiben, königliche Beamte zu kontrollieren oder aufsässigen Provinzadel zur Ordnung zu rufen.

Lokale oder regionale Privilegien gaben oft Anlass zu Widerstand gegen den königlichen Willen. Die Versammlungen der Provinzialstände (z. B. in der Provence und Bretagne) hielten fest an ihrem Mitspracherecht in Steuer- und Rechtsfragen. Oft behinderten auch die Gerichtshöfe (die in Frankreich „Parlamente" hießen) die Gesetzgebung, indem sie sich weigerten, die Gesetze des Königs zu registrieren. Der König musste die Registrierung, die zur Gültigkeit nötig war, gegebenenfalls erzwingen.

Das stehende Heer

Die Kriegsminister Ludwigs XIV. ersetzten das Söldnerheer durch ein stehendes Heer. Da es keine allgemeine Wehrpflicht gab, mussten die Soldaten angeworben und Kasernen für ihre Unterbringung gebaut werden. In der Zeit von 1664 bis 1703 wuchs das Heer von 45 000 auf 450 000 Mann. Der Staat rüstete sie mit einheitlichen Uniformen und Waffen aus. Regelmäßige Manöver und tägliches Exerzieren hielten die Armee kriegsbereit. Den Oberbefehl hatte allein der König, der sich so den bis dahin mächtigen Adel militärisch unterordnete. Die höheren Ränge im Offizierskorps blieben dem (Schwert-) Adel vorbehalten.

Dort, wo im Norden und Osten eine natürliche Grenze fehlte, befahl der König Marschall Vauban (1633–1707) einen Befestigungsgürtel zu bauen, um jeden Angriff auf französisches Staatsgebiet abzuwehren. Nachdem die Grenzen auf diese Art gesichert waren, ließ Ludwig XIV. die mittelalterlichen Stadtmauern und die letzten befestigten Adelssitze schleifen. Städte und Adel mussten ihre Feuerwaffen abliefern. Jeder Widerstand gegen den König sollte verhindert werden.

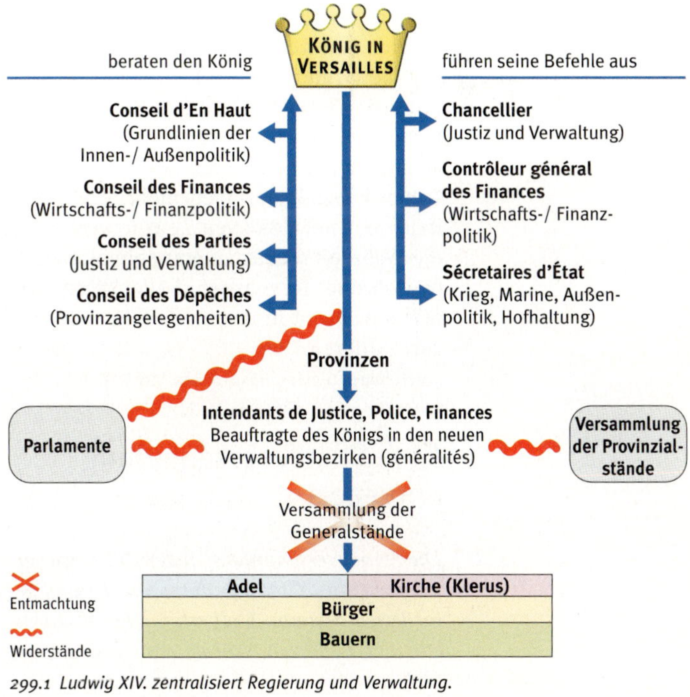

299.1 Ludwig XIV. zentralisiert Regierung und Verwaltung.

Q1 Machtentfaltung des Königs

a) Bischof Bossuet (1627 – 1704), Hofprediger und Beichtvater des Königs schrieb 1682:

Wir haben schon gesehen, dass jede Gewalt von Gott kommt. Die Fürsten handeln als Gottes Diener und Statthalter auf Erden. Durch sie übt er seine Herrschaft aus. ... Deshalb ist der königliche Thron nicht der Thron eines Menschen, sondern Gottes selber ... aus allem ergibt sich, dass die Person des Königs geheiligt ist. Kommt ihre Gewalt von oben, so dürfen sie doch nicht glauben, sie seien Herren über sie [die Untertanen], um nach ihrem Belieben davon Gebrauch zu machen. Vielmehr sollen sie sich ihrer mit Scheu und Zurückhaltung bedienen, als einer von Gott ihnen anvertrauten Sache, über die Gott von ihnen Rechenschaft fordern wird.

Geschichte in Quellen, Bd. 3, S. 451 (gekürzt).

b) Erzbischof Fénelon (1651 – 1715) war Erzieher der Enkel Ludwigs XIV. 1695/96 schrieb er in einem Roman:

Wenn sich die Könige daran gewöhnen, kein anderes Gesetz anzuerkennen als ihren unumschränkten Willen, dann vermögen sie alles. Aber gerade da sie alles tun können, was sie wollen, untergraben sie selber die Grundpfeiler ihrer Macht; sie richten sich in ihrer Regierung nicht mehr nach bestimmten Regeln und Grundsätzen. Alle Leute schmeicheln ihnen um die Wette; sie haben keine Untertanen mehr; es bleiben ihnen nur noch Sklaven ... Wer wird ihnen die Wahrheit sagen? ... Nur eine plötzliche, gewaltsame Revolution kann diese ausufernde Macht in ihre natürlichen Bahnen zurückführen.

Geschichte in Quellen, Bd. 3, S. 464 (gekürzt).

Q2 Eine Ständeversammlung opponiert

Die Ständeversammlung in der Provence verweigerte die Zahlung der vom König geforderten Steuern. Colbert, Generalkontrolleur der Finanzen, schrieb dem Intendanten Grignan:

25. 12. 1671

Ich habe dem König über das fortgesetzt schlechte Betragen der Provence berichtet, und da seine Majestät nicht länger geneigt ist, dies zu dulden, hat er die nötigen Befehle gegeben, sie nach Hause zu schicken, und zugleich zehn lettres de cachet zu erlassen, um die zehn am übelsten Gesinnten unter den Deputierten nach Grandville, Cherbourg, St. Malo, Morlaix und Concarneau zu verschicken. Sie erhalten diese Befehle mit der nächsten Post, und ich brauche Ihnen wohl nicht zu empfehlen, sie pünktlich und genau auszuführen.

Correspondance administrative, Bd. 1, S. 394 – 401, Geschichte in Quellen, Bd. 3, S. 435.

1. Sieh dir das Schaubild 299.1 an. Beschreibe wie der König herrscht und erkläre an der Regierungsweise Ludwigs XIV., was „Alleinherrschaft“ bedeutet.

2. Erläutere, wer und mit welchen Mitteln Widerstand gegen den Machtanspruch des Königs leistete. (VT, Q 2)

3. Der König baut ein Schloss in Versailles, lässt befestigte Adelssitze und Stadtmauern niederreißen, baut Festungen und verfügt über ein stehendes Heer. Welcher Zusammenhang zwischen diesen Maßnahmen lässt sich erkennen?

4. Erarbeite die Aussagen der beiden Geistlichen zu den Machtgrundlagen des Königs und vergleiche sie. (Q 1 a/b)

5. Colbert gibt präzise Anweisungen an den Intendanten Grignan gegen die Steuerverweigerer. Überlege dir, wie Erzbischof Fénelon (Q1b) auf diesen Brief geantwortet hätte. Verfasse in seinem Namen einen Brief an Colbert. (Q 2)

3. Merkantilistische Wirtschaftspolitik – Wirtschaft im Dienste des Landes?

■ Prunk und Misswirtschaft

Das Fest sollte der gesellschaftliche Höhepunkt des Jahres 1661 werden: Menus mit erlesenen Köstlichkeiten, Tanz, Konzert, Feuerwerk und eine neue Komödie von Molière! Sogar der König und sein Gefolge hatten sich als Gäste angesagt. Nicolas Fouquet (1615–1680), Generalkontrolleur der Finanzen, präsentierte nach nur kurzer Bauzeit seinen neuen Palast in Vaux-le-Vicomte bei Melun. Das Fest war ein einzigartiger Erfolg. Zwei Wochen später ließ der König den Gastgeber wegen Betrugs verhaften und anklagen. Der Staatshaushalt war überschuldet, die Steuereinnahmen von anderthalb Jahren im voraus verpfändet. Über die Hälfte der Steuereinnahmen flossen in die Taschen der Steuereinnehmer.

Die Finanz- und Wirtschaftspolitik übertrug der König nun Jean-Baptiste Colbert (1619–1683). Er stammte aus vermögender bürgerlicher Familie und galt als vertrauenswürdiger und zuverlässiger Vermögensverwalter. In seinen wirtschaftlichen Überlegungen ging er davon aus, dass der Reichtum an Geld und Edelmetallen die Größe und Macht eines Staates bestimme. Ausländisches Geld gelangte über den Handel ins Land. Folglich mussten die Erlöse aus Exporten die Ausgaben für Importe überwiegen. Steuern und Zölle vergrößerten dann die Staatseinnahmen. In Europa war diese Theorie damals als ↗Merkantilismus wohl bekannt (lat: mercator: der Händler). Wie konnte nun die Wirtschaft durch den Staat so gefördert werden, dass damit das Steueraufkommen erhöht wurde?

■ Colbert sichert die Steuereinnahmen

Strenge Buchführung über Einnahmen und Ausgaben des Staatshaushaltes und Festsetzung eines jährlichen Etats – das waren seine ersten Maßnahmen. Nachdem er die Verteilung und Erhebung der Steuern überprüft hatte, übertrug er den Fermiers Généraux (Steuerpächtern) die Verwaltung der königlichen Steuern. Das Monopol auf Papier timbré (Stempelpapier) und auf den Tabakverkauf sicherten weitere regelmäßige Einnahmen.

301.1 Die Wirtschaft Frankreichs im 17. Jahrhundert.

■ Colbert fördert Manufakturen

Mit Steuerbefreiungen und Subventionen unterstützte Colbert die Einrichtung neuer bzw. den Ausbau bereits vorhandener Manufakturen. Als Musterbetriebe galten die königlichen Manufakturen für Tuche und Teppiche (Les Gobelins), Glas, Spiegel und Waffen. Das waren Großbetriebe, in denen arbeitsteilig produziert wurde. Staatliche Verordnungen regelten Löhne, Arbeitszeiten, Arbeitsabläufe, Pausen und Kantinenbesuche. Königliche Inspektoren kontrollierten die Einhaltung der Verordnungen, überprüften die Qualität der Produkte und bestimmten ihren Preis. Um die Produktion nicht zu gefährden, durften einheimische Handwerker und Facharbeiter das Land nicht verlassen. Dagegen waren Werkspionage und Abwerbung von Arbeitskräften im Ausland durchaus üblich.

Colbert fördert den Handel

In Frankreich sollte ein einheitlicher Wirtschaftsraum entstehen. Daher entfielen – wo immer möglich – die Binnenzölle. Sie verzögerten den Austausch der Waren und ließen deren Preise steigen. Neue und bessere Verkehrswege zu Land und zu Wasser erleichterten den Transport der Waren. Hohe Abgaben reduzierten den Import von Luxusgütern (Zucker und Tabak) und Fertigwaren aus dem Ausland. Exportprämien und niedrige Zölle beim Import notwendiger Rohstoffe sollten dagegen den Export französischer Waren fördern.

Rohstoffe, die es in Frankreich nicht gab, mussten aus Übersee beschafft werden. Dies würde sich mit französischen Kolonien in Übersee billig organisieren lassen. Robert de La Salle (1640–1687) z. B. erforschte den Mississippi und gründete die Kolonie Louisiana. Handelsgesellschaften bildeten sich und erhielten Handelsmonopole in und mit den Kolonien.

Colbert förderte gleichzeitig den Ausbau der Handelsflotte. Auch zu deren Schutz ließ er die Kriegsflotte auf 120 Schiffe erweitern und gab den Auftrag, in Dünkirchen, Brest und Lorient neue Werften und Häfen zu bauen oder zu renovieren.

direkte Steuern

la taille:
Steuern auf Personen und Besitz

indirekte Steuern

les aides:
Verbrauchssteuer auf Getränke

la gabelle:
Salzsteuer

les traites:
Zölle, die an den Grenzen des Königreiches und zwischen einigen Provinzen erhoben werden

302.1 Königliche Steuern zur Zeit Colberts.

Wie gewonnen, so zerronnen

Durch die Maßnahmen der neuen Wirtschaftspolitik kam viel Geld ins Land, denn der Wert der Ausfuhr verdoppelte sich im Vergleich zur Einfuhr. Allerdings stiegen auch seine Ausgaben erheblich – für die aufwändige Hofhaltung in Versailles, den Aus- und Umbau weiterer Schlösser, den Festungsbau, den Unterhalt des stehenden Heeres, die Gelder und Pensionen für Beamte und Günstlinge und die Außenpolitik. Am Ende der Regierungszeit Ludwigs XIV. war der Staat mit rund 3,5 Milliarden Livres verschuldet.

Ludwig XIV. strebte die ↗Hegemonie Frankreichs in Europa an. Weder die Diplomatie noch die Kriege, die er mit allen Nachbarn in Europa führte, verhalfen ihm zum Erfolg. Vor allem die englische Regierung trat dem französischen Machtstreben entgegen und setzte den Grundsatz vom Gleichgewicht der Mächte (englisch: Balance of powers) in Europa durch.

Glaubensfanatismus verschärfte die wirtschaftlichen Schäden der jahrelangen Kriege. Im Oktober 1685 erhob sich Ludwig XIV. zum Herrscher über die Seelen seiner Untertanen und hob das Edikt von Nantes auf. Damit war der protestantische Glaube in Frankreich verboten, die Zerstörung der protestantischen Kirche folgte. Obwohl ihnen dafür die Galeerenstrafe drohte, flohen etwa 300 000 Hugenotten ins protestantische Ausland. Einigen war es gelungen, ihr Vermögen zu retten, die meisten brachten ihre handwerklichen Fertigkeiten und ihre Fachkenntnisse mit: Weber, Wollspinner, Tuchmacher, Schuster und Schneider, Tapetenmacher, Seidenspinner und Handschuhmacher, Ärzte, Rechtsanwälte und Notare. Sie fanden Asyl in England, in der Schweiz, in den Niederlanden, in vielen Ländern des Deutschen Reichs und in Skandinavien. Mit ihrem Wissen und Können förderten sie dort Handel, Handwerk, Kunst und Wissenschaft. Die Folgen der Flucht waren für die französische Wirtschaft von langer Dauer. Von Nachteil vor allem für die französische Wirtschaft und hier insbesondere für den Export war die ungeschützte Weitergabe von Produktionsgeheimnissen ins Ausland. Französische Waren blieben so nicht ohne Konkurrenz.

Q1 Wirtschaftsförderung durch den König

Ludwig XIV. erteilt dem Holländer van Robais ↗Privilegien (1665):

Wir wollen den genannten van Robais unterstützen und mit seinem Beispiel allen Ausländern mit besten handwerklichen Fertigkeiten einen Anreiz geben. … Daher weisen wir den Rat der Stadt Abbéville an, ihm den nötigen Raum zur Verfügung zu stellen, um seine Webstühle aufzustellen und sich mit seinen Arbeitern niederzulassen. …

Wir wünschen, dass er und seine in der Manufaktur tätigen Gesellschafter und Arbeiter als wahre Franzosen eingestuft und anerkannt werden. Sie werden von allen Steuern, Frondiensten und sonstigen öffentlichen Lasten befreit sein. …

Wir gestatten van Robais, seinen Gesellschaftern und seinen Arbeitern, weiterhin ihren reformierten Glauben zu behalten. … Um ihre Versorgung zu erleichtern, erlauben wir ihnen ihr Bier zu brauen, ohne dass sie dafür Steuern zahlen sollen. Wir gewähren ihnen auch einen Erlass auf die Salzsteuer. Wir verbieten, dass in der Stadt oder 10 Meilen von ihr entfernt eine Manufaktur errichtet werde, die ihre Tuchsorte nachahmt.

P. Lebrun, Le XVIIème siècle, 1969, S. 232, übers., gek.

Q2 Steuerlast und wirtschaftlicher Erfolg

1698 beschreibt der Festungsbaumeister Sébastien Vauban (1633–1707) den Zusammenhang von wirtschaftlicher Lage und Steuersystem:

Das führt schließlich dahin, dass jemand, der durch sein Talent in der Lage wäre, ein Handwerk oder ein Geschäft zu betreiben und damit sich und seiner Familie ein besseres Leben zu ermöglichen, lieber gar nichts tut. Der, der eine oder zwei Kühe, einige Schafe oder Hammel zur Verbesserung seines Bodens halten könnte, ist gezwungen, sie zu verkaufen, um nicht nächstes Jahr allzu sehr mit der Taille (direkte Steuer) belastet zu werden. Das würde unfehlbar eintreten, wenn er vorankäme und seine Ernte etwas reicher als gewöhnlich ausfallen sollte. Deshalb lebt er mit seiner Familie in größter Armut und geht fast nackt umher. Er schränkt seinen Eigenverbrauch nach Möglichkeit ein. Er lässt aber auch das bisschen Land, das er hat, verwahrlosen und bearbeitet es nur zur Hälfte. Er hat nämlich Angst, dass man seine Taille verdoppelt, wenn er es gut düngt, kultiviert und dadurch gewinnt, was das Land hergeben kann. Es liegt also auf der Hand, dass die wichtigste Ursache für die Wertminderung der ländlichen Güter wiederum in der mangelnden Bodenkultur liegt, und dass dieser Mangel wiederum auf die Art der Veranlagung und Erhebung der Taille zurückzuführen ist.

Vauban, Projet d'une Dîme Royale. Geschichte in Quellen Bd. 3, S. 462, gek., bearb.

1. Wie wurden ausländische Fachleute nach Frankreich gelockt? Welche Vorteile brachten diese Maßnahmen der französischen Wirtschaft? (Q 1)

2. 1685 wurden die Hugenotten aus Frankreich vertrieben. Nenne Folgen für die französische Wirtschaft. (VT) Erörtere außerdem die wirtschaftlichen Effekte durch die Aufnahme der Hugenotten in der Pfalz (z. B. in Frankenthal oder Otterberg).

3. Informiere dich in einem Lexikon, wo französische Kolonien zur Zeit Ludwigs XIV. gegründet wurden und welche Rohstoffe nach Frankreich importiert werden konnten.

4. Colberts Wirtschaftspolitik zeigte Erfolge und Misserfolge. Fertige eine Übersicht an. (VT, Q 1, Q 2)

5. „Du wirst einmal König werden. … Lasse die Finger vom Bauen und vom Kriegführen.“ So äußerte sich Ludwig XIV. im Alter selbstkritisch in seinen Memoiren. Beurteile diese Aussage.

4. Des Königs Untertanen

304.1 Markttag in Paris, Gemälde aus dem 17. Jahrhundert.

Des Königs Untertanen waren in Ständen gegliedert. Ihre Rechte, Pflichten und Privilegien entsprachen den Aufgaben der drei Stände für die Gesellschaft. Die Rechtsgelehrten und Geistlichen erklärten, dass Ludwig XIV. als König von Gottes Gnaden über eine Gesellschaft herrsche, deren Ordnung auch in einem göttlichen Plan vorgesehen sei.

Die Geistlichkeit (Clergé) betet

In Frankreich war die Geistlichkeit der Erste Stand. Ihre Aufgaben waren vornehmlich Seelsorge und Armenpflege. Die Geistlichen unterstanden einer eigenen Gerichtsbarkeit und wählten alle fünf Jahre ihre Vertreter für eine Versammlung, in der sie mit dem König die Interessen der katholischen Kirche diskutierten. Dazu gehörte auch die Erhebung einer eigenen Steuer, des Zehnten. Mit Ausnahme von „Freiwilligen Abgaben“ an den König war der erste Stand von allen direkten Steuern befreit.

Innerhalb des Ersten Standes gab es den Hohen Klerus und den Niederen Klerus. Die Mitglieder des Hohen Klerus (Bischöfe, Äbte, Prälaten und Domherren) erhielten ihre Ernennung vom König. Sie entstammten meist adligen Familien und schätzten das Leben bei Hof. Wenn ihre finanziellen Mittel und ihre Aufgaben dies nicht ermöglichten, so versuchten sie wenigstens wie Höflinge zu leben. Ganz im Gegensatz dazu standen die Lebensverhältnisse der Priester und Mönche, des niederen Klerus. Auf Grund ihrer bürgerlich-bäuerlichen Herkunft waren ihre theologische Ausbildung und die Bildung meist nur unzureichend. Gering waren auch ihre Einkünfte.

Der Adel (Noblesse) lebt von Feudalrechten

Der Adel, der Zweite Stand, wurde vererbt, vom König durch einen Adelsbrief verliehen oder durch ein Amt erworben. Wie der Klerus unterstand er seiner eigenen Gerichtsbarkeit und war von allen direkten Steuern befreit.

Während der Hochadel politisch zunehmend an Macht verlor, versuchte er in Versailles Ruf und gesellschaftliches Ansehen durch eine luxuriöse Lebensweise zu bewahren. Sein

Einkommen bezog er meist aus Grundbesitz. Betätigungen in Handel und Gewerbe galten als nicht standesgemäß. Eine fehlende juristische Ausbildung verhinderte die Übernahme von Ämtern mit sicheren Einnahmen.

Die Lebensweise des Provinzadels unterschied sich kaum von derjenigen der Bauern. Die Einkünfte aus den Feudalrechten (Frondienste und Abgaben) waren abhängig von den Ernten und der wirtschaftlichen Entwicklung. Dennoch hielt der Provinzadel an seinen Rechten fest. Nur sie bestätigten noch seine Zugehörigkeit zum Adel.

Der Dritte Stand (Tiers Etat) zahlt Steuern

Wer nicht zum Adel oder zum Klerus gehörte, der zählte zum Dritten Stand: Bankier wie Tagelöhner. Bereits mit der Geburt erworbene ↗Privilegien wie der Adel besaß von ihnen niemand. In der Mehrheit lebte der Dritte Stand auf dem Lande.

Auf dem Lande dominierten die Grundherren, die neben Abgaben und Frondiensten den Bauern mit ihren Taubenschlägen, Fischerei- und Jagdrechten das Leben schwer machten. Die landwirtschaftlichen Erträge sicherten nur den reichen Bauern ein Auskommen. Mit 1 oder 2 Rindern betrieben die meisten ihren Hof und gingen nebenbei noch einem Handwerk nach. Mancher Bauer besaß noch nicht einmal ein Zugtier. Die Landbevölkerung war mit zahlreichen Steuern belastet. Im Kriegsfall erwartete der König zusätzliche Abgaben, die Kontributionen. Es gehörte dann auch zu ihren Pflichten, Soldaten zu stellen oder bei sich einzuquartieren. Unter diesen Belastungen waren Aufruhr, Unruhen, Revolten, die der König mit Hilfe des Militärs unterdrücken ließ, an der Tagesordnung.

In der Stadt lebten die Bürger. Sie hatten Geld und Ansehen durch Handel und Gewerbe oder durch die „Robe“ erworben, die Richter oder Anwälte bei ihrer Amtsausübung trugen. Zu diesem Amtsadel gehörten Justiz- und Finanzbeamte. Stadtbürger, die über den Handel oder Geldgeschäfte zu Wohlstand gekommen waren, bevorzugten für ihre Söhne eine juristische Ausbildung. Sie kauften ein Amt, um ihnen so den Aufstieg in die „noblesse de robe“ (Amtsadel) zu ermöglichen. Über Heirat in den erblichen Adel, den Kauf von Adelsbriefen oder adligem Grundbesitz versuchte der Amtsadel, Zugang zum Hof zu finden. Doch das gelang nur wenigen. Trotz guter Ausbildung und hoher Steuerleistungen blieben sie für die Krone und die „noblesse d'épée“ (Schwertadel) immer soziale Aufsteiger.

Die Mehrheit der Stadtbevölkerung bildeten die mittleren und kleinen Handwerker, die Lohnarbeiter der Manufakturen, Dienstboten, Tagelöhner, Gelegenheitsarbeiter und Bettler.

Die Konkurrenz der Manufakturen war für die Handwerksbetriebe hart, denn sie konnten mit der Großproduktion nicht mithalten. Viele Handwerksmeister gerieten in Abhängigkeit von Großhändlern, die ihnen die Rohstoffe zur Verarbeitung überließen. Sie übernahmen auch den Verkauf der Waren und bestimmten deren Preis. Die Löhne der Gesellen und Manufakturarbeiter deckten selten deren Lebenshaltungskosten. Die Arbeitszeit lag mit Ausnahme der Sonntage je nach Jahreszeit zwischen 12 und 14 Stunden. Freie Tage blieben unbezahlt. Gegen diese Arbeitsbedingungen legten sie häufig geschlossen die Arbeit nieder – jedoch meist ohne langfristigen Erfolg.

Viele junge Mädchen und Frauen aus armen Verhältnissen oder ohne Mitgift hatten die schlechten Zukunftsaussichten auf dem Lande in die Stadt getrieben. Die Heiratsaussichten erschienen ihnen hier vielleicht günstiger, aber mit ihrer Verheiratung wussten nur Geschäftstüchtige Geld zu machen. Manche jedoch, so berichtete ein zeitgenössischer Schriftsteller, zogen die Lebensweise in der Stadt dem „drückenden Joch der Ehe“ vor. Da die jungen Mädchen oder Frauen aber meist noch nicht einmal über Grundkenntnisse im Rechnen, Lesen und Schreiben verfügten, waren die Aussichten auf eine gesicherte Existenz in der Stadt gering. Nicht wenige von ihnen verdienten sich ihren Lebensunterhalt mit Prostitution. Die Anzahl unehelicher Kinder, die häufig ausgesetzt wurden, wuchs so sehr, dass ganze Spitäler allein ihre Betreuung übernahmen.

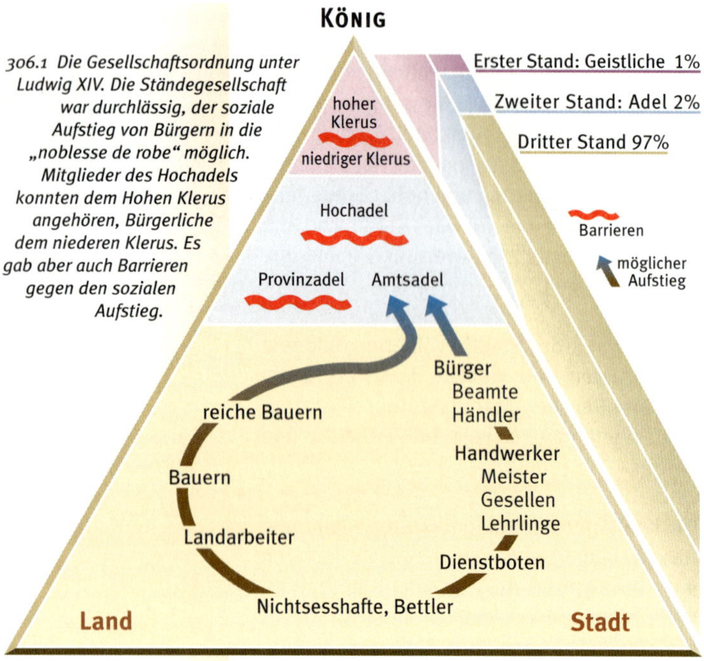

306.1 Die Gesellschaftsordnung unter Ludwig XIV. Die Ständegesellschaft war durchlässig, der soziale Aufstieg von Bürgern in die „noblesse de robe" möglich. Mitglieder des Hochadels konnten dem Hohen Klerus angehören, Bürgerliche dem niederen Klerus. Es gab aber auch Barrieren gegen den sozialen Aufstieg.

Q1 Der Amtsadel

Eine Schmähschrift klagt 1689 an:

An die Stelle des alten Adels sind nun die Aufsteiger getreten, die ihren Titel Begünstigungen und Geld verdanken. Diese Leute kaufen und besitzen die schönsten Ländereien im Königreich. Und wenn sie aufs Land fahren, um dort einige Monate zu verbringen, kriecht der Adel vor ihnen. Und der Adlige, der aus einer Familie stammt, in der man vorher noch nicht einmal einen Domestiken von solch niederer Herkunft wollte, schätzt sich glücklich, dort einen Platz bei Tisch und eine Mahlzeit zu ergattern.

Domestik = Dienstbote

Manuel Histoire, 1998, S. 40, übers., bearb.

Q2 Soziale Folgen des Merkantilismus?

Der Festungsbaumeister Sebastien Vauban (1633 – 1707) richtet 1698 an den König eine Denkschrift:

Ich bin zu der Feststellung gelangt, dass in der letzten Zeit fast ein Zehntel der Bevölkerung an den Bettelstab gelangt ist und sich tatsächlich durch Betteln erhält. Von den übrigen neun Zehnteln sind fünf nicht in der Lage, das erste Zehntel durch Almosen zu unterstützen, weil sie selber diesem Elendszustand um Haaresbreite nahe sind. Von den verbleibenden vier Zehnteln sind drei außerordentlich schlecht gestellt. In dem zehnten Zehntel, zu dem ich alle Angehörigen des Schwert- und Amtsadels, die Inhaber militärischer und ziviler Ränge, die Großkaufleute, die wohlhabendsten und von ihren Renten lebenden Bürger rechne, gibt es keine hunderttausend Familien … Ich fühle mich bei Ehre und Gewissen verpflichtet, Seiner Majestät vorzutragen, dass man nach meinem Eindruck in Frankreich von jeher nicht genügend Rücksicht auf das niedere Volk genommen. … Es ist die unterste Schicht des Volkes, die durch ihre Arbeit, ihren Handel und ihre Abgaben den König und das Königreich bereichert. Durch ihre Zahl und ihre nützlichen Dienste für den Staat ist sie die bedeutendste Schicht, aber sie wird verachtet. Diese Schicht des Volkes trägt alle Last, hat gelitten und leidet noch, während ich dies schreibe. …

Vauban, Projet d' une Dîme Royale. Histoire Géographie 4ème, 1993, S. 29; Geschichte in Quellen, Bd. 3, S. 462, gek., bearb.

1. Wer sind die Gewinner, wer die Verlierer der merkantilistischen Wirtschaftspolitik? (Q 1, Q 2)

2. Überprüfe anhand des Schaubildes 54.1, ob die Aussagen Vaubans in seiner Denkschrift (Q 2) so richtig sind.

3. Welches Ziel verfolgte Vauban mit der Kritik? (Q 1)

4. Vertreter der drei Stände treffen sich, um eine Steuerreform zu erarbeiten.
Überlegt, welche Vorschläge jeder wohl macht, und überprüft, ob sie realisierbar sind.

5. Versailles – Vorbild für Herrschaft und Lebensart in Europa

Um wie der französische König zu regieren und zu repräsentieren, ließen sich die europäischen Fürsten Residenzen im Barockstil bauen. Wie ihre französischen Vorbilder wirkten sie gerne als Förderer der Musik, Malerei und Literatur. Auch die Adligen und wohlhabende Bürger legten Wert auf Repräsentation. Sie waren bereit, Geld in den Bau von Schlössern und Bürgerhäusern zu investieren und unterstützten so mit ihren Aufträgen das einheimische Handwerk und Gewerbe. Das bedeutete Arbeit und Lohn für viele, aber auch Steuerbelastungen. In ganz Europa entstanden zu dieser Zeit prächtige Bauwerke, die heute noch viele Besucher anziehen.

307.1 Große Galerie des Mainzer Residenzschlosses, Kupferstich von Salomon Kleiner (um 1720).

■ Das Französische kommt in Mode

Nicht nur der europäische Adel, sondern auch die Bürger kopierten die französische – oder besser die Pariser – Lebensart (französisch: le savoir vivre) bei der Auswahl von Kleidung und Frisur oder der Einrichtung von Häusern und Wohnungen. Alles Französische galt als elegant und vornehm: Speisen, Getränke, Essgewohnheiten und Tischsitten. Die französischen Bezeichnungen ersetzten die muttersprachlichen Ausdrücke oder wurden in Aussprache und Rechtschreibung angepasst. Vornehme Kreise der Gesellschaft waren von allem, was nach Frankreich klang, begeistert. Bei geselliger Unterhaltung, Tanz und Konversation „parlierten“ sie gern, ganz wie in den Pariser Salons (französisch: parler = reden).

■ Die Umgangsformen von Versailles machen Schule

Der Höfling in Versailles wurde zum gesellschaftlichen Vorbild für den Ehrenmann oder Kavalier. Würde, Pose und Redekunst – das musste erlernt werden! Wer über genügend Geld verfügte, leistete sich einen eigenen – französischen – Hofmeister für die persönliche Bildung oder die Erziehung seiner Kinder. Die „Kavalierstour“ durch Europa gehörte von nun an zur Ausbildung der jungen Männer. Auf Hofbällen bewiesen sie, dass sie sich als Höflinge zu verhalten und zu „antichambrieren“ wussten. Ursprünglich hieß das, vor dem Schlafzimmer vornehmer Herren mit seinem Anliegen zu warten; nun bedeutete es, vornehmen Männern und Frauen zu schmeicheln.

Das adlige oder reiche bürgerliche Fräulein übte mit hoher Frisur und ausladenden Kleidern anmutig durch Säle zu schweben und Menuett zu tanzen, es vervollkommnete sich in Malerei, Gesang, Konversation – am besten Französisch – und Geduld – bis es verheiratet wurde. Sie wählte sich ihren Ehepartner nicht selbst, sondern wurde von ihren Eltern und Verwandten so standesgemäß wie möglich verheiratet. Nicht selten schlugen auch fürstliche Räte aus politischen, finanziellen oder gesellschaftlichen Gründen einen passenden Ehemann vor.

■ Europa im Barock

Ursprünglich bezeichnete man im Portugiesischen unregelmäßig geformte Perlen als barock. Der neue Baustil wurde – zunächst abfällig – barock genannt, weil diese Art zu bauen nicht die Regeln und Formen griechischer und römischer Architektur beachtete. Der Begriff wurde auch auf Dichtung, Malerei, Musik und Tanz übertragen, um so die Ablehnung alles Französischen auszudrücken. Doch allmählich verlor er seine negative Bedeutung – heute bezeichnet man den Kunststil des 17. und 18. Jahrhunderts als Barock.

Q1 Warum nicht Deutsch?

Der deutsche Dichter Sigmund von Birken (1626 – 1681) tadelte die Vernachlässigung der deutschen Sprache.

Es ist an sich lächerlich, dass wir Deutsche mit großen Unkosten reisen, um fremde Sprachen zu erlernen, und dabei unsere eigene edle Sprachen vernachlässigen. Fremde erweisen uns diese Ehre jedoch nicht. Man wird keinen Welschen (hier: Italiener) oder Franzosen statt seiner Muttersprache deutsch reden hören. Jeder wird in seiner Sprache reden oder, wie es in Gesandtschaften üblich ist, sich einer dritten Sprache bedienen. Was hat denn unsere deutsche Sprache, die doch eine Welthauptsprache und von Babel ausgegangen ist, verschuldet, dass wir sie zum Pöbel verbannen und lieber den Fremden nachsprechen? Etliche Schulgelehrte sprechen von deutschem Sprachfleiß und guten deutschen Schriften. Wird ihnen allein deshalb widersprochen, weil die Schriften nicht in Latein geschrieben sind?

Sigmund von Birken, Voransprache an den Edlen Leser, in: A. Schöne (Hrsg.), Das Zeitalter des Barock. Texte und Zeugnisse, 1968, S. 37–38, gek., berarb.

Q2 Deutsche Sprache und Geschmack

Der preußische König Friedrich II. schrieb 1775 auf Französisch an den französischen Philosophen Voltaire:

Wie nützlich sind der Gesellschaft doch die schönen Künste! Sie schaffen Erholung von der Tagesarbeit, sie zerstreuen die politischen Nebel, die den Kopf einhüllen, sie lassen den Geist geschmeidig werden, sie erfreuen sogar die Frauen, trösten die Betrübten und machen das einzige Vergnügen derer aus, die sich unter der Last des Alters krümmen. …

Unsere Deutschen streben jetzt ebenfalls danach, sich die Vorzüge der schönen Literatur anzueignen. Sie wollen es Athen, Rom, Florenz und Paris gleichtun. Wie sehr ich aber mein Vaterland liebe, so kann ich aber bisher nicht sagen, es sei ihnen gelungen. Uns fehlt zweierlei: Sprache und Geschmack. Das Deutsche ist zu weitschweifig. Gebildete Leute sprechen französisch und einige Schulpedanten und Professoren vermögen nicht, der deutschen Sprache die Feinheit und Leichtigkeit zu geben, die sie nur im Umgangston der großen Welt erlangen könnte. …

An Geschmack fehlt es den Deutschen vollkommen. Sie bringen es nur zu einer verwerflichen Mischung von römischem, englischem, französischem und deutschem Geschmack. Sie haben dabei nicht das feine Unterscheidungsvermögen, Schönes, da wo es sich findet, aufzuspüren, Mittelmäßiges von Vollkommenem, Edles von Erhabenem zu trennen und jedes an seinen richtigen Platz zu stellen. Wenn nur viele Rs in ihren poetischen Wörtern vorkommen, so halten sie ihre Verse für wohlklingend, und gewöhlich sind diese nichts als ein Durcheinander von schwülstigen Ausdrücken.

K. Förster (Hrsg.), Briefe an Voltaire, 1963, S. 208–209.

1. Erörtere: Barocke Schlösser sind Symbole des Absolutismus.
2. Der Baustil des Barock breitete sich im 18. Jahrhundert über ganz Europa aus. (Bilder S. 288/289) Gehe der Frage nach, inwieweit es auch eine gesamteuropäische Barockkultur (Musik, Literatur etc.) gegeben hat.
3. Im 17. und 18. Jahrhundert wurde zum Teil sehr heftig über die deutsche Sprache diskutiert. Mit welchen Zielen und Argumenten? (Q 1/Q 2)
4. Suche nach Wörtern unserer Sprache, die aus dem Französischen kommen. Kannst du bestimmte Wortfelder erkennen, in denen sich solche Wörter häufen?
5. Es gibt auch heute noch Leute, die die deutsche Sprache vor ausländischen Einflüssen abschirmen wollen. Vergleiche die Situation mit jener des Barockzeitalters und bilde dir eine eigene Meinung.

6. Was ist Aufklärung?

309.1 Aufklärung. Kupferstich von Daniel Chodowiecki (1726–1801).

„Der König allein weiß, was gut und richtig ist. Die Kirche hat immer Recht!" – Immer mehr Leute gerieten bei solchen Vorstellungen ins Grübeln, waren mit der Ergebenheit und dem blinden Gehorsam ihrer Mitmenschen unzufrieden. *„Habe Mut, dich deines eigenen Verstandes zu bedienen"*, – so hielt der Philosoph Immanuel Kant 1784 dagegen. ↗Aufklärer wie Kant waren optimistisch: Jeder sei imstande, sein Leben selbst in die Hand zu nehmen. Mit Hilfe seiner Vernunft könne der Mensch aus eigener Kraft sein Glück finden und Gutes bewirken. Überall werde der Fortschritt dann Einzug halten, Leiden und Elend könnten besiegt werden.

Der Glaube an die Vernunft des Menschen wirkte sich auch auf das Verhältnis zur Natur aus. Die Aufklärer wollten alle Naturgesetze erforschen und mit Hilfe von technischen Erfindungen die Natur beherrschen. Voraussetzung sei, so sagten sie, dass die Wissenschaftler nur „empirische Methoden" anwandten, ihre Behauptungen also durch Beobachtung und Experimente bewiesen.

■ Eine neue Sicht der Herrschenden

Die Aufklärer gingen davon aus, dass alle Menschen ursprünglich gleich und frei waren. Abhängigkeitsverhältnisse wie Sklaverei und Leibeigenschaft hielten sie für menschenunwürdig. Deshalb musste das neue Menschenbild auch zu einer kritischen Überprüfung der politischen Verhältnisse führen. Die Behauptung der absoluten Monarchen, dass sie von Gott eingesetzt seien und deshalb über den für andere Menschen geltenden Gesetzen stünden, wurde von den Denkern nun nicht mehr akzeptiert.

■ Die französischen Staatslehrer

Aufklärer wie Jean-Jacques Rousseau (1712–1778) erklärten, auch die Fürsten seien Regeln unterworfen und müssten als Diener ihres Volkes den allgemeinen Willen ausführen. Ihre Aufgabe sei es, für Frieden und Wohlstand zu sorgen und die Rechte, die jedem von Natur aus zustünden, zu schützen. Aus diesen Rechten auf Leben, Freiheit und freie Entfaltung entwickelten sich später die Grundrechte, die in den Verfassungen moderner Staaten festgehalten sind.

Vom Volk müsse alle Herrschaft ausgehen, erklärte Rousseau. Dieses Prinzip der Volkssouveränität bedeutet, dass alle Mitglieder eines Staates an den Entscheidungen beteiligt sein müssen. Aber Rousseau ging weiter: Für das Volk müsse es jederzeit möglich sein, seinen Herrscher abzusetzen, wenn dieser nicht die Interessen des Volkes berücksichtige. Begründet wurde dies mit der Annahme, dass jedem Staat ein – ungeschriebener – Gesellschaftsvertrag zugrunde liege, der beiden Seiten Verpflichtungen auferlege.

Charles de Montesquieu (1689–1755), ein französischer Adliger, der selbst politisch tätig gewesen war, setzte andere Schwerpunkte. Er war überzeugt, dass keine Macht im Staat so stark sein dürfe, dass sie alleine herrschen könne. Eine solche Herrschaft gehe zwangsläufig in Willkür über. Er forderte daher eine Gewaltenteilung: Die drei staatlichen Gewalten, die Legislative (gesetzgebende Gewalt), die Exekutive (ausführende Gewalt) und die Judikative (rechtsprechende Gewalt), sollten voneinander unabhängig sein und sich gegenseitig kontrollieren. So solle es zum Beispiel möglich sein, die Handlungen der Regierung vor einem unabhängigen Gericht zu überprüfen und eine Korrektur zu veranlassen.

309.2 Immanuel Kant. Er wurde 1724 in Königsberg geboren. Sein Vater war Sattler. Er selbst studierte und wurde Professor der Philosophie in Königsberg.

309.3 Charles de Montesquieu (1689–1755), Kupferstich.

Empirie (griechisch): wissenschaftliche Erfahrung im Unterschied zur Theorie. Wissen, das auf Grund von Erfahrung erworben wird.

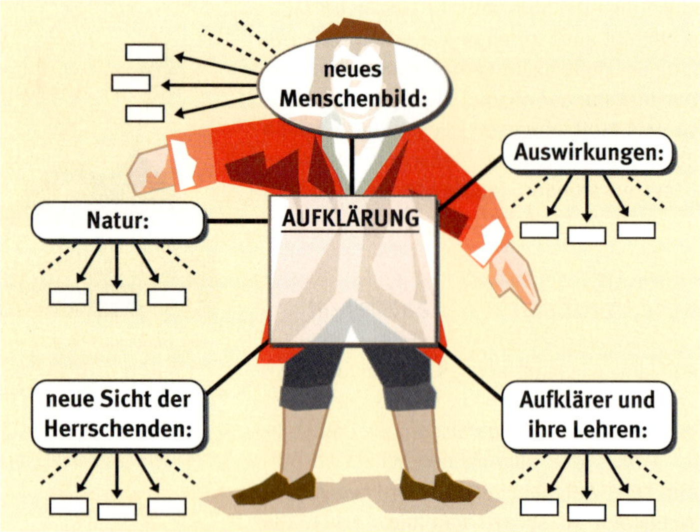

310.1 Grundlage einer „mind map" zum Thema Aufklärung. Vervollständige das Schema mit Hilfe der Informationen auf S. 309f.

Bildungsoffensive

Wissen zu verbreiten und die Menschen anzuleiten, ihren Verstand zu gebrauchen – dies hielten die Aufklärer für das Wichtigste. Wissenschaftler trafen sich in Akademien, in denen sie ihre Forschungsergebnisse austauschten. Seit 1700 wurden in den großen Städten Englands, Frankreichs und Deutschlands Clubs und Lesegesellschaften gegründet, in denen Adlige und reiche Bürger die neuen Ideen diskutierten. Leihbibliotheken wurden eingerichtet. Erstmals entstand damit so etwas wie eine „öffentliche Meinung", die stark vom Bürgertum geprägt war.

Bereits 1649 hatte Württemberg die Schulpflicht eingeführt. Nun führte Preußen 1717 die Schulpflicht für die Fünf- bis Zwölfjährigen ein. Erfolge stellten sich schnell ein: Um 1800 konnten in Deutschland immerhin 25 bis 30 Prozent der Bevölkerung lesen. 50 Jahre früher war es nur ein Prozent gewesen. Der preußische König und seine Beamten hofften, dass sich durch bessere Ausbildung der Wohlstand langfristig heben werde. Andererseits diente der Unterricht auch dazu, die Schüler zu gehorsamen Untertanen zu erziehen.

Bleibende Leistungen

Einige Gedanken der Aufklärung erscheinen uns heute problematisch. Dazu gehört die Vorstellung, dass technischer Fortschritt grenzenlos machbar sei. Damit haben die Menschen sich überschätzt. Aber die Leistung der Aufklärer bestand darin, Irrtümer und Vorurteile zu bekämpfen und sich für Toleranz und Menschenrechte einzusetzen.

Dadurch wurde auch der Glaube an die natürliche Unterlegenheit des weiblichen Geschlechts in Frage gestellt und vereinzelt eine gleiche Erziehung für Jungen und Mädchen gefordert. Dies konnte sich ebenso wenig durchsetzen wie die Forderung des Aufklärers John Locke (1632–1704) nach der Gleichberechtigung von Mann und Frau.

310.2 Jagd im Park von Schwetzingen. Bauern mussten Wild zusammentreiben, das dann zu Hunderten abgeschlachtet wurde. Größtenteils verrottete das Fleisch, weil die fürstliche Gesellschaft nicht so viel auf einmal essen konnte. Dem manchmal hungernden Volk wurde nichts davon abgegeben. Gemälde von Jacobus Schlachter, um 1730; heute: Deutsches Historisches Museum, Berlin.

Q1 Was ist Aufklärung? (1784)

Der Philosoph Immanuel Kant antwortete:

Aufklärung ist der Ausgang des Menschen aus seiner selbst verschuldeten Unmündigkeit. Unmündigkeit ist das Unvermögen, sich seines Verstandes ohne Leitung eines anderen zu bedienen. Selbstverschuldet ist diese Unmündigkeit, wenn ihre Ursache nicht Mangel des Verstandes, sondern mangelhafte Entschlusskraft und mangelnder Mut sind, sich des Verstandes ohne Leitung eines anderen zu bedienen. Sapere aude! Habe Mut, dich deines Verstandes zu bedienen! ist also der Wahlspruch der Aufklärung.

I. Kant, Berlinische Monatsschrift, Dez. 1784, S. 1, bearb. und vereinf.

Q2 Bildung auf dem Land

Der preußische Adlige Friedrich Eberhard von Rochow (1734 – 1805) richtete auf seinen Gütern Volksschulen ein. Vom König forderte er Staatsschulen.

Ich lebe unter Landleuten; mich jammert des Volkes; neben den Mühseligkeiten ihres Standes werden sie von der schweren Last ihrer Vorurteile gedrückt. Sie wissen weder das, was sie haben, gut zu nutzen, noch das, was sie nicht haben können, froh zu entbehren. Sie sind weder mit Gott noch mit der Obrigkeit zufrieden. …

Die Ursachen dieser sämtlichen, den Staat in seinen wichtigsten Teilen zerstörenden Übel liegt an der vernachlässigten Erziehung der ländlichen Jugend. Man sorgt nicht dafür, ihr die von der ihrigen oft sehr verschiedene Sprache des Unterrichts und die in derselben richtigen Begriffe und Grundsätze beizubringen. Man bildet nicht ihre ganze Seele; man gewöhnt ihr Gewissen nicht, über ihre Urteile und ihre Handlungen zu richten.

Und so bleibt denn auch das Landvolk unfähig, einen moralischen Vortrag zu verstehen, gegebene Regeln anzuwenden, begangene Fehler zu Besserung zu nutzen. Sondern sie sind und bleiben sinnlich, das ist nicht viel besser als tierisch. …

F. E. von Rochow, Pädagogische Schriften, Bd. 1, 1907, S. 345, gek.

Q3 Erfolgreich unterrichten?

Jean-Jacques Rousseau forderte unter anderem, dass man Kinder als Kinder und nicht als Erwachsene behandeln sollte.

Macht euren Schüler auf die Naturerscheinungen aufmerksam, dann wird er neugierig. Aber um seine Neugier zu nähren, beeilt euch niemals, sie zu befriedigen. Stellt ihm Fragen, die seiner Fassungskraft entsprechen, lasst sie ihn selber lösen. Er darf nichts wissen, weil ihr es ihm gesagt habt, sondern weil er es selbst verstanden hat. Er soll die Naturwissenschaften nicht lernen, sondern erfinden.

Denkt auch an erster Stelle daran, dass ihr ihm nur selten vorschreiben solltet, was er lernen soll. Er selbst muss es wünschen, suchen, finden.

Erklärungen in Form von Vorträgen liebe ich nicht. Junge Leute geben weniger darauf Acht und behalten sie kaum. Er soll selbst urteilen! Wird er dauernd durch das Urteil des Autors gelenkt, tut er nichts, als mit den Augen eines anderen sehen. Und wenn ihm dieses Auge einmal fehlt, dann sieht er gar nichts mehr.

J.-J. Rousseau, Emile oder über die Erziehung, 1978, S. 159, S. 174, 244 gek.

1. Formuliere in eigenen Worten, was Kant unter „Aufklärung" versteht. Erkläre, was er mit „selbstverschuldeter Unmündigkeit" meint. (Q 1)

2. Nach welchen Grundsätzen möchte Rousseau unterrichten und Schüler für das Lernen interessieren? (Q 3) Diskutiert in der Klasse, inwiefern Rousseaus Vorschläge praktikabel sind.

3. Versetze dich in die Rolle eines Aufklärers, der sich mit einem Bauern unterhält, der weder lesen noch schreiben kann. Mit welchen Worten machst du ihm klar, worum es bei den neuen Ideen geht? Welche Beispiele verwendest du? Welche Einwände könnte er vorbringen?

311.1 Jean-Jacques Rousseau, 1712 – 1778. Gemälde von Allan Ramsey, 1766.

7. Friedrich II. von Preußen – ein aufgeklärter Herrscher?

312.1 Friedrich II. spielt Querflöte bei einem Konzert auf Schloss Sanssouci.

Flötenkonzerte gehörten zum Hofleben, wenn sich der König in seinem Schloss Sanssouci aufhielt. Friedrich II. komponierte selbst 121 Flötensonaten. Das Gemälde wurde von Adolph Menzel mehr als fünfzig Jahre nach Friedrichs Tod um 1850 gemalt (heute: Nationalgalerie Berlin).

312.2 Friedrich II. und Voltaire im Gespräch. Voltaire hatte einige Jahre in Potsdam bei Friedrich II. verbracht. Kupferstich nach einem Gemälde von P. C. Baquey (1759–1829).

Ein eigensinniger Sohn?

Als einer der aufgeklärtesten Herrscher seiner Zeit gilt Friedrich II., der 1740 König von Preußen wurde. Gleichzeitig wird er als kalt und sehr machtbewusst beschrieben: Ein typischer Monarch des 18. Jahrhunderts?

Kronprinz Friedrich sollte zu einem pflichtbewussten Berufssoldaten erzogen werden. Nach militärischer Vorschrift sollte er leben. Friedrich aber entwickelte Eigenschaften, die sein Vater verachtete: Er war empfindsam, körperlich eher zart und hochintelligent. Er hasste die deutsche Sprache, liebte dagegen alles Französische, las gern, interessierte sich für Philosophie – insbesondere die Ideen der Aufklärung –, spielte gern und gut Querflöte und komponierte Musikstücke.

Ein Philosoph als König?

Die europäischen Aufklärer jubilierten, als König Friedrich II. 1740 den Thron bestieg. Voltaire, zu diesem Zeitpunkt ein persönlicher Freund Friedrichs, schrieb: *„Ein Philosoph wird König, oh, unser Jahrhundert wünschte dies zweifellos und wagte es nur nicht zu erhoffen. Mein Fürst ist würdig, die Menschen zu regieren: Er weiß sie aufzuklären.“* Friedrich II. bezeichnete sich selbst als ersten Diener des Staates und erklärte: *„Es ist nicht nötig, dass ich lebe, wohl aber, dass ich meine Pflicht tue.“* Von seinen Untertanen verlangte er dieselbe Pflichterfüllung.

Diskriminierung: Zurücksetzen und Benachteiligen von Personen durch unterschiedliche Behandlung.

Tatsächlich begann die Regierung mit einem unerwarteten Paukenschlag. Um seinen Machtbereich zu erweitern, fiel der junge König mit der Armee in Schlesien ein, das zu Österreich gehörte. Das geraubte Land verteidigte er in den folgenden Schlesischen Kriegen (1740–1745) gegen Österreich. Nach der außenpolitisch ruhigen Regierungszeit seines Vaters fiel dieser Kurswechsel ganz besonders auf. Es sollten nicht seine einzigen militärischen Aktionen bleiben, obwohl er oft bekundet hatte: *„Wie verabscheue ich dieses Handwerk, zu dem mich der blinde Zufall meiner Geburt verdammt hat!“*

Der erste Diener des Staates

Innenpolitisch schien es zunächst, als wolle Friedrich den Erwartungen der Aufklärer gerecht werden. Gleich 1740 schaffte er die Folter ab und führte ein gewisses Maß an Pressefreiheit ein. Er verbot die Diskriminierung aus religiösen Gründen. Katholiken, Reformierte und Lutheraner hatten in Preußen nun die gleichen Rechte, Juden allerdings blieben weiterhin rechtlich benachteiligt.

Trotzdem war seine Einstellung für die Mitte des 18. Jahrhunderts bemerkenswert tolerant: Zu dieser Zeit wurden in Frankreich oder Österreich Andersgläubige noch des Landes verwiesen.

Friedrich II. förderte auch die Gründung von Schulen und versuchte, die seit 1717 eingeführte Schulpflicht durchzusetzen. Er war sich darüber im Klaren, dass der Staat nur effektiv verwaltet werden konnte, wenn die Bevölkerung seine Anordnungen lesen und umsetzen konnte. Seine Untertanen sollten auf diese Weise in der Lage sein, ihre Lebensverhältnisse selbst zu verbessern. Sie sollen zumindest ausreichend Steuern bezahlen können, um die Kriege Preußens zu finanzieren.

Andere Reformen dienten dem Ausbau der staatlichen Macht: Die Verwaltung wurde für ganz Preußen vereinheitlicht. Auch eine Vereinheitlichung im Rechtswesen wurde in Angriff genommen: Acht Jahre nach dem Tod des Königs erschien das große Gesetzeswerk. In der Armee, seinem wichtigsten Herrschaftsinstrument, versuchte Friedrich II. den Anteil der Landeskinder zu erhöhen, weil er sich von ihnen ein höheres Engagement erhoffte als von fremden Söldnern.

Die Wirtschaft sollte ausschließlich vom Staat gelenkt werden und dem armen Land die so dringend erwünschten Steuereinkünfte liefern. Friedrich II. modernisierte Preußen, indem er Manufakturen finanzierte, eine Staatsbank gründete und Kanäle bauen ließ. Das Land wurde nach außen abgeschottet, indem etwa auf Wein und Kaffee hohe Einfuhrzölle erhoben wurden. Ausfuhren begünstigte der König dagegen. Insgesamt hoffte er darauf, dass es Preußen bald gelingen würde, die anderen westeuropäischen Länder in ihrem Entwicklungsstand einzuholen.

Wie sein Vater betrieb Friedrich II. eine bewusste Einwanderungspolitik, die „Peuplierung“. Mit Vergünstigungen, wie Steuerbefreiungen, lockte er Fachleute aus ganz Europa nach Preußen. Glaubensflüchtlinge unterschiedlichster Konfession holte er mit seiner Toleranz in religiösen Fragen ins Land. Denn über längere Sicht bedeuteten mehr Menschen auch mehr Steuern und eine größere Armee.

313.1 Friedrich II. besichtigt die Kartoffelernte. Gemälde von Robert Warthmüller, 1886.

Um Lebensmitteleinfuhren überflüssig zu machen, sollte neues Ackerland erschlossen werden. So ließ Friedrich II. die Sumpfgebiete an der Oder entwässern. Stolz blickte er dort auf die Ansiedlung von 1200 Familien: *„Hier habe ich eine Provinz im Frieden erobert.“* Folgenreich war seine 1756 ergangene Anordnung, Kartoffeln anzubauen, um die Gefahr von Hungersnöten zu verringern: Der Siegeszug der Kartoffel in Europa begann, auch wenn die Bauern dieser fremden Knolle aus den Anden zunächst misstrauisch gegenüberstanden. Anfangs musste Friedrich II. die Felder sogar von Soldaten bewachen lassen, damit die Kartoffeln vorzeitig herausgerissen wurden. Noch heute spielen Kartoffelgerichte im ehemals preußischen Raum eine wesentlich größere Rolle als etwa in Süddeutschland.

Vor einer Bauernbefreiung schreckte Friedrich II. aber zurück, vermutlich weil er es sich mit dem Adel nicht verderben wollte. Diesen glaubte er für die Führungspositionen in Armee und Verwaltung zu brauchen. Aber weil es in seinem Staat sklavenähnliche Verhältnisse nicht geben sollte, ließ er das Wort Leibeigenschaft nicht mehr zu – was natürlich nichts an der menschenunwürdigen Lage änderte, in der viele Bauern sich nach wie vor befanden. Immerhin beschränkte er die Anzahl der Tage, die für Frondienste bei den Adligen vorgesehen waren.

Peuplierung (von französisch peuple = Volk): aktiv betriebene Einwanderungspolitik.

Q1 Preußisches Soldatenlied, ca. 1750 (Verfasser unbekannt)

314.1 Bettelnde Soldatenfrau, Radierung von Daniel Chodowiecki, 1764.

1. O König von Preußen,
du großer Potentat[1],
wie sind wir deiner Dienste
so überdrüssig satt.
Was fangen wir jetzt an
in diesem Jammertal,
allwo ist nichts zu finden
als Not und lauter Qual.

2. Und kommt das Frühjahr an,
dann kommt die große Hitz',
dann heißt es Exerzieren[2],
dass der Buckel schwitzt.
Dann heißt es Exerzieren
von Morgen bis Mittag,
und das verfluchte Leben
das währt den ganzen Tag.

3. Ihr Herren nehmt's nicht Wunder,
wenn einer desertiert[3].
Wir werden wie die Hunde
mit Schlägen strapaziert[4],
und bringen sie uns wieder,
sie henken uns nicht auf,
das Kriegsrecht wird gesprochen:
Der Kerl muss gassenlaufn[5].

4. Und wenn wir gassenlaufen,
dann spielet man uns auf
mit Waldhorn und Trompeten,
dann geht es wacker drauf.
Dann werden wir gehauen
von manchem Musketier[6],
der eine hat's Bedauern,
der andre gönnt es dir.

5. Und werden wir dann alt,
wo wenden wir uns hin?
Die Gesundheit ist verloren,
die Kräfte sind dahin.
Und endlich wird es heißen:
Ein Vogel und kein Nest.
Geh, Alter, nimm den Bettelsack,
bist auch Soldat gewest!

Worterklärungen: 1 Machthaber; 2 militärische Übungen machen; 3 dem Kriegsdienst entfliehen; 4 strapazieren, übermäßig anstrengen; 5 durch eine „Gasse" von Kameraden laufen, die ihn züchtigen müssen; 6 Fußsoldat, eigentlich Musketenschütze (Muskete = alte Handfeuerwaffe).

Q2 Das Volk aufklären?

Friedrich II. an den Aufklärer d'Alembert:

Fassen wir irgendeine Monarchie ins Auge; nehmen wir an, sie umfasse zehn Millionen Menschen. Ziehen wir von diesen zehn Millionen zunächst die Bauern, die Manufakturarbeiter, die Handwerker, die Soldaten ab; dann bleiben ungefähr fünfzigtausend Personen, Männer wie Frauen, übrig. Rechnen wir von diesen fünfundzwanzigtausend Frauen ab; den Rest bildet der Adel und das gehobene Bürgertum. Dann wollen wir überprüfen, wie viel es unter diesen träge Denker, Schwachsinnige, kleinmütige Seelen und Liederjane gibt: Und aus diesem Überschlag ergibt sich ungefähr, dass man in dem, was man ein zivilisiertes Volk von ungefähr zehn Millionen Köpfen nennt, kaum tausend gebildete Menschen vorfindet. Es wäre verlorenes Mühen, wollte man die Menschheit aufklären, und oft ist für diejenigen, die sich damit befassen, der Auftrag gefährlich. Man muss sich damit zufrieden geben, für sich weise zu sein, sofern man es sein kann, und soll das gemeine Volk im Irrtum belassen und nur versuchen, es von Verbrechen abzuhalten, die die Ordnung der Gesellschaft stören.

Friedrich II., Schriften und Briefe, 1985, S. 305f., gek.

1. Benenne staatliche Maßnahmen, mit denen (nicht nur) König Friedrich II. von Preußen sein Land modernisiert hat.
2. Stelle zusammen: In welchen Punkten haben sich die Erwartungen der Aufklärer in Bezug auf Friedrich II. erfüllt, inwiefern wurden sie enttäuscht? (VT, Q 2)
3. Erläutere Zusammenhänge zwischen Aufklärung und Militärwesen.
4. Soll das Volk aufgeklärt werden? (Q 3)

8. Die englische Alternative zum Absolutismus

Oben links: Karl I. schwieg während seiner Verhandlung.
Unten links: Auf dem Weg zur Hinrichtung trug der König zwei Hemden, die ihn warm hielten. Die Zuschauer sollten nicht denken, er zittere vor Furcht.
Oben rechts: Der Henker hält den abgetrennten Kopf Karls I. in der Hand.
Unten rechts: Zuschauer tauchten ihre Taschentücher in das Blut des Königs, um ein Erinnerungsstück zu haben.

315.1 Am 30. Januar 1649 wurde der englische König Karl I. hingerichtet. Ein Bürgerkrieg war vorausgegangen, schließlich hatte das Parlament den König vor Gericht gestellt. Dort wurde er zum Tode verurteilt. Anonymes Gemälde, um 1700.

■ Eine „glorreiche Revolution“?

England, 1688. Dramatische Ereignisse spielten sich ab, die als „Glorious Revolution“ in die Geschichtsbücher eingingen. In der Formulierung schwingt Stolz darauf mit, dass die Vorgänge unblutig abliefen und es nicht zu einem Bürgerkrieg kam. Das Parlament hatte politisches Neuland betreten und sich selbstständig neue Herrscher ausgesucht: Die Wahl war auf Wilhelm von Oranien aus den Niederlanden und dessen Frau Maria gefallen, Schwiegersohn und Tochter des bisherigen Königs, Jakob II. Man hatte die beiden Protestanten nach England gerufen, weil der Katholik Jakob II. in den Augen vieler als König nicht mehr tragbar war. Er besetzte immer mehr politische und militärische Führungsstellen mit Katholiken und vertiefte die Beziehungen zum katholischen Frankreich. Im mehrheitlich protestantischen England fühlten sich aber viele von den Katholiken bedroht, weil sie sie mit absolutistischer Herrschaft und Bürgerkriegen in Verbindung brachten.

Als Wilhelm von Oranien und Maria mit einer Armee in England landeten, floh König Jakob II. nach Frankreich. Die Macht im Staat hatte sich vom König auf das Parlament verlagert: Bevor Wilhelm und Maria vereidigt wurden, mussten sie eine Garantie der Rechte, eine „Declaration of Rights“, unterzeichnen, die später als „Bill of Rights“ veröffentlicht wurde. Die Rechte des Parlaments, das jetzt frei gewählt und regelmäßig einberufen werden musste, wurden darin gesichert. Allein ihm stand es zu, Steuern und ein stehendes Heer zu bewilligen sowie Gesetze zu erlassen oder aufzuheben. Abgeordnete sollten Redefreiheit und Immunität genießen, d. h. sie durften wegen ihrer Aussagen im Parlament nicht vor Gericht gestellt werden. Das Gesetz stand nun über der Krone!

Damit war England eine konstitutionelle Monarchie geworden, in der das Parlament, nicht der König, die dominierende Rolle spielte. Von den Aufklärern wurde dies als leuchtendes Vorbild empfunden. England war sicher noch keine Demokratie im heutigen Sinne, da nach wie vor die Macht beim Adel lag, das Wahlrecht an den Besitz geknüpft blieb und die Masse des Volkes vom politischen Leben ausgeschlossen war. Trotzdem spricht man vom „englischen Sonderweg“ in der europäischen Geschichte, zumal die englischen Bürger größere persönliche Freiheiten als Bürger anderswo genossen: Schon 1679 hatte das Parlament mit der so genannten Habeas-Corpus-Akte willkürliche Verhaftungen ausgeschlossen, ferner herrschte Meinungsfreiheit und das Privateigentum war geschützt.

Habeas-Corpus-Akte: 1679 erlassenes englisches Gesetz zum Schutz der persönlichen Freiheit. Niemand darf ohne richterlichen Haftbefehl verhaftet und ohne gerichtliche Untersuchung länger als drei Tage in Haft gehalten werden. Das Gesetz ist nach dem lateinischen Anfang alter Haftbefehle benannt (habeas corpus = du sollst den Körper haben).

316.1 Cromwell löst 1653 mit Hilfe der Armee, die ursprünglich zum Schutz der Parlamentarier aufgestellt worden war, das Parlament auf. Kupferstich.

Unter Cromwells Hand heißt es: „Verschwindet, ihr Schurken. Ihr habt lange genug getagt!" An den Seitenwänden steht: „Dieses Haus ist zu vermieten."

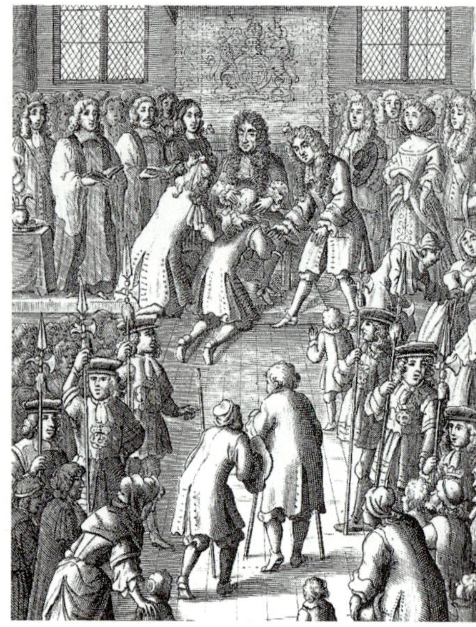

316.2 König Karl II. heilt durch Berührung. Mit der Krönung Karls II. lebte 1660 ein alter Aberglaube wieder auf.

Die Vorgeschichte

England besaß schon seit langem ein starkes Parlament. Adlige waren zwar – anders als in Frankreich – von der Zahlung von Steuern nicht ausgenommen. Sie waren aber auch nicht bereit, sich dem Monarchen zu unterwerfen. So wurde England nie zu einem absolutistischen Militär- und Beamtenstaat. Auch auf wirtschaftlichem Gebiet beschritt England einen Sonderweg: Der Landadel, die Gentry, betätigte sich auch als Unternehmer oder trieb Handel. Großbürgertum und Adel hatten daher ähnliche politische Ziele. Ferner gab es keinen Merkantilismus. Vielmehr förderte der Staat den Handel, indem er auf freien Wettbewerb setzte und die Unternehmer möglichst wenig einschränkte.

Die Vorgeschichte der „Glorious Revolution" war blutig verlaufen. Schlüsselfigur im Machtkampf zwischen König und Parlament war Oliver Cromwell. Cromwell war ein Landadliger und strenggläubiger Protestant, der sich als Werkzeug Gottes verstand. Er trug 1649 wesentlich dazu bei, dass der absoluten Monarchie der Todesstoß versetzt wurde: Mit großem Erfolg führte er im Bürgerkrieg die Truppen des Parlaments gegen König Karl I., der absolut hatte regieren wollen. Schließlich wurde der König als „Tyrann, Verräter, Mörder und Staatsfeind", wie es im Todesurteil hieß, enthauptet (→ B 315.1). England wurde eine Republik.

316.3 Oliver Cromwell (1599–1658). Porträt von Sir Peter Lely, 1654.

Zwischen 1653 und 1658 übernahm Cromwell selbst mit Hilfe der Armee die Macht im Staat, weil er mit der Arbeit des Parlaments unzufrieden war. Mit großer Härte schlug er den Widerstand gegen die neue Staatsform nieder, für Unruhen machte er die Katholiken verantwortlich und verfolgte sie – in England und Schottland, vor allem aber in Irland. Auch dass seine Anhänger aus religiösen Gründen die Theater schlossen, den Frauen verboten sich zu schminken, außerdem Kartenspiele und Pferderennen nicht länger duldeten, machte Cromwell beim Volk unbeliebt.

Bereits unter seiner Herrschaft kam die Sehnsucht nach politischer Stabilität auf, die zu dieser Zeit ein König symbolisierte: 1660, zwei Jahre nach Cromwells Tod, holte das Parlament Karl II., den Sohn des hingerichteten Königs, auf den Thron. Doch das Parlament sollte stark bleiben, die königlichen Rechte wurden deshalb eingeschränkt: Die Entscheidungen über Kirchen-, Finanz- und Gesetzesangelegenheiten lagen jetzt beim Parlament. In dieser Stärkung des Parlaments sehen manche Historiker den Beginn des englischen „Sonderwegs", der unter Jakob II., dem Bruder und Nachfolger Karls II., in der „Glorious Revolution" gipfelte.

Q1 Das Ende der Herrschaft Jakobs II.

Wilhelm von Oranien an die Offiziere der Armee Jakobs II., 1688:

Wir kommen, um eure protestantische Religion zu bewahren und um euch eure Freiheiten *(gemeint sind die traditionellen Rechte des Parlaments)* und eure Eigentumsrechte wiederzugeben und wiederherzustellen. Deshalb können wir nicht daran zweifeln, dass alle wahren Engländer kommen werden und unserem Plan zustimmen werden, diese Nationen vom Papsttum und der Sklaverei zu befreien.

A. Stroud, Stuart England, 1999, S. 192, gek.

317.1 Wilhelm von Oranien und seine Frau werden 1689 gekrönt. Links verliest ein Parlamentarier die Declaration of Rights, bevor die Krone überreicht wird. Kupferstich von James Parker nach einem Gemälde von James Northcote, 1790.

M2 Die Motive Wilhelms von Oranien

Ein britischer Historiker schreibt 1999 über die Perspektiven holländischer Politik:

Nach mehreren Fehlgeburten der Königin war die Geburt von Jakobs Sohn im Juni mit weit verbreitetem Argwohn und der Behauptung aufgenommen worden, dass das Kind in das Schlafzimmer der Königin geschmuggelt worden sei, um eine katholische Thronfolge sicherzustellen. Als Folge davon hatte Wilhelms Position gelitten, weil seine Frau, Maria, ursprünglich die nächste in der Thronfolge gewesen war. …
Wilhelm wurde auch von strategischen Überlegungen angetrieben. Die Aussicht auf eine Allianz zwischen einem katholischen England und Frankreich war tief beunruhigend, weil sie die holländische Sicherheit ernsthaft bedrohte. Falls seine Invasion dagegen Erfolg hatte, konnte er möglicherweise nicht nur die Bedrohung ausschalten, sondern auch England in eine antifranzösische Koalition hineinbringen.
Schon lange, bevor er den englischen Thron bestiegen hatte, hatte Wilhelm es zu seiner Aufgabe gemacht, Ludwig XIV. im Zaum zu halten, und vermutlich war der Hauptgrund, weshalb er sich in die englischen Angelegenheiten einmischte, dieser Selbstverpflichtung nachzukommen.

A. Stroud, Stuart England, 1999, S. 189, 198, gek.

Q3 Lord Fanshaw zur Flucht Jakobs II.

Es wird gesagt, der König habe sich seinem Volk entzogen. Meiner Meinung nach ist er gezwungen worden zu gehen. Ich habe ihn sagen hören, dass er Angst hatte, von seinen eigenen Bürgern gefangen genommen zu werden. … Haben wir die Macht, einen König abzusetzen? Dem Gesetz nach kann der König nichts falsch machen.

Cobbett's Parliamentary History of England, Band 5, 1809, S. 50, gek.

1. Welche Gründe nennt Wilhelm von Oranien für sein Eingreifen in England? Vergleiche mit den Motiven, die der Historiker A. Stroud nennt: Ergänzen oder widersprechen sie sich? (Q 1, M 2)

2. Erörtert, inwiefern man in England von einer „Alternative zum Absolutismus“ sprechen kann. Berücksichtigt dabei die Einstellungen zur Monarchie, die in B 317.1, Q 1 und Q 3 zum Ausdruck kommen.

3. Beurteile: Verdienen die Ereignisse des Jahres 1688 die Bezeichnung „glorreich“?

Spurensuche

„Die Residenz ist die ordentliche, beständige Wohnung des Regenten. Es ist wohl nicht leicht ein Regent in Deutschland, welcher nicht nebst seiner ordentlichen Residenz noch ein oder etliche Lust-, Jagd- und Landschlösser hat.“ So hat der Staatsrechtler Friedrich Carl von Moser (1723–1798) in seinem „Teutschen Hof Recht“ 1755 die deutsche Residenzlandschaft des 18. Jahrhunderts beschrieben. Viele dieser Schlösser existieren allerdings nicht mehr – so auch Schloss Karlsberg des Herzogs von Pfalz-Zweibrücken in Homburg.

Herzogtum Pfalz-Zweibrücken

Entstanden war das Herzogtum Pfalz-Zweibrücken 1410. Im 18. Jahrhundert bestand es aus Gebietsteilen im rheinland-pfälzisch-saarländischen Raum und im Elsass. Die regierenden Herzöge waren zeitweise (1681–1718) auf Grund verwandtschaftlicher Beziehungen sogar Könige von Schweden. Ein neuer Erbfall brachte ihnen 1799 die bayerische Kurwürde und 1806 den bayerischen Königstitel ein, so dass sie von da an in München residierten.

318.1 Schattenriss (Kupferstich) von Herzog Karl II. August von Pfalz Zweibrücken (1746–1795).

318.2 Das Herzogtum Pfalz-Zweibrücken zur Zeit von Herzog Karl II. August

Stadtschloss Zweibrücken – Landschloss Karlsberg

Bis zum 18. Jahrhundert wohnten die pfalzzweibrückischen Herzöge in Zweibrücken. Hier ließen sie ab 1720 ein repräsentatives Stadtschloss errichten. Als dann 1775 Herzog Karl II. August die Regierung übernahm,reifte sehr schnell der Plan für ein weitaus größeres

Landschloss. So entstand von 1777 bis 1784 auf dem Homburger Schlossberg die insgesamt etwa 1,5 Kilometer lange Anlage von Schloss Karlsberg. Der Herzog ließ damit einen Schlosskomplex errichten, der weit über die finanziellen Möglichkeiten seines rund 115 000 Untertanen zählenden Fürstentums hinausging.

Um den Schlossplan in möglichst kurzer Zeit zu verwirklichen, mussten die Rohbauarbeiten auch im Winter weitergehen. Darüber berichtet der leitende Architekt Johann Christian von Mannlich (1741–1822): *„Da der Kalk auf der Kelle der Maurer gefror, ließ ich ihn mit kochendem Wasser anmachen und längs der Mauer Feuer schüren, um wenigstens während des Tages zu verhindern, dass er sich zu Eis verwandelte.“*

319.1 Das Zweibrücker Stadtschloss der Herzöge von Pfalz-Zweibrücken.

Die Katastrophe vom 28. Juli 1793

Dass heute von Schloss Karlsberg nur noch der Name übrig ist, geht auf einen verheerenden Brand am 28. Juli 1793 zurück. Vier Jahre vorher war in Frankreich die Revolution gegen das absolutistische Regime ausgebrochen. Nun exportierten die französischen Revolutionäre ihre Vorstellungen militärisch nach Deutschland. Als sichtbares Zeichen zerstörten sie viele Schlösser.

319.2 Schloss Karlsberg: Eines der größten barocken Landschlösser nicht nur in Deutschland.

Schloss Karlsberg ist ein Musterbeispiel für den Hofhaltungsbereich einer repräsentativen barocken Residenz:
A: Schlosspalais
B: Hoftheater, Orangerie
C: Gemäldegalerie
D: Marstall
E: Kaserne
Übrige Gebäude: v. a. Wohnungen der Hofbediensteten und Wirtschaftsgebäude.

Vergleichbare Gebäudeprogramme prägten im 18. Jahrhundert alle größeren Residenzen. Sehr oft gehörte auch eine eigene Hofkirche dazu (z.B. in den nassauischen Residenzen in Saarbrücken oder Kirchheimbolanden).

1. Das 18. Jahrhundert war geprägt von einem Bauboom für fürstliche Residenzen. Erkläre das.
2. Forsche im nächstgelegenen Stadtarchiv/-museum nach einem Schloss in deinem Wohn-/Schulort bzw. der Umgebung. Finde den Bauherrn und die Bauzeit heraus. Welche Gebäudebereiche gehörten dazu? Welches Schicksal hatte das Schloss in den 1790er Jahren?
3. Fasse deine Forschungen in einem Fremdenverkehrsprospekt unter dem Titel „Fürstliche Zeiten – Eine Spurensuche" zusammen.

Orangerie = Gewächshaus zum Überwintern für Orangenbäume und andere exotische Pflanzen

Marstall = Gebäude für Pferde und Wagen einer fürstlichen Hofhaltung

Die Amerikanische Revolution

Amerikanischer Fortschritt – John Gast malte dieses Bild 1872 und betitelte es „Westward Ho – Amerikanischer Fortschritt".

Ein 15-jähiges Sklavenmädchen wird bestraft, weil es sich geweigert hat, mit Seeleuten Geschlechtsverkehr zu haben; Bild aus dem 19. Jh., für eine gegen die Sklaverei gerichtete Broschüre gezeichnet.

A Collection of New BOOKS, by the beſt Authors, which may be ſeen before the Sale. Sale at THREE o'Clock.

JUſt Imported from AFRICA, A Number of Prime SLAVES from the Windward Coaſt. To be ſeen at a Store on Mr. Griffin's Wharf.

CHoice Engliſh CHEESE, juſt Imported; alſo, Quart Bottles in Hampers or looſe, by the Groſs. TO BE SOLD by

Inserate aus einer amerikanischen Zeitung, 1805.

Alle Menschen sind

GLEICH

geschaffen

All men are created equal

New York Herald, 1852:

„Wie kam es, dass die Frau dem Mann unterworfen ist, wie sie es jetzt überall in der Welt ist? Durch ihre Natur, ihr Geschlecht, gerade wie der Neger im Vergleich zur weißen Rasse minderwertig ist und es immer sein wird, bis ans Ende der Zeit, und deshalb zur Unterwerfung verdammt ist."

Artikel in einer New Yorker Zeitung, 1852

LEBEN

life

Die im Schnee erstarrte Leiche von Häuptling Big Foot nach der Schlacht von Wounded Knee, 1890. Fast 200 Indianer starben im Kugelhagel der US-Armee. Mit dieser Niederlage endeten die „Sioux-Kriege".

FREIHEIT

liberty

Frauen und Männer demonstrieren für Bürgerrechte für Schwarze; Orangeburg, South Carolina, 1960.

STREBEN NACH GLÜCK

pursuit of happiness

Aus der amerikanischen Unabhängigkeitserklärung, Juli 1776.

Orientierung in Zeit und Raum

322.1 Die 13 Neuengland-Kolonien (1783 „Vereinigte Staaten von Amerika") zur Zeit der Unabhängigkeitserklärung 1776.

1607	Jamestown wird gegründet, die erste dauerhafte Siedlung in Nordamerika, Keimzelle der Kolonie Virginia.
1620	Die „Pilgerväter" (Puritaner) erreichen auf der „Mayflower" Amerika und errichten die „Plimouth Plantation" im heutigen Massachusetts.
1773	In der Boston Tea Party kippen als Indianer verkleidete Kolonisten Tee in das Hafenbecken, weil sie Einfuhrzoll zahlen sollen. Ihr Schlachtruf: „No taxation without representation!"
4. Juli 1776	Die von Thomas Jefferson verfasste Unabhängigkeitserklärung wird vom Kontinentalkongress, den Vertretern der 13 Kolonien, angenommen.
1776 – 1783	Im amerikanischen Unabhängigkeitskrieg besiegen die Kolonisten das englische Mutterland und erringen damit ihre Freiheit.
1787	Die amerikanische Verfassung wird verabschiedet.
1791	Die ersten zehn Verfassungszusätze (amendments) werden als Grundrechtekatalog („Bill of Rights") angefügt.

Eine Mahnung

Abigail Adams, Frau des späteren amerikanischen Präsidenten John Adams, äußert in einem Brief an ihren Ehemann ihre Wünsche an eine neue Verfassung (März 1776): „... ich wünsche, dass ihr an die Frauen denkt und ihnen gegenüber großzügiger seid als eure Vorfahren. Legt nicht so unbeschränkte Macht in die Hände der Ehemänner. Denkt daran, dass alle Männer gerne Tyrannen sein würden, wenn sie es könnten. Wenn eure besondere Sorge und Aufmerksamkeit nicht den Frauen gilt, sind wir entschlossen, eine Rebellion vom Zaun zu brechen und werden uns nicht an die Gesetze gebunden fühlen, in denen wir keine Stimme haben.“ Abigail Adams war eine der Frauen, die im 18. Jahrhundert mit dem Ruf nach Freiheit von britischer Herrschaft auch über ihre eigene Situation nachdachten. Es leuchtete ihnen nicht ein, warum sie kein Wahlrecht hatten. Von Bildung waren sie weitgehend ausgeschlossen. Viele verstanden auch nicht, warum verheiratete Frauen Vermögen und eventuellen Verdienst dem Ehepartner überlassen mussten. Bei der Scheidung war sie klar benachteiligt: In der Regel erhielt der Mann das Sorgerecht für die Kinder – selbst wenn er Alkoholiker war oder die Kinder schlug. Uneheliche Kinder galten als ein Verbrechen der Mutter. – Mochte John Adams auch die Logik hinter den Worten seiner Frau sehen, so lehnte er die Forderung doch ab, weil sie ihm gegen die „natürliche Ordnung“ der Welt gerichtet schien ...

323.1 Abigail Adams, 1785.

Das Ergebnis

Weder in den Verfassungen der Einzelstaaten noch in der amerikanischen Verfassung von 1787 erhielten Frauen das Wahlrecht. Die einzige Ausnahme war der Staat New Jersey: Hier durften Grund besitzende unverheiratete oder verwitwete Frauen von 1790 bis 1807 wählen. Zwar wurden die Frauen nach der Revolution aufgewertet, weil man ihre erzieherische Funktion als „republikanische Mütter“ betonte, aber an ihrer untergeordneten rechtlichen Stellung änderte sich nichts.

323.2 Die Karikatur von 1775 verspottet die Frauen in Edenton, Norh Carolina, die ihre Absicht erklärten, keinen Tee mehr zu trinken und keine Kleidung britischer Herkunft mehr zu tragen. Das Kind unter dem Tisch wird nur noch von einem Hund betreut.

Erst 1920 ...

erhielten die Frauen mit dem 19. Zusatzartikel das Wahlrecht.

1. *Freiheit und Gleichheit waren Forderungen der Amerikanischen (S. 324 ff.) und Französischen Revolution (S. 336 ff.): Suche nach Beispielen für Anspruch und Verwirklichung dieser Forderungen für Männer und Frauen und bewerte sie.*

1. Neubeginn in einem fernen Land – Traumziel Amerika?

■ Auswanderer – Motive, Risiken, Chancen

„Gerüche, Dünste, Schrecken, Würgen, Erbrechen, verschiedene Arten von Seekrankheit“ – dies sind nur einige der Begleiterscheinungen, die Auswanderer nach Amerika bei der Überfahrt in Kauf nehmen mussten. Mit den Segelschiffen des 18. Jahrhunderts dauerte die Fahrt über den Atlantik auch bei günstigsten Wind- und Wetterverhältnissen etwa 12 Wochen. Bei den fürchterlichen Bedingungen auf den Schiffen war es nicht verwunderlich, dass bis zur Hälfte der Auswanderungswilligen bereits bei der Überfahrt starben. – Warum nahmen so viele Menschen diese Strapazen auf sich? Was machte das Leben in der Heimat so unerträglich für sie?

Puritaner: religiöse Richtung, die die anglikanische Staatskirche von katholischen Elementen befreien wollten. Sie waren auch gegen hierarchische Kirchenstrukturen mit Bischöfen und Erzbischöfen. Vielmehr wollten sie eine Gemeinde, die sich selbst leitete; der Puritaner John Winthrop, Gouverneur von Massachusetts, sah Amerika als eine „city upon a hill“, eine Stadt auf einem Hügel, in der die Menschen so leben sollten, wie die Bibel es verlangte.

In England trug die religiöse Unterdrückung dazu bei: König Charles I. wollte ab 1625 die Puritaner zurückdrängen. Als er viele puritanische Geistliche entließ, sorgte er damit für eine Auswanderungswelle der Gläubigen. Auch wirtschaftliche Not war ein wichtiges Motiv. Manche Auswanderer waren einfach abenteuerlustig. Bis 1700 traten 70 000 englische Siedler die Überfahrt an. Siedler aus Deutschland und anderen Staaten schlossen sich an. – Würden sich ihre hoch gesteckten Erwartungen auf ein besseres Leben erfüllen?

324.2 1622: Indianer griffen die Plantagen rund um Jamestown an, weil sie sich immer wieder von Siedlern betrogen fühlten. 347 Engländer wurden getötet, darunter auch Frauen und Kinder.

324.1 1608: Die Häuptlingstochter Pocahontas rettete John Smith, dem Anführer der Siedler in Jamestown, das Leben.

■ Attraktive Lebensbedingungen – Neues entsteht

Die Siedler konnten sich weitgehend selbst regieren: Zwar gab es in jeder Kolonie vom britischen König ernannte Gouverneure; diese konnten aber gegen den Willen der gewählten Vertreter der Siedler wenig ausrichten. Insgesamt war relativ viel politische Mitbestimmung möglich, obwohl das Wahlrecht – wie in England auch – an den Besitz geknüpft und damit nicht demokratisch war. Wählen durfte, wer Land in einem bestimmten Wert besaß. Immerhin durften 50 bis 80 % aller weißen erwachsenen Männer wählen. In England dagegen besaßen noch 1832 nur rund 15 % dieses Recht.

Auch das Eigentum war breiter verteilt als in Europa, und Geburtsprivilegien gab es nicht: Ein europäischer Adelstitel zählte nichts in Nordamerika. Grundsätzlich war jedem ein sozialer und wirtschaftlicher Aufstieg möglich, und viele der Einwanderer brachten auch den nötigen Ehrgeiz dafür mit.

Dennoch gab es große soziale Unterschiede. In jeder Kolonie lebten bald sehr viele arme Leute – in Boston war es fast ein Drittel der Bevölkerung. Außerdem führte im Süden das Aufkommen der Plantagenwirtschaft besonders beim Anbau von Tabak dazu, dass Sklaven aus Afrika ins Land geholt wurden.

Q1

Stimmen zur Auswanderung

a) Ein Deutscher

Christoph Saur, ein pietistischer Drucker und Verleger, forderte in seiner 1749 in Germantown in Pennsylvania veröffentlichten Zeitung zur Dankbarkeit gegenüber der englischen Regierung und der Familie Penn, Eigentümerin der Kolonie, auf:

Bedencket, daß wir meistens in Europa, theils weder Hauß, Hof noch Güter besessen, und manche in großem Mangel und Armuth gelebt, … und die noch Güter gehabt, so viel beschweret warent mit Geld-Gaben und Soldaten-Halten, daß es manche nicht alles haben können aufbringen, auch die meiste mit vielen offt wöchentlichen ja wohl täglichen Frohndinsten, Wachen oder Jagen sind geplagt worden … und daß das Wild unser Korn hat dörffen abweiden … ; so bedencket hergegen was vor eine gelinde und Milde Regierung wir allhier gefunden und noch haben, da ein jeder das Seinige, so ihm der Schöpfer durch seinen Seegen und seiner Hände Arbeit vergönnet und zufallen läßet, solches zu seinem Nutzen auf die beste Weise wie ers gut findet … unmolestirt gebrauchen darff.

Pen[n]sylvanische Berichte, 1. März 1749, Eine Anrede an unsere Teutsche Nation / da sonst wenig bey dieser Winters-Zeit von aussen herein gekommen.

b) Ein Schwede

Der schwedische Naturforscher und Aufklärer Pehr Kalm, der von 1753 bis 1761 die englischen Kolonien in Amerika bereiste, berichtete:

Die Menschen vermehren sich hier schneller als in Europa. Und es scheint auch nicht schwierig, dafür Gründe zu finden. Sobald man alt genug ist, kann man ohne Furcht vor Armut heiraten. Es gibt so viel gutes Land, das noch unbestellt ist, dass ein jungverheirateter Mann ohne Schwierigkeit ein Stück Grund und Boden erwerben kann, auf dem er mit Frau und Kindern ein zufriedenstellendes Auskommen hat. Die Steuern sind so niedrig, dass er sich darum keine Sorgen machen muss. Die Freiheiten, die er genießt, sind so groß, dass er sich wie ein Fürst auf seinen Besitzungen fühlen kann. Jeder, der Gott als den Schöpfer, Erhalter und Herrscher aller Dinge anerkennt und nichts gegen den Staat oder gegen den allgemeinen Frieden lehrt oder unternimmt, kann sich hier frei niederlassen, kann bleiben und seinem Gewerbe nachgehen. … Und er wird durch die Gesetze so in seiner Person und seinem Eigentum geschützt und genießt solche Freiheiten, dass man von einem Bürger hier geradezu sagen kann, er lebe in seinem Haus wie ein König.

W. P. Adams und A. Meurer Adams (Hrsg.), Die Amerikanische Revolution in Augenzeugenberichten, 1976, S. 19 f.

c) Ein Franzose

De Crèvecœur, ein französischer Reisender, schrieb über die Siedler in den „Mittleren Kolonien“:

Im Haus zur Rechten lebt ein Katholik, der zu Gott betet, wie es ihm gelehrt wurde … er arbeitet hart, baut Weizen an, er hat eine große Familienschar. Seine Gebete beleidigen niemanden.
Etwa eine Meile entfernt an derselben Straße mag sein nächster Nachbar ein guter, ehrlicher, hart arbeitender deutscher Lutheraner sein.
Wie betrifft es das … Land, … was die religiösen Gefühle eines Menschen sind? Hauptsache, er ist ein guter Farmer, er ist ein friedlicher Bürger.

Wardle, Elizabeth, S. 14, übers. v. d. Verf.in.

1. Informiere dich über das Schicksal von Pocahontas (B 324.1). Was weißt du sonst noch über das Zusammenleben von „Weißen“ und Indianern?

2. Welche Chancen versprachen sich die Auswanderer von der neuen Welt? Aus welchen Gründen verließen sie ihre Heimat? (Q 1, VT)

3. In Europa war die Meinung über Amerika keineswegs immer positiv. Formuliere dazu eine Stellungnahme
a) von einem spanischen Adligen,
b) von einem katholischen Priester,
c) von einem norditalienischen Orgelbauer.

unmolestiert = unbehelligt, ungestört, ohne Abgaben oder Dienste

2. Der Kampf um die Unabhängigkeit

326.1 Die Boston Tea Party 1773.

■ „No taxation without representation“

1765 beschloss das englische Parlament neue Steuern für die Kolonien. Schließlich waren die Verwaltung und der militärische Schutz für diese entlegenen Regionen keineswegs billig. Dagegen protestierten die Kolonisten. Ihr Schlachtruf in diesem Interessenkonflikt lautete: „No taxation without representation!“ Ihrer Auffassung nach brauchten sie nur dann Steuern zu zahlen, wenn sie diesen „persönlich durch ihre Abgeordneten“ zugestimmt hätten – im Londoner Parlament saß aber kein gewählter Repräsentant der Kolonisten. So vermuteten sie, England wolle die Selbstverwaltung der Kolonien beseitigen. Als Reaktion darauf boykottierten die Mitglieder militanter patriotischer Vereine, die „Sons of Liberty“, und die weniger formell organisierten „Daughters of Liberty“ englische Waren. Dieser Protest führte schon 1766 zu einer Rücknahme des Steuermarkengesetzes (Stamp Act).

Als die Engländer 1767 erneut Steuern erhoben, z. B. Zölle auf wichtige Importgüter wie Tee, Glas oder Papier, leisteten die Siedler erneut Widerstand. 1773 lagen drei englischen Handelsschiffe vor Boston, die mit Tee beladen waren. Einige der „Sons of Liberty“ warfen nachts, als Indianer verkleidet, 342 Teekisten über Bord – aus Protest gegen die englische Teesteuer. Die „Boston Tea Party“ ging als Auftakt des nordamerikanischen Unabhängigkeitskampfs in die Geschichte ein.

■ „Ich bin ein Amerikaner“

Die Boston Tea Party 1773 führte zu Strafmaßnahmen durch die Engländer: Unter anderem wurde der Bostoner Hafen geschlossen. Widerstandsbereite Kolonisten beriefen daraufhin einen illegalen Kongress in Philadelphia ein, den Ersten Kontinentalkongress. Auf diesem beschlossen die Delegierten die weitere Vorgehensweise, unter anderem einen Importstopp für britische Waren. Erstmals war ein Zusammengehörigkeitsgefühl spürbar.

Zur selben Zeit bildeten die Kolonisten eine Bürgerwehr, die so genannten „minutemen“. Zwei Jahre später kam es zu ersten militärischen Auseinandersetzungen mit den Engländern, und die Kolonisten beschlossen nun die Aufstellung eines regulären Heeres. Den Oberbefehl erhielt der General George Washington.

■ Die Unabhängigkeitserklärung

Nachdem viele zunächst noch auf ein versöhnliches Ende der Kampfhandlungen gehofft hatten, sorgte Thomas Paines Kampfschrift „Common Sense“ für ein Umschlagen der Stimmung. Sie bereitete den Boden für die von Jefferson verfasste Unabhängigkeitserklärung von 1776, mit der die Kolonisten – teilweise nach langem Zögern und mit großen Zweifeln – ihre Trennung vom Mutterland begründeten.

326.2 Ein Opfer von „Teeren und Federn“, einer alten englischen Strafe für Steuerhinterzieher.

Die Bedeutung der Unabhängigkeitserklärung liegt darin, dass sie wichtige Grundsätze enthält, die der amerikanischen Revolution zugrunde liegen: Bestimmte Rechte des Menschen seien naturgegeben, sie dürften ihm nicht weggenommen werden: Leben, Freiheit, Streben nach Glück.

Gleichzeitig hob die Unabhängigkeitserklärung den Unabhängigkeitskrieg von einer bloßen Rebellion auf eine neue Stufe: Es sei ein Befreiungskrieg. Weil der englische König mehrfach seine Pflichten verletzt habe, sei seine Herrschaft nicht mehr legitim, sei Widerstand geboten, sei die Abtrennung vom Mutterland die einzig richtige Konsequenz. Die Amerikaner folgten damit Ideen, die die Bewegung der Aufklärung besonders in England und Frankreich hervorgebracht und verbreitet hatte.

■ „Unite or die"?

Mit der Unabhängigkeitserklärung gab es kein Zurück mehr. Einer der späteren Unterzeichner der Verfassung, Benjamin Franklin, sprach für viele, wenn er sagte: „Entweder wir halten zusammen oder hängen einzeln."

Zahlenmäßig und materiell waren die Siedler deutlich unterlegen: Zeitweise standen 13 000 bewaffneten Siedlern 30 000 für England kämpfende Soldaten gegenüber. Aber auch viele Indianer kämpften auf britischer Seite mit. Sie erhofften sich Unterstützung gegen landhungrige Kolonisten. Keinesfalls kämpften sämtliche Siedler geschlossen auf der Seite der Amerikaner. Schätzungen von Zeitgenossen gehen davon aus, dass ein Drittel von ihnen neutral blieb und ein Drittel sogar auf der Seite Englands stand. So ähnelte die Auseinandersetzung phasenweise einem Bürgerkrieg.

■ Warum die Kolonisten dennoch siegten

Mehrere Faktoren wirkten sich für die Kolonisten günstig aus: Sie kämpften im eigenen Land, für die eigene Freiheit und deshalb mit höchster Motivation. Zudem war der Oberbefehlshaber der „Kontinentalarmee", General George Washington, ein umsichtiger Feldherr. In seinen Bemühungen wurde Washington durch europäische Offiziere unterstützt. Auch Frankreich, Spanien und die Niederlande mischten sich auf der Seite der 13 Kolonien in den Konflikt ein. Den Kolonisten kam ferner zugute, dass jeder Siedler ein Gewehr hatte und damit umgehen konnte. Sicher spielte auch der hohe Bildungsgrad der Farmer eine Rolle: Schon um der Bibellektüre willen konnten sie in der Regel lesen und schreiben, sodass die Kommunikation funktionierte. Von großer Bedeutung war auch, dass die Presse frei war. So fanden Kampfschriften wie Thomas Paines „Common Sense" weite Verbreitung.

All dies trug dazu bei, dass England 1783 im Frieden von Versailles die Unabhängigkeit der 13 Staaten anerkennen musste.

327.1 Das Einberufen der Minutemen, wie es sich ein Künstler 1876 vorstellte; sie nannten sich „Minutemen", weil ihr Ziel war, binnen einer Minute einsatzbereit zu sein, wenn sie gerufen wurden.

327.2 Molly Pitcher, die 1788 während des Kampfes um New York Wasser zu den Truppen trug und den Platz ihres verwundeten Ehemannes an der Kanone einnahm. Im amerikanischen Unabhängigkeitskrieg kämpften auch einige Frauen in der Armee mit.

Q1 „Time to part“

Aus der 47 Seiten starken Flugschrift „Common Sense“ des Journalisten Thomas Paine, 1776. Sie wurde die weitverbreitetste Kampfschrift in den amerikanischen Kolonien. In nur drei Monaten wurden 120000 Exemplare verkauft.

Einige sagen, Britannien sei doch das Mutterland. Dann sollte es sich über sein Verhalten um so mehr schämen. Selbst wilde Tiere fressen ihre Jungen nicht, und Wilde führen keinen Krieg gegen ihre eigenen Familien ... Ich fordere die hitzigsten Verfechter der Aussöhnung auf, nur einen einzigen Vorteil zu zeigen, der diesem Kontinent aus der Verbindung mit England erwächst. Ich wiederhole die Herausforderung; nicht ein einziger Vorteil kann daraus hergeleitet werden. Unser Getreide wird auf jedem europäischen Markt seinen Preis bringen, und für importierte Waren müssen wir bezahlen, wo immer wir sie kaufen. ... Jede Unterwerfung oder Abhängigkeit von Großbritannien wird geradewegs darauf abzielen, diesen Kontinent in europäische Kriege und Zänkereien zu verwickeln, uns in Gegensatz zu Nationen zu setzen, die sonst unsere Freundschaft suchen würden. ... Alles, was richtig oder vernünftig ist, spricht für eine Trennung. Das Blut der Erschlagenen, die jammernde Stimme der Natur rufen überlaut: ES IST ZEIT, VONEINANDER ZU SCHEIDEN.

W. P. Adams und A. Meurer Adams (Hrsg.), Die Amerikanische Revolution in Augenzeugenberichten, 1976, S. 229 f.

Q2 Unveräußerliche Rechte

Aus der Unabhängigkeitserklärung vom 4. Juli 1776:

Einstimmige Erklärung der dreizehn Vereinigten Staaten von Amerika

... Folgende Wahrheiten halten wir für selbstverständlich: dass alle Menschen gleich geschaffen sind; dass sie von ihrem Schöpfer mit gewissen unveräußerlichen Rechten ausgestattet sind; dass dazu Leben, Freiheit und das Streben nach Glück gehören; dass zur Sicherung dieser Rechte Regierungen unter den Menschen eingesetzt werden, die ihre rechtmäßige Macht aus der Zustimmung der Regierten herleiten; dass, wann immer irgendeine Regierungsform sich als diesen Zielen abträglich erweist, es das Recht des Volkes ist, sie zu ändern oder abzuschaffen und eine neue Regierung einzusetzen ...

Er [der britische König Georg III.] hat ... seine Billigung erteilt: ... um unseren Handel mit allen Teilen der Welt zu unterbinden; um uns ohne unsere Einwilligung Steuern aufzuerlegen; ... Er hat seinen Herrschaftsanspruch hier dadurch aufgegeben, dass er uns als außerhalb seines Schutzes stehend erklärte und Krieg gegen uns führte. ... Er schafft gerade jetzt große Heere fremder Söldner heran, um das Werk des Todes, der Verheerung und der Tyrannei zu vollenden. ... Er hat im Innern [Sklaven-] Aufstände in unserer Mitte angezettelt und versucht, die erbarmungslosen indianischen Wilden gegen unsere Grenzbewohner aufzuhetzen. ...

W. P. Adams und A. Meurer Adams (Hrsg.), Die Amerikanische Revolution in Augenzeugenberichten, 1976, S. 262–265.

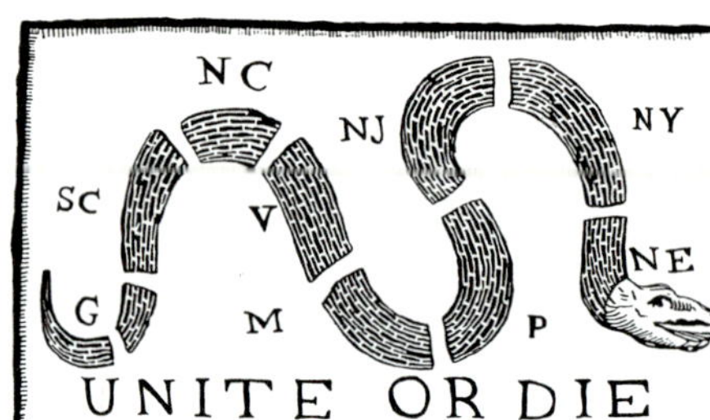

328.1 Die Zeichnung wurde 1754 in der Pennsylvania Gazette veröffentlicht. Die Schlange repräsentiert die amerikanischen Kolonien.

1. Arbeite aus Q 1 die Haltung der Befürworter der Unabhängigkeit heraus. Findest du auch Argumente für den britischen Standpunkt?

2. Schreibe einen Aufruf einer Frau an ihre Mitbürgerinnen. Sie führt aus, wie gerade Frauen die amerikanische Seite im Unabhängigkeitskrieg können. (VT, B 327.1, B 327.2)

3. Anspruch und Wirklichkeit – die erste freiheitliche Demokratie

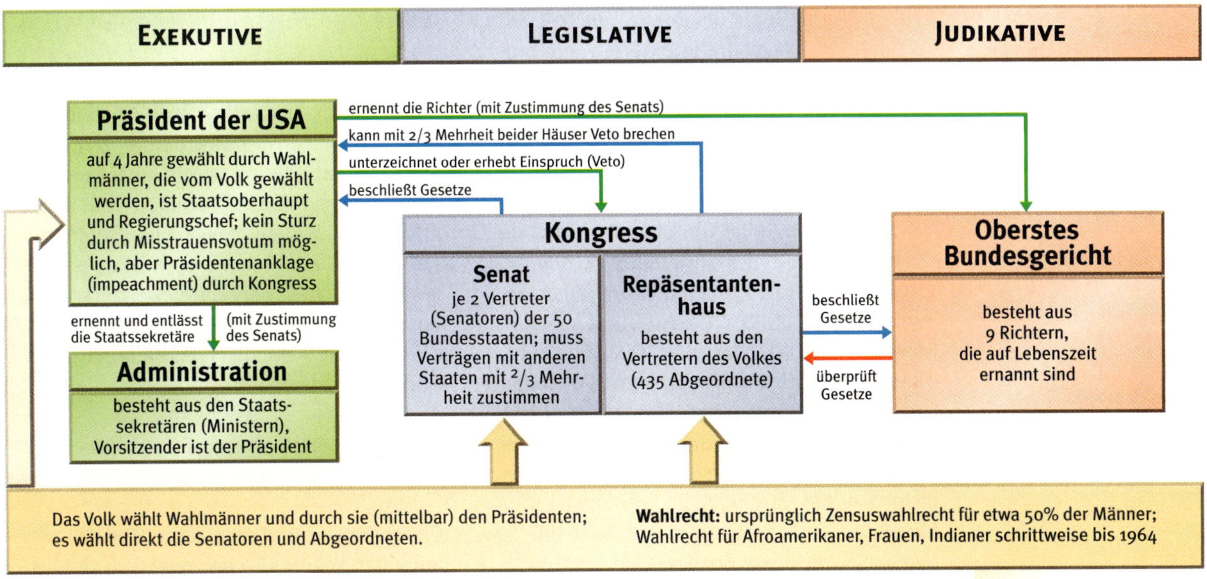

329.1 Verfassung der Vereinigten Staaten von Amerika (mit späteren Entwicklungen).

Zwischen 1776 und 1783 hatten sich die Einzelstaaten Verfassungen gegeben. Nach dem Krieg stand zunächst nicht fest, dass sie sich nun zu einer ↗Föderation vereinigen würden. Schließlich kam man zu einer Lösung, die mit der amerikanischen Verfassung besiegelt wurde. – George Washington wurde 1789 zum ersten Präsidenten der USA gewählt.

■ Die amerikanische Verfassung

Die amerikanische Verfassung ist die älteste und mit 4400 Wörtern die kürzeste geschriebene ↗Verfassung der Welt. Sie war stark von den Ideen der Aufklärung beeinflusst: Erstmalig in der Geschichte wurde Rousseaus Gedanke der ↗Volkssouveränität in die Praxis umgesetzt: Alle staatliche Herrschaft leitet sich aus dem Willen des Volkes ab. Zusätzlich wurde Montesquieus Forderung nach Gewaltenteilung verwirklicht: Es entstand ein System der „checks and balances“, der Kontrollen und Gegengewichte, das Machtmissbrauch verhindern sollte.

Für eine ↗Demokratie war das Wahlrecht allerdings zunächst stark eingeschränkt: Da bis 1840 ein gewisses Mindesteigentum Voraussetzung war, handelte es sich um ein Zensuswahlrecht. Dass die Sklaverei mit dem Grundsatz „all men are created equal“ unvereinbar war, das war vielen Verfassungsvätern bewusst. Versuche, die Sklaverei abzuschaffen, scheiterten jedoch am Widerstand der Südstaaten – was als Preis für die nationale Einheit akzeptiert wurde.

Die Verfassung sieht Zusatzartikel vor. Die ersten zehn Verfassungszusätze (amendments) traten bereits 1791 in Kraft. Sie wurden als „Bill of Rights“ bekannt. Im Wesentlichen enthielten sie einen ↗Grundrechtskatalog, z. B. die Rede- und Pressefreiheit, die Versammlungsfreiheit, Schutz vor willkürlicher Durchsuchung, Schutz des Privateigentums usw. Die Grundrechte sind vor Gericht einklagbar. Heute sehr umstritten ist der zweite Zusatzartikel, der dem Volk das Recht gibt, Waffen zu besitzen und zu tragen.

■ „All men are created equal“?

Von politischen Rechten ausgenommen waren Frauen, Indianer und die versklavten Afrikaner (African Americans).

1770 lebten etwa 500 000 Sklaven in den dreizehn Kolonien – bei einer Gesamteinwohnerzahl von 3 Millionen. 1619 waren die ersten Afrikaner nach Amerika gekommen, zunächst als schlecht bezahlte Hilfskräfte, dann als Sklaven auf Lebenszeit. Sie arbeiteten vor allem auf den Tabakplantagen, aber auch beim Anbau von Reis, Zuckerrohr und Baumwolle.

Besonders der Boom der Baumwolle trug dazu bei, dass Sklaven für ihre Herren sehr profitabel waren. Auch einige der Führer der Revolution waren Sklavenhalter, beispielsweise Thomas Jefferson und George Washington.

Sklaven galten als persönliches Sacheigentum. Sie hatten keine Grundrechte, d. h., sie konnten gekauft, verkauft oder verpfändet werden. Sie durften kein Eigentum besitzen, keine Verträge abschließen (auch keine Eheverträge) und standen unter der vollständigen Kontrolle ihres Herrn. So war es ihnen verboten, das Grundstück ihres Herrn ohne Erlaubnis zu verlassen, sie durften sich nur in der Kirche versammeln und bei Dunkelheit nicht auf der Straße sein. Verteidiger der Sklaverei führten an, dass die Sklaven lebenslang von ihren Besitzern versorgt wurden. Die Fabrikarbeiter im Norden seien nur scheinbar frei, würden aber tatsächlich brutal ausgebeutet.

Dennoch flüchteten viele Schwarze in den Norden. Fluchthilfe erhielten sie von einer Gruppe weißer und schwarzer Fluchthelfer im Norden und Süden, die ab 1831 Underground Railroad genannt wurde. Zwischen 1830 und 1860 flüchteten auf diese Weise jährlich ungefähr 2 500 Sklaven.

Erst der amerikanische Bürgerkrieg brachte 1863 die Sklavenbefreiung. Der Kampf um die Gleichberechtigung dauerte allerdings bis ins 21. Jahrhundert an.

330.1 Harriet Tubman, eine ehemalige Sklavin (ganz links), war maßgeblich an der Fluchthilfe beteiligt. Das Foto zeigt sie zusammen mit Sklaven, denen sie bei der Flucht aus dem Süden half.

■ Wie der Westen gewonnen wurde

Im Schnitt wurde die Siedlungsgrenze, die „frontier“, 25 km jährlich nach Westen vorgeschoben. Dieser Prozess, der als zivilisatorische Großtat gefeiert wurde, war etwa 1890 abgeschlossen. Das Vordringen nach Westen erfolgte in Wellen: Jäger und Fallensteller („Trapper“) bildeten die Vorhut; darauf folgten Goldsucher, Bergleute, Viehzüchter, danach kamen Land suchende Farmer. Erst jetzt schlossen sich Handwerker, Kaufleute, Ärzte, Rechtsanwälte an.

■ Wie der Westen verloren wurde

Die Verlierer der Expansion waren die nordamerikanischen Ureinwohner, die Indianer (Native Americans). Sie wurden als minderwertige Wilde angesehen, die der Zivilisation im Weg standen und als bedrohliche Hindernisse beseitigt werden mussten. In Stimmungsbildern von Kriegsberichterstattern der großen Zeitungen wurde dieser Eindruck verbreitet.

Waren die Indianer „unzivilisierte Wilde“, nur weil ihnen der Gedanke fremd war, dass man Land kaufen (oder rauben) und dann für immer darüber verfügen konnte? – Tatsache ist, dass etwa die Cahokia zwischen dem 7. und dem 14. Jahrhundert im Mississippital in einem Stadtstaat wohnten, der sich zu einem wichtigen Handelszentrum entwickelte. Die Irokesen hatten einen beispielhaften Zusammenschluss der „Fünf Nationen der Irokesen“ geschaffen, die eine mündlich überlieferte Verfassung besaßen und demokratische Entscheidungen fällten. Als die Cherokees 1835 von ihrem Land entfernt wurden, hatten sie viele europäische Gewohnheiten übernommen. Sie hatten Straßen, Schulen und Kirchen gebaut und waren gerade dabei, Farmer und Viehzüchter zu werden. Sie verfügten auch über eine geschriebene Cherokee-Sprache und hatten 1828 begonnen, eine zweisprachige Zeitung zu veröffentlichen.

All dies bewahrte sie nicht davor, beinahe ausgerottet zu werden. Zur Zeit von Kolumbus' Ankunft in Amerika gab es in Nordamerika etwa zwei Millionen Indianer, 1900 nur noch 237 000.

Q1 Wie demokratisch sind die Väter der Verfassung?

John Adams, einer der Väter der Verfassung, über das Wahlrecht:

Ist es nicht ebenso wahr, dass alle Menschen in allen Gesellschaften, die keinerlei Eigentum haben, ebenfalls zu wenig vertraut mit öffentlichen Angelegenheiten sind, um sich ein Urteil bilden zu können, und dass sie zu abhängig von anderen Menschen sind, um einen eigenen Willen zu haben? … Der menschliche Charakter ist so schwach, dass wenige Menschen ohne Eigentum eigene Urteilskraft besitzen. Sie reden und stimmen nach Anweisung eines Begüterten, der ihre Gedanken seinen Interessen verpflichtet hat. … Wir haben die Eigentumsqualifikationen für Wähler nie starr gehandhabt, … Aber ich kann nicht dazu raten, im Augenblick irgendeine Änderung der Gesetze über die Qualifikation der Wähler vorzunehmen. … Glauben Sie mir, Sir, es ist gefährlich, einen so endlosen Streit zu beginnen, wie ihn die Änderung des Wahlrechts auslösen würde. Er wird kein Ende nehmen. Frauen werden das Wahlrecht verlangen. Burschen von 12 bis 21 werden ihre Rechte nicht mehr für ausreichend geschützt halten. Und Männer, die nicht einen Pfennig besitzen, werden bei allen Maßnahmen der Regierung gleiche Mitsprache verlangen.

W. P. Adams und A. Meurer Adams, (Hrsg.), Die Amerikanische Revolution in Augenzeugenberichten, 1976, S. 318 f.

331.1 Indianer. Das 1821 gemalte Bild von Charles Bird King trägt den Titel „Junger Omahaw, Kriegsadler, Kleiner Missouri und Pawnees".

Q2 Den Sklavenimport beenden?

Auf dem Verfassungskonvent in Philadelphia (1787) äußerten Delegierte u. a. folgende Positionen:

Mr. Martin [aus Maryland] … Die Sklaven schwächten [durch mögliche Aufstände] einen Teil der Union, der dann von den anderen geschützt werden müsste: das Privileg, sie zu importieren, sei daher unvernünftig. Es sei mit den Prinzipien der Revolution unvereinbar und für den amerikanischen Ruf unehrenhaft, eine derartige Bestimmung in der Verfassung zu haben. … Mr. Ellesworth [aus Connecticut] war dafür, die Klausel so zu belassen, wie sie war. Man solle jeden Einzelstaat importieren lassen, was er wolle. Ob es moralisch oder klug sei, Sklaven zu halten, sei Sache der Einzelstaaten. Was einen Teil reich mache, mache das Ganze reich, und die Einzelstaaten könnten ihre speziellen Interessen am besten beurteilen.

… Mr. Pinckney [aus South Carolina] South Carolina wird den Entwurf niemals annehmen, wenn dieser den Sklavenhandel verbietet.

… Oberst Mason [aus Virginia] … Die Armen verachteten eine Arbeit, solange diese von Sklaven verrichtet werde. Sklaven verhinderten die Einwanderung von Weißen, die das Land wirklich bereichern und stärken würden. Sklaven brächten die übelsten Folgen für die Sitten mit sich. Jeder Herr über Sklaven werde als kleiner Tyrann geboren. Sie lenkten den Zorn des Himmels auf ein Land.

W. P. Adams und A. Meurer Adams (Hrsg.): Die Amerikanische Revolution in Augenzeugenberichten, 1976, S. 339–341).

332.1 Mit Bildern dieser Art wurde vor Gefahren durch Indianer gewarnt, um 1800.

Q3 Versprechungen an die Indianer

Die US-Regierung schreibt in der Northwest Ordinance, einem Bundesgesetz von 1787, vor:

Da Religion, Sittlichkeit und Kenntnisse zu guter Regierung und zum Glück der Menschen notwendig sind, sollen Schulen und Unterrichtsmittel immer gefördert werden. Größtmögliche Ehrlichkeit soll den Indianern gegenüber beobachtet werden; ihr Land und Eigentum soll ihnen niemals ohne ihre Zustimmung genommen werden; und in ihr Eigentum, Rechte und Freiheit soll nie Einbruch verübt und Störung getragen werden, außer in recht- und gesetzmäßigen, vom Kongress gutgeheißenen Kriegen; vielmehr sollen von Zeit zu Zeit in Gerechtigkeit und Menschlichkeit gegründete Gesetze erlassen werden, um an ihnen geschehenes Unrecht zu verhindern und Frieden und Freiheit mit ihnen zu wahren.

W. Lautemann (Hrsg.), Amerikanische und Französische Revolution. Geschichte in Quellen, 1981, S. 112 f.

Q4 Warum die Indianer weichen müssen

a) Was ist die „offenkundige Bestimmung" der weißen Amerikaner, ihr „manifest destiny"? (Der Begriff selbst wurde erst 1845 geprägt.)

Die reichen und schönen Täler… sind dazu bestimmt, von der angelsächsischen Rasse in Besitz genommen zu werden. Die Reichtümer, die seit unzähligen Jahrhunderten unter den schneebedeckten Gipfeln unserer Berge verborgen liegen, sind von der Vorsehung als Belohnung für die tapferen Männer gedacht, welche die Vorhut der Zivilisation bilden. Die Indianer müssen der immer vorrückenden und immer mehr anschwellenden Flut der Einwanderer weichen oder sie wird sie hinwegspülen. … Der gleiche unerforschliche Gebieter, der Rom zum Untergang verurteilte, hat die Vernichtung der roten Menschen in Amerika beschlossen.

Cheyenne Daily Leader, March 2, 1870; zit. nach Dee Brown, Begrabt mein Herz an der Biegung des Flusses, 1976, S. 189.

b) Botschaft des amerikanischen Präsidenten Andrew Jackson (1829–37) an den Kongress, 6. 12. 1830. Unter ihm wurden die Indianer hinter den Mississippi verdrängt.

Die Menschheit hat oft das Schicksal der Ureinwohner dieses Landes beweint, … aber … [sie] könnte nicht wünschen, diesen Kontinent wieder in den Zustand zurückversetzt zu sehen, in dem er von unseren Vorfahren vorgefunden wurde. Welcher brave Mann würde ein mit Wäldern bedecktes und von ein paar tausend Wilden durchstreiftes Land unserer ausgedehnten Republik vorziehen, die mit Städten, Kleinstädten und Farmen übersät ist … und angefüllt mit all den Segnungen der Freiheit, Zivilisation und Religion?
… Und wird etwa angenommen, dass der umherziehende Wilde eine stärkere Bindung an seine Heimat hat als der sesshafte, zivilisierte Christ? Ist es für ihn belastender, die Gräber seiner Väter zu verlassen, als es für unsere Brüder und Kinder ist? Wenn man es wohl bedenkt, ist die Politik der Zentralregierung gegenüber dem roten Mann nicht nur freigebig, sondern großzügig. Er ist nicht willens, sich den Gesetzen der Staaten zu unterwerfen und sich mit deren Bevölkerung zu vermischen. Um ihn vor dieser Alternative zu bewahren – oder vielleicht vor der völligen Vernichtung, bietet ihm die Zentralregierung freundlich eine neue Heimat.

F. L. Israel (Hrsg.), The State of the Union Messages of the Presidents 1790–1966, 1966, S. 335–336., übers. v. d. Verf.in.

c) Aus einem Zeitungsbericht aus Kansas von 1869:

Die Sioux-Indianer sind ein Haufen elender, schmutziger, verlauster, in Decken gehüllter, diebischer, verlogener, hinterlistiger, mörderischer, gottloser, gesichtsloser, Gedärme fressender Stinktiere, die schlimmsten Wesen, denen der Herr je gestattet hat, die Erde zu verseuchen, und für deren sofortige und endgültige Ausrottung alle Menschen, ausgenommen Agenten und Händler, die mit Indianern zu tun haben, beten sollten.

Aus einer Tageszeitung in Kansas, der „Topeka Weekly Daily", 1869.

Q5

Weiße und Indianer

a) Aus der Sicht der Weißen Lewis Cass, Gouverneur von Michigan:

Das Prinzip der fortschreitenden Verbesserung scheint der menschlichen Natur eigen zu sein ... Wir alle streben auf unserem Lebensweg danach, Reichtümer an Ehre, Macht oder etwas anderem zu erwerben; deren Besitz bedeutet, die Tagträume unseres Vorstellungsvermögens zu realisieren; und die Summe dieser Anstrengungen bildet das Vorankommen der Gesellschaft. Aber in der Konstitution unserer Wilden ist wenig davon zu spüren. [...]
Ein barbarisches Volk, das zum Leben von den knappen und unsicheren Vorräten abhängt, die ihnen die Jagd liefert, kann nicht mit einer zivilisierten Gemeinschaft in Kontakt leben.

H. Zinn, A People's History of the United States: 1492 to Present, 1995, S. 130 f.

b) Aus der Sicht der Indianer:

Häuptling Black Hawk von den Fox-Indianern wurde 1832 besiegt und gefangen genommen. Bei der Kapitulation sagte er:

Ihr kennt den Grund, warum wir Krieg führen. Alle weißen Männer kennen ihn. Sie sollten sich dafür schämen. Indianer sind nicht falsch. Die weißen Männer sprechen schlecht von einem Indianer und schauen ihn voll Bosheit an. Aber die Indianer lügen nicht. Indianer stehlen nicht.
Ein Indianer, der so schlecht ist wie ein Weißer, könnte nicht in unserem Volk leben; er würde getötet und von den Wölfen verspeist werden. Die Weißen sind schlechte Lehrer; sie tragen falsche Bücher und handeln mit falschen Taten; sie lächeln in das Gesicht eines armen Indianers, um ihn zu betrügen; sie schütteln seine Hand, um ihr Vertrauen zu gewinnen, sie betrunken zu machen, sie zu täuschen und ihre Frauen zu verderben. Wir sagten ihnen, sie sollten uns in Ruhe lassen und sich von uns fernhalten, sie folgten uns, suchten unsere Wege heim, und sie wanden sich zwischen uns wie die Schlange. Sie vergifteten uns durch ihre Berührung. Wir waren nicht sicher. Wir lebten in Gefahr. Wir wurden wie sie, Heuchler und Lügner, ehebrecherische faule Drohnen, ganz Schwätzer und nicht länger Arbeiter. Die Weißen skalpieren nicht; aber sie tun Schlimmeres – sie vergiften das Herz ... Lebe wohl, mein Volk!

H. Zinn, A People's History of the United States: 1492 to Present., 1995, S. 129.

333.1 Büffelschießen vom Zug aus. Stich um 1865.

Die Indianer gingen allerdings keineswegs zimperlich vor, wenn sie selbst Bisons jagten: Sie trieben eine Herde auf einen Abgrund zu und töteten sie auf diese Weise. Auch die Indianer konnten dann nicht alle Bisons essen und schnitten sich häufig nur leckere Stücke heraus. Auch sie töteten Bisons manchmal nur zum Spaß. Dabei erlegten sie mit Vorliebe trächtige Muttertiere, weil ihnen das zarte Fleisch der ungeborenen Kälber besonders gut mundete.

1. Welche Anforderungen sollte das Wahlrecht eines demokratischen Landes erfüllen? Beurteile, wie demokratisch die Väter der Verfassung waren. (Q 1)

2. Arbeite aus der Debatte (Q 2) die Argumente für und gegen die Sklaverei heraus.

3. a) Welches Versprechen wurde den Indianern 1787 gemacht? (Q 3)
b) Wie wurden die Indianer dann behandelt und wie wurde dies begründet? (Q 4, VT)

4. a) Vergleiche die Sicht der Weißen auf die Indianer mit derjenigen der Indianer auf die Weißen (Q 4, Q 5).
b) Welche Funktion hatte das Indianerbild der Weißen im Zusammenhang mit der amerikanischen Landerschließung?

334.1 Logo der United Nations Organization (UNO), die 1945 zur Sicherung des Weltfriedens und zur Förderung der internationalen Zusammenarbeit gegründet wurde.

Auf dem Weg zu Gleichheit, Freiheit und Brüderlichkeit

Die Idee der Menschenrechte hat ihren Ausgangspunkt im antiken Denken. In der griechischen und römischen Philosophie wurde zum ersten Mal der Gedanke der Gleichheit aller Menschen formuliert. Platon und Aristoteles hoben die Verpflichtung hervor, sich um jeden Menschen zu kümmern. Die Philosophie der Stoa lehrte später die Freiheit und Gleichheit aller Menschen auf Grund ihrer Natur. Im Alltag jedoch ließen Griechen, Römer und andere Völker die Institution der Sklaverei kritiklos bestehen.

Die frühen Christen knüpften an die Ideen der Stoiker an und betonten die moralische Verpflichtung, gemäß den biblischen Geboten die Würde des Menschen zu achten. Die Religion war dann aber wesentlich mit dafür verantwortlich, dass die Menschen im Mittelalter Ungleichheit akzeptierten und geringe Ansprüche an individuelle Rechte stellten.

Erst die Philosophen der Aufklärung, darunter vor allem John Locke und Jean Jacques Rousseau, forderten die Befreiung der Menschen aus der staatlichen und religiösen Bevormundung und betonten die Verpflichtung des Menschen, von seiner Vernunft, von seiner Freiheit und insbesondere von seiner Meinungsfreiheit Gebrauch zu machen.

Umsetzung in die Praxis

In der Unabhängigkeitserklärung der USA (1776, → S. 328) und der Erklärung der Menschen- und Bürgerrechte in der Französischen Revolution (1789, → S. 349) wurde zum ersten Mal auf höchster politischer Ebene ein Grundkanon von Rechten formuliert.

Einen entscheidenden Durchbruch der festgeschriebenen Freiheits- und Gleichheitsideale brachten die Menschenrechtserklärungen allerdings nicht. Die Situation der entrechteten, unterdrückten und ausgebeuteten Personengruppen wie Sklaven, Indianer oder Frauen änderte sich nur langsam.

334.2 Der spanische Maler Pablo Picasso fertigte diese Zeichnung 1959 für amnesty international an, eine Organisation, die sich weltweit vor allem um die Rechte politischer Gefangener kümmert. Sie erhielt 1977 den Friedensnobelpreis.

Es kam sogar dazu, dass die Sklaverei in den USA ihren Höhepunkt erst nach der Revolution erreichte. Den Indianern ging es kaum besser, denn sie wurden bekämpft, ihrer Lebensgrundlagen weitgehend beraubt und in Reservaten zusammengetrieben. Obwohl sie 1924 die Staatsbürgerschaft bekamen, setzte sich ihr Leidensweg in mancher Hinsicht bis heute fort.

Erst auf dem Hintergrund gravierender Menschenrechtsverletzungen im 2. Weltkrieg wurde 1948 durch die Vereinten Nationen in der Allgemeinen Erklärung der Menschenrechte der universelle Schutz des Menschen festgeschrieben. Eine Mehrzahl von Staaten bekannte sich jetzt zur Geltung und Durchsetzung der Menschenrechte.

Die Menschenrechte sind heute gefragt und herausgefordert wie selten zuvor: Die Kluft zwischen Armen und Reichen wächst weltweit, Arbeitslosigkeit und Armut nehmen vor allem in den Entwicklungsländern weiter zu. Folter, Unterdrückung, Ausbeutung und Missachtung der Bürgerrechte sind an der Tagesordnung – auch dort, wo kein Kriegszustand herrscht.

Q1 Indianer sind auch Menschen

Der Dominikanerprediger Antonio de Montesinos führt in einer seiner Predigten auf Haiti 1511 aus:

Sagt: Mit welchem Recht haltet Ihr diese Indianer in so grausamer und schrecklicher Knechtschaft? Wer hat Euch Vollmacht gegeben, so verabscheuungswürdige Kriege gegen diese Menschen zu führen, die ruhig und friedlich ihre Heimat bewohnen, von denen Ihr unzählige durch unerhörte Mord- und Gewalttaten ausgelöscht habt? ... Sind dies nicht Menschen? Haben Sie keine vernünftige Seele? Seid Ihr nicht verpflichtet, sie zu lieben wie Euch selbst?

Bartolomé de las Casas, Historia de las Indias, Mexico-City III, S. 18f.

Q2 Frauen fordern ihre Rechte ein

Die US-Amerikanerin Sarah Pierce verfasst 1839 eine „Ladies Declaration of Independence".

Wir halten diese Wahrheiten für einleuchtend: Dass alle Menschen gleich geschaffen sind; dass sie mit gewissen unveräußerlichen Rechten ausgestattet sind, darunter Leben, Freiheit und Streben nach Glück ... Die Männer haben Gesetze erlassen, denen sich die Frauen unterwerfen mussten, ohne dass sie in der Legislative (= Gesetzgebung) vertreten wären. Sie haben unsere Fähigkeiten abgewertet und unsere Leistungen nicht anerkannt. Sie haben sich zusammengeschlossen zum Zwecke unseres Ausschlusses aus der Legislative und aus Administration der Justiz, aus allen Ämtern von Ehre und Gewinn, aus allen öffentlichen Beratungen ... Sie haben sich selbst für berechtigt erklärt, in jedem Fall über uns zu entscheiden und über uns hinweg zu handeln.

Linda K. Kerber: Women of the Republic, Chapel Hill 1980, S. 278 f.

Q3 Rechte für Kinder

Am 20. November 1959 beschließen Vertreter aller Nationen in einer Vollversammlung der UNO folgende Grundrechte für Kinder:

1. Das Recht auf Gleichheit, unabhängig von Rasse, Religion und Herkunft.
2. Das Recht auf gesunde geistige und körperliche Entwicklung.
3. Das Recht auf einen Namen und eine Staatsangehörigkeit.
4. Das Recht auf ausreichende Ernährung, menschenwürdige Wohnverhältnisse und medizinische Versorgung.
5. Das Recht auf besondere Betreuung im Falle körperlicher und geistiger Behinderung.
6. Das Recht auf Liebe, Verständnis und Geborgenheit.
7. Das Recht auf unentgeltlichen Unterricht, auf Spiel und Erholung.
8. Das Recht auf Beteiligung an der Gestaltung der eigenen Umwelt.
9. Das Recht auf Schutz vor Grausamkeit, Vernachlässigung und Ausbeutung.

Beschluss der 41. Vollversammlung der UNO vom 20. November 1959, zusammenfassender Auszug.

1. Vergleiche die Predigt von Montesinos (Q 1) mit der Unabhängigkeitserklärung der USA (vgl. S. 328) und der Erklärung der Menschen- und Bürgerrechte in der Französischen Revolution (vgl. S. 349). Nenne Parallelen.

2. Vergleiche die „Ladies Declaration of Independence" (Q 2) mit der Unabhängigkeitserklärung der USA (vgl. S. 328). Welche Mängel sieht Sarah Pierce?

3. Überlege, welche Rechte des Kindes dir besonders wichtig sind und begründe deine Wahl. (Q 3)

335.1 Martin Luther King (1929–1968, ermordet), US-amerikanischer Theologe, setzte sich für die Gleichberechtigung der Afroamerikaner ein und erhielt 1964 den Friedensnobelpreis.

335.2 Rigoberta Menchú aus Guatemala (geb. 1959) kämpft für die Rechte der indianischen Urbevölkerung in Lateinamerika und für internationale Völkerverständigung. Sie erhielt 1992 den Friedensnobelpreis.

Die Französische Revolution

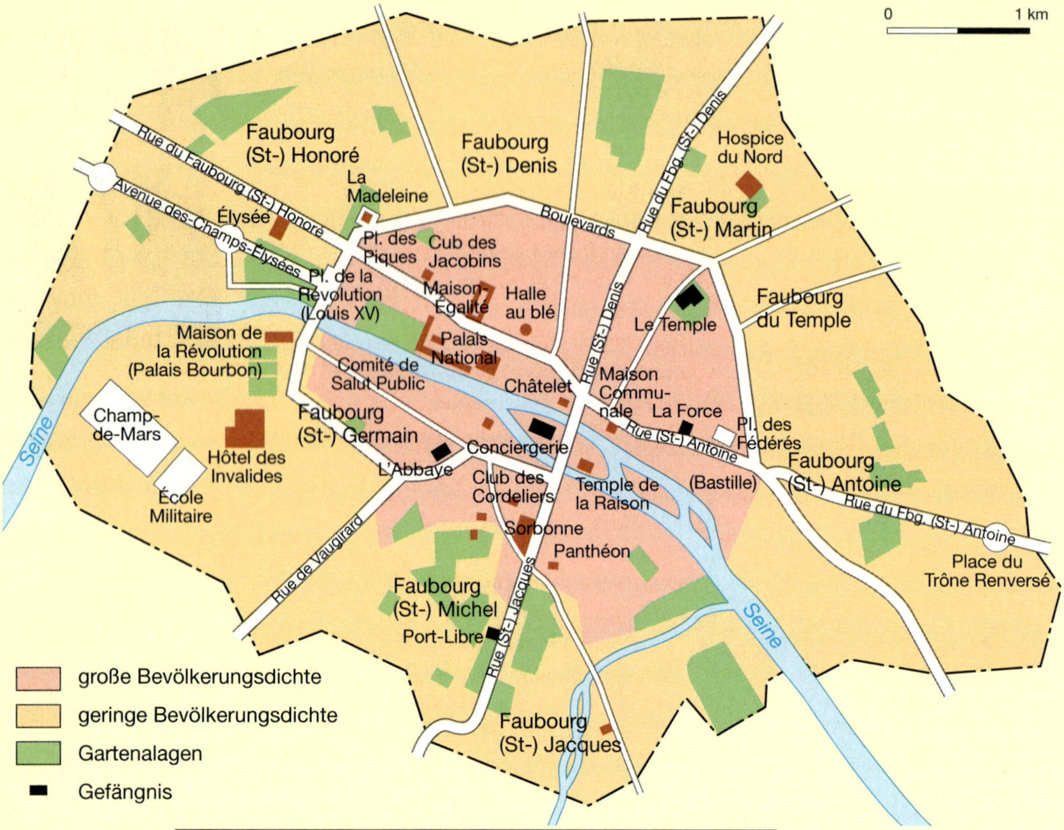

Plan der Stadt Paris während der Französischen Revolution (1789 – 1799)

Erster Aufruhr in der Pariser Vorstadt St. Antoine am 28. April 1789. Stich von A. Otto nach einer Zeichnung von Vény, 1818.

Camille Desmoulins spricht am 1. Juli 1789 vor dem Palais Royal. Stich nach einer zeitgenössischen Zeichnung von Prieur, 1818.

tion

Der Ballhausschwur. Kolorierte Zeichnung nach einer Federzeichnung von Jacques-Louis David, um 1791.

Der „Sturm auf die Bastille". Kolorierter Stich, 1791.

Orientierung in Zeit und Raum

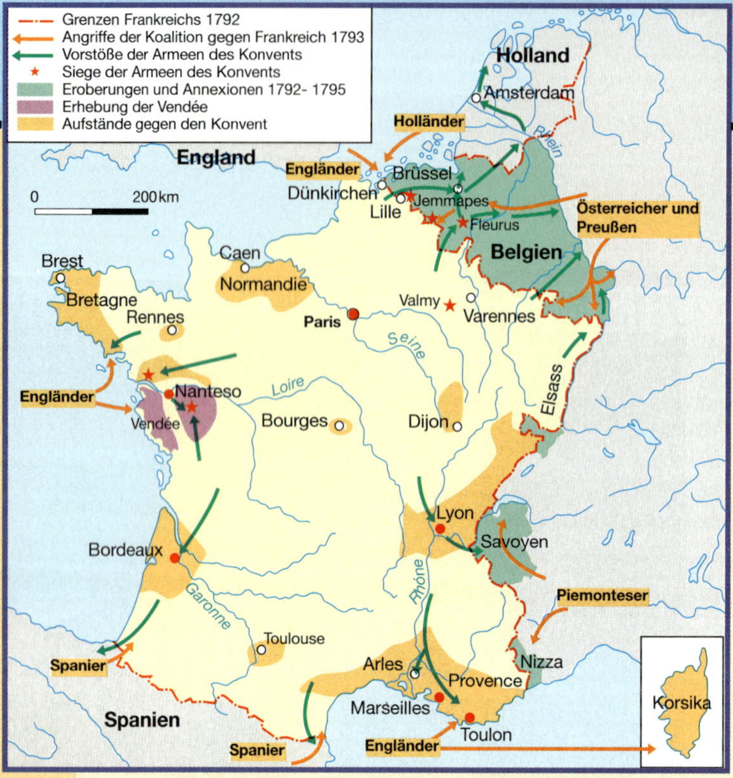

338.1 Die Revolution im Krieg (1793/94).

5.5. 1789	Ludwig XVI. eröffnet in Versailles die Versammlung der Generalstände.
17.6. 1789	Die Vertreter des Dritten Standes erklären sich zur Nationalversammlung.
14.7. 1789	Die Bastille wird gestürmt.
26.8. 1789	Die Nationalversammlung verkündet die Menschen- und Bürgerrechte als Grundlage für die zukünftige Verfassung.
14.9. 1791	Ludwig XVI. unterzeichnet die neue Verfassung.
seit April 1792	Frankreich führt Kriege gegen Koalitionen ausländischer Mächte.
22.9. 1793	Der Konvent erklärt Frankreich zur Republik.
September 1793	Die Jakobiner-Diktatur unter der Führung Robespierres beginnt.
28.7. 1794	Die Hinrichtung Robespierres beendet die Schreckensherrschaft.
August 1795	Das Direktorium regiert die neue Republik.
Dezember 1804	Napoleon krönt sich in Anwesenheit des Papstes zum Kaiser.

Ermordet, geflohen und untergetaucht oder ...?

Nach vielen Umwegen soll im 20. Jahrhundert das Herz des französischen Thronfolgers, des Sohnes Ludwigs XVI. und Marie Antoinettes, in die Gruft von Saint-Denis gelangt sein. Dort wurden die französischen Könige traditionell bestattet. Nach der Hinrichtung seiner Eltern 1793 war er Gefangener der französischen Revolutionäre geblieben, bis er angeblich 1795 im Gefängnis, dem Temple, starb. Während ein Arzt die Autopsie vornahm, habe er wohl das Herz des Prinzen an sich genommen, so heißt es.
Um den Tod des verstorbenen Dauphin, so lautete der offizielle Titel der französischen Thronfolger, rankten sich schon früh viele Gerüchte und Legenden. Er sei im Gefängnis gegen eine andere Person ausgetauscht worden und habe flüchten können, hieß es. Immer wieder tauchten Personen auf, die von sich behaupteten, der Dauphin zu sein. In der Schweiz gab sich ein Herr Naundorff als Ludwig XVII. aus. Auf seinem Grabstein gab er 1845 den Nachnamen Bourbon an, denn aus der Familie der Bourbonen stammten die französischen Könige.

339.1 Marie Antoinette im Kreise ihrer Kinder: Louis-Joseph-Francois (22.10. 1781–3.6. 1789), Louis-Charles (27.3. 1785–8.6. 1795) und Marie-Thérèse-Charlotte, die späteren Herzogin von Angoulème. Nach einem Gemälde von Louise Vigée-Lebrun.

Gen-Test bestätigt den Tod im Temple

Die DNA-Analyse lässt inzwischen Historiker zu Kriminologen werden und hilft, manches historische Rätsel lösen. So konnte im Jahr 2000 die königliche Herkunft von Herrn Naundorff nach einem Gen-Test widerlegt werden. Forscher der belgischen Universität Löwen und der westfälischen Universität Münster haben unabhängig voneinander Teile des mumifizierten Kinderherzens aus Saint-Denis einem DNA-Test unterzogen. Ihre Ergebnisse verglichen sie dann mit Haarresten seiner Mutter und seiner Tanten, den Töchtern Maria Theresias. Die Untersuchungen ergaben, dass es sich zweifelsfrei um das Herz des verstorbenen Kronprinzen handelte. Damit wäre das Rätsel um Ludwig XVII. wohl gelöst .

Mit der Hinrichtung des Königs ist am 21. Januar 1793 das Königtum in Frankreich beseitigt. Warum gab sich Herr Naundorff als Ludwig XVII. aus und fand dabei auch Anerkennung?

1. Frankreich 1789 – das Ancien Régime in der Krise

■ Figaros Hochzeit

Mit besonderer Spannung erwartete das Publikum in Paris am 27. 4. 1784 die Komödie „Le mariage du figaro“ (Figaros Hochzeit) von Caron de Beaumarchais (1732–1799). Der König persönlich hatte nämlich die Premiere 1783 in Versailles verboten. Figaro enttäuschte die Erwartungen nicht. Von der Bühne herab sprach er: „Weil Sie ein großer Herr sind, halten Sie sich für ein großes Genie. Adel, Reichtum, Ansehen, Schlösser, alles das macht Sie so stolz. Aber was haben Sie dafür getan? Sie haben sich die Mühe gemacht, geboren zu werden und weiter nichts. Ich dagegen, bei Gott, habe mehr Wissen und Überlegung entfalten müssen, um überhaupt überleben zu können, als man in hundert Jahren gebraucht hat, um ganz Spanien zu regieren.“

■ Privilegien und Macht für Klerus und Adel

→ *Schaubild S. 306.1*

Von den etwa 28 Millionen Einwohnern, die damals in Frankreich lebten, gehörten nicht mehr als 2% den ersten beiden Ständen, dem Klerus und dem Adel, an. Sie besaßen zusammen 30–40% des Grund und Bodens und verfügten über viele Privilegien, vor allem über Jagd- und Fischereirechte. Die von ihnen abhängigen Bauern waren verpflichtet, Abgaben und Dienste zu leisten. Der Hochadel forderte noch immer die höchsten Ämter in Staat und Kirche für sich. Beide Stände weigerten sich nachdrücklich, direkte Steuern zu bezahlen, und beriefen sich dabei auf ihr altes Privileg, die Steuerfreiheit.

■ Arbeit und Reichtum für den Dritten Stand?

Der Rest der Bevölkerung gehörte dem Dritten Stand an, der sich in Bourgeoisie, Handwerker und Bauern (82%) gliederte. Zur Bourgeoisie gehörten Bankiers, Großkaufleute, Manufaktur- und Bergwerksbesitzer, Steuerpächter, Ärzte, Professoren, Juristen und Beamte. Die ↗merkantilistische Wirtschaftspolitik hatte ihren wirtschaftlichen Erfolg und gesellschaftlichen Aufstieg begünstigt.

Um 1780 gehörte etwa ein Drittel des landwirtschaftlich genutzten Bodens einem Prozent des Dritten Standes. Hier fanden sich die zahlungskräftigsten Steuerzahler, doch im Staat durften sie nicht mitbestimmen.

Handwerkern und Kleinhändlern hatte die merkantilistische Wirtschaftspolitik eher geschadet. Das Heer benötigte Waffen und Uniformen, die in den Manufakturen fabrikmäßig und kostengünstig produziert wurden. Mit den Manufakturen und den Vertriebssystemen der Verlage konnten die Handwerker und Kleinhändler aber nicht konkurrieren. Insbesondere in Paris löste sich die durch die Zünfte gebundene Handwerkerschaft auf und eine Arbeiterschaft entstand.

Missernten, Seuchen, Plünderungen oder Einquartierung von Soldaten waren die alltäglichen Katastrophen, die die Bauernfamilien treffen konnten. Freie Bauern mussten häufig ihren Besitz gegen die Ansprüche benachbarter Adliger verteidigen. Wegen ihrer zunehmenden Verarmung erhoben diese alte, längst ungültige Ansprüche auf das Land der freien Bauern. Kam es zu einem Rechtsstreit, suchten die Adligen Rechtsbeistand bei den Parlamenten, den ständischen Gerichtshöfen. Den unfreien Bauern machten die zahlreichen Dienste und steigenden Abgaben für ihre Grundherren das Leben schwer. Die Schicht der besitzlosen Landarbeiter nahm ständig zu. Um 1789 gehörten bereits 50% der Bevölkerung Frankreichs zu dieser Gruppe.

■ Frauenarbeit und Frauenrechte

Traditionell versorgten die Frauen die Familie, erzogen die Kinder, führten den Haushalt und die Haushaltskasse. Diese Tätigkeit im Haus und für die Familie verschaffte ihnen ein gewisses Ansehen, das ihnen in der Öffentlichkeit jedoch fehlte. Geregelte Schul- und Berufsausbildung gab es für Mädchen nicht. Nonnen erzogen häufig die Töchter der vermögenden Familien des Dritten Standes und bereiteten sie auf ihre Rolle als Ehefrau und Mutter vor. Viele Mädchen und junge Frauen trieben die schlechten Zukunftsaussichten oder eine fehlende Mitgift vom Land in die Städte. Da sie im Rechnen, Schreiben und Lesen noch nicht einmal über Grundkenntnisse verfügten, hatten sie kaum Aussichten auf eine gesicherte Existenz. Häufig arbeiteten sie für Unterkunft und Verpflegung als Hausmädchen. Nicht wenige lebten von der Prostitution.

Die Eheschließung sicherte dem Ehemann uneingeschränkte Verfügung über seine Frau und – so vorhanden – ihre Mitgift. Ohne seine Zustimmung durfte sie keine Rechts- oder Finanzgeschäfte tätigen. Ehescheidungen gab es selten. Verließ der Mann seine Frau, hatte sie keinen Anspruch auf Unterhalt oder Anteil an Besitz und Vermögen der Familie. Obwohl die Frauen wie die Männer Steuern zahlen mussten, durften sie nicht wählen oder etwa ein öffentliches Amt übernehmen.

Das absolutistische Königtum steht im Zentrum der Kritik

Bücher, Broschüren, Flugschriften und Theaterstücke, Vorträge und Gespräche in Salons verbreiteten die Ideen der ↗Aufklärung. Ständische Gesellschaft und Gottesgnadentum hatten sie infrage gestellt. Wie sollte aber die Alternative zu der bestehenden absolutistischen Ordnung aussehen?

Hier unterschieden sich die politischen und gesellschaftlichen Zielvorstellungen der drei Stände. Der Adel verteidigte seine Feudalrechte und wünschte die Beschränkung der Monarchie. Die Bourgeoisie als Dritter Stand forderte die Besteuerung von Adel und Klerus, Abschaffung der Ämterkäuflichkeit und politisches Mitspracherecht.

In den Cafés, Clubs und Pariser Salons diskutierten Männer und Frauen diese Fragen besonders mit den jungen Adligen, die aus den Vereinigten Staaten zurückgekehrt waren. Sie berichteten über den Unabhängigkeitskrieg der amerikanischen Kolonien gegen die englische Herrschaft und über das Entstehen der Vereinigten Staaten. Dort hatten sie erfahren, dass Bürgerrechte und Bürgerfreiheiten, selbstverwaltete Staaten und Städte, der Wert der Leistung vor der Abstammung keine politische Wunschvorstellung bleiben mussten. Diese Erfahrungen gaben der politischen Diskussion in Frankreich neuen Elan.

341.1 Ludwig XVI. im Krönungsornat, Gemälde von Jean-Sifrède Duplessis (1725–1802). Paris, Musée Carnavalet.

1789 – Wirtschaftskrise, Hungersnot und Unruhen

„Wenn sie kein Brot haben, sollen sie Kuchen essen!" Diese Antwort wurde der Königin Marie Antoinette in den Mund gelegt, als sie von Brotknappheit, Plünderungen und Hungerdemonstrationen in den Städten und auf dem Lande hörte.

Nach den Missernten und Viehseuchen der Vorjahre hatte sich die wirtschaftliche und soziale Krise verschärft. Die Preise für Fleisch und Getreide stiegen auf das Doppelte. Produktion und Handel entwickelten sich rückläufig, nachdem ein Handelsvertrag von 1786 billigen britischen Waren ungehindert den französischen Markt öffnete. Den Handwerkern fehlten Aufträge, ihre Produkte konnten sie wegen der höheren Preise nicht mehr verkaufen. Die wirtschaftliche Not der Bauern stieg. Mit öffentlicher Hilfe konnten bald nicht mehr alle Notleidenden versorgt werden. Als auf die Missernte des Jahres 1788 auch noch ein so strenger Winter folgte, dass die Flüsse zufroren und die Mühlen nicht mehr arbeiteten, spitzte sich die Lage zu: Immer mehr hungernde Menschen zogen bettelnd auf der Suche nach Getreide durchs Land, in dem viele Bauern selbst nichts mehr zu essen hatten.

M1 Der Staatshaushalt 1788

Einnahmen insgesamt: 503 Mio. Livres	
– direkte Steuern:	158 Mio.
– indirekte Steuern:	208 Mio.
– Lotterie:	10 Mio.
– Sonstiges:	127 Mio.
Ausgaben insgesamt: 620 Mio. Livres	
– Heer/ Diplomatie:	165 Mio.
– Hof:	36 Mio.
– öffentliche Bauten:	15 Mio.
– Bildung:	1 Mio.
– Verwaltung:	97 Mio.
– Zinsen für Staatsschulden:	310 Mio.

Zahlen: Histoire Géographie 4ème. Paris 1998, S. 61.

Q2 Politische Forderungen des Dritten Standes

Die Schrift des Abbé Sieyès „Was ist der Dritte Stand?“ wird 1789 in Frankreich viel gelesen:

Der Plan dieser Schrift ist ganz einfach. Wir haben uns drei Fragen vorzulegen.

1. Was ist der Dritte Stand? Alles.

2. Was ist er bis jetzt in der staatlichen Ordnung gewesen? Nichts.

3. Was verlangt er? Etwas darin zu werden.

Der Dritte Stand ist eine vollständige Nation.

Was ist nötig, damit eine Nation bestehen kann und gedeiht? Arbeiten im Privatinteresse und im öffentlichen Dienste.

Die dem Privatinteresse dienenden Arbeiten kann man in vier Kategorien einteilen:

1. Landwirtschaft,
2. Handwerk,
3. Handel.

4. Außer diesen drei Kategorien arbeitsamer und nützlicher Bürger, die sich mit den zum Verbrauch oder Gebrauch von bestimmten Waren befassen, müssen in der Gesellschaft noch eine Vielzahl von Arbeiten und Besorgungen verrichtet werden, die für den Menschen unmittelbar nützlich oder angenehm sind. Die Kategorie reicht von den wichtigsten wissenschaftlichen und freien Berufen bis hinab zu den am wenigsten beachteten häuslichen Arbeiten. Das sind die Arbeiten, die die Gesellschaft erhalten. Wer verrichtet sie? Der Dritte Stand.

Die Französische Revolution. Eine Dokumentation, hg. v. W. Grab, 1973, S. 24 ff. Übersetzung: Hansjosef Schuh.

Q3 Forderungen von Frauen nach mehr Rechten

Auch Frauen wollen 1789 ihre Bitten und Forderungen vor die Versammlung der Generalstände bringen. Ihre Anliegen werden aber in den Beschwerdeschriften der Stände nicht berücksichtigt.

*a) Daher schreibt Madame B*** B*** anonym:*

Wir trachten durchaus nicht nach den Würden des Regierungsamtes noch nach dem Vorzug, in die Kabinettsgeheimnisse eingeweiht zu sein. Aber wir glauben, dass es den Frauen, den Witwen und Töchtern, die Ländereien und anderes Vermögen besitzen, billigerweise gestattet sein muss, dem Thron ihre Beschwerden zu Füßen zu legen, und dass es ebenso nur gerecht ist, ihre Stimmen zu zählen, da sie doch wie die Männer dazu verpflichtet sind, die königlichen Abgaben zu zahlen und den Verpflichtungen des Handels nachzukommen.

Man wird eventuell vorbringen, alles, was man ihnen gewähren könne, sei, ihnen zu gestatten, dass sie sich durch Bevollmächtigte in den Generalständen vertreten lassen könnten.

Man könnte diesem jetzt entgegnen, es sei mit Fug und Recht erwiesen, dass weder ein Adliger einen Nichtadligen vertreten kann, noch ein Nichtadliger einen Adligen; ebenso kann, mit noch größerem Recht, kein Mann eine Frau vertreten, da doch der Vertreter völlig die gleichen Interessen haben muss wie der Vertretene. Folglich können Frauen immer nur von Frauen vertreten werden.

Cahiers des doléances des femmes en 1789 et autres textes, 1981, S. 28.

b) Mehrere andere Frauen verfassen am 1. Januar 1789 eine Petition (Bittschrift) und richten sie direkt an den König Ludwig XVI.:

Sire,

Wir bitten um Ausbildung und Beruf, nicht um uns die Befugnisse der Männer anzueignen, sondern um höher von ihnen geachtet zu werden, und damit wir imstande sind, vor dem Elend geschützt zu leben oder uns aus dem Elend zu befreien. …

Wir bitten Sie inständig, Sire, kostenlose Schulen einzurichten, wo wir unsere Sprache von Grund auf lernen können, die Religion und die geistigen und sittlichen Werte; eins wie das andere soll uns in seinem ganzen Umfang dargeboten werden. …

Wir bitten darum, aus der Unwissenheit herauszutreten, um unseren Kindern eine vernünftige und angemessene Erziehung zukommen zu lassen und sie dadurch zu Untertanen heranzubilden, die würdig sind, euch zu dienen.

Maïté Albistur et Daniel Armogathe: Le grief des femmes, 1978, S. 178. Übersetzung von G. Kopschewa.

Q4 Eine Antwort auf Forderungen von Frauen

Die Meinung der Männer zu den Forderungen der Frauen fasst Abbé Sieyès zusammen:

Alle Einwohner eines Landes müssen in ihm die Rechte passiver Bürger besitzen; alle haben den Anspruch auf Schutz ihrer Person, ihres Eigentums, ihrer Freiheit usw.; aber nicht alle haben Anspruch darauf, tätig an der Bildung der öffentlichen Gewalten teilzunehmen; nicht alle sind Aktivbürger. Die Frauen, zumindest im jetzigen Stadium, die Kinder, die Ausländer und auch diejenigen, die nicht zur öffentlichen Gewalt beitragen, dürfen keinen aktiven Einfluss auf das Gemeinwesen nehmen.

Die Französische Revolution. Eine Dokumentation, hrsg. v. W. Grab, 1973, S. 251.

343.1 Die Bäuerin bei der Fronarbeit, anonyme Karikatur vom Juni 1789. Die Ziffern ordnen die abgebildeten Frauen jeweils ihrem Stand zu. Unter dem Bild steht: „Es ist zu hoffen, dass dieses Spiel bald beendet sein wird." (z. T. handschriftlich)

1. Untersuche den Staatshaushalt (M 1): Wo liegen die Schwerpunkte auf der Einnahmen-, wo auf der Ausgabenseite. Worin bestehen die Probleme des Haushalts?

2. Schreibe aus dem VT alle Personengruppen heraus, die zu den drei Ständen gehörten.
a) Ordne jeder Gruppe ihre wirtschaftlichen, steuerlichen und politischen Forderungen zu. (VT, Q 2, Q 3, Q 4, Werkstatt, S. 344 f.)
b) Welche Gruppen könnten sich bei der Durchsetzung ihrer Forderungen unterstützen?

3. Begründe die Forderungen der Frauen, die sie in der Beschwerdeschrift und der Petition formulieren. (Q 3) Erörtere die Widerstände gegen ihre Forderungen, die sich aus den Bittschriften ableiten lassen. (Q 3, Q 4)

Beschwerdehefte als Quelle

Cahiers de doléances et rémontrances

Wollte der französische Staat die Steuern erhöhen oder neue einführen, musste die Versammlung der Generalstände sie bewilligen. Bei dieser Gelegenheit nahmen die Stände stets ihr Recht wahr, dem König ihre Klagen, Wünsche und Forderungen vorzutragen, die sie auch schriftlich in den „cahiers de doléances et rémontrances", den Beschwerdeschriften, gesammelt hatten.

→ Schaubild 101.1

Die Beschwerdehefte wiesen die gewählten Vertreter der drei Stände aus und beschrieben deren Auftrag für die Verhandlungen mit dem König. (vgl. Schaubild S. 345.1) Darin unterscheiden sich die Beschwerdehefte von Petitionen, die von jedem Untertanen oder einer Gruppe von Untertanen zu jeder Zeit direkt an den König gerichtet werden konnten.

Als der König 1788 die Generalstände nach Versailles einberief, war das die erste Versammlung seit 170 Jahren. Etwa 40000 Beschwerdeschriften wurden im Frühjahr 1789 verfasst. Historiker bezeichnen sie heute gern als das „Testament" des Ancien Régime, weil sie umfangreich und vielfältig Auskunft geben über Lebensbedingungen und Meinungen, politische Ziele und Reformwünsche der französischen Bevölkerung am Vorabend der Revolution.

Beschwerdehefte auswerten

Einem Text Informationen zu entnehmen hast du schon oft geübt. Thema und Hauptaussagen des Textes, Autor und Adressaten? Das sind dir bekannte Fragen, die du auch auf die Beschwerdeschriften übertragen kannst. Die „cahiers de doléances" entstanden in Krisenzeiten und beschreiben, welche Missstände ihre jeweiligen Verfasser als Ursachen für die aktuelle Krise ansahen und welche Interessen und Motive ihre Verbesserungsvorschläge bestimmten. Mithilfe folgender Arbeitsschritte kannst du sie vielleicht „zum Sprechen bringen"!

Arbeitsschritte

1. Lies den Text sorgfältig durch und kläre zuerst alle unbekannten Wörter und Begriffe.

2. Der Text enthält Forderungen und deren Begründung.
- Versuche beides zu ordnen, indem du sie farblich markierst oder dir einige Stichwörter notierst.
- Prüfe, ob und wie die Begründungen „aktuelle" Informationen bieten.
- Ordne den Forderungen Oberbegriffe zu. Hier einige Vorschläge:
- die Verfassung des Staates
- die Neuordnung der königlichen Steuern
- die staatlichen Privilegien
- die grundherrlichen Privilegien ...
- Welche Forderungen werden auffallend häufig gestellt?

3. Informiere dich über die Autoren.
- Wer verfasste das Beschwerdeheft?
- Wann und wo?
- Für wen? Für eine Wahlversammlung oder für den König?

4. Überprüfe, ob
- die Forderungen den Begründungen entsprechen,
- sie zu verallgemeinern sind,
- die Interessen eines Standes oder nur die einer Gruppe innerhalb dieses Standes berücksichtigt werden. (vgl. VT Kap. 1, Schaubild 345.1)

Beschwerdehefte – zwei Beispiele

Forderungen des Dritten Standes 1789

a) vom Lande:

La Chapelle Craonnaise, eine Gemeinde auf dem Lande unweit der Stadt Tours, schlug vor:

1. Artikel: Es kann keine Steuer ohne die Einwilligung der versammelten Generalstände erhoben werden.

2. Die Versammlung der Generalstände solle alle fünf Jahre stattfinden.
4. Die Deputierten fordern die Abschaffung aller Privilegien des Adels und des Klerus.
5. Die Salzsteuer und die Taille (Steuer auf Personen und Besitz) sind abzuschaffen.
6. Um diese Steuern zu ersetzen, sei eine Kopfsteuer beschlossen, eine Grundsteuer, die ohne Unterschied den Bürgern der drei Stände auferlegt wird.
8. Die Frondienste sind in vollem Umfang abzuschaffen.
9. Es sollen abgeschafft werden die grundherrliche Rechtsprechung und Polizei, Jagd- und Fischerei-Privilegien, grundherrliche Privilegien; jeder soll auf seinem Feld Hasen und andere Tiere, die der Landwirtschaft schaden, töten dürfen.
10. Stellen und Ämter sollten nach Leistung und Verdienst vergeben werden.
13. Man möge den Zehnten abschaffen.
16. Zivile, militärische und kirchliche Stellen sollten so vergeben werden, dass der Adel nicht mehr dem Dritten Stand vorgezogen oder dieser ausgeschlossen wird.
17. Bei der Versammlung der Generalstände soll nach Köpfen und nicht nach Ständen abgestimmt werden.

Histoire Economie 4ème, Hatier 1998, S. 62 (übers. v. d. V.).

b) aus der Stadt:

Die königlichen Beamten beim Parlament in Rouen formulierten folgende Bitten:

1. Der König soll nur durch und für die Nation regieren.
2. Die Versammlung der Generalstände soll über die Klagen der Nation nach Ständen und nicht nach Köpfen beschließen. Wenn das geschehen ist, löst sie sich auf und tritt dann alle drei Jahre wieder zusammen. In Zukunft soll sie, ... nur noch zwei Stände umfassen: Der Adel unter Einschluss des Klerus wird den ersten Stand bilden, und der jetzige dritte Stand wird zweiter Stand.
7. Solange über die wahre Staatsverfassung und die Klagen und Beschwerden der Nation nicht entschieden worden ist, dürfen keine Steuern bewilligt werden.
9. Streng gleichmäßige Verteilung der Steuern ohne Unterscheidung der Stände, in gar keinem Fall Zustimmung zu Steuervorauszahlung.

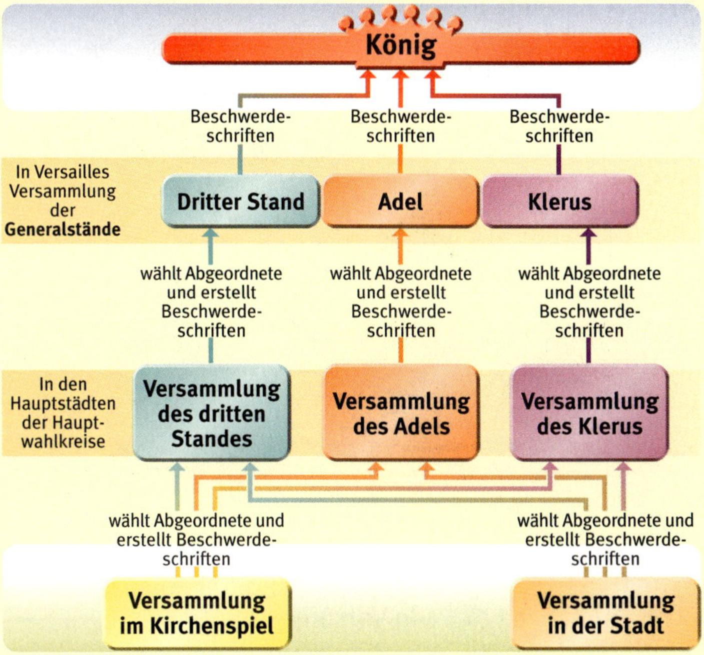

345.1 Wahlen und Beschwerden – zwei revolutionäre Rechte.

10. Abschaffung der Salzsteuer und Herabsetzung der Zölle an den Grenzen des Königreiches.
12. Die Minister sollen für ihre Amtsführung der Nation verantwortlich sein.
13. In keinem Fall dürfen „lettres de cachet" verfügt werden.
22. Die Generalstände sollen sich mit dem Schutz des Ackerbaus befassen. ... Jeder Bauer, Landwirt oder Bewohner des Landes hat das Recht, alle Arten von Wild auf seinem Besitz zu töten. ... Niemand darf dabei die Grenzen seines Besitzes überschreiten.
26. Die Freiheit der Presse ist zu fordern.
28. Die Getreideausfuhr soll erst dann wieder erlaubt werden, wenn die Städte und größeren Orte der Provinzen für drei Jahre mit Getreide versehen sind. Zu diesem Zweck sollen in allen Städten ... Kornspeicher errichtet werden.

Geschichte in Quellen, Bd. 4, S. 151 f. Übers. W. Lautemann/J. Cornelissen, gekürzt.

lettre de cachet = Verhaftungsverfügung des Königs, Haftbefehl

- Werte die beiden Beschwerdehefte aus. Benutze die Arbeitsschritte S. 344, das Schaubild 345.1 und das Kapitel 1, S. 340–343.

2. Von der Versammlung der Generalstände zur Erklärung der Menschenrechte

346.1 Die drei Stände begeben sich nach Versailles im Mai 1789.

■ Sommer 1789: die Revolution in Versailles ...

Als der König am 5. Mai 1789 in Versailles feierlich die Versammlung der Generalstände eröffnete, erschienen je 300 Vertreter des Klerus und des Adels und 600 Abgeordnete des Dritten Standes. Letztere forderten als Vertreter der Mehrheit der Bevölkerung die Abschaffung der ↗Privilegien von Adel und Klerus, eine Verfassung und die Abstimmung nach Köpfen. Der König erwartete von ihnen jedoch nur die Sanierung der Staatsfinanzen und vermied jede Entscheidung über den Abstimmungsmodus. Die Hinhalte-Taktik des Königs empörte den Dritten Stand so, dass er sich am 17. Juni 1789 zur Nationalversammlung erklärte. Als danach der Ständesaal auf königlichen Befehl verschlossen blieb, versammelten sich die Abgeordneten im Ballspielhaus und schworen, sich niemals zu trennen, bis Frankreich eine neue Verfassung erhalten habe. Als der König am 27. Juni Klerus und Adel dazu aufrief, sich mit dem Dritten Stand zu versammeln, hatte er kapituliert und sich dem Willen der Nationalversammlung unterworfen. Sie erklärte sich am 9. Juli 1789 zur verfassunggebenden Versammlung. Damit war Frankreich keine absolute Monarchie mehr.

346.2 Schmuckteller und Medaillen erinnern an die Versammlung der Generalstände. Die Inschriften besagen: „Es lebe die Nation! Die Versammlung der Generalstände hat am 3. Mai (1789) begonnen. Der Dritte Stand wird (die Krone) unterstützen. Es lebe der König für das Wohl seines Volkes."

■ ... in Paris

In Paris herrschte Unruhe. Die steigenden Preise für Brot, Brennholz und andere Artikel des täglichen Bedarfs sowie Arbeitslosigkeit trieben die Menschen auf die Straße. Die sozialen Spannungen hatten zugenommen, weil die neue Einteilung der Wahlbezirke und ein verschärfter Zensus Kleinhändler, Handwerker, Gesellen und Arbeiter von den Wahlen des Dritten Standes ausgeschlossen hatte. Die Wahlmänner beschlossen am 10. Mai 1789, dem königlichen Befehl, die Versammlung nach der Wahl der Abgeordneten für die Generalstände aufzulösen, nicht zu gehorchen, sondern bis zum Ende der Versammlung in Versailles zu tagen. Der Nationalversammlung sicherten sie ihre bedingungslose Unterstützung zu.

Während der König in Versailles den Forderungen der Nationalversammlung nachgab, zog er Truppen um die Hauptstadt zusammen. Am 12. Juli 1789 verbreitete sich die Nachricht von der Entlassung des bürgerfreundlichen Finanzministers Necker. In der Nacht vom 13. auf den 14. Juli 1789 kam das Gerücht auf, ausländische Söldner hätten in einem Vorort ein Blutbad angerichtet. Pamphletisten, Broschürenschreiber und Journalisten heizten die öffentliche Meinung an. Die ersten Rufe: „Zu den Waffen, Bürger!" waren zu hören, denn die Furcht vor einer Verschwörung des Hofes und des Adels war groß. Auf der Suche nach Waffen und Nahrungsmitteln stürmten Kleinhändler, Handwerker und Arbeiter sogar die Häuser der Adligen und Klöster. Am 14. Juli 1789 erzwangen sie die Übergabe der Bastille. Die ehemalige königliche Stadtfestung war damals Staatsgefängnis. Das Symbol der monarchischen Gewaltherrschaft war bezwungen!

Die Nationalversammlung war in dieser Situation zum Handeln zu schwach. Um Ruhe und Ordnung in den Stadtbezirken wiederherzustellen, bildeten die Wahlmänner und ein von ihnen beauftragter Ausschuss eine neue, demokratische Gemeindevertretung, die Kommune von Paris. Sie organisierten auch eine Bürgerwehr, die Nationalgarde. Diese Nationalgarde erhielt eine dreifarbige Kokarde: die Farben der Stadt Paris, Blau und Rot, ergänzt durch das Weiß des Königsbanners. Der König gab seinen Truppen den Befehl zum Rückzug und erschien am 17. Juli selbst im Rathaus von Paris. Dort heftete er sich die Kokarde mit den Farben der Revolution an den Hut.

■ ... auf dem Lande

Die Bauern erwarteten von der Nationalversammlung bald neue Gesetze zur Beseitigung der Missstände, die sie ausführlich in ihren Beschwerdeschriften beschrieben hatten. Berichte aus Paris über das Verhalten des Königs wie auch Gerüchte über Adelsverschwörungen verunsicherten sie. Nach den Missernten der letzten Jahre zogen auch viele Bettler und Vagabunden durch das Land, die die Bauern bedrohten. Daher bewaffneten sich die Bauern. Die Nachricht vom Sturm auf die Bastille war für sie das Signal, Schlösser, Klöster, Rathäuser und Herrensitze zu stürmen und zu plündern und die Bücher und Urkunden zu verbrennen, die ihre Dienste und Abgaben verzeichneten. Auf diese Weise wollten sie die überkommene adlige Herrschaftsordnung auf dem Land beseitigen. Bauernausschüsse übernahmen die Herrschaft in den Dörfern, einfach bewaffnete Bauernmilizen sollten die neue Ordnung sichern.

■ Die Nationalversammlung arbeitet weiter

Überrascht von den Bauernrevolten diskutierte die Nationalversammlung ein hartes Vorgehen gegen die Aufständischen und schlug vor, die Bauernaufstände mit Hilfe königlicher Truppen niederzuwerfen – wie zu Zeiten des alten Absolutismus, stieß aber auf den Widerstand des Dritten Standes und einiger Adliger. In der Nacht vom 4./5. August 1789 beschloss sie die Aufhebung aller ↗Privilegien, der Feudalismus war abgeschafft.

Seit Anfang August beschäftigte sich die Nationalversammlung mit der neuen Verfassung. Mit der Verkündung der ↗Menschen- und Bürgerrechte am 26. August 1789 folgte sie dem Beispiel der amerikanischen Kolonien von 1776 und legte damit die Grundprinzipien der bürgerlichen Verfassung fest: Freiheit, Gleichheit vor dem Gesetz, nationale Souveränität.

■ Aufständische Frauen ziehen nach Versailles

Der König lehnte die „Augustbeschlüsse" ab. In Versailles trafen neue Regimenter ein. In Paris verstärkte sich die Angst vor einer Gegenrevolution der Krone. Hinzu kam, dass durch die Unruhen auf dem Lande die Versorgung der Hauptstadt mit Nahrungsmitteln nur unzureichend war. Am Morgen des 5. Oktober 1789 brach der Aufstand im Markthallenviertel und im Vorort Saint-Antoine aus. Frauen der verschiedensten Schichten zogen nach Versailles, um den König auf Brotmangel, Hunger und Teuerung hinzuweisen. „Ganz Paris" hatte sich mit ihnen auf den Weg gemacht. Am Abend erklärte sich der König schriftlich mit den „Augustbeschlüssen" einverstanden und versprach, mit seiner Familie nach Paris zu ziehen. Ludwig XVI. kam als Gefangener seines Volkes in der Hauptstadt an. Die königliche Familie bewohnte nun das Schloss der Tuilerien und stand unter der Kontrolle der Nationalversammlung und der Kommune. Die Nationalversammlung folgte dem König nach Paris und geriet so unter den Einfluss der revolutionären Stadtbevölkerung.

Die Bildunterschrift lautet: „M. Bailly übergibt die Schlüssel der Stadt Paris dem König.“ Die Unterschrift lautet: „Sire, ich bringe Eurer Majestät die Schlüssel Eurer schönen Stadt Paris. Das sind die, die einst Heinrich IV. übergeben wurden. Er hatte sein Volk zurückerobert, hier ist es das Volk, das seinen König zurückerobert."

Jean-Sylvain Bailly (1736–1793), Schriftsteller und Astronom, war Abgeordneter des Dritten Standes von Paris und Präsident der Nationalversammlung am 17. Juni 1789, am 15. 7. 1789 Bürgermeister von Paris. 1793 wurde er hingerichtet.

348.1 Der Bürgermeister Jean-Sylvain Bailly übergibt König Ludwig XVI. die Schlüssel von Paris.

Die Bildunterschrift lautet: „Es lebe der König! Es lebe die Nation!“ „Die Marktfrauen gehen am 7. Oktober zu den Tuilerien, um dem König und der Königin ihre Aufwartung zu machen.“

Das Volk rief bei der Heimkehr des Königs nach Paris am 6. Oktober 1789: „Wir werden keinen Mangel an Brot mehr leiden! Hier bringen wir den Bäcker, die Bäckerin und den kleinen Bäckerjungen.“

348.2 Die Pariser Marktfrauen machen dem König in Paris ihre Aufwartung.

La grande Peur – die Große Furcht in den Provinzen

Die Zeitung „Gazette de France“ berichtet Anfang August 1789 über Ereignisse in Burgund:

Unsere Provinz hat mehr als alle anderen Provinzen in Frankreich unter den Verwüstungen gelitten. Wir sind Tag und Nacht unter Waffen. Sollten wir nicht beunruhigt sein, da Banditen 32 Schlösser geplündert und angezündet haben, darunter das wunderschöne Schloss von Sénozan? Diese Unglückseligen, Bauern aus der Umgebung von Bresse, waren bewaffnet mit Sensen, Stöcken und Eisenstangen. Ihr Anführer, ein Dorfadvokat, wurde verhaftet und drei Tage gefoltert. Er gestand nichts und endete gevierteilt.

So hatten sie stets ihre Flugblätter selbst gedruckt: Im Namen des Königs, es ist während drei Monaten erlaubt, alle Schlösser, Häuser des Adels und Landgüter anzuzünden. Wenn dann die Bande in die Dörfer kam, befestigten sie ihre Anschläge an den Kirchentüren, ließen die Glocken läuten, um die Dörfler zu versammeln, und forderten sie auf, ihnen zu folgen. Es gab kein Mittel, die Bande aufzuhalten. Daher wurden sie getötet wie die wilden Tiere: in der Nähe von Chalon-sur-Saône mehr als Tausend in drei Tagen. Um in Hospitälern oder anderen Häusern Ansteckungsgefahren zu vermeiden, hat man gleichermaßen Tote und Verwundete sofort beerdigt.

1789 au jour le jour., 1989, S. 135 (überarb. u. übers. v. d. Verf. in).

Die Grundlagen der neuen Gesellschaftsordnung

Am 4. 8. 1789 beschließt die Nationalversammlung:

Art. I. Die Nationalversammlung vernichtet das Feudalwesen völlig. Sie dekretiert, dass von den Feudal- wie Grundrechten und -pflichten sowohl jene, die aus unveräußerlichen Besitz an Sachen und Menschen und aus persönlicher Leibeigenschaft herleiten, als auch jene, die an ihre Stelle getreten sind, entschädigungslos aufgehoben werden; alle übrigen Lasten werden für ablösbar erklärt, die Summe sowie die Art und Weise der Ablösung wird die Nationalversammlung festlegen.

Die Französische Revolution. Eine Dokumentation, Hrsg. W. Grab, 1973, S. 33.

Q3 Menschen- und Bürgerrechte

Die Nationalversammlung verkündet am 26. 8. 1789 die Menschen- und Bürgerrechte:

Art. 1. Die Menschen sind und bleiben von Geburt frei und gleich an Rechten. Soziale Unterschiede dürfen nur im gemeinen Nutzen begründet sein.
Art. 2. Das Ziel jeder politischen Vereinigung ist die Erhaltung der natürlichen und unveräußerlichen Menschenrechte. Diese Rechte sind Freiheit, Eigentum, Sicherheit und Widerstand gegen Unterdrückung.
Art. 6. Das Gesetz ist der Ausdruck des allgemeinen Willens. Alle Bürger haben das Recht, persönlich oder durch ihre Vertreter an seiner Formung mitzuwirken.
Art. 11. Die freie Mitteilung der Gedanken und Meinungen ist eines der kostbarsten Menschenrechte. Jeder Bürger kann also frei schreiben, reden, drucken unter Vorbehalt der Verantwortlichkeit für den Missbrauch dieser Freiheit in den durch das Gesetz bestimmten Fällen.

Die Französische Revolution. Eine Dokumentation, Hrsg. W. Grab, 1973, S. 37–39.

Q4 Von der Freiheit zur Sklaverei?

Der Journalist und Rechtsanwalt beim Parlament von Bordeaux Elisée Loustalot kommentierte in der N°8 der Zeitung „Révolutions de Paris“:

Wir sind schnell von der Sklaverei fortgeschritten. Wir marschieren noch schneller von der Freiheit zur Sklaverei. Die erste Sorge jener, die die Absicht haben werden, uns zu verknechten, wird sein, die Pressefreiheit zu vernichten. Und es ist unglücklicherweise in der Nationalversammlung diese Missgeburt eines Prinzips präsentiert worden, dass niemand für seine Meinungen belangt werden kann, solange ihre Bekundung nicht die gesetzlich gehütete Ordnung stört. Diese Bedingung ist beliebig … Man wird seinen Mitbürgern nicht die Augen öffnen können darüber, was er gewesen ist, was er gemacht hat, was er tun will, ohne dass er sagen wird, man störe die öffentliche Ordnung.

W. Markov/A. Soboul, 1789 – Die große französische Revolution, 1977, S. 141.

1. Beschreibe die Personen auf B 346.1 und ordne sie ihrem Stand zu. Beachte dabei auch ihr Gepäck, ihre Begleitung und die Sitzordnung.
   – Wie schätzt der Zeichner ihre künftige gemeinsame Arbeit ein?
2. Zur Versammlung der Generalstände 1789 kamen viele Medaillen und Schmuckteller in Umlauf.
   – Stelle einen Zusammenhang zwischen den Bildern und den Beschriftungen her.
   – Welche politische Wirkung sollten sie erzielen?
3. Welche wirtschaftlichen und sozialen Folgen hatten die Beschlüsse vom 4./5. 8. 1789 für den Klerus, den Adel und die Bauern? (VT, VT Kap 1, Q 2)
4. Überlege, welche Anlässe, Motive und Ziele die Nationalversammlung zu diesen Beschlüssen veranlassten. (VT, Q 1)
5. Die Erklärung der Menschenrechte bezeichnete ein Abgeordneter als „nationalen Katechismus“ (Lehrbuch). Vergleiche seine Meinung mit der von Loustalot. (Q 3, Q4)
6. Schau dir die Darstellung der aufständischen Frauen (B 348.2) an und versuche herauszufinden, auf welcher Seite der Zeichner steht.

3. Vive le roi? Vive la nation?

Paris war wieder die politische Hauptstadt des Landes, das absolutistische System beseitigt. Wie aber ließ sich die Finanz- und Wirtschaftskrise beenden? Waren noch weitere gesellschaftliche Reformen nötig? Wie sollte die künftige Verfassung aussehen?

Maßnahmen gegen den Staatsbankrott und die Kirche

Die Nationalversammlung hatte bereits im Oktober 1789 beschlossen, das Kirchengut in Eigentum des Staates umzuwandeln. Um schnell über Geld verfügen zu können, begann die Ausgabe von Assignaten, Gutscheinen, die gegen Kirchengut einlösbar waren. Die Staatsschulden und Staatsausgaben wurden mit diesen Assignaten beglichen. Da man mehr davon druckte, als Kirchengut zur Absicherung vorhanden war, sank ihr Wert beständig. Die Folge war, dass die Preise stiegen.

Mit dem Verkauf der Kirchengüter veränderten sich die Besitzverhältnisse auf dem Land. Bürgerliche Grundbesitzer, vermögende Landwirte oder reiche Bauern erwarben ehemaliges Kirchengut. Kleinbauern, arme Bauern und Tagelöhner blieben weiterhin ohne Land. Nach der Enteignung des Kirchengutes verkündete die Nationalversammlung am 12. Juli 1790 ein Gesetz, dass alle Priester und Bischöfe Staatsbeamte und zum Eid auf die Verfassung verpflichtet seien. Künftig würden sie von allen Bürgern der Gemeinde gewählt und vom Staat besoldet. Viele Priester verweigerten den Eid. Nicht nur die gläubigen Katholiken, vor allem auf dem Land, unterstützten ihren Widerstand, selbst der König verweigerte die Unterschrift unter dieses Gesetz.

350.1 Ein widerstrebender Priester wird mit der Hilfe eines „revolutionären Schwurhandaufzuges" zur Leistung seines Verfassungseides gebracht.

Statt Merkantilismus „das freie Spiel der Kräfte"

Um die wirtschaftliche Notlage zu beenden, orientierten die Abgeordneten sich an den wirtschaftspolitischen Ideen des schottischen Volkswirtschaftlers Adam Smith (1723–1790) und setzten auf den freien Markt, der sich durch Angebot und Nachfrage selbst regulierte. Es sollte nur ein Ausfuhrverbot für Getreide und wichtige Rohstoffe geben. Sie beseitigten die Binnenzölle, lösten Zünfte auf und führten Gewerbefreiheit ein. Löhne und Preise sollten durch die Konkurrenz festgelegt werden. Von der neuen Wirtschaftspolitik profitierten Kaufleute und Manufakturbesitzer, Handwerker und Arbeiter waren im Wettbewerb schutzlos. Trotz guter Ernten besserte sich auch jetzt die Versorgungslage nicht. Spekulation trieb die Preise für Lebensmittel weiter in die Höhe. Auf Unruhen und Streiks reagierten die Abgeordneten jetzt mit dem Verbot von Streiks und beruflichen Interessenvertretungen.

Die Revolution beenden oder fortsetzen?

Die Abgeordneten zur gesetzgebenden Nationalversammlung, der Legislative, wurden von den Aktivbürgern – unter Ausschluss der Passivbürger und der Frauen – nach dem ↗Zensuswahlrecht gewählt (vgl. B 352.1). Am 1. Oktober 1791 traten sie erstmals zusammen und beurteilten die neue Lage widersprüchlich. Einige meinten, mit der neuen, ↗konstitutionellen Verfassung seien die Ziele der ↗Revolution erreicht und die geplanten Reformen ließen weitere Verbesserungen erwarten. Andere widersprachen, weil ihrer Meinung nach Freiheit und Gleichheit für alle

Franzosen und Französinnen noch nicht erreicht seien und dass die vorliegende Verfassung nur die Reichen begünstige. Für manche unter ihnen konnte die Revolution erst mit der Abschaffung des Königtums beendet sein. Diese Meinung vertraten vor allem die 136 Abgeordneten, die dem Jakobinerklub angehörten. Noch standen aber an der Spitze der Jakobiner gemäßigte Republikaner, die Girondisten. Sie nannten sich nach dem Département Gironde, aus dem sie stammten.

Eine Frage jedoch stellten sich Befürworter und Kritiker der neuen Verfassung gleichermaßen. War Ludwig XVI. der rechte Mann an der Spitze des neuen Staates? Am 6. 10. 1789 war er zwar dem „Zug der Marktfrauen" nach Paris gefolgt, aber er verweigerte seither allen Gesetzen der Nationalversammlung die Unterschrift. An Beratungen mit den Abgeordneten nahm er stets lesend teil. Das Volk nannte ihn „Monsieur Veto". Im Juni 1791 hatte der König mit seiner Familie einen Fluchtversuch unternommen. Auf dem Weg zur Ostgrenze von Revolutionären erkannt, geriet er in deren Gefangenschaft. Sie eskortierten ihn am 25. 6. 1791 nach Paris zurück. Am 14. 9. 1791 leistete der König seinen Eid auf die neue Verfassung. Dagegen protestierten emigrierte Adlige, darunter Mitglieder seiner Familie. Sein Ansehen im Volk war nur noch gering.

■ Das Vaterland ist in Gefahr!

Um die alte Ordnung wiederherzustellen, drohten die Herrscher Preußens und Österreichs mit Krieg. Die Girondisten befürworteten den Krieg, um die Revolution zu sichern, und überzeugten die Mehrheit in der Legislative. Am 20. April 1792 erfolgte die Kriegserklärung an Österreich. Während die Girondisten versuchten, alle Kräfte für das Vaterland zu mobilisieren, gab es wütende Protestaktionen der Kleinhändler, Handwerker, Gesellen und Lohnarbeiter in den Pariser Vorstädten. Obwohl sie an der Revolution aktiv beteiligt waren, hatte die Verfassung von 1791 ihnen kein politisches Mitspracherecht gewährt. Krieg bedeutete nun die weitere Verschlechterung ihrer Lage. Da sie keine Kniebundhosen, sondern lange Hosen trugen, nannte

351.1 Jacques-Pierre Brissot, (1754–1793), Sprecher der Girondisten, Abgeordneter für Paris in der Legislative, danach Abgeordneter für das Département Eure-et-Loire im Nationalkonvent, am 2. Juni 1793 verhaftet, im Oktober 1793 hingerichtet.

man sie auch noch spöttisch Sansculotten. Im Juli 1792 bildeten ihre Delegierten der 48 Sektionen einen neuen Gemeinderat in Paris, die revolutionäre Kommune. Ursprünglich als Wahlbezirke geplant, hatten sich die Sektionen zunehmend selbst verwaltet und zu kleinen Gemeinden innerhalb der Stadt entwickelt. Nun übernahmen sie die Macht in der Stadt, um die Revolution fortzusetzen.

■ Mit Gewalt für Freiheit und Gleichheit

Am 10. 8. 1792 stürmten die Sansculotten die Tuilerien. Der König suchte Schutz bei der Legislative, doch die musste ihn auf Druck der Straße seines Amtes entheben und gefangen nehmen. Die Abgeordneten hatten der Wahl einer neuen Volksvertretung, dem Nationalkonvent, zuzustimmen. Die Unterscheidung zwischen Aktiv- und Passivbürgern (vgl. B. 352.1) hoben sie für diese Wahl auf. Anfang September 1792 drangen Bewaffnete in die Gefängnisse ein und töteten wahllos echte oder vermeintliche Feinde der Revolution. Volksgerichte bildeten sich und verkündeten Todesurteile, ohne dass die staatlichen Behörden eingriffen. Die Neuwahlen zum Nationalkonvent fanden unter dem Eindruck dieser Gewalttätigkeit statt. Am 21. September 1792 trat der Nationalkonvent zusammen und erklärte Frankreich zur Republik. Gegen König Ludwig XVI., nun Bürger Louis Capet, begann der Prozess wegen „Verschwörung gegen die Freiheit der Nation". Der Kontakte mit Emigranten und ausländischen Fürsten schuldig befunden und zum Tode verurteilt, wurde er am 21. 1. 1793 hingerichtet.

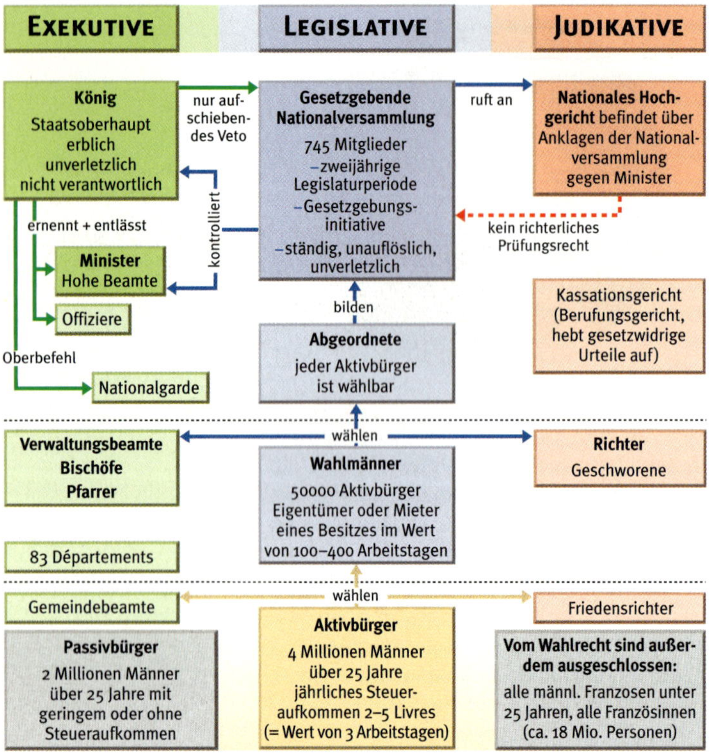

352.1 Die Nationalversammlung legte 1791 die erste schriftliche Verfassung in Europa vor.

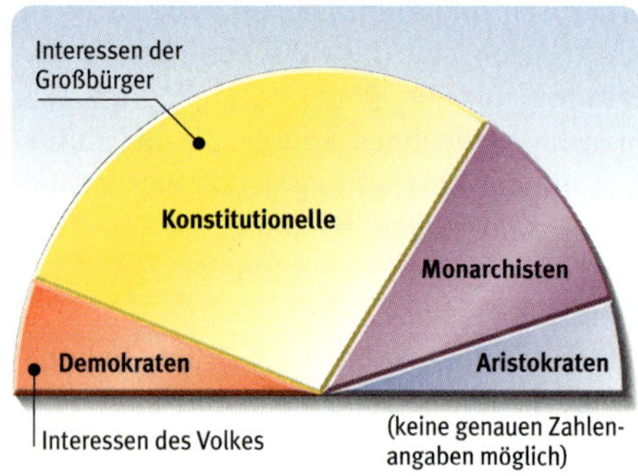

352.2 Verfassunggebende Nationalversammlung (Constituante), Zusammensetzung 1789–1791.

Q1 Das Zensuswahlrecht in der Presse

a) Jean-Paul Marat (1743–1793), Mitglied des Jakobinerklubs in Paris und Herausgeber der verbreiteten Zeitung „L'ami du Peuple" (Der Volksfreund), schrieb am 18. 11. 1789:

So wird die Volksvertretung, nachdem sie im Verhältnis zur Direktsteuer steht, das Reich in die Hände der Reichen zurückgeben, und das Los der stets unterworfenen, stets unterjochten und stets unterdrückten Armen wird sich niemals durch friedliche Mittel verbessern lassen. Hier haben wir ohne Zweifel einen schlagenden Beweis für den Einfluss des Reichtums auf die Gesetzgebung. Im Übrigen erstreckt sich die Herrschaft der Gesetze nur so weit, als sich die Völker ihnen unterwerfen möchten. Und wenn sie das Joch des Adels gebrochen haben, werden sie ebenso das Joch des großen Reichtums brechen.

W. Markov/A. Soboul, 1789 – die Große Revolution der Franzosen, 1977, S. 145.

b) Der Rechtsanwalt beim Parlament Orry de Mauperthuy in der „Chronique de Paris" vom 4. 12. 1789:

… Trotzdem gibt es eine Klasse von Menschen und Mitbrüdern, die infolge der schlechten Gestaltung unserer Gesellschaften zur Vertretung der Nation nicht berufen werden können. Das sind die heutigen Proletarier. Nicht weil sie arm und bloß sind, sondern weil sie nicht einmal die Sprache unserer Gesetze verstehen. Überdies ist ihre Ausschließung nicht ewig, sondern nur ganz vorübergehend. Vielleicht wird sie ihren Wetteifer anstacheln, unseren Beistand herausfordern. In einigen Jahren werden sie an unserer Seite sitzen. …

Geschichte in Quellen, Bd. IV, S. 214 (übers. F. v. Oppeln-Bronikowski).

c) Der Journalist und Rechtsanwalt beim Parlament von Bordeaux, Elisée Loustalot, schrieb in „Les Révolutions de Paris", 1789 zum Zensuswahlrecht:

Hiermit ist die Aristokratie der Reichen durch ein nationales Dekret geheiligt worden. Mit einem Wort beraubt man ein Drittel der Nation der Fähigkeit, die Nation zu vertreten … Eine öffentliche Meinung wird sich gar nicht bilden können, und der Patriotismus wird bereits in der Wiege sein Leben aushauchen. Vielleicht wird man über meine Vorhersage lachen. Dennoch, hier ist sie: Binnen zehn Jahren wird dieser Artikel uns wieder unter das Joch des Despotismus beugen oder aber eine neue Revolution verursachen …

Geschichte in Quellen Bd. IV, S. 215 (Übersetzung W. Lautemann/J. Cornelissen).

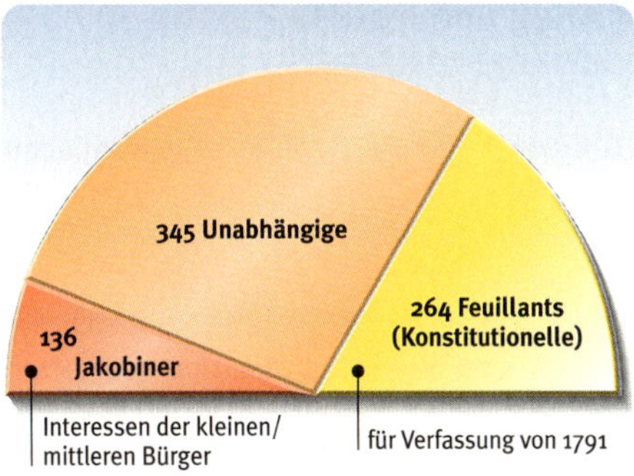

353.1 Gesetzgebende Nationalversammlung (Legislative), nach Zensuswahlrecht, Zusammensetzung 1791–1792.

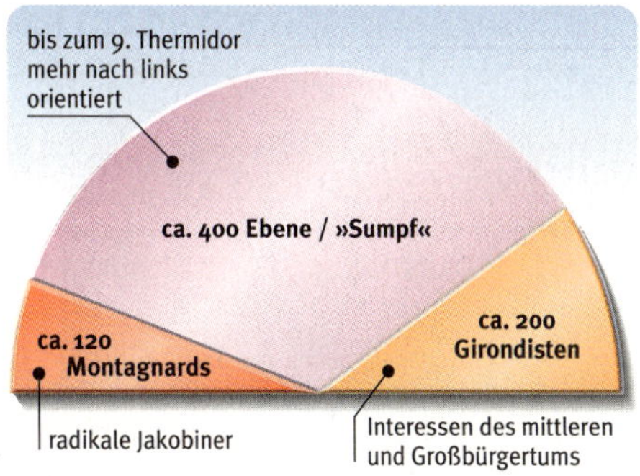

353.2 Nationalkonvent, nach allgemeinem Wahlrecht, Zusammensetzung 1793 –1795.

Q2 Zur Stellung des Königs in der Verfassung von 1791

a) Die Verfassung des Jahres 1791 verkündet im Teil III: Von den öffentlichen Gewalten:

Art. 1. Die Souveränität ist einheitlich, unteilbar, unveräußerlich und unverjährbar. Sie gehört der Nation. Kein Teil des Volkes und keine einzelne Person kann sich ihre Ausübung aneignen.

Art. 2. Die Nation, von der allein die Gewalten ihren Ursprung haben, kann sie nur durch Übertragung ausüben. Die französische Verfassung ist eine Repräsentativverfassung. Ihre Repräsentanten sind die gesetzgebende Körperschaft und der König.

Die Französische Revolution. Eine Dokumentation. Hrsg. W. Grab, 1973, S. 60 ff.

b) Maximilien de Robespierre (1758–1794), damals noch Abgeordneter des Dritten Standes, kritisiert in der Nationalversammlung am 22. Oktober 1789:

Wer da sagt, ein Mensch habe das Recht, sich dem Gesetz zu widersetzen, der sagt, der Wille eines Einzelnen stehe über dem Willen aller. Er sagt, die Nation ist nichts, ein einzelner Mensch ist alles. Fügt er hinzu, dass dieses Recht dem Mann gehört, der die vollziehende Gewalt besitzt, so heißt das, dass der Mann, den die Nation eingesetzt hat, um deren Willen zu vollstrecken, das Recht hat, den Willen der Nation zu vermitteln und zu behindern. Wer das sagt, schafft ein Ungeheuer, das moralisch und praktisch gleich unfassbar ist, und dies Ungeheuer ist nichts anderes als das königliche Veto.

Archives Parlementaires de 1787 à 1860, 88 Bde., 1879 ff., hier: Bd. 7, S. 547.

1. Beschreibe die Veränderungen in der Zusammensetzung der Nationalversammlungen (B 352.1–353.1.) – Wie erklärst du die veränderte Zusammensetzung der Versammlungen? (VT)
2. Die Verfassung von 1791 (B 352.1) unterscheidet Aktiv- und Passivbürger. Vergleiche diese Einteilung mit der Erklärung der Menschen- und Bürgerrechte aus dem Jahr 1789. (S. 349, Q 3)
3. Vergleiche die Argumente für und wider das Zensuswahlrecht. (Q 1 a–c)
4. Welche Stellung nimmt der König in der Verfassung von 1791 ein? (VT, Schaubild 352.1, Q 2 a/b)
5. Die neue Wirtschaftspolitik (VT) gründete auf den Vorstellungen von Adam Smith. Informiere dich in einem Lexikon über ihn.
6. Wer hatte die meisten Vorteile von der neuen wirtschaftlichen Freiheit? (VT)

4. Die Republik im Belagerungszustand

354.1 Revolutionsausschuss während der Schreckensherrschaft. Der hereintretende Mann legt seinen Bürgerausweis vor.

■ Der Nationalkonvent als neuer Souverän

Im Nationalkonvent herrschten die Jakobiner, radikale Republikaner, und die Girondisten. Die Hauptarbeit dort erledigten die Comités (Ausschüsse). Am mächtigsten wurde das Comité de salut public (Wohlfahrtsausschuss). Seine Aufgabe war der Schutz der Revolution gegen innere und äußere Feinde.

Über die Lösung der aktuellen wirtschaftlichen und politischen Probleme hatten Girondisten und Jakobiner jedoch so unterschiedliche Vorstellungen, dass sie sich politisch bald bekämpften. Die Girondisten unterstützten das gehobene Bürgertum, insbesondere der Handels- und Hafenstädte. Die Anhänger der Jakobiner stammten aus den Pariser Sektionen.

Die Abgeordneten erarbeiteten eine neue, republikanische Verfassung, die Volkssouveränität, Freiheit und Gleichheit garantieren sollte. Das direkte und allgemeine Wahlrecht erhielten Männer ab 21 Jahren, die Frauen jedoch nicht. Die mit der Verfassung von 1791 eingeführte Gewaltenteilung wurde außer Kraft gesetzt. Das Volk konnte Gesetze ablehnen und die Verfassung ändern. Es hatte das Recht auf Widerstand gegen Regierungen, die seinen Willen missachteten. Die neue Verfassung schrieb auch soziale Grundrechte fest wie das Recht auf Arbeit, öffentliche Unterstützung und Unterricht für alle. Sie trat jedoch nie in Kraft.

■ Krieg und Not – Zwangswirtschaft

„Bürgerin, hast du noch Brot?“ war in jenen Tagen keine seltene Frage. Die wirtschaftliche Notlage schien ohne Ende. In den Provinzen organisierten kirchen- und königstreue Bauern Aufstände. Sie widersetzten sich der Rekrutierung von Soldaten und weigerten sich, für wertlose Assignaten die Revolutionsarmee oder Städte zu beliefern. Die Folgen der angespannten Versorgungslage trugen vor allem die Sansculotten. Sie forderten daher die staatliche Regulierung der Wirtschaft, die die Getreide- und Mehlvorräte sicherte, Höchstpreise für Lebensmittel festsetzte und vor allem das Horten von Getreide unter Strafe stellte.

Eine solche Politik ließ sich mit den Girondisten, die für Wirtschaftsfreiheit eintraten, nicht realisieren. Die Jakobiner nutzten die Unzufriedenheit der Straße für ihren Kampf gegen die Girondisten, die Bourgeoisie. Am 2. Juni 1793 umstellte die Nationalgarde auf Befehl der Sektionen den Nationalkonvent, verhaftete die Girondisten und ließ sie hinrichten. Ende September 1793 verkündete der Konvent ein Gesetz, das Höchstlöhne und Höchstpreise für Grundnahrungsmittel und wichtige Bedarfsartikel festsetzte. Alle reichen Franzosen mussten dem Staat Geld leihen. Die Güter der Emigranten wurden beschlagnahmt und zum Verkauf angeboten.

■ Terror an der Tagesordnung

Als provisorische Regierung erhielt der Wohlfahrtsausschuss nach dem Sturz der Girondisten diktatorische Vollmachten. Den Vorsitz hatte Maximilien de Robespierre erkämpft. Nachdem der Konvent am 10. Oktober 1793 beschlossen hatte, dass „die vorläufige Regierung revolutionär bis zum Friedensschluss“ sei, begann auch der Kampf gegen die inneren Feinde der Republik.

Nachdem sich im Spätsommer 1793 wieder einmal die Getreidelieferungen nach Paris verzögert hatten, drangen die Sansculotten in den Konvent ein und zwangen ihn, das „Gesetz über die Verdächtigen“ zu beschließen. Als verdächtig galten alle „Feinde der

Freiheit“ und diejenigen, die nicht über das „Zeugnis staatsbürgerlicher Gesinnung“ verfügten. Etwa 20 000 Überwachungsausschüsse im ganzen Land, die vom Wohlfahrtsausschuss kontrolliert wurden, stellten Listen der Verdächtigen auf. Waren die Verdächtigen verhaftet, begannen die Revolutionsgerichte mit ihrer Arbeit. Viele Hinrichtungen fanden ohne vorherigen Prozess statt.

Ab Oktober 1793 richteten sich die revolutionären Maßnahmen auch gezielt gegen politisch organisierte Frauen, deren Aktivitäten und politischer Einfluss nicht mehr beherrschbar schienen. Das gewaltsame Vorgehen gegen die weibliche Opposition begleitete eine breite Hetzkampagne in der Presse. Zahlreiche Artikel beschrieben die Frauen als blutrünstig, unweiblich und anmaßend. Widerstand konnten die Frauen kaum leisten. Jeder Verdacht konnte zu ihrer Denunziation führen. Das bedeutete Gefängnis oder die Guillotine.

Bald richtete sich der Terror aber auch gegen die Revolutionäre, die wie Danton das radikale Vorgehen der Ausschüsse öffentlich kritisierten. Das hieß für Robespierre Kritik an seiner Person. Die Antwort ließ er durch die Guillotine geben.

Eroberungskrieg und Bürgerkrieg

Am 23. August 1793 erfolgte die „Levée en masse“. Dieses Wehr- und Arbeitsgesetz verkündete erstmals die allgemeine Wehrpflicht. Bereits Ende 1793 zeigten die Zwangswirtschaft, die „levée en masse“, und die verstärkte Rüstungsproduktion erste militärische Erfolge im Kampf gegen die Heere Österreichs und Preußens. Die Revolutionsheere besiegten auch die kirchen- und königstreuen Aufstände in der Bretagne, der Vendée, im Elsass und in Südfrankreich. Im Frühjahr 1794 mehrten sich daher im Konvent die Stimmen gegen die wirtschaftlichen Zwangsmaßnahmen und die Gesetzgebung, die den Terror legalisierte. Am 27. Juli 1794 klagte der Konvent Robespierre der Tyrannei an. Einen Tag später wurden er und 21 seiner Anhänger ohne Gerichtsverfahren und ohne Urteil hingerichtet. Die Diktatur der Revolutionsregierung war beendet.

355.1 Eine „republikanische Hochzeit“: die massenhafte Ertränkung politischer Gegner in der Loire auf Befehl des Generals Carrier (6./7. Dezember 1793).

Das Direktorium – Rückkehr zur „alten Ordnung“

Den Nationalkonvent beherrschte nun wieder das Besitzbürgertum. Das bedeutete das Ende der staatlichen Zwangswirtschaft, steigende Preise und Inflation. Der Winter 1794/95 war hart. In den Arbeitervierteln schlug die Armee Demonstrationen und Aufstände für „Brot und die Verfassung von 1793“ blutig nieder. Im August 1795 verkündete der Konvent eine neue, republikanische Verfassung. Sie sicherte die freie Verfügung über das Eigentum, bestimmte für das Wahlrecht einen hohen Zensus, begrenzte die Gleichheit auf die Rechtsgleichheit und führte die Gewaltenteilung wieder ein. Die neue Erklärung der Bürgerrechte wurde durch einen Artikel über die Bürgerpflichten (Dienst an der Gesellschaft, Gesetzestreue, Achtung vor den Staatsorganen) ergänzt. Der Sieg des Besitzbürgertums zeigte sich vor allem in Artikel 8: „Auf der Aufrechterhaltung des Eigentums beruhen jegliche Güterproduktion und die gesamte gesellschaftliche Ordnung.“ Die Regierung übernahm ein Direktorium von fünf Männern. Es führte den Krieg gegen Preußen und Österreich weiter, scheiterte jedoch bei der Bewältigung der inneren Krisen. Nach Wahlmanipulationen 1798 konnte das Direktorium nur noch mit der Unterstützung der Armee regieren. Der General des Direktoriums, Napoleon Bonaparte, löste am 9. 11. 1799 mit Gewalt das Parlament auf und machte sich selbst zum Staatsoberhaupt.

Q1 Krieg gegen Österreich und Preußen – Krieg für die Revolution?

a) Jacques Brissot (1757–1794) äußert sich am 16. 12. 1791 im Jakobinerklub zur Notwendigkeit des Krieges:

Seit sechs Monaten, ja seit Beginn der Revolution, habe ich über die Politik, die ich verfolgen wollte, nachgedacht. Die Kraft der Überlegung und der Tatsachen hat mich davon überzeugt, dass ein Volk, das nach zehn Jahrhunderten der Sklaverei die Freiheit errungen hat, des Krieges bedarf. Es braucht den Krieg, um die Freiheit zu befestigen; es braucht ihn, um die Freiheit von den Lastern des Despotismus zu säubern; es braucht ihn, um aus seinem Schoß die Männer zu entfernen, die sie verderben könnten. …
Seit zwei Jahren hat Frankreich alle gütlichen Mittel erschöpft, um die Rebellen in seinen Schoß zurückzuführen; alle Versuche, alle Aufforderungen sind fruchtlos gewesen, sie beharren auf ihrem Aufruhr; die fremden Fürsten bestehen auf ihrer Unterstützung; kann man zögern, sie anzugreifen? Unsere Ehre, unser öffentliches Ansehen, die Notwendigkeit, unsere Revolution mit sittlichem Schwung zu erfüllen und sie zu festigen, das alles fordert uns dazu auf; wäre Frankreich nicht entehrt, wenn es nach Abschluss seiner Verfassung eine Hand voll Verschwörer duldete, die seiner Regierung Hohn sprechen?

Geschichte in Quellen, Bd. IV, S. 282 (Übers. W. Lautemann/J. Cornelissen).

b) Am 2. 1. 1792 lehnt Maximilien de Robespierre (1758–1794) im Jakobinerklub den Krieg ab:

Die ausgefallenste Idee, die im Kopf eines Politikers entstehen kann, ist die Vorstellung, es würde für ein Volk genügen, mit Waffengewalt bei einem anderen Volk einzudringen, um es zur Annahme seiner Gesetze und seiner Verfassung zu bewegen. Niemand mag bewaffnete Missionare; und der erste Rat, den die Natur und die Vorsicht einem eingeben, besteht darin, die Eindringlinge wie die Feinde zurückzuschlagen. Ich habe gesagt, dass eine solche Invasion viel eher die Erinnerung an die Brandschatzung der Pfalz und an die letzten Kriege wiedererwecken könnte, als die konstitutionellen Gedanken entstehen zu lassen; denn die Masse der Bevölkerung jener Gebiete kennt diese Tatsachen besser als unsere Verfassung. Die Berichte von einsichtigen Leuten, die dort Bescheid wissen, dementieren alles, was man uns über den Eifer erzählt, mit dem man nach unserer Verfassung und nach unseren Armeen lechzt. Bevor sich die Wirkung unserer Revolution bei anderen Völkern bemerkbar macht, muss der Erfolg der Revolution erst gefestigt sein. Anderen die Freiheit geben zu wollen, bevor wir sie nicht selbst erworben haben, das hieße, unsere eigene Knechtschaft gleichzeitig mit der der ganzen Welt zu verankern.

Die Französische Revolution, hrsg. von W. Grab, 1973, S. 98, (Übers. Franzjosef Schuh)

356.1 Maximilien de Robespierre (1758–1794), Advokat in Arras, Deputierter des Dritten Standes von Arras in Versailles. 1792 wurde er in den Konvent gewählt, er wurde das Haupt der Terrorherrschaft, 1794 hingerichtet. Er ließ sich gerne der „Unbestechliche“ nennen.

Q2 Girondisten und Sansculotten

Jean Baptiste Vingternier schrieb das Flugblatt „Was ist ein Sans-Culotte?“ im April 1793:

Ein Sans-Culotte, Ihr Herren Schufte? Das ist einer, der immer zu Fuß geht, der keine

357.1 Ein Sansculottenpaar. Die längsgestreifte lange Röhrenhose ersetzte die „Culotte“, die Kniebundhose, die phrygische Mütze den Dreispitz. Solche Mützen hatten in der Antike die freigelassenen Sklaven getragen. Die Pike zeigte revolutionäre Macht. Bürgerin Sansculotte legte Mieder, Reifrock und Hut ab und trug die Haube mit der Kokarde der Revolution.

Millionen besitzt, wie Ihr sie alle gerne hättet, keine Schlösser, keine Lakaien zu seiner Bedienung, und der mit seiner Frau und seinen Kindern, wenn er welche hat, ganz schlicht im vierten oder fünften Stock wohnt. Er ist nützlich, denn er versteht ein Feld zu pflügen, zu schmieden, zu feilen, ein Dach zu decken, Schuhe zu machen und bis zum letzten Tropfen sein Blut für das Wohl der Republik zu vergießen. Am Abend tritt er vor seine Sektion, nicht etwa mit einer hübschen Larve, gestiefelt und gepudert …, um mit all seiner Kraft die aufrichtigen Anträge zu unterstützen und jene zunichte zu machen, die von der erbärmlichen Clique der Politikaster stammen.

Die Französische Revolution. Hrsg. von W. Grab, München 1973, S. 144 (Übers. Franzjosef Schuh).

Q3 Tugend und Terror

In einer Rede vor dem Konvent erläutert Robespierre am 7. 2. 1794 den Zusammenhang von Tugend und Terror:

Die Demokratie ist der Staat, in dem das Volk als Souverän unter Aufsicht der Gesetze, die es selbst verfasst, alles tut, was in seiner Macht steht, und seine Vertreter führen das aus, was das Volk selbst nicht ausführen kann. Das Grundprinzip der demokratischen oder Volksregierung ist die Tugend, eine Tugend nämlich, die nichts anderes als Liebe zu seinem Vaterland und seinen Gesetzen ist. …

Wenn die Triebkraft der Volksregierung im Frieden die Tugend ist, so ist die Triebkraft der Volksregierung in der Revolution die Tugend und der Schrecken zugleich. Ohne die Tugend ist der Schrecken verheerend, und die Tugend ist ohne den Schrecken machtlos. Der Schrecken ist nichts anderes als ein schnelles, strenges und unerbittliches Gericht, also eine Erweiterung der Tugend. Man hat gesagt, der Schrecken sei die Triebfeder despotischer Regierungen. Gleicht unsere Regierung dem Despotismus? Ja, aber so wie das Schwert, das in der Hand des Freiheitshelden glänzt, dem gleicht, mit dem die Diener der Tyrannei bewaffnet sind. Die Revolutionsregierung ist der Despotismus der Freiheit gegen die Tyrannei.

Geschichte in Quellen, Bd. IV, S. 391–394 (Übers. W. Lautemann/J. Cornelissen), überarbeitet und gekürzt.

1. Erarbeite die Argumente für oder gegen den Krieg gegen Österreich und Preußen während der Revolution. (Q 1 a/b)

2. Welche Entwicklungen und Ereignisse haben zur revolutionären Diktatur und zur Schreckensherrschaft geführt? (VT)

3. Fasse Q 3 in Form von Thesen zusammen.

4. Überlege, ob es den „Despotismus der Freiheit“ geben kann? Für wen oder gegen wen spricht Robespierre hier? (Q 2, Q 3)

5. Die unter Q 3abgedruckte Rede ist unter Historikern als „das politische Testament“ Robespierres bekannt. Wie erklärst du dir diese Bezeichnung?

5. In Frankreich bleibt nichts mehr, wie es war

Aufmarsch, Dekorationen, Kostüme und Musik für dieses Fest plante der Maler Jacques Louis David. Auf dem Berg, dem Symbol der Partei der „Montagnard“, stehen der Freiheitsbaum und der Altar des Vaterlandes. Die Säule des Herkules daneben symbolisiert Frankreich, das alle Schwierigkeiten bezwingt. Vom Festzug ist der Wagen des Ackerbaus, von Kühen gezogen, zu erkennen.

358.1 Das Fest des höchsten Wesens auf dem Marsfeld am 8. Juni 1794.

Mit der Ausrufung der Republik sollte jede Erinnerung an das Ancien Régime schwinden. Die republikanische Ordnung veränderte auch den Alltag.

■ Zeitrechnung

Frankreich befand sich 1793 im Jahr I der Republik. Die neue Zehn-Tage-Woche teilte den Monat in drei Dekaden. In jeder Dekade gab es einen Feiertag, der Sonntag war abgeschafft. Das Jahr hatte zwölf Monate. Es gab noch fünf oder sechs Zusatztage, die Sansculottentage. Die Monatsbezeichnungen orientierten sich am Jahreskreislauf der Natur. Die Frühlingsmonate hießen nun Germinal, Floréal, Prairal: Keim-, Blüte- und Heumonat.

■ Maße und Gewichte

Vor der Revolution gab es keine einheitlichen Maße und Gewichte in ganz Frankreich. 1795 wurde die Einführung des Dezimalsystems verfügt. Alle Maße und Gewichte standen in einem Zehnerverhältnis zum Grundmaß. Die Bezeichnungen waren lateinisch. Längeneinheit wurde der Meter, auf den sich Flächen- und Volumenmaße ebenfalls in einem Zehnerverhältnis beziehen. Bis 2002 war die Geldeinheit der Franc mit 100 Centimes.

■ Straßen und Plätze

In Paris wurde die Place Louis XV in Place de la Révolution, seit 1795 zur Place de la Concorde (Platz der Eintracht) umbenannt. In jeder Gemeinde stand der Freiheitsbaum als „heiliger Baum“, geschmückt mit der Freiheitsmütze und den Bändern der Trikolore. Er war das Symbol politischer Freiheit und gesellschaftlicher Eintracht, die sich auch im gemeinschaftlichen und pfleglichen Umgang mit der Natur äußerte. Die Luxusparks der Aristokraten galten als nutzlos, weil sie nicht das Volk ernährten, und unmoralisch, weil sie nur wenigen Privilegierten zum Vergnügen dienten.

■ Religion und Feste

Die Vernunft als Maßstab für menschliches Verhalten sollte die alte Religion ersetzen.

Die Feiertage der christlichen Kirche waren verboten. Die Kirchen hießen nun Tempel der Vernunft. Das Fest des höchsten Wesens feierten die Franzosen zu Ehren der Vernunft, die eine Frau symbolisierte. Natürlich gab es Feste zur Erinnerung an revolutionäre Ereignisse. Das erste fand bereits am 14. Juli 1790 statt.

Bürgerin und Bürger

So hieß die korrekte Anrede. Vor- und Zusatznamen, die an antike Vorbilder oder Ideale erinnerten, erweiterten die Rufnamen: Marie-Républicaine, Louis-Léonidas, Philippe-Egalité. Bürger und Bürgerin schlossen ab 1792 die Ehe nur noch vor einem städtischen Amtsträger. Die Ehe war damit eine Angelegenheit des Staates und nicht mehr der Kirche. Die Ehefrauen hatten vom Konvent das Recht erhalten, gleichberechtigt mit ihren Männern das Familienvermögen zu verwalten. Seit dem 20. September 1792 waren sogar Ehescheidungen möglich.

Freie Meinungsäußerung

Die Presse entwickelte sich zu einer einflussreichen Macht. Zeitungen und Plakate verbreiteten Nachrichten und Kommentare aller Art. Journalisten und Verleger suchten ihre Leser politisch zu beeinflussen. Manche Zeitung machte sich zum Sprachrohr politischer „Parteien" oder ernannte sich zur „Stimme des Volkes". Die demokratischen Volksblätter führender Revolutionäre wie „L'Ami du Peuple" oder „Le Père Duchesne" erreichten beachtliche Auflagen. Kampagnen gegen politische Gegner wurden Mittel der politischen Auseinandersetzung. Daran konnten auch die Versuche zur Einschränkung der Pressefreiheit nichts ändern.

Chansons, Lieder und Theater

Viele Chansons und politische Lieder, aber auch mitreißende Gassenhauer entstanden während der Revolution. „Die Aristokraten an die Laternen", schmetterten die Revolutionäre, um sich anzufeuern. Mit „La Carmagnole", ursprünglich einem Tanzlied, besangen sie

359.1 „La Carmagnole". Das Volk tanzt am 10. August 1793 um den mit Jakobinermütze und Kokarden geschmückten Freiheitsbaum, Radierung.

die Ereignisse von 1791. Als Kampflied gedichtet und vertont, wurde die „Marseillaise" Nationalhymne. Text und Musik machten Politik. Auch im Theater spielte man aktuelle politische Tagesereignisse nach, gab politischen Debatten Raum oder übte Kritik. Als der Krieg gegen die inneren und äußeren Feinde Thema von Aufführungen wurde, griff die Zensur ein. Die Zeit der Tugend hatte wenig Sinn für das Theater.

Politische Klubs für Männer ...

Der einflussreichste unter den politischen Klubs war der Klub der Jakobiner, benannt nach dem ehemaligen Kloster Saint-Jacques der Dominikaner in Paris. Die Klubs waren die Zentren der Meinungsbildung, in ihnen wurden politische Entscheidungen im Parlament oder auf der Straße vorbereitet.

... und für Frauen

Auch politisch aktive Frauen gründeten bald nach Ausbruch der Revolution Klubs. 1793 gründeten Frauen in Paris die „Gesellschaft der republikanischen und revolutionären Bürgerinnen", um „sich gegenseitig Respekt zu verschaffen, einander beizustehen und sich in republikanischer Tugend zu üben".

360.1 Der Aufmarsch der Amazonen von Orléans: „Wir haben diese Bekleidung ausgewählt wegen der Bequemlichkeit und wegen des Anstands, der zu wahrem Heldentum führt.“ Anonymer Stich.

Zugelassen waren Frauen über 18 Jahre, die einen „guten Leumund“ und „gute Sitten“ nachweisen konnten. In öffentlichen Sitzungen diskutierten sie über die ↗Frauenemanzipation, ihre politischen und wirtschaftlichen Forderungen, die in der Verfassung von 1791 nicht berücksichtigt waren. Der Konvent verbot 1793 die Klubs der Frauen.

■ Die „Söhne der Revolution“

Seit 1792 zogen Männer und Frauen für Freiheit, Gleichheit und Brüderlichkeit in den Krieg gegen innere und äußere Feinde. Zwar hatte die Legislative den Frauen verboten, im Kriegsfall mit der Waffe zu kämpfen, dennoch gab es nicht wenige, natürlich verkleidete Soldatinnen. Ihre Entdeckung konnte die Todesstrafe zur Folge haben. Viele Städte hatten sogar in der Nationalgarde eine Amazonenkompanie, die sich am Vorbild der Armee orientierte mit Exerzieren, militärischer Rangordnung und Musikcorps.

Mit der „levée en masse“ veränderten sich Heer und Kriegsführung. Die „Söhne der Revolution“ ersetzten die alte Generalität und den Offiziersstab und wählten ihre Offiziere selbst. Gesinnung und Leistung ersetzten adlige Geburt und Geld als Kriterien für eine Beförderung. Es galt, die revolutionären Ideale und das Land zu verteidigen. Die Beteiligung der Frauen am Krieg versuchte zwar auch der Konvent zu verhindern, ihre Arbeitskraft war jedoch unentbehrlich. Die Erfolge des revolutionären Massenaufgebots gegen die Soldtruppen der Gegner zwangen auch Preußen und Österreich ihr Militärwesen zu reformieren.

Q1 Menschenrechte – auch für Frauen

„Erklärung der Rechte der Frau und Bürgerin“: Unter diesem Titel erschien kurz nach der Verkündung der Verfassung von 1791 eine Schrift. Verfasserin war die Schriftstellerin und Revolutionärin Olympe de Gouges (1750?–1793).

Präambel

Die Mütter, die Töchter, die Schwestern, die Vertreterinnen der Nation verlangen als Nationalversammlung konstituiert zu werden. … Sie haben beschlossen, in einer feierlichen Erklärung die natürlichen, unveräußerlichen und heiligen Rechte der Frau darzulegen …

In der Folge anerkennt und erklärt das an Schönheit wie an Mut, die Beschwernis der Mutterschaft betreffend überlegene Geschlecht in Gegenwart und mit Beistand des Höchsten Wesens die folgenden Rechte der Frau und Bürgerin.

Art. I. Die Frau wird frei geboren und bleibt dem Manne ebenbürtig in allen Rechten. Unterschiede im Bereich der Gesellschaft können nur im Gemeinwohl begründet sein.

Art. II. Ziel und Zweck jedes politischen Zusammenschlusses ist die Wahrung der natürlichen und unverjährbaren Rechte von Frau und Mann, als da sind: Freiheit, Eigentum, Sicherheit und insbesondere das Recht auf Widerstand gegen Unterdrückung.

Art. VI. Das Gesetz soll der Ausdruck des Willens aller sein; alle Bürgerinnen und Bürger sollen persönlich oder über ihre Vertreter zu seiner Entstehung beitragen, für alle sollen die gleichen Bedingungen Geltung haben.

Art. X. Niemand darf wegen seiner Meinung, selbst in Fragen grundsätzlicher Natur, Nachteile erleiden.

Die Frau hat das Recht, das Schafott zu besteigen, gleichermaßen muss ihr das Recht zugestanden werden, eine Rednertribüne zu besteigen, sofern sie nicht in Wort und Tat die vom Gesetz garantierte öffentliche Ordnung stört.

Olympe de Gouges. Schriften. hrsg. v. Monika Dillier u. a., 1980, S. 39, in: Geschichte auch für Mädchen, hrsg. von der Landesregierung NRW, S. 30–32

Q2 Menschenrechte für Frauen aus Männersicht

Zwei Männer nehmen Stellung zur Frage, welche Rechte Männern und welche Frauen zustehen:

a) Jean Antoine de Condorcet (1742–1794), Politiker und Philosoph, äußert sich 1789:

Da nun die Frauen die gleichen Fähigkeiten aufweisen, haben sie notwendigerweise auch die gleichen Rechte. Entweder hat kein Glied des Menschengeschlechts wirkliche Rechte, oder sie haben alle die gleichen, und derjenige, der gegen das Recht des anderen stimmt, mag er auch einer anderen Religion, einer anderen Hautfarbe oder dem anderen Geschlecht angehören, hat damit sein Recht verwirkt. Es dürfte schwer sein zu beweisen, dass Frauen unfähig sind, das Bürgerrecht auszuüben. Warum soll eine Gruppe Menschen, weil sie schwanger werden kann und sich vorübergehend unwohl fühlt, nicht Rechte ausüben, die man denjenigen niemals vorenthalten würde, die jeden Winter unter Gicht leiden und sich leicht erkälten?

Helga Grubitzsch u. a.: Grenzgängerinnen. Revolutionäre Frauen im 18. und 19. Jahrhundert, 1985, S. 276 f.

b) Jean Amar, Abgeordneter der Jakobiner, hält am 30. Oktober 1793 im Nationalkonvent eine Rede:

Jedes Geschlecht ist zu der Tätigkeit berufen, die ihm entspricht; seine Handlungen sind auf einen Kreis beschränkt, den es nicht überschreiten darf, weil die Natur selbst diese Grenzen dem Menschen gesteckt hat. ... Erlaubt die Ehrbarkeit dem Weibe, dass es sich öffentlich zeigt, dass es mit Männern diskutiert und öffentlich, angesichts des Volkes, sich über die Fragen ausspricht, von denen das Wohl der Republik abhängt? Im Allgemeinen sind die Frauen unfähig hoher Konzeptionen und ernster Überlegungen. ... Aber noch unter einem anderen Gesichtspunkt sind Frauenvereine gefährlich. Wenn wir bedenken, dass die politische Erziehung der Männer noch im Frührot der Entwicklung steht und dass wir das Wort Freiheit erst zu stammeln vermögen, um wie viel weniger aufgeklärt sind dann die Frauen, deren Erziehung bisher gleich Null war.

S. Petersen, Marktweiber und Amazonen. Frauen in der Französischen Revolution, Köln 1987, S. 97 f.

361.1 Emblem der Jakobiner von Chalon 1794.
Das Emblem zeigt die phrygische Mütze und ein Rutenbündel mit dem Beil (Zeichen der Amtsgewalt der Konsuln im antiken Rom)und Totenkopf. Die Inschriften beschwören die Treue zur Republik und den bedingungslosen Kampf für ihre Erhaltung. („Frei leben oder sterben“, „Krieg den Tyrannen“).

1. Beschreibe, welche Veränderungen die Revolution den Frauen ermöglichte.
– Informiere dich in einem Lexikon über Olympe de Gouges.
– Wie begründet Olympe de Gouges die Notwendigkeit von Frauenrechten?
– Vergleiche die „Erklärung der Menschen- und „Bürgerrechte“ vom August 1789 mit der „Erklärung der Rechte der Frau und Bürgerin“ von Olympe de Gouges. (Q 1)

2. Vergleiche die Argumentationen männlicher Zeitgenossen von Olympe de Gouges. (Q 2 a/b)

6. Napoleon – Vollendung oder Überwindung der Revolution?

362.1 Die Einsetzung des Staatsrats nach dem Staatsstreich vom 18. Brumaire 1799. Napoleon in der Mitte auf dem Podium zwischen Sieyès und Ducos, Ölgemälde 1836.

18. Brumaire = nach dem 1793 eingeführten Revolutionskalender der 9. November

Der Staatsstreich vom 18. Brumaire

„Bürger, die Revolution ist verewigt in den Prinzipien, die sie eingeläutet haben: Sie ist beendet!“ Die dies am 18. Brumaire verkündeten, waren die drei Konsuln Bonaparte, Sieyès und Ducos. Zuvor hatte Napoleon Bonaparte mit Hilfe des Militärs den „Rat der Alten“, das 250 Mitglieder zählende französische Parlament aufgelöst.

Napoleon war zu diesem Zeitpunkt 32 Jahre alt und ein erfolgreicher General: 1793 bei der Belagerung der Stadt Toulon, die sich mit Unterstützung Englands gegen die amtierende französische Regierung aufgelehnt hatte, und zwei Jahre später bei der Niederschlagung eines Aufstandes von Königstreuen. Außerdem war er mit dem Oberkommando bei zwei militärischen Auslandseinsätzen betraut gewesen.

Napoleon – Der General

Im Zuge des Exports der Revolution nach Italien kommandierte Napoleon die französische Italien-Armee. Das Ziel bestand darin, in Italien die österreichische Position zu schwächen und von Frankreich abhängige Tochterrepubliken zu schaffen, darunter die Cisalpinische Republik (Mailand) und die Ligurische Republik (Genua).

1798 sollte Napoleon ein Heer von 35 000 Soldaten gegen die Engländer im Mittelmeerraum führen. Ein Sieg gelang ihm bei der folgenden Expedition nach Ägypten jedoch nicht. Erfolgreicher war stattdessen die wissenschaftliche „Ausbeute“, denn Napoleon hatte u. a. auch Archäologen und Historiker mitgenommen.

Napoleon – Der Konsul

Napoleons Einstieg in die Politik erfolgte mit dem Staatsstreich vom 18. Brumaire. Frankreich wurde damit eine Militärdiktatur – an deren Spitze Napoleon als Erster Konsul stand (Q1). In den folgenden fünf Jahren gestaltete er Frankreich innen wie außen um. Innenpolitisch stabilisierte er den Staat, v. a. durch den „Code Civil“, eine auf der persönlichen Freiheit jedes einzelnen, der Gleichheit aller vor dem Gesetz und der Garantie des privaten Eigentums basierenden Gesetzessammlung (Q2). Außenpolitisch erreichte er 1801 im Frieden von Lunéville (mit Österreich) die endgültige Angliederung der linksrheinischen deutschen Gebiete an Frankreich und 1802 im Frieden von Amiens (mit England) die Tolerierung eines französischen Kolonialreiches in Westindien und Nordamerika.

Napoleon – Der Kaiser

Völlig neue politische Tatsachen schuf Napoleon dann 1804: Er veranlasste den Senat, durch ein Plebiszit das erbliche Kaisertum zu beantragen – in Anlehnung an die römische Geschichte als Fortsetzung des Konsulats.

362.2 Napoleon vor den Pyramiden in Ägypten. Elfenbein-Dose in Form eines Napoleonhutes. Die Inschrift besagt: „Bedenkt, von der Höhe dieser Monumente blicken euch vierzig Jahrhunderte an.“ Ölgemälde 1836.

Q1 Republik als Wahnvorstellung

In einer vertraulichen Erklärung gegenüber dem französischen Gesandten in der Toskana äußerte Napoleon 1797:

Glauben Sie vielleicht, dass ich eine Republik begründen will? Welcher Gedanke! Das ist eine Wahnvorstellung, in die die Franzosen vernarrt sind, die aber auch wie so manches andere vergehen wird. Was sie brauchen, ist Ruhm, die Befriedigung ihrer Eitelkeit, aber von der Freiheit verstehen sie nichts. Die Nation braucht einen Führer, aber keine Theorien über Regierung, keine großen Worte. Ich bin am Frieden nicht interessiert. Wenn Frieden geschlossen ist, wenn ich nicht mehr an der Spitze des mir ergebenen Heeres stehe, muss ich auf die Macht, auf die hohe Stellung, die ich mir verschafft habe, verzichten.

Miot de Mélito: Memoiren, Paris 1858, Bd. 1, S. 163f.

363.1 Kaiserkrönung am 2. Dezember 1804 in der Kathedrale von Paris. In wohlüberlegter Geste nimmt Napoleon dem Papst die Krone aus der Hand und krönt sich selbst und seine Frau Josephine, Ölgemälde 1806/7 (Ausschnitt).

Q2 Freiheit – Rechtsgleichheit – Eigentum

Mit dem 1804 erlassenen Code Civil hat Napoleon wichtige Errungenschaften der Französischen Revolution langfristig gesichert:

Die Freiheit
Der Staatsbürger hat mit seiner Großjährigkeit die Freiheit, über seine Person zu verfügen. er kann daher seinen Wohnsitz wählen, wo es ihm gutdünkt. ... Wir bezeichnen es als Naturrecht, dass wir den Menschen als moralisches Wesen behandeln, das heißt als ein vernunftbegabtes und freies Wesen, das dazu bestimmt ist, mit anderen zusammenzuleben.

Die Rechtsgleichheit
Nachdem unsere Verfassung die Rechtsgleichheit eingeführt hat, muss jeder, der die abgeschafften Rechte der Geburt wieder einführen will, als Frevler gegen unseren Gesellschaftsvertrag gelten und kann nicht Franzose bleiben.

Von dem Eigentum
Eigentum ist das Recht, eine Sache auf die unbeschränkte Weise zu benutzen und darüber zu verfügen, vorausgesetzt, dass man davon keinen durch die Gesetze oder Verordnungen untersagten Gebrauch mache. Niemand kann gezwungen werden, sein Eigentum abzutreten, wenn es nicht des öffentlichen Wohls wegen und gegen eine angemessene und vorgängige Entschädigung geschieht.

Code Napoleon, Ausgabe für das Großherzogtum Berg, Düsseldorf 1810.

1. Napoleon hat die Gewaltenteilung zugunsten der Exekutive verschoben. Erörtere seine Gründe. (VT, Q 1, B 363.1)
2. Überlege, ob die Aussagen im Code Civil so auch heute noch gelten könnten. (VT, Q 2) Informiere dich außerdem bei einem Notar oder Rechtsanwalt über den Code Civil. Frage dabei nach dessen Bedeutung für die Rechtsentwicklung bis heute.
3. Diskutiere im Pro und Contra: Napoleon hat die Französische Revolution vollendet.

Zeitungen und Flugblätter

Außergewöhnliche Ereignisse sind Medienereignisse – heute wie im 18. Jahrhundert. Eine wichtige Form der Ereignisübermittlung stellten bereits damals die Zeitungen dar; daneben spielten Flugblätter eine wichtige Rolle. Waren die Zeitungen reine Textmedien, so verbanden die Flugblätter oft Texte mit Abbildungen. Zudem bezogen die Flugblätter durch Zustimmung und Unterstützung oder Kritik und Ablehnung sehr viel stärker Stellung zu den Ereignissen und waren so ein Mittel der Revolution – wie der Gegenrevolution.

Da Zeitungen und Flugblätter in vielen Museen und Stadtarchiven zu den Sammlungsbeständen gehören, sind sie zugleich eine ebenso leicht zugängliche wie ergiebige Quelle für die Beschäftigung mit der Geschichte vor Ort. Allerdings: Nicht alle Museen und Stadtarchive verfügen über Zeitungen und Flugblätter aus dem 18. Jahrhundert.

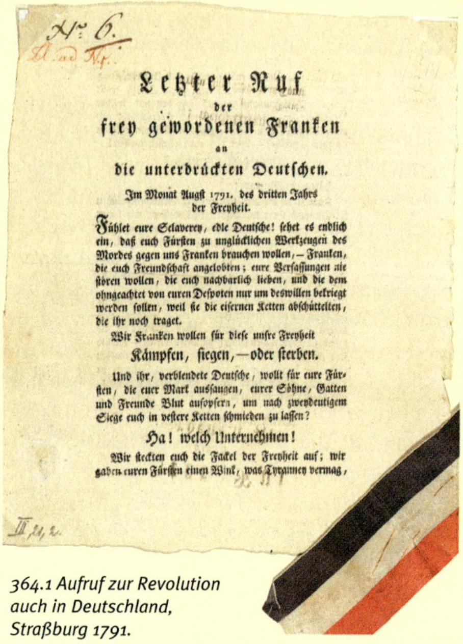
Nr. 6.

Letzter Ruf
der
frey gewordenen Franken
an
die unterdrückten Deutschen.

Im Monat Augst 1791. des dritten Jahrs der Freyheit.

Fühlet eure Sclaverey, edle Deutsche! sehet es endlich ein, daß euch Fürsten zu unglücklichen Werkzeugen des Mordes gegen uns Franken brauchen wollen, – Franken, die euch Freundschaft angelobten; eure Verfassungen nie stören wollen, die euch nachbarlich lieben, und die dem ohngeachtet von euren Despoten nur um deswillen bekriegt werden sollen, weil sie die eisernen Ketten abschüttelten, die ihr noch traget.

Wir Franken wollen für diese unsre Freyheit

Kämpfen, siegen, – oder sterben.

Und ihr, verblendete Deutsche, wollt für eure Fürsten, die euer Mark aussaugen, eurer Söhne, Gatten und Freunde Blut aufopfern, um nach zweydeutigem Siege euch in vestere Ketten schmieden zu lassen?

Ha! welch Unternehmen!

Wir steckten euch die Fackel der Freyheit auf; wir gaben euren Fürsten einen Wink, was Tyranney vermag,

364.1 Aufruf zur Revolution auch in Deutschland, Straßburg 1791.

364.2 Vormarsch französischer Revolutionstruppen auf Schloss Karlsberg, während Herzog Karl II. August mit seinem Hofstaat eilig seine Landresidenz verlässt. Phantasiedarstellung, Augsburg 1793. Das Geschehen von 1793 um Schloss Karlsberg hat der Grafiker insgesamt treffend erfasst. Die Darstellung des Schlossbereichs selbst ist aber sehr ungenau (vgl. Abb. 319.2). Was könnte der Grund dafür sein?

Der

Patriot.

B.

Marseiller Marsch. Abscheu der Gesellschaft der Freunde der Freiheit und der Gleichheit zu Mainz gegen alles, was das Gepräge des Verborgenen zu tragen scheint. Toleranz. Fragen der Deutschen und der Holländischen Herrnhuter an den Gesezgeber Anacharsis Cloots. Antwort eines freien Mannes an Graf Zinzendorf. An die Könige. Fragment aus G. Forsters Rede über das Verhältnis der Mainzer zu den Franken, welche am 15ten November 1792 von ihm in der Gesellschaft der Freunde der Freiheit und der Gleichheit gesprochen wurde.

Die Begeisterung mit welcher unsere Französischen Brüder den Marseiller Marsch singen, hat uns oft genug ans Herz gegriffen und den Wunsch, dieses ihr Lieblingslied in unse-

365.1 Aufruf zur Gründung eines Jakobinerklubs in Mainz, Mainzer Zeitung vom 22. Oktober 1792.

365.2 „Die Jakobiner Schwindelköpfe zu Worms müssen ihren Freiheitsbaum selbst ausgraben". Mit dem Einmarsch der französischen Revolutionstruppen im rheinhessisch-pfälzischen Raum 1792 waren in vielen Orten „Freiheitsbäume" mit einer Jakobinermütze als Revolutionssymbol gepflanzt worden. Bereits im Folgejahr wurden die Franzosen jedoch kurzzeitig von preußischen Truppen vertrieben. Deren antirevolutionäre Haltung zeigt der Kupferstich von 1794.

Dekret

des

zu Mainz versammelten rheinisch-deutschen

Nationalkonvents,

vom 18ten März 1793,

wodurch

in dem Striche Landes, von Landau bis Bingen, alle bisherigen angemaßten willkührliche Gewalten abgeschafft werden.

Der rheinisch deutsche Nationalkonvent dekretirt:

Artikel 1.

Der ganze Strich Landes von Landau bis Bingen, welcher Deputirte zu diesem Konvente schickt, soll von jezt an einen freyen, unabhängigen, unzertrennlichen Staat ausmachen, der gemeinschaftlichen, auf Freiheit und Gleichheit gegründeten Gesetzen gehorcht.

Artikel 2.

Der einzige rechtmäßige Souverain dieses Staats, nämlich das freie Volk, erklärt durch die Stimme seiner Stellvertreter allen Zusammenhang mit dem deutschen Kaiser und Reiche für aufgehoben.

Artikel 3.

Der Kurfürst von Mainz, der Fürst von Worms, der Fürst von Speier, der Fürst von Nassau-Weilburg und Usingen, der Markgraf von Baden, der Fürst von Salm, die Wild- und Rheingrafen vom Stein und zu Grumbach, die Fürsten von Leiningen, Dürkheim, der Graf von Falkenstein, die Grafen von Leiningen-Westerburg, Dachsburg und Guntersblum, die Grafen von Löwenhaupt und Manderscheid, die Grafen von Wartenberg, Degenfeld, Sickingen, Hallberg, die Freiherren von Dalberg, die reichsstädtischen Gewalten zu Worms und Speier, die Reichsritterschaft, alle deutsche Reichsstände und deren Vasallen, wie auch alle mit der Volkssouverainität unverträgliche weltliche und geistliche Körperschaften werden ihrer Ansprüche auf diesen Staat oder dessen Theile verlustig erklärt, und sind alle ihre durch Usurpation angemaßten Souverainitätsrechte auf ewig

Artikel 4.

Gegen alle und jede der im vorhergehenden Artikel benannten, unrechtmäßigen Gewalthaber, falls sie sich auf die Behauptung ihrer vermeintlichen Rechte und Ansprüche in diesen Ländern, wo nur die Rechte freier und gleicher Bürger gelten, betreten ließen, so wie auch gegen ihre Unterhändler und Helfershelfer, wird die Todesstrafe erkannt.

Artikel 5.

Gegenwärtiges Dekret soll sogleich gedruckt, an allen Municipalitäten geschickt, allenthalben angeheftet und feierlich bekannt gemacht werden.

A. J. Hofmann, Präsident

Gerhardi, Frank, Sekretaire.

Im Namen des souverainen Volks befehlen wir den Municipalitäten, vorstehendes Dekret in ihre Register einschreiben, verkündigen, anschlagen und als Landesgesetz vollstrecken zu lassen. Mainz den 18ten März 1793.

A. J. Hofmann, Präsident.

Gerhardi, Frank, Sekretaire.

365.3 Dekret des Rheinisch-Deutschen Nationalkonvents vom 18. März 1793. Teilnehmer des Rheinisch-Deutschen Nationalkonvents waren Vertreter von 126 Munizipalitäten (Städten und Gemeinden). Ihr Grundsatzbeschluss einer neuen politischen Organisation vom 18. März 1793 wurde an alle Bürgermeistereien „von Landau bis Bingen" zur öffentlichen Bekanntmachung verschickt.

1. Heute wird über aktuelle politische Ereignisse im Fernsehen berichtet. Zur Zeit der Französischen Revolution erfolgte die Nachrichtenverbreitung durch andere Medien. Vergleiche und erläutere.

2. Schreibe an Hand der Medien B 364.1 bis 365.3 eine Radioreportage zum Thema „Die Französische Revolution im rheinhessisch-pfälzischen Raum"

3. Informiere dich im nächstgelegenen Stadtarchiv/Museum über die Zeit der Französischen Revolution im Gebiet deines Wohn-/Schulortes. Suche weitere „Revolutionsmedien".

Europa zur Zeit Napoleons

1987 fand in Stuttgart eine viel beachtete Ausstellung „Baden und Württemberg im Zeitalter Napoleons" statt. Der „kleinere" Herrscher auf dem Ausstellungsplakat ist König Friedrich I. von Württemberg.

Aufstieg und Fall Napoleons; Stich nach einer Karikatur, 1813.

Napoleon war auch ein Verkaufsschlager. Von 1807 bis 1815 stellten die Werkstätten von Carrara (Italien) insgesamt 12000 Marmorbüsten des Kaisers her und exportierten sie nach ganz Europa.

„Der Universalmonarch“. Diese englische Karikatur entstand anlässlich der Niederlage Napoleons in der Schlacht bei Waterloo 1815.

Modell der 1810 in Paris errichteten „Siegessäule“, die an antike römische Vorbilder angelehnt ist.

Orientierung in Zeit und Raum

368.1 Europa 1812, zur Zeit der größten Machtentfaltung Napoleons I.

1804	Mit der Kaiserkrönung Napoleons tritt Frankreich in eine neue Phase der französischen Herrschaftsausweitung in Europa ein.
1805	Gegen England beginnt Napoleon einen Wirtschaftskrieg; das Mittel dazu soll eine Kontinentalsperre für englische Ware sein.
1806	Mit der Errichtung des napoleonischen Rheinbundes in Deutschland endet das „Heilige Römische Reich Deutscher Nation“.
1808–14	Spanien wehrt sich gegen die napoleonische Herrschaft in einem langjährigen Guerilla-Krieg.
1812/13	Angesichts der russischen Strategie der „verbrannten Erde“ endet der Russlandfeldzug Napoleons in einem Desaster.
1813–15	Unter preußischer Führung formiert sich Deutschland gegen Napoleon in einem erfolgreichen „Befreiungskrieg“.
1814	Napoleon dankt nach seiner Niederlage in der Völkerschlacht bei Leipzig ab.
1815	Trotz seiner Verbannung auf die Insel Elba gelingt es Napoleon noch einmal, eine Armee aufzustellen. Er wird jedoch bei Waterloo endgültig geschlagen und auf die Atlantikinsel St. Helena verbannt.

Heinrich Krehbiel vom Weierhof (bei Kirchheimbolanden) an seine Eltern:

Vitoria, le 8. Mai 1808

Wir haben einen Marsch von über 300 Stunden gemacht bis nach Spanien. Die Stadt Vitoria, wo wir jetzt liegen, ist gewiss mehr als 400 Stunden von Euch entfernt. Ich bin gesund, was ich auch von Euch hoffe. Mit den Lebensmitteln ist es hier nicht am besten. Wie es heißt, sollen wir nach Portugal, um von da nach England überzusetzen. Kürzlich sah ich Napoleon, par la grâce de Dieu et les constitutions, Empereur des Français et Protecteur de la confédération du Rhin, wie er sich nennt. Er ist ein kleiner Mann mit einem finsteren Gesicht. Ich musste denken, als ich ihn sah, ist das der Mann, der die Welt zittern und die Königreiche beben macht? Wenn Ihr Gelegenheit habt, so sagt Schalles in Dalsheim, dass sein Sohn noch gesund ist.

369.1 Plakat einer Ausstellung des Historischen Museums der Pfalz: „Napoleon – Feldherr, Kaiser, Mensch" (Speyer 1998).

Konrad Schalles aus Dalsheim (zwischen Alzey und Worms) an seine Eltern:

Villavicencia province de Leon en Castille, le 12 Août 1811

Liebe Eltern! Ich bin gottlob noch am Leben, aber meine Kameraden sind beinahe alle gefallen oder liegen im Spital. Unlängst erhielt ich einen Streifschuss am linken Arm. Wir waren zur Bedeckung eines Kouriers commandiert. Als wir durch ein kleines Wäldchen marschierten, wurden wir plötzlich von einer Räuberbande angefallen, viele von uns blieben tot auf dem Platze; mein Kamerad Krehbiel fiel an meiner Seite. Wir haben es hier sehr hart, denn wir müssen immer auf der Hut sein. Keinen Tag, ja keine Stunde sind wir sicher vor den Feinden. Grüßt mir den Krehbiel vom Weierhof und sagt ihm, dass sein Sohn totgeschossen ist.

1. *Heinrich Krehbiel und Konrad Schalles haben sehr anschauliche Soldatenbriefe nach Hause geschrieben. Sie zeigen: Militärischer Ruhm hat zwei Seiten. Begründe.*
2. *Ganz anders hat Napoleon den Krieg gesehen. Schreibe aus seiner Sicht einen Brief aus Spanien an seine Frau Josephine.*

1. Die Vereinigung Europas – Militär als Mittel?

Lieber tot als so gequält

Diesen Stoßseufzer schrieb der Wiesbadener Bauer und Fuhrunternehmer Friedrich Ludwig Burk mit ungelenker, zittriger Hand in sein Tagebuch: *„Nach dem Friede 1805 zwischen dem Kaiser von Österreich und dem Kaiser Napoleon überzog die französische Armee gleich mit dem Anfang des Jahres 1806 unser ganzes Land. Wir litten viel durch Einquartierung und Verpflegung, unser Fürst musste sich ihnen unterwerfen und wurde im August als souveräner Herzog und zum Rheinischen Bund gehörig erklärt. Gleich nach seiner Herzogswürde wurde Preußen der Krieg erklärt und es musste unser Land 4 Bataillon Hülfstruppen dazugeben."*

Krieg also in Europa! Ausgehend von Frankreich waren Italien, Deutschland und Österreich die Ziele und sehr bald auch Spanien, England und Russland. Ausgelöst wurde dieser europäische Krieg durch Napoleon, seit 1804 „Kaiser der Franzosen". Selbst Ägypten war dem Eroberer nicht zu weit für eine Unternehmung, die freilich scheiterte. Die von ihm besiegten Staaten mussten jeweils für neue französische Kriegszüge Soldaten stellen (B 370.1). Denn Napoleon wollte seine Europa-Idee mit militärischen Mitteln realisieren (Q1).

18. Brumaire = nach dem 1793 eingeführten Revolutionskalender der 9. November

Departement vom Donnersberg.

Konscription vom Jahr 1807.

Bezirke.	Kontingent. Aktiv-Armee.	Reserve.	Total.
Mainz	187	62	249
Speyer	206	68	274
Zweibrücken	99	33	132
Kaiserslautern	88	30	118
Total.	580	193	773

Der Präfekt des Departements vom Donnersberg,
Jeanbon St.-André.

370.1 Für seine Feldzüge brauchte Napoleon immer wieder neue Soldaten. Das „Departement Donnersberg" hatte deshalb im Jahr 1807 insgesamt 773 Soldaten zu stellen.

Ein französisches Europa

Um die Staaten für ein französisches Europa gefügig zu machen, führte Napoleon bedenkenlos Krieg:

- Italien: Hatte Italien um 1800 noch aus einer Reihe von Einzelstaaten bestanden, so fasste Napoleon diese mit militärischer Gewalt zum Königreich Italien zusammen – mit sich selbst als König.

- Österreich: Obwohl Österreich militärisch von Russland unterstützt wurde, unterlag es Napoleon bei Austerlitz (1805) und musste Gebietsabtretungen hinnehmen.

- Deutschland: In Deutschland setzte Napoleon eine territoriale Dreiteilung durch: Das linksrheinische Deutschland war bereits seit 1797 Teil Frankreichs, das Königreich Preußen unterlag in der Schlacht bei Jena und Auerstedt (1806), das übrige rechtsrheinische Deutschland wurde von „Rheinbund" zusammengefasst.

- England: Gegen England konnte sich Napoleon nicht durchsetzen; sowohl sein Seekrieg (Trafalgar, 1805) wie sein Wirtschaftskrieg (Kontinentalsperre, vgl. S. 374) ging verloren.

- Spanien: Mit der Besetzung Spaniens verband Napoleon die Einsetzung seines Bruders Joseph als spanischen König.

- Russland: Den größten Staat Europas – das Russische Kaiserreich – griff Napoleon 1812 an. Seine „Grande Armée" bestand aus 600 000 Soldaten. Nur rund 10 000 von ihnen kehrten heim – darunter Napoleon.

Die Wende

Mit dem Desaster von Russland (1812/13) begann für Napoleon die Wende. Nun wandten sich fast alle Staaten Europas gegen den Kaiser der Franzosen. Zwar bot Napoleon für die Völkerschlacht bei Leipzig noch einmal ein großes Heer auf; er wurde aber von einer Koalitionsarmee (u. a. Preußen, Österreich, Russland) geschlagen (1813). Seine endgültige Niederlage brachte dann die Schlacht von Waterloo (1815).

371.1/2 Denkmäler als Ausdruck nationalen Stolzes: Trafalgar Square mit Nelson-Säule in London, errichtet in Erinnerung an den englischen Seesieg bei Trafalgar unter Lord Nelson (links) und das Völkerschlachtdenkmal von Leipzig (rechts).

Q1

Napoleons Europaidee, 1816

In seinem politischen Testament (1816) begründete Napoleon seine Kriegszüge in der Rückschau als notwendige Schritte auf dem Weg zu einem geeinigten Europa:

Eine meiner Lieblingsideen war die Zusammenschmelzung, die Vereinigung der Völker. [...] Es gibt in Europa mehr als 30 Millionen Franzosen, 15 Millionen Spanier, ebensoviel Italiener und 30 Millionen Deutsche. Ich wollte sie alle in einem einzigen festen nationalen Körper vereinigen. Dem Vollbringer dieses Werkes würde die Nachwelt ihre schönsten Kränze weihen, und ich fühlte mich stark und berufen, eine solche Arbeit zu unternehmen. War dies getan, dann könnte man sich dem jetzt nur erträumten Ideal einer höheren Gesittung hingeben; dann war kein Wechsel mehr zu befürchten [...], denn es herrschte nun ein Gesetz, einerlei Meinung, eine Ansicht, ein Interesse, das Interesse der Menschheit [...]. Dieser Plan, eine Vereinigung der Nationen herbeizuführen, und zwar der edelsten, tapfersten und geistreichsten, ist zwar durch mein Unglück und meinen Sturz gescheitert, aber er ist darum doch nicht verloren. der Anstoß ist gegeben, die Gewalt der Ereignisse wird ihn ausführen [...].

Napoleon: Memoiren; zitiert nach: H. Schulze, I. U. Paul (Hrsg.): Europäische Geschichte. München 1994, S. 190.

1. Napoleon führte zwei Jahrzehnte lang immer wieder Kriege. Stelle Vermutungen an über die Reaktion der Bevölkerung darauf. (VT, B 370.1)

2. In seinen Memoiren hat Napoleon von einem „geeinten Europa" als Ziel seiner Politik gesprochen. Beurteile diese Aussage. (VT, Q1)

3. Die Idee der „Europäischen Einigung" ist heute aktueller denn je. Vergleiche die heutigen Mittel der Einigungspolitik mit denen Napoleons. Vergleiche außerdem den Umfang von Napoleons und heute.

2. Verordneter Neubeginn – Zusammenbruch und politische Reformen in Deutschland

■ Deutschland: „Zernichtet"

„In ganz Deutschland ist nichts mehr, was widerstehen kann." Denn: Deutschland ist *„zernichtet"*, zerstört und vernichtet – durch Napoleon. Im Rückblick auf das Jahr 1806 brachte Abt Ignatz Speckle von Kloster St. Peter im Schwarzwald die politische Lage in seinem Tagebuch auf den Punkt. Deutschland in seiner alten Gestalt als „Heiliges Römisches Reich Deutscher Nation" hatte aufgehört zu existieren.

■ Das linksrheinische Deutschland

Das linksrheinische Deutschland war bereits seit 1797 an Frankreich angebunden und in die französische Verwaltung eingegliedert worden. Das kam z. B. in der Einrichtung von Departements zum Ausdruck (im Bereich Rheinland-Pfalz-Saarland mit den Departements Donnersberg, Saar und Rhein-Mosel, die von Mainz, Koblenz bzw. Trier aus verwaltet wurden). Die bisher im Linksrheinischen regierenden Fürsten hatten dadurch ihre Territorien verloren.

Säkularisation = Auflösung geistlicher Herrschaftsgebiete

Mediatisierung = Aufhebung kleiner Herrschaftsgebiete

■ Das rheinbündische Deutschland

Den linksrheinischen weltlichen Fürsten bot Napoleon 1803 jedoch eine Chance zur Entschädigung. Er löste dazu rechtsrheinisch den geistlichen Besitz auf und säkularisierte ihn, indem er die Klöster aufhob und deren materiellen Besitz (Territorien, Immobilien wie Mobilien) an linksrheinische Fürsten gab; ebenso verfuhr er mit dem Besitz rechtsrheinischer Bistümer. Festgelegt wurde dies im so genannten Reichsdeputationshauptschluss. Dadurch erhielt z. B. der bis 1797 im pfälzischen Bad Dürkheim residierende Graf von Leiningen als Entschädigung u. a. die Abtei Amorbach im östlichen Odenwald sowie Gebietsteile des Bistums Würzburg. Zugleich wurde ihm eine Standeserhöhung zugesprochen: Er durfte sich von nun an Fürst von Leiningen nennen.

372.1 Der Bäcker Napoleon zieht die neugebackenen Könige von Bayern und Württemberg sowie den Großherzog von Baden aus dem Backofen. Angeheizt wird der Ofen durch die zusammen gekehrten zerbrochenen Reste ehemals selbstständiger Staaten. Im Hintergrund knetet der französische Außenminister weitere Monarchen. Englische Karikatur, 1806.

Bereits 1806 veränderte Napoleon jedoch die deutsche Landkarte erneut, indem er alle kleineren Territorien auflöste und im rechtsrheinischen Deutschland 38 größere Fürstentümer bildete. Das 1803 eingerichtete Fürstentum Leiningen wurde so dem Großherzogtum Baden zugeschlagen. Auf die Säkularisation folgte also schon drei Jahre später die Mediatisierung. Zugleich schloss Napoleon die 38 verbliebenen Staaten unter französischem Protektorat zum Rheinbund zusammen (Q 1). Damit war zugleich das „Heilige Römische Reich deutscher Nation" aufgelöst.

■ Preußen

Lediglich ein deutscher Staat blieb relativ eigenständig bestehen: nach seiner militärischen Niederlage bei Jena und Auerstedt (1806) allerdings territorial halbiert, zur Zahlung von Kriegskosten verpflichtet und in seiner Armee auf 42 000 Soldaten begrenzt.

Sollte Preußen deshalb langfristig als Staat bestehen bleiben, so musste von Seiten der Regierung gehandelt werden und eine innerstaatliche Erneuerung erfolgen. Dies machte Reformen notwendig, v. a. in Wirtschaft, Gesellschaft und Verwaltung (Bauernbefreiung und damit Aufhebung aller Formen feudaler Abhängigkeit, Gewerbefreiheit durch Aufhebung des Zunftzwanges, Judenemanzipation, kommunale Selbstverwaltung). Die damit verbundenen Ziele hat Karl August Graf von Hardenberg 1807 formuliert (Q2), der zusammen mit Reichsfreiherr vom und zum Stein federführend bei den „Preußischen Reformen" war.

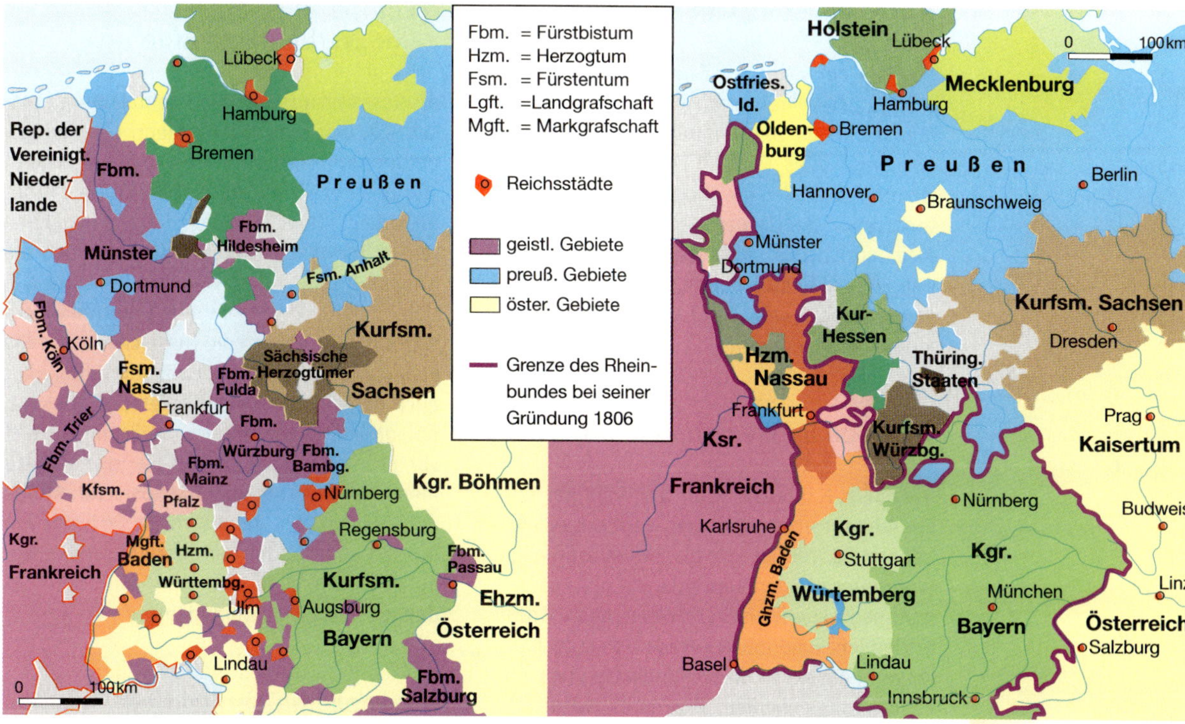

373.1 Das Reich 1790 und die deutschen Staaten 1806.

Q1 Napoleons Deutschland: der Rheinbund (1806)

Art. 3. Jeder der konföderierten Könige und Fürsten wird auf jene seiner Titel, welche irgend einen Bezug auf das Deutsche Reich ausdrücken, Verzicht leisten, und seine Trennung von dem Deutschen Reiche anzeigen.

Art. 12. Seine Majestät der Kaiser der Franzosen wird zum Protektor des Bundes proklamiert.

Art. 35. Zwischen dem Kaiser der Franzosen und den Staaten des rheinischen Bundes insgesamt und einzeln soll eine Allianz statt haben, kraft welcher jeder Kontinental-Krieg, welchen einer der Teile (des Bundes) zu führen hätte, für alle Anderen zur gemeinsamen Sache wird.

Königlich-Baierisches Regierungsblatt vom 17. Januar 1807.

Q2 Wie kann Preußen modernisiert werden?

In Riga verfasste Karl August Graf von Hardenberg eine Denkschrift über die „Reorganisation des Preußischen Staats" (1807):

Der Bürgerstand: Dadurch, dass einem jeden der Zugang zu allen Stellen, Gewerben und Beschäftigungen eröffnet wird, gewinnt der Bürgerstand.

Der Bauernstand: Der zahlreichste und wichtigste, bisher allerdings am mehrsten vernachlässigte und gedrückte Stand im Staat, der Bauernstand, muss notwendig ein vorzüglicher Gegenstand der Sorgfalt sein. Die Aufhebung der Erbuntertänigkeit müsste durch ein Gesetz kurz und gut und sogleich verfügt werden.

Georg Winter (Hrsg.): Die Reorganisation des Preussischen Staates, T. 1, Bd. 1, Leipzig 1931, S. 78.

1. Stelle die verschiedenen Backwaren des „Bäckers" Napoleon zusammen. (VT, B 372.1, Q1)

2. Deutschland war 1806 „zernichtet". Das bot aber auch die Chance einer Modernisierung. Erörtere. (VT, Q2)

3. Krieg gegen den Krieg – Widerstand gegen Napoleon

■ Was hältst du von Napoleon?

So fragt der Vater den Sohn und dieser antwortet: *„Für einen verabscheuungswürdigen Menschen, für den Anfang alles Bösen und das Ende alles Guten.“* Dieser Auszug aus Heinrich von Kleists 1809 verfasstem „Katechismus der Deutschen für Kinder und Alte“ spricht für sich. Aber würde es gelingen, einen gesamtdeutschen oder gar gesamteuropäischen Widerstand gegen Napoleon zu organisieren?

■ Europa im Wirtschaftskrieg

Nachdem Napoleon 1805 bei Trafalgar den Engländern unterlegen war, verfügte er eine „Kontinentalsperre“ für die Einfuhr britischer Waren in Kontinentaleuropa wie die Ausfuhr kontinentaleuropäischer Waren nach Großbritannien. Bald musste Napoleon jedoch erkennen, dass sich diese Handelssperre nicht völlig realisieren ließ. Einerseits wurde die Sperre durch Schmuggel unterlaufen, andererseits war Russland 1810 nicht mehr bereit, sie mitzutragen, weil es den Handel mit Großbritannien brauchte.

374.1 Le tyran démasqué, Radierung von 1815.

■ Europa im Krieg der „verbrannten Erde“

Als Russland aus der „Kontinentalsperre“ ausscherte, war dies für Napoleon eine Kriegserklärung. Der Russlandfeldzug von 1812/13 wurde jedoch zur Katastrophe für die „Grande Armée“. Denn Napoleon hatte sowohl den russischen Winter unterschätzt als auch die Kriegsführung seines Gegners. Erhoffte Napoleon nämlich eine baldige Entscheidungsschlacht, so zog sich die russische Armee ins Landesinnere zurück, verwüstete dabei aber auch die aufgegebenen Gebiete, so dass Napoleon immer von Neuem „verbrannte Erde“ vor sich hatte. Selbst Moskau war nahezu menschenleer, als die französische Armee dort ankam. Tags darauf wurde die Stadt von Russen angezündet und brannte nieder. Napoleon musste den Rückzug antreten – in den russischen Winter hinein.

■ Europa im Guerillakrieg

Eine andere Widerstandsmethode praktizierten die Spanier. Nicht in der Feldschlacht, sondern mit den Mitteln des Überraschungsangriffs kleiner Einheiten, des Hinterhalts und der Sabotage gingen sie gegen die Truppen Napoleons vor (vgl. die Soldatenbriefe auf S. 369). Die französischen Besatzungstruppen waren deshalb in „ständiger Alarmbereitschaft“.

■ Europa im „Befreiungskrieg“

Die Wende erfolgte dann im Jahr 1813: Preußen verbündete sich mit Russland und erklärte Frankreich den Krieg. Dabei setzte Preußen nicht allein auf seine reguläre Armee, sondern auch auf Kriegsfreiwillige aus allen deutschen Territorien, geleitet vom Gedanken eines allgemeinen nationalen Volksaufstandes gegen Napoleon (Q3). Nachdem auch Österreich dem preußisch-russischen Bündnis beigetreten war, kam es im Oktober 1813 zur viertägigen „Völkerschlacht“ bei Leipzig. Die napoleonischen Truppen wurden geschlagen; Napoleon wurde auf die Insel Elba verbannt. Als neuer Monarch fungierte nun der Bourbone Ludwig XVIII.

Q1 Neuordnung der Dinge

1807/08 hielt der Philosophieprofessor Johann Gottlieb Fichte (in der Berliner Akademie) eine Reihe von „Reden an die Deutsche Nation“:

Keine Nation, die in den Zustand der Abhängigkeit herabgesunken ist, kann durch die gewöhnlichen und bisher gebrauchten Mittel sich aus derselben erheben. Was vorher hätte helfen können, nämlich wenn die Regierung die Zügel kräftig und straff angehalten hätte, ist nun nicht mehr anwendbar, nachdem diese Zügel nur noch zum Scheine in ihrer Hand ruhen, und diese ihre Hand selbst durch eine fremde Hand gelenkt und geleitet wird. Sollte eine so gesunkene Nation dennoch sich retten können, so müsste dies durch ein ganz neues, bisher noch niemals gebrauchtes Mittel, vermittelst der Erschaffung einer ganz neuen Ordnung der Dinge, geschehen.

Günter Schulte (Hrsg.): Fichte (= Philosophie jetzt), München 1996, S. 455 f.

Q2 Lied der schwarzen Jäger

1813 bildete der preußische Offizier Freiherr von Lützow ein Freikorps (also eine militärische Truppe außerhalb der regulären Armee) aus nichtpreußischen Freiwilligen. Das Ziel dieses Freikorps, dessen Erkennungsfarben Schwarz-Rot-Gold waren, hat der Dichter Theodor Körner – einer der „Lützowschen Jäger“ – in einem Lied ausgedrückt:

Ins Feld, ins Feld! Die Rachegeister mahnen.
Auf, deutsches Volk, zum Krieg!
Ins Feld, ins Feld! Hoch flattern unsre Fahnen,
Sie führen uns zum Sieg.

Noch trauern wir im schwarzen Räuberkleide
Um den gestorb'nen Mut;
Doch fragt man euch, was dieses Rot bedeute,
Das deutet Frankenblut.

Mit Gott! – Einst geht hoch
über Feindesleichen
Der Stern des Friedens auf;
Dann pflanzen wir ein weißes Siegeszeichen
Am freien Rheinstrom auf.

H. Zimmer (Hrsg.): Körners Werke, Leipzig 1916, S. 189.

375.1 „Hasenhetze“: französische Soldaten auf der Flucht vor einem russischen Verfolger, Radierung von 1814.

Q3 An mein Volk

Am 17. März 1813 erließ der preußische König Friedrich Wilhelm III. einen Aufruf:

An mein Volk! So wenig für Mein treues Volk, als für Deutsche, bedarf es einer Rechenschaft über die Ursachen des Krieges, welcher jetzt beginnt. Wir erlagen unter der Übermacht Frankreichs. Das Mark des Landes ward ausgesogen. Brandenburger, Preußen, Schlesier, Pommern, Litauer! Ihr wisst, was ihr seit sieben Jahren erduldet habt, ihr wisst, was euer trauriges Los ist, wenn wir den beginnenden Kampf nicht ehrenvoll enden. Große Opfer werden von allen gefordert werden. Es ist der letzte entscheidende Kampf, den wir bestehen, für unsere Existenz, unsere Unabhängigkeit, unseren Wohlstand.

Schlesische Privilegierte Zeitung vom 20. März 1813, S. 1.

1. Johann Gottlieb Fichte und Heinrich von Kleist sind zwei wichtige Kritiker Napoleons. Stelle ihre Beweggründe dar. (VT, Q1)

2. Der militärische Widerstand gegen Napoleon fand mit ganz unterschiedlichen Mitteln statt. Vergleiche und beurteile. (VT) Erörtere, wie die Bevölkerung für diesen Krieg gegen Napoleon gewonnen wurde. (Q2, Q3, B 374.1, B 375.1)

Napoleonkult

Eine der Traditionen der absolutistischen Herrscher, die in der napoleonischen Zeit ihre Fortsetzung fand, war die Prägung von Gedenkmedaillen. Die Themen betrafen die Schlachten Napoleons sowie die wichtigsten Stationen seines politischen Lebens (Q1). Wie in der absolutistischen Zeit diente diese Gepflogenheit der Repräsentation und der Schaffung eines geschichtlichen Bewusstseins. Sie war für Napoleon aber auch ein Mittel der Inszenierung seiner Person. Die zahlreichen Napoleon-Medaillen wurden so Objekte eines regelrechten Kultes um die Person des Feldherrn und Kaisers. Eine ähnliche Funktion nahmen Marmorbüsten ein (vgl. S. 367 Mitte).

Napoleonmythos

Die Verbannung Napoleons 1814 (Insel Elba) und 1815 (Insel St.Helena) sowie sein Tod (1821) steigerten den Kult schließlich zum Mythos und zur Verklärung. Beispiele dafür sind die Veteranendenkmäler (Q2) oder Gedichte wie jenes von Friedrich Lehne (Q3). Auch Komponisten beteiligten sich an dieser „Heldenverehrung". Hatte Ludwig van Beethoven aber noch 1803 seine 3. Symphonie („Eroica") Napoleon gewidmet, so reute ihn dies bereits ein Jahr später, als er von dessen Kaiserkrönung erfuhr; angeblich tilgte er den Namen Napoleons derart aufgebracht aus der Originalpartitur, dass die Feder ein Loch ins Notenpapier riss – auch das ein Stück Napoleon-Legende.

Q1 Die Inszenierung der historischen Persönlichkeit und der Geschichte am Beispiel von napoleonischen Gedenkmedaillen

376.1 Medaille auf den Italienfeldzug (1796).
V(orderseite): Napoleon-Büste;
R(ückseite): Nach rechts fliegende Siegesgöttin mit Palmenzweig sowie Schwert über einem Ausschnitt aus der Erdkugel.

376.3 Medaille auf den Einzug Napoleons in Berlin (1806).
V: Kopf Napoleons mit Lorbeerkranz;
Umschrift wie auf der Austerlitz-Medaille;
R: Brandenburger Tor.

376.2 Medaille auf die Schlacht von Austerlitz (1805).
V: Kopf Napoleons mit Lorbeerkranz;
Umschrift: NAPOLEON EMP. ET ROI;
R: Geflügelter Blitz mit Zepter.

376.4 Medaille auf die (erste) Abdankung Napoleons (1814).
V: Napoleon-Büste; Umschrift wie auf den Medaillen von 1805 und 1806;
R: Napoleon unterzeichnet die Abdankungsurkunde, wobei ihm eine Frauengestalt (als Symbol der Sieger) die Hand führt.

Q2 Im Geiste Napoleons

Seit den 1830er Jahren fanden sich überlebende Soldaten der napoleonischen Kriege in Veteranenvereinen zusammen; allein in Rheinhessen entstanden 26 solcher Vereine. Von ihnen gingen vielfach Initiativen zur Errichtung von „Veteranendenkmälern“ aus, so z. B. in Wörrstadt. Dort steht:

Denkmal der aus den Feldzügen unter Napoleons Fahnen heimgekehrten Krieger aus dem Kanton Wörrstadt – Errichtet unter der Glorreichen Regierung Ludwigs II. Großherzogs von Hessen und bei Rhein, 1846.

377.1 Veteranendenkmal in Wörrstadt.

M3 Napoleon 2002

VORHOLZ (BEI ALZEY). Am 15 Juni 2002 wird am Forsthaus Vorholz der neue Napoleon-Wanderweg eingeweiht. Er führt als Kneipp-Rundwanderweg auf 38 km durch die Nordpfalz und Rheinhessen. Seinen Namen erhält er vom Napoleonstein, der 1810 aus Anlass der Heirat Napoleons in Alzey errichtet wurde und seit 1844 am Forsthaus Vorholz steht.

Pressemitteilung vom 15. Juni 2002.

Q4 Dem Helden Napoleon

„Lobpreisungen“ von Herrschern waren im Absolutismus eine weit verbreitete Gedichtgattung. In der Zeit Napoleons setzte sich diese Tradition fort. So schrieb z. B. auch der Mainzer Lehrer und Stadtbibliothekar Friedrich Lehne 1799 eine solche „Lobpreisung“ und betitelte sie: Dem Helden Napoleon Bonaparte:

Friedegeber! Sei gepriesen!
Dank der Menschheit ist dein Lohn!
Lorbeern grünen, Palmen sprießen
Dir, des Ruhmes edlem Sohn.
Selbst den mutigsten Kohorten
War dein Name fürchterlich;
Völker, frei durch dich geworden,
Lieben, preisen, segnen dich.

Das Gemälde deiner Taten
Sieht Europa staunend an;
Alle streben zu erraten,
Wie doch Einer Alles kann?
Soll ich alle Völker zählen,
Denen Freiheit du errangst?
Oder ihren Stolz zu quälen,
Alle Herrscher, die du zwangst?

Friedrich Lehne und Niklas Müller: Republikanische Gedichte, Mainz 1799, S. 81 ff.

1. Aufstieg und Fall sind Wesenselemente von Napoleons Biographie. Erläutere an Hand der Gedenkmedaillen. (Q1)

2. Napoleon scheint für viele seiner Zeitgenossen ein „Super-Star“ gewesen zu sein. Suche nach Begründungen dafür. (VT, Q1–3)

3. Am Beispiel Napoleons zeigt sich, wie historische Persönlichkeiten Geschichte inszeniert haben. Erkläre dieses Phänomen und gehe ihm an einer weiteren historischen Persönlichkeit deiner Wahl nach. (Dein Geschichtsbuch bietet dir zahlreiche Beispiele dafür.)

Tribunal gegen Napoleon

Warum Geschichte?

Die Beschäftigung mit der Geschichte kann verschiedene Ziele haben:

- Wissen über vergangene Zeiten,
- Bewertung historischen Geschehens,
- Urteilsbildung über geschichtlich Handelnde

Im Geschichtsunterricht sollten deshalb alle drei Ziele verfolgt werden. Du erkennst dies z. B. in den Arbeitsaufträgen unseres Buches (nenne, fasse zusammen, erläutere u. ä. = Wissen, bewerte = Bewertung; beurteile = Urteilsbildung).

Was dabei im Blick auf Napoleon das Wissen und die Bewertung betrifft, so bieten dir die Seiten 362 bis 377 unseres Buches einiges an Material und Hinweisen. Wenden wir uns deshalb abschließend noch der Urteilsbildung zu.

Urteilsbildung über Napoleon

Für die Einen ist er ein Feldherr großer Schlachten und ein Held, für die Anderen deshalb aber gerade ein Menschenverächter. Allein sein Russlandfeldzug kostete fast 600 000 Soldaten das Leben. Was also wiegt stärker: die Millionen von Todesopfern oder vielleicht der damit verbundene Versuch einer europäischen Einigung? Und außerdem: Waren die Kriege Napoleons gar ein Verbrechen gegen die Menschlichkeit?

Internationaler Gerichtshof

Politische Verbrechen gegen die Menschlichkeit und Völkermord werden heute vor dem Internationalen Gerichtshof in Den Haag oder einem eigens eingerichteten Tribunal der Vereinten Nationen verhandelt. 2001 wurde vor einem solchen Tribunal in Den Haag z. B. der ehemalige jugoslawische Staatschef Milošević auf Grund des serbischen Verhaltens in den Balkankriegen der 1990er Jahre angeklagt.

Rollenspiel Urteilsbildung

Stellen wir uns deshalb vor, den Internationalen Gerichtshof in Den Haag, der seit 1945 besteht, hatte es auch schon zu Napoleons Zeiten gegeben und er hätte ihn nach seinem endgültigen Sturz 1815 angeklagt.

378.1 Das Bild vom „Rückzug aus Russland" (Dezember 1812) illustriert plastisch den Bericht eines französischen Soldaten: „Immer mehr bedeckten sich die Straßen, welche die Armee auf ihrem Rückmarsche betrat, mit Leichen von Menschen und Pferden, die dem Hunger, den Anstrengungen und hauptsächlich der Kälte unterlegen waren."

Q1 Napoleons Lebensbilanz

Nach der Niederlage von Waterloo wurde Napoleon auf die abgelegene Insel Sankt Helena im südlichen Atlantik verbannt. Dort lebte er noch bis 1821 und schrieb seine Memoiren.

Wie man mich auch entstellen, unterdrücken oder verstümmeln mag, es wird meinen Feinden sehr schwer fallen, mich ganz verschwinden zu lassen, denn die Tatsachen sprechen, sie glänzen wie die Sonne. Ich habe den Schlund der Anarchie geschlossen und das Chaos entwirrt. Ich habe die Revolution gereinigt, die Völker veredelt, die Throne befestigt. Ich habe alle Talente

Als Methode einer Verhandlung gegen Napoleon bietet sich die Form eines Rollenspiels an. Bereitet deshalb ein Rollenspiel vor, indem ihr die Rollen festlegt und verteilt sowie das Formale der Gerichtsverhandlung organisiert:

- Sitzordnung
- Zeitrahmen
- Verhandlungsführung
- Verhandlungspausen zur jeweiligen Beratung der Ankläger, der Verteidiger und des Richterkollegiums

Zeugen in unserem Rollenspiel könnten Vertreter betroffener Staaten sein (z.B. Preußens, Russlands oder auch des Fürstentums Leiningen); als weitere Zeugen wäre der „Verband der Kriegerwitwen und Kriegswaisen“ oder ehemalige Soldaten (Napoleon-„Fans“ wie gegnerische Teilnehmer an den Befreiungskriegen).

Material für die Verhandlung bieten euch die Seiten 362–377 des Buches sowie in Ergänzung der untenstehende Kasten.

Damit steht nun einem Tribunal gegen Napoleon nichts mehr im Wege. Dokumentiert dessen Verlauf in Form von Presseberichten und stellt diese in einer Wandzeitung zusammen.

Übrigens: Im Jahr 1815 hat es tatsächlich einen internationalen Kongress mit einer Verhandlung des „Themas Napoleon“ gegeben. Der Kongress fand in Wien statt. Das damalige Gerichtsurteil kannst du im nächsten Band unserer Lehrbuchreihe „Zeit für Geschichte“ nachlesen.

aufgemuntert, alle Verdienste belohnt und die Grenzen des Ruhm weiter hinausgerückt. Wessen könnte man mich anklagen, wogegen mich ein Schriftsteller nicht in Schutz zu nehmen vermöchte? Sind es meine Absichten? Er hat genügend Tatsachen zur Hand, um mich freizusprechen. Mein Despotismus? Doch er wird beweisen, dass die Diktatur unumgänglich notwendig war. Dass ich der Freiheit ein Ende machte? Aber er wird dartun, dass die Zügellosigkeit, die Anarchie, die großen Unordnungen […] drohten. Dass ich den Krieg zu sehr liebte? Er wird zeigen, dass ich stets angegriffen worden bin. Dass ich nach der Weltmonarchie strebte? Sie war nur das zufällige Werk der Umstände, und unsere Feinde führten mich ihr selbst Schritt für Schritt entgegen. Dass ich Ehrgeiz besaß? Ja, Ehrgeiz wird der Geschichtsschreiber an mir finden, aber den größten und erhabensten, den es wohl jemals gegeben hat! Nämlich den, das Reich der Vernunft, die volle Entwicklung, den ganzen Genuss aller menschlichen Fähigkeiten endlich herzustellen. […] Und hier wird sich der Historiker vielleicht gezwungen fühlen, zu bedauern, dass ein solcher Ehrgeiz nicht befriedigt, nicht erfüllt worden ist.

Napoleon, Memoiren. Zitiert nach: H. Schulze/I. P. Paul (Hrsg.): Europäische Geschichte, München 1994, S. 191 f.

Glossar wichtiger Grundbegriffe

■ **Absolutismus** (von lateinisch absolutus = losgelöst, uneingeschränkt): Regierungsform, in der der Landesherr allein die Herrschaftsgewalt besitzt, ohne an die Mitwirkung oder Zustimmung von ihm unabhängiger Institutionen, wie zum Beispiel Ständeversammlungen, gebunden zu sein. Der absolute Fürst steht auch über den gegebenen Gesetzen (princeps legibus solutus). Im Absolutismus wuchs der staatliche Einfluss in vielen Lebensbereichen: Eine vom Fürsten abhängige Beamtenschaft wurde aufgebaut, staatliche Gesetze und Fördermaßnahmen regulierten die Wirtschaft (→ Merkantilismus), stehende Heere wurden aufgestellt. Die → Aufklärung stellte den Absolutismus zunehmend in Frage. In einigen Staaten prägte sich deswegen eine Sonderform des Absolutismus aus, der aufgeklärte Absolutismus.

■ **Adel:** Der führende und mit Privilegien (Vorrechten) ausgestattete Stand. Adlige verfügten in der Regel über großen Grundbesitz und hatten ihre erbliche privilegierte Stellung womöglich durch besondere Leistungen im Krieg erlangt. Adlige lehnten die verachtete körperliche Arbeit ab und waren auch von Steuern befreit. Sie waren in der Regel Grundherrn, lebten also von den Abgaben „ihrer" Bauern; umgekehrt standen Adlige in einem Treueverhältnis zum König, dem sie vor allem zur Heeresfolge verpflichtet waren.

■ **Ancien Régime** (frz.: „alte" Regierungsform): Bezeichnung für die politisch-gesellschaftliche Verfassung Frankreichs (→ Absolutismus) vor der Revolution von 1789.

■ **Aristokratie** (von griechisch „aristoi" = die Besten und „kratein" = herrschen): Herrschaft des Adels, Regierung weniger Familien, die durch vornehme Herkunft und großen Besitz als Adel aus der übrigen Bevölkerung herausragten. Als Staatsform existierte die Aristokratie vor allem in den griechischen Stadtstaaten des 8. bis 6. Jahrhunderts v. Chr. Die römische Republik wurde weitgehend durch die Senatoren regiert, die einigen wenigen Adelsfamilien angehörten (→ **Patrizier**). Neben dem erblichen Adel gab es in Rom den Amtsadel (→ **Nobilität**). Auch im Mittelalter und in der Neuzeit hatten Adlige politische Herrschaftsrechte, doch nahm deren Bedeutung in der Neuesten Zeit immer mehr ab. Heute bezeichnen wir mit dem Wort „Aristokratie" den Adel als soziale Gruppe ohne eigene politische Rechte.

■ **Aufklärung:** Die Aufklärung war eine gesamteuropäische Bewegung, die im 17. und 18. Jahrhundert alle Lebensbereiche umfasste. „Habe Mut, dich deines eigenen Verstandes zu bedienen!", so formulierte Immanuel Kant im 18. Jh. den Wahlspruch der Aufklärung: Aufgeklärte Menschen wollten überlieferte Traditionen, Institutionen und Wertvorstellungen nicht mehr ungeprüft übernehmen, sondern ihr Leben nach vernunftgemäß begründeten Regeln gestalten. Dies, so glaubten sie, werde zu größerem Erfolg, mehr Glück, Toleranz und Selbstbestimmung führen. Die Ideen der Aufklärung bereiteten der Französischen Revolution den Weg.

■ **Bürger:** Männer einer griechischen Polis oder in Rom hießen Bürger, wenn sie über das Bürgerrecht verfügten, in der Volksversammlung abstimmten und – in unterschiedlichem Umfang – Ämter bekleiden konnten. Nur eine Minderheit der gesamten Bevölkerung hatte dieses Bürgerrecht. Die Mehrheit (Kinder, Frauen, Fremde, Sklaven) war ausgeschlossen. Die Gesamtheit aller Bürger bildete das Volk im politischen Sinn. Das Bürgerrecht wurde durch Abstammung erworben oder durch förmliche Verleihung. Bürgerrechtsverleihungen waren bei den Griechen selten. Die Römer dagegen begannen schon früh, das Bürgerrecht an Nichtrömer zu verleihen, bis schließlich 212 n. Chr. alle Reichsbewohner Bürger wurden. Im Mittelalter sind in der Regel alle freien, Grund besitzenden Bewohner einer Stadt ihre Bürger. Frauen und Kinder hatten am Bürgerrecht ihrer Männer bzw. Väter teil, konnten sich jedoch nicht politisch beteiligen. Die Vorstellung des freien Bürgers dehnte sich in der Neuzeit auf alle Einwohner eines Staates aus: Die Staatsbürger verbinden ungeachtet ihrer sozialen Stellung und ihres Besitzes gleiche Rechte und Pflichten im Rechtswesen oder bei Wahlen. Frauen haben in Europa erst seit dem 20. Jahrhundert das Recht auf politische Beteiligung.

■ **Calvinismus:** Nach ihrem Gründer Johannes Calvin benannte Richtung des Protestantismus. Die wichtigsten Merkmale der Kirchenordung Calvins sind: die demokratische Kirchenverfassung, die Ablehnung von Prunk sowie die Bewertung von Fleiß und Erfolg als Zeichen der göttlichen Gnade. Der Calvinismus verbreitete sich vor allem in der Schweiz, in Frankreich, in England und in Schottland, später auch in Nordamerika.

■ **Conquista:** (spanisch = Eroberung, → Reconquista): Die Eroberung der mittel- und südamerikanischen Indianerreiche im 16. Jahrhundert wird als Conquista bezeichnet. Die Konquistadoren gingen dabei in der Regel brutal vor und waren vor allem an ihrer persönlichen Bereicherung interessiert.

■ **Demokratie** (von griechisch „demos" = Volk und „kratein" = herrschen): Das Volk entscheidet in dieser Staatsform darüber, wer es regieren soll und welche Gesetze gelten. Wir unterscheiden zwischen einer direkten Form der

Demokratie, bei der die Bürger selbst die Beschlüsse fassen, und einer indirekten Form, bei der sie durch Wahl dafür Vertreter bestimmen. Die bekannteste Demokratie der Antike ist die der attischen Polis. Aber auch dort konnte nur eine Minderheit der Bevölkerung, die → **Bürger**, mitbestimmen. In heutigen Demokratien übt die tatsächliche Mehrheit der Bevölkerung meist durch die Wahl von Volksvertretern politischen Einfluss aus. Seit dem Beginn des 20. Jahrhunderts breitet sich die demokratische Staatsform immer weiter aus.

■ **Diadochenreiche** (von griechisch „diadochos" = Nachfolger): Nach dem überraschenden Tod Alexanders des Großen im Jahre 323 v. Chr. lieferten sich seine Generäle und die hohen makedonischen Adligen einen 40-jährigen Kampf um die Nachfolge im Weltreich. Das Reich konnte nicht zusammengehalten werden und so bildeten sich schließlich mehrere Nachfolgereiche.

■ **Diktatur** (von lateinisch „dictare" = diktieren, befehlen): Die römische Verfassung sah vor, dass in Zeiten großer äußerer Not alle Gewalt in die Hände eines Diktators gelegt wurde, dessen Amt spätestens nach sechs Monaten endete oder früher, wenn die Gefahr beseitigt war. Sulla stellte als Diktator im Auftrag des Senats die Ordnung im Inneren wieder her. Unter Caesar, der sich zum Diktator auf Lebenszeit ernennen ließ, wurde das Wort gleichbedeutend mit Monarch, Alleinherrscher. Heute bezeichnet Diktatur die unrechtmäßige und willkürliche Herrschaft eines meist durch gelenkte Wahlen bestimmten Alleinherrschers, der mit Hilfe des Geheimdienstes, der Polizei und des Militärs regiert.

■ **Eiszeit:** Das Klima auf der Erde war keineswegs beständig, sondern hat äußerst stark geschwankt. Es gab langfristige Schwankungen von warmen und kalten Zeiten, die Hunderttausende von Jahren gedauert haben. Die kalten Perioden werden als Eiszeiten bezeichnet. Aber auch innerhalb der Eiszeitalter gab es einen Wechsel von Kalt- und Warmzeiten, in denen sich die Pflanzen- und Tierwelt jeweils völlig änderte. Die sammelnden und jagenden Menschen mussten ihre Lebensweise jeweils anpassen. In Kaltzeiten waren Gebirge wie die Alpen und große Teile Nordeuropas von Gletschern bedeckt. Die letzte Eiszeit endete vor 12 000 Jahren.

■ **Exekutive:** → Gewaltenteilung

■ **Fehde:** Das Recht des Adels und freier Personen, bei einer Rechtsverletzung zur gewaltsamen Selbsthilfe zu greifen, statt den Streit vor Gericht auszutragen. Die Könige versuchten durch Landfriedensgesetze, die Fehden einzudämmen und schließlich ganz zu verbieten und den Rechtsfrieden durch eine Stärkung der Staatsgewalt und den Ausbau des Gerichtswesens herzustellen.

■ **Feudalismus** (von lat. feudum = Lehen) → Lehnswesen: Grundlegendes System der politischen, sozialen und ökonomischen Verhältnisse im Mittelalter. Der Lehnsherr ist mit dem Lehnsnehmer, dem Vasallen, durch ein gegenseitiges Treueverhältnis verbunden: Der Vasall schuldet dem Feudalherrn Abgaben und (Kriegs)dienste, der Feudalherr ist zum Schutz des Vasallen verpflichtet. Für geleistete Dienste erhält der Vasall Grund und Boden, den er an Untervasallen weiter verleihen kann, die ihm wiederum Abgaben und Dienste schulden. Auch das System der → Grundherrschaft wird als Feudalismus bezeichnet. Diese Doppelbedeutung führt gelegentlich zu Missverständnissen. Die Feudalgesellschaft wurde in Frankreich durch die Französische Revolution abgeschafft.

■ **Föderalismus/Föderation** (von lat. „foedus" = Bündnis, Bund): Staaten, in denen die Staatsgewalt auf eine Mehrzahl von Einzelstaaten (Ländern), die zu einem Bundesstaat (der Föderation) zusammengeschlossen sind, und auf den Bundesstaat verteilt sind, bilden – anders als ein Zentralstaat – ein föderales System. Föderalismus ist der Gegenbegriff zu Zentralismus. Die Verteilung der Staatsaufgaben auf den Bundesstaat und die Einzelstaaten kann verschieden gewichtet sein. Beispiele für föderale Staaten sind etwa die USA, die Schweiz oder die Bundesrepublik Deutschland, die sich im Detail stark voneinander unterscheiden.

■ **Fronarbeit/Frondienste:** Die Fronarbeit umfasste Arbeiten, die zwangsweise und unbezahlt für einen Herrn oder eine Herrschaft ausgeführt werden mussten. Fronarbeit konnte derjenige fordern, der Eigentümer eines Grundstücks war, auf dem ein abhängiger Bauer wirtschaftete. Die Frondienste umfassten Spanndienste (Transportarbeiten), die Bewirtschaftung von Äckern, Erntearbeiten, Ausbesserung von Wegen oder Arbeiten in Hof und Haushalt des Fronherrn.

■ **Gewaltenteilung:** Trennung der staatlichen Gesamtgewalt in Legislative (Gesetzgebung), Exekutive (Regierung) und Judikative (Rechtsprechung), um so Gewaltenkonzentration und Machtmissbrauch zu verhindern.
Theoretisch vorbereitet wurde dieses Konzept von John Locke und Charles de Montesquieu (im späten 17./frühen 18. Jahrhundert). In die Verfassungswirklichkeit ging die Gewaltenteilung mit der Amerikanischen und Französischen Revolution ein.

■ **Getto (Juden-):** Die Juden waren im mittelalterlichen Europa eine religiöse Minderheit. Ihre Lebensgewohnheiten erschienen vielen Christen fremd. Seit dem 15. Jahrhundert wiesen viele Städte den Juden eigene, von den christlichen Wohnvierteln getrennte Sonderquartiere zu, in denen ein eigenes Recht galt. Diese Bezirke hießen Getto, nach dem venezianischen Judenviertel in der „Neuen Gießerei", auf Italienisch „Ghetto nuovo".

■ **Gilde/Zunft:** Nur als Mitglied einer Gilde oder Zunft durfte ein Handwerksmeister ein eigenes Geschäft eröffnen oder ein Kaufmann tätig werden. Die Zünfte legten Qualitätsnormen für Produkte, Preise, Löhne, die Zahl der Handwerksmeister sowie die Ausbildung von Lehrlingen und Gesellen fest und schalteten die Konkurrenz „nicht-zünftiger" Handwerker aus. Die Regeln der Zünfte und Gilden sollten Produzenten und Verbraucher gleichermaßen schützen. Gleichzeitig boten die Zünfte sozialen Halt, Versorgung von Hinterbliebenen, Geselligkeiten, Brauchtum. In den mittelalterlichen Städten waren die Zünfte auch politisch aktiv und übernahmen Gemeinschaftsaufgaben, z. B. bei der Verteidigung und Pflege von bestimmten Mauerabschnitten und der Bekämpfung von Bränden. Im Gegensatz zum mittelalterlichen Zunftzwang steht heute unsere Gewerbefreiheit: In der Regel hat jeder das Recht, auf eigenes Risiko wirtschaftlich tätig zu werden, sofern er eine entsprechende Ausbildung nachweisen kann.

■ **Grundherrschaft:** Der Begriff meint die Herrschaft eines Adligen oder Geistlichen (aber auch von Städten, Kirchen und Klöstern) über Grund und Boden und die dort lebenden unfreien oder halbfreien Menschen. Diese mussten ihrem Grundherrn Abgaben und Frondienste leisten und empfingen dafür Schutz durch den Grundherrn. Ein Dorf konnte auch mehrere Grundherrn haben. → Feudalismus

■ **Grundrechte:** Fundamentalrechte eines Menschen/Bürgers (deshalb auch Menschen-/Bürgerrechte) gegenüber dem Staat. Im Grundgesetz der Bundesrepublik Deutschland sind die Grundrechte in den Artikeln 1–19 festgelegt. Dazu gehören u. a.: Menschenwürde, freie Entfaltung der Persönlichkeit, Recht auf Leben und körperliche Unversehrtheit, Freiheit der Person, Gleichheit vor dem Gesetz, Glaubensfreiheit, Meinungsfreiheit, Informations- und Pressefreiheit, Versammlungsfreiheit, Freizügigkeit, Unverletzlichkeit der Wohnung, Recht auf Eigentum. Erstmals für Deutschland wurden Grundrechte 1848/49 in der deutschen Reichsverfassung proklamiert.

■ **Hanse** (althochdeutsch = Schar): Nord- und Ostseekaufleute bildeten seit dem 12. Jahrhundert Fahrtgemeinschaften. Diese sollten sich gegenseitigen Schutz bieten und die gemeinsamen Interessen im Ausland vertreten, wo die Hanse seit der Mitte des 12. Jahrhunderts feste Stützpunkte gründete (Kontore). Zeitweise waren die Fernhandelskaufleute von über 160 Städten Mitglieder der Hanse; im 17. Jahrhundert sank die Zahl der teilnehmenden Städte auf sechs. Heute pflegen einzelne Städte noch die Erinnerung an die Hansemitgliedschaft; so nennen sich beispielsweise Bremen, Lübeck, Stralsund oder Greifswald noch heute „Hansestadt".

■ **Hegemonie** (griechisch = Führung): Vormachtstellung eines Staates gegenüber anderen. Sie gründet sich auf dessen politische, militärische oder wirtschaftliche Überlegenheit.

■ **Hellenismus** (abgeleitet vom Wort „Hellas" für Griechenland): Mit diesem Begriff bezeichnet man die Ausbreitung der griechischen Kultur in den Diadochenreichen und im Mittelmeerraum. Gleichzeitig wird so auch die Epoche genannt, in der diese Ausbreitung stattfand (ungefähr 325–150 v. Chr.). Alexander der Große hatte mit seiner Begeisterung für die griechische Kultur die Grundlage dafür gelegt. Die griechische Sprache vermittelte als eine griechische Weltsprache die Erkenntnisse der Griechen in Kunst und Wissenschaft, in Politik, Philosophie und Religion vor allem über das kulturelle Zentrum Alexandria von Spanien bis zur indischen Grenze. Ohne den Hellenismus wären die Kenntnisse über das klassische griechische Zeitalter nicht an uns überliefert worden.

■ **Hierarchie** (von griechisch „hieros" = heilig und „archein" = herrschen): Eine Gesellschaft wird durch ihre Hierarchie, d. h. die Über- oder Unterordnung von Menschen oder Institutionen, gegliedert. Die Übergeordneten verlangen dabei in der Regel, dass die Untergeordneten ihre Weisungen ausführen oder befolgen.

■ **Hieroglyphen** (= heilige Zeichen, von griechisch „hieros" = heilig und „glyphein" = eingravieren, einzeichnen): Schrift der altägyptischen Kultur, die Verwaltung und Herrschaftsausübung, aber auch in vielen Bereichen Arbeitsteilung erst möglich machte. Es war zunächst eine Bilderschrift, die einfache, festgelegte Zeichnungen (Zeichen) für leicht darstellbare Gegenstände (z. B. Haus) verwendete. Diese Zeichen wurden dann auch für ähnlich lautende Wörter, die sich mit Zeichnungen nicht darstellen ließen, benutzt. Wörter, für die es kein zeichenbares, ähnlich klingendes Wort gab, wurden in einzelne Lauteinheiten zerlegt, „buchstabiert".

■ **Hochkultur:** Eine Reihe von Gesellschaften verschiedener Epochen in unterschiedlichen Teilen der Erde werden als Hochkulturen bezeichnet. Ihre gemeinsamen Kennzeichen sind: Die Menschen dieser Hochkulturen haben technische Hilfsmittel enwickelt, mit denen sie versuchen, die Natur zu nutzen und zu beherrschen; ihre Gesellschaft und ihr politisches System sind kompliziert gegliedert; in der Baukunst, in der Malerei und Bildhauerei, in der Musik und Literatur schaffen sie Kunstwerke.

■ **Hörigkeit:** Abhängigkeitsverhältnis des „Hörigen“ von seinem Grundherrn. Hörige waren dem Grundherrn zu Gehorsam und Diensten verpflichtet, sie galten als Zubehör des Landes, das sie bearbeiteten und durften das Land auch nicht verlassen, sie waren „an die Scholle“ gebunden.

■ **Humanismus** (von lateinisch ‚humanus‘ = menschlich, dem Menschen angemessen): Der Humanismus war eine kulturelle und wissenschaftliche Bewegung des 14. bis 16. Jahrhunderts, in deren Mittelpunkt das Bemühen um ein dem Menschen angemessenes Leben stand. Getragen wurde der Humanismus durch Gelehrte, die sich zu diesem Zweck mit der griechischen und römischen Antike beschäftigten. Diese Humanisten wandten sich häufig von der Kirche ab, strebten eine weltliche Bildung an, deren Ziel die freie Entfaltung des Menschen war.

■ **Imperium** (von lateinisch „imperare“ = befehlen): Bei den Römern ursprünglich die Bezeichnung für die unumschränkte Amtsgewalt über das Heer; dann Bezeichnung für das Gebiet, über das die Römer herrschten (Imperium Romanum = Römisches Reich).

■ **Inquisition** (lateinisch = Untersuchung): Gerichtsverfahren gegen Christen, die von der offiziellen Lehre der Kirche abgefallen waren. Diese Prozesse wurden von kirchlichen Behörden durchgeführt, Sondergesandte des Papstes unterstützten dabei die Bischöfe. 1252 gestattete Papst Innozenz IV., bei der Befragung der Beschuldigten die Folter anzuwenden. Die Urteile wurden von den weltlichen Gewalt vollstreckt.

■ **Investitur** (lateinisch = Einkleidung, Einsetzung): Mit der Investitur werden Bischöfe und Äbte in ihr Amt eingesetzt. Zunächst war es gängige Rechtspraxis, dass der jeweilige Stifter einer Kirche oder eines Klosters auch den Pfarrer oder Abt/Äbtissin einsetzte. Die Investitur der Bischöfe und wichtiger Vorsteher große Abteien nahmen die Könige in Anspruch. Im Investiturstreit beanspruchte die römische Amtskirche dieses Recht allein für sich.

■ **Judikative:** → Gewaltenteilung

■ **Jungsteinzeit:** In diesem letzten Abschnitt der Steinzeit lebten die Menschen als sesshafte → Ackerbauern und Viehzüchter, aber sie verfügten noch nicht über eine Schrift. Die Jungsteinzeit begann im Nahen Osten vor 10 000 Jahren und endete, als die Hochkulturen in Mesopotamien und Ägypten entstanden.

■ **Kaiser** (von lateinisch „Caesar“, gesprochen: Kaisar): Der Name Gaius Iulius Caesars – so hieß auch Caesars Adoptivsohn Augustus – wurde in der römischen Kaiserzeit zum Herrschertitel. „Kaiser“ war der Titel der Herrscher des „Heiligen Römischen Reiches“ im Mittelalter und der Neuzeit sowie der Herrscher des Deutschen Reiches (1871–1918). Auch der Titel „Zar“ ist von „Caesar“ abgeleitet.

■ **Ketzer:** Das deutsche Wort Ketzer ist abgeleitet von Katharer (griechisch = die Reinen). Als Katharer bezeichneten sich eine Gruppe von Christen in Südfrankreich, die die Lehre der römischen Kirche ablehnten. Das Wort Ketzer wurde dann für alle Christen verwendet, die die Autorität der Kirche in Glaubensfragen nicht mehr anerkannten.

■ **Kolonie, Kolonisation** (von lateinisch „colere“ = Land bebauen): Mit dem Begriff Kolonisation meint man, dass sich Auswanderer in fremden Landstrichen ansiedelten. So gründeten griechische Auswanderer ab dem 8. Jahrhundert v. Chr. an fremden Küsten des Mittelmeeres Städte und betrieben dort Landwirtschaft. Mit den „Mutterstädten“ in der griechischen Heimat hielten die „Tochterstädte“, die Kolonien, meist engere Verbindung. Sie behielten ihre Sprache, Religion, Sitten und Staatsform bei und trieben regen Handel mit ihr. Die Kolonien waren ebenso selbstständige Poleis wie die Poleis in Griechenland, ihre Bewohner fühlten sich weiterhin als Griechen und nahmen beispielsweise an den Olympischen Spielen teil. Zu den bekanntesten Kolonien zählen das von Korinthern gegründete Syrakus auf Sizilien, das von Spartanern gegründete Tarent in Unteritalien und das von Phokäern gegründete Massilia (heute Marseille in Südfrankreich). – Bei den Römern waren Kolonien Städte, in denen römische oder latinische Militärsiedler lebten, die die Herrschaft Roms in eroberten Gebieten sichern sollten.

■ **Konfession** (lateinisch = Bekenntnis): Innerhalb einer Religion gibt es oft unterschiedliche Ansichten über den wahren Glauben. Diese werden dann in unterschiedlichen Glaubensbekenntnissen ausgedrückt, die zu unterschiedlichen Konfessionen führen. Innerhalb des Christentums gibt es mehrere Konfessionen, beispielsweise die orthodoxe, die römisch-katholische, die evangelisch-lutherische oder die reformierte. Am Ende des 16. Jahrhunderts und im 17. Jahrhundert setzten sich die einzelnen Konfessionen in den verschiedenen deutschen und europäischen Ländern stark voneinander ab, indem sie das Kirchen- und Schulwesen nach eigenen Vorstellungen reformierten und Andersgläubige ausgrenzten. Diesen Vorgang bezeichnet man als Konfessionalisierung.

■ **Konstitutionelle Monarchie** (von lat. „constitutio“ = Verfassung und griech. „monarchia“ = Einherrschaft): Staatsform bei der die monarchische Gewalt durch eine Verfassung eingeschränkt ist, welche die Gewaltenteilung und die Gesetzgebung durch ein vom Volk gewähltes Parlament garantiert, wobei der Monarch (König) als Staatsoberhaupt nicht gewählt wird, sondern durch die Erbfolge bestimmt wird.

■ **Konzil** (von lateinisch „concilium“ = Versammlung, Volksversammlung): Versammlungen von Bischöfen (in ältester Zeit waren auch Priester beteiligt), die von Zeit zu Zeit zusammentreten, um über Fragen der Glaubenslehre und der kirchlichen Gesetzgebung zu beraten und zu beschließen. Die wichtigsten Konzilien sind die allgemeinen Konzilien, die für die ganze Kirche verbindlich entscheiden. Das erste allgemeine Konzil fand 325 n. Chr. in Nikäa statt, das bisher letzte (21.) 1962–65 im Vatikan in Rom.

■ **Kreuzzug:** Im Mittelalter unterstützte die Kirche Kriege gegen „Ungläubige“ und „Ketzer“, gegen solche Menschen also, die keine Christen waren oder die die offizielle Lehre der Kirche ablehnten. Diese Kämpfe wurden als gerechte Kriege bezeichnet, sie hatten für viele Teilnehmer den Charakter einer Wallfahrt. Doch die Kreuzzüge waren auch politisch und wirtschaftlich motiviert.

■ **Legislative:** → Gewaltenteilung

■ **Lehnswesen:** Das mittelalterliche Staatswesen wurde durch persönliche Bindungen zwischen Personen zusammengehalten, weniger durch Gesetze oder Rechtsnormen, die für alle in einem Gebiet lebenden Menschen gültig waren. Das Lehnswesen ist die zentrale Rechts- und Gesellschaftsordnung des Mittelalters. Lehnsherr und Lehnsmann gingen eine gegenseitige Treueverpflichtung ein. Der Lehnsherr verlieh Land mit den darauf ansässigen und tätigen Menschen an einen Lehnsmann, den Vasallen, der dafür dem Lehnsherrn Treue schuldete und Dienste (vor allem im Kriegsfall) leisten musste; dafür schuldete der Lehnsherr dem Lehnsmann Schutz. Lehen wurden auch als Ämter und Amtsausstattungen, etwa für Grafen, ausgegeben. War der Lehnsherr der König, dann hießen seine Vasallen Kronvasallen. Diese konnten Teile ihres Lehens an sogenannte Aftervasallen weiterverleihen.

■ **Menschenrechte:** Rechte, die jedem Menschen unabhängig von seiner Stellung in Staat. Gesellschaft, Familie, Beruf, Religion und Kultur bereits dadurch zustehen, dass er als Mensch geboren wurde. Menschenrechte sind unantastbare Rechte und Freiheiten des Einzelnen, die der Staat nicht verliehen hat und die er schützen und respektieren muss. Während der Amerikanischen und der Französischen Revolution wurden die Menschenrechte erstmals erklärt (1776 bzw. 1789).

■ **Merkantilismus** (von lateinisch mercari = Handel treiben): Mit dem Begriff Merkantilismus werden die wirtschaftspolitischen Maßnahmen bezeichnet, mit denen die absolutistischen Fürsten die Macht und den Wohlstand ihres Landes mehren wollten. Eine zentrale Rolle spielte dabei die Förderung der Produktion gewerblicher Güter und ihres Exports, ihr Import dagegen wurde eingeschränkt. Gleichzeitig sollte eine aktive Bevölkerungspolitik, die Einwanderung begünstigte, die Arbeitskraft des Landes stärken.

■ **Monarchie** (von griechisch „monos“ = allein und „archein“ = herrschen): Alleinherrschaft, die durch einen König oder eine Königin ausgeübt wird, die durch Erbrecht in diese Machtstellung gelangt sind und ihre Herrschaft zumeist auf göttlichen Willen zurückführen. In der Antike hatten Könige auch besondere Aufgaben bei religiösen Zeremonien. Die Monarchie war bis ins zwanzigste Jahrhundert die häufigste Staatsform und existiert auch heute noch in einigen Ländern. Allerdings hat der Monarch heute meist nur noch geringe politische Rechte.

■ **Monopol** (von griechisch monos = allein und polein = handeln): Marktform, bei der nur ein Verkäufer (= Anbieter) ohne jegliche Konkurrenz eine marktbeherrschende Stellung hat.

■ **Ministeriale:** Gruppe von ehemals Unfreien, die sich über ihren Dienst für die (vor allem staufischen) Könige eine besondere Stellung am Hofe erworben hatten. Sie erhielten Dienstgüter, übernahmen entscheidende Aufgaben für ihre Herren, erhielten die persönliche Freiheit und stiegen in den niederen Adel auf.

■ **Mythos:** Gesamtheit der griechischen Sagen um die Götter und Helden; diese Geschichten wurden immer weitererzählt, ausgebaut und vervollständigt, bis sie ein Netzwerk bildeten. Die meisten Griechen hielten die mythologischen Erzählungen für wahre Geschichten aus der griechischen Frühzeit. Sie boten in der Tat auch viele Erklärungsmöglichkeiten für Dinge, die den Menschen ohne wissenschaftliche Einsicht unerklärlich schienen. Die griechischen Tragödiendichter verwendeten für ihre Stücke fast nur mythische Stoffe. So verfestigte sich der griechische Mythos im Bewusstsein der Zuschauer.

■ **Nation/Nationalstaat** (von lateinisch „nasci" = geboren werden, entstehen): die Gemeinsamkeit der Sprache und Religion, Rechts- und Staatsordnung, Kultur und Geschichte bestimmt eine Nation/einen Nationalstaat. Dieses Bewusstsein begann im frühen 19. Jahrhundert, das politische Denken in Europa zu bestimmen. Das führte überall dort zu Problemen, wo die bestehenden staatlichen Grenzen nicht mit nationalen Grenzen übereinstimmten, z. B. in Deutschland.

■ **Neolithische Revolution:** Übergang von der Altsteinzeit zur Jungsteinzeit ab ca. 8.000 v. Chr., in der sich grundlegende Veränderungen in den Lebensverhältnissen der Menschen vollzogen: der Übergang von den nichtsesshaften Gruppen der Jäger und Sammler zu den ersten Ackerbauern, die Getreide anbauten und Viehzucht betrieben. Mit der Sesshaftwerdung in festen Häusern wurden viele Werkzeuge und die Vorratshaltung geschaffen.

■ **Nobilität** (von lateinisch „nobilis" = bekannt, vornehm, adlig): Die Nobilität umfasste nach dem Abschluss der Ständekämpfe in Rom den patrizischen Geburtsadel und den plebejischen Amtsadel. Die Nobilität war die Führungsschicht in der Römischen Republik. ➔ **Aristokratie, Patrizier, Plebejer**

■ **Nomaden:** Menschen, die eine auf Nicht-Sesshaftigkeit und Wanderweidewirtschaft beruhende Lebens- und Wirtschaftsweise betreiben.

■ **Optimaten:** (von lateinisch „optimus" = der Beste): So wurden in der Zeit der späten römischen Republik Politiker genannt, die sich für die alte Ordnung einsetzten (oder dies vorgaben) und ihre politischen Ziele vor allem mit der Hilfe des Senats durchzusetzen versuchten. ➔ **Popularen**

■ **Patrizier** (von lateinisch „pater" = Vater): Die Angehörigen des römischen Geburtsadels, die als Patrone (Schutzherren) ihrer Klienten die politischen Ämter besetzten, im ➔ **Senat** saßen und bis zum Ende der Ständekämpfe die römische Republik beherrschten, hießen Patrizier. ➔ **Aristokratie, Nobilität**

■ **Patriziat:** Die wohlhabendsten Bürger einer mittelalterlichen Stadt, meist Fernhändler, zugezogene Landadlige und ➔ Ministerialen bildeten eine Oberschicht, die auch als Patriziat bezeichnet wird. Nur diese Patrizier galten als finanziell unabhängig genug für die Arbeit im Rat der Stadt. Die Herrschaft des Patriziats geriet seit der Mitte des 13. Jahrhunderts ins Wanken, als die Zünfte eine politische Beteiligung erkämpften.

■ **Parlament** (von französisch „parler" = sprechen): Im demokratischen Verfassungsstaat aus Wahlen hervorgegangenes oberstes Staatsorgan, das als Legislative (von lateinisch „lex" = Gesetz) die Gesetze beschließt. Der moderne Parlamentarismus geht ins 13. Jahrhundert zurück; damals wurde der „Große Rat" der englischen Könige als „Parliament" bezeichnet. In Deutschland beginnt die Parlamentsgeschichte im frühen 19. Jahrhundert in den Staaten Süddeutschlands (u. a. Nassau, Baden, Württemberg, Bayern). Das erste nationale Parlament Deutschlands war die Deutsche Nationalversammlung 1848/49 in Frankfurt a. M.

■ **Pharao:** Titel der altägyptischen Könige.

■ **Plebejer** (von lateinisch „plebs" = die Menge, das einfache Volk): Als Plebejer wurden alle römischen Bürger bezeichnet, die nicht dem Geburtsadel angehörten. Sie erhielten erst durch die Ständekämpfe das Recht, politische Ämter zu erlangen und Senatoren zu werden. Diejenigen Plebejer, denen eine politische Karriere gelang, zählten als Amtsadel zur ➔ **Nobilität.**

■ **Polis** (griechisch: Stadt; Mehrzahl: Poleis): Eine selbstständige Polis war eine griechische Stadt, die wie unsere heutigen Staaten ihre Angelegenheiten (ihre „Politik") selbst regeln konnte. In Griechenland und in den von Griechen besiedelten Gebieten um das Mittelmeer gab es mehrere Hundert Poleis von ganz unterschiedlicher Größe. Athen war die bevölkerungsmäßig größte und bedeutendste Polis. Aber auch Sparta, Theben, Korinth und viele andere waren mächtig. Die Poleis führten auch gegeneinander Kriege oder gingen Städtebünde ein. Zu der Polis gehörte immer das sie umgebende, meist landwirtschaftlich genutzte Umland. In den Städten gab es in der Regel eine höher gelegene befestigte Burg (Akropolis) als Zufluchtsort und einen Marktplatz, die Agora, als politisches Zentrum.

■ **Popularen** (von lateinisch „popularis" = zum Volk gehörig, volksparteilich): So hießen die Politiker der späten römischen Republik, die ihre politischen Ziele vor allem mit Hilfe der Volksversammlung durchzusetzen versuchten und Politik für das Volk machten oder dies vorgaben. ➔ **Optimaten**

■ **Privileg** (lateinisch = Vorrecht): Besondere Rechte, die einzelnen Personen oder Personengruppen gewährt wurden, werden als Privilegien bezeichnet. Solche Vorrechte galten im Mittelalter als Freiheiten. Fürsten und Könige konnten diese Privilegien zuteilen. So war beispielsweise das Recht, einen Markt abzuhalten, ein Privileg.

■ **Puritaner** (von lat. „purus“ = rein): Verschiedene calvinistisch orientierte protestantische Gruppierungen in England wurden Puritaner genannt, weil sie der Kirche die evangelische Reinheit wiedergeben wollten, eine Gemeindeverfassung ohne Hierarchie praktizierten, Selbstzucht, Sparsamkeit, wirtschaftlichen Erfolg vom Einzelnen forderten. In England verfolgt, wanderten viele nach Amerika aus und hatten maßgeblichen Einfluss auf die Amerikanische Revolution und die Herausbildung amerikanischer Werte.

■ **Rationalismus** (von lateinisch „ratio“ = Vernunft): Überzeugung, dass alles durch Verstand und Vernunft erkannt werden kann. Ein Rationalist lehnt es daher ab, die Ursachen und Begründungen für Erscheinungen der Natur oder für menschliche Ordnungen nur in der Religion zu suchen, wie dies im Mittelalter der Fall war. Auf wirtschaftliche Tätigkeiten bezogen, bedeutet rationelles Vorgehen, dass Arbeitsabläufe zweckmäßig und kostensparend organisiert werden.

■ **Reconquista** (→ Conquista): Zurückeroberung des islamisch gewordenen Spanien und Portugal durch die Christen. Sie setzte im 8. Jahrhundert ein und wurde 1492 durch die Eroberung des muslimischen Granada abgeschlossen.

■ **Renaissance** (französisch: Wiedergeburt): Name einer Epoche und einer Bewegung, die in Italien im 14. Jahrhundert begann und sich im 15. und 16. Jahrhundert über ganz Europa ausbreitete: Gelehrte, Künstler und Architekten und Fürsten sahen in der Antike das große Vorbild für ihre Zeit, lasen die alten Autoren neu, entdeckten vergessene Handschriften antiker Literatur, vermaßen Reste antiker Bauten, analysierten antike Statuen und wollten die Welt, die Menschen, die Kunst und die Politik neu sehen und formen.

■ **Republik** (von lateinisch „res publica“ = öffentliche Angelegenheit): So nannten die Römer ihren Staat nach dem Ende der etruskischen Königsherrschaft. Der → **Senat,** die jährlich gewählten Beamten und die Volksversammlung der römischen Bürger trafen die politischen Entscheidungen. Die Macht im Staate lag ursprünglich bei den → **Patriziern,** später bei der → **Nobilität.** „Republik“ wurde später eine allgemeine Bezeichnung für Staaten, die keinen König an ihrer Spitze hatten.

■ **Senat** (von lateinisch „senex“ = alter Mann, Greis): Bei den Römern setzte sich der Senat, der Rat der „Alten“, aus den höheren politischen Wahlbeamten zusammen. Der Senat entschied in allen wichtigen politischen Grundsatzfragen. Heute wird der Begriff „Senat“ im Gerichtswesen und als Bezeichnung für die Regierung von Bundesländern (Stadtstaaten) verwendet, z. B. Berliner oder Hamburger Senat.

■ **Simonie:** Kauf kirchlicher Ämter nach dem Beispiel des Simon Magus aus der Apostelgeschichte, der die Gabe des Heiligen Geistes von den Aposteln gegen Geld kaufen wollte.

■ **Sklavinnen/Sklaven:** Bei den Griechen, Römern und anderen Völkern des Altertums gab es die Rechtsauffassung, dass Kriegsgefangene, auch die Frauen und Kinder eroberter Städte, Eigentum der Sieger wurden und verkauft werden konnten. Sklavinnen und Sklaven hatten ein sehr unterschiedliches Schicksal, je nachdem ob sie in der Landwirtschaft, im Bergbau, in der Verwaltung oder im Haushalt eingesetzt wurden. Kinder von Sklaven wurden wieder Sklaven. Sklaven konnten aber auch freigelassen werden.

■ **Ständegesellschaft:** Eine – nach mittelalterlicher Vorstellung von Gott gewollte – Gesellschaft, die nach Ständen gegliedert ist, die untereinander kaum durchlässig sind. Im Frühmittelalter gab es Adlige, Geistliche, Freie und Unfreie; im Hochmittelalter den Klerus, also die Geistlichen, den Adel, die Bauern und den Bürgerstand. Man wurde in einen Stand hineingeboren und konnte diesen in der Regel nicht verlassen, sehr selten war ein Aufstieg in einen höheren Stand. Standesgemäß waren nur Ehen innerhalb eines Standes. Ein Adliger konnte also nicht ohne weiteres eine Bauern- oder Bürgertochter heiraten. Die Gliederung der Gesellschaft nach Ständen bestand in Frankreich bis zur Französischen Revolution, in anderen Ländern bis ins 19. Jahrhundert.

■ **Synode** (griechisch = Zusammenkunft, Versammlung): In den Synoden beraten der Papst und die Bischöfe oder die Bischöfe eines bestimmten Gebietes über wichtige Entscheidungen für die Kirche.

■ **Territorialstaat** (von lateinisch „territorium“ = zu einer Stadt gehörendes Ackerland): War das mittelalterliche Staatswesen eher durch städtische und adlige Kleinherrschaften auf der Ebene von Personenverbänden geprägt, so vollzog sich ab dem 15. Jahrhundert ein Trend zur Herausbildung größerer Herschaftskomplexe und den Aufbau von Behördeninstanzen zur verwaltungsmäßigen Durchdringung des Territoriums. Damit begann zugleich die moderne Staatlichkeit.

■ **Tyrannis:** Herrschaft eines Einzelnen, der im Gegensatz zur Monarchie aber dazu nicht durch Geburt oder Wahl berechtigt ist. Die Tyrannis war in vielen griechischen Stadtstaaten des 7. und 6. Jahrhunderts v. Chr. eine Staatsform im Übergang von der Aristokratie zur Demokratie. Die negative Bedeutung des Wortes Tyrannei im Sinne gewaltsamer Unterdrückung der Bevölkerung erhielt der Begriff erst im 5. Jahrhundert v. Chr. während der griechischen Demokratie.

■ **Urbanisierung** (von lateinisch „urbs" = Stadt): Ausbreitung städtischer Lebensformen in ländliche Räume hinein.

■ **Utopie** („Land, das nirgends ist"; von griechisch ou = nicht und topos = Ort): Erdachtes Land oder erdachte Gesellschaft, in der ein idealer Zustand herrscht. In der Regel können Utopien nicht verwirklicht werden, sie sind aber wichtig, um Kritik an der bestehenden Gesellschaft und Wünsche formulieren zu können.

■ **Verfassung** (griechisch „politeia"): Unter Verfassung verstehen wir die grundlegenden Vorschriften und Regeln für das Gemeinwesen, den Staat. In einer Verfassung werden die Zahl sowie die Rechte und Pflichten der öffentlichen Ämter sowie (seit dem 18. Jahrhundert n. Chr.) die Rechte und Pflichten der Einzelnen festgelegt. Diese wichtigen Bestimmungen sind häufig in einer Urkunde formuliert, beispielsweise im Grundgesetz der Bundesrepublik Deutschland.

■ **Volkssouveränität:** Im Sinne des Grundgedankens „Alle Staatsgewalt geht vom Volk aus" Gegenmodell zur monarchischen Souveränität (von lateinisch „supranitas" = Obrigkeit). Als Verfassungsprinzip wurde die Volkssouveränität Grundlage der Verfassungsdiskussion in der Amerikanischen und Französischen Revolution. Gesichert wird die Volkssouveränität durch → Grundrechte und Wahlen.

■ **Zehnt:** Ursprünglich musste ein Zehntel des landwirtschaftlichen Ertrags an die Kirche abgegeben werden. Der Zehnt diente vor allem der Versorgung der kirchlichen Amtsträger, dem Kirchenbau und der Armenfürsorge. Auch Abgaben an die Grundherrschaft werden als Zehnt bezeichnet. Alle Zehntabgaben zusammen, die im Mittelalter zu leisten waren, betrugen für den Abgabepflichtigen oft mehr als die Hälfte des erwirtschafteten Ertrags.

■ **Zivilisation** (von lateinisch „civis" = der Bürger): Mit diesem Wort wird die verfeinerte Lebensart einer Gesellschaft bezeichnet: Man versucht damit ihre materielle, soziale und künstlerische Entwicklung einzuordnen. Häufig geht man dabei von verschieden hohen Zivilisationsstufen aus: Die Römer galten z. B. im Vergleich zu den Germanen als zivilisierter, weil ihre Technik, ihre Wissenschaft, ihr politisches System und ihre schriftliche Kultur weiter entwickelt waren.

■ **Zunft:** → **Gilde.**

Lesehinweise und Tipps

Menschen in vor- und frühgeschichtlicher Zeit:

Museumshinweise:

- Kreismuseum Neuwied, Raiffeisenplatz, 56567 Neuwied, Tel.: 0 26 31 / 80 33 79.
- Schloss Monrepos. Museum für die Archäologie des Eiszeitalters, 56567 Neuwied, Tel.: 0 26 31 / 97 72-0.

Leseempfehlungen:

- Gabriele Beyerlein, Der goldene Kegel, dtv junior, ab 12. *Eine Erzählung aus der späten Bronzezeit.*
- Carl Josef Grund, Die Stadt der Pferdegöttin, Loewe Verlag, ab 12. *Eine spannende Erzählung aus dem Leben in der Keltenburg des Fürsten Baran.*
- Wolfgang Kuhn, Mit Jeans in die Steinzeit, dtv junior, ab 12. *Mit Hinweisen für den Einsatz im Unterricht.*
- Erich Ballinger, Der Gletschermann. Ein Krimi aus der Steinzeit. Verlag Carl Ueberreuter, Wien 1992.
- Der Mann aus der Steinzeit: Ötzi. Wer er war, wie er lebte, wie er starb. GEO Nr. 10, Oktober 1996, S. 68 ff.

Hochkulturen entstehen:

Multimedia:

- Knochen, Scherben, Grabbeigaben. Archäologie zum Mitmachen. Terzio Verlag München (CD-ROM)

Leseempfehlungen:

- Alfred C. Baumgärtner, Sinuhe – der Mann aus der Wüste, Echter Verlag, ab 13. *Sinuhe, ein ägyptischer Hofbeamter, flieht zu den Beduinen in die Wüste. Die Handlung geht auf einen ägyptischen Text aus der Zeit um 1960 v. Chr. zurück.*
- Hans Hagen, Das Löwenamulett, Arena Verlag, ab 12. *Ein Abenteuerroman aus der Zeit der Sumerer.*
- Christian Jacq, Die Pharaonen, Hanser Verlag, ab 12. *Susanne und Isidor begleiten den Autor nach Ägypten. Dort breitet Jacq vor den beiden Schülern ein Panorama des einstigen Ägypten aus.*
- Hans Kneifel, Weihrauch für den Pharao, Thienemann Verlag, ab 12. *Der 12-jährige Sklave Karidon kommt zu einem neuen Herrn, mit dem er eine gefährliche Seereise nach Punt unternimmt.*
- Pyramiden (Reihe: Sehen – Staunen – Wissen), Gerstenberg Verlag, ab 12. *Von den ägyptischen Königsgräbern bis zu den Tempelpyramiden des alten Mexiko.*
- Emilio Salgari, Pharaonentöchter, Arena Verlag, ab 12. *Der junge Ägypter Mirinri erfährt, dass er in Wirklichkeit Sohn eines Pharaos ist. Nun soll er den seinem Vater einst geraubten Herrscherthron zurückerobern.*

Multimedia:

- Die Wunder Ägyptens. CoTec Rosenheim (CD-ROM)
- Das Grab des Pharao. Ravensburger Interaktiv Media Ravensburg (CD-ROM)
- Ramses. Sohn Ägyptens. FWU Grünwald (CD-ROM)
- Tutanchamun. United Soft Media. München (CD-ROM)

Die Welt der Griechen:

Leseempfehlungen:

- Die alten Griechen (Reihe: Was ist was?), Tessloff Verlag, ab 10. *Leicht verständlicher, reich bebilderter und anschaulicher Einstieg in die Geschichte Griechenlands und des Hellenismus.*
- Sieben Weltwunder (Reihe: Was ist was?), Tessloff Verlag, ab 10. *Sachbuch mit vielen Bildern, als erste Einführung geeignet.*
- Tonny Vos-Dahmen von Buchholz, Der Komet von Samos, Urachhaus-Verlag, ab 11. *Ein einfacher Fischer erzählt aus seiner Perspektive das abenteuerliche Leben des Pythagoras.*
- Hans Baumann, Flügel für Ikaros, dtv junior, ab 13. *Lebendige Erzählung des Mythos vom fliegenden Ikaros.*

- Hans Baumann, Der große Alexanderzug, dtv junior, ab 13.
  In Episoden wird die Geschichte des Eroberungszuges von Alexander dem Großen erzählt.

- Hans Baumann, Löwentor und Labyrinth, dtv junior, ab 10.
  Archäologisch orientierte Schilderung der großen Ausgrabungsaktion von Troja, Mykene und Knossos.

- Isolde Heyne, Imandra, Ravensburger Verlag, ab 11.
  Imandra lebt bei ihrer Tante in Delphi, die Priesterin beim Orakel ist. Die geheimnisvolle Atmosphäre wird für Imandra zunehmend bedrohlich.

Filmtipps:

- Die athenische Demokratie, Dokumentarfilm BRD 1991, 16 mm, ab Klasse 5/6.
  Entstehung und Entwicklung der athenischen Demokratie. Geographische und wirtschaftliche Aspekte werden berücksichtigt und Unterschiede zur modernen Demokratie aufgezeigt. Bei den Stadt-, Kreis- und Landesbildstellen verfügbar.

- Sklavenalltag in Athen. Dokumentar- und Spielfilm, DDR 1983 / BRD 1990, Video, ab Klasse 5/6.
  Spielszenen verdeutlichen das Alltagsleben der Sklaven. Ihre Herkunft, ihre Lebens- und Arbeitsbedingungen und ihr Verhältnis zu ihren Herren werden behandelt.

Multimedia:

- Die Wunder Griechenlands.
  CoTec Rosenheim (CD-ROM)

Rom – die Stadt, die Bürger, das Weltreich:

Museumshinweise:

- Archäologischer Park Xanten
  Ein Teil der alten Römerstadt ist rekonstruiert worden (z. B. Stadtmauer, Amphitheater), man kann bei Ausgrabungen zusehen, gleichzeitig ist Platz genug für „römische" und heutige Spiele. Ideal für einen Ausflug.
  Nähere Informationen im Internet unter:
  www.xanten.de

- Landesmuseum Rheinland-Pfalz,
  Große Bleiche 49–51, 55116 Mainz,
  Tel.: 0 61 31 / 28 57-0.

- Römisch-Germanisches Museum Köln
  Roncalliplatz 5, 50667 Köln,
  Tel.: 02 21/22 12 44 38 oder 22 12 45 90.
  Anschauliche Präsentation des Lebens im römischen Germanien.
  www.museenkoeln.de/rgm/index.html

- Rheinisches Landesmuseum Trier,
  Weimarer Allee 1, 54290 Trier,
  Tel.: 06 51 / 9 77 40.

- Römisch-Germanisches Zentralmuseum,
  Ernst-Ludwig-Platz 2, 55116 Mainz,
  Tel.: 0 61 31 / 23 22 31.

- Römische Villa Otrang,
  Otranger Str., 54636 Fließern,
  Tel.: 0 65 69 / 8 07.

- Terra Sigillata-Museum,
  Hauptstr. 33, 76764 Rheinzabern,
  Tel.: 0 72 72 / 10 98.

- Varusschlacht im Osnabrücker Land,
  Museum und Park Kalkriese,
  Venner Straße 69, 49565 Bramsche/
  Kalkriese, Tel.: 0 54 68 / 9 20 40,
  www.kalkriese-varusschlacht.de.

- Schlossparkmuseum und Römerhalle,
  Dessauerstraße 49, 55545 Bad Kreuznach.
  Tel.: 06 71 / 8 00-2 48.

Leseempfehlungen:

- Hans Baumann, Ich zog mit Hannibal, dtv junior, ab 13.
  Roman, der den Zweiten Punischen Krieg aus der Perspektive eines Jungen erzählt, der in Hannibals Heer mitzieht; illustriert. Mit Hinweisen für den Einsatz im Unterricht.

- Peter Connolly, Tiberius Claudius Maximus – Ein römischer Legionär, Tessloff Verlag, Nürnberg 1990.

- Carl Josef Grund, Asche auf Pompeji, Loewe Verlag, ab 11.

- Eilis Dillon, Im Schatten des Vesuv, dtv junior, ab 13.
  Timon erlebt die letzten Tage von Pompeji.

- David Macauly, Eine Stadt wie Rom, Artemis Verlag, ab 10.
  Bebildertes Lesebuch zum Kennenlernen der Bauten und Bautechnik in Rom.

- Hans Dieter Stöver, Die Akte Varus, dtv junior, ab 12.
  Fünfzig Jahre nach der Schlacht im Teutoburger Wald versucht der Historiker

Plinius die Hintergründe dieser Niederlage aufzuklären: Wie konnte Varus in diesen Hinterhalt geraten?

- Rosemary Sutcliff, Der Adler der Neunten Legion, dtv junior, ab 12.
  Der römische Hauptmann Marcus zieht als Soldat in das erst kürzlich zur Provinz gewordene Britannien.

- Rosemary Sutcliff, Der silberne Zweig, dtv junior, ab 12.
  Eine Erzählung aus der Endzeit der römischen Besatzung Britanniens.

- Shelley Tanaka und Greg Ruhl, Pompeji – Die begrabene Stadt, Carlsen Verlag, ab 11.
  Spannend und anschaulich berichtet Shelley Tanaka in diesem Buch von Ausgrabungen und Restaurierungen: Der Besuch der Ruinen von Pompeji wird zu einer Reise in eine versunkene Stadt.

Multimedia:

- Der Limes. Eine antike Grenze. Theiss. Stuttgart (CD-ROM)

- Eine Zeitreise entlang des Limes. FWU Grünwald (CD-ROM)

- Das Geheimnis des Zenturio. Auf den Spuren der Römer und Germanen. Cornelsen Software Berlin (CD-ROM)

Europa im Mittelalter:

Museumshinweise:

- Burg Eltz,
  56294 Münstermaifeld,
  Tel.: 0 26 72 / 9 50 50,
  www. burg-eltz.de/information–index.html

- Burg Trifels,
  76855 Annweiler,
  Tel.: 0 63 46 / 84 70,
  www.burgen-rlp.de/burgen/3_trife/inha_b3.htm

- Historisches Museum am Strom – Hildegard von Bingen,
  Museumstr. 3, 55411 Bingen.
  Tel.: 0 67 21 / 99 06 54.

- Judaica-Museum – im Raschi-Haus
  Hintere Judengasse 6, 67547 Worms,
  Tel.: 0 62 41 / 85 33 45.

- Judenbad Speyer,
  Kleine Pfaffengasse, 67346 Speyer,
  Tel.: 0 62 32 / 14 23 95 (Städt. Verkehrsamt).

- Klosterruine Disibodenberg,
  55571 Odernheim am Glan
  (SCIVIAS-Stiftung), Tel.: 0 67 55 / 2 85.

- Marksburg,
  56338 Braubach,Tel.: 0 26 27 / 2 06(5 36).

Leseempfehlungen:

- Thea Beckmann, Unter glücklichem Stern. Urachhaus.
  Geschichte aus dem 100-jährigen Krieg zwischen England und Frankreich. Farbenprächtige Bilder aus der Welt der Minnesänger, Volkshelden, Pestepidemien und politischen Wirren.

- Karen Cushman, Catherine – Lady wider Willen, dtv junior.
  Erzählt wird das Leben eines Mädchens, das sich intensiv bemüht, dem einengenden Leben an der Seite eines Adligen zu entgehen.

- Trude Ehlert, Das Kochbuch des Mittelalters, Patmos Verlag, Düsseldorf 2000.

- Christopher Gravett/Brett Breckon, Die Welt der Ritter im Mittelalter. Carlsen.
  Die glanzvolle Ausstattung passt zum Inhalt: höfisches Leben, Erziehung zum Ritter, Jagd, Feste und Turniere – es geht um das Leben in der gehobenen Schicht.

- David Macaulay, Es stand einst eine Burg, dtv junior.
  Macaulay stellt konkret und anschaulich dar, wie eine Burg geplant und gebaut wurde und wie man sich das Leben in einer Burg vorstellen muss.

- Scott O'Dell, Das Feuer von Assisi, dtv junior.
  Dargestellt wird in diesem Roman das Leben, das Werk und die Welt des Ordensgründers Franz von Assisi.

- Inge Ott, Das Geheimnis der Tempelritter, Verlag Freies Geistesleben.
  Inge Oft erzählt anschaulich vom Aufstieg und Untergang des Templerordens.

- Sheila Sancha, Das Dorf. So lebte man im Mittelalter auf dem Lande, Gerstenberg Verlag.
  Gut illustrierte und lebendige Darstellung des Alltags und der Arbeit in einer mittelalterlichen Siedlungsgemeinschaft.

- Philipp Steele, Das große Buch der Burgen, Tessloff Verlag, Nürnberg 1995.

- Rosemary Sutcliff, Randal der Ritter, dtv junior.
  Beschrieben wird die Geschichte der Freundschaft zwischen Randal und dem jungen Ritter Bevis im normannischen England um 1100.

- Arnulf Zitelmann, Unter Gauklern, Gulliver Verlag
  Beschrieben wird das abenteuerliche Leben einer mittelalterlichen Gauklertruppe.

Multimedia:

- Burgen – Spurensuche in Ruinen und alten Gemäuern, Theiss, Stuttgart 2000 (CD-ROM).

- Das Geheimnis der Burg. Bibliographisches Institut Mannheim(CD-ROM)

- Kreuzzüge. Verschwörung im Königreich des Orients. Cornelsen Software Berlin (CD-ROM)

- Kreuzzüge. 3 CD-ROM für Windows ab 95 und MacOS 7. Cornelsen Software.

- Rittertum und Mittelalter. Streifzüge durch eine ruhelose Zeit, Theiss, Stuttgart 2000 (CD-ROM).

- Die Stadt im Mittelalter. Alltagsleben hinter Turm und Mauern, Multimedia CD-Rom in Kooperation des Freien Historiker Büros, Bergisch Gladbach und der MicroMediaArts, Köln 1995.

Internet:

www.mittelalterlich kochen.de/LINK/444rezepte.html

www.paedagogik.net/wochen-themen/mittelalter/burgenbau.html

Entdeckungen und Europäisierung der Erde

Museumshinweise:

- Gutenberg Museum, Liebfrauenplatz, 55116 Mainz, Tel.: 0 61 31/12 26 40.
  Das im Jahr 2000 neu gestaltete Museum zur Schrift- und Druckkunst zeigt unter anderem die Gutenbergbibel und eine historische Druckerstube.
  Nähere Informationen unter:
  www.mainz.de/kultur

Leseempfehlungen:

- Azteken, Inka, Maya. Alltag, Religion, Kunst. Reihe: Sehen – Staunen – Wissen, Gerstenberg Verlag.
  Ein sehr ansprechend aufgemachtes Bildsachbuch mit brillanten Farbfotos und präzisen Texten, das auch „Nichtleser“ anspricht.

- Die großen Entdecker, Gerstenberg Verlag.
  Geschichte der Entdeckungsfahrten mit Schwerpunkt im 15. und 16. Jahrhundert.

- Maarten Ploeger, Fahrt ins Unbekannte, Verlag Freies Geistesleben.
  Die Geschichte des portugiesischen Seefahrers und Eroberers Francisco d'Almeida, der der erste Vizekönig von Vorderindien wurde.

- Stefan Raiie, Xopil, Kämpfer für den König, Verlag Urachhaus.
  Ein Aztekenjunge erlebt die Eroberung Mexikos.

- Hans-Georg Schuld, Jakob und der Schwarze Tod, Dressler Verlag.
  Im Mittelpunkt steht ein jüdischer Junge, der in einer der Pestwellen seine ganze Familie und sein ganzes Dorf verliert.

Multimedia:

- Die Medici. DTP Neue Medien Hamburg (CD-ROM)

- Die großen Entdecker der Neuen Welt. TLC Oberhaching (CD-ROM)

- Leonardo. Der Erfinder. Reclam Ditzingen (CD-ROM)

Europa im Streit der Konfessionen und Religionen

Museumshinweise:

- Lutherhalle Wittenberg, Collegienstraße 54, 06886 Wittenberg, Tel.: 0 34 91/4 20 30.
  Nähere Informationen unter
  www.martinluther.de

- Bauernkriegsmuseum Böblingen, Museumsgebäude Zehntscheuer, Pfarrgasse 2, Tel.: 0 70 31/66 94 82.
  Das neu gestaltete Museum führt anschaulich in die Vorgeschichte der Bauernkriege ein.
  Nähere Informationen unter
  www.boeblingen.de

Leseempfehlungen:

- Günter Bentele, Der Feuerbaum, Bertelsmann Verlag.
  Ein junger Zimmermann auf Wanderschaft gerät in die Wirren von Reformation, Pest und Bauernkrieg.

- Max Kruse, Anna zu Pferde, dtv junior.
  Im Dreißigjährigen Krieg zieht ein Mädchen mit den Soldaten.

- Inge Ott, Verrat. Feinde und Freunde um Wallenstein, Verlag Freies Geistesleben.
  Wallenstein steht im Zentrum dieses Romans zum Dreißigjährigen Krieg.

- Tilman Rörig, In dreihundert Jahren vielleicht, Arena Verlag.

- Asta Scheib, Kinder des Ungehorsams. Die Liebesgeschichte des Martin Luther und der Katharina von Bora, dtv.

- Georg Veit, Zeit der Krammetsvögel, Waxmann Verlag.
  Der historische Schauplatz dieses Romans, der im Dreißigjährigen Krieg spielt, ist die Stadt Coesfeld.

- Arnulf Zitelmann, „Widerrufen kann ich nicht". Die Lebensgeschichte des Martin Luther. Beltz & Gelberg Verlag.
  Das Leben Martin Luthers in einer Zeit voller Widersprüche steht im Zentrum dieses Romans.

Multimedia:

- Martin Luther. Hänssler Holzgerlingen (CD-ROM)

- In den Wirren des Bauernkriegs. Konrad Theiss Stuttgart (CD-ROM)

- Das Zeitalter des Dreißigjährigen Krieges. Alltagsleben, Wandel und Fortschritt in Jahren des Umbruchs. MicroMediaArts Köln (CD-ROM)

- 1648. Krieg und Frieden in Europa. Westfälisches Landesmuseum für Kunst und Kulturgeschichte Münster (CD-ROM)

Der Absolutismus in Europa:

Leseempfehlungen:

- Ulrich Bräker, Lebensgeschichten und natürliche Abenteuer des armen Mannes in Tockenburg, Cornelsen Verlag.

- Brigitte Hamann, Ein Herz und viele Kronen. Das Leben der Kaiserin Maria Theresia, dtv.

- Frederik Hetmann, Francisco Goya, Der Maler und das Kind, dtv.
  Die Geschichte spielt in den Wirren der napoleonischen Zeit, gleichzeitig wird aber der Absolutismus als Herrschaftsform nachvollziehbar.

- Helmut Kiesel (Hrsg.), Briefe der Liselotte von der Pfalz, Frankfurt: Insel.
  Die Briefe der kurpfälzischen Prinzessin geben einen Einblick in das Alltagsleben in Versailles zur Zeit Ludwig XIV.

- Rosemary Sutcliff, Simon der Kornett. Eine Erzählung aus der Zeit Oliver Cromwells, Verlag Freies Geistesleben.
  Zwei Freunde kämpfen im englischen Bürgerkrieg gegeneinander.

Multimedia:

- Versailles 1685. Verschwörung am Hof. Ravensburger Interactive Media Ravensburg (CD-ROM)

Die Amerikanische Revolution:

Leseempfehlungen:

- Luanne Armstrong, Annie. Der weite Weg nach Westen, Beltz & Gelberg Verlag, ab 12.
  Was Annies Eltern nicht gelang, will sie schaffen: die beschwerliche Reise nach Westen, um eine Heimat zu finden.
  – Ein Mädchen im Wilden Westen, ganz auf sich gestellt.

- Dee Brown, Begrabt mein Herz an der Biegung des Flusses, Droemer Knaur, München.

- Peter Carter, Abschied von Cheyenne, Verlag Freies Geistesleben, Stuttgart 1998.
  Im Frühjahr 1871 müssen zwei Brüder ihre Heimat in Texas verlassen. Mit ihnen zusammen zieht der Leser durch den „wilden Westen", trifft Cowboys und Siedler, Gesetzeshüter und Rechtsbrecher, Büffeljäger, Indianer, Glücksritter, bankrotte Existenzen und erfährt, wie der Westen wirklich war.

- James Fenimore Cooper, Der Spion, Karl-May-Verlag.
  New York, 1780: Die amerikanischen Kolonisten kämpfen um die Unabhängigkeit. Bei einem Unwetter finden sich auf

einem vornehmen Landsitz zwei Gäste ein; der erste ist ein undurchsichtiger Reisender, der zweite erweist sich als Sohn des Hauses. Plötzlich ist das Herrenhaus von amerikanischen Truppen umstellt.

- Karen Cushman, Die Ballade von Lucy Whipple, dtv, München 1999, ab 13.
  Kalifornien, 1849, ein Land im Goldrausch. Viele lockt die Verheißung reich zu werden, andere kommen aus Abenteuerlust. Mutter Whipple sehnte sich schon lange nach dem Westen und hat ihre Kinder nach dem Land ihrer Träume benannt. Sehr zum Leidwesen ihrer Tochter California. Die hält rein gar nichts von diesem unzivilisierten, verdreckten Kalifornien und legt sich aus Protest einen neuen Namen zu: Lucy will sie heißen, denn das passt zu einer jungen Dame aus dem Osten, die Geschichte, Kultur und Bildung besitzt. Lucy fühlt sich bei den wilden Goldgräbern, die die Herberge ihrer Mutter bevölkern und für die sie kochen, backen, putzen und waschen muss, völlig fehl am Platze ...

- Hartmut Höfele / Susanne Steffe, Der wilde Wilde Westen. Kinder spielen Abenteurer und Pioniere, Ökotopia Verlag, Münster 1999. Auch als CD mit „wilden Wilden Westernliedern " erhältlich.

Multimedia:

- Geschichte der USA (dt./engl.). FWU, Grünwald (CD-ROM)

Die Französische Revolution/Napoleon:

Leseempfehlungen:

- Lottemi Dorrmann, „Ein Feuer brennt in mir.", Beltz & Gelberg, Weinheim.
  Lebensbeschreibung der Olympe de Gouge, die 1791 die „Erklärung der Frau und Bürgerin" verfasste.

- Alexandre Dumas, Die drei Musketiere, Arena, Würzburg.
  Abenteuerroman mit Eindrücken über das absolutistische Frankreich.

- Klas Ewert Everwyn, Für fremde Kaiser und kein Vaterland, Oetinger Verlag.
  Gerard Rörich wird als Soldat für die Truppen Napoleons rekrutiert. Er wechselt ein paar Mal die Fronten und desertiert schließlich. Zusammen mit seiner Frau schlägt er sich als Tagelöhner durch, bis sie 1830 nach Amerika auswandern.

- Walter Hansen, Der Detektiv von Paris. Das abenteuerliche Leben des François Vidocq, dtv, München.
  Paris, Ende des 18. Jahrhundert: Der listige Gauner und Ausbrecherkönig Vidocq wird zum 26. Mal inhaftiert. Er bietet der Polizei seine Künste als Detektiv an.

- Wilhelm Hünermann, Die Herrgottschanze, Tyrolia Verlag, Innsbruck.
  Erzählung aus den Schreckensjahren der Französischen Revolution.

- Herre Luxardo und Pierre Probst, So lebten sie zur Zeit der französischen Revolution. Tessloff Verlag, Hamburg.
  Illustriertes Sachbuch.

- Inge Ott, Freiheit! Sechs Freunde in den Wirren der Französischen Revolution, Verlag Freies Geistesleben, Stuttgart.
  Sechs junge Leute brechen im Sommer 1789 aus ihrem heimatlichen Dorf auf, um sich an den revolutionären Ereignissen zu beteiligen.

- Karla Schneider, Die abenteuerliche Geschichte der Filomena Findeisen, Beltz & Gelberg Verlag, Weinheim.
  In Sachsen kämpfen Truppen aus ganz Europa gegen Napoleon. Vor dem Hintergrund der bedrückenden Kriegsereignisse erlebt Filomena eine neue Freundschaft und wächst zur jungen Frau heran.

- Cili Wethekam, Mamie 1780–1794, dtv, München.
  Ein Mädchenschicksal zur Zeit der Französischen Revolution.

- Cili Wethekam, Tignasse, dtv, München.
  Ein Pariser Gassenjunge wird Zeuge der revolutionären Ereignisse.

- Stefan Zweig, Marie Antoinette, Fischer Verlag, Frankfurt a. M.
  Roman über Marie Antoinette, die Tochter der österreichischen Kaiserin Maria Theresia und Frau des französischen Königs Ludwig XVI.

Multimedia:

- Napoleon, Europa und das Empire. Infogames Multimedia (CD-ROM)

Register

Bildquellenverzeichnis:

Ägyptisches Museum, Kairo: 35.3-u (Joseph J. Scherschel); AKG, Berlin: 16.1, 18.2, 24.1, 29.3a, 34.1, 38.1, 38.2, 39.1-li, 39.1-re, 41.3-re, 42.1, 54.2, 55.2, 62.2, 64.1, 64.2, 68.1, 78.1, 87.1, 94-u, 95-o, 98.3, 102.1, 127.1, 134.2, 139.2, 141.2, 147.1, 155.1, 159.1, 160.1, 165.1, 169.1, 171.1, 175.2, 177.1, 182.1, 186.1, 200.1, 205.1, 207.1, 211.1, 216.1, 219.1, 222.1, 227.1, 230.1 groß, 230.2 klein, 231.1-o., 233.1, 233.3, 235.1, 235.2, 236.1, 236.2, 236.3, 241.1, 244.1, 249.1, 253.1, 256.1-257, 256.2, 257.2-re-o, 259.1, 259.2, 260.1, 261.1, 262.1, 263.1, 266.1, 269.1, 271.1 (Foto: S. Domingie), 274.1, 276.1, 278.1, 289.4, 293.1, 294.1 (Foto: Jerôme da Cunha), 295.1, 297.1 (Foto: Erich Lessing), 309.1, 309.2, 316.1, 316.3, 337.1, 359.1, 360.1, 367.3, 372.1, 379.1; Albertina, Wien: 282.3; American School of Classical Studies, Athen: 74.1; amnesty international: 334.2; Amt für Öffentlichkeitsarbeit Stadt Mainz: 270.2 (Sascha Kopp); Archäologischer Museumspark Osnabrücker Land GmbH: 13.3a; Archiv Gerstenberger, Wietze: 265.2, 309.3, 357.1, 361.1; Aubarbier, J.L., et al., Liebenswerte Prähistorie im Périgord, Editions Ouest France 1989, 94: 19.1; Bahlsen, Hannover: 53.2; Bavaria Bildagentur, Gauting: 39.2, 86.1, 92.2, 94-o., 98.4, 108.1, 120.1, 233.4, 250.1 (Foto: Scholz); Bayerisches Nationalmuseum München: 257.1; Bettmann Archive Inc, New York: 327.2, 328.1; Bibliothèque Municipal de Dijon: 186.3 (F. Perrodin) ; Bibliothèque Nationale de France, Paris: 176.1, 220.1, 255.1, 255.3, 298.1, 337.2, 343.1, 346.1, 346.2, 348.1, 348.2, 351.1, 354.1; Bibliothèque Royale de Belgique, Brüssel: 203.1, 255.2 ; Bibliothèque Sainte Geneviève, Paris: 182.2 (Foto: Dupif); Bildarchiv Monheim: 289.6, 289.6; Bildarchiv Steffens, Mainz (Bridgeman Art Library): 19.2, 29.2, 41.1 li, 43.1, 46.1, 48.2, 49.1, 56.1, 56.2, 57.3-re.u, 59.2, 62.1, 70.1, 82.1, 88.2 (Foto: Zimmermann), 125.3, 127.2, 129.1 (Foto: Zimmermann), 129.2, 137.1, 140.1, 180.2, 207.2, 289.2 (Foto: Ken Welch), 289.3 (Foto: Rudolf Bauer); Binding, Günther, Was ist Gotik? Darmstadt (WB) 2000, XIV: 173.1; ebd. 64-li.: 172.2; ebd. 66-li.: 172.1; ebd. 77: 172.3; ebd. 103: 172.4; Boston Old State House: 321.1 (Birgit Rettich-Mutschler); bpk, Berlin: 16.2, 41.2-mi, 48.1-li, 48.1-re, 57.2-re.o, 59.1, 60.2, 61.1, 64.3, 64.4, 65.1, 70.2, 73.2, 76.1, 82.2, 83.2, 85.1, 85.2, 134.1, 231.2-u., 285.1, 285.2, 311.1, 312.1 (Foto: Jörg P. Anders), 312.2, 313.1, 314.1, 317.1, 324.2, 326.1; Bridgeman Art Library: 109.1, 355.1 (Jean-Loup Charmet, Paris), siehe auch Bildarchiv Steffens; British Library, London: 197.1, 215.1; British Museum, London: 44.1, 78.2, 84.1, 130.1; Brüdergemeinde, Berlin: 286f. Hintergrund (Foto: M. Motel); Burgen, Schlösser, Altertümer – Rheinland-Pfalz: 166f., 191.1; Colorphoto Hans Hinz, Allschwil-Basel: 18.1; Corbis/Picture Press Life: 321.3, 330.1; Corpus Vitrearum Deutschland, Freiburg i. Br., Akademie der Wissenschaften und Literatur, Mainz: 205.3 (R. Beckmann); Det Kongelige Bibliothek Kopenhagen: 251.1-li., 251.1-re., 252.2; Deutsches Historisches Museum, Berlin: 13.1, 310.2; Domkapitel Aachen: 142.1 (Foto: Ann Münchow), 212.1 (Foto: Ann Münchow); dpa, Frankfurt: 9.1, 9.2, 95-u.-re., 284f. Hintergrund, 287.1; D.S.D.: 275.1 (M.L. Preiss); Dumont, Fr., F. Scherf und Fr. Schütz (Hrsg.), Mainz. Die Geschichte der Stadt, Mainz (Zabern) 1998, 326: 365.1; ebd. 336: 365.3; Édimedia, Paris: 358.1; Edizioni White Star, Vercelli / Italien: 98.2 (Foto: Antonio Attini); Erdgeschoss, Galerie 21: 47.3; Foner, Eric, The Story of American Freedom, Norton & Company, New York 1999, XII.: 321.5; Forschungs- und Landesbibliothek Gotha: 145.1, 145.2, 151.1-o, 151.1-u; Freiherr-von-Harsdorf'sche Familienstiftung, Nürnberg: 240.1; Fürstlich-Waldburg-Zeil'sches Gesamtarchiv, Leutkirch: 266.2; Gabrieli, Francesco, Mohammed in Europa, List, München 1983, 34: 280.1; Generallandesarchiv Karlsruhe: 195.1; Gent, Zentralbibliothek: 143.4; Germanisches Nationalmuseum, Nürnberg: 29.6; Germanisches Nationalmuseum (Hrsg.), Freiheit, Gleichheit, Brüderlichkeit, Nürnberg (Germ. Nationalmuseum) 1989, 327: 364.1; Giraudon Paris: 291.1, 296.1, 296.3, 336.2, 336.3, 341.1; Goll, Dr. Jürg, Müstair: 143.1; Gotthardt, Heinz, Vive la Révolution. Ein Querschnitt durch die Französische Revolution, Broschek-Verlag: Hamburg 1966, 63: 339.1; Grewenig, M.M. (Hrsg.), Napoleon – Feldherr, Kaiser, Mensch, Speyer (Historisches Museum der Pfalz) 1998, 169: 367.4; Gutenberg-Museum, Mainz: 242.1, 243.1; Hasenohr, W.: 69.1; Herder Verlag, Freiburg: 137.2; Herzog-Anton-Ulrich-Museum, Braunschweig: 225.1 (Foto: B. P. Keiser); Herzog August Bibliothek Wolfenbüttel: 163.1; Heidolph, Theis, Kottgeisering: 20.1, 22.1, 26.2, 54.3, 58.1, 61.2, 67.1, 73.1, 75.1-li., 88.1, 96.1, 101.1, 113.1, 119.1, 123.1, 133.1, 135.1, 144.1, 149.1, 152.1, 153.1, 166, 175.1, 181.1, 206.1, 223.2, 226.1, 232.1, 245.1, 246.2, 250.2, 258.1, 266.3, 276.2, 283.1, 290.1, 301.1, 322.1, 338.1, 368.1, 373.1; Historisches Museum der Pfalz, Speyer: 32.2; Hodel-Hoenes, Sigrid: Leben und Tod im alten Ägypten, Darmstadt (WB), 1991, 79: 47.1; ebd. 220: 47.2; Institut für Kulturaustausch, Tübingen: 241.2, 369.1; Inter-Topics, Hamburg: 10.1; Johanniter-Unfall-Hilfe e.V., Berlin: 185.1; Juneja-Huneke, Bielefeld: 95-u-li; Kolb, Peter, Die Römer bei uns, München 2000, 141: 111.1; Kölnisches Stadtmuseum: 248.2; Könemann Verlagsgesellschaft mbH: 288.1 (Foto: Achim Bednorz, Köln); Kremb, Klaus, Winnweiler: 377.1; Kremb, Klaus, und Peter Lautzas (Hrsg.), Landesgeschichtlicher Exkursionsführer Rheinland-Pfalz, Bd. 3, Regierungsbezirk Koblenz, Verlag Arbogast, Otterbach 1993, S. 57: 30.2 (Reiner Drumm, Idar-Oberstein); Kunsthistorisches Museum Wien: 143.2, 238.1; Kunstsammlungen der Fürsten zu Waldburg-Wolfegg: 193.1; Kunstsammlungen der Veste Coburg: 277.1; Landesbank Rheinland-Pfalz (Hrsg.), Hildegard von Bingen (= Lebendiges Rheinland-Pfalz 11/1998), 43: 170.1; Landesamt für Archäologische Denkmalpflege, Speyer: 32.1; Landesamt für Denkmalpflege Hessen: 13.2 (Foto: Frank Bodis); Landesamt für Denkmalpflege Rheinland-Pfalz (Hrsg.), Besuch bei Römern, Rittern und Romantikern, o.J., S. 6: 191.1; Landeshauptarchiv, Koblenz: 165.2; Landesmedienzentrum Rheinland-Pfalz, Koblenz: 237.1; Landesmuseum Mainz: 105.2, 106.1-li, 106.1-re; Landmann, Patrik, Romeny-sur Marne/F: 11.1-groß; Leben auf der Burg. Handlungsorientierter Unterricht mit Medien zur mittelalterlichen Geschichte in Klasse 8, Koblenz 1996, 53: 188.2; Library of Congress, Washington DC: 320.1 (Frances Benjamin Johnson); Lotos-Film, Kaufbeuren: 40.1, 42.2, 45.2, 45.3, 54.1, 52.1, 52.2-li, 57.1-li, 80.1, 112.1, 122.1; Mansell Collection, London: 333.1; Massachusetts Historical Society: 323.1; Matschie, Jürgen, Bautzen: 272.1; Menz, Lars, Hannover: 34.2, 35.1, 50.1; Münchow, A., Aachen: 146.1; Musée Carnavalet, Paris: 351.1, 356.1; Musée de Malmaison: 362.2, 363.1, 367.2; Musée Historique Versailles: 362.1 ; Musée Royal de Mariemont, Morlanwelz/Belgien: 131.1; Musées Royaux d´Art et d´Histoire, Brüssel: 84.2 ; Museo Civico Medievale, Bologna: 218.1 (Foto: CNB&C); Museum für Kunst und Kulturgeschichte der Hansestadt Lübeck: 223.1, 224.1; Museum Villa Rustica, Bad Kreuznach: 111.2, 111.3; Mussmann, Olaf, Hannover: 60.1; Napoleonmuseum Arenenberg: 374.1, 375.1; National Museum of American Art, Smithsonian Institution, Washington DC: 331.1; National Museum of Scotland, Edinburgh: 72.2; Neanderthal-Museum, Mettmann: 21.4; Niedersächsisches Landesamt für Denkmalpflege, Hannover: 8.1; North Carolina Museum of Art, Raleigh: 286.1; Olifant, Magret: Atlas der Alten Welt, Gütersloh 1992: 63.1; Österreichische Nationalbibliothek Wien: 186.2, 187.1, 202.1, 204.1; Pepys Library, Magdalene College, Cambridge: 316.2; Pfannenschmidt, Dirk, Hannover: 12.1, 15, 23.1, 23.2, 24.3, 24.4, 25.1, 25.2, 26.1, 27.1, 28.1, 28.2, 31.1, 31.2, 43.2, 50.2, 51.1, 52.3, 53.3, 67.2, 71.1, 75.1-re., 79.1, 81.1, 90.1, 91.1, 92.2, 100.1-o, 100.1-u, 103.1, 110.1, 117.1, 130.2, 162.1, 192.1, 200.1-3, 228.1, 247.1, 302.1, 306.1, 310.1, 329.1, 336.1, 342.1, 345.1, 352.1, 353.1, 353.2, 379; Photothèque des Musées de la Ville de Paris: 304.1 (Foto: Trocaz); Picture

Press: siehe Stern; Puhle, Matthias (Hrsg.): Otto der Große, Magdeburg und Europa, Bd.1, Mainz 2001 (Zabern), 431: 154.1; ebd. Bd.1, 396: 155.2; ebd. Bd.2, 351: 156.1; ebd. Bd.2, 109: 157.1; Prähistorische Staatssammlung München, Museum für Vor- und Frühgeschichte (Hrsg.): Das keltische Jahrtausend, Mainz (Philipp von Zabern) 1993, Farbabbildung zu Kat.Nr. 69a: 30.1; Rheinisches Landesmuseum, Trier: 98.1, 99.1, 99.3, 104.1; Rimbrecht, Walter: 319.1; Rixe, Dieter, Braunschweig: 28.3; Rhein Main Presse, 16.08.01: 97.2 (hbz/Henkel); ebd. 29.08.01, 11: 97.1 (Isabel Mittler); Römisch-Germanisches Museum, Köln: 103.2, 103.3, 115.1; Rosgartenmuseum Konstanz: 205.4; Rückert, P./D. Planck (Hrsg.), Anfänge der Zisterzienser in Südwestdeutschland, Stuttgart (Thorbecke) 1999, Tafel 12: 168.1; Saalburg-Museum, Bad Homburg: 99.2; Sächsische Landesbibliothek - Staats- und Universitätsbibliothek Dresden, Abt. Deutsche Fotothek: 233.2 (D. Scholz); Salentiny, Fernand, Die Gewürzroute. Die Entdeckung des Seewegs nach Asien, Köln (Du Mont), 45: 248.1; Scala, Florenz: 29.3b, 35.2-re, 53.1, 64.1, 108.2, 114.1, 117.3, 128.1, 187.2; Schätze der Welt, Erbe der Menschheit, Bd.1, Gütersloh (Bertelsmann) 1999, 37: 45.1; Schneider, E. (Hrsg.), Triumph, die Freiheitsfahne weht, Landau/Pfalz (Pfälzische Verlagsanstalt) 1988, 122: 365.2; Schroedel Archiv: 29.1, 37.1, 37.2, 83.1; Schröer, Norbert, Essen: 14.1; Schürmann, Jörg: 33.1; Scottish National Portrait Gallery, by permission of Lord Dalmeny: 315.1 (Foto: Antonia Reeve); Sievernich, G. / H. Budde (Hrsg.), Europa und der Orient, 800-1900, Berlin 1989, 118: 179.1; ebd. 254: 283.3; ebd. 707: 282.1; ebd. 708: 282.2; Staatliche Antikensammlung, Glypthotek, München: 81.2; Staatliche Graphische Sammlung München: 213.1; Staatliche Münzsammlung, München: 117.2, 121.2, 129.3, 139.1; Staatliche Museen zu Berlin – Preußischer Kulturbesitz: 268.1 (Foto: Jörg P. Anders); Staatliche Museen zu Berlin – Preußischer Kulturbesitz/Skulpturensammlung: 235.3; Staatliche Verwaltung der Walhalla, Donaustauf: 93.1; Staatsbibliothek zu Berlin – Preußischer Kulturbesitz: 143.3; Staats- und Stadtbibliothek, Augsburg: 261.2, 273.1; Staatsbibliothek Bamberg: 265.1; Stadtarchiv Freiburg: 205.2 (Foto: Karl Müller); Stadtarchiv Mainz: 307.1; Stadtarchiv Ulm: 211.2; Stadtbibliothek Nürnberg: 220.2; Stern: 10.2 (Foto: Smetek), 11.1-klein (Foto: Wolfgang Neeb); Süddeutscher Verlag, Bilderdienst, München: 17.2; Szépmüvészeti Muzeum, Budapest: 197.1 (Foto: Andràs Ràszò), 221.1; Universitätsbibliothek Heidelberg: 178.1, 198.1; Wardle, Elizabeth, Britain and the American Revolution (Past Historic Series), Hodder & Stoughton, London 1993: 327.1; Weber, Dr. Paul, Homburg: 319.2; Weber, W., Schloss Karlsberg, Homburg (Ermer-Verlag), 1987, 6: 318.1; ebd. 176: 364.2; Westfälisches Landesmuseum für Kunst und Kulturgeschichte, Münster: 105.1, 270.1 (Foto: Rudolf Wakonigg und Sabine Ahlbrand-Dornseif); Winterfeld, Dethard von, Romanik am Rhein; Stuttgart (Theiss) 2001, 69: 172.6; ebd. 102: 172.5; Württembergisches Landesmuseum Stuttgart: 25.2a, 25.2b, 25.2c, 366.1; Württembergisches Landesmuseum Stuttgart (Hrsg.), Baden und Württemberg im Zeitalter Napoleons, Bd.1.1, Katalog, Stuttgart 1987, 15, 29, 33, 47: 376.1–4.

Nicht in allen Fällen ist es uns gelungen, den Rechteinhaber oder die Rechteinhaberin ausfindig zu machen. Berechtigte Ansprüche werden im Rahmen der üblichen Konditionen abgegolten.